R&D 조직의 인재경영

Human Resource Management & Organizational Behavior in R&D

한인수 · 노풍두

명경사
MYUNGKYUNGSA

머리말

이 책은 연구개발(R&D)을 담당하는 관리자 및 교수들을 위해 쓰여진 책이다. 필자들은 이들이 효과적으로 연구개발을 수행하기 위해서는 인재경영(인사 · 조직 관리)의 지식체계를 반드시 갖추고 있어야 한다고 생각하고 있다.

필자들이 이 책을 쓰게 된 배경은 두 가지이다. 하나는 개인적인 것이고 다른 하나는 좀 더 거시적인 의미가 있다. 우선 개인적인 배경을 말하자면 과거 진 마음의 빚을 갚고자 하는 것이었다. 이 책의 주저자는 젊은 시절 충남대학교에 부임한 이래 인사조직관리를 강의하다 수년 전 은퇴했다. 주저자가 봉직하던 충남대학교의 부근에는 당시 한국의 R&D의 허브였던 대덕연구단지가 위치하고 있어 사람 및 조직관리에 대한 이런저런 수요가 있었다. 이러한 수요에 부응해서 연구소에 가끔 불려 다니기도 하고 자문도 하였다. 당시는 저자 측이나 연구기관 측 모두 관련 지식의 축적이 빈약했던 터라 저자는 교수라는 이름으로 어설픈 전문가 행세를 하기도 했다. 지금 생각해보면 참 미안한 일이다. 그것이 항상 마음의 빚으로 남아있었다. 은퇴를 하고 시간적 여유를 갖게 되니 그 빚을 조금이라도 갚기 위해 R&D 인재경영과 관련된 제대로 된 입문서라도 만들고 싶었다.

둘째로 거시적인 의미는 우리나라의 연구개발의 비중에 비추어 이런 종류의 책이 꼭 필요한 시점에 와 있다는 점이다. 우리나라의 R&D 투자는 우리의 예상보다 훨씬 선진국 수준이다. GDP 대비 연구개발 투자는 세계 2위이며 기업별로는 세계 5위안에 드는 연구개발비를 쓰는 기업도 갖고 있다. 최근의 우리나라의 몇몇 분야에서의 훌륭한 기술적 성과들은 이러한 형편에 부칠 정도의 R&D 투자에 힘입은 바 크다고 할 수 있다. 이러한 왕성한 연구개발 활동에도 불구하고 이 활동을 효과적으로 이끄는데 필요한 지식체계인 R&D 관리와 관련하여서는 변변한 지식축적이 이루어지지 못하고 있다. 이제 이러한 R&D 활동에 걸 맞는 관리 관련 전문서가 나올 때가 되었다고 생각했다. 그래서 필자들은 포괄적인 R&D 관리서의 부분이기는 하지만 매우 중요하다고 생각하는 인재경영(인사 · 조직 관리)의 저서를 집필하게 된 것이다.

이러한 뜻과 배경으로 시작한 일이었지만 막상 시작하고 보니 처음의 생각과 다른 많은 문제에 부딪혔다. 처음에는 그간 발표했던 논문과 글들을 살리고 다소 보완하면 되는 쉬운 일로 생각했다. 그러나 과거 필자들이 쓴 논문이나 글들은 이 책의 집필을 위해 거의 쓸모가 없었다. 그것들은 이미 현실의 발전추세와 거리가 멀었다. 오늘날 기술이나 연구개발은 차원이 다르게 신속하게 변하고 있었다. 이 책의 거의 대부분을 새로이 공부하면서 써야 했다.

또 하나 이 책을 쓰면서 느낀 어려움 중의 하나는 필자가 연구개발의 현장에 대한 실제 경험이 부족하다는 점이다. 다행히 공저자는 오랜 시간 연구소의 재직한 관계로 연구현장의 경험을 반영해주어 명실공히 이 책을 공저가 되게 만들어주었다. 그럼에도 불구하고 기업의 연구개발 현장의 생생한 경험을 반영하고 있지 못한 것은 이 책의 명백한 한계임을 밝힌다. 향후 기업 현장의 연구개발자와의 공동노력이 이루어진 보다 발전된 후속서가 나오길 기대해 본다.

이 보잘 것 없는 책이지만 여러 사람들의 도움이 없었다면 이룰 수 없었을 것이다. 이 자리를 빌려 감사의 말씀을 전하고자 한다. 우선 저자들이 미답의 이 영역에 대한 관심을 갖도록 이끌어준 많은 연구행정 관리자 여러분들께 감사해야 할 것 같다. 그리고 주저자가 봉직했던 충남대학교 경영학부의 김능진, 송계충, 정범구 교수님들에게 감사한다. 공저자로 이름을 올리지는 않았지만 이 분들과의 공동노력은 이 책 곳곳에 스며있다. 또 영원한 스승이신 서울대학교 신유근 명예교수님은 이 책을 마무리할 수 있도록 필자들에게 끊임없는 에너지를 주신 분이다. 그리고 매주 만나는 토산 모임의 회원들은 진정한 연구개발 관리의 전문가들로 필자들에게 많은 정보와 통찰력을 제공해주었다. 또 이러한 어려운 시기에 수익도 불투명한 이런 종류의 책의 출간을 흔쾌히 허락해준 명경사 한의명 사장님에게도 감사의 말씀을 전한다.

끝으로 이상하게 드릴지 모르지만 이 책의 집필 기간 내 우리를 옥죄인 COVID 19에도 감사해야 할 것 같다. 그로 인한 자기격리가 없었다면 이 책의 출산 여부는 불투명했을 것이다. 언젠가 읽은, 누가 말했는지도 모르는 구절이 생각난다. "미친 바람이 천지에 향기를 흩뿌리네."

2021년 10월

저자 한인수 · 노풍두 씀

| 부 · 장 차례 |

| 차 례 |

제 5 장 R&D 팀의 관리

제 6 장 R&D 팀의 의사소통과 갈등관리

제 7 장 R&D 리더십

제 3 부 R&D 인력의 인사관리

제 8 장 R&D 인력의 채용관리

제 14 장 엔지니어로부터 관리자로의 전환

PART 1

서 론

제 1 장 R&D 인사조직관리의 기초

제 1 부
서 론

- 제 1 장 R&D 인사조직관리의 기초

제 2 부
R&D 인력의 행동개발

- 제 2 장 R&D 인력의 퍼스낼리티 특성
- 제 3 장 R&D 인력의 창의성
- 제 4 장 R&D 인력의 동기부여
- 제 5 장 R&D 팀의 관리
- 제 6 장 R&D 팀의 의사소통과 갈등관리
- 제 7 장 R&D 리더십

제 3 부
R&D 인력의 인사관리

- 제 8 장 R&D 인력의 채용관리
- 제 9 장 R&D 인력의 경력관리
- 제10장 R&D 인력의 성과관리
- 제11장 R&D 인력의 보상관리

제 4 부
R&D 조직관리

- 제12장 R&D 조직구조
- 제13장 R&D 조직문화
- 제14장 엔지니어로부터 관리자로의 전환

01 CHAPTER

R&D 인사조직관리의 기초

제 1 절 R&D 인사조직관리의 중요성

1. R&D의 개념과 중요성

(1) R&D(연구개발)의 정의

R&D(research and development) 또는 연구개발(研究開發)은 새로운 서비스나 제품을 개발하거나 기존의 것들을 개선하려고 정부나 기업이 수행하는 일단의 혁신적 활동을 말한다. 유럽에서는 연구기술개발(research and technological development: RTD)이라고도 부른다. 경제개발협력기구(OECD)에서는 R&D를 "인간, 문화, 사회의 지식을 비롯한 지식을 증강하기 위한 창조적인 일이자 새로운 응용물을 고안하기 위한 지식의 이용"이라고도 정의한다(OECD, 2021). R&D는 새로운 서비스나 생산과정의 시작단계를 구성한다.

유사개념에 혁신(innovation)이 있다. 혁신과 R&D는 때때로 같은 의미로 사용되지만 고유하게 다른 의미를 지닌 용어이다. 혁신은 새로운 가치와 가치 흐름을 주도하는 반면 R&D는 이미 가지고 있는 것에 초점을 맞추고 있다. 이 두 용어는 의미가 비슷하지만 실제로는 매우 다르다는 것을 인식할 필요가 있다. 그러나 이 둘은 유사하지 않지만 보완적이다. 예컨대 Steve Jobs와 Apple은 스마트한 아이폰(iPhone)을 출시하면서 휴대폰 산업을 완전히 혁신했다. 그 후 이 혁신적인 제품의 기능과 사용을 개선하는 데 매년 수백만 달러의 R&D 비용이 지출되고 있다. 휴대폰은 혁신으로 시작하여 혁신적인 아이디어를 개선하기 위한 대규모의 R&D로 전환되었다. 해마다, 버전마다 점진적인 변경을 위해 많은 R&D 노력이 이루어지고 있다.

R&D는 제품개발(product development)과도 구별된다. R&D(연구개발)는 제품수명주기에서 볼 때 구상단계에 관여한다. 반면에 제품개발은 신제품이나 다른 사양의 기존제품의 디자인, 창조, 마케팅의 전 과정을 책임진다. 즉 구상부터 판매에 걸친 제품의 전 수명주기에 관여한다.

(2) R&D의 유형

R&D는 보통 기초연구, 응용연구, 개발의 세 가지 유형으로 구성된다. 다만 다

음에서 보는 바와 같이 두 기관에서 다소 정의에 차이가 있다(NSF/NCSES Archives, 2021; OECD, 2015).

1) 미국연구재단(National Science Foundation: NSF)의 정의

① 기초연구(basic research)

기초연구는 프로세스나 제품에 대한 특정 적용 없이 현상과 관찰 가능한 사실의 근본적인 측면에 대한 완전한 지식 또는 이해를 지향하는 체계적인 연구이다.

② 응용연구(applied research)

응용연구는 특정한 요구가 충족될 수 있는 수단을 결정하는 데 필요한 지식이나 이해를 얻기 위한 체계적인 연구이다.

③ 개발(development)

개발은 특정 요구 사항을 충족하기 위한 프로토타입 및 새로운 프로세스의 설계, 개발 및 개선을 포함하여 유용한 재료, 장치 및 시스템 또는 방법의 생산을 목표로 하는 지식 또는 이해의 체계적인 적용이다.

2) OECD의 정의

① 기초연구(basic research)

기초연구는 어떤 특정한 응용이나 활용을 염두에 두지 않고 주로 새로운 지식을 습득하기 위해 수행되는 실험적 또는 이론적 작업이다.

② 응용연구(applied research)

새로운 지식을 얻기 위한 독창적인 연구이기는 하나 구체적이고 실용적인 목표를 가지고 이루어지는 연구이다.

③ 개발(development)

실험적 개발(experimental development)이라고도 하며 신제품이나 과정을 창출하거나 기존 제품이나 과정을 개선할 목적으로 연구나 실제경험을 통해 얻은 지식을 끌어내거나 추가의 지식을 산출하는 체계적인 작업이다.

연구자에 따라서는 기술적 서비스(technical service)를 광의의 R&D 활동에 포함시키기도 한다.

(3) 연구개발(R&D)활동의 특징

연구개발 활동으로 확인되기 위해서는 다음의 다섯 가지 기준을 충족해야 한다(OECD, 2015).

1) 새로워야 한다(novel)

연구개발은 새로운 발견을 목표로 한다. 대학이나 연구기관에서의 연구 프로젝트는 완전히 새로운 발전을 목표로 하고 있고 기업에서도 비즈니스에 완전히 새로운 연구결과를 도출하려 노력한다.

2) 창의적(creative)이어야 한다

연구개발은 창의적이어야 한다. 기존의 지식을 개선하는 새로운 아이디어나 개념을 목표로 한다.

3) 불확실한(uncertain) 상황에서 이루어진다.

많은 연구개발 활동은 그 최종 결과가 불확실한 특징이 있다. 새롭고 독창적인 것을 추구하기 때문이다. 필요한 시간과 자원에 있어서도 불확실성이 존재한다.

4) 체계적(systematic)이어야 한다.

연구개발은 사전 계획이 되고 예산이 수립되어 체계적으로 진행된다. 연구개발의 목적과 자금의 원천이 확정되어야하고 재정계획과 인원계획이 수립되어 진행된다.

5) 이전가능하고 재현가능(transferable and/or reproducible)해야 한다.

연구개발 활동의 결과는 다른 연구자가 활용할 수 있도록 이전가능 해야 하고 다른 연구자들이 자신의 연구개발 활동의 일부로 그 결과들을 재현할 수 있도록 해야 한다.

(4) 연구개발 수행주체

연구개발의 주된 주체는 대학, 연구소, 기업이다. 대학은 주로 기초연구에 주력하며 기업은 개발연구가 주를 이룬다. 반면 연구소(국책, 비영리)는 연구소 미션에 따라 기초연구에 가까운 연구를 할 수도 있고 개발에 가까운 연구를 수행할 수도 있다.

1) 대학

학술적인 연구는 주로 대학에서 이루어진다. 가르치는 것을 겸업으로 하는 교수의 지도 하에 박사과정 학생이나 Post Doc같은 연구원들에 의해 소규모의 기초연구가 수행된다. 이는 학술적인 연구조직(academic research organization)으로 분류되기도 한다(Brooks, 1968).

2) 연구소

연구소는 전문 연구기관이라고 할 수 있는데 미션 지향 연구소와 학술지향 연구소로 대별된다(Brooks, 1968). 이는 주로 정부출연이나 비영리기관에 의해 설립 운영된다.

① 미션지향 연구소(mission-oriented research organizations)

장기적인 미션을 달성하기 위한 목적을 지닌 연구소이다. 예컨대 미국 국방성 산하의 국방 연구소나 우리나라의 국방과학기술연구소(ADD)처럼 뚜렷한 미션을 지닌 연구소이다. 여기서는 기초연구와 응용연구를 겸하며 때로는 제조나 운영을 위한 기술적 지원도 제공한다. 연구는 과학 그 자체의 발전보다는 조직이 지닌 고유한 목적이나 미션을 목표로 한다.

② 학술지향 연구소(scientific institutional research organizations)

이 연구소도 미션이 있으나 미션은 주로 학술적인 것이다. 예컨대 수학이나 고에너지 물리학, 분자생물학 등의 발전을 목표로 하는 연구소이다. 우리나라에서는 기초과학연구원(IBS)이 이 유형에 가까운 연구소라 할 수 있다.

3) 기업

기업의 R&D 활동은 기업규모에 따라 다양한 형태로 이루어진다. 전사적인 중앙연구소를 갖는데서 부터 제품관리부서에서 활동이 이루어지기도 한다.

① 중앙연구소

기업규모가 큰 경우 중앙연구소를 갖기도 한다. 여기서는 사업부를 넘어서서 기업의 미래 먹거리가 될 수 있는 원천기술의 개발을 목표로 한다.

② 사업부내 연구소

사업부 연구소는 사업부내 제품들과 관련된 기술개발에 주력한다. 제품들과 관련된 다소 원천적이면서 장기적인 시야에서의 기술개발을 목표로 한다.

③ 제품관리 부서

특정 제품을 담당하는 부서나 팀에서도 R&D 활동이 이루어진다. 여기서는 특정 제품의 개발이나 개선을 목표로 한다. 이 부서에서는 일상적인 업무수행이 넓은 의미의 연구개발 활동에 속한다.

그림 1-1 R&D 유형별 수행주체

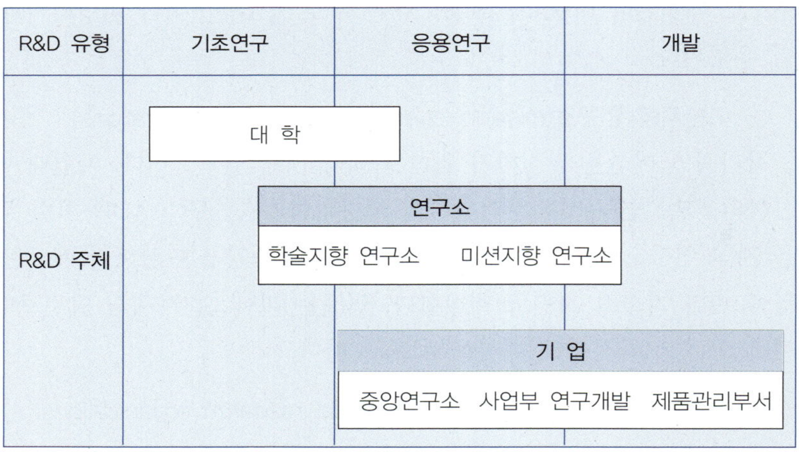

(5) R&D(연구개발)는 왜 중요한가?

연구개발이 중요한 것은 국가나 개별기업을 막론하고 오늘날 요구되는 경쟁력의 원천이 되기 때문이다.

국가차원에서 R&D에 대한 지출이나 투자는 국가의 미래 경제성장의 동력이 된다. 소위 선진국이라는 나라들에서는 R&D 지출과 경제성장의 상관관계가 높다. 선진국이기 때문에 R&D 지출이 가능한지 아니면 많은 R&D 지출이 경제성장을 가능하게 하는지는 구명이 어렵지만은 양자 간에는 관계가 밀접하다. 이스라엘이나 한국과 같은 나라는 경제규모에 비해 많은 R&D 지출(GDP 대비 높은 R&D 지출)을 통해 높은 산업경쟁력을 유지하기도 한다.

개별기업차원에서도 R&D는 기업경쟁력의 중요한 원천이 된다. 구체적으로는 기업들에게 다음과 같은 이점을 가져다준다.

① 차별화된 제품이나 서비스의 제공

기업은 R&D를 통해 [그림 1-2]에서 보듯이 제품과 서비스를 창출할 수 있다. R&D에 기반한 기술개발을 통해 타 기업이 제공하지 못한 차별화된 제품이나 서비스를 통해 시장지배력을 확보할 수 있다. 특히 최근에는 기술발전의 속도가 빨라지고 있어 타 기업에 비해 차별적인 경쟁우위를 점하기 위해서는 R&D 활동에 주력할 필요가 있다. 또한 R&D를 통해 기업은 넓은 관점에서 고객의 요구나 추세를 예측하면서 앞서 나갈 수 있게 된다.

그림 1-2 R&D의 효과

② 비용감소

효과적인 R&D활동이 이루어지면 과정을 개선함으로써 비용을 줄일 수 있다. 그리고 이는 기업의 수익성 개선에 기여한다.

③ 특허와 같은 무형자산의 증대

기업은 신제품 개발 및 기타 활동을 통해 특허를 획득 할 수 있다. 이는 경쟁우위를 확보하는 데 필수적이다. 특허를 통해 기술을 선점하지 못하면 새로운 기술발전 시기에 높은 수익창출력을 기대하기 힘들다. 또한 후발 기업의 경우 특허침해로 인한 소송에 시달리게 된다.

특허와 같은 무형자산은 오늘날 기업에 있어 과거보다 더욱 중요하게 되었다. 유형자산 대비 무형자산의 가치는 점점 높아지고 있다. 최근 플랫폼 기업의 비약적인 성장과 높은 가치평가는 무형자산 가치의 반영이라고 볼 수 있다. 기업의 R&D활동은 이러한 무형자산의 가치를 높이는데 매우 중요한 역할을 담당한다.

④ 자금조달의 용이

R&D 활동은 기업의 투자자들에게 신뢰를 주어 자금조달을 용이하게 만든다.

R&D 활동을 개선하기 위한 자금 조달은 투자자에게 회사의 비전을 보여주는 훌륭한 방법이 된다. 신규 및 기존 투자자들에게 회사가 혁신 할 수 있는 견고한 구조를 개발하고 있는지를 확인시키는 것이 중요하다. 이는 회사가 지속 가능한 성장을 달성하는 데 필요한 것을 갖추고 있음을 그들에게 이해시킬 수 있기 때문이다.

투자자는 혁신에 대한 사전대비책을 갖고 있으며 비즈니스를 효과적으로 관리 할 수 있는 회사에 일반적으로 매력을 느낀다. R&D가 제대로 이루어지고 있음을 보여준다면 회사가 이러한 역량을 보유하고 있음을 증명하는 것이 되어 투자유치가 용이해진다.

⑤ 우수인재의 확보

기업은 혁신적일수록 인재확보가 용이해진다. 직원에게 동기부여를 주는 분위기를 보유한 기업에는 뛰어난 재능을 가진 사람들이 모인다. 그 결과 우수인재는 강력한 R&D 프로그램을 보유한 회사를 선호하게 된다. R&D 프로그램은 회사의 규모에 관계없이 우수인재를 채용할 수 있는 회사의 능력을 향상시킬 수 있는 좋은 방법이다.

2. R&D의 현황

글로벌 환경에서 R&D는 경쟁력의 중요 원천이므로 경쟁력에 관심을 가진 국가나 기업들은 R&D에 주력하고 있다. 그 현황을 살펴보기로 한다.

(1) 국가별 동향

[표 1-1]은 전 세계의 국가별 R&D 지출순위를 보여준다(Wikipedia,2021). 총 R&D 지출순위는 미국(1), 중국(2), 일본(3), 독일, 한국(5) 순으로 이루어지고 있다. 우리나라는 경제규모에 비해 R&D 지출이 꽤 많다는 것을 알 수 있다.

표 1-1 국가별 R&D 지출 순위

순 위	국 가	R&D 지출 (10억 달러, PPP)	GDP(PPP) 대비 비율(%)	국민 1인당 R&D 지출 (달러, PPP)	연 도
1	미국	612.714	3.1	1,866	2019
2	중국	514.798	2.2	368	2019
3	일본	172,614	3.2	1,375	2019
4	독일	131,932	3.2	1,586	2019
5	한국	100.055	4.6	1,935	2019
6	프랑스	63.658	2.2	944	2019
7	인도	58.691	0.65	43	2018
8	영국	51.702	1.8	762	2019
9	대만	42,945	3.5	1,822	2019
10	러시아	38,549	1.0	263	2019
15	이스라엘	16.888	4.9	1,810	2019

자료: Wikipedia.com(2021).

1) 글로벌 Top 2는 미국과 중국이다.

표에서 보듯이 총 R&D 지출이라는 면에서 미국과 중국은 압도적인 Top 2이다. 3위인 일본과 상당한 격차를 보이고 있다. 최근에 중국이 약진하고 있지만 여전히 미국은 R&D 지출 세계 1위이며 GDP대비 비율도 3.1로 중국의 2.2%를 앞서고 있다.

2) 미국은 중국의 부상에 위협을 느낀다.

국가별 R&D 동향에서 특기할만한 것 중의 하나는 미국의 비중축소와 중국의 부상이다. 여전히 총지출에서 미국은 전 세계 1위를 차지하고 있으나 글로벌 비중은 과거에 비해 많이 축소되었다. [그림 1-3]에서 보는 바와 같이 전 세계 R&D 지출에서 차지하는 미국의 비중은 1960년 69%에서 2018년 28%로 축소되고 있다(Congressional Research Service, 2020).

그림 1-3 전세계 R&D에서 차지하는 미국의 비중

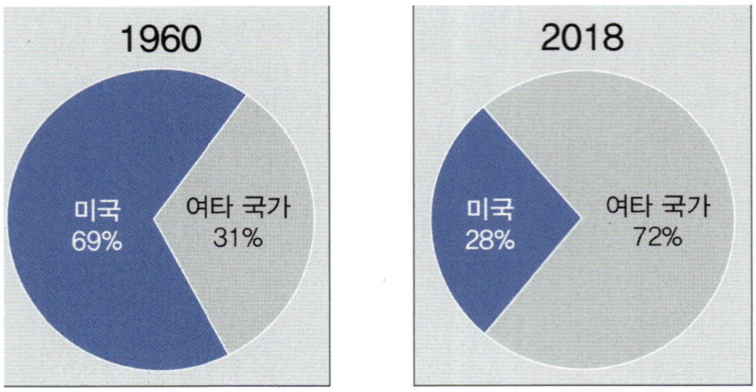

자료: Congressional Research Service(2020).

반면 중국의 R&D 지출의 글로벌 비중은 [그림 1-4]에서 보는 것처럼 가파르게 상승하고 있다(OECD, 2020). 중국은 기술발전을 위해 R&D 지출을 최근 급격하게 늘리고 있다. 최근 발표된 중국의 '14차 경제개발계획'에 따르면 중국은 2012년-2025년 사이에 R&D 지출을 연간 7% 이상 증가시킬 예정이다. 그래서 현재 2.2-4%대에 머무르고 있는 GDP대비 비율을 크게 증가시킬 계획이다.

그림 1-4 주요 국가별 R&D지출 추세(2000-2018년)

(단위: 10억 달러, PPP)

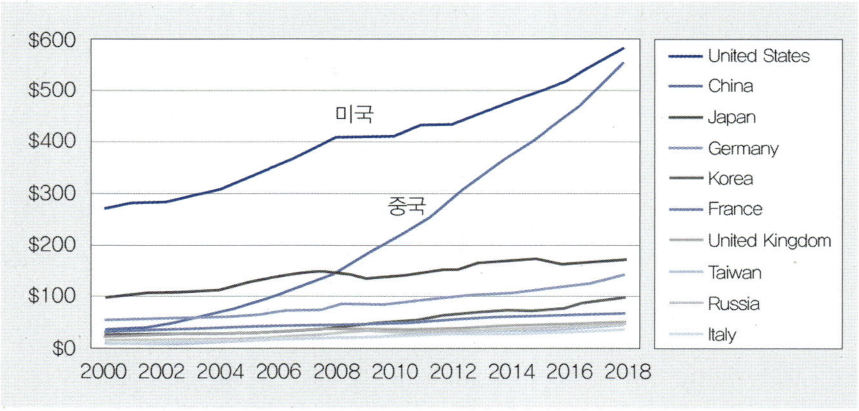

자료: OECD.Stat database(2020).
주: PPP(purchasing power parity: 구매력 지수).

중국의 R&D 투자가 최근 크게 늘고 있지만 이는 상품화와 관련되어 있는 응용연구나 기술개발에 집중되어 있었다. 반면 기초연구에 대한 투자는 미국에 크게 뒤쳐져 있다. 2020년 현재 기초연구에 대한 투자가 미국의 경우 1,050억 달러인데 비해 중국은 197억 달러에 머무르고 있다. 이를 타개하기 위해 중국은 기초연구에 대한 투자를 크게 늘릴 계획을 가지고 있다(Kharpal, 2021). 중국의 중앙정부는 2021년에 기초연구에 대한 투자를 10.6% 늘릴 계획이다. '14차 경제개발계획'에 의하면 중국의 R&D 투자의 주력분야는 반도체, 헬스케어, 양자컴퓨팅, 클라우드 컴퓨팅 등이다.

미국은 전 세계에서 차지하는 R&D 지출의 비용이 현저히 감소한데다가 중국의 부상에 경계감을 표시하고 있다. 특히 미중 분쟁이 무역분쟁에서 기술패권의 성격으로 전환됨에 따라 R&D 지출과 투자에 대한 재정비에 나서고 있다. 미국은 종래 기초연구에 주력하고 부가가치가 적은 기술개발이나 제조는 타국에 의존하는 성장전략을 견지하여 왔다. 그러나 중국과의 기술분쟁이 증대함에 따라 반도체나 2차 전지와 같은 글로벌 전략산업의 기술개발이나 생산거점에서 취약점을 발견하게 되었다. 그에 따라 최근 R&D와 제조 등에 대한 기존전략을 크게 수정하고 있다. 즉 기초연구에 치중하였던 R&D 전략을 전략산업에서의 기술개발에 중점을 두게 되었고 생산시설도 자국 내에 유치하려고 노력하고 있다.

2021년 6월 미국은 두 개의 법안을 상,하원에서 통과시켰다. 하원에서는 '미래를 위한 미국과학재단 법(National Science Foundation for the Future Act)'이 통과되었다. 상원에서는 '미국 경쟁과 혁신 법(U.S. Innovation and Competition Act)'을 통과시켰다. 두 법의 내용은 구체적으로는 다소 차이가 있으나 R&D 예산을 크게 늘린다는 것과 미국과학재단(NSF)에 기술개발과 상업화를 담당하는 본부를 신설한다는 공통된 내용을 담고 있다(COSSA, 2021). 미국과학재단의 기존역할이 기초연구에 중점을 두었다면 새 법안들에서는 기술개발까지 영역을 확장하였다는 특징이 있다. 다분히 기술개발과 관련된 중국의 부상을 염두에 둔 법안이라고 볼 수 있다.

(2) 글로벌 기업별 동향

[표 1-2]는 기업별 R&D 지출의 글로벌 순위(2018년 기준)를 보여준다. 널리 알려진 소위 글로벌 빅테크(Big Tech)기업들이 상위를 차지하고 있다. 그중에서

표 1-2 기업별 R&D 지출 순위(2018년 기준)

순 위	기 업	국 가	섹터	R&D 지출 (10억 달러)
1	Amazon	미국	소프트웨어, 인터넷	22.62
2	Alphabet Inc	미국	소프트웨어, 인터넷	16.23
3	Volkswagen	독일	자동차	15.77
4	Samsung(삼성전자)	한국	컴퓨팅, 전자	15.31
5	Microsoft	미국	소프트웨어, 인터넷	14.74
6	Huawei	중국	컴퓨팅, 전자	13.60
7	Intel	미국	컴퓨팅, 전자	13.10
8	Apple Inc.	미국	컴퓨팅, 전자	11.58
9	Roche Holding	스위스	헬스케어	10.80
10	Johnson & Johnson	미국	헬스케어	10.55
11	Daimler AG	독일	자동차	10.40
12	Merck & Co	미국	헬스케어	10.21
13	Toyota	일본	자동차	10.02
14	Novartis	스위스	헬스케어	8.51
15	Ford Motor Company	미국	자동차	8.00
16	Facebook, Inc	미국	소프트웨어, 인터넷	7.75
17	Pfizer	미국	헬스케어	7.66
18	BMW	독일	자동차	7.33
19	General Motors	미국	자동차	7.30
20	Robert Bosch GmbH	독일	산업재	7.12

자료: OECD(2021).

우리나라 기업인 삼성전자가 4위를 차지하고 있다.

R&D의 지출은 기업의 경쟁력과 직결된다는 것을 앞서 언급하였는데 그 둘 간의 관계를 보여주는 자료 중 하나가 [그림 1-5]에 나와 있다. 그림은 주요 기업의 R&D 지출과 수익증가와의 관계를 보여주는데 2020년에 평균 R&D 성장률(6.2%)을 상회하는 기업들의 수익증가율(revenue growth)-◆로 표시-이 이를 하회하는 기업들에 비해 높음을 알 수 있다. 횡단적 자료이기는 하나 R&D 투자가 많은 기업들의 수익증가가 높음을 보여주는 하나의 자료이다.

그림 1-5 중요 기업의 R&D 지출과 수익증가와의 관계

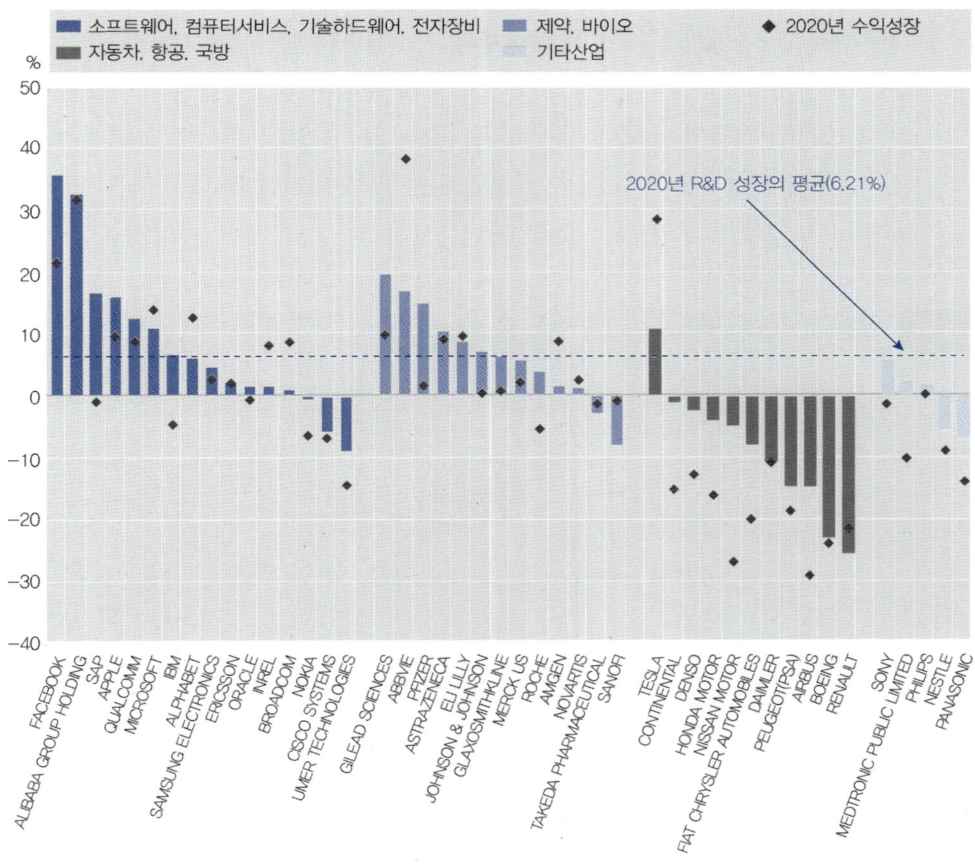

자료: OECD(2021).

(3) 한국의 R&D 현황

1) 한국의 GDP 대비 R&D 지출비율은 세계 2위이다.

R&D 지출이라는 측면에서 보면 한국은 전 세계적으로 경이적인 국가이다. 놀랍게도 한국은 작은 나라임에도 불구하고 R&D 지출순위로 전 세계 5위를 기록하고 있다. 국가 경제규모에 비해 연구개발에 쏟는 우리나라의 열정을 가늠해볼 수 있는 기록이다.

더욱 놀라운 것은 GDP(PPP) 대비 R&D 지출의 순위이다. [표 1-1]에서 보듯이 한국은 이스라엘(1위)에 이어 전 세계 2위를 차지하고 있다. 표는 2019년 기

준이지만 [그림 1-6]에서 보는 것처럼 이스라엘이나 한국의 R&D 지출은 GDP 대비 지속적인 증가 추세를 보여주고 있다(OECD, 2020). 이스라엘이나 한국과 같은 작은 나라들이 경제력 규모에 비해 연구개발에 많은 힘을 쏟고 있다는 것을 보여주는 자료이다. 그림에서 보듯이 한국의 순위는 이스라엘에 이어 2위이지만 비율 증가의 기울기는 보다 가파르다는 것을 알 수 있다. 한국이 그렇게 짧은 시간 내에 압축 성장을 이룩할 수 있었던 힘은 바로 이러한 R&D에 대한 집중 투자로부터 나왔음을 보여주는 자료이다.

그림 1-6 주요 국가별 GDP 대비 R&D 지출 비율의 추이

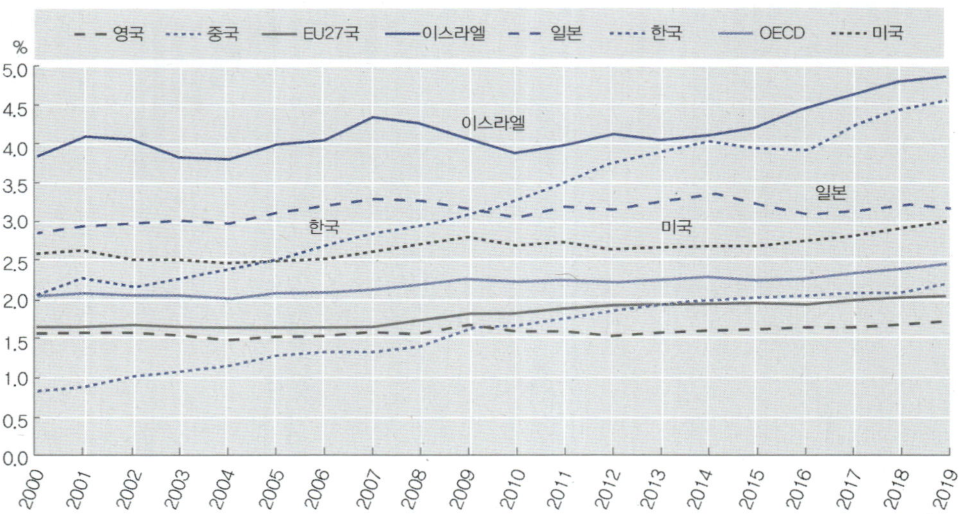

자료: OECD.Stat database(2020).

2) 글로벌 기업 중 삼성전자는 R&D 지출 세계 4위를 기록하고 있다.

R&D 지출면에서 한국의 삼성전자가 2018년 세계 4위를 기록하고 있다는 사실도 특기할 만하다. 2018년 기준으로 [표 1-2]에서 보듯이 153억 달러를 R&D에 투자하고 있다.

다음 순위의 한국기업은 삼성전자와는 상당한 격차가 있다. 표에 나오지 않았으나 2019년 기준으로 LG 전자(55위), SK 하이닉스(64위), 현대자동차(67위)가 상위 100대 기업 리스트에 이름을 올리고 있다. 삼성전자만이 발군의 실적을 보이고 있음을 알 수 있다.

3) 기타 한국의 R&D 현황

기타 한국의 R&D 현황을 살펴보기로 한다(KISTEP, 2020).

① 연구개발비 총액

2018년 기준 한국의 총 연구개발비는 85조 7,287억원이다.

재원별로는 민간 65조 7,028억원(76.6%), 정부 18조 3,630억원(21.4%)로 구성된다.

주체별로는 기업 68조 8,244억원(80.3%)(대기업 43조원, 63.7%), 공공(연) 9조 8,438억원(11.5%), 대학 7조 504억원(8.2%)로 기업의 비중이 큼을 알 수 있다.

연구단계별로는 기초 12조 1,805억원(14.2%), 응용 18조 8,247억원(22.0%), 개발 54조 7,235억원(63.8%) 순으로 이루어지고 있다.

② 국가 연구개발비

국가에 의한 R&D 투자는 [그림 1-7]에서 보듯이 2019년 20조 8,532억원, 2020년 24조 2,195억원, 2021년 27조 4,018억원으로 크게 증가하고 있다.

정부에 의해 집행되는 국가 연구개발비에서도 [표 1-3]에서 보듯이 개발연구의 비중이 높지만 기초연구의 비중도 꾸준히 30%를 상회하고 있다. 기초연구 투자에 대한 우리나라 정부의 의지를 읽을 수 있는 자료이다.

그림 1-7 국가연구개발비의 추이(2011~2021연도)

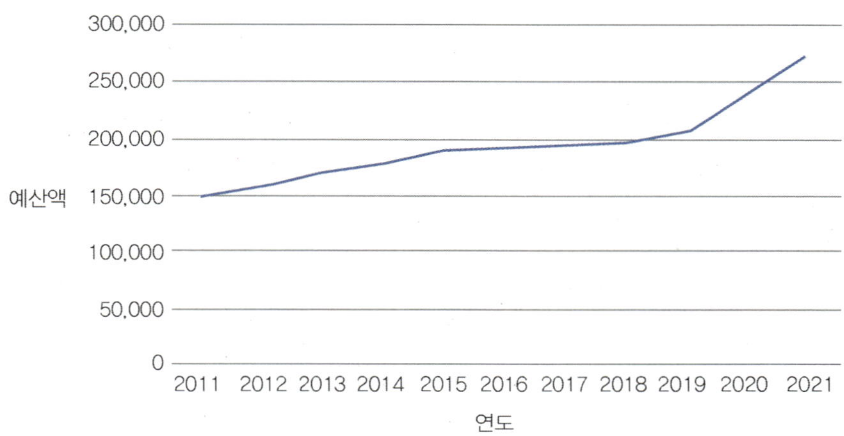

자료: KISTEP(2020).

표 1-3 연구개발 단계별 투자 현황(2017~2019)

(단위: 억 원, %)

구 분	2017		2018		2019	
	연구비	비 중	연구비	비 중	연구비	비 중
기초연구	45,898	33.5	44,651	32.7	46,415	32.7
응용연구	26,233	19.1	27,665	20.2	30,458	21.5
개발연구	65,021	47.4	64,387	47.1	64,883	45.8
소계	137,152	100	136,703	100	141,756	100
기타	56,775	–	61,056	–	64,497	–
합계	193,927	–	197,759	–	206,253	–

자료: KISTEP(2020).

③ 연구개발 인력

한국의 연구개발인력(2018년)은 514,170명에 이른다. 이를 소속별로 보면 기업체 368,237명(71.6%), 대학 108,529명(21.1%), 공공(연) 37,404명(7.3%)으로 구성된다. 공공(연) 중 출연(연)의 정원(2020년)은 15,663명이다.

연구개발 인력 중 박사학위 소지자는 [표 1-4]에서 보듯이 전체 연구원의 20.6% 수준으로 나타나고 있다(과기정통부/KISTEP, 2020).

표 1-4 한국의 연구개발 인력

(단위: 명, %)

구 분	2014	2015	2016	2017	2018
박 사	92,155(21.1)	98,578(21.7)	99,980(21.7)	103,582(21.5)	105,930(20.6)
석 사	129,409(29.6)	129,264(28.5)	132,595(28.8)	137,996(28.6)	144,399(28.1)
학 사	190,415(43.5)	199,019(43.9)	200,189(43.4)	214,752(44.5)	233,922(45.5)
기 타	25,468(5.8)	26,401(5.8)	28,005(6.1)	26,466(5.5)	29,919(5.8)
합 계	437,447	453,262	460,769	482,796	514,170

자료: 과기정통부/KISTEP(2020).

제 2 절 R&D 관리와 R&D 인사조직관리

1. R&D 관리

R&D 지출과 활동의 증대는 필연적으로 R&D 관리라는 학문적 영역을 낳게 되었다. 즉 생산성이 높고 우수한 연구개발 목표의 달성을 위해 연구개발을 보다 효과적으로 관리하여할 지식체계가 필요했기 때문이다.

(1) R&D 관리의 정의와 영역

1) R&D 관리의 정의와 다루는 영역

R&D 관리 또는 연구개발관리(R&D management)는 R&D 프로세스를 설계 및 선도하고, R&D 조직을 관리하며, 새로운 노하우와 기술을 혁신에 관련된 다른 그룹이나 부서로 원활하게 이전하는 방안을 연구하는 분야이다.

연구개발관리에서 다루는 주제는 기초연구, 기술개발, 개념개발, 신제품개발, 과정개발, 프로토타이핑, R&D 포트폴리오 관리, 기술이전, 오픈 이노베이션, 기업・정부・대학간 연구 네트워크 등이 포함된다. 그러나 일반적으로 기술 라이센싱, 혁신관리, 지적재산관리, 기업벤처육성, 인큐베이션 등은 포함되지 않는다고 본다. 그 이유는 이들 활동은 기업의 R&D 활동의 존재없이도 수행될 수 있는 충분히 독립적인 활동들이기 때문이다. 그러나 최근에는 기술사업화는 R&D 관리의 한 영역으로 포함시키기도 한다. R&D 성과를 돈으로 연결하는 것이 한층 중요해졌기 때문이다.

2) 기술관리와 혁신관리와의 차이

R&D관리와 유사한 개념에 기술관리와 혁신관리가 있다. 세 개념의 차이는 [그림 1-8]에서 보는 바와 같이 다루는 영역에서 차이가 난다(Lead, 2021).

① 기술관리(technology management)는 세 개념 중 다루는 영역이 가장 좁다.

기술적 문제를 해결하는 데 필요한 과학적 지식과 기술의 습득과 적용을 모두 포함한다. 기술 관리는 새로운 기술과 함께 기존 기술의 유지 및 추가 개발을 모두 다룬다.

② 혁신관리(innovation management)

새로운 제품 및 프로세스의 개발, 도입 및 구현과 관련되어 이루어지는 모든 단계로 구성된다. 여기에는 시장성 있는 제품 또는 서비스에 있어서 새로운 아이디어의 생성 및 구현과 관련된 계획, 의사 결정, 조직 및 통제 과업이 포함된다. 구체적으로 혁신 목표 및 전략의 정의에서부터 R&D 프로그램의 수립 및 혁신 문화의 창출에 이르기까지 다양한 범위를 포괄한다.

이상의 개념정의에서 보듯이 기술관리는 기존 기술의 유지 및 지속도 다루는 반면 혁신 관리는 신기술 뿐만 아니라 비 기술적 혁신도 포괄한다. R&D 관리는 두 개념사이에 연결개념 및 중간지대로서 기술관리와 혁신관리 양자와 접점을 가지고 있다.

그림 1-8 기술관리 R&D 관리 혁신관리의 차이

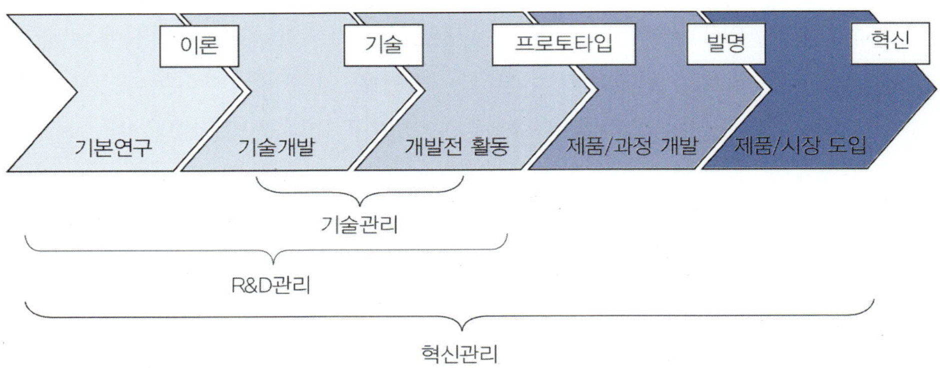

(2) R&D 관리의 독자성

R&D 관리는 기존의 경영이나 관리이론과는 다르게 비교적 최근에 성립된 기능분야이다. 그러나 R&D의 중요성이 커짐에 따라 독자적인 영역으로 정립되어 가고 있다. R&D가 학문적으로 독자적인 영역을 구축하게 된 것은 다음에서 보는 바와 같이 다른 관리활동과는 구별되는 특이성을 가지고 있기 때문이다.

R&D 조직이나 활동은 다음 측면에서 여타 조직 또는 활동과 다른 특이한 점을 가지고 있다(Jain et al, 2010).

1) 사람

R&D에 종사하는 사람들 즉 연구자나 엔지니어들은 조직의 여타 직원들과 다소 다르다. 그들은 고학력자이면서 많은 훈련경험을 가지고 있다. 그 과정에서 자율적이고 자기 주도적으로 활동하려는 성향이 있다.

이들의 특성을 보여주는 재미있는 일화가 있다. 독일의 유명 과학자 Helm Holtz는 어느날 자기 연구실 앞에 메모를 붙여놓았다. 내용은 "방해하지 말아주세요"라는 것이었다. 그리고 한 달 동안 그를 본 동료나 과학자들이 없었다. 그러나 한 달 만에 그는 라디오와 텔레비전의 발전에 중요한 새로운 이론을 가지고 나타났다.

2) 아이디어

R&D 활동을 통해 나오는 아이디어는 산출방식이 다르다. 이는 독특한 커뮤니케이션 네트워크를 통해 산출되며 과학 커뮤니티의 특유의 분위기에 의해 촉진된다.

3) 자금

R&D활동에 필요한 자금조달은 다양한 방식으로 이루어진다. 여기서는 조직내 자금 뿐만 아니라 때로는 정부의 R&D 지원 자금이 큰 몫을 담당한다. 대학이나 연구소의 연구개발에는 정부의 자금지원의 비중이 높다. 기업의 경우라도 신생 스타트업의 경우에는 정부의 연구지원에 의존하는 정도가 높다.

4) 문화

조직의 문화(culture)에는 객관적 요소와 주관적 요소가 있는데 연구개발 활동이 이루어지는 연구실이나 건물과 같은 객관적 요소도 다르지만 규정, 가치, 규범, 표준 업무절차와 같은 주관적 요소가 여타 조직과는 상당히 다르다.

R&D조직이나 부서는 구성원 간 수평적 문화가 강하고 과학이나 공학의 발견에 대한 신랄한 비판의 분위기가 존재한다. 전통적인 관료제 조직의 위계적 분위기와는 다소 다르게 하급자들도 목소리가 높으며 아이디어에 대한 공개적이고 충분한 토론이 이루어진다.

(3) R&D 관리의 정체성의 혼돈: '멀고 험한 길'

연구개발 활동이 크게 늘어나고 있고 그에 따른 체계적 관리의 필요성이 증대하고 있음에도 불구하고 연구개발 관리의 학문적 체계화는 아직까지 미완성이다. 연구개발관리 분야의 대표적인 학술전문지의 하나인 '연구개발관리(R&D Management)'는 2016년 창간 40주년을 회고하는 정리논문을 게재한 바 있는데 제목이 "A long and winding road: 40 years of R&D Management"였다(Rigby, 2016). "멀고 험한 길"이라는 제목은 비단 R&D 관련 전문학술지뿐만 아니라 R&D 관리의 그간의 발전과정을 한마디로 잘 요약해주는 표현이라고 할 수 있다. 반세기라는 학문의 기간은 결코 긴 것이라고 할 수 없지만 독자적인 학문영역으로 정립하기에는 해결해야할 과제들이 너무 많았음을 시사해 준다.

연구개발관리가 학문적 체계를 정립하는데 어려움을 겪고 있는 이유로는 여러 가지로 생각할 수 있다.

우선 첫째는 연구개발 과업과 관련된 복잡성을 들 수 있다. 연구와 개발이 과업의 특성에서 상당한 차이가 있다. 또한 활동의 주체도 대학, 연구소, 기업 등 다양하다. 뿐만 아니라 연구개발은 기술이 관련되는데 관련기술에 따라 연구개발의 양상에도 상당한 차이가 있다. 예컨대 IT 제품과 제약의 연구개발에는 상당한 차이가 있다. 이러한 다양성 속에서 R&D관리의 공약수를 찾아내는 것은 상당한 시간과 노력을 필요로 하고 있다.

둘째, R&D 관리는 기술관리도 그러하지만 기술과 관리라는 두 가지 별도의 영역이 교차하는 영역이다. 따라서 연구자가 이 두 분야에 정통하기가 힘들다. 기술전문가는 관리를 모른다. 반면 관리 전문가는 기술을 모를 수 있다. 따라서 기술과 관리라는 이질적인 영역을 다리로 연결하는 전문가가 많지 못하다. 이러한 한계가 R&D 관리의 발전을 더디게 만드는 요소의 하나이다.

이러한 문제점들 때문에 R&D 관리는 반세기가 지난 지금도 다루는 영역이나 주제에 대한 합의나 학문적 체계화가 기대만큼 이루어지지 못하고 있다. 참조할 수 있는 R&D 관리의 교과서도 많지 못하지만 구체적 내용에서도 공통성의 확립이 이루어지지 못하고 있다. R&D 관리의 학문적 체계화는 R&D 관리 관련된 하나의 미완의 과제로 여전히 남아있다.

2. R&D 인사조직관리

(1) R&D 인사조직관리의 개념과 중요성

1) R&D 인사조직관리의 개념

R&D 인사조직관리는 연구개발과 관련된 사람관리 부분이라고 할 수 있다. 좀 더 구체적으로 정의하자면 "연구개발 목표를 달성하기 위하여 연구개발 인력을 효과적으로 관리하고 조정하는 활동과 관련된 지식체계"라고 정의할 수 있다.

2) R&D 인사조직관리의 중요성

R&D 인사조직관리를 R&D관리 중에서도 특히 강조하는 이유로는 다음과 같은 것을 들 수 있다.

첫째로 R&D는 역시 사람에 의해서 주도된다는 것이다. 따라서 R&D 목표의 유효성은 관여하는 사람들에 대한 효과적인 관리에 좌우되는 수가 많다. 때문에 R&D 관리의 내용에 대한 체계화가 완전히 이루어진 것은 아니지만 논의되는 토픽중의 상당수가 사람관리와 관련된 것이다. 그만큼 연구개발에서 사람이 차지하는 비중이 크다는 것을 의미하는 것이다. [표 1-5]는 한 R&D 관리의 교과서라고 할 만한 책에서 다루는 주제를 보여주고 있다. 거의 절반에 가까운 내용이 사람과 관련된 내용이라고 할 수 있다(Jain et al, 2010).

둘째로 R&D에서 차지하는 사람관리의 비중이 큼에도 불구하고 이를 담당하는

표 1-5 한 연구개발관리 텍스트의 중요내용 구성

R&D관리의 전체 내용	
인사조직 외의 장(章)	인사조직 관련 장(章)
• 기술이전 • 점진적 혁신과 급진적 혁신 • 연구개발 주체간 네트워크 관리 • 대학과 기초연구 • R&D 전략 • 연구개발과 과학정책	• R&D 조직의 구성요소 • 효과적인 R&D 조직의 창출 • 직무설계와 경력관리 • 영향력 행사 • 동기부여 • 다양성의 관리 • 리더십 • 갈등관리 • 성과관리 • 조직변화

자료: Jain et al(2010).

관리자들이 사람관리의 지식이 부족하다는 점이다. 연구개발 책임자(PI)나 기술개발 팀장들은 관리적 능력 보다는 기술적인 우수성 때문에 관리자로서의 중책을 맡는 경우가 많다. 그러나 훌륭한 연구자나 기술자가 반드시 훌륭한 관리자가 되는 것은 아니다. 오히려 관리자로서의 가장 큰 실패요인으로 사회적 기술이나 인간적 기술을 갖추지 못했기 때문으로 지적되고 있다. 경우에 따라서는 R&D나 기술개발의 성공은 기술에 있는 것이 아니라 사람관리에 있다는 지적도 많다. 때문에 R&D의 성공을 위해서는 관리자는 기술적 능력 외에 사람관리를 다루는 인사조직관리에 대한 역량을 넓히는 것이 필수적인 과제이다.

(2) R&D 인력의 구성

연구개발 인사조직관리의 대상이 되는 R&D 인력은 누구인가? R&D 지출에 대한 통계 작성을 위해 다음과 같이 분류된다(OECD, 2015).

1) 기능에 다른 분류

기능에 따르면 R&D 인력은 연구자, 테크니션 및 동등인력, 기타 지원인력으로 구성된다.

① 연구자(researchers)

새로운 지식의 개념화와 창출에 종사하는 전문가, 개념, 이론, 모델, 기술, 도구, 소프트웨어 또는 운영 방법을 개선하거나 개발하는 연구를 수행.

② 테크니션 및 동등인력(technician and equivalent staff)

하나 이상의 학문영역에서 기술적 지식과 경험을 갖고 연구자의 감독 하에 개념의 응용, 운용방식, 연구장비의 활용을 포함하는 활동에 참여하는 인력.

③ 기타 지원인력(supporting staff)

숙련 및 비숙련 기능인, R&D 프로젝트에 참여하거나 해당 프로젝트와 직접 관련된 행정, 비서 및 사무 직원 인력.

이들 인력들은 기업, 정부, 고등교육기관, 사적 비영리 조직 등의 여러 섹터에서 활동하게 된다.

2) 고용 지위에 따른 분류

연구개발 인력은 고용 지위(employment status)에 따라 내부인력과 외부인력으로 분류되기도 한다. 이는 연구개발비의 지출 단위에 대한 통계 수집목적의 분류방식이다.

① **내부 R&D 인력(internal R&D personnel)**
통계수집단위에 고용되어 직접적으로 연구개발에 종사하는 인력.

② **외부 R&D 인력(external R&D personnel)**
통계수집단위의 R&D 활동에 대한 외부기여자

이는 두 개의 하위그룹으로 나뉜다.
i) 급여를 받기는 하나 통계수집단위가 아닌 조직에서 받는 외부기여자
여기에는 자영 컨설턴트, 타 기관 고용 R&D 컨설턴트 포함
ii) 통계수집단위의 외부의 특수인력
여기에는 석박사 학생, R&D 연구비수혜자, 자원봉사자, 명예 교수 등

이들 인력들 역시 기업, 정부, 고등교육기관, 사적 비영리 조직 등의 여러 섹터에서 활동한다.

(3) R&D 인사조직관리의 중요 구성내용

R&D 관리도 그러했지만 그 하위영역인 R&D 인사조직관리에 있어서도 합의된

표 1-6 R&D 인사조직관리의 내용구성

구분		내용
행위 개발	개인 수준	• 창의성(개인), • R&D 인력의 퍼스낼리티 특성 • R&D 인력의 동기부여
	집단 수준	• 창의성(집단), • R&D 팀 관리 • R&D 팀의 의사소통과 갈등해결 • R&D 리더십
인사(인적자원) 관리		• R&D 인력의 채용관리 • R&D 인력의 경력관리 • R&D 인력의 보상관리 • R&D 인력의 성과관리
조직 관리		• R&D 조직구조 • R&D 조직문화 • 엔지니어의 관리자로의 전환

명확한 내용체계는 아직까지 마련되지 못하고 있다. 다만 경영학에서 이미 확립된 인사조직관리 분야에서 연구개발과 관련되어 주로 다루어지는 분야를 정리하면 [표 1-6]과 같다. 이러한 내용들이 잠정적으로 R&D 인사조직관리의 내용 영역이라고 할 수 있다.

제 3 절 R&D 인사조직관리의 기본 방향과 본서의 구성

1. R&D 인사조직관리의 기본 방향

(1) 본서의 접근법으로서의 상황적합적 접근법

연구개발 인사조직관리를 전개함에 있어 본서에서는 상황적합적 접근법(contingency approach)을 택한다.

상황적합적 접근법은 현대 경영학의 주류이론의 하나로써 유효한 관리기법이나 이론을 도출함에 있어 어떤 상황에서나 적용 가능한 원리(principle)를 찾는 대신에 상황에 적합한 관리이론이나 기법을 도출하려는 접근방식을 말한다.

상황적합적 접근법이 등장한 것은 시스템 이론의 영향을 받은 것으로 경영이 이루어지는 환경의 중요성을 반영한 것이다. 환경의 특수성이 중요해짐에 따라 보편적인 원리도출이 어려워지게 되었기 때문이다. 따라서 상황적합적 접근법은 '..................라면 ....다'라는 'If then' 이론의 형식을 취한다. 예컨대 리더십에 대한 상황적합적 접근에서는 효과적인 리더십은 단일의 유형이 있는 것이 아니라 상황(추종자, 과업 등)에 좌우된다. 상황적합적 접근법에 따르면 추종자의 지적수준이 높으면 참여형의 리더십이 효과적이지만 추종자의 지적 수준이 낮다면 자세히 지시해주는 스타일이 효과적일 수 있는 것이다.

(2) 중요 상황요인으로서 연구와 개발

R&D는 말 그대로 연구와 개발로 구성된다. 그런데 연구와 개발은 다소 성격이 다르다. 따라서 R&D 인사조직관리에서 연구와 개발이라는 특성은 중요한 상

표 1-7 연구 · 개발에서의 주요 상황요인

상황요인 \ 연구 · 개발		기초연구	응용연구	개 발
배경학문		과학 ←		→ 기술
담당인력		과학자 ←		→ 기술자
과업성격	시간전망	장기적 ←		→ 단기적
	목표의 구체성	불확실 ←		→ 확실
	경험의 중요성	별로 중요하지 않음	← →	상당히 중요
	주요 플레이어	개인 ←		→ 팀(집단)
관리의 중요도		별로 중요하지 않음	← →	상당히 중요

황요인을 구성한다. [표 1-7]은 연구와 개발이 주요한 상황요인들이 되는 특성의 차이를 보여주고 있다. 이러한 상황요인 즉 연구와 개발에 따라 다소 상이한 관리방식이 필요하다는 것을 의미한다.

1) 배경학문: 과학 대(對) 기술

연구는 배경학문으로서 과학을, 개발은 기술을 가지고 있다. 이 둘은 성격상 다소 차이가 있다. [그림 1-9]은 과학이나 기술을 하나의 정보처리시스템의 관점에서 파악하여 둘 사이에는 차이를 보여주고 있다(Allen, 1977).

[그림 1-9]에서 보듯이 과학과 기술이 시스템으로 기능하기 위해서는 둘 다 논문이나 논의와 같은 정보의 투입이 필요하다. 그러나 산출에 있어서는 둘 사이에는 명확한 차이가 있다.

과학(科學)의 정보처리 시스템에서는 투입과 산출 간에 정보로서 별 차이가 없다. 과학의 산출은 역시 논문이라는 형태가 되고 이는 다음단계에서 투입으로서 이용가능하다. 즉 어떤 과학 시스템(과학자)의 산출은 다른 과학 시스템의 투입이 되므로 과학에 있어서 정보처리 문제는 산출정보를 조직적으로 수집해, 계통적으로 분류해서 다른 과학자가 이용할 수 있게끔 하는 것이면 된다.

반면에 기술(技術)의 정보처리 시스템에서는 투입과 산출의 성격이 크게 차이가 난다. 여기서는 수집된 정보가 가공·변형되어 제품 또는 프로세스라고 하는 유형의 하드웨어가 탄생된다. 이 하드웨어는 과학과는 달리 다음 단계에서 직접적인 투입이 되지는 않는다. 물론 기술의 정보처리 시스템은 그 과정에서 문서정보를 낳기는 하지만 그것은 과학에서처럼 다음 단계의 투입으로 유용한 형태의

그림 1-9 정보처리 시스템으로서의 과학과 기술의 차이

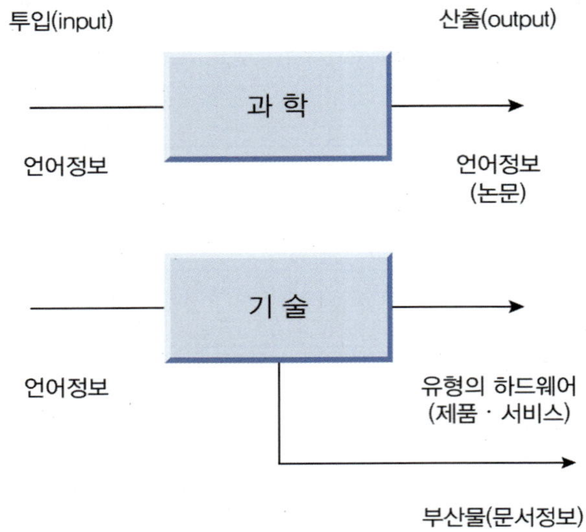

자료: Allen(1977).

것이 아니라 단순한 부산물에 불과한 것이다. 요컨대 정리한다면 논문의 생산을 목적으로 한 것이 과학이고 유형의 하드웨어를 구축하는 것을 목적으로 하는 것이 기술이라는 것이 Allen의 과학과 기술의 분류방식이다(Allen, 1977).

2) 담당인력: 과학자 대(對) 엔지니어

연구는 기초연구로 갈수록 과학자에 의해 수행되고 개발은 엔지니어들에 의해 주로 수행된다.

과학과 기술은 서로 성격이 다른 정보처리 활동이기 때문에 그 담당자인 과학자(research scientist)와 엔지니어(engineer)간에도 본질적인 차이가 있다. 이 점에 대해서는 Ritti라는 학자의 분석이 흥미롭다(Ritti, 1968). 그는 연구개발조직의 과학자와 기술자에 대해 서베이를 실시해서 양자가 일반적으로는 전문직(professional employee)이라는 이름 하에 혼동되고 있지만 실제는 현저히 다른 목표(goal)에 근거해서 행동하고 있다는 사실을 발견했다.

그에 의하면 [표 1-8]에서 보는 바와 같이 과학자는 전문가로서 조직 외에서의 평가나 자신의 일에서의 자율성, 학술지 논문발표를 극히 중요한 목표로 생각하고 있다. 한편 엔지니어는 이러한 목표들은 그리 중요하게 생각하지는 않고

표 1-8 과학자와 기술자의 목표차이

	과학자	엔지니어
주요한 업무목표	• 전문지에의 논문발표 • 자기 전공분야에서의 전문가로서 기업 외에서 명성을 얻는 것 • 자신이 주도하는 프로젝트에서의 연구	• 회사 이익증대에 기여할 수 있는 기회 • 기업의 경영정책과 관행에 대한 지식획득 • 기술이나 시스템에 대한 새로운 아이디어의 발굴 기회

자료: Ritti(1968).

제품의 상업적 성공이나 기업의 이익증대에 대한 공헌을 중요목표로 하고 있고 또 이들은 기업에서 정책결정자의 지위로의 승진을 바라고 있다. 이런 의미에서 엔지니어에게는 종래 생각되어왔던 '비지니스의 목표와 전문가로서의 목표와의 갈등'의 문제는 존재하지 않는다. 오히려 엔지니어의 목표는 기업의 일반적인 목표에 합치하는 경향이 있다.

이러한 사실 발견을 근거로 Ritti는 과학자에 대해서는 「범조직인」(cosmopolitan)으로, 기술자는 「조직인」(local)이라는 이름을 부여하고 있다(Ritti, 1968). 과학자를 코스모폴리탄으로 명명한 것은 그들이 조직내부의 요청에 별 구애되지 않는 행동양식이나 자기평가기준을 가지고 있기 때문이다. 또 엔지니어를 로칼로 이름 붙인 것은 그들이 조직의 요청에 근거해서 행동하고 조직에 특수한 기준으로 자신의 성공의 정도를 측정하고 있기 때문이다.

이러한 과학자와 엔지니어의 차이는 그들의 욕구충족의 수단이나 형태에 있어서도 차이를 낳고 있다. 동기부여의 과정도 관련시키면서 도식적으로 단순화해 말하면, 순수한 과학자는 자유로운 환경의 기초에서 자기의 전문분야에 있어 능력을 최대한으로 발휘하고, 전문가사회에서 평가를 얻는 것으로 고차적인 욕구를 충족하려고 한다. 소속조직에 대해서는 만족수준의 공헌을 행하고, 전문분야에서 활약하기 위한 조건 내지는 저차적 욕구를 충족하려는 수준에 머무를 것이다.

한편 엔지니어의 경우는 능력발휘의 장소가 자신이 속한 조직에 한정되게 되고 소속조직이나 동료들로 부터 높은 평가를 얻음으로써 고차적 욕구를 충족하려고 한다. 엔지니어의 경우는 소속조직에 대한 조직몰입(organizational commitment)이 상대적으로 높다.

3) 과업의 성격

연구와 개발은 다음과 같은 과업의 성격에 있어서도 차이가 있다.

① 시간 전망: 단기 對 장기

연구는 일반적으로 개발에 비해 장기적인 관점에서 이루어진다. 기초연구로 갈수록 장기적인 전망에서 이뤄지게 된다. 반면에 신제품 개발이나 기존제품의 개선은 시간적 여유가 그리 많지 않다. 이러한 특성은 결과물에 대한 평가에 영향을 주게 된다. 따라서 연구에 대한 성과평가는 개발보다는 장기적인 관점에서 이루어질 필요가 있다.

② 목표의 구체성: 불확실 對 확실

연구와 개발은 추구하는 목표의 성격에 차이가 있다. 연구는 구체화하기 어렵고 불확실한 목표에 도전하는 경우가 많다. 반면 개발은 비교적 구체적이고 확실한 목표를 가진다. 따라서 연구의 경우 목표달성여부의 판단이 어려운 반면 개발의 경우 상대적으로 용이하다. 그런 점에서 실무에서 많이 활용되는 '목표에 의한 관리'나 또는 '목표관리'(MBO)는 연구의 경우 개발의 경우보다 적합성이 떨어질 수 있다.

③ 경험의 중요성: 비중요 對 중요

해당분야에서의 과거경험의 중요성이 연구와 개발에 차이가 있다. 연구의 경우는 미지의 분야에 도전하는 경우가 많아 과거경험이 활용되는 폭이 좁다. 반면 개발의 경우 과거경험 특히 관리자의 과거개발 경험이 활용될 여지가 많다. 따라서 관리자가 연구에 종사하는 연구자를 관리하는 것이 어렵고 또 중요도도 떨어진다. 반면에 개발의 경우 해당분야 관리자는 기술자의 관리를 통해 자신의 경험을 활용하는 것이 가능하며 실효성도 높다.

④ 주요 플레이어: 개인 對 팀

연구는 기본적으로 개인에 의해 수행되는 반면 개발은 팀 플레이에 의해 수행되는 경우가 많다. 따라서 개발은 연구에 비해 팀워크가 중요하며 관리는 이러한 팀워크의 조성과 개발을 지원하는 방향으로 이루어질 필요가 있다. 연구의 경우는 개인의 창의성을 살려주고 성과평가도 개인별로 이루어지는 것이 합당하다. 반면 개발의 경우 성과에 대한 팀 평가의 비중을 높여 팀 내 협력 분위기와 팀워크를 조성하는 관리적 노력이 이루어지는 것이 중요하다.

4) 관리의 중요도: 비중요 對 중요

관리의 중요도라는 측면에서도 연구와 개발 간에는 차이가 있다. 앞서 살펴 본 대로 연구는 개인에 의해서 이루어지고 장기적으로 이루어지며 목표의 불확성이 크고 관리자의 경험이 활용될 여지도 많지 않아 관리자에 의한 관리의 효과가 제한적이다.

반면 개발의 경우 담당주체가 팀이나 집단이어서 개인들의 노력을 조정하고 통합하는 관리자의 역할은 매우 중요하다. 동시에 정해진 시간 내에 목표를 달성하여야하고 그 과정에서 관리자의 과거경험은 매우 중요할 수 있다. 따라서 개발의 경우에는 관리자의 효과적인 관리가 개발성과에 미치는 중요도가 매우 크다.

(3) R&D 인사조직관리의 기본방향

1) 개인중시의 관리와 집단중시의 관리

상황적합적 접근에 따라 R&D 인사조직관리의 방향은 크게 개인중시의 관리와 집단중시의 관리로 나누어볼 수 있다. 즉 기초연구에 가까울수록 개인중시의 관리가 개발에 가까울수록 집단중시의 관리가 필요하다.

개인중시의 관리란 개인의 개성과 다양성을 존중하며 도전의식과 창의성의 발휘를 허용하는 관리방식이다. 업무의 추진과정에는 상당한 자율성을 보장하며 동기부여는 동료의 인정이나 학문 커뮤니티에서의 인정의 기회를 제공하는 방식으로 이루어진다. 직무만족(job satisfaction)을 인력관리의 목표로 삼는다. 이 방식은 조직에 소속되어 있지만 개인의 개성과 다양성을 살린다는 의미에서 개활(個活)의 인사관리라고도 한다(한인수, 1994).

집단중시의 관리란 조직이나 팀의 화(和)나 팀워크의 역할을 중시하는 관리방식이다. 이는 개발의 업무가 강력한 팀워크가 필요하다는 측면과 관련된다고 볼 수 있다. 조직이나 팀의 효과적인 유지를 위한 어느 정도의 규율과 통제도 필요하다. 인력에 대한 동기부여는 집단에서의 인정이나 조직에서의 승진 등의 방식을 통해 이루어진다. 보상도 개인 인센티브에 더불어 집단 인센티브 방식으로 주어진다. 인사관리의 목표는 직원몰입(employee engagement)의 향상을 지향한다.

2) 원심력 활용의 관리와 구심력 활용의 관리

개인중시의 관리와 집단중시의 관리는 원심력 활용의 관리와 구심력 활용의 관리로 해석될 수도 있다(한인수, 1994).

개인중시의 관리는 개인의 이질성으로부터 생기는 자유분방함과 이질요소의 충돌에서 나오는 힘 즉 「원심력(遠心力)」활용을 지향한다. 즉 개인의 자유로운 흩어짐 속에서 생기는 힘의 장점을 활용하는 인사관리라고 할 수 있다.

반면에 집단중시의 관리는 개인의 조직에의 융해에 의해 발생하는 지식과 정보의 공유, 응집력, 통일력 등 「구심력(求心力)」작용을 지향한다. 팀이나 조직에서의 통합이나 단결을 통한 에너지를 활용하는 인사관리이다.

3) 기본 방향에 기반한 R&D 인사조직관리의 실무(예)

연구와 개발 각각의 부문에서 이루어지고 있는 기본방향(개인중시의 관리와 집단중시의 관리, 원심력 활용과 구심력 활용)의 구체적인 실무(practices)의 예들을 살펴보면 [표 1-9]와 같다.

R&D인력의 행동개발은 우선 연구에서는 개인의 창의성과 자율성을 살려주는데 중점을 둔다. 반면에 개발에서는 조직혁신을 이루기 위한 행동이 중요하다. 또 동기부여도 연구에서는 개인의 성과나 소속 학문분야에서의 인정이 중요한 역할을 하는데 비해 개발의 경우에는 집단의 성과에 대한 인정이나 조직에서의 성장과 같은 요인들이 상대적으로 중요하다. 의사소통도 연구에서는 개별적으로

표 1-9 R&D 인사조직관리의 기본 방향과 실무(예)

			기초연구 ←→ 응용연구 ←→ 개 발
R&D 인사조직관리의 방향			개인중시 (원심력) ←→ 집단중시 (구심력)
R&D 인사 조직 관리의 실무(예)	행동 개발	창의성	창의성 ←→ 조직혁신
		동기부여	전문영역에서의 인정 ←→ 조직에서의 인정
		의사소통	개인별 소통 ←→ 중심인물의 소통
		리더십	덜 중요 ←→ 매우 중요
	인사 관리	채용	연구역량 ←→ 협업능력
		경력	전문영역에서의 발전 ←→ 조직에서의 발전
		성과	개인평가+장기평가 ←→ 팀 평가
		보상	개인보상 ←→ 집단보상
	조직 관리	조직구조	애드호크라시 ←→ 관료제
		조직문화	자율성, 실패, 실험 ←→ 규율, 책임

이루어지나 개발의 경우에는 중심인물을 중심으로 의사소통이 이루어지는 것이 효과적이다. 리더십에서는 연구보다는 개발에서 그 중요성이 더 크다.

R&D 인력의 인사관리는 채용과 관련하여서는 연구에서는 개인적 연구역량이 가장 중요하나 개발의 경우에는 협업이나 관계능력도 매우 중요한 고려요소가 된다. 경력관리에서도 연구에서는 전문성의 향상이 중요하지만 개발에서는 조직에서의 경력발전에 중점을 둔다. 성과관리에서는 연구에서는 개인의 성과 비중이 큰 반면 개발의 경우는 팀워크를 높일 수 있는 팀 평가의 비중이 커진다. 평가의 주기도 개발 보다는 연구의 경우 장기적인 관점에서 이루어진다. 보상관리에서는 연구의 경우 개인별 성과급의 비중이 높은 반면 개발은 팀에 의해 이루어지는 경우가 많아 집단 성과급의 비중이 커지게 된다.

R&D 조직관리는 조직구조와 관련하여서는 연구의 경우 애드호크라시(adhocracy)의 속성이 큰 반면 개발의 경우 전통적인 관료제(bureaucracy)의 속성이 보다 강해진다. 관료제는 합리성, 효율성을 강조하는 조직형태로서 조직의 운영에 있어 공식화(규정과 절차)와 표준화, 위계질서의 중시 등의 특징을 가진 조직형태이다. 반면 애드호크라시는 기존의 관료제에서 탈피하여 다양한 분야의 전문가들로 구성된 융통적, 적응적, 혁신적 사회조직을 말한다. 애드호크라시는 조직 문제 해결 시 규격화 및 표준화된 절차를 간소화하거나 제거하여 전문지식을 가진 사람들이 상황에 맞게 처리하는 방식으로 문제에 접근하는 것을 허락하는 조직형태이다.

조직문화와 관련하여서 연구에서는 혁신문화의 특성인 자율성, 실패에 대한 용인, 실험의지 등의 특성이 바람직하나 개발에서는 그 외에도 규율과 책임의 적절한 균형이 필요하다.

2. 본서의 구성

본서는 [그림 1-10]에서 보듯이 총4부 14장으로 구성된다.

그림 1-10 본서의 구성

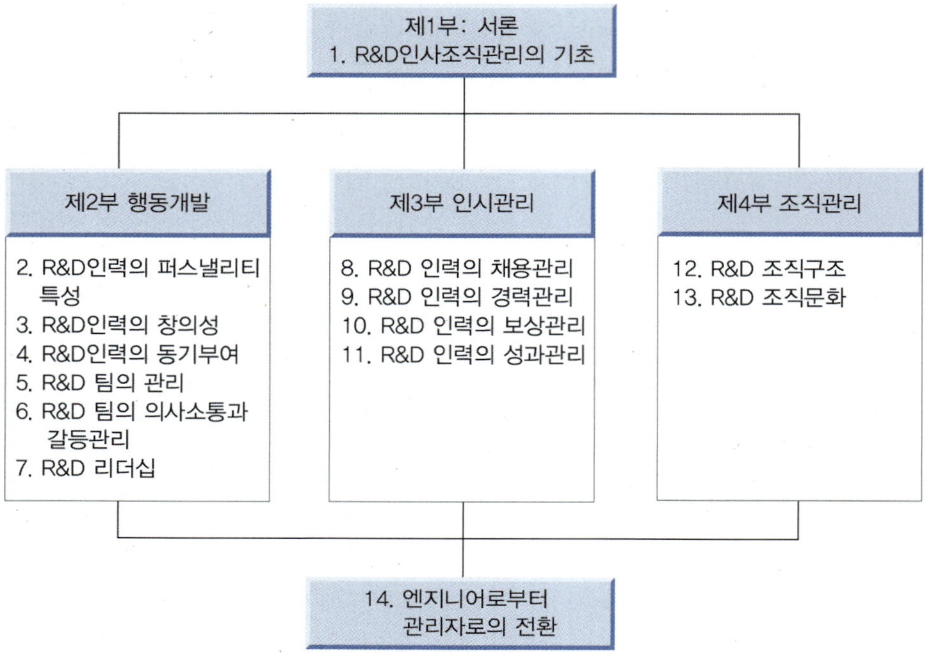

제1부는 R&D 인사조직관리의 기초를 다룬다.

제1장 R&D 인사조직관리의 기초에서는 R&D의 개념과 중요성, R&D 현황을 알아본다. 그리고 R&D 관리와 R&D 인사조직관리의 성립배경과 다루는 내용도 살펴본다. 동시에 본서에서 채택하는 R&D 인사조직관리의 기본 접근법과 본서의 구성을 설명한다.

제2부는 R&D 인력의 행동개발을 다룬다.

제2장 R&D 인력의 퍼스낼리티 특성에서는 R&D를 담당하는 연구자와 엔지니어의 특성과 차이를 살펴보고 이들에 대한 편견도 알아본다. R&D 인력의 퍼스낼리티 특성과 관련된 관리적 이슈로 범조직인 지향성과 조직인 지향성 이슈, R&D 인력의 감성지능 및 주요 특성인 내향성도 살펴본다. 끝으로 혁신을 이룩하는 혁신가의 퍼스낼리티 특성도 고찰한다.

제3장 R&D 인력의 창의성에서는 창의성에 대한 기본 논의 외에 조직 창의성의 수준으로 개인, 집단, 조직이 있음을 확인한다. 다음에 조직 창의성의 주요

이론모형을 살피고 조직의 창의성에 영향을 미치는 요인을 개인, 집단, 조직수준에서 알아본다. 또 조직에서 창의성을 관리하고 개발할 수 있는 여러 가지 기법들도 살펴본다. 끝으로 개인의 창의성을 넘어서 조직의 혁신으로 발전하기 위한 조건과 관리방안에 대해서도 제시한다.

제4장 R&D 인력의 동기부여에서는 R&D 인력에 대한 내재적 동기부여와 외재적 동기부여를 다룬다. R&D 인력에 대한 내재적 동기부여와 관련하여서는 그 중요성과 실제적인 동기부여 요인인 자율성, 인정, 일의 의미를 분석한다. 외재적 동기부여에서는 R&D 인력에게 중요하지 않은지 하는 문제를 살펴보고 관리방안을 알아본다. 끝으로 R&D 인력에 대한 동기부여의 실제 사례를 참고한다

제5장 R&D 팀의 관리에서는 팀에 대한 기본적 논의 외에 팀의 장,단점을 알아본다. 다음 팀의 창의성이나 혁신능력에 영향을 미치는 주요요인으로 규모, 다양성, 응집성 등을 다룬다. R&D 성과에 핵심적인 팀워크 조성방안에 대해 살펴본다. 끝으로 R&D 팀의 효과적 관리방안에서는 팀 성과에 가장 핵심적 요인으로 연구팀에서의 심리적 안전에 대해 집중적으로 분석한다.

제6장 R&D 팀의 의사소통과 갈등관리에서는 우선 내부 의사소통과 외부 의사소통을 연구와 개발을 분리해서 살펴보고 개발에서의 게이트키퍼 역할을 알아본다. NIH증후군의 관리방안에 대해 조사하고 의사소통을 촉진하기 위한 사무실 공간배치도 살펴본다. 갈등관리와 관련하여서는 갈등의 해결방안 유형, 갈등해결 전략, 그리고 R&D 갈등의 이슈인 R&D 부서와 마케팅간, 연구원과 지원인력간, 연구실 내 갈등에 대한 관리 방식을 고찰한다.

제7장 R&D 리더십에서는 R&D 리더십 상황에서 효과적인 리더십의 형태, 효과적 리더십을 위한 지침을 다룬다. 또한 최근 리더십에서 중요성이 부각되는 코칭에 대해서도 살펴본다.

제3부는 R&D 인력의 인사관리를 다룬다.

제8장 R&D 인력의 채용관리에서는 채용환경의 변화를 다룬다. 또 모집과 선발에서의 최근 추세를 살펴보고 실제 유명 빅테크 기업의 채용사례도 살핀다.

제9장 R&D 인력의 경력관리에서는 최근 경력개발의 추세를 알아보고 R&D 인력의 CDP제도 가능성도 알아본다. 이의 한 형태인 R&D 조직에서의 이중경력제도(연구전문직 제도)에 대해 깊이 있게 분석하고 끝으로 R&D 여성인력의 경력관리도 살펴본다.

제10장 R&D 인력의 성과관리에서는 성과관리가 R&D의 창의성이나 성과에

미치는 영향에 대한 학문적 논란을 살펴본다. 그리고 전통적 성과관리의 문제점과 최근의 성과관리 추세의 배경과 내용에 대해 분석한다. 끝으로 주요 빅테크 기업의 성과관리 사례를 알아본다.

제11장 R&D 인력의 보상관리에서는 기본급, 성과급 및 인센티브 방안에 대해 알아본다. R&D 인력의 창의성에 미치는 내재적, 외재적 보상의 효과에 대한 학문적 논의를 살펴보고 효과적 관리방안도 다룬다. 복리후생의 종류와 그 의미도 살피고 주요 기업의 복리후생제도도 알아본다. 끝으로 직무발명보상에 대해서도 살펴본다.

제4부는 R&D 조직관리를 다룬다.

제12장 R&D 조직구조에서는 조직구조의 여러 유형과 R&D에서 많이 활용되는 매트릭스 조직구조에 대해 집중적으로 분석한다. 다음은 R&D 조직구조의 최근 추세를 살피고 특히 복합기능 팀의 활용에 대해 집중적으로 알아본다, 끝으로 조직구조의 실제사례도 제시한다.

제13장 R&D 조직문화에서는 조직문화와 창의성 · 혁신 간의 관계를 살피고 혁신적 조직문화의 구성요소들을 분석한다. 다음은 혁신적 문화가 효과적으로 기능하기 위해서는 혁신적 문화 가치와 전통적인 조직관리 원칙 간 적절한 균형이 필요하다는 것을 강조한다. 그리고 집단주의 문화에서 혁신발휘의 조건에 대해서도 제시한다.

제14장 엔지니어로부터 관리자로의 전환에서는 엔지니어가 관리자로 전환에서의 실패이유, 부딪히는 도전과제 등을 살펴본다. 또 이를 위한 개인과 조직 측면에서의 역할에 대해 알아본다. 끝으로 관리자가 되기 위한 자기개발에 필요한 도서 및 동영상 자료를 제시한다.

실무자를 위한 가이드라인

- ✔ R&D는 개별 기업과 국가에서의 경쟁력의 기초가 된다.
- ✔ R&D 투자 규모와 중요성 증대에 비추어 R&D 관리에 대한 수요는 증가하고 있다.
- ✔ 그러나 R&D 관리는 여러 이유로 정체성의 혼돈을 겪고 있다.
- ✔ R&D 관리 중에서도 결국 R&D는 사람에 의해서 이루어지므로 R&D 인사조직관리의 중요성은 크다.
- ✔ R&D 관리자는 R&D 인사조직관리에 대한 충분한 지식을 습득하고 있어야 한다.
- ✔ R&D 인사조직관리에서는 연구와 개발의 특성 차이로 인해 상황적합적인 접근 방식이 필요하다
- ✔ 본 도서를 통독하다 보면 R&D에서 사람관리에 대한 상황적합적인 접근 방식에 대한 자연스러운 이해를 얻을 수 있다.

PART 2

R&D 인력의 행동개발

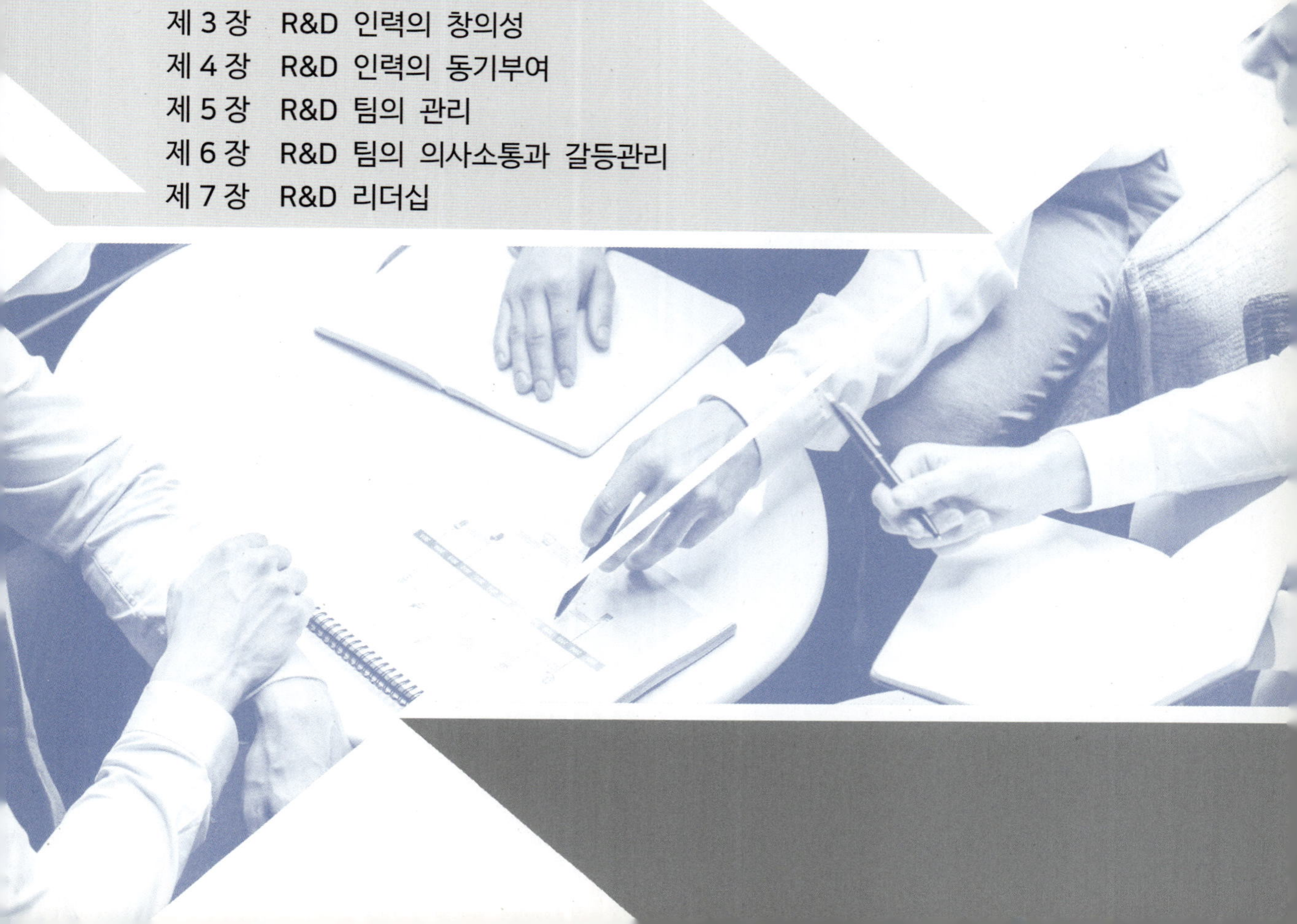

제 1 부
서 론

- 제 1 장 R&D 인사조직관리의 기초

제 2 부
R&D 인력의 행동개발

- 제 2 장 R&D 인력의 퍼스낼리티 특성
- 제 3 장 R&D 인력의 창의성
- 제 4 장 R&D 인력의 동기부여
- 제 5 장 R&D 팀의 관리
- 제 6 장 R&D 팀의 의사소통과 갈등관리
- 제 7 장 R&D 리더십

제 3 부
R&D 인력의 인사관리

- 제 8 장 R&D 인력의 채용관리
- 제 9 장 R&D 인력의 경력관리
- 제10장 R&D 인력의 성과관리
- 제11장 R&D 인력의 보상관리

제 4 부
R&D 조직관리

- 제12장 R&D 조직구조
- 제13장 R&D 조직문화
- 제14장 엔지니어로부터 관리자로의 전환

02 CHAPTER

R&D 인력의 퍼스낼리티 특성

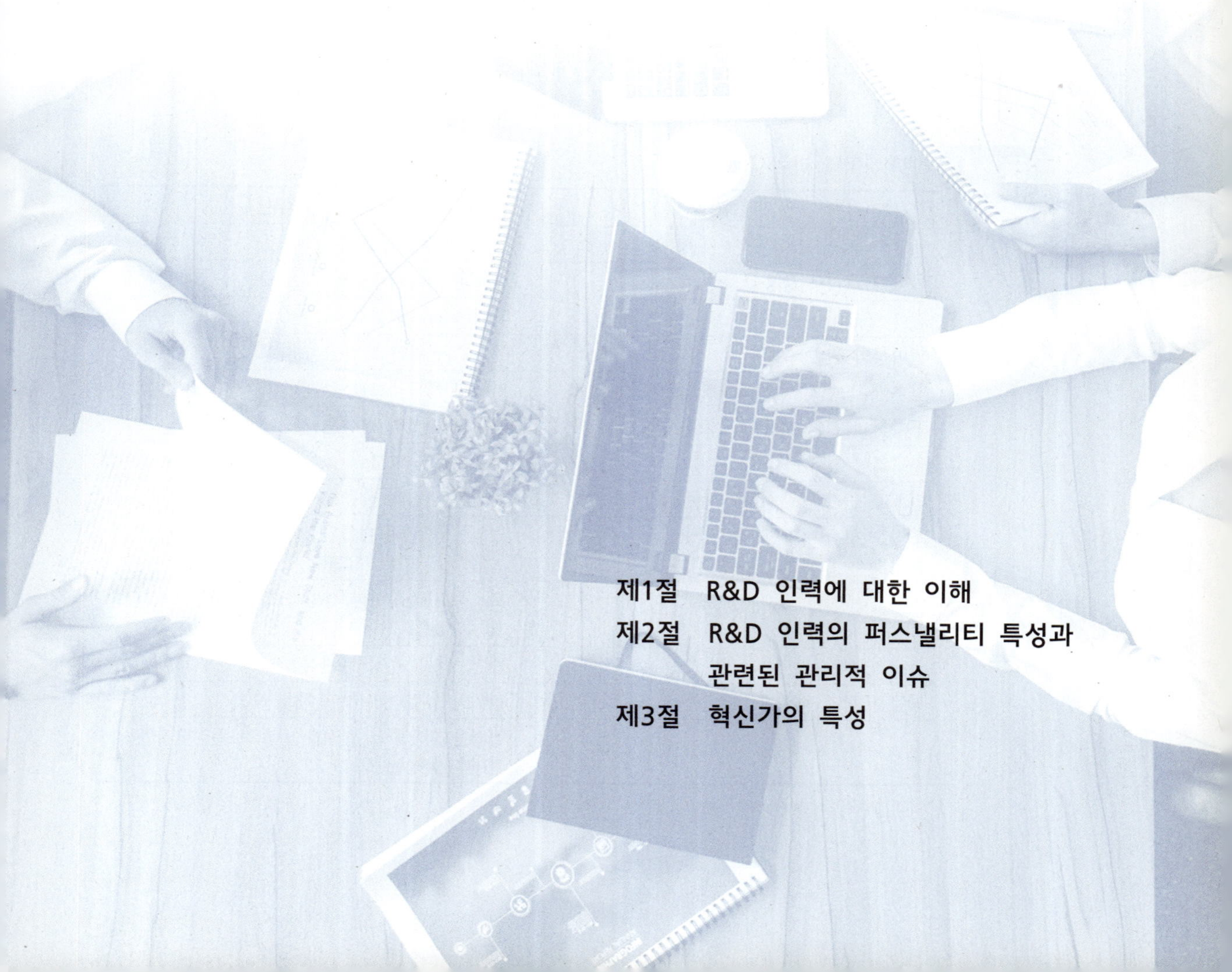

제1절 R&D 인력에 대한 이해

제2절 R&D 인력의 퍼스낼리티 특성과 관련된 관리적 이슈

제3절 혁신가의 특성

제 1 절 R&D 인력에 대한 이해

1. 주 구성원으로서의 엔지니어와 과학자

R&D나 기술개발은 여러 주체의 협동적인 노력에 의해 이루어진다. 주된 주체는 앞서 1장에서 살펴본 것처럼 과학자, 엔지니어, 테크니션, 지원인력 등이다. 이 모든 주체의 노력이 다 중요하지만 역시 주축을 이루는 것은 엔지니어나 과학자들이다.

R&D 활동을 수행하는 주체를 대학, 공공 및 기업연구소, 기업 등으로 나눌 때 기초연구를 담당하는 대학의 경우 과학자들의 비율이 큰 반면 공공연구소나 기업연구소, 그리고 기업의 경우에는 엔지니어의 비율이 상대적으로 높다.

대부분의 과학자들은 기초연구나 응용연구를 담당하는데 비해 개발이나 디자인등 응용개발업무들은 엔지니어들에 의해 수행된다. 그런데 엔지니어나 과학자

표 2-1 엔지니어와 과학자의 비교

엔지니어(대부분)	과학자(대부분)
개발, 디자인, 응용 작업 수행	기초 및 응용연구 수행
과학적 지식의 응용	새로운 지식의 탐구
공학(engineering)학위 소유	과학(science)학위 소유
관리상의 권위의 인정	"동료" 권위의 인정
양호한, 도전적인 프로젝트 배치 소망	자신의 프로젝트를 선택할 자유를 소망
공학적 성취의 기록이 양호한 회사를 선호	과학적 진전의 명성을 지닌 회사를 선호
하드웨어 지향	소프트웨어 지향
발표나 출간을 준비하는 것을 싫어함	자신의 업적의 출간할 자유 강조
조직 지향적(다양한 업무영역, 과업, 직위에 몰입)	커리어 지향적(제한된 업무영역, 과업, 직위에 몰입)
모호하고 불확실한 상황을 싫어함	모호하고 불확실한 상황과 함께 효과적으로 일할 수 있음
과정, 결과, 실현에 관심	개념, 의미, 추상에 관심
평등한 집단 실무에 대한 믿음	권위적인 집단 실무에 대한 믿음
업무 일정, 마감일자, 제한된 자원 등을 예상	일정을 혐오하고 일정을 스스로 결정하기를 바라며 자율성 선호

자료: Pinelli et al(1993).

들은 지향점이나 목표에서 다소 차이가 있다.

일반적으로 엔지니어와 과학자를 비교하면 [표 2-1]에서 보는 바와 같이 여러 면에서 차이점을 보여준다(Pinelli et al, 1993).

[그림 2-1]은 과학자와 엔지니어 간의 차이를 요약해서 보여주고 있다

그림 2-1 과학자와 엔지니어의 차이 요약

2. R&D 인력의 특성에 대한 경직된 편견(스테레오타이핑)

R&D 활동의 주축을 이루는 엔지니어와 과학자들의 특성에 대해서는 일반적으로 스테레오타이핑(stereotyping)이 존재한다. 스테레오타이핑이란 어떤 집단의 속성에 대해 가지고 있는 고착된 편견을 말한다. 그리고 만일 특정인이 그 집단에 속한다면 개인의 특성과 관계없이 그가 속한 집단의 편견을 대입하여 판단하는 경향이 있다. 이러한 스테레오타이핑은 선입견이라고도 할 수 있고 오해라고도 할 수 있는데 진실여부에 관계없이 그 집단에 대한 일반인의 태도와 행위에 영향을 미친다. 따라서 연구자나 과학자와 관련된 스테레오타이핑에 대해서도 살펴보는 것은 의미가 있다.

(1) 고학력 전문가들이어서 지적지능은 높은 반면 감성지능은 상대적으로 낮다.

R&D를 담당하는 엔지니어나 과학자들은 대부분 전문가들이다. 전문가들은 경력을 쌓기 위해 상당한 학력이 필요하고 그 분야에서 장시간의 경험을 필요로

한다.

이들은 전문가들이므로 창의성과 혁신의 발현에 필요한 전문성(expertise)을 확보하고 있다. 또한 지금까지의 학력이나 경력에서 입증되었듯이 상당한 정보의 지적지능(intellectual intelligence)을 보유하고 있다. 그러나 이들은 자기주장이 강해 관리가 쉽지 않으며 지적지능의 발달에 비해 상대적으로 관계능력의 기초가 되는 감성지능(emotional intelligence)이 덜 개발되어 있다.

(2) 외향적이기보다는 내향적이다.

외향성과 내향성은 심리학자 융(Karl G. Jung)에 의해 정의된 개념으로 마음의 에너지 방향을 말한다(Geyer, 2012). 외향성(extraversion)은 흔히 '사교적'으로 표현하는 것으로 에너지가 외부로 향하는 것이며, 내향성(introversion)은 '내성적'으로 표현하는 것으로 에너지가 내부로 향하는 즉 자기 내부의 정신세계에 흥미를 갖는 상태를 말한다(Jung, 1921).

일반적으로 R&D 인력은 조직 내의 여타 직무를 담당하는 인력에 비해 내향적인 것으로 인식된다. 내향적인 사람들이 주로 과학이나 공학 등에 관심이 많을 가능성이 있기 때문이다. 이러한 내향성은 엔지니어보다는 과학자들에게 더 나타날 가능성이 크다. 과학자는 혼자 연구를 하는 경향이 있는 반면 오늘날 엔지니어들이 담당하는 개발업무는 과거와는 달리 조직 내, 외부의 인사들과의 소통과 협력이 점점 더 중요해지기 때문이다.

현대 산업사회 특히 기업조직에서는 내향성보다 외향성에 좀 더 점수를 주는 경향이 있다. 비즈니스 활동에는 적극적인 업무태도가 중요하기 때문이다. 그러나 외향성 내향성은 우열을 가리기 힘든 개인의 성격특성으로서 상황에 따라 장단점이 부각될 수 있는 특성이다.

R&D라는 상황에서는 연구자 특히 과학자의 내향성은 장점으로 부각될 수 있다. 연구개발에 집중할 수 있기 때문이다. 반면 외부와의 접촉을 멀리하거나 접촉의 부족은 '고독한 늑대(lone wolf)'라는 다소 부정적인 편견을 야기할 수도 있다.

(3) 간섭을 싫어하며 자율성을 중시한다.

R&D 인력들은 타인에게 간섭을 안 받고 자기가 중요하다고 생각하는 일을 자

유롭게 하고 싶어한다. 그리고 이것이 가능한 환경에서 직무 만족감이 크다. 즉 자율성(autonomy)에 대한 욕구가 강하다. 이는 당연히 엔지니어보다는 과학자들에게 더 클 것이다.

엔지니어나 과학자가 자율성에 대한 욕구가 큰 대신 내적 통제도 강하다. 외적 통제가 없어도 스스로 정해진 일정에 따라 목표달성을 위해 노력한다. 반면 외적 통제를 싫어하기 때문에 정해진 규율을 잘 지키지 않으며 조직규범에 대한 비동조(non conformity)가 자주 나타나게 된다.

(4) 일 지향적이다.

R&D 인력은 자신이 맡은 일에 대한 지향이 강하다. 즉 일의 의미를 중시하고 일에서의 성취에 대해 보람을 느낀다. 따라서 일에 대한 몰입이 큰 경향이 있다.

엔지니어나 과학자들이 일에 의미를 느끼는 경우 강한 내재적 동기부여가 형성된다는 점에서 조직의 입장에서는 긍정적이다. 반면에 자신의 일에 지나치게 고정됨으로써 조직전체의 목표나 조직에서의 자신의 일의 위치에 대한 거시적 시야가 부족하다.

(5) 인정에 대한 욕구가 강하다.

R&D 인력은 일을 중시하고 몰입하는 반면 성취한 것에 대한 인정욕구도 강하다. 그러나 인정은 반드시 금전적일 필요는 없다. 오히려 변화를 야기하거나 세상에 미치는 영향처럼 비금전적인 것들이 더 중요할 수 있다.

누구로부터 인정을 더 중시하느냐 하는 것은 엔지니어와 과학자들에게 다소 다를 수 있다. 엔지니어가 조직인(locals)의 성향이 강해 조직에서의 인정이 중요한 반면 과학자들은 범조직인(cosmopolitans)성향이 강해 동료전문가 집단으로부터의 인정을 더 중시할 수 있다(Gouldner, 1957).

인정에 대한 욕구가 강하다는 것은 R&D 인력이 내재적 동기부여가 높을 수 있다는 점에서 긍정적이다. 반면에 조직에서 그들의 성취에 대해 인정을 제대로 해주지 못하는 경우 조직몰입이 저하될 수 있다. 동시에 과학자들의 경우 조직에 대한 몰입보다는 동료전문가 집단의 인정에 대해 더 많은 관심을 가질 가능성이 크다. 이는 조직관리의 입장에서는 부담스러운 부분이다.

(6) 괴짜, 기인의 이미지가 강하다.

엔지니어나 과학자들에 대한 대중의 이미지에는 괴짜나 기인 즉 이상한 사람들이라는 이미지가 있다. 즉 사람들과 잘 어울리기 보다는 방에 틀어 박혀 컴퓨터에만 매달리는 사회적으로 부적응한 괴짜라고 생각하는 경향이 있다. 이러한 대중의 이미지는 유명 미국 TV 드라마 '빅뱅(Big Bang)'[1]과 같은 것들에 의해 더욱 고착화되고 있다. 물론 엔지니어나 과학자들이 다른 직업에 비해 괴짜나 기인이 많다는 실증연구의 증거는 별로 없다.

이러한 괴짜나 기인들은 기존 질서나 고정된 관념을 탈피한다는 점에서 새로운 발상을 강조하는 창의성 발현에는 긍정적일 수 있다. 반면에 그들은 사회적 스킬(social skill)이 부족할 가능성이 크고 이것들이 조직 내 팀워크를 이루는 데는 부정적으로 작용할 가능성이 크다.

(7) 서구적 가치관이 강하다.

조직구성원들은 일반적으로 젊은 세대로 갈수록 전통적인 가치관 대신에 서구적 가치관의 성향이 강하다. 특히 R&D 인력 중에는 서구 선진국에서 유학하거나 연수를 경험한 인력이 상대적으로 많다. 따라서 서구적 가치관이 보다 강하다. 서구적 가치관이란 우리의 전통 가치관에 비해 개인주의 성향이 강하고 수평적 사고의 성향이 강하며 공평성보다는 공정성을 강조한다는 것으로 요약될 수 있다.

서구적 가치관이 강하다는 것은 합리성, 공정성이 조직의 관행으로 자리잡을 수 있다는 점에서 긍정적일 수 있다. 반면 전통적 가치관이 여전히 강하게 남아 있는 조직의 경우 해당 R&D 인력이 두 성향을 적절하게 균형 잡을 수 있는 개인적 역량이 부족한 경우 기존 자리잡고 있는 가치관과 마찰을 빚을 수 있다. 이러한 서구적 가치관은 몰인정하게 보일 수 있으며 팀워크를 이루는 데 장애로 작용할 수 있다.

이상에서 설명한 R&D 인력의 특성에 대한 스테레오 타이핑과 그에 따라 조직관리 측면에서의 긍정적인 측면(明)과 부정적인 측면(暗)을 정리하면 [표 2-2]와 같다.

---

1) 미국 CBS 에서 방영한 인기 시트콤으로 빅뱅 우주론에서 이름을 따 왔다. 지능은 뛰어나지만 강박관념에 사로잡혀 있거나 사회성이 떨어지는 사람들을 지칭하는 너드(nerd)들의 얘기, 네 명의 고학력 과학자들이 펼치는 코미디로 Netflix에서 시청할 수 있다.

표 2-2 R&D 인력에 대한 스테레오타이핑과 관리적 명암

스테레오타이핑 \ 명·암	긍정적 측면(明)	부정적 측면(暗)
고학력 전문가	지적지능	감성지능 결여
내향적	과업집중	고독한 늑대(lone wolf)
자율성	내적 통제	규율 미준수, 비 동조성
일 지향	내재적 동기부여	전체적 시야의 부족
강한 인정욕구	내재적 동기부여	조직몰입 저하
괴짜, 기인	창의성 발현	사회적 스킬의 부족 팀워크 문제
서구적 가치관	합리성 · 공정성	협조성 부족 · 몰인정

표의 내용의 정확성 여부는 실증적인 연구에 의해 확인되어야겠지만 대강의 R&D 인력개발의 방향은 짐작할 수 있게 해 준다는 점에서 의미가 있다. 즉 그들에 대해서는 감성지능이나 소통능력과 같은 사회적 스킬을 함양해 주어야 하고 일에만 집중하는 시야를 조직 전체로 확장해주는 노력이 필요함을 알 수 있다.

3. R&D 인력의 퍼스낼리티 특성에 대한 실증연구

다음은 일반적인 인식이 아닌 실증연구를 통해 규명된 R&D 인력의 퍼스낼리티 특성에 대해 알아보겠다. R&D 인력 즉 과학자나 엔지니어의 퍼스낼리티 특성을 실증적 연구를 통해 규명한 연구는 그리 많지 않다. 여기에는 여러 이유가 있다. 우선은 과학자나 엔지니어가 다양한 학문 분야에 소속되어 있는데 학문의 특성에 따라 퍼스낼리티 특성도 영향을 받는 측면이 존재하기 때문이다. 또한 퍼스낼리티에 대한 측정에 있어 신뢰성과 타당성을 갖춘 측정도구를 발견하는 것도 쉽지 않았기 때문이다.

과학자나 엔지니어의 퍼스낼리티 특성에 대한 대표적인 실증연구들을 살펴보기로 한다.

(1) 과학자와 비 과학자에 대한 비교연구

Lounsbury 등(2012)의 연구에서는 과학자의 퍼스낼리티 특성을 비과학자의

그것들과 비교하였다. 과학자 2,015명 비과학자 78,753명을 대상으로 한 대규모 설문조사였다. 동시에 퍼스낼리티 특성들과 경력만족과의 관계에 대해 연구했다. 측정도구는 '빅 파이브(Big Five) 모형'(읽을거리 참조)과 함께 세부 퍼스낼리티 특성(traits)을 결합한 '개인 스타일 설문(Personal Style Inventory: PSI)'을 사용했다. PSI는 경력개발이나 선발목적으로 다양한 조직상황에서 사용되고 있는 설문이다.

연구결과 과학자들은 개방성, 내재적 모티베이션, 고지식함에서 비 과학자들보다 상당히 높은 것으로 나타났다. 개방성(openness)은 새로운 것에 대한 관심과 끌림의 정도를 말하는 차원이다. 개방성이 높은 사람은 세상이나 타인에 대한 호기심이 많고 새로운 것을 배우고 경험하는 것을 즐기는 특성을 지닌다.

반면에 자기주장, 성실성, 감정적 안정성, 외향성, 낙관주의, 비 전형성 스타일에서는 비 과학자들보다 상당히 낮았다.

퍼스낼리티와 경력만족간의 관계에서는 친화성·팀워크, 자기주장, 감정적 안정성, 외향성, 개방성, 낙관주의, 일 열정 등의 7가지 특성들이 경력만족과 긍정적으로 관련성이 있는 것으로 나타났다.

읽을거리

빅 파이브 모형(Big Five model)

빅 파이브 모형(Big Five model)은 인간의 퍼스낼리티를 다섯 가지 핵심적인 요인이나 차원(개방성, 성실성, 외향성, 친화성, 감정적 안정성)으로 구성되는 것으로 보는 이론이다.

이 이론은 여러 연구에서 타당성이 입증되고 있고 또 측정도구도 개발되어 이를 이용한 실증적인 연구들이 활발하게 이루어지고 있다.

① 개방성(openness)

새로운 것에 대한 관심과 끌림의 정도를 말하는 차원이다. 개방성이 높은 사람은 세상이나 타인에 대한 호기심이 많고 새로운 것을 배우고 경험하는 것을 즐긴다.

② 성실성(consciousness)

이 차원은 사려가 깊고 충동을 통제하며 목표지향적인 행위를 하는 정도를 말한다. 성실성이 높은 사람은 사전계획을 하고 자신의 행동이 타인에게 미치는 영향을 고려하며 마감시한을 염두에 둔다.

③ 외향성(extroversion)

외향성은 타인과의 관계에서 편안하고 즐거워하는 정도를 말한다. 외향적인 사람은 에너지가 밖을 향하고 사회적인 상황에서 에너지를 얻는다. 타인과 함께 있는 것이 에너지를 주고 즐거움을 준다.

반면에 내향적인 사람은 수줍어하고 사회적 관계에 에너지를 덜 쓰며 즐거움도 느끼지 못한다.

④ 친화성(agreeableness)
타인에게 친절하고 애정을 갖는 정도를 말한다. 친화성이 강한 사람은 타인에 대해 협조적인 경향이 있는 반면 이것이 낮은 사람은 경쟁적이거나 때로 타인을 조작하려는 경향이 있다.

⑤ 감정적 안정성(emotional stability)
이는 신경증(neuroticism)이라고도 명명되는 것으로 감정적 또는 정서적으로 안정된 정도를 말한다. 이 차원이 높은 사람은 감정적으로 안정적일 뿐만 아니라 복원력(resilience)도 높은 경향이 있다. 반면에 차원이 낮은 사람 즉 신경증이 높은 사람은 감정적 기복이 심하고 불안하며 슬픔의 감정을 갖는다.

자료: Rothmann, & Coetzer(2003).

(2) 엔지니어와 비 엔지니어에 대한 비교연구

한 연구에서는 거의 비슷한 방법론을 사용하여 이번에는 혁신과 기술개발에 종사하는 엔지니어와 비 엔지니어를 비교 연구하였다. 측정도구 역시 앞서의 연구와 동일했다. 또 동시에 퍼스낼리티 특성과 경력만족과의 관계를 연구했다(Williamson, et al, 2013). 4,876명의 엔지니어와 75,892명의 비 엔지니어가 조사대상이 되었다

연구결과 엔지니어들은 비 엔지니어에 비해 '내재적 동기부여', '고지식함'에서 높은 점수를 기록했다. 고지식함(tough-mindedness)은 감정, 가치, 직관이 아니라 논리, 사실, 자료에 기반하여 정보를 평가하고 업무결정을 하는 특성을 의미한다.

반면 엔지니어는 '자기주장', '성실성', '고객서비스 지향성', '감정적 안정성', '외향성', '비전형성 스타일', '일 열정'에서는 비 엔지니어에 비해 낮은 점수를 기록했다.

측정된 엔지니어 퍼스낼리티 특성의 대부분은 경력만족과 긍정적인 관련성이 있었다.

이 연구에서 특기할만한 것은 '개방성(openness)' 차원에서 엔지니어가 비 엔지니어보다 두드러진 모습을 보이고 있지는 못하다는 점이다. 그러나 엔지니어의 퍼스낼리티 특성에 대한 연구결과와 관계없이 엔지니어링 작업에는 새로운 지식과 기술을 지속적으로 습득하고 새로운 정보의 지속적인 유입에 대응해야 하기 때문에 개방성은 엔지니어에게 매우 중요한 특성 중 하나가 되고 있다. 이

러한 특성은 향후에도 그 중요성이 지속될 것이다. 그러한 이유는 특히 공학 지식과 기술의 반감기가 계속 축소되는 추세이기 때문이다. 따라서 새로운 정보에 대해 열린 자세를 갖는 것은 엔지니어가 갖추어야 할 중요한 덕성 중의 하나이다.

퍼스낼리티 특성과 경력만족도 간의 관계에 있어서는 실제로 개방성 수준이 높은 엔지니어가 특히 혁신 및 신기술 관리와 관련된 새로운 전문 역할을 맡을 때 더 높은 수준의 경력만족도를 보이는 것으로 나타나고 있다.

결론적으로 개방성이 높은 엔지니어를 확보하는 것은 좋은 팀워크를 유지하는 것만큼 R&D 성과를 내는 데 있어서 관리자에게는 중요한 과제가 되고 있다. 이는 더 어려운 기술개발이나 연구 과제일수록 특히 그렇다.

(3) 두 연구의 종합

앞서 설명한 두 개의 개별적인 연구결과를 종합하면 [표 2-3]과 같다.

표에서 보듯이 과학자와 엔지니어에게 공통적으로 비교우위가 있는 두 특성은 '내재적 모티베이션'과 '고지식함'이다. 이는 앞서 설명한 R&D 인력에 대한 스테레오타이핑과도 부분적으로 일치하는 결과이다. 즉 그들은 과학자나 엔지니어를 막론하고 일 자체와 인정 등의 내재적 요인들에 의해 동기부여되는 존재들이고

표 2-3 연구의 종합을 통한 과학자와 엔지니어의 퍼스낼리트 특성

성격특성	과학자가 비 과학자에 비해 높은 특성	엔지니어가 비 엔지니어에 비해 높은 특성
친화성/팀웍		
성실성		
정서적 안정성		
외향성		
개방성	◎	
자기주장		
내재적 동기부여	◎	◎
낙관주의		
고지식함	◎	◎
일 드라이브		
고객 서비스 지향성		
비전형성 스타일	◎	

자료: Lounsbury et al(2012); Williamson, et al(2013).

정보처리나 의사결정은 감정이나 직관에 의하기보다는 논리나 자료, 사실에 근거해서 이루어지는 사람들이라는 것이 실증연구에서도 확인되고 있다.

제 2 절 R&D 인력의 퍼스낼리티 특성과 관련된 관리적 이슈

다음은 R&D 인력의 퍼스낼리티 특성과 관련된 몇 가지 관리적 이슈들에 대해 살펴보기로 한다.

1. 과학자와 엔지니어의 지향성 차이: 로컬 대(對) 코스모폴리탄

R&D 활동에 종사하는 전문가들 중에 과학자와 엔지니어들의 특성의 차이를 그들이 가진 커리어 지향성의 측면에서 설명하려는 노력도 있다. 즉 과학자들은 일반적으로 범조직인 지향성(cosmopolitan orientation)이 강한 반면 엔지니어들은 조직인 지향성(local orientation)이 보다 강하다는 주장이다. 범조직인 지향성이란 조직구성원이 자기가 현재 소속되어 있는 조직이나 집단보다는 자신의 전문직업이나 학계와 같은 분야에서의 발전이나 인정을 중시하는 성향이다. 반면에 조직인 지향성은 전문직업이나 분야보다 현재 자신이 속한 조직에서의 성공과 인정을 더 중시하는 성향을 말한다(Gouldner, 1957). 두 지향성의 차이는 [표 2-4]와 같다(차종석 · 김영배 1997).

표 2-4 범조직인 지향성과 조직인 지향성 차이

기 준	범조직인(cosmopolitans)	조직인(locals)
1. 조직에 대한 충성도	낮음	높음
2. 전문분야에 대한 몰입	높음	낮음
3. 비교집단	외부 전문가	조직 내부인
4. 관심 기술분야	자신의 전문기술	사업목표에 부합하는 기술
5. 자율성 측면	높은 자율성 요구	조직의사결정에 순응
6. 성공의 목표	전문분야의 권위자	조직내 최고의 지위

자료: 차종석 · 김영배(1997).

범조직인 지향성이 강한 R&D 전문가는 전문 분야의 구성원으로 성공하는 것이 중요하다. 따라서 조직에 대한 관심사는 자신의 전문성 강화에 도움이 되는 범위에서 가치를 부여한다. 그리고 전문가 동료들로부터 인정을 받는데 더 관심이 크다. 반면에 조직인 지향성이 강한 사람들은 조직의 구성원이 되고자 하며 조직이나 관리자들에게 인정을 받는 것이 중요하다. 그리고 지금 소속된 조직에서 성공하는 데 관심이 크다(Shepard, 1956).

이 두 지향성은 단일차원의 양쪽 끝을 의미하는 것은 아니고 한 사람에게 두 성향이 공존할 수 있다. 즉 이중성향(dual orientation)도 가능하다. 다시 말해 범조직인 성향과 조직인 성향이 둘 다 높을 수도 또 둘 다 낮을 수도 있다.

그러나 여러 연구에서는 R&D 전문인력 중 과학자들은 범조직인 성향이 조직인 성향보다 강하며 엔지니어에게는 조직인 성향이 보다 강하다는 것이 밝혀지고 있다(Miller, & Wagner, 1971; McKinnon, 1980). 이러한 연구결과는 [그림 2-2]에서 보듯이 엔지니어는 자신이 속한 조직이 중요하고 또 거기에 몰입하는 반면 과학자에게는 자신이 속한 직업이나 전문가 집단이 더 중요할 수 있다는 것으로 해석될 수 있다.

그림 2-2 과학자와 엔지니어의 지향성의 차이

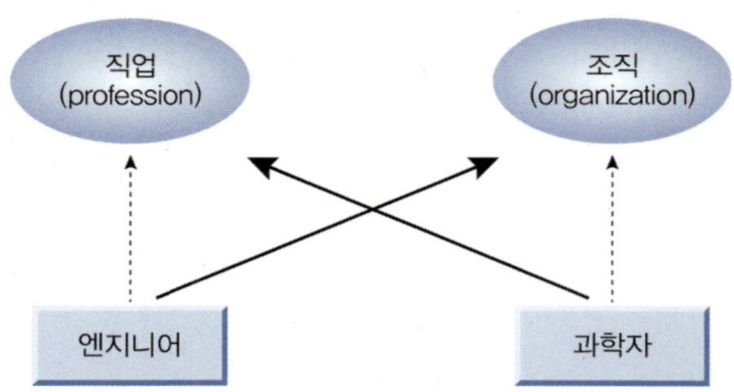

(1) 관리적 시사점

비조직인 지향성과 조직인 지향성에 대한 이제까지의 논의와 연구들로부터 다음과 같은 관리적 시사점을 얻을 수 있다.

첫째, 과학자나 기초연구에 가까운 연구를 하는 R&D 전문인력에 대해서는 그들이 전문가 지향성이 강하다는 점을 이해해야 한다는 것이다. 관리자들은 논문

발표나 학회참가 등 조직의 관점에서 별 도움이 안 되는 것처럼 보이는 활동에 적극 참여하는데 대해 불만을 가질 수 있다. 그러나 그들의 특성을 이해하고 이러한 활동을 인정하면서도 그들의 특성을 조직목표의 달성과 양립할 수 있도록 유도하는 관리적 방안의 모색이 중요하다.

둘째, R&D 전문인력들에 대해서는 조직인 지향성을 높이는 것도 중요하나 그에 못지않게 비조직인 지향성(전문가 지향성)도 지나치게 낮아지지 않도록 관심을 기울일 필요가 있다. 한국의 한 국책연구기관에 연구개발 종사자들을 대상으로 한 연구에서는 학력이 높을수록 비조직인 지향성이 높아지는 데 비해, 연령이 높을수록 조직인 지향성이 높아지는 연구결과가 나왔다(차종석·김영배 1997). 연구개발 인력들의 조직인 지향성이 높아지는 것을 단순히 좋게 생각할 것만이 아니다. R&D 성과를 높이기 위해서는 비조직인 지향성(전문가 지향성)이 계속 유지될 수 있는 관리적 노력이 필요하다. 즉 R&D 전문인력들이 근속연수가 길어짐에 따라 조직에 안주하는 경향을 보일 수 있다. 때문에 전문가 사회와의 소통이 끊어지지 않게 적극적인 학술발표나 학회참가, 전문그룹 활동들을 적극 권장할 필요가 있다.

2. R&D 인력과 감성지능

R&D 활동에 주로 종사하는 과학자들과 엔지니어들에게 지적지능에 비해 감성지능이 부족하다는 것이 일반적인 스테레오타이핑의 하나라는 것을 설명한 바 있다. 실제로 이를 뒷받침하는 실증적 증거는 별로 없다.

그러나 최근 R&D 담당인력 특히 협업이 강조되는 엔지니어들의 감성지능을 높일 필요가 있다는 주장이 강하게 대두되고 있다. 그러한 배경에는 몇 가지 이유가 있다. 첫째는 조직생활을 하는 인력에게는 분야와 관계없이 감성지능이 필수적인 역량 중의 하나라는 점이다, 둘째 최근의 R&D는 기술융합이 증대하고 협업이 어느 때 보다고 강조되고 있기 때문이다. 감성지능은 자신을 알고 남을 이해하는 능력이므로 이는 효과적인 관계 및 R&D 성과를 내는 데 있어 중요한 역할을 한다.

감성지능은 리더로서도 필수적인 역량이지만(여기에 대해서는 14장 '엔지니어로부터 관리자로의 전환' 장에서 다룸) 여기서는 개인 구성원의 차원에서 다루도록 한다.

(1) 감성지능의 개념과 중요성

감성지능(emotional intelligence, emotional quotient: EI or EQ)이란 "자신 및 타인들의 감성(emotions)을 모니터하고 상이한 감성 간에 구별을 지우며 그들을 적절하게 명명하며 감성정보를 사고와 행위를 가이드하는데 활용할 수 있는 능력"으로 정의 된다(Colman,2008). 쉽게 말하면 나를 알고 남의 마음을 헤아릴 줄 아는 사회적 지능이다.

이 용어는 원래 1990년에 Peter Salavoy와 John Mayer라는 두 연구자에 의해서 만들어졌다(Salovey & Mayer, 1990). 그러나 이 용어를 대중에게 소개한 것은 심리학자이자 행동과학 저널리스트인 Daniel Goleman에 의해서였다. 그는 1996년에 "감성 지능"을 소개한 이후 다양한 저술을 통해 이 개념의 중요성을 일반인 특히 산업계에 소개하고 있다(Goleman, 1996).

감성지능의 개념이 대두되기 전까지만 해도 지능(머리)하면 지적지능(intellectual intelligence)이 전부인 것으로 생각했었다. 근대사회 이후로 인간관은 이성적, 합리적 인간이었으므로 지적지능이 강조되는 것은 당연한 일이었다. 그러나 현실에서 지적지능만으로 한 사람의 역량을 판단하기 어려운 상황을 많이 목도하게 된다. 예컨대 지적지능과 학력은 뛰어나나 소위 무개념하거나 타인과의 관계가 원만하지 못해 사회에서 제 구실을 못하는 사람을 많이 발견하게 된다. 즉 지적지능 외에 무언가 머리의 다른 부분에 대한 설명이 필요했던 것이다.

Goleman은 자신의 저서에서 뇌 연구와 행동 연구를 기반으로 IQ가 높은 사람들이 왜 성공하지 못하는 일이 발생하며, 반대로 IQ가 낮은 사람이 왜 예상 밖의 성공을 거두는지에 대해 설명요인으로 감성지능의 중요성을 역설하고 있다(Goleman, 2012). 감성지능은 그에 의하면 자신에 대한 조절력이며 자신의 인간관계에 대한 조절력이다.

혼자만의 올바른 판단을 위해서는 지적지능으로 충분하다. 그러나 조직생활을 비롯한 사회적 생활을 잘 해나가기 위해서는 자신을 알고 타인의 마음을 이해하는 감성지능이 필수적이다. 이러한 감성지능은 지적지능과는 별개의 지능이다. 지적지능과 감성지능은 새의 두 날개에 비유된다. 두 날개가 있어야 새가 비상하듯 지적지능과 감성지능이 균형적으로 발전할 때 집단이나 사회에서 한 인간이

온전한 인간으로서의 기능을 다할 수 있게 되는 것이다.

감성지능은 구성원들을 관리해야 하는 관리자나 리더에게는 특히 중요하다. 그들은 구성원들에게 영향력을 행사해야 하는데 이를 위해서는 하급자들의 마음을 읽고 경청하며 그들을 고취시키며 움직여야 하기 때문이다.

감성지능은 지적지능과 반드시 대립되는 개념은 아니다. 지적지능이 높다고 해서 반드시 감성지능이 낮은 것은 아니다. 다만 이제까지 지적지능이 과도하게 강조됨으로써 감성지능의 개발의 중요성이 강조되고 있을 뿐이다.

(2) 감성지능의 구성요소

감성지능은 [그림 2-3]에서 보는 바와 같이 5가지 요소로 구성된다. 자기인식, 자기조절, 자기동기부여는 개인적인 능력에 속하며 사회적 인식과 관계관리는 사회적 능력에 속한다. 때로는 자기조절과 자기동기부여를 묶어 자기관리로 칭하기도 한다(Goleman, 2012).

그림 2-3 감성지능의 구성요소

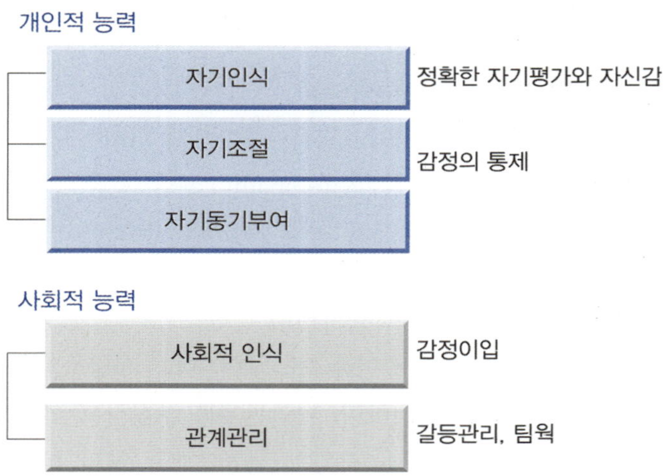

1) 자기인식(self awareness)

자기인식은 일상생활을 하는 동안 자신에게 일어나는 정서와 기분을 스스로 명확하게 인식하고 알아차리면서 자신의 감정에 이름을 붙이는 능력이다. 그리고 자신의 감정이 발생한 이유를 이해하고 감정과 행동 간의 차이를 인식하는 능력이다. 이는 타인의 감정이나 정서를 알아차리고 이해하는 데 기초가 된다.

2) 자기조절(self control)

자기조절은 자신의 감정이 다른 사람에게 끼치는 영향을 고려하여 자신이 속한 사회의 기대에 맞게 자신의 정서를 적절하게 표현하는 등 자신의 감정을 관리하고 조절하는 능력이다.

그리고 공격적인 행동과 자기파괴적인 행동을 절제하는 충동억제 능력이며, 자신과 가족 및 소속집단에 대해 긍정적인 감정을 지니고 당장의 만족을 지연시키면서 스트레스를 적절히 다루어 잘 대처해 나가고 고독감과 사회적 불안감을 덜 느끼는 능력이다.

3) 자기 동기부여(self motivation)

자기 동기부여는 목표의 성취를 위해 주의집중하거나 완전함과 창의성을 추구하기 위해 일시적으로 자신의 만족을 지연하거나 충동을 최소화하려는 능력이다. 즉, 사려 깊게 일을 처리하고 책임을 지며 일에 집중하는 능력, 그리고 긍정적으로 사고하고 이러한 목표수행을 위한 동기를 부여하는 능력을 말한다.

4) 사회적 인식(social awareness)

사회적 인식은 타인의 감정과 입장을 정확하게 인식하고 타인이 느끼는 감정을 자신의 것처럼 느끼는 감정이입(empathy) 또는 공감 능력이다. 그리고 타인의 감정을 수용하고 타인의 말에 귀를 기울이는 능력을 말한다.

5) 사회적 관리(social management)

사회적 관리는 대인관계조절이라고도 하며 다른 사람들과 효율적이고 바람직한 인간관계를 형성하고 유지하며, 대인관계를 분석하고 이해하는 능력을 말한다. 의견대립이 있을 때 갈등을 조정하고 협상하며, 보다 더 능동적이고 적극적으로 의사소통을 하는 능력이다. 그리고 좀 더 사교적이고 인기가 있는 사람이 되기 위해 노력하며, 너그러운 마음으로 사람을 대하고 민주적으로 일을 처리하려는 능력이다. 또한 다른 사람의 감정을 보다 바람직한 방향으로 바꿀 수 있도록 하는 능력도 포함한다.

(3) 감성지능의 효과

감성지능은 뇌 과학의 관점에서 보면 이성을 담당하는 합리적인 두뇌(rational brain)와 감정을 담당하는 대뇌변연계(limbic system)를 연결시켜주는 역할을 한다. 그럼으로써 이성과 감성이 조화를 이루는 균형잡힌 인간이 되고 효과적인 인간관계를 이루어 나갈 수 있게 해 준다.

감성지능이 높아지면 다음과 같은 효과가 생긴다(Walton, 2012).

첫째, 자신을 합리적으로 잘 알게 된다. 따라서 불필요한 가식에 에너지를 쏟지 않는다.

둘째, 자신의 감성을 잘 조절 통제할 수 있다.

셋째, 타인의 감정에 대한 공감(empathy)능력이 커진다. 상대방의 마음을 잘 살필 수 있다.

넷째, 효과적이고 유쾌한 방식으로 사회적 스킬을 활용하게 된다. 타인들과 원만한 관계를 유지하며 갈등도 해결하여 우호적인 분위기를 형성한다.

그림 2-4 감성지능은 중요 스킬의 기초

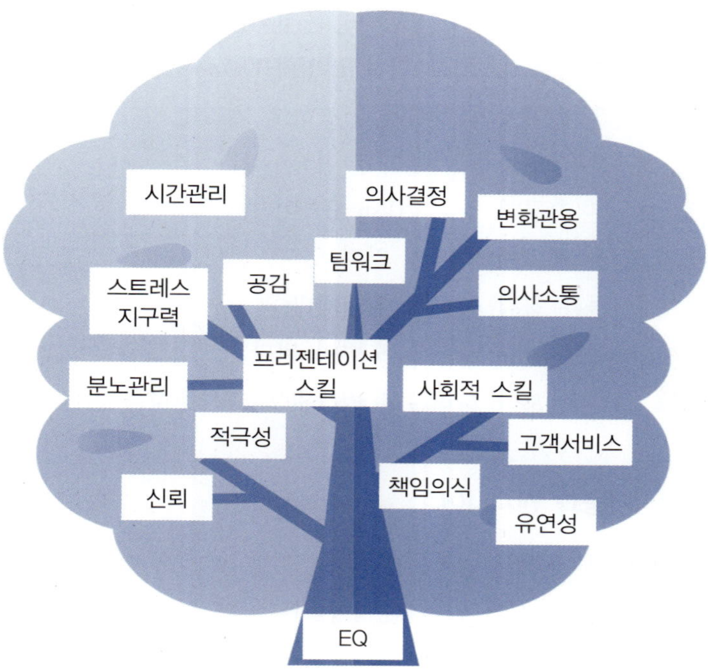

감성지능은 [그림 2-4]에 나온 것처럼 관계와 관련된 중요 스킬의 기초가 된다. 신뢰, 유연성, 책임감, 적극성, 사회적 스킬, 고객서비스, 프리젠테이션 스킬, 팀워크, 커뮤니케이션, 공감, 스트레스 내구력, 변화 수용, 시간관리, 의사결정 등의 기반이 된다. 따라서 감성지능의 함양은 이런 제반 능력의 향상을 가져오는 효과가 있다.

감성지능은 이렇게 조직에서 타 구성원과의 원만한 관계를 유지하고 팀워크를 통해 조직성과에도 긍정적으로 기여할 수 있는 특성이다. 따라서 감성지능은 조직에서의 성공과도 연결된다. 그래서 "IQ로 입사하고 EQ로 승진한다"라는 말이 설득력을 얻고 있다(Gibbs, 1995). Goleman은 감성 지능(EQ)이 과학적 배경을 지닌 사람들에게서 조차도 IQ보다 약 4배 더 중요하다고 주장하고 있다(Goleman, 1998).

감성지능(EQ)은 인사채용의 기준으로 중요성이 커지고 있다. 2011년의 커리어 빌더 조사(Career Builder Survey)에서는 2,600명 이상의 채용 및 인사전문가들을 대상으로 조사를 하였는데 응답자의 71%가 IQ보다 EQ에 가치를 둔다고 말하고 있다(Deutschendorf, 2016). 75%는 감성지능이 높은 근로자를 승진시킬 가능성이 높으며 59%의 응답자는 IQ는 높되 EQ가 낮은 지원자는 채용하지 않을 것이라고 답하고 있다. 전체 응답자들은 IQ 높은 직원보다 EQ가 높은 직원들이 중요한 이유를 다음 7가지로 답하고 있다(Deutschendorf, 2016).

첫째, 그들은 일에서의 압력을 건강하게 처리할 수 있다.

둘째, 그들은 타인들을 이해하고 협력한다.

셋째, 그들은 훌륭한 청취자(listener)이다.

넷째, 그들은 피드백에 대해 열려 있다.

다섯째, 그들은 공감 능력이 뛰어나다.

여섯째, 그들은 다른 사람의 모범이 된다.

일곱째, 그들은 보다 사려깊고 빈틈없는 의사결정을 한다.

(4) 감성지능과 엔지니어

R&D 인력 중 감성지능의 중요성은 엔지니어에게 더욱 크다. 과학자의 업무 중에는 독립적인 업무가 많은 반면 엔지니어의 경우에는 협업과 소통의 중요성이 상대적으로 더 크기 때문이다. 예를 들어 AT&T Bell Labs의 한 관리자에게

최고 성과를 올리는 엔지니어 순위를 요청했다. 그의 응답은 IQ가 높은 것이 결정 요인이 아니라 그 대신에 그 사람이 이메일 응답을 어떻게 처리했는지 다른 동료들과 얼마나 잘 협력하고 네트워킹했는지, 조직목표달성에 필요한 협력을 얻어내기 위해서 다른 사람들과 얼마나 잘 지냈는지 하는 것이 보다 중요하다는 것이었다.

따라서 조직 내의 엔지니어들의 감성지능 향상에 관심을 기울이는 기업들이 늘고 있다. 이 경우 외부 감성지능 전문가들에 위탁하여 직원들을 교육시키는 방법이 흔히 활용된다.

감성지능의 개발을 회사의 공식적인 과정으로 편입한 사례로 Google을 들 수 있다. Google에서는 Chade-Meng Tan이라는 한 젊은 엔지니어의 제안을 수용하여 '당신 내면으로의 탐색(Search inside Yourself)'이라는 '마음챙김(mindfulness)' 명상 프로그램을 운영함으로써 구글러(Googler)들의 감성지능 함양을 꾀하고 있다(읽을 거리 참조). 마음챙김 명상은 마음의 평화와 행복감 형성에도 기여하지만 감성지능을 높일 수 있는 효과적인 수단으로 인정받고 있다.

한편 엔지니어들에게 있어 감성지능의 중요성에 비추어 대학의 공학교육과정에 정식으로 편입시켜야 한다는 주장도 제기되고 있다(Riemer, 2003). 대학생들에게 정규과정에서 감성지능을 가르치는 것은 '사회적으로 무능한 괴짜'라는 공학도에 대한 사회적 선입견을 불식시켜주어 채용과 재직생활을 촉진시켜주는 데 기여할 수 있다는 것이다.

읽을거리

Google의 감성지능 향상 과정: "당신 내면으로의 탐색(Search inside Yourself)"

1999년 Chade-Meng Tan은 부푼 꿈을 안고 Google에 소프트웨어 엔지니어로 입사했다. Tan에게 Google은 꿈의 직장이었지만 그러나 회사생활이 계속될수록 그가 목도한 회사생활의 현실은 꿈 꾸었던 모습과는 거리가 멀었다. 많은 동료들이 좋은 직장에서 열심히 일하고는 있었으나 내면의 평화나 행복감을 느끼지는 못하는 것 같았다.

동양 정신세계와 불교의 배경을 가진 Tan은 Google의 직장동료들을 위해 마음챙김 명상 프로그램을 도입하면 어떨까 하는 생각을 가지기 시작했다. 마음챙김(mindfulness) 명상은 남방불교의 위빠사나 명상이 미국에서 변형된 것으로 당시 사회적 관심이 증대되던 터였다. 이 마음챙김 명상은 내면의 평화와 평화스러운 인간관계를 조성하는데 기여하는 것으로 알려졌다. 게다가 이는 뇌과학자들에 의해서 감성지능(EQ)을 높여준다는 것이 입증되어 조직의 입장에서도 매력적인 요소가 있었다.

Tan은 이 명상 프로그램을 경영진에게 제안했다. 이에 경영진은 이 제안을 수용하여 회사의 공식적인 프로그램으로 추진하고 Jolly Good Fellow라는 공식적인 역할을 부여하였다. 이러한 배경에는 당시 20% 규칙 즉 직원의 근무시간의 20%를 직원이 자율적으로 선택하는 주제를 수행하는데 허용한다는 회사의 방침도 한몫했다고 할 수 있다.

2006년에 Tan은 구글 직원들이 더 이상 자신을 커다란 기계의 톱니바퀴처럼 느끼지 않고 사람들이 삶에 더 주의를 기울일 수 있도록 교육하는 프로그램을 만들기 시작했다. Tan의 야심찬 과정의 의도는 사람들이 자신의 감정을 더 잘 인식하고, 다른 사람에 대해 더 동정심을 갖으며, 지속가능한 관계를 구축하고, 궁극적으로 세계 평화－아니면 적어도 직장에서의 평화와 조화－에 기여할 수 있도록 훈련시키는 것이었다.

Tan은 몇 명의 컨설턴트와 Stanford 과학자 및 MBA 그리고 기업가적 경험도 있는 선(禪) 교사인 Marc Lesser 등으로 이루어진 팀을 구성했다. 2007년에 처음으로 Google 직원들을 대상으로 '당신 내면으로의 탐색(Search inside Yourself)'이라는 이름의 이틀짜리 훈련 과정이 시작되었다.

행복은 마음의 상태라는 그의 신념에 입각해서 이 마음챙김 훈련 코스는 구글러들이 내면의 평화를 발견하고 스트레스와 부정적 사고를 관리하게 마음을 정화하는데 목표를 두었다.

그 후 한 해 약 1,500명의 Google 직원이 교육을 받았으며 수천 명의 Google 직원이 향후 과정을 예약할 정도로 인기가 있었다. 2012년에 Tan과 그의 팀은 이제까지의 Google 내부과정에서 탈피하여 외부의 조직과 커뮤니티에서 이 과정을 확대 개최하기로 결정했다. 이를 위해 '당신 내면으로의 탐색' 리더십 연구소(Search Inside Yourself Leadership Institute: SIYLI)라는 비영리 단체를 출범시켰고 Tan은 초대소장을 맡았다. 이 인기에 힘입어 Tan은 'Search Inside Yourself'라는 저서를 출간했고 이는 달라이 라마와 지미 카터 전 미국 대통령의 추천을 받기도 했다(Tan, 2018).

후에 SIYLI의 CEO가 된 Lesser는 'Search Inside Yourself'를 마음챙김과 감성지능의 도구를 사용하는 리더십 프로그램이라고 강조한다. 또한 프로그램의 기본 구조는 감성 지능의 다섯 가지 구성 요소 즉 자기 인식, 자기 조절, 동기 부여, 공감 및 사회적 기술을 활용하는데 이를 자기들은 리더십 기술이라고도 부른다는 것이다.

초기 커리큘럼은 Google 엔지니어를 위해 특별히 개발되었기 때문에 완전히 이해하기 쉬우면서도 세속적인 언어로 가르치려고 노력했다. 왜냐하면 과학자와 엔지니어는 전형적으로 의심이 많은 사람들이기 때문이었다. 이 과정에서는 특정 생각과 감정을 가질 때 뇌에서 발생하는 것에 초점을 맞추고 단순한 반응(reaction) 보다는 성찰(reflection)할 것을 장려한다. 또한 감정의 주인이 되고 차분하고 명확하게 생각하며 더 잘 듣는 사람이 되고 행동하기 전에 잠시 멈출 수 있게 만들어 준다.

Lesser에 의하면 감성지능 스킬은 협업, 더 열린 의사소통, 더 많은 투명성 및 가식의 탈피를 지원해주는 역할을 한다.

Tan은 2015년 10월 30일 자신의 메시지와 행복, 명상 코스를 전파하고 세계평화를 위해 이를 확산하기 위해 Google을 떠난다. 그는 궁극적으로 '당신 내면으로의 탐색'이 세계평화에 의미있는 방식으로 기여하기를 희망했다.

자료: Wikepedia(2021), "Chade－Meng Tan," retrieved May 04, 2021 from https://en.wikipedia.org/wiki/Chade－Meng_Tan.
Giang Vivian(2021),"Inside Google's Insanely Popular Emotional－Intelligence Course," retrieved May 05, 2021 from https://www.fastcompany.com/3044157/inside-googles－insanely－popular－emotional－intelligence－course.

3. R&D 인력과 내향성의 관리

R&D 인력 중에는 내향성이 강한 사람들이 많다. 따라서 내향성을 이해하고 그들을 효과적으로 관리하는 방안을 강구할 필요가 있다.

(1) R&D 인력은 내향성이 상대적으로 강한 경향이 있다.

앞서 일반적으로 R&D 인력의 주축을 이루는 엔지니어나 과학자들에 대해서는 내향성이 강한 사람들이라는 스테레오타이핑이 존재한다는 것을 설명한 바 있다. 그런데 이것이 사실이라는 것을 입증한 연구들도 적지 않다. 특히 이는 엔지니어보다는 과학자들을 대상으로 한 연구들에서 확인되고 있는데 과학자들이 비 과학자보다 더 내향적인 경향이 있다는 것은 여러 연구들에서 입증되고 있다(Albert & Runco, 1987; Wilson & Jackson, 1994). 과학자는 비 과학자에 비해 혼자 있는 것을 선호하며 다소 덜 사회적이고 덜 친교적인 경향이 있다(Feist, 2006).

(2) 내향성이 강한 인력과 같이 일하기

내향성이 강한 사람은 눈에 잘 띄지 않아 동기부여가 부족한 것으로 오해될 수 있다. 내향적인 사람들은 대규모 그룹에 프레젠테이션을 하거나 한 번도 만난 적이 없는 사람들과 팀 빌딩 이벤트에 참여하는 것에 대해 적극적이지 않을 수가 있다. 사실 그러한 시나리오는 그들이 일반적으로 두려워하는 것들이다. 내향적인 사람들은 타인들과 함께하는 환경을 준비하는 데 약간의 시간이 걸릴 수 있으므로 처음부터 아이디어를 공유하는 것을 주저 할 수 있다. 그리고 이 직원들은 레이더의 도움으로 비행하는 것이 더 편안하다.

그러나 내향적인 직원은 외향적인 직원만큼 영리하고 끈기가 있으므로 그들의 존재나 역할을 간과하지 말아야 한다. 물론, 더 적극적이고 외향적인 팀원들의 목소리가 더 잘 수용되고 인정받을 수도 있지만 내향적인 사람들이 조직에 기여할 수 있는 부분도 크므로 이들의 특성에 대한 이해와 함께 관리적 배려가 필요하다. 구체적으로 이들과 일하는 데는 다음과 같은 점을 고려해야 한다.

1) 의사소통 방법

의사소통 스타일과 관련하여서는 내향적인 직원은 대면 회의나 대화보다는 이메일, 인스턴트 메시징 및 문자 메시지를 선호한다(Payco, 2020). 그들은 깜짝스럽거나 비상한 상황을 좋아하지 않으므로 예기치 않은 전화는 불안을 유발할 수 있다. 그러한 것들은 그들이 집중하고 있던 것에서 집중력을 잃게 하고 과업에 복귀하기 어렵게 만든다. 내향성이 강한 사람들은 생각을 충분히 할 수 있는 시간과 공간을 원하며 즉각적이고 기발한 대답보다는 사려 깊은 응답을 제공하고자 한다.

2) 이상적인 작업 환경

내향적인 사람들은 외향적인 동료들 사이에서 "외톨이" 느낌을 받는 경향이 있다. 그래서 팀과 연결되어 있다고 느끼도록 동기를 부여하는 것이 중요하다. 그리고 이들에게는 구체적인 피드백을 요청할 필요가 있다. TFT에서 봉사하거나 특별 프로젝트에 참여하도록 임명하는 것도 이들이 더 외향적인 팀원들과 더 긴밀하게 연결되는 방법일 수 있다.

3) 인정과 보상의 방법

피드백에 대한 수용하는 방식에서도 두 유형의 성격이 크게 다르다. 상을 받는 것과 같이 긍정적인 경우라도 대부분의 내향적인 사람들은 관심의 중심이 되는 것을 싫어한다. 비공개적인 개인적인 칭찬이나 축하 이메일을 더 감사하게 생각할 수 있다. 반면 외향적인 사람은 공개적인 칭찬 등을 선호한다.

이상에서 살펴본 내향적인 사람과 외향적인 사람을 비교하면 [표 2-5]와 같다(Payco, 2020).

표 2-5 내향성과 외향성의 비교

특징	내향성	외향성
업무 스타일	동기부여 부족으로 오해하지 말 것	스포트라이트를 즐김
의사소통	이메일 문자 전화 등 비대면 소통	대면 대화
사무실 환경	프라이버시 유지	개방된 장소
인정	개인적 칭찬, 축하 이메일	공개칭찬, 팀 회의에서의 인정

자료: Payco(2020).

제 3 절 혁신가의 특성

오늘날은 단순히 R&D에 그치지 않고 이를 돈으로 연결시키는 것에 대한 관심이 커지고 있다. 따라서 기술사업화와 같은 분야에 대한 연구들이 활발하게 진행되고 있다.

여기서는 R&D의 영역을 넘어서 전반적으로 혁신을 이룩하는 사람들의 퍼스낼리티 특성에 대해서 살펴보고자 한다. 조직에서 혁신을 이룩하는 사람들은 어떤 사람들인가? 우리는 흔히 혁신을 이룩하는 사람들은 튀는 행동을 하거나 이상한 복장, 조직의 규정이나 룰을 깨는 반골 기질을 지닌 기인들이나 광인 과학자들로 생각하기 쉽다. 물론 이들이 조직에서 필요하고 남들이 생각하는 발상의 혁신을 이룩하기도 하지만 이러한 행동과 특성이 혁신가에 필수적으로 필요한 것으로 보기는 힘들다. 오히려 이러한 사람들은 예외적이라고 보는 것이 맞을 것 같다.

혁신은 앞서도 언급한 바 있으나 단순한 창의적 발상에 그치는 것이 아니다. 그런 창의적 사고를 제품에 구현하는 등 조직과 사회에 유용한 것으로 전환할 때 혁신이 된다. 조직에서 혁신을 이룩하는데 필수적으로 필요한 성격적 특성이나 특징으로 일반적으로 인정된 것은 없다. 대개 퍼스낼리티 특성에 대해서는 많은 연구가 이루어지지만 뚜렷한 공통적 특성을 발견하는 것이 쉽지 않다. 다만 몇몇 연구에서 제기된 내용을 참고하는 것은 의미가 있어 소개해 보기로 한다.

1. R&D 실무가들이 제시하는 5가지 특성

미국 산업연구소(IRI:Industrial Research Institute)에서 주최한 한 회의에 참석한 R&D 실무가들을 대상으로 한 조사의 결과가 흥미로운 시사점을 준다. 실무가들에게는 혁신을 위한 인력을 채용할 때 무엇을 중시하는 가를 질문하였는데 그들의 답변은 비슷한 의견을 나타내고 있었다. 다음과 같은 다섯 가지가 공통답변으로 도출되었다(Holden, 2013).

(1) 열정적인 호기심(passionate curiosity)

혁신가의 특성으로 실무가들에게 가장 많은 언급된 두 가지 특성이 있다. 그것은 열정(passion)과 호기심(curiosity)이었다. 이 둘은 이제까지 미처 생각하지 못했던 새로운 해결책을 모색하려는 열망을 의미한다. 열정적으로 호기심이 많은 사람들이란 회사가 이미 알고 있거나 하고 있는 일의 경계를 탐색한 다음 개선할 방안을 찾는 사람들이다.

이는 창의성과는 분명히 구별된다. 창의성은 이것들의 일부일 뿐이다. 더 중요한 것은 기존 가능성에 대해 배우기 위해 새로운 것을 추구하려는 의지나 열정이다. 혁신은 탐색 + 평가 + 실행이라고 참석한 R&D 실무가들은 말했다. 그들은 탐색에서는 창의성이 중요한 요소이기는 하다. 그러나 혁신에 필요한 나머지 두 단계를 수행하려면 열정과 호기심이 더 중요하다는 것이다.

사물인터넷(IoT)의 창시자인 케빈 애슈턴(Kevin Ashton)도 혁신에 있어 열정과 호기심의 중요성을 강조하고 있다(Ashton, 2015). 그는 IoT 시대에 창의적인 재능에 대해 묻는 질문에 다음과 같이 답한 바 있다. "저는 창의력을 타고 난다고 믿지 않습니다. 제 경험에 비춰보면 창의적인 인재들은 열정을 갖고 엄청난 시간에 걸쳐 노력하며 반복해서 실패해도 포기하지 않는 근성을 갖추고 있었습니다." 천재적인 역량보다 열정과 근성이 중요하다는 것이다. 그는 이러한 인물로 12살에 바닐라의 인공수정법을 발명한 노예소년 에드몽 알비우스(Edmond Albius)의 예를 들고 있다(인물탐구 참조).

인물탐구

12세 노예소년 에드몽 알비우스:
세계최초로 바닐라 인공수정방법을 발견하다.

오늘날 여러 음식에 향신료로 광범위하게 사용되는 바닐라는 난(蘭)과 식물인 바닐라의 열매에서 추출된다. 이는 스페인 정복자들에 의해 식물인 초콜릿과 함께 유럽으로 건너갔다. 향신료로서 그 가치가 높이 평가되어 프랑스나 영국 등지의 식물원에서 재배됐지만 열매를 맺지 못해 바닐라를 생산하지는 못했다. 꽃은 피되 다음 단계인 깍지와 씨앗, 즉 우리가 아는 바닐라 빈으로는 넘어가지 못했다. 그 비밀은 후에 벨기에의 원예학자 샤를 모렌에 의해 풀렸다. 멕시코에만 서식하는 메폴리나라는 벌의 도움 없이는 바닐라 꽃의 수정이 되지 않는다는 사실이 발견되었다.

이렇게 남미 외의 지역에서는 불가능하게 보였던 바닐라의 열매 추출을 가능하게 한 인공수정 방법을 처음 발견한 것은 인도양의 프랑스령 레위니옹(Réunion) 섬의 노예 에드몽 알비우스(Edmond Albius)였다. 1841년, 당시 그는 12살의 노예소년으로 농장에서 일하고 있었는데 수작업으로 인공수정하는 방법을 찾아냈다. 바닐라는 난과의 식물인데, 특이하게

도 덩굴로 자라는 데 꽃이 딱 한 송이씩만 핀다. 더구나 그 꽃도 아침에 피었다가 오후면 져 버린다. 알비우스는 이렇게 잠깐 피는 사이 하나씩 사람 손으로 꽃을 갈라서 암수 생식기를 노출시킨 다음 얇은 나뭇가지나 나뭇잎으로 둘을 접촉시켜 수정시키는 방법을 생각해냈다.

알비우스의 수작업 수정방식은 오늘날도 사용되고 있는데 그의 발견 후에 레위니옹 섬은 한 때 세계에서 바닐라의 최대생산지가 되었다. 프랑스 정부는 후에 알비우스 방법을 마다가스카르(Madagascar)에 이전하여 현재는 이곳이 바닐라의 주요 생산지가 되고 있다.

후에 프랑스 정부가 노예제도를 불법화하여 알비우스는 노예 신분에서 벗어나기는 했지만 그의 업적을 제대로 보상받지는 못하고 1880년 St. Suzanne에서 가난한 가운데 생을 마쳤다.

자료: 이용재(2020), Wikipedia(2021).

(2) 모호함에 대한 존중(respect for ambiguity)

획기적인 새로운 발견이더라도 혁신의 발견 및 발명 단계에서는 상업적 응용의 전망이 불투명할 수 있다. R&D 실무자들은 새로운 필름 기술, 특정 화학 수용체를 차단하는 신약, 또는 더 지속 가능하고 내구성이 있는 새로운 화학섬유를 발견 할 수 있지만 이러한 제품을 상업적으로 적용할 수 있는 방법은 이것들의 발명가들에게 조차 명확하지 않는 경우가 많다. 따라서 명확한 응용이 보이지는 않는 신제품을 개발하고 구축하는데 따른 모호성마저도 건전하게 존중하고 그러한 프로젝트에 대한 경영진의 지원을 유지하는 것은 훌륭한 혁신가가 필수적으로 갖추어야할 특성이다. 혁신가는 한편으로는 과학자, 연구자이면서 한편으로는 세일즈맨이어야 한다.

(3) 복합기능 분야의 경험(cross functional experience)

오늘날의 R&D 풍경의 모습은 빠르게 변화하고 있어 R&D 관리자들은 단순히 R&D 업무에만 종사한 것 이상의 경험과 식견을 가진 사람들을 원하고 있다. 그들은 평가를 수행하는 현장에서 일했거나 테스터로 마케팅에서 일했거나 아니면 예산 계획자로 재무에서 일한 경험이 있고 신제품에 대한 디자인 등 다양한 분야에서 일해 본 경험이 있는 과학자나 연구자들을 원한다. 여러 기능 분야에 경험을 지닌 R&D 실무자인가의 여부가 혁신가를 찾는 사람들에게 더욱 중요해지고 있다.

이렇게 된 배경에는 오늘날 제품의 시장 출시가 빠르게 이루어져야 한다는 압력이 존재하기 때문이다. 실험실의 R&D 담당자들이 개발한 제품이 후에 다른 기능부서와의 연석회의에서 거부되거나 문제 제기가 이루어지면 시장 출시가 그만큼 늦어지게 된다. 따라서 시간을 낭비하는 것을 방지하기 위해 차후 여러 기능부서에서 제기될 수 있는 문제들이 R&D가 이루어지는 부서에서 선제적으로 다루어지고 해결되지 않으면 안 된다. 그리고 이것이 효과적으로 이루어지려면 단순히 추정에 근거하는 것이 아니라 현장에서의 생생한 경험을 바탕으로 이루어져야 한다. 따라서 이를 위해서는 혁신을 이룩하는 사람들은 여러 기능 분야에 대해 풍부한 경험이 있어야 하고 전문성에 있어서도 다재다능해야 한다.

(4) 팀 플레이어(team player)

오늘날의 혁신은 개인의 창의성보다는 팀에 의해 이루어지는 경우가 훨씬 많다. 따라서 R&D 혁신에 종사하는 사람들이 훌륭한 팀 플레이어가 되는 것이 중요하다. 팀원들과 잘 지내고 효과적으로 소통하는 특성은 혁신가에게 필수적인 특성이다. 이를 갖추기 위해서는 개인적으로 또는 조직의 입장에서 계속적인 개발의 노력이 필요하다.

(5) 강력한 노동 윤리(strong work ethics)

많은 실무가들이 동의한 또 다른 특성은 강력한 노동윤리였다. 그러나 흥미롭게도 ‘노동윤리’란 말보다는 실무가들에게는 R&D 실무자들이 매일 직면하는 어려움을 암시하는 말인 ‘끈질긴 뚝심(dogged persistence)’이란 용어로 표현되는 경우가 많았다. 현실에서 혁신가의 업무들은 대부분 여러 제약 내에서 일할 수밖에 없다. 여기에는 단순한 자원 및 예산 제약에서 인력 · 지식 제약, 문화적 제약과 같은 더 큰 도전에 이르기까지 다양하다. 돈도 못 벌고 자원만 축냈다는 비판을 받아 사내 입지가 어려워질 수 있다는 두려움은 R&D 실무자에게 항상 따르는 것이다. 그리고 이는 특히 글로벌 시장 출시 요구가 강화됨에 따라 더욱 커지고 있다. 그러나 혁신가는 그러한 제약들과 역경을 견디고 프로젝트를 계속해서 나머지 사람들과 공유할 무언가를 내놓을 수 있지 않으면 안 된다. 그런 점에서 강력한 노동윤리 또는 끈질긴 뚝심은 혁신가의 특성으로 첫 번째 거론되었던 열정적인 호기심과 서로 연결되는 특성이라고 볼 수 있다.

2. 혁신 리더(혁신가)의 특성들

혁신 리더(혁신가)의 특성으로 연구되고 있는 것들을 종합해 보면 다음과 같다(Rosales, 2021; Bagley, 2014).

(1) 그들은 일을 다르게 한다.

창의적이라는 것은 이전에 아무도 해본 적이 없는 일을 하거나 일을 다르게 하는 것(doing things differently)을 의미한다. 따라서 훌륭한 혁신 리더는 이 철학을 받아들이고 직원들이 경계를 넓히고 다양한 솔루션을 탐색하도록 장려하는 작업 환경을 만든다.

(2) 그들은 뛰어난 리더이다.

혁신 리더는 자신의 업무에 열정을 가진 사람들을 고용하여 역동적이고 생산성이 높은 가치 기반 조직을 만드는 데 전념하는 진정성 리더(authentic leader)이다. 그들은 직원들에게 성장 기회를 제공하고 각 직원이 가치 있고 존중받는다고 느끼도록 만든다.

(3) 그들은 혁신은 협업을 통해 이루어진다는 것을 알고 있다.

혁신 리더는 혁신이 진공 상태에서 발생하지 않는다는 것을 이해한다. 그들은 사람, 자산 및 조직의 활발하고 활기찬 네트워크를 소중히 여기고 이를 구축하고 유지한다. 협업(collaboration)을 힘든 도전으로 보는 대신 강점, 약점, 기회 및 위협을 식별할 수 있는 기회로 간주한다.

(4) 그들은 다양성을 중시한다.

혁신 리더는 다양성(diversity)이 성공적인 조직 운영의 핵심이라는 것을 알고 있다. 그들은 다른 배경과 다른 전문성을 가진 사람들로부터 나오는 다양한 아이디어의 조합보다 더 효율적인 것은 없다는 것을 알고 있다.

(5) 그들은 '고(高) 통제 저(低) 신뢰' 리더십 모델을 탈피한다.

혁신 리더는 통제에 주로 의지함으로써 신뢰는 크지 못한 리더십(high-control, low-trust model of leadership)을 탈피한다. 직원들이 창의력을 발휘하도록 파워를 부여하고 다음 경력단계로 이동하는데 필요한 스킬을 개발하도록 지원한다. 그들이 '무서운 왕초(big scary boss)'로 군림하는 리더십 철학을 고수하지 않는 이유는 그것이 혁신에 전혀 도움이 못 된다는 것을 잘 알고 있기 때문이다.

(6) 그들은 혁신이 지속적인 것임을 안다.

혁신 리더는 혁신이 일회성이 아니라는 것을 잘 안다. 그들은 조직이 이상에 도달하는 것을 멈추지 않고 지속적(constant)으로 새로운 솔루션을 찾고 비즈니스 방식을 혁신해야 한다는 것을 알고 있다.

(7) 그들은 전통적인 비즈니스 지표(metrics)에 연연하지 않는다.

혁신가는 전통적인 기업지표에 너무 관심을 쏟다 보면 획기적인 혁신을 이룩하는 데 방해가 된다는 것을 잘 알고 있다. 그래서 그들은 전통적인 비즈니스 측정 항목이나 규범에 별로 관심이 없다. 그들은 비즈니스의 성공이 그 자체를 대변한다고 믿는다.

(8) 그들은 기존의 전통적인 지혜를 넘어선다.

혁신가는 규범을 깨고 전통적인 지혜(conventional wisdom)를 버리는 것을 두려워하지 않는다. 그들은 항상 상자 밖에서 생각한다. 사실 그들은 상자가 없다는 것을 깨닫는다. 그들은 전통적 제약으로 인해 그들이 비즈니스 세계를 변화시키는 것을 멈추게 하는 상황을 허용하지 않는다.

(9) 그들은 지름길을 택하지 않는다.

혁신을 원하면 위험을 감수해야 하며 복잡한 솔루션을 추구하는 것을 두려워해서는 안 된다. 훌륭한 혁신가는 지름길(shortcut)에 관심이 적다. 그들은 높은 위험을 감수하더라도 모든 문제를 세심하게 다루고 세부사항에 대해서까지 주의를 깊게 기울이기를 원한다.

(10) 그들은 끝없는 아이디어 풀을 가지고 있다.

혁신가는 지속적으로 새로우면서 전통적이지 않은 아이디어에 기여한다. 그리고 미래를 위해 새로운 가능한 솔루션에 대한 브레인스토밍을 멈추지 않는다.

(11) 비즈니스 감각이 있어야 한다.

혁신가가 되려면 비즈니스 감각이 있어야 한다, 창의적인 아이디어를 사업으로 연결하여 수익을 창출해야 한다. 우리가 알고 있는 최근의 혁신가들 예컨대 Bill Gates, Bezos, Zuckerberg, Musk 등은 이 방면에 탁월한 혁신가들이었다. 반면에 Tesla는 Edison과는 달리 자신이 이룩한 발명과 혁신을 돈으로 연결시키는 재주는 부족했다(인물탐구 참조).

인물탐구

비운의 천재 발명가: Nikola Tesla(1856~1943)

Tesla는 전기자동차 회사로 우리에게 잘 알려져 있다. 그러나 Tesla가 사람의 이름이며 당대 유명한 발명왕 에디슨(A. Edison)과 쌍벽을 이루었던 천재 발명가였던 사실을 아는 사람은 생각보다 많지 않다. 에디슨이 직류를 발명하였다면 Tesla는 20세기의 지배적인 전력 시스템이 되어 2차 산업혁명의 초석이 되었던 교류(AC) 전류시스템의 발명자였다. 현재는 Steve Jobs나 Elon Musk와 같은 기업가들이 종종 디지털 혁명이라고 불리는 제3차 산업 혁명의 전형적인 현대적 혁신가로 간주된다. 2차 산업 혁명의 초석을 만들었던 혁신가와 디지털 혁명의 현대 혁신가 사이에는 많은 유사점이 있다. 그의 연구자로서 그리고 혁신가로서 삶이 매우 독특했고 시사하는 바가 많아서 그의 삶과 업적들에 대해 조명해보기로 한다.

(1) 출생 · 성장과 교류의 발명

Tesla는 1856년 6월 지금의 크로아티아(Croatia) 지역인 Smiljan에서 태어났다. Tesla의 전기관련 발명에 대한 관심은 어머니의 영향이 컸다 한다. 어머니는 짬을 내어 소규모 가전제품을 발명하는 소질을 가진 분이었다. Tesla의 아버지는 세르비아 정통교의 사제여서 Tesla가 신학을 배우기를 원했다. 그러나 Tesla의 관심은 오직 과학에 있었다.

Tesla는 독일, 오스트리아, 체코의 프라하 등에서 수학했고 잠시 헝가리 부다페스트에서 직업을 가진 적도 있었다. 그는 28세가 되던 1884년 유럽을 떠나 미국으로 이주한다. 당시 그가 가진 것은 옷가지 몇 점과 당시 이름을 날리고 있던 발명가이자 사업가였던 에디슨(T. Edison)에 대한 소개장 한 장이 전부였다. 당시 Edison은 직류(DC)를 비롯한 몇 가지 전기제품의 발명자로서 엄청난 명성을 얻고 있던 유명인사였다.

Edison은 처음에 Tesla의 재능을 알아보고 그를 고용하였다. 그 둘은 Edison의 발명품들을 개선하는데 같이 힘을 모았다. 그러나 그 두 사람은 오래가지 못하고 헤어지게 된다. 헤어지게 된 사건과 관련된 유명한 에피소드가 있다. Edison은 자기가 개발한 한 제품을 개선하면 5만 달러를 주겠노라고 Tesla에게 약속했다. 힘든 과정 끝에 문제를 해결한 Tesla는 약속한 돈을 요구했다. 그때 Edison의 대답은 그의 성격을 적나라하게 보여준다. "농담도 못하냐?"는 것이 Edison이 보였던 반응이었다. 그러나 역사가들은 그 둘의 결별의 배경은 좀 더 깊은 데서 찾는다. 그들은 극명하게 다른 퍼스낼리티의 소유자였다. Edison은 마케팅과 이재에 밝은 냉혹한 거물이었다. 그에 비해 Tesla는 사업에 문외한이었고 순진한 과학자였다. 이러한 Tesla의 성격은 그가 일생 동안 많은 상처를 입을 수 밖에 없는 배경이 되었다.

1885년에 그는 처음으로 자기 이름이 붙은 Tesla Electric Light Company를 설립하여 자금을 받게 된다. 그는 투자가들의 요청에 의해 아크 등(arc light)을 개선하는데 성공하였지만 투자가들에게 회사를 쫓겨난다. 그는 먹고 살기 위해 막노동을 하는 어려운 시기를 보낸다.

그러나 2년 후인 1987년에 자기 이름을 딴 새로운 Tesla Electric Light Company에 자금지원을 받게 된다. 그는 교류(AC) 기반 발명품들에 대한 여러 특허를 출원했다.

Tesla의 교류 시스템은 George Westinghouse의 관심을 끌게 된다. 그는 국가에 장거리 전력을 공급할 솔루션을 찾고 있던 터였다. Tesla의 발명품이 이를 달성하는 데 도움이 될 것이라고 확신한 그는 1888년 60,000달러의 현금과 Westinghouse Corporation의 주식으로 Tesla의 특허를 구입했다.

(2) 전류전쟁

이 일로 Tesla와 Westinghouse는 자신의 DC (직류) 시스템을 전국에 판매하려고 했던 Edison과 직접 경쟁 관계에 놓이게 되었다. Edison은 이 소식을 듣고 매우 화가 났다. 이때부터 소위 '전류전쟁(current war)"[2]이 시작되게 된다. 테슬라의 교류 시스템에 위협을 느낀 에디슨은 곧바로 교류의 위험성에 대한 우려를 담은 자료들을 이용해 악의적으로 홍보를 시작하였다. 전류시스템으로 교류는 효율성이라는 측면에서 많은 장점을 지니고 있었으나 위험성에서는 직류가 보다 안전하다는 장점을 지니고 있었다. 에디슨은 교류 전기를 이용해 애완동물들을 의도적으로 잔인하게 죽인 장면들이 포함된 전단지들을 배포하고 웨스팅하우스가 소유하게 된 특허들에 소송을 거는 등 끊임없이 Tesla와 웨스팅하우스의 교류시스템을 괴롭혔다. 이러한 전류전쟁 속에서 양측은 시스템의 입찰을 위해 서로 가격을 낮추고 있었기 때문에 Westinghouse측은 자본 면에서 열세였다. Westinghouse는 어려움을 호소하면서 Tesla에게 특허를 단일 일시금으로 판매하도록 요청했으며 Tesla는 이에 동의하게 된다. 그가 특허를 계속 유지했다면 Tesla에게 엄청난 부를 가져다 줄 수 있었을 것이었다. Tesla는 이 기간 동안 오늘날 무선 기술에서 여전히 사용되는 "Tesla 코일"을 포함하여 몇 가지 더 많은 발명품들에 대해 특허를 냈다.

Tesla에게 다행히도 Westinghouse Corporation은 시카고에서 열린 1893년 세계 컬럼비아 박람회에서 조명을 공급하기 위해 선택되었으며 Tesla는 그곳에서 그의 교류 시스템을 시연했다. 2년 후인 1895년에는 나이아가라 폭포에서 세계 최초의 교류 수력 발전소 중 하

2) 전류전쟁은 2017년 Alfonso Gomez−Rejon감독에 의해 "Current War"라는 동명의 영화로도 제작되었다.

나를 설계했는데 이 발전소에서 생산된 전력은 뉴욕 주 Buffalo시에 전력을 공급하는 데 사용되었다. 이러한 성공으로 교류 시스템은 빠르게 20 세기의 탁월한 전력 시스템으로 자리 잡았고 그 이후로 세계 표준이 되었다.

(3) 영욕의 인생유전

그러나 이러한 영광의 시간은 길지 못했다. 이후 여러 가지 불운이 겹친다. 1895년에 그의 맨해튼 실험실은 화재로 황폐화되어 그의 노트와 프로토타입이 파괴되는 불운을 겪었다. 또 그는 아이디어를 테스트하기 위해 Collorado주 Springs에 실험실을 세웠는데 그곳에서 그는 한때 너무 많은 전력을 끌어서 지역 정전을 일으키기도 했다. 그는 또한 우주의 외계 근원에서 발산되었다고 주장하는 신호를 감지했다고 주장하기도 했다. 1901년 Tesla는 J. P. Morgan에게 Long Island의 타워 건설에 투자하도록 설득했다. 그러나 Tesla의 꿈은 실현되지 않았고 Morgan은 곧 자금을 철회했다.

1909년에 Marconi는 라디오 개발로 노벨상을 받았다. 1915년에 Tesla는 마르코니를 그의 특허를 침해했다고 주장했지만 받아 들여지지 않았다. 같은 해 Edison과 Tesla가 노벨상을 공동 수상할 것이라는 소문도 있었으나 수상은 불발했다. Edison과의 불화가 그 원인이었을 것이라는 세간의 추측이 있었다. 그러나 Tesla가 상이나 명예와 거리가 먼 것은 아니었다. 그는 평생동안 수많은 영예와 상을 받았다. 그 중에는 아이러니하게도 American Institute of Electrical Engineers에서 수여하는 Edison Medal도 포함되었다.

Tesla의 발명품은 단순히 교류(AC) 전류 시스템이나 코일에 그치는 것이 아니었다. 그 외에도 발전기 (배터리와 유사한 발전기) 및 유도 전동기를 비롯한 여러 다른 중요한 발명에 대한 아이디어를 발견, 설계 및 개발했다. 그러나 공식적으로 특허를 받은 것은 다른 발명가들이었다. 그는 또한 네온 및 형광등, 레이더, X－레이, 라디오 및 라디오에 의한 원격 제어 개발의 선구자였다. 마찬가지로 그는 무선 전력 전송에 관심이 많았으며 우주에서 무선 신호를 수신했으며(예: 전파 천문학) 증기 동력 기계 발진기를 개발했고 지향성 에너지 병기(directed－energy weapon)를 개발했다고도 주장했다. 전체적으로 Tesla는 최소 278개의 특허를 출원한 것으로 알려져 있다.

Tesla의 말년은 쓸쓸했다. 철저하지 못한 특허와 금전 관리, 무절제한 생활(도박과 마약설 등)등으로 거의 무일푼이 되었다. 미지급 청구서만을 남긴 채 이리저리 이동하면서 말년을 보냈다. 결국 그는 뉴욕의 한 호텔에 거처를 마련하였는데 임대료는 Westinghouse가 지불했다. 그는 항상 혼자 살면서 지역 공원을 방문하여 정기적으로 비둘기에 먹이를 주는 모습이 자주 발견되었다. 1943년 1월 7일 아침, 호텔 청소부에 의해 그의 방에서 죽은 채 발견되었다. 무일푼으로 시작해서 큰 영광을 누렸으나 다시 무일푼으로 돌아간 공수래 공수거의 일생이었다.

Tesla의 삶은 흔히 희랍신화에 나오는 프로메테우스(Prometheus)에 비유된다. 프로메테우스는 하늘에서 불을 훔쳐 인류에게 가져다준 죄로 제우스 신의 노여움을 사 바위에 쇠사슬로 묶여, 날마다 낮에는 독수리에게 간을 쪼여 먹히고, 밤이 되면 간은 다시 회복되어 영원한 고통을 겪게 되는 존재이다. 테슬라는 이 땅에 빛을 가져다 주었지만 그의 특이한 성격과 자기관리의 부족으로 인해 자신은 결국 말년에 쓸쓸하게 삶을 마감하는 처지로 전락하게 된 것이다.

그의 마지막은 쓸쓸했으나 인류는 여러 면에서 그를 오래 기억하고 있다. 그의 성(姓)은 현재 첨단 전기자동차 회사의 사명으로 쓰이고 있고 이름 Nilola는 수소전기차 회사의 사명으로 채택되고 있다. Serbia 베오그라드 공항의 이름은 Nikola Tesla공항이다. MRI의 자기장의 강도를 표현하는 수치로도 사용되고 있다.

(4) 광인 과학자

Tesla는 경이적인 사람이었다. 그는 사진을 찍는 것과 같은 기억력을 갖고 있어 책 전체를 암기하고 8개 언어를 구사하는 데 도움이 되었다고 말했다. 그는 또한 자신의 최고의 아이디어 중 많은 부분이 순식간에 떠 올랐으며 프로토타입 제작에 착수하기 전에 자신의 많은 발명품에 대한 자세한 사진을 마음속으로 볼 수 있었다고 주장했다. 그 결과 처음에 많은 기기에 대한 도면과 계획을 준비할 필요가 없었다.

놀랍게도 그의 발명품은 현대 물리학에 대한 깊고 정교한 이해를 바탕으로 한 것이 아니었다. 그는 아인슈타인이 제안한 질량과 에너지의 상호 변환이나 곡선형 시공간 개념을 믿지 않았다. 그럼에도 그는 전자기학에 대한 직관적인 이해를 갖고 있었고 그 당시 다른 사람들보다 앞서 이러한 기술이 어디로 향하고 있는지에 대해 더 잘 알고 있었다.

대중의 뇌리 속에 테슬라는 광인 과학자(mad scientist)로서의 이미지가 있다. 그는 대중이 이해하기 힘든 주장들을 피력하곤 했다. 그는 우주선으로 작동하는 모터를 개발했다고 주장했다. 그는 새로운 형태의 에너지를 공급할 새로운 비 아인슈타인 물리학을 연구하고 있었다. 또 그는 생각을 촬영하는 새로운 기술을 발견했으며 그리고 죽음의 광선과 평화 광선으로도 이름 붙일 수 있는 새로운 광선을 개발했는데, 이는 노벨이 발명한 화약보다 훨씬 더 큰 군사적 잠재력을 가지고 있다고 주장하기도 했다.

테슬라는 천성적으로 고독한 발명가로 누가 자신에게 간섭하는 것을 매우 싫어하였다. 따라서 테슬라는 일생 동안 조직에 연루되지 않았고, 보통 스스로 거래를 이끌어 나갔다. 그렇다고 그가 은둔형 과학자는 아니었다. 테슬라는 돈을 가진 사람들과 만나기 위하여 활동도 하고 후에 뉴욕에서 중요한 모임의 회원이 되어 사회적 부와 지위를 인정받기 위해 노력하기도 했다. 그러나 용의주도한 사업가형은 되지 못해 자신의 발명을 부의 형성과 연계하지는 못했다.

(5) 다른 혁신가들과의 비교

Tesla는 여러 면에서 다른 유명한 발명가들이나 혁신가들과 비교된다.

당시 쌍벽을 이루던 Edison과 비교 한다면 Edison은 마케팅과 재정적 성공에 능한 인물이었지만 Tesla는 상업적인데 문외한이고 상업적으로 이용당하기 쉬운 이상주의자의 면모가 보인다. 에디슨은 창의적인 혁신가라기보다는 적응형 혁신가에 가까웠다. 적응형 혁신가는 아이디어를 수정하고 많은 프로토타입을 생산하며 제품을 점진적으로 개선하는 형이다. 반면에 창의적인 혁신가는 Leonardo da Vinci와 같은 새로운 아이디어에 대해 생각하는 데 재능이 있지만 일반적으로 아이디어를 현실로 전환하는 능력은 떨어지는 형이다. Tesla는 실험주의자였지만 적응형 혁신가라기보다는 창의적인 혁신가였다. 그는 많은 훌륭한 아이디어를 내었지만 이를 특허를 내고 상업화를 하고 돈을 번 것은 다른 사람들이었다.

Tesla를 오늘날 유명한 Steve Jobs나 Elon Musk와 비교하는 것은 오늘날의 혁신가의 바람직한 모습을 파악하는데 많은 시사점을 줄 수 있다.

Tesla는 여러 면에서 Steve Jobs나 Elon Musk와 같은 현대의 혁신가들과도 공통점을 공유한다. 첫째, 그들은 모두 엄청난 위험을 감수했다. 자기의 발명품에 회사 전부와 전 생애를 걸었다. 둘째 자신의 발명품의 중요성과 미래에 발명품이 어떻게 사용될 수 있는지를 이해할 수 있었다는 점에서 미래주의자였으며 박애적 인물들이었다. 셋째, 적절한 시기에 적절한 장소에 있었다. Tesla는 산업혁명의 초창기에 그것의 주도적 중심지인 뉴욕을 중심으로 활동했고 Steve Jobs나 Elon Musk도 새로운 디지털 혁명의 중심지인 실리콘 밸리를 중심으로 활동하면서 시대가 부여한 역할을 선도적으로 담당했다.

그러나 Tesla는 혁신가로서 Steve Jobs나 Elon Musk와 다른 중요한 차이가 있다. Steve Jobs나 Elon Musk는 자신들의 아이디어나 신제품을 혁신과 비지니스로 연결하는 뛰어난 사업가이며 전략가였다. 그에 비해 Tesla는 관리자로서의 역량도 마케팅에 대한 감각도 없었고 분명히 돈을 벌려는 의지도 약했다. Tesla는 대단한 발명가였지만 기업가는 못 되었다.

결론적으로 Tesla의 사례는 R&D 관리라는 측면에서 다음과 같은 두 가지 시사점을 준다.

첫째, 오늘날의 혁신을 위해서는 천재적인 발명의 능력과 함께 이를 혁신으로 연결하는 기업가적 능력이 필요하다.

둘째, 조직 내에서 존재감이 드러나지 않는 Tesla와 같은 천재적인 인재를 찾아내는 혜안이 R&D 관리자에게는 필요하다. 독창적이고 혁신적인 아이디어를 많이 가지고 있으나 팀플레이어가 되지 못해서 인정받지 못하고 때로는 미친 사람 취급을 받는 소외된 인재를 발굴하여 활동의 여지를 마련해 주어야 한다.

자료: Gunderman(2018).

실무자를 위한 가이드라인

- ✔ 과학자와 엔지니어 모두 '내재적 모티베이션'과 '고지식함'이라는 퍼스낼리티 특성을 가지고 있다. 즉 그들은 과학자나 엔지니어를 막론하고 일 자체와 인정 등의 내재적 요인들에 의해 동기부여되는 존재들이고 정보처리나 의사결정은 감정이나 직관이 아닌 논리나 자료, 사실에 근거해서 행한다.
- ✔ 오늘날 R&D 환경에서는 개방성(openness)은 엔지니어에게 매우 중요한 특성 중 하나가 되고 있다. 엔지니어링 작업에는 새로운 지식과 기술을 지속적으로 습득하고 새로운 정보의 지속적인 유입에 대응해야 하기 때문이다. 기술적으로 어려운 개발이나 연구일수록 개방성이 높은 엔지니어를 확보하는 것은 R&D 성과를 높이는데 중요한 요소가 된다.
- ✔ R&D 인력 중 과학자는 범조직인(cosmopolitan)성향이 있는 반면 엔지니어는 조직인(locals) 성향이 강하다. 따라서 과학자는 자신의 직업이나 학문분야에 대한 몰입이 강한 반면 엔지니어는 자신이 속한 직장에서 몰입이 강하고 경력을 발전시키는 데 관심이 크다. R&D 인력은 연령이나 근무연수가 늘수록 조직인 성향이 강해지므로 전문성 강화를 위해 범조직인 성향도 약해지지 않도록 관리적 조치가 필요하다.
- ✔ R&D 인력은 지적지능(IQ)에 비해 감성지능(EQ)이 낮은 경향이 있다. 'IQ로 입사해서 EQ로 승진한다'라는 말이 있을 정도로 EQ는 집단생활에 중요한 역량을 형성한다. 특히 개발을 담당하는 엔지니어나 R&D 리더 경우에는 감성지능의 정도가 R&D 성공에 중요한 요인이 된다. 따라서 엔지니어와 리더들의 감성지능을 높일 수 있는 공식적인 교육과정의 설치와 운영이 필요하다.
- ✔ R&D 인력은 내향성이 강한 특성이 있다. 이러한 특성이 가지는 장점을 활용하기 위해서는 업무스타일, 의사소통, 인정과 보상 등 측면에서 관리적 배려가 필요하다.
- ✔ 훌륭한 혁신가가 되기 위해서는 천재성보다 호기심, 열정, 다양한 기능분야에서의 실무경험, 팀 플레이어 자질, 뚝심과 같은 특성이 더 중요하다.

03 CHAPTER

R&D 인력의 창의성

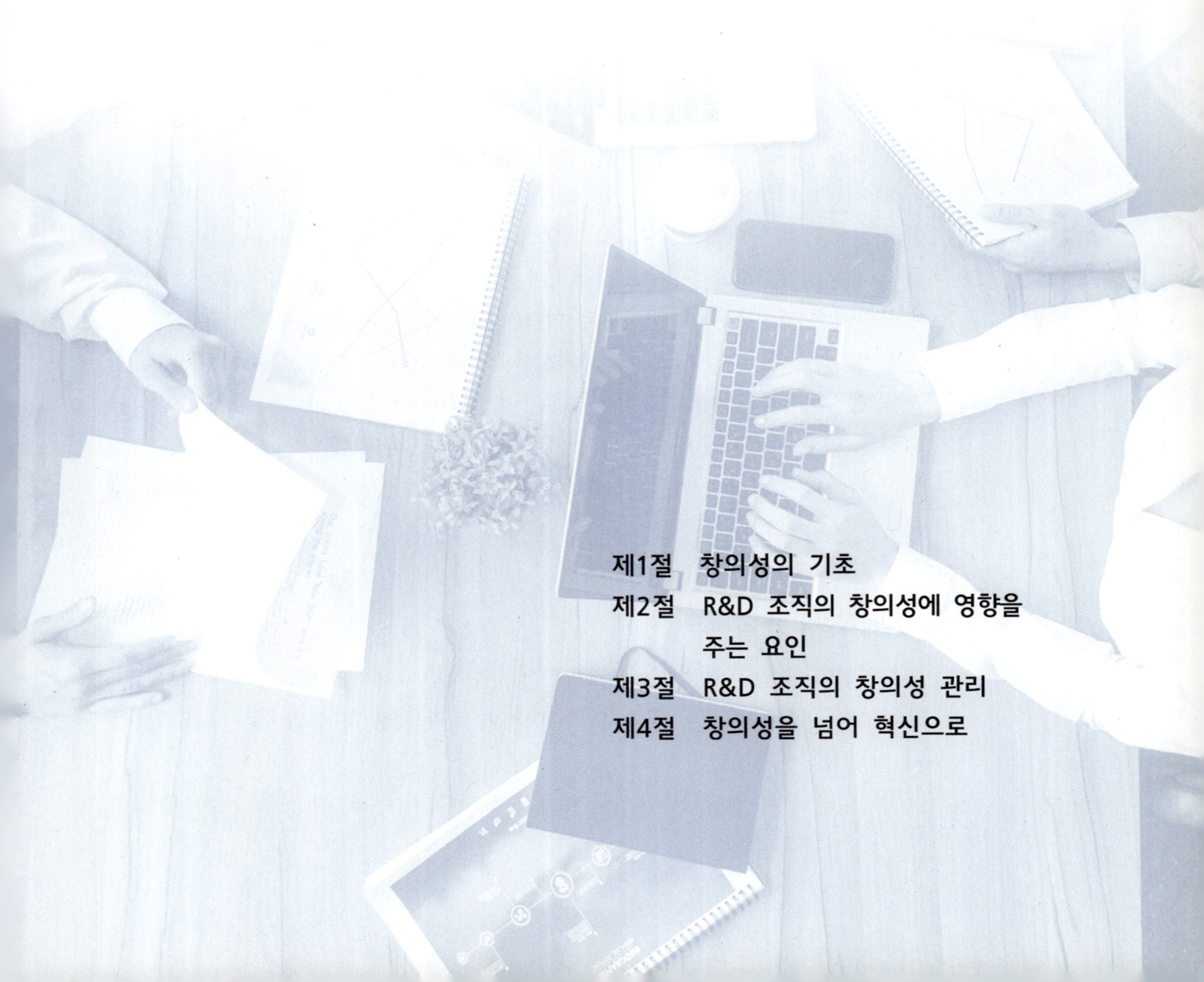

제 1 절 창의성의 기초

1. 창의성의 개념과 중요성

(1) 창의성의 개념

창의성(creativity)은 매우 복잡한 개념이다. 따라서 연구자의 관점이나 분야에 따라 다르게 정의되고 있다. 그러나 연구자자들이 동의하는 가장 일반적인 정의는 "새롭고(즉, 독창적이고 기대되지 않은), 질적으로 수준이 높으며, 적절한(즉, 유용하고 과제에서 요구하는 바를 충족시키는) 산출물을 생각해 내는 능력"이다. 이 때 산출물이란 모든 종류의 아이디어와 생산물을 의미한다.

새롭거나 독창적(original)인 방식이란 첫째, 이미 알려진 아이디어를 새로운 방식으로 되풀이한 것, 둘째, 그 분야의 흐름은 유지하면서 한 단계 발전을 이룬 것, 셋째, 한 분야 방향을 새롭게 이끈 것, 넷째, 분야내의 다양한 경험 등을 모두 통합한 것 등을 모두 포함한다(Sternberg et al, 2002).

새로움과 더불어 창의성을 정의하는 두 번째 요소는 유용성(useful)이다. 즉 쓸모가 있어야 한다는 것이다. 그러므로 어떤 성과가 창의적이기 위해서는 새로움과 유용성 두 요소를 모두 갖추어야 한다.

반면에 창의성을 좁게 정의하는 연구자들은 유용성보다는 새롭고 독창적이라는데 방점을 찍는다. Hunter는 창의성을 '독창적(original)이고 색다른(unusual) 것을 인식하는 능력이나 행동'이라고 정의한다(Hunter et al., 2013). 그들은 유용성은 오히려 혁신에 가까운 개념으로 인식한다. 제4절에서 살펴보겠지만 창의성이 아이디어 발상의 차원이라면 혁신은 그 아이디어를 유용한 어떤 것으로 구현하는 것을 의미한다.

(2) 창의성의 중요성

창의성이 중요한 가장 큰 이유는 본서의 주제인 R&D의 기초가 되기 때문이다. 창의성은 R&D와 혁신의 기본적인 원동력이 된다. 창의성이 없이는 그런 활동들이 거의 불가능하다.

창의성은 우리 일상생활에서도 매우 중요하다. 이는 뇌 활동을 활발하게 하여 우리의 생명을 연장하는 역할도 하고 문제를 새로운 각도에서 풀게 해주며 인생의 부침을 극복하게 해주어 자신감을 높여주는 효과도 있다.

경영이나 조직의 관점에서는 창의성은 R&D와 혁신을 촉진함으로써 조직성과를 높이는 역할을 한다. 즉 연구소의 경우 연구업적을 높여주고 기업의 경우에는 이익을 가져다준다. 시장의 독특한 욕구를 채워줌으로써 경쟁자와 차별화되고 소비자가 원하는 제품을 만들게 해줌으로 기업의 성장과 전반적인 성공을 보장해 준다. IBM이 1,500명 이상의 CEO를 대상으로 실시한 글로벌 설문조사에서 창의성은 조직의 미래 효율성과 성공을 위한 가장 중요한 요소로 평가되었다(IBM, 2010).

창의성은 개별 조직의 차원을 넘어서서 한 국가의 지속적인 발전을 위해서도 필수적인 요소이다. 창의성은 환경, 기후변화, 새로운 에너지원 개발, 저출산, 노령화 등의 국가가 당면한 사회문제를 해결하고, 나아가 새로운 성장 동력을 창출하여 국가의 부의 창출에도 중요한 역할을 수행한다. 2016년에 개최되었던 세계경제포럼에서는 제4차 산업혁명시대 인재에게 필요한 역량을 비판적 사고(critical thinking), 창의력(creativity), 의사소통능력(communication), 협업능력(collaboration)의 4C로 정의하였다. 창의성은 이렇게 새롭게 전개되는 환경변화에 대한 적응성을 높이기 위하여 그 중요성이 더욱 커지고 있다. 그리고 제4차 산업혁명을 선도하기 위해서는 전 분야에 걸쳐 창의성을 중시하는 패러다임 전환이 필수적이다.

또한 우리나라가 처한 특수한 상황에 비추어서도 창의성은 매우 중요한 과제이다. 파괴적인 기술혁신과 글로벌 경쟁 환경은 우리나라로 하여금 기존에 택했던 '빠른 추격자(fast follower)' 지위로 부터 '글로벌 선도자(first mover)'로의 패러다임 전환을 요청하고 있다. 이러한 추격자에서 선도자 지위로의 이행에 있어 창의성 역량 강화는 필수적이다. 모방이나 캐치 업(catch up)만으로는 선도적 지위를 유지할 수 없기 때문이다.

2. 창의성의 네 가지 관점(4P)

창의성은 복잡한 개념이기 때문에 이에 대한 연구도 다양한 관점에서 수행되어 왔다. 1950년 미국심리학회에서 길포드(J. P. Guillford)가 창의성에 대해 연설한 이후 학자들 사이에는 창의성에 대해 100개 이상의 다양한 정의가 쏟아져 나왔다. 창의성에 대한 다양한 정의와 연구흐름은 [표 3-1]에서 보는 것처럼 4가지 관점으로 정리할 수 있다(Hemlin et al., 2004).

표 3-1 창의성에 대한 네 가지 관점(4P)

연구관점	내 용
과정(Process)	• 창의적 사고가 이루어지는 과정 연구 • 문제발견(해결) 과정, 확산과 수렴적 사고 과정 등
산출물(Product)	• 창의적 성과의 수준 연구 • 특허, 논문 등 새로움과 유용성 측정 등
사람(Person)	• 창의적인 사람 특성 연구 • 인지 및 성격특성
환경(Press)	• 창의적인 환경에 대한 연구 • 심리적, 물리적 환경 영향

(1) 과 정

과정(process)관점은 창의적 사고가 이루어지는 과정에 대한 연구이다. 즉 창의성이 마음속에서 발현되는 과정을 다루는 관점이다. 이 과정은 대개 다음의 네 단계로 구성된다, 첫 번째 단계는 문제인식(problem recognition), 두 번째 단계는 아이디어 생성(idea generation), 세 번째 단계는 아이디어의 선택(choosing an idea), 네 번째 단계는 선택된 아이디어의 수행(carrying out the selected idea) 단계로 구성된다.

이 분야의 대표적인 연구자들의 이론을 살펴보기로 한다.

1) 왈러스(Wallas)의 연구

영국의 사회심리학자 그레이엄 왈러스(Graham Wallas)는 창의성이 발현되는 과정을 [그림 3-1]에 나온 것처럼 '준비기-부화기-발현기-검증기'의 연속적인 네 단계로 정리했다. 이른바 '왈러스의 4단계 모형'이라는 것이다(Wallace, 1926; Sadler-Smith, 2015).

① 준비기(preparation stage)

준비기는 문제를 직면하는 단계이다. 여기서는 마음을 열어놓고 자료를 수집한다.

② 부화기(incubation stage)

부화기는 문제해결을 준비하는 잠복기간이다. 과제를 해결하기 위해 머리를 끙끙 싸매도 해결책이 잘 떠오르지 않는다. 그러나 이 단계는 꼭 필요하다. 문제해결이 잘 안될 때는 한발 물러서서 휴식을 취하는 것도 하나의 방법이다. 몸은 쉬더라도 무의식에서는 과제해결을 위한 노력이 계속된다.

③ 발현기((illumination stage)

발현기는 무의식으로 부터 의식으로 창조적인 아이디어가 터져 나오는 '통찰'의 단계이다. 여기서는 주어진 문제를 해결하는 다양한 해결책이 나온다. 부화기를 거치다 보면 어느 순간 '아하'하고 해결책이 떠오르는 순간이 온다. 병아리가 알을 깨고 나오듯이, 번개처럼 해결책이 생각난다. 이 단계가 가능한 것은 몸이 쉬는 동안에도 뇌는 쉬지 않기 때문이다. 전전두엽 같이 뇌에서 창의성을 담당하는 영역이 활발하게 움직이면서 마침내 해법을 찾는다.

④ 검증기(verification stage)

검증기는 도출된 아이디어에 대한 타당성 검증을 거쳐 완전한 아이디어로 정리하는 단계이다. 논리적으로 아이디어를 정교화하며, 그 타당성을 확인한다.

2) 오스본(Osborn)의 연구

브레인스토밍을 개발한 것으로 유명한 오스본(A. F. Osborn)은 창의적 문제해결(creative problem solving: CPS)과정은 문제를 이해하고, 문제에 대한 아이디

그림 3-1 창의성의 단계(Wallas)

자료: Prototypr.io(2018).

어를 생성하며, 이를 통하여 행동을 계획하고 실행을 거치는 3단계로 이루어 진다고 보았다.

첫 번째 단계는 무언가에 불편과 고통을 느끼고, 일이 잘 안되고 향상될 필요성을 인지하는 사실을 발견하여 모든 관련 정보를 검토하고 해결해야 할 진짜 문제로 정의(이해)한다.

두 번째 단계는 전 단계에서 인지한 문제들에 대해 브레인스토밍을 통해 많은 아이디어를 생성해 낸다.

세 번째 단계는 최종 아이디어 선택을 위한 평가 기준을 만든다. 평가 기준은 새로움, 기술적 가능성, 활용 가능성 등을 종합적으로 평가하며 문제해결에 가장 가능성 높은 해결책을 선택한다.

(2) 산출물

창의성에 대한 산출물(product) 관점은 창의적 성과물에 중점을 두는 접근법이다. 결국 창의성은 창의적 성과물로 나타나야 한다. 산출물은 아이디어가 유형적인 것으로 구체화되는 것을 말한다. 산출물은 언어나 회화, 섬유나 직물과 같은 여러 물질로 표현될 수 있다. R&D에서는 특허나 논문, 제품 등이 대표적인 산출물이다. 결국 특정성과(논문, 특허, 혁신적인 성과보고서 등)가 얼마나 새롭고, 유용한지 등이 창의적인 산출물의 기준이 된다(Lubart & Sternberg, 1995).

(3) 사 람

창의성에 대한 사람(person) 관점은 누가 창의적이며 창의적인 사람은 어떤 특성을 가지고 있는 가를 밝혀내려는 연구 관점이다. 여기서는 창의적인 사람들은 그렇지 않은 사람과 인지적 특성이나 인성적, 동기부여적 특성에서 차이가 난다고 보고 창의적 개인이 보유하고 있는 특성 등을 파악하는데 관심을 두고 있다.

인지적 특성에서는 창의적인 사람은 다음과 같은 특징이 있다. 첫째, 다양한 지식을 보유하고 있다. 둘째, 다양한 범위의 사항에 관심을 지니고 있다. 셋째, 논리적 사고능력을 갖추고 있다. 넷째, 문제발견능력이 탁월하다.

인성적, 동기부여적 특성에서는 다음과 같은 특징을 보인다. 첫째, 위험부담을 한다. 둘째, 주변 사물에 대해 호기심과 흥미를 가진다. 셋째, 기꺼이 새로운 이론이나 주장들을 받아들이며 타인의 비판을 수용할 수 있는 경험에 대한 개방성이 있다. 넷째, 그들은 자신에 대하여 신뢰하고 어떠한 도전이나 위기에서도 굴복하지 않고 꿋꿋하게 도전할 수 있는 창조적 자신감이 있다. 다섯째, 자신의 일을 좋아하고 열정이 있다.

사람 관점에서는 전체적으로 창의성은 특정인들에게만 부여된 신의 선물이 아니라 우리 모두가 노력해서 개발되어야 할 모든 인간에게 내재된 천성이라고 본다.

(4) 환 경

환경(press)관점은 창의성이 발현되는 상황이나 환경적 요인 규명에 초점을 맞춘 연구들이다. 창의성이 나타나기 위해서는 창의성을 자극하는 물리적 근무환경과 제도나 조직 문화 등의 심리적 환경 요인들도 중요하다. 4P 이론이 처음 나온 학문분야인 교육학에서는 press가 환경의 의미로 사용되지만 이는 장소(place)라고 보는 것이 이해가 쉽다.

이 관점에서는 창의성을 촉진하는 환경요인들을 찾고 있는데 다음과 같은 것들이 강조된다.

첫째는 물리적 환경이다. 창의성은 편안하고 심리적 안전감을 주는 공간, 적절한 온도와 조명, 사무실 가구 등으로부터 촉진된다. 최근에는 휴식공간을 직원간 의사소통과 아이디어 교환의 장으로 활용하고 있다. 휴게실 같은 사무 공간, 유쾌한 일터, 편안한 책상과 의자 등의 창의적 환경은 직원들에게 창의성을 자극하고 영감을 불어 넣을 수 있다.

둘째는 동료나 관리자 또는 조직환경이나 문화이다. 창의성을 격려해주는 동료, 창의적인 아이디어를 내고 아이디어를 산출물로 완성하기까지 지속적으로 이끌어 줄 리더와 조직의 후원 그리고 과업수행의 자유와 자율성, 외적압력이나 통제에서 벗어날 수 있는 조직문화 등은 창의성 발현에 도움을 준다.

3. 조직에서의 창의성의 수준

창의성에 대한 연구는 심리학과 교육학 분야에서 먼저 시작되었다. 이후 기업 조직을 중심으로 연구개발이나 혁신이 활발해짐에 따라 조직에서의 인간행위를 연구하는 조직행위론의 한 주제로도 발전하였다.

조직에서의 인간행위가 대부분 그러하듯이 창의성도 개인, 팀(집단), 조직의 세 수준에서 접근할 수 있다. 이러한 수준을 분석수준(level of analysis)이라 한다. 따라서 조직에서의 창의성은 그 분석수준에 따라 [표 3-2]에서 보듯이 개인, 팀, 조직 창의성으로 나누어진다(Woodman et al., 1993). 개인이 모여 팀을 이루고 팀이 모여 조직을 이루지만 각 수준은 독자적인 특성을 지니고 있어 분석수준별로 따로 접근하고 분석하는 것이 타당한 것으로 인식되고 있다.

표 3-2 조직에서의 창의성의 분석 수준

분석수준	결정요인
개인 창의성	지식과 경험, 창의적 사고기술, 내재적(과업) 동기부여
팀(집단) 창의성	다양성, 자율성, 응집성, 효능감, 리더십
조직 창의성	조직의 동기부여(혁신문화), 자원, 보상, 창의적 경영 관행

(1) 개인 창의성

개인 창의성(individual creativity)은 개인수준에서의 창의성을 의미하며 이에 대한 연구는 창의성을 낳는 문제해결 스타일, 인지능력, 성격, 지식, 동기 수준 등의 규명에 관심을 두었다. 창의성 연구의 대가인 Amabile에 의하면 개인 창의

그림 3-2 개인 창의성에 대한 3 구성요소 모형

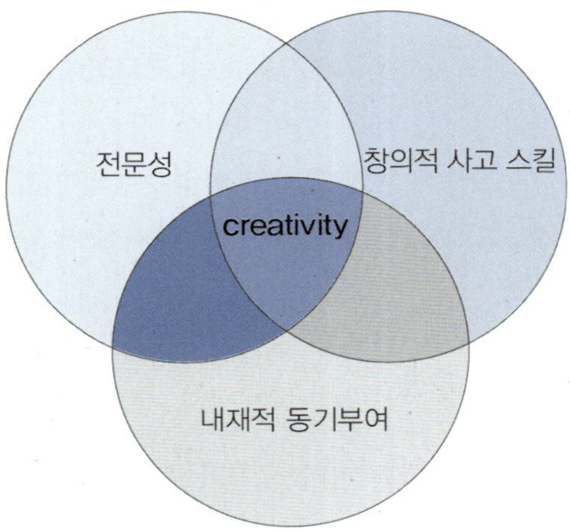

자료: Amabile & Pillemer(2012).

성은 [그림 3-2]에서 보는 것처럼 전문성, 창의적 사고 스킬, 내재적(과업) 동기부여의 세가지 요소로 구성되고 있다(Amabile & Pillemer, 2012).

(2) 팀(집단) 창의성

팀(집단) 창의성(team creativity)은 팀 단위로 창의성을 발휘하는 과정을 말한다. 팀(집단)수준의 창의성 연구에서는 팀 구성원들이 그들의 개인 창의성을 바탕으로 창의적 아이디어를 도출하고 문제해결을 위해 이를 실행에 옮기는 과정을 중시하고 있다. 팀 창의성에 영향을 주는 요인으로는 다양성, 자율성, 응집성, 효능감과 같은 팀의 속성 외에 팀 리더십이 중요한 것으로 밝혀지고 있다.

(3) 조직 창의성

조직 창의성(organizational creativity)은 조직단위의 창의성을 말한다. 조직 창의성에 대한 연구에서는 개인 창의성과 집단 창의성을 투입요소로 하며 상황요인과 환경요인(창의적 조직변화와 혁신, 창의적 조직 문화, 창의적 조직구조 등)들 간의 상호작용을 통해 나타나는 결과와 이들 간의 조화 여부를 탐구한다.

그림 3-3 개인/팀 창의성과 조직 창의성(혁신)간의 동태적 관계

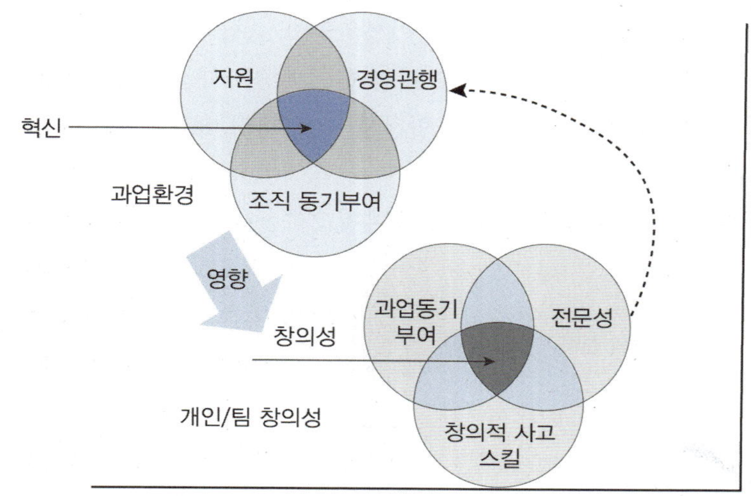

자료: Amabile & Pratt(2016).

[그림 3-3]은 개인, 팀 창의성과 조직 창의성간의 동태적 관계에 대한 연구결과를 보여준다(Amabile & Pratt, 2016). 이 연구에서는 조직 창의성을 조직혁신(organizational innovation)으로 설명하고 있다. 조직수준이 되면 창의성은 혁신의 모습을 취하기 때문이다. 그림에서 보면 조직요인들이 개인 창의성에 영향을 주지만 역으로 개인 창의성도 조직혁신에 영향을 주는 상호관계가 존재한다.

4. 조직 창의성의 주요 이론모형

다음은 조직창의성에 대한 대표적인 이론 모형들에 대해 살펴보겠다. 이러한 모형들은 창의성의 발현과정과 영향요인들을 구명해줌으로써 조직에서 창의성 관리를 위한 시사점을 준다는 점에서 의미가 있다.

(1) Csikszentmihalyi의 창의성 시스템 모형

칙센트미하이(M. Csikszentmihalyi)는 조직 창의성을 직접적으로 언급하지는 않았지만 창의성과 관련하여 빼 놓을 수 없는 학자이다. 그에 의하면 창의성이란 [그림 3-4]에 나온 것처럼 창의적 산물을 산출하는 개인(individuality), 창의적 산물을 평가하는 전문가로 구성된 분야(field), 그리고 창의적 산물을 보존하고 계승하는 영역(domain)이라는 세 가지 시스템의 상호작용 결과라고 설명한다(Csikszentmihalyi, 1999). 즉 창의성은 머리 속에서 발현되는 것이 아니라 세 가지 요소(개인, 분야, 영역)가 조화롭게 이루어질 때 개인의 지적능력과 창의성이 최대로 발현되고 지속적으로 발전할 수 있다고 보고 있다.

그림 3-4 Csikszentmihalyi의 창의성 시스템 모형

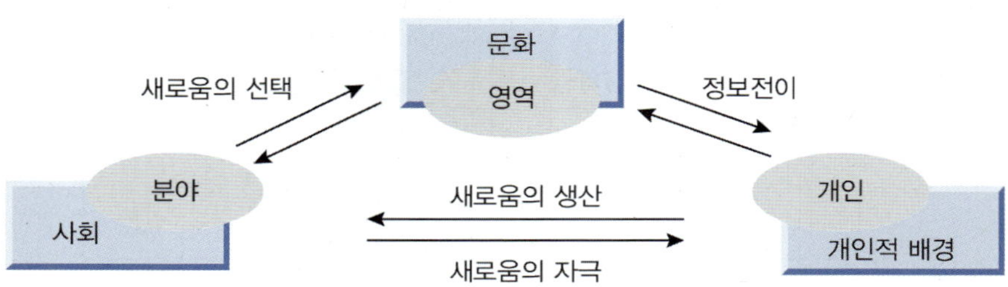

자료: Csikszentmihalyi(1999).

그림에서 보듯이 개인, 분야 및 영역의 세 가지 주요 시스템 구성요소는 서로들에게 영향을 미치고 차례로 영향을 받는다. 각 구성요소는 자체로 새로움을 낳기에는 필요요인이지만 충분요인은 되지 못한다. 창의성이 일어나기 위해서는 반드시 세 가지 체계 모두가 작용해야 한다.

창의력이 발생하려면 일련의 규칙과 관행이 영역(도메인)에서 개인에게 전달되어야 한다. 그런 다음 개인은 영역의 내용에서 새로운 변형을 생성해야 한다. 그런 다음 영역에 포함되기 위해서는 그러한 변형이 필드에서 선택되어야 한다.

예컨대 한 개인이 자신의 전문적 배경을 바탕으로 새로운 것을 생성한다. 다음에는 그것이 전문가들의 사회인 분야(필드)로부터 인정을 받아야 한다. 그러면 그것은 영역에 새롭게 편입된다. 그리고 그것은 다음 세대 사람들을 위한 새로운 출발점을 제공한다.

(2) Amabile의 창의성 구성요소 이론

경영이나 조직에서의 창의성에 대한 가장 대표적인 학자 중의 하나가 하버드 대학의 아마빌(T. M. Amabile)교수이다. 그녀는 일련의 연속적인 연구를 통해 개인과 조직에서의 창의성에 영향을 미치는 다양한 환경요인들을 범주화하고 체계화하였다.

그녀의 여러 연구의 가장 기초를 이루는 것은 [그림 3-2]에 나왔던 창의성에 대한 3구성요소 모형(three components of creativity model)이다. 최초의 모형에서는 3요인은 전문성, 창의적 사고 스킬, 내재적(과업) 동기부여였다.

그러나 아마빌은 계속된 후속연구를 통해 자신의 이론을 진화시켜 최종적으로 창의성에 대한 구성요소 이론(componential theory of creativity)을 확립했다(Amabile, 2012). 여기서는 창의성에 영향을 주는 요인으로 기존의 3요소를 다소 변형시키고 사회적 환경 요인을 첨가하여 4요인으로 제시하고 있다. 4구성요소 중 영역(도메인) 관련 스킬, 창의성 관련 과정, 과업 모티베이션은 개인 내부 구성요소이고 외부적 환경은 개인 외부 구성요소이다.

1) 영역관련 스킬

영역관련 스킬(domain-relevant skills)은 어떤 특정영역에서 관련된 지식과 경험의 축적 정도를 의미한다.

2) 창의성 관련 과정

창의성 관련 과정(creativity-relevant processes)은 참신한 사고에 도움이 되는 인지 및 성격 과정을 말한다.

3) 과업 동기부여

과업 동기부여(task motivation)는 흥미, 즐거움, 개인적 도전의식을 느껴 과업 활동에 참가하려는 내적 동기를 의미한다.

4) 사회적 환경

사회적 환경(social environment)은 창의성에 영향을 미치는 개인 외부 요소이다. 여기에는 창의성이 발현되는데 도움을 주거나 방해를 하는 과업환경 요소들이나 외재적 동기요인들이 포함된다.

창의성을 방해하는 외부환경 요소로는 새로운 아이디어를 가혹하게 비판하는 규범, 조직 내의 정치, 현상 유지에 대한 강조, 최고 경영진 사이의 보수적이고 위험회피 태도, 그리고 과도한 시간 압박 등을 제시하고 있다.

반면에, 창의성을 촉진하는 외부 환경요소로는 협업하며 다양한 기술을 갖추고 있는 작업 팀, 작업 수행의 자유, 새로운 아이디어의 개발을 장려하는 감독자, 창의성 격려를 통해 혁신을 지원하는 최고 경영진, 비전과 창의적인 작업에 대한 적절한 인정, 조직 전체에서 아이디어를 적극적으로 공유하는 규범 등을 제시하고 있다.

결론적으로 Amabile의 구성요소 이론에 의하면 창의성에는 모든 구성 요소들이 복합적으로 작용한다. 어느 한 요소도 빠지면 창의성이 최대로 발휘될 수 없다. 그래서 창의성은 높은 영역 전문성과 창의적 사고력을 지니고 있으며 높은 내재적 동기를 지닌 사람이 창의성에 대한 지원이 높은 환경에서 일하게 되면 창의성은 가장 높게 발휘된다.

창의성이 발휘되는 전 과정은 [그림 3-5]에서 보는 것과 같이 단순화될 수 있다(Amabile, 1988).

그림 3-5 Amabile의 창의성 구성요소 이론

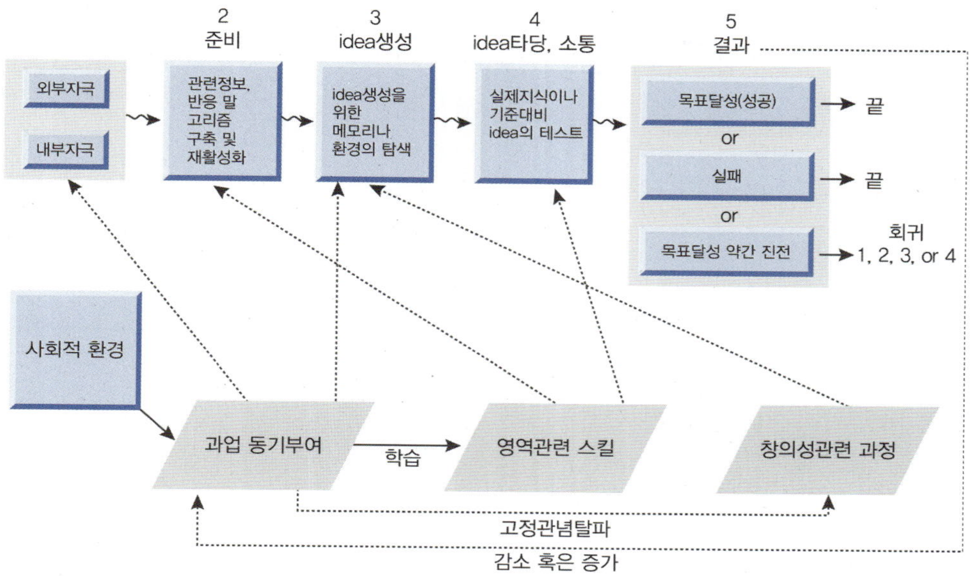

자료: Amabile(1988).

주: 점선은 특정 요인에 대한 영향을 나타내고, 물결선은 과제의 단계별 순서를 나타냄 직접적이고 주요한 영향력만 표시함.

(3) Woodman 등의 조직 창의성 상호주의 모형

Woodman 등(1993)은 조직 창의성 상호주의 모형(An interactionist model of organizational creativity)을 제시하고 있다. 그들은 기존의 개인 창의성 모델을 더욱 확장 시켜 집단 창의성 및 조직 창의성을 설명하고 있는데 조직 창의성은 [그림 3-6]에서 보는 것처럼 개인특성, 집단특성, 조직특성에 의해 영향을 받는다.

조직 창의성에 영향을 미치는 개인특성으로는 인지적 스타일, 성격, 내적동기부여, 과업 관련 지식 등이 있다. 집단 특성으로는 다양성, 집단의 규범, 규모, 응집력, 문제해결 접근법 등이 포함된다. 조직특성으로는 조직 문화, 자원, 보상, 구조, 기술, 전략 등이 조직 창의성에 영향을 미친다. 그들의 이론은 기존의 창의성 연구들에 대한 종합적 고찰을 통해 조직 창의성에 대한 연구흐름을 상호주의적 관점을 통해 설명하고 있다는 점에서 의미가 있다.

그림 3-6 Woodman 등의 조직 창의성 상호주의 모형

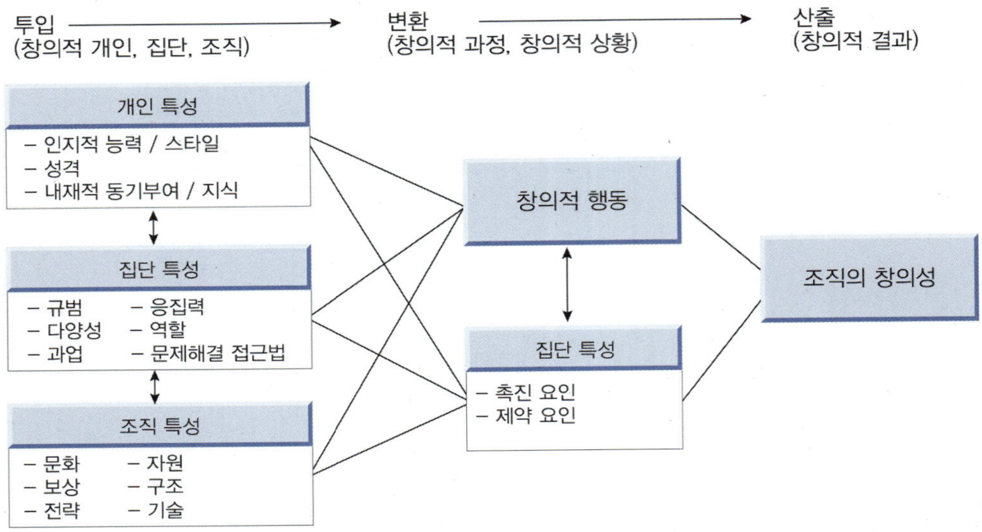

자료: Woodman et al.(1993).

(4) Hollingsworth의 '중대한 발견' 영향요인 모델

홀링스워드(Hollingsworth)는 기초과학에서 창의성에 미치는 조직 및 심리적 요인들에 대하여 연구하였다(Hollingsworth, 2006). 선진 4개국(영국, 프랑스, 독일, 미국)에서 기초과학 연구를 담당하는 250개 공공연구조직에 근무하는 직원 400명을 대상으로 연구조직을 둘러싸고 있는 제도적 환경과 조직의 특성이 '중대한 발견(major discoveries)'에 어떠한 영향을 미치는가를 규명하는 연구를 수행하였다. 중대한 발견이란 문제에 대한 새로운 사고방식을 가능하게 하는 발견이나 과정을 말한다.

그의 연구결과에 의하면 [그림 3-7]에서 보듯이 제도적 환경은 연구조직에 영향을 미친다. 그리고 조직의 특성은 하부단위(팀, 또는 실험실)에 영향을 미침으로써 공공 연구조직의 중대한 발견(성과)에 영향을 주는 것으로 나타났다. 따라서 이 이론에서는 공공연구조직의 창의적 연구성과는 정부의 제도적 변수(연구인력, 연구자금, 훈련시스템)의 강도(강 · 약)에 따라 달라지며 동일한 조건하에서는 조직의 특성(조직규모, 자율성과 유연성, 다양성, 통합능력, 관료주의)에 따라 중요한 발견의 성과가 달라질 수 있음을 강조하고 있다.

그림 3-7 Hollingsworth의 '중대한 발견' 영향요인 모델

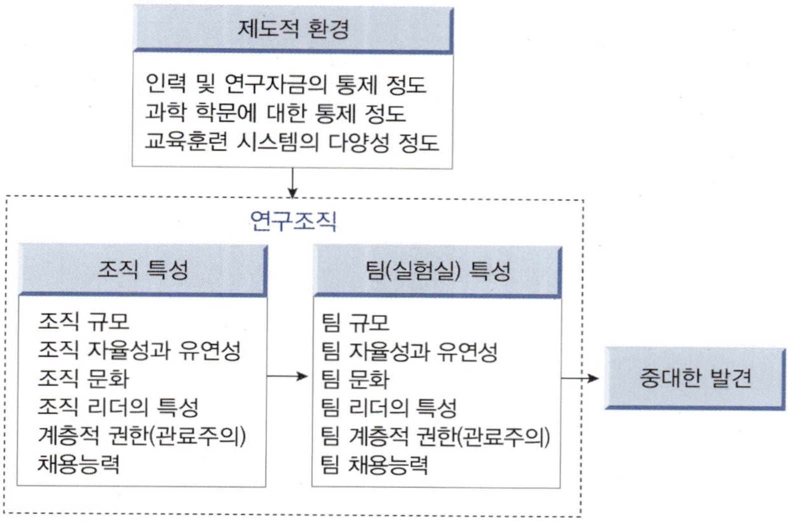

자료: Hollingsworth(2006), 김왕동(2008)에서 재구성.

제 2 절 R&D 조직의 창의성에 영향을 주는 요인

창의성에 대한 여러 이론을 바탕으로 R&D 조직의 창의성에 영향을 미치는 요인을 개인, 팀, 조직 수준에서 살펴보기로 한다. 이러한 요인들은 R&D 조직에서 창의성 관리의 시사점을 제공해준다.

1. 개인 수준의 창의성 영향요인

창의성의 궁극적인 주체는 개인이다. 새롭고 유용하며 고품질의 아이디어를 산출해 낼 수 있는 능력은 개인 수준에서 시작된다. 창의적인 사람은 유능하며, 자신의 해석능력을 적용하는 일에 흥미를 느끼며, 자신이 경험한 일을 독창적으로 해석하고자 노력한다.

표 3-3 개인수준의 창의성 영향요인

대 항 목	소 항 목
지식과 경험(전문성)	지식습득의 지속성, 지적 호기심, 충분한 재능, 전문성 인정,
창의적 사고 스킬	유창한 사고, 유연한 결합, 독창적 사고, 유머감,
과업에 대한 내재적 동기부여	직무 만족도, 직무 흥미도, 직무 즐거움, 직무 열정

자료: Amabile(1988).

개인 창의성에 영향을 주는 요인은 [표 3-3]에서 보는 것처럼 지식과 경험(전문성), 창의적인 사고 스킬, 과업에 대한 내재적 동기부여이다(Amabile, 1988).

(1) 지식과 경험

지식과 경험(expertise)은 해당 분야에서 오랜 경험을 통해 축적된 지식과 전문적 기능, 재능을 의미한다. 발견이나 발명을 필요로 하는 과학기술 분야는 일정수준 이상의 전문성이 요구되며, 창의성 발현이 가능한 문턱(threshold)이 존재할 수 있다. 창의적 성공을 위해서는 해당 영역에서 적어도 '10년 동안의 집중적인 노력'이 필요(Csikszentmihalyi, 1997)하며, 기존에 보유한 지식이 새로운 지식을 창조해낼 가능성을 높여준다(Smith et al., 2005). 그러나 전문지식이 창의성에 부정적일 수 있다는 연구결과도 존재한다(Wiley, 1988). 해당 분야의 지나친 지식이 고정관념의 역할을 함으로써 다르게 생각하고 새롭게 생각하는 방법을 제한하기 때문이다.

(2) 창의적 사고 스킬

창의적 사고 스킬(creative thinking skill)도 개인 창의성 발휘의 한 요소이다. 창의적 성과를 내기 위해서는 해당 분야에 대한 전문지식뿐만 아니라 창의성과 관련된 인지적 사고기술과 인성적·동기적 특성이 필요하다(Amabile, 1988; Woodman, 1993).

우선 인지적 사고기술과 관련해서는 창의적 사고는 주어진 문제에 대해 기존 생각을 벗어난 시각을 가지며, 남들이 보지 못한 새로운 문제나 가능성을 찾아내는 능력이다. 때문에 유연성, 독창성과 같은 발산적 사고(divergent thinking)와 관찰, 유추, 질문, 연결, 실험 등의 사고기술이 필요하다. 이전엔 유용했지만 더 이상 최적이 아닐 수 있다는 유연하고 새로운 사고방식으로, 사물을 전체적으로 바라보고 문제발견을 위해 다양한 아이디어를 사용할 수 있어야 한다.

개인의 인성적 · 동기적 특성 또한 창의성 발현에 기여하는 중요한 요인이다. 창의성 발현을 위한 지식과 경험 그리고 사고유형을 가지고 있더라고 창의적인 성격 특성이 없다면 창의적인 산물을 실제 생산하고, 그 잠재력을 최대화하기는 어렵다. 이를 위해서는 어려운 문제에 맞서는 끈기, 기꺼이 위험을 감수하는 성향, 모호함을 견디는 능력 등의 성격 특징이 있어야 한다.

(3) 과업에 대한 내재적 동기부여

과업에 대한 내재적 동기부여(task motivation, intrinsic motivation)는 과업 자체에 대한 흥미, 재미 때문에 과업에 더 몰입하고자 하는 태도이다. Amabile (1989)은 일 자체로부터 얻어지는 목표와 도전, 일의 의미와 가치 등에 의해 창조의 욕구가 유발되기 때문에 이는 개인 창의성 요소 중 가장 중요한 요인으로 보고 있다. 개인이 아무리 앞서 설명한 해당 분야에 대한 전문성과 창의적 사고 스킬을 보유하고 있다 하더라도 새로운 아이디어를 창출하려는 동기가 없다면 창의성은 발현되기가 어렵다.

창의적인 성격은 자신의 잠재력을 실현하기를 원하는데, 이러한 것들은 높은 수준의 일에 대한 열정과 결합 되어 강한 동기를 제공한다. 이러한 강한 동기는 창의적인 성취를 위한 중요한 요인이다. 즉 내재적 동기부여가 창의성의 중요 동인인 것이다.

그러나 이와 반대로 외재적 동기부여(extrinsic motivation)는 창의성에 부정적인 영향을 준다고 알려져 있다. 외재적 동기부여는 일에 대한 평가, 사회적 지지, 물질적 보상 등을 기대함으로써 유발되는 것인데 이는 탐구를 제한하고, 기존의 방식에서 벗어나기 어렵게 하며, 위험감수를 제한함으로써 창의성을 손상시킬 수 있다. 즉 보상이 사람들로 하여금 어떤 일을 하도록 하게 하는 유인책으로써 느끼게 될 때는 부정적인 효과를 미칠 수 있다는 것이다. 반면에 사람들이 조직에서 창의적인 결과를 보상한다고 느낄 때 그 보상은 창의성에 긍정적인 효과를 미칠 수 있다. 이에 대해서는 다음 장에서 자세히 다루기로 한다.

이와 같이 조직에서 보상의 효과는 긍정적일 수도 있고 부정적일 수도 있다. 조직 구성원이 내재적으로 부여된 동기를 가지고 과제에 임한다면 그것은 창의성에 긍정적인 영향을 미쳐 동기부여의 상승작용(motivational synergy)을 가져온다(Amabile, 1996)

2. 팀 (집단)수준의 창의성 영향요인

최근 지식의 복잡화, 기술의 시스템화, 융·복합화 추세에 따라 R&D에서 팀이 차지하는 비중이 증가되고 있다. 그에 따라 팀 창의성의 발휘도 중요과제로 대두되고 있다.

그런데 창의적인 개인들의 단순한 합이 팀 창의성으로 자연스럽게 전환되지는 않으며, 개인 창의성이 높다고 해서 반드시 팀 창의성이 높은 것은 아니라는 주장이 많이 제기된다. 개인 창의성이 높음에도 불구하고 팀 창의성이 낮은 경우도 적지 않다(Woodman et al., 1993). 팀이 가진 특성과 팀 내 과정으로 인해 팀 창의성이 확대 또는 축소될 수 있다.

팀 창의성이란 팀 구성원들이 그들의 창의성을 바탕으로, 상호작용을 통해 창의적인 아이디어를 도출하고, 문제해결을 위해 이를 실행에 옮기는 것을 말한다. 팀 창의성에 영향을 미치는 주요 요인으로는 [표 3-4]에서 보는 것처럼 팀이 지닌 다양성, 응집성, 자율성, 효능감 그리고 리더십 등이 제시되고 있다.

표 3-4 팀(집단)수준의 창의성 영향요인

대 항 목	소 항 목
다양성	이질적 경험과 경력, 보완적 기능과 능력, 다양한 관점, 다양한 아이디어 기회
응집성	상호존경과 신뢰, 결속력, 위기 시 협력
자율성	자율적 성취수준 설정, 자율적 업무수행, 업무 의사결정 참여
효능감	팀의 업무수행 능력 확신, 스스로 팀내 과업수행 결정, 스스로 업무수행 의사결정
리더십	창의적 아이디어 지원, 문제해결 노력 지원, 직원 성장 지원, 긍정적 분위기 조성, 명확한 목표제시, 강한 추진력, 기술 정보통

(1) 다양성과 팀 창의성

일반적으로 다양성(diversity)이란 '집단 내에서 구성원들이 인식하는 구성원의 인종, 성별, 연령, 근속기간, 위계, 직위, 경험, 능력, 교육훈련, 지식과 기술, 전문분야 등의 차이'를 말한다(Harrison & Klein, 2007). 이러한 다양성을 좀 더 세부적으로 구분해보면 인구통계학적 다양성과 인지적 다양성으로 나누어 볼 수 있다. 인구통계학적 다양성(demographic diversity)은 인종, 성별, 연령 차이에 기인하며 범주 다양성으로 부르기도 한다.

인지적 다양성(cognitive diversity)은 한 개인이 가진 관점과 정보처리 스타일의 차이로 정의된다(Reynolds & Lewis, 2017). 이는 지식, 전문분야, 훈련과 경험 등의 차이로 인해 생긴 다양성을 말한다. 인지적 다양성과 거의 유사하나 좀 더 좁은 개념으로 정보 다양성(informational diversity)이 있다. 이는 팀 구성원들이 팀에 가져오는 지식 베이스나 관점에서의 차이를 의미한다(Jehn, Northcraft, & Neale, 1999). 정보다양성은 여러 기능부서가 모인 복합기능 팀에서 보이는 다양성으로 기능다양성이나 지식다양성으로도 불리운다.

다양성은 그 종류에 따라 창의성에 긍정적 또는 부정적 영향을 미친다. Huilsheger 등(2009)은 다양성과 팀 창의성 관계 연구에서 인구통계학적 다양성은 구성원 간의 창의적인 아이디어의 교류과정을 방해하고 내부갈등을 만들어 팀 창의성을 제약할 수 있지만, 인지적 다양성은 개인 창의성 및 집단 창의성에 모두 긍정적이라 보았다. 팀 구성원들이 다양한 지식과 정보에 노출되면 팀이 더 많은 아이디어를 생산하며 문제해결로 이어질 수 있다. R&D 집단 및 프로젝트 팀을 대상으로 한 여러 실증연구에서 정보 다양성은 창의성에 긍정적인 영향을 미친다는 것을 확인하였다.

그러나 다양성은 팀 창의성에 부정적인 영향도 줄 수 있다. 구성원 간의 다양성 정도가 크다는 것은 갈등(conflict)을 야기하고 팀 응집성을 저해하는 원인이 될 수 있다. Milliken & Martin(1996)은 그래서 다양성을 '양날의 칼'에 비유했다. 즉 다양성을 높이는 것은 한편으론 창의성을 높이는 수단이지만, 또 다른 측면에서는 저해요인으로 작용할 수도 있다는 것이다. 다양성과 창의성과의 관계에서는 5장 2절에서 좀 더 상세히 논의한다.

(2) 응집성과 팀 창의성

응집성(cohesiveness)은 한 집단이 밀착하고 연합을 유지하는 경향이자 구성원들이 서로에게 매력을 느끼고 그 집단에 머무르려는 정도이다(Shaw, 1981). 구성원들의 결속은 팀 내 잔류하게 하고 일할 동기를 주며 업무를 공유하고 이를 성취하는데 헌신하도록 하며, 자신의 팀에 자부심을 갖게 한다. 구성원들 개개인은 팀 내 소속감이 강하다고 느낄수록 팀과 자기를 더 동일시한다. 응집성은 심리적 안전감을 불러온다. 집단구성원들이 자신의 집단에 수용되고 있음을 느끼면 동료들이 적대시할지도 모른다는 우려를 버리고 자유로운 아이디어를 말할 수 있어 팀 창의성에 긍정적이다.

그러나 일부 연구에서는 응집성이 너무 높을 경우에는 집단의 동질성을 가져와 창의력을 저해할 가능성이 있다고 지적하고 있다. 이는 과제보다는 관계에 초점을 두는 극단적인 '집단사고' 현상을 가져오기 때문이다. 응집성과 팀 창의성과의 관계에서는 제5장 2절에서 좀 더 상세히 논의한다.

(3) 자율성과 팀 창의성

팀 자율성(autonomy)은 구성원들이 평가나 통제를 받지 않고 과업의 목표설정, 수행 시기나 수행 방법에 대한 의사결정을 자유롭게 할 수 있다고 느끼는 정도를 의미한다. R&D 부서를 대상으로 한 실증연구에서는 팀 자율성은 창의성에 긍정적 영향을 미치는 것으로 보고되고 있다(Abbey & Dickson, 1983). 한 연구에서는 과학자들에게 창의성 발현을 위해 가장 중요한 것은 자율성으로 이는 뜻밖의 기회(unexpected opportunity)를 발견할 가능성과 목표에 대한 몰입도를 높여 집단의 성과를 높인다고 보고 있다(Amabile, 1987).

조직 구성원의 자율성 인식은 강한 주인의식과 책임감을 가져오며 내재적 동기부여를 주어 창의성에 크게 기여한다. 구성원들이 자신의 업무수행을 스스로 결정할 수 있으면 팀의 과업에 주도적으로 참여하게 된다.

그러나 적절한 조정과 통제 없이 팀에 자율성이 과도하게 주어지는 경우 부문간 협업이 이루어지지 않기 때문에 혁신적인 성과를 얻을 수 없다. 자율성을 부여했을 때 나타나는 방종을 예방할 수 있는 유효한 조직 문화가 있어야 한다. 구성원들이 달성해야 할 목표나 일정을 공유하고, 이를 달성하기 위한 새로운 방법이 자연스럽게 시도될 수 있는 분위기가 조성되어 있어야 자율성은 창의성에 긍정적으로 기여 한다.

(4) 효능감과 팀 창의성

팀 효능감(efficacy)은 자신이 속한 집단이 집단과업을 성공적으로 수행할 수 있다는 조직구성원들의 공유된 믿음과 자신감이다. 구성원들의 창의적 특성이 팀의 역량으로 공유되고 인식될 때 창조적 자신감이 증가하며 팀의 창의적인 성과로 나타난다. 효능감이 높은 집단은 그들의 능력에 대해 긍정적인 평가를 하는 경향이 있다. 그들은 한 단계 높은 목표를 설정하며, 자발적으로 동기부여 하며, 도전감 있는 활동을 선택하고 이를 달성하기 위해 인내심을 갖고 몰입한다(Bandura, 1991).

팀 효능감을 높이는데는 팀에서의 작은 성공경험(small wins)이 큰 도움이 된다. 팀의 작은 성공 경험은 그들의 효능감을 높여주어 문제 해결력의 향상을 가져와 큰 성공에 연결되기도 한다. 효능감은 혁신과정의 복잡성과 불확실성에도 강한 자신감으로 팀 창의성을 촉진한다.

(5) 리더십과 팀 창의성

리더십(leadership)은 개인 창의성과 집단창의성에 영향을 미치는 핵심요인 중의 하나이다. 리더의 행동과 태도는 집단 내 창의적인 분위기를 만들어 구성원들을 동기부여하고, 창의적인 성과를 창출한다.

수많은 리더십 스타일 가운데 팀 창의성과 직접적으로 관련이 높은 리더십은 임파워링 리더십(empowering leadership)으로 연구되고 있다(Drazin et al., 1999). 임파워링 리더십은 구성원들에게 권한을 부여하고 잠재역량을 극대화 시킨다. 또한 과제의 목표와 중요성을 설명하고, 의사결정에 참여시켜 자율성을 부여한다. 그리고 그들의 역량에 대한 신뢰를 표현하고 장애요소를 제거함으로써 구성원의 성장과 발전을 위한 환경을 조성한다(Arnold et al., 2000). 임파워링 리더십을 행사하는 리더들은 팀원들을 '동료'라고 부른다. 임파워링 리더의 지원 적이고 참여적인 행동은 구성원들의 다양성에서 발생하는 관계적 갈등을 예방하고, 팀의 지나친 응집성에서 나오는 집단사고를 조율하여 그들이 직무에 몰입할 수 있도록 돕는다. 임파워링 리더십에 대해서는 제7장 리더십에서 좀 더 상세히 살펴보기로 한다.

임파워링 리더십과 창의성간의 관계를 다룬 한 연구에서는 [그림 3-8]에서 보듯이 임파워링 리더십이 구성원 개인 창의성, 팀 정보다양성, 팀 응집성, 팀 자율성이 팀 효능감에 영향을 미치는 과정에 조절변수 역할을 한다는 것을 발견하고 있다(한인수 · 노풍두, 2019). 즉 구성원 개인 창의성, 팀 정보다양성, 팀 응집성, 팀 자율성이 있으면 팀 효능감이 높아지는데 여기에 임파워링 리더십이 존재하

그림 3-8 임파워링 리더십과 팀 효능감, 팀 창의성간의 관계

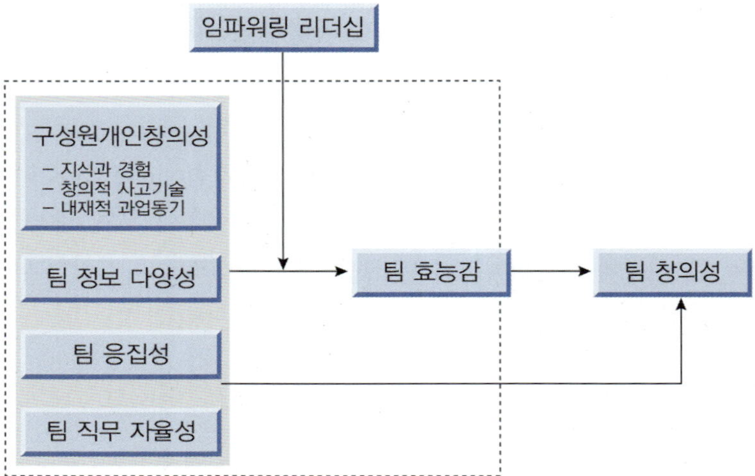

자료: 한인수 · 노풍두(2019).

면 상승효과가 더 커진다는 것이다. 그리고 팀 효능감이 커지면 팀 창의성에 긍정적으로 작용하게 된다.

3. 조직 수준의 창의성 영향요인

조직 창의성은 '복잡한 사회체계 안에서 함께 일하는 사람들에 의해 가치 있고 새로운 제품, 서비스, 아이디어 등을 창조해내는 것'으로 정의되며 조직변화의 한 영역인 혁신의 하위범주로 간주된다(Woodman et al., 1993). 대부분의 창의적 행동 및 그 산출물은 조직 내에서 발생 되며, 창의적 행동의 결과로 조직은 새로운 혁신을 이루게 된다.

조직 창의성에 영향을 미치는 주요 요인에는 [표 3-5]에서 보듯이 조직의 동기부여, 조직의 자원, 보상 시스템, 창의적 경영관행 등이 있다.

표 3-5 조직 수준의 창의성 영향요인

대 항 목	소 항 목
조직의 동기부여	아이디어 실행 문화, 도전적 문화, 실패용인 문화, 변화에 능동적 대처 문화, 새로움 추구 문화, 교육 문화
조직의 자원	인력의 유연성, 시설의 충분성, 자금의 적정성, 시간 활용의 유연성
보상 시스템	공정한 평가, 아이디어 제안 보상, 창의적인 성과 보상, 성과에 따른 승진
창의적 경영관행	비전 인지, 창의적 공감대 형성, 자발적 제안, 아이디어 공유 시스템, 기회 발견 증진 방안, 외부자극에 노출 기회, 조직 내 자원 인지

(1) 조직의 동기부여

조직의 동기부여(organizational motivation)란 조직 내에서 창의성과 혁신을 이루려는 근본적인 지향과 지지를 나타낸다(Amabile, 1998). 이는 조직 내 혁신 문화를 의미하기도 한다. 혁신문화가 구축되면 조직구성원들은 외부의 환경변화에 대한 정보를 자율적이고 적극적으로 입수, 분석한다. 또한 그들은 적절한 행동을 즉각적으로 실행하며 위험을 추구하는 공유된 신념을 가진다. 그리고 조직은 실험을 지원하고 아이디어 실패에 대해 용인한다(Woodman, 1993; Amabile, 1988). 이러한 조직문화에서는 개인 창의성이 충분히 발휘될 수 있으며 조직 창의성도 높게 나타나게 된다.

(2) 조직의 자원

조직의 자원(organizational resources)은 구성원들이 업무나 과제에 필요한 자원의 활용을 풍부하고 유연하게 할 수 있는 정도로 정의된다. Amabile(1996)은 조직의 창의성을 촉진하는 환경적 요인으로 충분한 정보, 장비, 기술, 정보, 시간, 인력 등에 대한 접근성의 정도와 연구문제에 대해 충분히 생각할 시간(기간) 등의 자원이 창의성 수준과 관련이 있다고 말한다. 실제로 한 분야에 대한 오랜 시간의 몰입 연구가 다수의 노벨상으로 연결된 사례를 우리는 자주 목격한다. 충분한 시간은 창의성 발현의 자양분인 것이다. 자원제공의 적절성에 대한 구성원의 지각은 자신이 수행하고 있는 프로젝트의 가치에 관한 믿음에 영향을 주어 내재적 동기에 영향을 미친다. 따라서 조직혁신을 위해서는 잉여자원의 확보가 중요하다. 이러한 자원은 조직이 혁신을 수행할 형편이 되는지를 결정하는 중요한 요인이자, 창의성을 촉진하는 요인이다.

(3) 보상 시스템

보상 시스템(reward system)이란 창의적인 아이디어나 과업수행, 결과에 대한 조직에서의 경제적, 비경제적 보상을 말한다. 창의적인 성과창출에 기여한 연구자 또는 연구팀에게 충분한 사회적, 경제적 보상이 이루어질 때 그들은 지속적으로 동기 부여된다.

Amabile(1983)은 수많은 연구를 통해 발견과 발명에 종사하는 창의적 인재들의 동기부여 요인을 밝혀냈다. 그녀의 연구에 의하면 창의적 인재들은 연구성과에 대한 금전적, 외재적 보상보다는 동료 및 전문가집단의 인정과 좋아하는 과업수행 등의 내재적 보상을 선호하였다. 일정수준 이상의 경제적 지위가 유지될 때 그들에게 금전적 보상은 더 이상 동기부여 요인이 되지 못했다. 따라서 R&D 인력의 동기부여를 위해서는 경제적 보상 외에 그들이 중요하게 생각하는 명예, 권위, 존중, 인정 등의 사회적 보상시스템을 개발하여야 한다.

(4) 창의적 경영관행

창의적 경영관행(creative management practices)은 개인이나 집단 창의성을 구현하기 위한 조직의 다양한 제도와 시스템을 말한다. 창의적인 연구환경을 조성하기 위해서는 개인과 연구 팀의 창의적 특성을 둘러싼 조직 특성 간의 상호 일관성 유지가 중요하다. 그리고 이들의 관리는 창의적 성과창출의 핵심요소가 된다.

따라서 R&D 조직에서 여러 관리제도나 시스템은 개인 창의성이나 팀 창의성의 제반 요인들이 자연스럽게 보호되고 촉진될 수 있도록 정렬되어야 한다. 이를 창의적 경영관행이라 한다.

Robinson & Stern(1997)은 전 세계 다양한 국가들에서의 창의성 사례를 분석하여 조직창의성 본질은 '예상치 못한 것의 파워(the power of unexpected)'에 있다고 설명한다. 그들은 조직 내 어떤 직원이 어떤 창의적 아이디어를 낼지 예측할 수 없다고 말하며, 대다수 창의적인 아이디어가 전혀 예측하지 않은 직원들에게 나타난 많은 사례를 제시하고 있다. 결국 조직이 할 수 있는 창의성을 위한 경영노력은 개인과 팀 창의성 발현을 위한 조직의 제도와 관행을 정비하는 것이다. 그들은 조직의 창의적 경영관행에 필요한 요소들을 [표 3-6]과 같이 제시하고 있다(Robinson & Stern, 1997).

표 3-6 조직의 창의적 경영관행에 필요한 6가지 요소

요 소	내 용
방향 일치	비전 인지 및 공감대 형성
자발적 활동	제안제도
비공식 활동	개인 연구허용 및 아이디어 공유(CoP* 활동 등)
영민한 발견	개념 이해 및 우연한 발견기회 증진
다양한 자극	교육 등 자극 프로그램 및 자극 노출 기회(도서관, 공동연구 등)
조직 내 커뮤니케이션	구성원 간 조직간 비공식 커뮤니케이션 공간 및 기회 추구

자료: Robinson & Stern(1997).
*주: CoP(Community of Practice): 실행공동체라고도 하며 특정분야에 대해 지속적으로 상호작용을 하면서 지식과 전문성을 높여가는 사람들의 집단.

제 3 절 R&D조직의 창의성 관리

1. 조직 창의성의 측정 및 진단

R&D 조직에서 창의성을 효과적으로 관리하기 위해서는 조직 창의성을 측정하고 진단할 필요가 있다. 이러한 측정과 진단은 현재 조직의 창의성 정도를 파악하고 동시에 개발의 필요성이 있는 부분을 확인할 수 있다는 의미가 있다.

조직 창의성의 측정 및 진단도구는 그 중요성에도 불구하고 아직 표준적인 측정도구는 별로 존재하지 않는다. 노풍두 등(2011)은 앞서 설명한 창의성에 대한 이론적 기초위에 조직 창의성 측정 및 진단 도구를 개발하였다.

(1) 조직 창의성 진단 도구의 설계

연구개발조직의 창의성 진단 도구의 설계는 다음과 같은 순서에 의해 이루어진다.

첫째, 조직을 창의적으로 만드는 것이 무엇인지를 개인·집단, 그리고 조직 수준에서 체계적이며 통합적으로 파악한다.

둘째, 각 수준 별 창의성에 영향을 미치는 요인들이 무엇인지를 점검하고,

셋째, 조직의 창의성 수준을 통합적으로 측정할 수 있는 모형을 개발한다.

그림 3-9 조직 창의성 진단모형의 개발

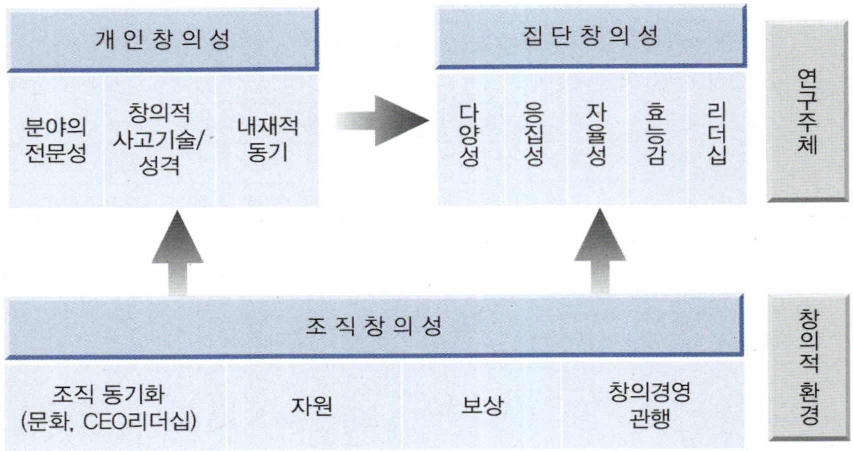

넷째, 연구개발 현장의 실증연구를 통해 측정 모형의 신뢰성과 타당성을 검증한다.

이에 따라 개발된 조직 창의성 진단 모형은 [그림 3-9]에서 보듯이 개인 창의성 모듈과 집단 창의성 모듈, 그리고 조직 창의성 모듈로 구성된다. 개인 및 집단 창의성 모듈은 창의성 발현의 주체이고, 조직 창의성 모듈은 개인 및 집단 모듈에 영향을 미치는 환경적, 문맥적 요소다.

개인 창의성은 전문성, 창의적 사고기술, 내재적 동기 요인의 영향을 받는다. 집단 창의성은 개인창의성 및 집단의 특성의 영향을 받아 산출물이 나온다. 조직 창의성은 문화, 자원, 창의경영 관행과 같은 요인들을 포함한다.

(2) 조직 창의성 진단 측정 척도

조직 창의성 진단모형에 기초해 구체적으로 개발된 측정변수들은 [표 3-7]과 같다.

이러한 진단결과는 R&D 조직의 인적자원관리(선발, 평가와 보상 그리고 승진) 모든 기능에서 다양하게 활용될 수 있으며, 조직 내 창의적 역량을 강화할 수 있는 기회를 제공한다. 그리고 이러한 진단을 통해 나타난 결과를 바탕으로 해당 조직의 창의성과 관련한 SWOT(Strength, Weakness, Opportunity, Threat)

분석이 가능해 진다.

표 3-7 조직 창의성 진단 질문지 구성

수준(3)	역량요인(12)	측정변수 문항(55)	
① 개인수준	지식과 경험	노력의 지속성, 지적 호기심 등	4개
	창의적 사고기술	유연성, 유창성, 독창성 등	5개
	내적 과제동기	직무만족, 즐거움, 열정 등	4개
② 집단수준	다양성	이질적 경험과 경력, 다양한 관점 등	4개
	응집성	상호존경과 신뢰, 친화력 등	3개
	자율성	자율적 업무수행, 업무의사결정 참여 등	3개
	효능감	팀 수행능력 우수, 팀 주도성 등	3개
	리더십	아이디어 지원, 경력개발지원 등	8개
③ 조직수준	조직의 동기화	아이디어 실행문화, 실패용인 문화 등	6개
	자원	인력의 유연성, 자금의 적정성 등	4개
	보상시스템	아이디어 보상, 창의적 성과 보상 등	4개
	창의적 경영관행	자발적 제안, 외부자극 노출 기회 등	7개
3개 수준	11개 요인		55개 문항

자료: 노풍두 등(2011).

2. 개인과 팀의 창의성 개발 기법

창의성은 타고 나는 것인가, 아니면 후천적으로 개발될 수 있는 것인가에 대해서는 여전히 논란거리이다. 그러나 많은 연구에서는 후자에 힘이 실리고 있다. 창의성은 특별한 재능이 아니며 노력을 통해 얼마든지 개발될 수 있다는 입장이 우세하다.

"몰입 경영"과 "행복연구" 대가 Csikszentmihalyi는 창의적인 사람 91명을 대상으로 면접조사를 실시하였다. 그들의 공통점은 각자의 영역에서 해당 지식을 섭렵해 이를 토대로 새로운 지식 세계를 창출해 낸 사람들이었다. Csikszentmihalyi는 창의성에는 일정한 문턱(threshold)이 존재하기 때문에 누구든 자기 분야에서 10년 동안은 꾸준히 노력하지 않으면 안 된다고 주장하고 있다(Csikszentmihalyi, 1999). Csikszentmihalyi 연구 외에도 많은 연구에서 창의성은 교육과 훈련을 통해 개발될 수 있음이 밝혀지고 있다. 천재음악가 모차르트 뒤에는 아버지의 혹독한 조기 교육이 있었고, 김연아 선수의 연기력과 손흥민, 박지성 선수의 경기력 이면에 노력의 상처와 굳은살 가득한 손발이 있었음은 우리가 잘 아는 사실이다. 모두 창의성 발휘에 노력이 뒷받침이 있었음을 보여주는 사례들이다.

따라서 개인, 팀, 조직 창의성도 체계적인 노력에 의해 개발될 수 있다. 이 때 도움이 될 수 있는 창의성 개발 기법(creativity development techniques)으로는 다음과 같은 것들이 있다.

(1) 피쉬본 차트 기법

피쉬본 차트(fish bone chart)는 문제해결을 위한 다양한 아이디어를 유형화하는 유용한 기법이다. 도쿄대학의 품질경영 통계학 교수인 이시가와 가오루(石川 馨, Ishikawa Kaoru) 교수에 위해서 개발된 방법으로 인과관계 도표(cause and effect diagram) 또는 이시가와 도표(Ishikawa diagram)라고도 한다(石川 馨, 1956).

모든 결과에는 다양한 원인들이 서로 복합적으로 작용하여 영향을 미친다. 이 과정을 프레임으로 만든 것이 피쉬본 차트이다. 피쉬본 차트는 결과에 영향을 주는 모든 요인 간의 관계와 순서를 정리하는데 사용된다.

피쉬본 차트는 [그림 3-10]에서 보듯이 보통 오른쪽에서 왼쪽 방향으로 작성한다. 맨 오른쪽 머리에 핵심이 되는 문제를 적은 후 왼쪽으로 이동하면서 문제의 원인과 해결책을 추가한다. 머리에서 꼬리로 중심뼈가 그려지고, 여기서 갈라

그림 3-10 피시본 차트

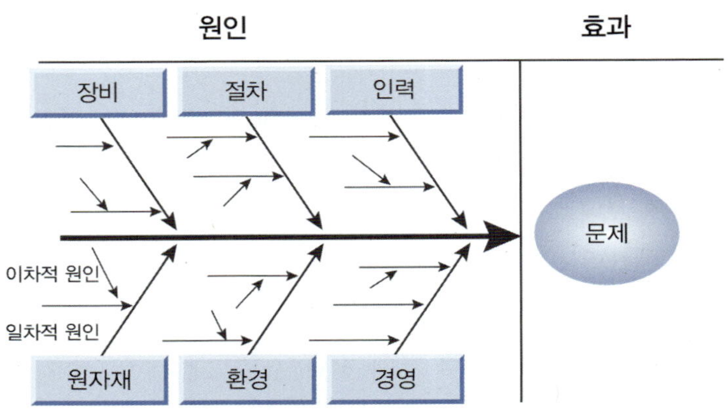

져 나온 뼈들에는 문제를 일으키는 중요한 요소들(인력, 절차, 장비, 원자재, 정보, 환경 등)을 표시한다. 피쉬본 차트는 문제를 일으킨다고 의심되는 요인과 그에 관계되는 부수적인 요소들을 함께 검토하여 이 중 어떤 것이 문제를 야기하고 있는가를 확인할 수 있는 장점이 있다.

(2) 브레인스토밍 기법

브레인스토밍(brainstorming)은 가장 널리 알려진 집단창의성 기법이다. 여기서는 어떤 구체적인 관심영역에서 새로운 아이디어나 해결안을 얻기 위해 일단의 사람들이 모인다. 그들은 자유롭게 사고하고 머릿속에 떠오르는 새로운 아이디어를 가능하면 많이 내어 놓는다. 아이디어에 대한 비판은 없기 때문에 방해받지 않고 걱정없이 자신의 의견을 쏟아놓을 수 있다. 모든 아이디어는 적어 놓았다가 회의 종료 후에 평가를 한다.

이 기법은 1967년에 오스본(A. F. Osborne)에 의해 제안되었다. 회의에서는 진행을 맡은 퍼실리테이터(facilitator)의 역할이 중요한데 아이디어회의 이전에 팀원들 간의 화기애애한 분위기를 조성하고 심리적 안정감을 부여해야 한다. 그리고 아이디어 회의는 다음과 같은 원칙하에 이루어져야 한다.

첫째, 제시되는 아이디어의 질보다는 양이 중요하다. 많은 양의 아이디어가 나오다 보면 그 중에서 참신한 것이 나올 수 있다. 이를 위해서는 구성원들의 아이디어 제공을 격려하고, 경청을 유도해야 한다.

둘째, 비판이 금지되어야 한다. 자유롭게 많은 아이디어가 도출되려면 제시되는 아이디어에 대한 비판의 분위기가 있어서는 안 된다.

셋째, 자유분방의 원칙이 보장되어야 한다. 나쁜 아이디어는 없다. 아무리 우스꽝스럽게 보이는 이이디어라도 편안하게 제시할 수 있는 분위기가 조성되어야 한다.

넷째, 결합개선의 원칙이 필요하다. 창의성은 연결과 결합에 나온다. 이전의 아이디어 결합과 개선은 새로운 아이디어를 만들어낸다.

[표 3-8]은 세계적인 디자인기업 IDEO사에서 사용하는 '브레인스토밍 7단계'를 보여준다.

표 3-8	IDEO사의 브레인스토밍 7단계
	① 초점을 명확히 하기: 고객의 욕구나 서비스 등에 집중해서 문제를 명확히 한다. ② 규칙 만들기: 양을 추구, 엉뚱한 아이디어 격려, 시각화 하기, 판단 뒤로 미루기, 한 번에 한 가지씩 이야기하기 등 규칙을 만든다. ③ 아이디어 번호 매기기 ④ 아이디어 창출이 정체될 때는 진행자가 다른 이슈로 건너뛸 것을 제안한다. ⑤ 아이디어를 기록하기 위해 모든 공간을 활용하기 ⑥ 워밍업 시간 갖기 ⑦ 온몸을 활용하기: 가능하면 스케치를 하거나 모델을 만든다.

(3) 마인드 맵 기법

마인드맵(mind map)은 두뇌활동이 주로 핵심개념을 관련시키거나 통합하는 방식으로 이루어진다는 연구결과를 토대로 하는 시각적 사고 기법이다. 이 기법은 영국의 두뇌 연구자인 Tony Buzan이 고안한 기법이다(Buzan, 2018). 주로 개별 아이디어와 개념 간의 관계를 전달하는 정보를 그래픽으로 표현한다. 우리가 생각하고 있는 것, 기억하고 있는 내용을 마음속에 지도를 그리듯이 줄거리를 이해하며 정리하는 방법이다. 마인드맵은 핵심 단어를 중심으로 떠오른 아이디어나 대상들을 무엇이든지 묘사하여 포도줄기 엮듯이 사고의 파생을 확인하고 자신이 알고 있는 것을 모두 동시에 고려할 수 있도록 해주는 방법이다.

[그림 3-11]은 본 장에서 설명하고 있는 조직 창의성에 대한 마인드 맵의 일부 예시이다.

마인드맵의 작성요령은 아래와 같다.

① 목표나 문제 제시: 깨끗한 종이를 가로로 놓고, 종이의 중앙에 목표나 문제를 적고 작은 원을 그린다.

② 연상하기: 제시된 목표나 문제를 중심으로 마음속에 떠오른 것을 적고 선을 잇는다.

③ 가지치기: 제시된 단어를 중심으로 주된 선들을 모두 생각하고, 다음에 주된 선 중심으로 잘게 그린 선들을 생각한다. 또는 주된 선 하나를 생각한 다음 바로 그 선에 붙은 가지를 그려 넣어도 무방하다.

그림 3-11 조직창의성에 대한 마인드 맵

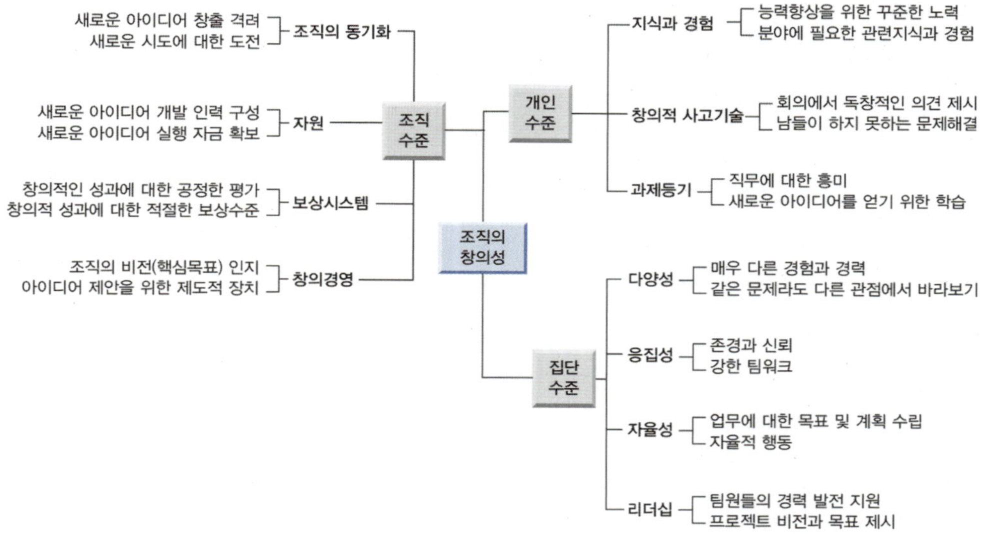

(4) 만다라트 기법

만다라트(Mandal-art) 기법은 일본의 디자이너 마쓰무라 아스오(松村寧雄, Matsumura Yasuo)가 개발한 창의성 사고개발 기법이다. 활짝 핀 연꽃 모양으로 아이디어를 발상해 나간다고 하여 '연꽃만개 법'이라고도 불리며, 연꽃 기법에 사용하는 차트가 불교의 만다라(mandala)와 유사한 형태라 만다라트 기법으로도 불린다. 본질을 뜻하는 만다(manda)와 소유를 뜻하는 라(la)가 결합한 만다라(mandala)는 '목적을 달성 한다'라는 의미이다. 또한 만다라는 반복되는 연꽃무늬, 네모, 원 등을 통해 깨달음의 경지를 표현한 불화(佛畵)이기도 하다.

만다라트는 집중력이 필요한 사람들에게 몰입력을 높일 수 있는 효과적인 기법이며 발상 기법훈련을 통해 개인의 잠재력 개발에 활용할 수 있다. 또한 목표을 수립하거나 아이디어를 구체화 시킬 때 유용하게 활용할 수 있다.

만다라트의 기법에서는 다음에 설명하는 과정을 통해 [그림 3-12]에서 보는 바와 같은 만다라트를 작성한다.

① 종이에 가로, 세로 9칸씩 81칸을 그린다.

② 맨 가운데 사각형에 해결해야 할 핵심목표(과제)를 적고, 둘레에 핵심목표

그림 3-12 만다라트 기법

확장1-1	확장1-2	확장1-3	확장2-1	확장2-2	확장2-3	확장3-1	확장3-2	확장3-3
확장1-4	확장1	확장1-5	확장2-4	확장2	확장2-5	확장3-4	확장3	확장3-5
확장1-6	확장1-7	확장1-8	확장2-6	확장2-7	확장2-8	확장3-6	확장3-7	확장3-8
확장4-1	확장4-2	확장4-3	확장1	확장2	확장3	확장5-1	확장5-2	확장5-3
확장4-4	확장4	확장4-5	확장4	핵심 주제	확장5	확장5-4	확장5	확장5-5
확장4-6	확장4-7	확장4-8	확장6	확장7	확장8	확장5-6	확장5-7	확장5-8
확장6-1	확장6-2	확장6-3	확장7-1	확장7-2	확장7-3	확장8-1	확장8-2	확장8-3
확장6-4	확장6	확장6-5	확장7-4	확장7	확장7-5	확장8-4	확장8	확장8-5
확장6-6	확장6-7	확장6-8	확장7-6	확장7-7	확장7-8	확장8-6	확장8-7	확장8-8

달성을 위한 세부목표 8개를 추가 설정한다.

③ 마지막 단계에서는 ② 단계에서 수립한 8개의 세부 목표를 다시 확장 시켜 현실화할 실행 방안을 수립한다.

(5) 액션러닝

액션러닝(action learning)은 팀 창의성 개발 기법의 하나로 연구개발을 수행하는 팀이 실제 과제(문제)를 집단지성을 통해 해결해 가는 과정을 통해서 과제 내용 및 과제수행 프로세스에 대한 학습이 동시에 이루어지는 문제해결 방법이다. 액션 러닝의 목적은 실질적 과제수행을 통한 참가자 전원의 과제수행 능력을 향상시키는데 있다. 과제수행능력 향상을 위해서는 과제 선정은 '실존하는 중요하고 난해한 과제'가 되어야 한다. 효율적인 액션러닝을 위해서는 팀원 전원이 참여가 이루어져야 한다. 팀원들은 문제해결을 통해, 과제 내용 측면에서 현장, 고객, 벤치마킹(동종 · 이업종), 사내 · 외 전문가, 동료로부터 산지식을 얻는다. 수행과정을 통해서는 의사소통, 집단 의사결정, 문제해결(과제수행), 갈등관리를 위한 소프트 기술과 문제해결 도구의 활용방법을 익힐 수 있다(봉현철, 2007).

1) 과제 선정의 가이드라인

다음과 같은 요건을 갖춘 과제가 선정되어야 한다.

① 실질적이고 반드시 해결해야만 하는 과제

② 가상으로 만든 문제가 아니라 조직의 이익(생존)과 직결되는 실존하는 문제

③ 중요하고 난해한 과제

2) 과제 수행 방식

과제수행방식에는 팀 과제방식과 개인 과제방식이 있다.

① 팀 과제 방식: 팀원 모두가 공동의 한 가지 과제만을 수행하는 방식이다.

② 개인 과제 방식: 팀원 각자가 자기 자신의 과제를 수행하되, 다른 학습 팀원들이 과제해결을 위한 조언과 정보를 제공하는 방식으로 팀워크를 발휘하는 형태이다.

3) 과제 추진 과정

과제는 다음과 같은 과정을 거쳐 추진된다.

① 과제 정의

과제요약서 작성, 고객 공감하기, 과제 정의, As-Is 분석, To-Be 분석, 과제 초점화(focusing), 성찰

② 과제연구

과제 관련 깊은 통찰, 과제 관련 학습계획 수립, 과제 연구계획 수립, 고객 인터뷰 계획, 고객인터뷰 실습, 벤치마킹 계획수립, 벤치마킹 실시, 결과 Debriefing 시사점 도출, 성찰

③ 해결 아이디어 도출과 타당성 검증

핵심문제 도출, 해결 아이디어 도출, 개념 개발, 신속한 프로토 타입 설계, 고객 테스트 계획 수립, 성찰

④ 실행과 성과창출

프로토타입 검증, 실행 계획 수립, 현장 적용 결과 및 피드백, 성찰, 학습 결과(과제 내용 측면, 과제수행 프로세스 측면), 실행성과

액션러닝의 가치는 고객의 입장에서 고객이 원하는 답을 찾고, 집단지성을 통해 고객과 함께 원하는 문제를 해결하는 것이다. 그리고 팀은 실천을 통해 배우고 성찰을 통해 깊이 있는 학습을 이끌어내고 개인과 조직의 성장을 추구하는 데 있다.

(6) 문제해결 기반 학습

문제해결 기반 학습(project/problem based learning; 이하 PBL이라 함)은 참가자들이 개인과 조직의 문제를 함께 해결하면서 학습하는 과정이다. PBL에서는 실제 해봄으로써 배우는(learning by doing)방식을 취하며 과제 중심의 설계가 이루어진다. 학습자의 관심과 흥미를 유발할 수 있는 연구주제를 선정함으로써 학습자의 능동적인 참여를 이끌어 내고 학습자 스스로가 학습의 주체라는 인식을 갖게 된다. 프로젝트 과제를 해결하는데 학습자들의 선행지식과 경험이 요구되며 학습자 스스로 학습 내용, 순서 및 진도 등을 조절할 수 있다.

교수자와 학습자 간의 상호작용은 최종 산출물을 중심으로 이루어진다. 액션러닝과 마찬가지로 팀을 구성해 최종 산출물을 도출하며, 서로 협력해 수행하는 과정에서 지식과 기술을 습득한다. 과제 수행과정에서 다양한 지식들이 통합되거나 이론과 실습이 통합될 수 있으며, 학습자들은 프로젝트의 수행과정에서 자연스럽게 그것들의 관련성을 인지하게 된다.

PBL에서는 교수자인 퍼실리테이터의 역할이 무엇보다 중요하다. 퍼실리테이터는 다양한 역량을 갖추고 적절한 역할을 수행해야 하는데 참석자들에게 말과 행동으로 자신의 관심과 배려를 보여주어야 한다. 상황에 따라서 자신의 전문지식을 기꺼이 사용하며, 팀의 목표달성을 돕는 역할을 한다.

1) PBL 퍼실리테이터의 역할

PBL에서 퍼실리테이터는 다음과 같은 역할을 수행한다.

① 참여자 스스로 연구주제를 선정할 수 있도록 조력

② 이론과 실습의 통합 유도

③ 자발성과 능동성 촉진, 장기적 연구활동 지원

④ 최종 산출물 중심으로 프로세스 관리

2) PBL추진 프로세스

PBL은 다음과 같은 과정을 거쳐 추진된다.

① 계획수립

② 자원 탐색 및 분석

③ 자료 수집

④ 최종 산출물 도출

대표적인 PBL사례로 캠퍼스가 없는 미국의 미네르바 스쿨이 있다(읽을거리 참조).

읽을거리

PBL사례: 캠퍼스가 없는 미국의 미네르바 스쿨(Minerva School)

미네르바 스쿨은 미국의 하버드 대학에서 투자해서 만든 프로젝트 전문 대학으로, 전 세계 7개국을 이동하며 학습하며 이론은 온라인 수업으로 진행하고 오프라인에서는 각국의 사회문제 해결을 돕는 프로젝트 수업으로 진행된다.

(1) 수업형태

미네르바 스쿨은 모든 수업이 참여형 토론 및 팀별 학습으로 이루어지며, 한 반에 20명 내외로 인원의 제한이 있다. 수업을 하는 동안 학생의 참여도에 따라 화면 색깔이 바뀌기 때문에 교수가 모든 학생들의 참여도를 모니터링 하면서 수업을 진행할 수 있다.

(2) 수업과제

수업 과제는 팀 단위로 주어지는 경우가 대부분인데, 학생들은 실시간으로 google docs를 이용해 함께 보고서를 쓰고, 그 보고서를 교수에게도 공유하기 때문에 교수도 학생들에게 좀 더 구체적인 피드백을 줄 수 있다. 학생에 대한 평가는 등수를 정하기보다는 학생의 수업 참여 내용과 팀원과 함께 제출한 과제를 고려해 종합적으로 이루어진다.

(3) 학비
학비는 1년에 1천만 원 정도로 미국학비 기준의 ¼정도 수준이며, 입학 원서 제출 비용도 무료이다. 입학 절차로 에세이를 받고 있는데, 이 과정의 담당자는 "밝고, 자기 주도적이고, 호기심이 많은 학생들을 주로 찾고 있다"며 "조별 과제가 많기 때문에 협업을 잘할 수 있는 학생을 주로 뽑는다"고 말하고 있다.

자료: Blotter(2020), "캠퍼스 없는 혁신대학, '미네르바스쿨'을 아시나요?", retrieved 06. 30, 2021 from http://www.bloter.net/archives/239571.

(7) 디자인 씽킹

디자인 씽킹(design thinking)은 고객 공감을 통해 현장의 진짜 이슈를 발견하고 바로 적용 가능한 해결 대안을 찾으며 시행착오를 통해 이를 빠르게 실행하고 검증하는 창의적 문제해결 프로세스이다.

최근의 기술/기능 중심의 문제해결이 한계에 부딪히면서 사용자 경험 등 고객 관점에 기반한 문제해결이 요구되고 있다. 빠르고 복잡한 기술 및 시장 환경의 변화에 신속한 대응하기 위해서는 기존의 논리적 검증을 통한 분석적 사고만으론 복잡한 문제해결이 어려워지기 때문이다. 따라서 사람에 대한 공감과 다양한 분야와의 협업을 통해 창의적인 대안 도출이 가능한 문제해결 방법론으로 디자인 씽킹이 활용되고 있다(김형숙 등, 2019).

1) 디자인 씽킹의 철학

디자인 씽킹은 다음과 같은 철학에 바탕을 두고 있다.

① 인간다움: 고객을 유사한 특성을 가진 사람들의 집단으로 보지 않고 저마다의 독특한 생각과 감정을 가진 인간으로 인정한다.
② 창의적 직관: 논리적 분석과 창의적 직관을 동시에 활용한다.
③ 빠른 실패를 통한 교훈: 처음부터 완벽한 해결방안을 추구하기보다 빠르게 실패하고 그 경험을 바탕으로보다 완벽한 해결책을 찾아낸다.

[그림 3-13]은 디자인 씽킹 철학의 일단을 보여준다.

그림 3-13 디자인 씽킹의 철학

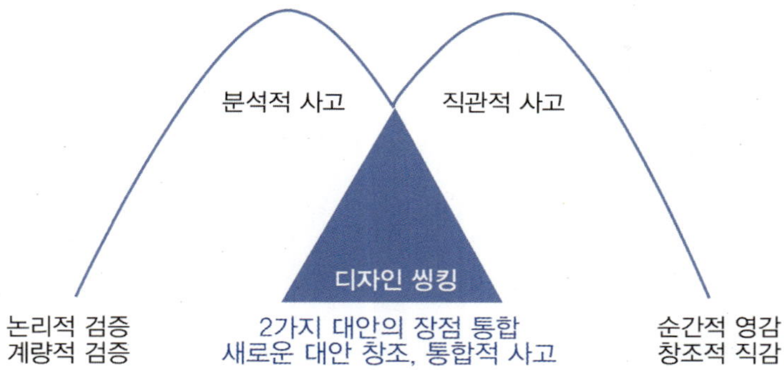

2) 디자인 씽킹의 과정

디자인 씽킹은 일반적으로 [그림 3-14]에서와 같은 다섯 과정을 거치면서 수행된다.

① 공감하기(empathize)
 - 관찰과 인터뷰
 - 그들에게 무엇이 중요한가?

② 정의하기(define)
 - 문제 정의
 - 우리 고객의 니즈는 무엇인가?

③ 아이디어 내기(idea)
 - 브레인스토밍
 - 엉뚱한 아이디어면 더욱 좋다.

④ 시제품(prototype)
 - 빠른 시제품 만들기
 - 다른 사람들에게 보여줄 가장 간단한 초기 작품

⑤ 현장테스트 및 성찰(test)
 - 목표(target) 고객의 의견 수렴
 - 어떤 것을 좋아하는가? 어떤 것을 좋아하지 않았는가?

그림 3-14 디자인 씽킹 프로세스

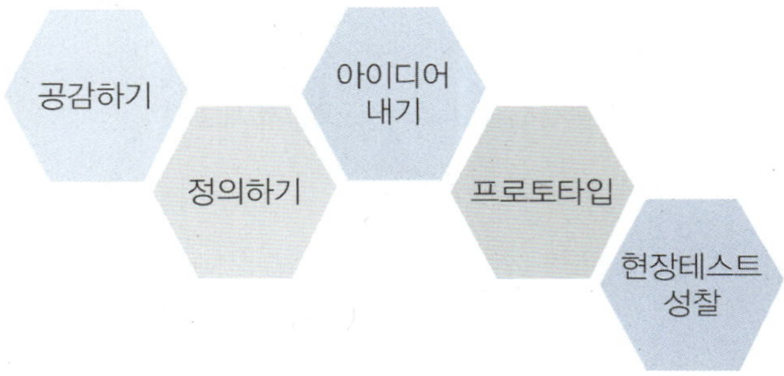

3) 디자인 씽킹 프로젝트 세부내용

① 과제 선정 가이드라인

- 고객(외부 · 내부)이 명확하고, 진정으로 고객과 공감을 통해 고객의 숨어 있는 니즈를 발견할 수 있는 과제
- 비공식적인 모임에서 '내가 고객이라면 또는 고객을 생각한다면 이런 것은 해야 하는데…' 라며 생각했던 과제
- 고객이 새로운 경험을 할 수 있도록 새롭게 도전해 보고 싶은 과제
- 팀 내 현안에 밀려 미루어둔 정말 중요한 문제
- 왜 그렇게 하는지 모르는 상태로 지속 반복해온 업무

② 디자인 개요서 작성: 프로젝트 개요, 범위, 제약요인, 목표 고객, 탐구과제, 성공지표

③ 고객 공감: 페르소나 정의, 문화인류조사(ethnography research), 관찰, 인터뷰 진행

④ 문제 정의: 고객 공감 결과 분석을 토대로 문제 정의

- 디브리핑: 사실들, 사진, 통찰력 등 조사를 통해 얻은 것을 프로젝트 구성원 간 공유, 니즈 분석의 토대 마련
- 고객의 경험을 따라가는 여정 지도(journey map) 및 공감 지도(고객의 잠재적 요구 파악) 작성

⑤ 아이디어 도출: 브레인스토밍 기법으로 아이디어 발산

⑥ 신속한 프로토타이핑: 시제품 제작

⑦ 고객 검증: 타겟 고객 중심으로 프로토타입 검증

⑧ 프로토타입 검증결과 리뷰 후 아이디어 수정 및 보완
－무엇을 새롭게 발견하게 되었나?
－예상했던 반응과 예상하지 못했던 반응은 무엇인가?

(8) 팀 창의성 개발 사례: 연구개발팀 창의성 향상 교육 프로그램

다음은 팀 창의성 개발을 위한 실제 교육 프로그램을 소개해보기로 한다. 이 프로그램은 국내 모 유수 연구소에서 융합연구 프로젝트를 수행하는 연구팀의 집단 창의성을 강화하여 연구성과 창출에 기여 할 목적으로 개발되었다. 팀 창의성 향상 프로그램은 팀 구성원의 다양성에 대한 상호이해, 공감 및 문제해결을 위한 창의적 연구방법론 체득 등을 교육목표로 하고 있다. 교육참가는 연구그룹 또는 프로젝트 단위의 연구원, 과제책임자, 관련 부서장이 같이 참석한다.

프로그램의 내용은 본서 제2절과 제3절에서 논의되었던 이론을 바탕으로 [표 3-9]와 같은 내용으로 구성되었다.

표 3-9 팀 창의성 개발 프로그램에서의 교육내용

수준	필요역량	교육적 개입 내용
개인	• 지식과 경험 • 창의적 사고기술 • 내적동기 • 자기성찰	• 포럼 연극을 통한 조직(팀)의 현재 모습과 바람직한 미래모습 설정 • 연구자 및 리더 대상 창의리더십 학습(리더－그룹코칭 프로그램) • 명상 프로그램(2회)을 통한 내면의 심신 에너지 밸런스 유지
집단	• 다양성/응집성 • 자율성 • 리더십 • 집단 문제해결 기술 • 팀 효능감	• 버크만 진단[1] 및 연구 집단 피드백(연구자 개인의 성향 · 기질 상호이해) • 리더 그룹 코칭을 통한 팀원 자율성 강화 • 집단 창의성 역량 환경조성 및 창의 리더십(임파워먼트) 학습 • 디자인 씽킹 방법론을 통한 창의적 문제해결 역량 체득 • 성공경험 공유 및 팀 비전 · 성과 인정
조직	• 조직 동기부여 • 조직자원 • 보상시스템 • 창의적 팀 운영	• 소속 연구팀의 조직차원 운영제도, 경영시스템 등 조직문화 및 환경요인으로 교육 프로그램에서는 제외

1) Birkman진단: 한 개인의 흥미, 강점, 약점, 스트레스 요인 등 업무스타일 및 일하는 방식에 대한 진단법.

[표 3-9]에 나온 교육내용을 기반으로 팀 창의성 개발 프로그램은 [표 3-10]에서 보는 바와 같은 A-R-R-O-W 모형의 형태로 개발되었다. 이 프로그램은 2박 3일 합숙과정으로 구성되는데 팀원들은 22시간 동안 같이 생활하면서 서로의 업무 스타일, 일하는 방식을 경험한다. 그리고 소통과 협업을 통해 연구현장의 실제 문제를 집단지성을 통해 해결한다. 이러한 작은 성공 경험을 통해 더 큰 성공을 이루어낼 수 있다는 자신감을 얻는다. 그럼으로써 창의성에 영향을 미치는 팀 효능감도 높이게 된다.

표 3-10 팀 창의성 개발 프로그램

학습모형	학습모듈	학습 내용	학습방법	시간
Awareness (인식)	포럼연극	• 연구팀 현재모습의 객관적 인식 • 연구팀의 미래 바람직한 모습화	연극, 피드백	1.5
Reasoning (원인탐색)	버크만 진단, 집단 피드백	• 팀원 상호 간 기질, 동기 차이 이해, 공감 • 서로 다름 인정, 상호 존중이 협업증진 핵심	진단 토의, 피드백	5
Reflection (성찰)	명상	• 내면 성찰 • 변화에 대한 긍정성 및 심신 균형 에너지	실습, 체험	3 (2회)
Option (대안창출)	디자인 씽킹	• 집단 창의성, 문제해결 방법론 • 집단협업을 통한 문제해결 스킬 체득	실습, 발표, 피드백	10 (팀원)
	그룹코칭	• 팀원 다양성 존중, 잠재력 극대화, 임파워먼트 리더십 학습 • 버크만 진단결과의 연구팀 운영적용 실습	리더 그룹 코칭	4 (리더)
Will (실행계획)	계획수립, 실천다짐	• 학습 내용의 연구팀 협업, 조직활용 실천계획 수립		2

제 4 절 창의성을 넘어 혁신으로

창의성과 혁신은 조직성과와 성공에 기여한다. 특히 기업에서는 경쟁자와 차별을 해주고 시장이 요구하는 제품을 개발하게 함으로써 기업의 경쟁력을 높이고 이익을 창출하게 해준다. 때문에 창의성과 혁신은 둘 다 중요하다. 그러나 혁신은 유용성이 있는 것을 실제로 구현한다는 의미가 강하므로 조직에게는 더욱 중요하다. 이 절에서는 창의성을 넘어서서 조직의 혁신으로 발전할 수 있는 기반에 대해 살펴보기로 한다.

1. 창의성과 혁신의 차이

창의성과 혁신은 서로 교환되어 사용된다. 그리고 중복되는 부분도 많다. 그러나 엄밀한 의미에서 둘 사이에는 차이가 있다. 창의성과 혁신은 [표 3-11]과 같은 차이가 있다.

표 3-11 창의성과 혁신의 차이

비교 사항	창의성	혁신
정의	색다르거나 독창적인 사고 능력	보다 큰 가치를 부여할 수 있는 새로운 어떤 것의 창출 노력
행동	참신한 아이디어 전달	새로운 아이디어의 현실로의 구현
측정가능성	측정하기 힘들다	측정하기 쉽다
부담	단순히 생각이나 아이디어이기 때문에 부담없음	아이디어가 현실로 되는 것이기 때문에 부담야기
표현	모든 창의성이 혁신이 되는 것은 아님	모든 창의성은 혁신의 결과
과정	상상적	생산적
금전소비	없음	있음
위험	없음	있음

창의성과 혁신의 주요 차이점은 다음과 같이 설명될 수 있다.

첫째, 새로운 것을 꿈꾸는 것을 창의성이라고 한다면, 혁신은 그 꿈을 현실로 만드는 것이다.

둘째, 창의성이라는 용어는 "창조하다"를 의미하는 라틴어 "Creo"에서 유래했다. 한편, 혁신(innovation)이라는 용어는 혁신한다는 행동의 명사를 의미하는 라틴어 "Innovationem"에서 유래했다. 따라서 혁신은 행동이다.

셋째, 새로운 것, 생소한 개념에 대해 생각한다면 이는 바로 창의성이다. 반면, 이러한 개념을 실제 사용으로 바꾸는 과정을 혁신이라고 한다.

넷째, 개인이 새로운 것을 존재하게 했다면 그것을 창조한 사람이라고 할 수 있다. 반면에, 이미 존재하는 것을 특별히 개선했다면 특정 개인이 혁신을 이루었다고 말해도 무방하다.

다섯째, 창의성은 아직 생각일 뿐이므로 이에 대해 금전소비도 없고 위험이 있을 가능성은 없다. 혁신의 경우 이미 아이디어에서 현실로 전환하였기 때문에 이미 돈이 들었고 위험이 발생할 수 있다.

2. "창의성만으로는 충분하지 않다"

(1) 창의적인 아이디어를 행동으로 전환하는 시스템의 필요

하버드 대학교수인 Theodore Levitt는 2002년 하버드 비즈니스 리뷰(Harvard Business Review)에 "창의성만으로는 충분하지 않다(creativity is not enough)"는 논문을 게재한바 있다(Levitt, 2002). 많은 반향을 일으킨 글이지만 사실은 이는 1963년에 쓴 것을 전재한 것이었다.

이 글의 요점은 창의성은 좋은 것이지만, 중요한 것은 창의적인 아이디어가 아니라 혁신이라는 것이다. 대부분의 조직에서 부족한 것은 아이디어를 창출한다는 의미의 창의성이 아니라 이를 실제 구현하는 혁신이다. 실행이 없이 입으로만 떠드는 그가 말하는 창의적 유형(creative types)은 기업의 비즈니스에 도움이 되지 못하고 나아가 해가 될 수 있기 때문에 이들에게 혁신을 맡겨서는 안 된다고 말한다.

Levitt는 이 논문에서 두 명의 작가 '지망생'의 예를 들면서 다음과 같이 말하고 있다. "한 명은 책에 대한 좋은 아이디어에 대해 이야기하지만 실제로 책을 쓰기 위해 에너지를 모으지는 못한다. 다른 한 명은 같은 생각을 가지고 있지만 실제로 책을 쓴다. 그리고 그 책은 베스트셀러가 된다. 두 번째 작가는 창조적인 천재라고 쉽게 말할 수 있다. 그러나 첫 번째 저자에 대해서도 같은 말을 할 수 있을까? 기껏해야 첫 번째 작가 지망생은 몽상가이자 설득력 있는 말을 하는 사람이다. 그러나 그는 실행자는 못된다. 너무 자주 우리는 위대한 책에 대한 아이디어를 위대한 책 자체로 착각한다. 우리는 화려한 말을 실제 행동으로 착각한다. 우리는 단순한 움직임을 진전과 혼동한다.

Levitt의 지적한 대로 조직에서는 아이디어만으로는 충분하지 않다. 아이디어는 행동이 아니다. 무엇보다 아이디어를 말하는 사람이 아니라 이를 실천하는 사람이 필요하다. 조직에는 좋은 아이디어를 채택해서 이의 구현을 위한 세부 계획과 제안을 체계적으로 수행하거나 위험, 비용, 인재 요구 사항, 시간 예산 및 가능한 경비지출에 대한 제안을 제공할 수 있는 사람이 필요하다.

즉 조직에는 창의적인 아이디어를 건설적인 행동으로 전환하는 시스템이 필요하다. 이러한 종류의 시스템은 "아이디어 설사(idea diarrhea)"를 줄이고 더 많은 혁신을 이룩할 수 있게 해 준다.

그림 3-15 아이디어로부터 행동으로

자료: Roth(2012).

(2) 팀 및 조직 창의성의 발현은 조정과 통제를 필요

오늘날 조직에서 이루어지는 대부분의 창의적인 작업은 과거와는 달리 두 명 이상이 함께 작업하여 수행된다(Thompson & Choi, 2006). 다시 말해, 조직의 창의성 은 일반적으로 팀 스포츠와 같다. 팀 성과를 개인성과의 합 이상으로 만들기 위해서는 과업 프로세스가 상호 의존적일 수 밖에 없다. 즉, 팀 구성원들이 완전히 독립적으로 작업하기 보다는 상호 의사소통하고 서로의 아이디어를 구축하며 작업 프로세스를 통합해야 한다. 그러나 팀 내 작업 상호의존성은 이러한 작업의 조정을 필요로 하며 이러한 조정은 어떤 형태의 외부 통제 없이는 거의 작동하지 않는다.

또한 조직의 대규모의 창의성은 조직의 목표와 창의적 노력을 일치시키기 위해 훨씬 더 많은 조정을 필요로 한다(Adler and Chen, 2011). 실제로 조직의 창의성과 관련하여 유용성(창의성의 두 번째 구성요소인 새로움 외에)은 "단기 또는 장기적으로 조직에 가치를 창출할 수 있는 잠재력을 갖는 것"(George, 2007)을 의미하므로, 창의적 노력은 전략적 의도 및 조직 목표와 어떻게든 연관되어야 한다. 조직의 목표와 창의적 노력의 이러한 정렬은 통제를 사용하지 않고 달성될 가능성이 거의 없다. 결과적으로 분석의 수준이 개인이 아닌 팀 또는 조직일 때 창의적 노력을 관리하기 위해서는 조정과 통제가 더욱 중요해질 수 밖에 없다.

3. 조직혁신 전환의 조건

창의성과 혁신의 차이를 이해하기 위해서는 혁신의 전 과정을 이해할 필요가 있다. 혁신은 [그림 3-16]에서 보듯이 3단계를 거쳐 이루어진다(Vandenberghe, 2016).

그림 13-16 혁신의 다단계 과정

자료: Vandenberghe(2016).

(1) 혁신의 다단계 과정

혁신은 아이디어의 발상(ideation)으로부터 시작된다. 창의성은 이 단계에 관여한다. 혁신의 창의적 발상 단계를 '퍼지 전단부(fuzzy front end)'라고 한다. 퍼지 전단부란 신제품 개발에 앞서 기회가 확인되고 컨셉이 개발되는 시작점을 말한다(Wikipedia, 2021). 이 시기는 아이디어와 가능성이 혼란스럽고 규제도 안 되는 눈보라와 같은 상태이다. 이는 백 엔드로 연결되어야 한다. '백 엔드(back-end)'는 일이 더 조직화되고 정리되는 영역이다. 아이디어에 생명력을 불어넣으려면 신중한 계획, 기술 개발, 상용화 전략 등이 필요하다. 즉, 효율적이고 목표 지향적인 관리가 필요하다. 혁신은 다음과 같은 과정을 거쳐 실행된다.

① 아이디어 발상(ideation)

이는 새롭고 매력적인 개념을 찾아내는 단계이다. 이 단계에서는 가능한 모든 각도에서 문제를 바라보고 도전해보는 창의적 아이디어 발상자가 필요하다. 아이디어 발상이란 단순히 통제되지 않는 아이디어를 쏟아내는 것 이상이다. 좋은 아이디어의 발상자는 새로운 가능성을 보고 아이디어를 평가하여 구체적인 비즈니스 기회를 식별할 수 있는 사람이다.

② 챔피어닝(championing)

불행히도 아이디어는 저절로 구현되지 않는다. 챔피언 역할이 있어야 행동 지향적인 후속 조치가 이루어진다. 챔피언은 조직에서 아이디어를 설득시키고 지원을 확보하며 필요한 자원을 동원할 수 있는 인물이다.

③ 구현(implementation)

이제는 현실화의 단계이다. 구현 단계에서는 우수한 프로젝트 관리자와 독창적인 문제 해결사들이 실용적인 세부 사항을 작성한다. 그들은 개발 및 시작품 제작을 촉진하고 불만 사항을 처리할 수 있다.

(2) 혁신을 위한 개인적 역량과 태도

아이디어 발상이 혁신으로 전환되기 위해서는 특별한 개인의 역량이나 특성이 필요하다. 그 중에는 혁신을 이룩한 사람들의 공통적인 특성으로 지구력이 많이 언급된다. 혁신은 창의성과 달리 하루 밤에 이루어지지 않는다. 창의성이 원석이라면 이것이 가치가 있는 것이 되려면 이를 갈고 닦아야 한다. 이러한 과정에는 지구력, 혹은 뚝심과 집요한 노력이 필요하다. 에디슨(T. Edison)은 '천재는 1%의 영감과 99%의 땀으로 이루어진다"라고 말한 바 있다. 사물 인터넷의 창시자인 애쉬턴(K. Ashton) 역시 혁신에서 천재성보다는 집요한 노력의 중요성을 강조하고 있다(Ashton, 2015)(읽을 거리 참조).

그리고 창의성에서 혁신을 가는 과정에서는 부닥치는 난관을 견디는 용기도 필요하다. 항공우주 엔지니어 스텔쯔너(Adam Steltzner)는 창의적이거나 혁신적인 모든 과정에는 길을 잃을 뿐만 아니라 지도를 어디에서 찾을 지조차 모르는 순간이 온다고 말한다(Boshoff, 2016). 이를 그는 암실(dark room)이라고 부르고 있다. "이 때는 침착함을 유지하고 의심을 붙잡고 있어야 합니다. 문제에 귀를 기울이고 해결책을 계속 생각하면서 해결책을 찾지 못할 것이라는 마음을 사로잡는 공황 상태를 피해야 합니다. 우리는 종종 혁신을 위해 충분히 오랫동안 문제에 머무르는 것을 불편해 합니다."

그는 화성 탐사선 Rober프로젝트에서의 자신의 경험을 다음과 같이 말하고 있다. 이 탐사선은 2002년 6월에 출발할 예정이었는데 문제가 있었다. 로켓 과학자 팀은 화성 표면의 날카로운 암석과 파편에 영향을 받지 않고 이 탐사선을 착륙시키는 방법을 알아낼 수 없었다.

1년의 고심 끝에 마침내 과학자 팀은 답을 찾아냈다. "완전히 굴복할 때까지 '암실'에 머무르는 것은 미덕입니다. 포기하는 것이 아니라 자존심을 완전히 버리고 기존 솔루션에 집착하려는 시도를 중지하는 것이지요. 바로 그때 돌파구가 생깁니다."

창의성은 출발점일 뿐이다. 그러나 임무를 수행하려면 때로는 이를 악무는 결단력, 엄청난 공황상태를 견디는 힘, 그리고 때로는 엄청난 뱃심이 필요하다.

읽을거리

케빈 에쉬턴(K. Ashton)이 생각하는 창의성의 탄생

"나는 세계적인 생필품 기업인 프록터 앤 갬블(P&G)사의 재고 담당자다. 매일같이 데스크 탑 PC 앞에 앉아서 매장의 주문을 기다리고 있다. 어느 날 P&G의 인기상품이 된 립스틱이 매장에서 품절 되어도 이 사실을 회사에서는 모르고 있다는 것을 알게 되었다. 이를 발견해주는 사람은 매장 운영자가 아니라 소비자였다. 회사 입장에서 선반 물건의 품절을 확인해줄 사람이 없었다. 그 결과 인기상품의 매대에 가보면 항상 물건이 품절상태에 있는 경우가 많았다. 이는 소비자에게도, 매장에도, 우리 조직에도 큰 손실이었다. 하지만 컴퓨터로 선반 위에 립스틱 재고가 있는지 볼 수 있는 방법은 없었다.

나는 이 문제를 해결하고 싶었다. 나는 립스틱에 아주 작은 무선마이크로칩을 부착하고 선반 위에는 안테나를 부착했다. 마이크로칩은 데이터를 인터넷에 연결하고 저장하였다. 이젠 무선 인터넷이 립스틱이 매장 내 있는지를 관리자들에게 알려주었다. 나는 이 시스템에 '사물인터넷'(Internet of Things: IOT)이란 이름을 붙였다."

제4차 산업혁명의 핵심기술인 사물인터넷을 창시한 케빈 애쉬턴의 이야기다. 창의성에는 어떤 마법도 없었고 영감이 번뜩이는 순간도 거의 없었으며 오로지 아주 오랜 시간에 걸친 집요한 노력이 중요했을 뿐이었다.

사물인터넷을 구축하는 과정은 실수의 연속이었으며 더디고 힘들었다. 실패를 통해 배우고 성공을 이루었다. 부딪히는 역경에 놀라기보다는 역경에 대비하는 법을 배웠다.

자료: Ashton(2015).

(3) 챔피언 역할

혁신의 과정에서 보듯이 창의성은 혁신과 연계되기 위해서는 챔피언 역할이 필요하다. 챔피언(champion)은 위험부담을 지면서 자원획득과정을 통해 기업 내에 혁신을 개발하고 구현하는 것을 촉진하는 역할을 하는 사람으로 정의된다(Jenssen & Jörgensen, 2004). 즉 창의적인 아이디어를 조직 내에 적극적으로 설득하고(sell), 필요한 지원과 자원을 동원하여 혁신을 추진하는 사람이다.

창의성의 발상이 조직의 현실에 관계없이 이루어질 수 있는데 비해 챔피언은 효율성과 효과성 그리고 수익추구라는 조직과 기업의 특성 내에서 창의적 아이디어를 구현한다는 점에서 차이가 존재한다. 챔피언은 그 역할로 미루어 보아 일정한 수준 이상의 관리자가 담당하는 경우가 일반적이다.

(4) 특별 팀의 구성

혁신을 촉진하기 위해서는 창의성을 혁신으로 구현하는 특별 집단을 구성하는 경우도 있다. 이 팀의 역할은 쓸모있는 아이디어를 받아들여 필요한 조치를 취하고 이를 필요한 방식으로 관리하는 것을 전담하는 것이다.

이 팀은 아이디어 발상자, 챔피언, 구현담당자를 적절히 조합한 소위 혁신 드림 팀(innovation dream team)의 성격을 지닌다(Vandenberghe, 2016). 이 팀은 앞서 설명한 '퍼지 전단부'를 넘어설 수 있다. 그래서 수익증대나 효율성 증대와 같은 부가가치를 창출할 수 있게 된다. 이 팀은 대규모 조직에서 조직 내의 벤처 기업과 같은 역할을 함으로써 역동성을 갖추게 하는 역할도 수행한다.

(5) 조직 시스템이나 조직문화

혁신을 촉진하는 조직시스템이나 조직문화가 도움을 줄 수 있다. 아이디어는 하나의 머리에서 시작될 수 있지만 좋은 아이디어는 여러 사람의 다양한 지식이 필요하므로 유용한 상호 작용과 경험을 장려하는 환경이 도움이 된다. 이에 대해서는 앞의 제2절과 제3절에서 다룬 내용들이 포함된다.

그 중에서도 창의적인 아이디어는 실패에 대한 두려움, 엄격한 프로세스 및 엄격한 성과 목표로 인해 매우 쉽게 억눌릴 수 있으므로 실패를 용인하는 조직 문화나 지나치게 엄격하지 않은 성과관리 제도의 운용은 매우 중요하다(Amabile, 1998; Speckbacher, 2021). 또한 창의적인 아이디어가 혁신으로 연계되기 위해서는 R&D 부서와 마케팅 부서 간의 협업 체제도 필요하다.

실무자를 위한 가이드라인

- ✔ 창의성은 R&D의 원동력이 되므로 매우 중요한 과제이다
- ✔ 우리 경제와 산업구조가 추격자로부터 글로벌 선도자로의 패러다임의 전환이 필요하다는 점, 그리고 다가오는 4차 산업혁명을 대비해야 한다는 점에서도 조직에서 창의성의 발휘와 개발은 주요 과제이다
- ✔ 창의성은 준비기-부화기-발현기-검증기' 의 연속적인 네 단계를 거친다. 부화기에 문제해결이 잘 안될 때는 한발 물러서서 휴식을 취하는 것도 하나의 방법이다. 몸은 쉬더라도 무의식에서는 과제해결을 위한 노력이 계속된다.
- ✔ 창의성은 개인적 특성과 환경요소가 어울려져 발휘되는데 현대적 이론은 전체적으로 개인적 요소보다는 환경의 영향력을 중시한다. 즉 조직환경의 관리에 의해 창의성은 얼마든지 개발될 수 있다는 입장이 지배적이다.
- ✔ 조직에서의 창의성은 분석수준에 따라 개인 창의성, 팀 창의성, 조직 창의성으로 나누어진다.
- ✔ 개인 창의성은 지식과 경험(전문성), 창의적인 사고 스킬, 과업에 대한 내재적 동기부여 등에 의해 영향을 받는다. 과업에 대한 내재적 동기부여는 과업 자체에 대한 흥미, 재미 때문에 과업에 더 몰입하고자 하는 태도이다. 일 자체로부터 얻어지는 목표와 도전, 일의 의미와 가치 등에 의해 창조의 욕구가 유발되기 때문에 과업에 대한 내재적 동기부여가 개인 창의성 요소 중 가장 중요한 요인으로 보고 있다.
- ✔ 팀(집단) 창의성은 팀이 지닌 다양성, 응집성, 자율성, 효능감등에 의해 영향을 받는다. 그리고 팀 리더십(예: 임파워링 리더십)도 창의성 발휘에 중요한 역할을 한다.
- ✔ 조직 창의성은 조직의 동기부여, 조직의 자원, 보상 시스템, 창의적 경영관행 등에 의해 영향을 받는다. 학자에 따라서는 조직 창의성은 조직혁신으로 이해하기도 한다. 창의성은 조직 수준이 되면 혁신의 의미가 강해지기 때문이다.
- ✔ 조직에서 창의성 관리를 위해서는 조직창의성에 대한 측정이 필요하다. 이는 조직이 지닌 창의적 잠재력을 측정하고 부족한 부분을 확인하는 효과가 있다.

- ✔ 창의성이 길러 질 수 있는가에 대한 논란이 있지만 노력에 의해 개발될 수 있다는데 의견이 모아지고 있다. 조직에서 개인이나 팀의 창의성 개발을 위한 다양한 기법들이 존재한다. R&D 조직이나 기술중심의 조직에서 이러한 기법들을 적절히 활용하여 조직구성원의 창의성을 개발할 필요가 있다.
- ✔ 창의성은 새로운 아이디어의 발상인 반면 혁신은 유용한 어떤 것의 구현이다. 조직에 필요한 것은 궁극적으로 혁신이다. 혁신을 위해서는 창의성만으로는 충분하지 않고 아이디어가 행동으로 전환되어야 하고 이를 뒷받침 하는 시스템이 필요하다.
- ✔ 창의성이 혁신으로 전환되는 과정에서는 챔피온 역할과 구현과정이 필요하다.
- ✔ 개인창의성을 넘어 팀창의성이나 조직창의성이 될수록 이는 팀 스포츠와 같다. 구성원 간 상호의존성이 높아지기 때문에 이를 관리하기 위해서는 조정과 통제 시스템이 필요하다. 이는 대규모 조직창의성이 발휘되기 위해서는 더욱 필요하다.
- ✔ 혁신을 위한 개인적 역량으로는 강한 결단력, 엄청난 공황상태를 견디는 힘, 그리고 때로는 엄청난 뱃심이 필요하다.
- ✔ 혁신이 구현되기 위해서는 창의적인 아이디어를 구현하는 조직의 과정과 구조가 필요하다. 혁신이 촉진되기 위해서는 아이디어를 행동으로 전환하기 위한 끈기와 지구력, 용기, 리더의 챔피온 역할, 특별 팀의 구성, 실패를 용인하는 조직문화 등이 필요하다.

04 CHAPTER

R&D 인력의 동기부여

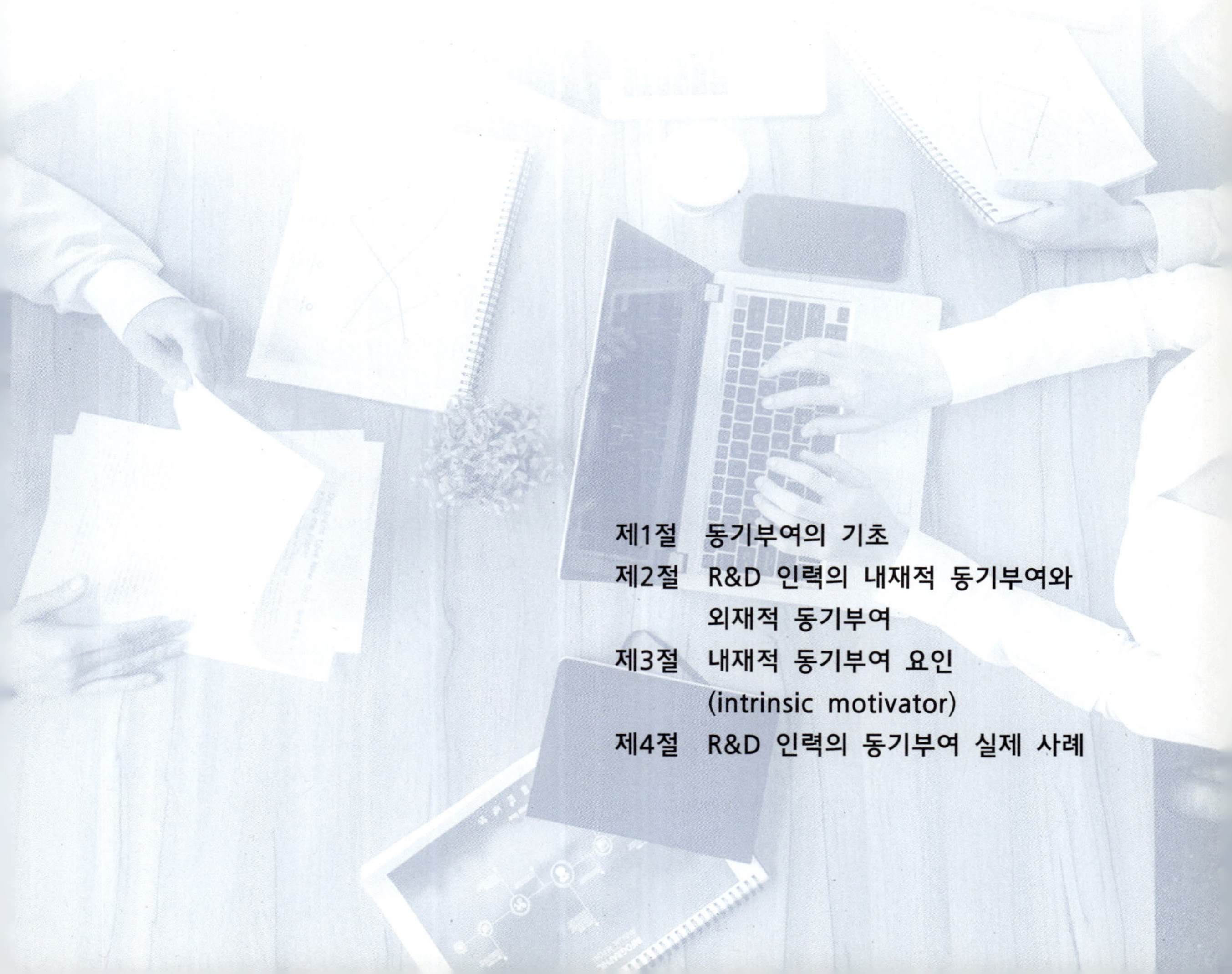

제 1 절 동기부여의 기초

모든 인간의 행위는 이를 위한 동기가 활성화됨으로써 유발된다. 이를 모티베이션, 우리말로 동기부여라 한다. 관리자의 입장에서는 R&D 인력이 열심히 일하고 창의적인 성과를 내도록 동기부여 되기를 바란다. 그러므로 R&D 인력관리와 관련하여 동기부여의 이해는 매우 중요한 위치를 차지한다.[1)]

1. 동기부여의 개념과 종류

동기부여(motivation)는 어떤 방향으로 동기가 유발되고 구체적 행동을 지향하게 하며 또 그 행동을 지속하게 하는 과정으로 정의된다. 현대 심리학에서는 동기가 없는 행동(행위)은 없다. 즉 모든 행위는 동기가 부여되어야 한다. 심리학에서는 동기부여 과정을 동기유발로 번역하기도 한다. 그러나 경영학에서는 특정한 방향으로의 행위의 유도를 염두에 둠으로 동기부여라 해석한다. 즉 경영학의 과제는 종업원들이 열심히 일하도록 동기부여 시키는데 관심을 갖는 것이다.

동기부여는 이것이 어떠한 과정을 거쳐 이루어지느냐에 따라 두 가지 종류로 나뉜다.

내재적 동기부여(intrinsic motivation)는 내발적(內發的) 동기부여라고도 하며 행위자체가 보상이 되어 이루어지는 동기부여이다. 예컨대 일이라는 행위라면 일이 재미있거나 보람있거나 의미가 있어서 일하고자 하는 의욕이 생기는 것을 말한다. 내재적 동기부여를 야기하는 요인을 내재적 보상이라 하는데 여기에는 구체적으로 일의 보람, 의미, 중요성, 책임감, 성취감, 재미 등의 요소가 포함된다.

외재(부)적 동기부여(extrinsic motivation, external motivation)이란 외부로부터 보상이 이루어짐에 따라 이루어지는 동기부여이다. 좀 더 구체적으로는 보상을 받거나 처벌을 피하기 위해 주어진 작업이나 행동을 완료하거나 특정 방식으로 행동하려는 동기부여이다(Cherry, 2014). 외재적 동기부여는 외재적 보상에

---

1) 동기부여의 기초에 대해 좀더 자세히 알고자 하는 경우 신유근 · 백삼균 · 한인수(2014), 『조직행위론』, 방송통신대학교 출판문화원; 정범구 · 박상언 · 김주엽 · 송계충(2017), 『조직행위론』, 제4판, 경문사 등을 참조바람.

의해 야기될 수 있는데 여기에는 돈, 승진, 칭찬 등이 포함된다.

그러나 현실에서는 이 둘의 구분이 쉽지 않은 경우도 있다. 예컨대 높은 보수나 승진은 명백한 외재적 보상이고 이것이 야기하는 동기부여는 외재적 동기부여이다. 그러나 보수가 높다는 것, 또는 승진이 된다는 것은 인정을 받는다는 의미도 있기 때문에 높은 자존감이라는 내재적 보상과도 연결된다.

인간의 행위를 통제하는 방식에 '채찍(벌)과 당근(보상)'만이 사용되던 시기에는 동기부여는 외재적으로만 이루어지는 것으로 생각되었다. 내재적 동기부여의 존재가 알려진 것은 얼마 되지 않는다.

그러나 현대 경영학에서는 외재적 동기부여보다 내재적 동기부여를 훨씬 중요하게 생각한다. 그 이유로는 다음과 같다.

첫째, 동기부여 효과라는 측면에서 외재적 보다는 내재적 동기부여가 보다 강력하다. 자녀에게 돈을 주어서 열심히 공부로 유도하는 것(외재적 동기부여)는 쉽지 않다. 그러나 공부가 좋아서하는(내재적 동기부여) 자녀는 보다 열심히 하고 성과도 좋을 것이다.

둘째, 외재적 동기부여는 시간이 지나면서 '물리는 효과(saturation effect)'가 있다. 외재적 동기부여는 처음에는 효과가 크나 횟수가 반복되면서 약화된다.

셋째, 외재적 동기부여를 발생시키는 데는 자원에 한계가 있다. 게다가 받는 사람과 못 받는 사람 간에 공정성과 관련된 다툼이 발생할 수도 있다.

내재적 동기부여는 외부자원도 필요 없고 또 효과도 외재적 동기부여에 비해 강력하여 매력적이지만 이를 마련하는 것은 현실적으로 매우 어렵다. 행위나 일에서 자연스럽게 동기부여를 발생할 수 있도록 만드는 것이 현실적으로 쉬운 일이 아니기 때문이다. 공부를 재미있거나 일을 의미있게 만드는 것은 즉 내재적 동기부여를 부여하는 것은 특별한 노력을 요한다.

2. 동기부여의 이론

인간의 모든 행위에는 동기부여가 필요하다. 그러나 경영학에서 관심을 가지는 것은 그 중에서도 일과 관련된 동기부여이다. 일이라는 행동의 동기부여를 다룬 이론을 작업(일) 동기부여(work motivation)이론이라 한다.

작업 동기부여 이론들은 크게 내용이론과 과정이론으로 나뉜다. 내용이론

(content theory)은 어떤 요인이 모티베이트를 야기하는가에 관한 이론으로 기본적으로는 욕구(need)이론들이다. 반면에 과정이론(process theory)은 모티베이트가 발생하는 과정을 설명하는 이론들이다. 동기부여에는 여러 이론이 있으나 여기서는 내용이론 중 욕구단계설과 2요인이론, 과정이론에서는 기대이론과 공정성이론을 살펴보기로 한다.

(1) 욕구단계설

욕구단계설(need hierarchy theory)은 심리학자 매슬로우(A. Maslow)에 의해 제시되었다. 인간의 욕구에 대한 이론은 많지만 이 이론의 특징은 인간의 욕구에 단계(hierarchy)구조가 존재한다고 주장하는 점이다.

우선 이 이론에서는 인간의 욕구에는 [그림 4-1]에서 보는 바와 같이 5가지 종류가 존재한다.

① 생리적 욕구(physiological need): 인간의 생존에 필요한 욕구이다. 먹고 마시고 자고 종족을 번식하려는 욕구 등을 말한다

② 안전 욕구(safety need): 심리적 안정과 물리적 안전을 추구하는 욕구이다

③ 사회적 욕구(social need): 소속과 애정의 욕구를 말한다. 다른 사람들과 무리를 이루고 또 그들에 의해 받아들여지고 싶은 욕구이다

④ 존경 욕구(self esteem): 타인들에 의해 존경받고자 하는 욕구이다. 여기에는 지위와 파워에 대한 욕구도 포함된다.

그림 4-1 Maslow의 욕구단계설

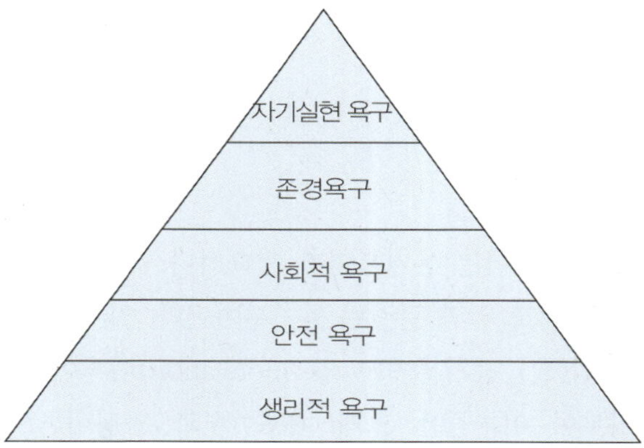

⑤ 자기실현 욕구(self actualization): 자기의 잠재력을 극대화하고자 하는 욕구를 말한다.

매슬로우는 이러한 다섯가지 욕구를 밝힘과 아울러 이것들이 인간의 행동을 모티베이트하는데 작용하는데 단계가 있다는 것을 추가하고 있다. 즉 욕구단계의 최 하단에 있는 생리적 욕구는 인간행동의 가장 강력한 동인이다. 이것이 충족되지 못할 때 인간행동의 대부분은 이러한 욕구를 충족하는 방향으로 모티베이트된다. 그러나 이러한 생리적 욕구가 어느 정도 충족되면 인간행동을 모티베이트 시키는 최강자의 지위를 다음 단계의 욕구에 내어준다. 즉 다음에는 안전욕구를 희구하게 된다. 그러나 이 욕구도 어느 정도 충족되면 다음 단계 즉 사회적 욕구에게 자리를 내어준다. 결국에는 인간은 자기실현 욕구의 단계에 까지 이른다. 즉 욕구는 충족되면 앞으로 진행하는 속성(satisfaction-progression)을 가진다. 매슬로우는 인간은 궁극적으로 자기실현 욕구를 추구하게 되고 이때야말로 인간은 행복해질 수 있다고 주장한다.

매슬로우 욕구단계설이 경영에 주는 시사점은 인간의 욕구단계는 진행하므로 종업원들을 모티베이트 시키려면 욕구단계에 걸 맞는 동기부여 수단이 동원되어야 한다는 점이다. 예컨대 종업원들의 욕구가 하위수준에 머물러있다면 그것들을 충족시킬 수 있는 돈이나 고용안정 등이 효과적인 동기부여 수단이 될 수 있다. 그러나 하위욕구가 충족되어 욕구가 고위수준 예컨대 존경 욕구 수준으로 이동해 있는 종업원이라면 발언권의 허용이나 참여 등 그에 걸맞는 수단들이 동기부여 수단이 될 수 있을 것이다.

매슬로우의 이론을 R&D 인력과 결부시켜 생각한다면 다음과 같은 것을 생각해볼 수 있다. 그들은 대부분 고학력이고 여타 직종에 비해 급여수준도 상대적으로 높다. 따라서 하위욕구는 어느 정도 충족되어 있는 상태인 점을 감안하면 자율성 부여 등의 자기존경이나 자기실현과 같은 고위 수준의 욕구 충족 수단이 동기부여의 효과적 방안이 될 수 있음을 유추해 볼 수 있다.

(2) 허즈버그의 2요인 이론

허즈버그(F. Herzberg)는 다수의 엔지니어와 회계사들을 면접한 결과 종업원이 일을 하면서 느끼는 심적 상태에 영향을 미치는 요인에는 별개의 두 종류가 있다는 것을 밝혀냈다. 즉, 종업원의 직장생활에 영향을 주는 만족요인(satisfier)과 불만족요인(dissatisfier)이 별도로 존재한다. 그래서 그의 이론을 2요인 이론(two factor theory)이라고 부른다.

불만족요인은 회사정책, 상사, 급여, 작업환경, 동료 등 직무를 둘러싼 직무환경(job context)요인들이 주축을 이룬다. 이러한 요인들은 직무의 불만을 예방할 수 있는 것이라는 측면에서 위생요인(hygiene factor)이라고도 부른다.

한편 만족요인은 성취감, 인정, 발전의 기회, 책임, 직무 그 자체 등 직무의 내용(job content)요인 들이다. 이 만족요인들은 종업원으로 하여금 더 높은 성취, 생산성을 달성하는 데 효과적으로 모티베이트시켜주기 때문에 모티베이터 즉 동기요인(motivator)이라 부른다. [표 4-1]은 허즈버그의 2요인 이론에서 불만족요인과 만족요인을 보여준다.

표 4-1 허즈버그의 2요인 이론에서 불만족 요인과 만족요인

불만족요인(위생요인)	만족요인(동기요인)
급여	성취감
회사정책	인정
상사	발전의 기회
작업환경	책임
동료	직무자체

허즈버그 이론의 주요한 특징은 불만족 요인과 만족요인이 종업원에 미치는 영향에 대해 종래의 전통적인 입장과는 다른 해석을 하고 있다는 점이다. 즉, 종래에는 [그림 4-1]에서 보는 바와 같이 어떤 요인들이 문제가 있을 때에는 직무의 불만을 야기하지만 그것이 개선되면 만족을 이룬다고 가정하고 있다.

이러한 전통적인 입장에 비해 그는 독특한 입장을 피력하고 있다. 즉, 그에 의하면 만족과 불만은 별개의 차원이고 그 각각에 작용하는 요인들에는 차이가 있다는 것이다. 예컨대 급여라는 것은 허즈버그의 분류에 의하면 불만족요인인데 급여는 적으면 불만이지만 그것이 개선되어도 불만을 줄이는 데 그치는 것이지 만족으로 유도하여 그 종업원을 모티베이트시키는 것은 아니라는 것이다. 종업원을 만족시키거나 모티베이트시키기 위해서는 별도의 요인, 즉 만족요인(동기요인)이 주어져야 한다는 것이다.

경영자는 궁극적으로 종업원을 만족시키고 모티베이트시켜야 하는 과제를 갖는다. 이는 허즈버그에 의하면 불만족요인의 개선만으로는 한계가 있고 궁극적으로는 만족요인의 부여에 의해서만 가능하다. 그런데 만족요인은 직무의 내용과 관련된 요인들이다. 따라서 허즈버그는 직무의 내용요인, 즉 만족요인이 주어질 수 있게끔 현재 종업원이 하고 있는 일을 바꿀 것을 주장한다. 즉, 성취감이나 통제 등과 같은 만족요인이 주어질 수 있도록 종업원의 직무재설계(職務再設計)를 하는 것이 동기부여의 핵심임을 강조하고 있다.

그림 4-2 허즈버그 이론의 특징

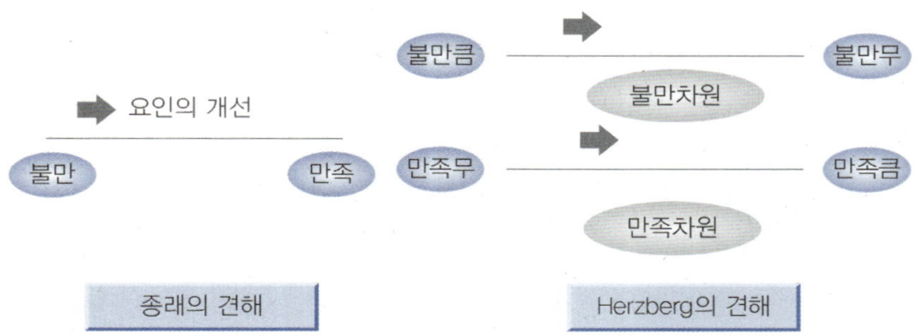

허즈버그의 이론을 R&D 인력과 결부시켜 생각한다면 다음과 같은 시사점을 얻을 수 있다. 즉 그들을 모티베이트시키려면 우선 불만족 요인의 개선이 필요하다. 그러나 만족을 통해 동기부여를 시키려면 궁극적으로는 만족요인에 신경을 써야 한다. 즉 의미있고 도전적이며 책임감이 있는 업무의 부여를 통한 내재적 동기부여 방안을 강구해야 한다.

(3) 브룸의 기대이론

브룸(V. Vroom)은 기대이론(expectancy theory)를 주장하고 있는데 이는 동기부여의 과정을 설명하는 과정이론에 속한다. 그에 의하면 어떤 대상이 아무리 매력적이라도 어떤 행동을 동기부여시키기 위해서는 노력하면 그것을 얻을 수 있으리라는 기대가 있어야 한다. 즉, A학점이 아무리 매력적이라도 노력하면 될 수 있으리라는 기대가 있을 때만 구체적인 노력에 대한 동기부여가 생긴다는 것이다.

그림 4-3 브룸의 기대이론

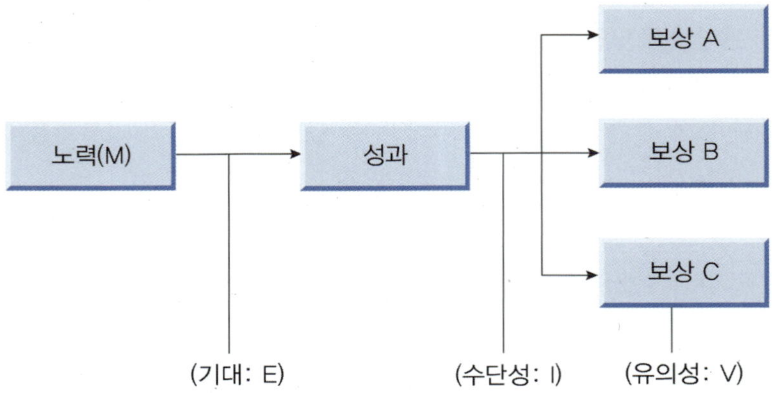

기대이론에 따르면 한 개인이 어떤 노력을 하려는 동기부여는 [그림 4-3]에서 보는 것처럼 다음의 세 요소에 의해서 결정된다.

① 기대(expectancy): 노력이 성과를 낼 수 있으리라는 확률적 믿음

② 수단성(instrumentality): 성공적인 성과가 보상으로 연결될 가능성에 대한 믿음

③ 유의성(valence): 보상의 매력 정도

브룸의 이론에 따르면 동기부여는 이 세 요인의 결합에 의해 설명된다. 즉, 동기부여(M) = (E×I×V)의 공식에 의해 결정된다.

기대이론은 다음과 같은 관리적 시사점을 준다.

첫째, 공식에서 보듯이 종업원의 동기부여가 높아지려면 기대의 수치가 높아야 한다. 따라서 경영자는 종업원들이 노력하면 성과를 높일 수 있으리라는 믿음을 심어주도록 해야 한다. 이에 대한 구체적인 방안으로는 종업원의 능력향상을 위한 훈련, 자신감 구축, 각종 지원이 필요할 것이다.

둘째, 수단성의 수치가 높아져야 한다. 이를 높이려면 성과 대비 보상이 적합하게 이루어지는 관행이 마련되어야 한다. 즉, 성과에 걸 맞는 인센티브가 주어져야 하고 이것이 직원들의 의식 속에 확고하게 자리 잡도록 해야 한다.

셋째, 보상의 유의성이 높아져야 한다. 이를 위해서는 종업원이 원하는 보상이 주어져야 한다. 즉, 종업원의 보상의 선호가 보상제도 설계 시 고려되어야 한다.

이를 위한 실제 방안의 하나로 포터와 로울러(M. E. Porter and E. Lawler III)는 '캐피테리어 보상체계'를 주장한 바 있다.

(4) 공정성 이론

과정이론 중에 또 하나의 이론은 아담스(S. Adams)의 공정성 이론(equity theory)이다. 이 이론은 공정성 지각의 중요성과 함께 동기부여 발생의 방향을 알려주는 이론이다.

아담스에 따르면 우리는 항상 자신의 투입요소(input: I)와 그로 인해 얻게 되는 결과요소(outcome: O) 간 비율을 타인과 비교한다. 그래서 자신의 비율과 타인의 비율이 일치하면 공정성을 지각하나 그 비율이 일치하지 않는 경우(과다 혹은 과소) 마음의 불편함을 느끼고 일치를 회복하는 방향으로 행동의 모티베이트가 일어난다는 것이다.

투입요소에는 노력, 능력, 학력 등이 포함되고 결과물에는 보수, 승진, 후생복지 등이 포함된다.

그림에서 보듯이 자신의 결과물/투입의 비율을 준거대상(비교인물)의 그것과 비교해 적다고 느끼면 과소보상을 경험하게 된다. 즉 같은 노력을 했다고 믿는데 손에 얻는 결과물이 적다고 느낄 때 이 사람은 과소보상의 불편한 감정 속에 있게 된다. 그래서 마음속에 공정성을 회복하는 쪽으로 행동이 모티베이트되게 된다. 택할 수 있는 행동의 대안에는 노력을 줄이거나(I의 감소) 결과를 더 달라고

그림 4-4 아담스의 공정성 이론

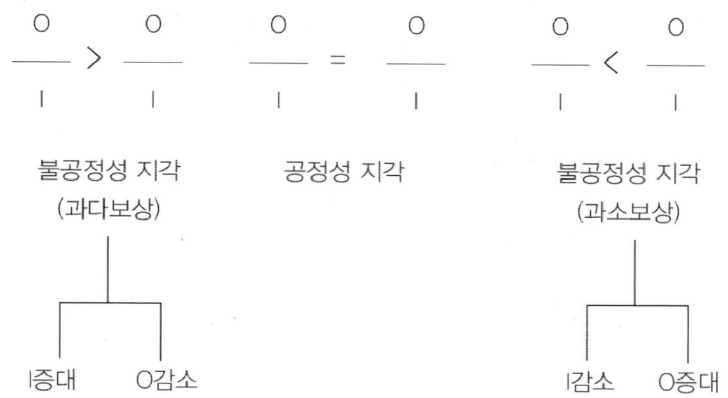

요구(O의 증대)하는 것이 있다. 반면에 그 비율이 준거대상보다 크다고 생각되면 과다보상을 지각하게 된다. 이 때도 마음은 불편하여 공정성을 회복하는 쪽으로 움직이는데 택할 수 있는 행동은 노력을 늘리거나(I의 증대) 보수를 줄여달라고 요구(O의 감소)를 할 수 있다. 후자는 현실적으로 가능할 까 의문을 주는데 이 부분이 공정성 이론의 부족한 부분으로 지적된다.

공정성 이론이 경영에 주는 시사점은 금전적 보상에서 공정성의 중요성을 인식시켜준다는 점이다. 급여나 보너스 등의 관리에서는 절대액도 중요하지만 상대적 공정성 지각이 직원들의 만족도에 더 큰 영향을 미칠 수 있다.

제 2 절 R&D 인력의 내재적 동기부여와 외재적 동기부여

1. R&D 인력에게는 내재적 동기부여가 매우 중요하다.

역사상 대단한 발명이나 또는 연구업적 획기적인 제품개발을 이룩한 연구자나 개발자들의 동기는 무엇이었을까? 아마도 지적호기심이 왕성하거나 도전적인 난관을 극복하려는 집념, 남이 못하는 것을 해내려는 자긍심(프라이드) 등등 내재적 보상이 원동력이 된 경우가 대부분일 것이다. 노벨상 수상자들의 많은 사람중에 상금을 목표로 연구한 학자나 엔지니어들은 거의 없을 것이다, 노벨상이 큰 영예이고 상금 역시 적지 않지만 이는 지적성취감과 노력의 자연스러운 부산물일 뿐이었다. 특히 R&D에서는 연구자나 개발자의 자발성의 발휘가 전제되어야 한다는 점에서 외재적 보상보다는 내재적 동기부여가 중요한 역할을 하는 것으로 인식되고 있다.

물론 기초연구와 달리 조직에서의 제품개발이나 개선은 경쟁업체에 뒤지지 않으려는 노력이나 조직 내에서의 압력 등 외재적인 요소가 동기부여의 동기일 수도 있다. 그러나 그 경우에도 엔지니어의 도전감이나 성취욕구등 내재적 동기부여는 원동력의 기본을 이루는 요소이다.

창의성의 발휘나 연구개발 성과에서 내재적 동기부여의 중요한 역할은 많은 학문적인 연구에서도 밝혀지고 있다. 그러한 연구결과는 더 언급할 수 없을 정도로 많지만 대표적인 것들을 소개하면 다음과 같다.

Badawy는 앞서설명한 허즈버그의 2요인이론을 바탕으로 엔지니어와 과학자들에게 영향을 미치는 불만족 요인(위생요인)과 만족요인(동기요인)의 상대적 중요성에 대한 연구를 수행하였다. 연구대상자들에게는 일반적으로 '의미있는 과학 작업을 수행 할 수 있는 기회', '자신의 방식으로 일 할 수 있는 자유', '인정'과 같은 요인들에 의해 더 많이 동기부여 되었다(Badawy, 1971).

창의성에 있어서 내재적 동기부여의 중요성을 가장 체계적으로 강조한 연구자는 Amabile이다. 그녀의 일련의 연구에 의하면 R&D 인력은 주로 내재적 동기부여에 의해 움직인다(Amabile, & Gryskiewicz, 1987). 또 내재적 동기부여는 종업원 창의성의 핵심요인 중 하나이다(Amabile, 1983, 1996). 이는 창의성의 원천으로 간주되며 장기적인 지속 가능성을 가지고 있다. R&D에는 높은 수준의 창의성과 장기적인 관점이 필요하기 때문에 내재적 동기부여는 외재적 동기부여보다 더 중요한 역할을 할 수 밖에 없다(Mangelsdorf, 2009; Amabile & Kramer, 2011).

드윗(Dewitt) 연구에서는 165명의 R&D를 담당하는 종업원-감독자의 쌍에 대해 연구하였다. 여기서 내재적 동기부여는 [그림 4-5]에서 보는 것처럼 창의성에 중요한 역할을 하는 것으로 보고하고 있다. 그의 연구에 의하면 내재적 동기부여는 종업원의 위험감수를 높이고 그럼으로써 창의성과 연결된다.

이 연구에서는 내재적 동기부여에 영향을 미치는 선행요인에 대해서도 밝히고 있다. 관리자가 구두로 칭찬하는 것과 아이디어 산출에 대해 열정을 보이는 것이 선행요인으로 확인되었다(Dewitt, 2007).

일본에서의 한 연구에서도 내재적 동기부여의 중요성이 확인되고 있다. 일본에서 기계 제조 산업에 종사하는 연구자들을 대상으로 설문 조사를 실시한 결과 R&D 인력의 내재적 동기부여가 창의적 활동에 미치는 긍정적인 영향을 발견했다(Horie et al, 2009).

그림 4-5 내재적 동기부여가 종업원 창의성에 이르는 경로

자료: Dewitt(2007).

내재적 동기부여의 중요성을 확인한 기초위에서 한 발 더 나아가 이를 촉진할 수 있는 구체적 방안을 제시한 연구도 있다. 여기에서는 '도전적인 과업의 설계', '자율성의 제공', '후원적 피드백의 개발' 등의 관리적 노력이 유효한 방안으로 제시하고 있다(Grant & Berry, 2011).

내재적 동기부여의 중요성을 R&D뿐만 아니라 현대조직 관리의 기본으로 확장한 학자도 있다. 미래학자 다니엘 핑크(Daniel Pink)는 현대조직의 관리가 기본적으로 내재적 동기부여의 기반위에서 이루어져야 한다고 주장하고 있다(Pink, 2011). 그에 의하면 19세기 이래 테일러 주의(성과를 보상하는 과학적 경영관리법)식 산업발전에서는 상(당근)과 벌(채찍)이 중요한 동기부여의 수단이었고 또 상당한 역할을 했다. 그는 이를 동기 2.0이라 명명한다.

하지만 복잡다단해진 현대사회에선 구성원의 동기부여를 위해 당근과 채찍만으로 부족하다. 특히 새롭게 등장하는 현대의 많은 직무들에서는 창의적 작업과 자발성이 더욱 요구된다. 그렇다면 이에 대응하여 경영이나 조직관리 방식에도 근본적 성찰이 요구된다. 이제는 통제하고 감시한다고 작업 효율이 오르는 게 아니다. 내재적 동기부여에 의해 움직이는 종업원이 필요하다. 핑크는 이를 '동기 3.0'으로 , 그에 의해 움직이는 인간형을 'I형'(intrinsic의 앞 문자에서 유래)으로 명명하고 있다. 'I형'은 내재적 욕구에 집중하며 유연하고 창조적인 개인을 칭한다. 'I'형은 타고나는 것이 아니라 개인 노력에 의해 만들어질 수 있는데, '자율성', '숙련', '목적의식' 등을 특징으로 한다.

따라서 현대 조직의 관리자는 동기 3,0의 의미를 중시하여 종업원이 내재적 동기부여(보상)에 움직일 수 있는 여건을 조성하는 것이 중요하다.

2. R&D 인력에게 외재적 동기부여는 안 중요한가?

(1) R&D 인력에서의 외재적 동기부여의 효과

R&D 성과나 창의성에 외재적 동기부여는 어떠한 영향을 미치는가? R&D 인력의 내재적 동기부여의 중요성을 강조하고 있는 연구들이 비교적 일관된 연구결과를 보여주는 반면 외재적 동기부여 효과에 대해서는 긍정적, 부정적 효과가 혼재해 있다.

많은 연구에서는 직원이 혁신과 창의성을 요구하는 업무를 담당 할 때 외재적 보상이 크게 중요하지 않다고 주장한다. Owan과 Nagaoka(2011)는 일본, 미국, 유럽의 발명가를 대상으로 설문 조사를 실시한 결과 상위 25%의 응답자 중 절반 이상이 발명의 가장 중요한 동기로 '기술적 문제에 도전'을 들고 있다. 그들에게는 그러한 도전이 경력 발전, 금전적 보상 및 평판보다 훨씬 다 중요했다. Lee와 Maurer(1997)는 연구자들이 금전적 보상보다 경력 계획, 교육/훈련 및 기술 개발 기회를 더 중요시한다고 보고하고 있다. 또한 일본에서의 한 연구에서는 일본이라는 특수한 문화를 고려해야겠지만 금전적 보상이 신제품 및 서비스 개발 및 기술 우위에 부정적인 영향을 미치는 것으로 나타났다(Kanama & Nishikawa, 2017). 이러한 연구들은 모두 외재적 보상보다는 내재적 보상이 R&D 인력의 동기부여에 더 중요하다는 것을 의미하는 것으로 해석할 수 있다.

그렇다면 외재적 동기부여는 R&D 인력들에게 중요치 않은 것일까? 그렇지 않다는 연구들도 상당수 존재한다.

48개의 미국 하이테크 기업을 분석한 한 연구에서는 금전적 보상을 도입한 기업이 더 많은 특허를 보유하는 경향이 있음을 보여주었다(Haftel & Martin, 1993). 또한 Sauermann과 Cohen은 1,700명 이상의 과학자 및 엔지니어의 데이터를 사용하여 지적 도전, 독립성과 더불어 돈에 대한 동기가 혁신적인 산출물과 강한 긍정적인 관계를 갖는다는 주장을 하고 있다(Sauermann & Cohen, 2010). 또 다른 연구에서는 외재적 보상이 항상 동기 부여에 실패하는 것은 아니며 내재적 동기부여만큼 중요하다. 유럽의 다국적 기업에 속한 1,544명의 연구원을 조사한 연구에서는 급여, 승진 기회 및 보너스와 같은 외재적 보상이 연구성과의 가장 중요한 요소라는 것을 발견했다(Manolopoulos, 2006).

(2) 외재적 동기부여의 효과와 상황요인

이러한 연구결과의 혼재를 관계에 개입하는 다양한 상황요인의 영향 때문이라고 해석하는 입장도 있다. 즉 과업의 성격, 조직규모, 보상의 성격 등 상황요인이 복잡하게 얽혀 있기 때문에 상반된 연구결과가 나올 수 있다는 것이다.

Calder와 Staw(1975)는 직원이 업무에 관심이 없을 때는 내재적 동기부여보다 외재적 동기부여가 더 창의성을 높이는 데 효과적이라는 것을 보여주었다. 앞서 언급한 Kanama, & Nishikawa의 연구(2017)에서도 금전적 보상이 신제품 및 서비스의 개발과 기술적 우위에 부정적인 영향을 보이는 현상이 중소기업보다는 대기업에서 더 두드러지게 나타난다고 설명하고 있다.

이제까지의 논의를 종합해보면 창의성이나 연구개발 성과에서의 내재적 동기부여와 외재적 동기부여의 문제는 어느정도 균형 감각이 필요함을 알 수 있다(Jordan, 2005). 어느 일방의 중요성을 강조하기 보다는 내재적 동기부여와 외재적 동기부여의 양자의 중요성을 인정하되 R&D 인력의 특성을 감안할 때 내재적 동기부여에 좀 더 큰 비중을 두는 입장이 타당할 것이다.

이 문제와 관련하여서는 앞서 언급한 동기부여 이론 중 욕구단계설이나 2 요인이론으로부터 힌트를 얻을 수 있다. 앞서 욕구단계설이나 2요인 이론에서 살펴보았듯이 과학자나 엔지니어 등의 연구개발 인력의 욕구수준을 살펴보면 외재적 요인 보다는 내재적 요인들에 의해 모티베이트될 가능성이 상대적으로 크다고 해석하는 것이 옳을 것이다. 그들은 저차적 욕구 수준을 넘어서 고차적 욕구 수준에 올라와 있고 불만족(위생요인) 보다는 만족요인(동기부여) 요인이 중요한 수준에 와 있을 가능성이 있다. 그래서 내재적 요인에 의해 모티베이트가 될 가능성이 큰 것이다.

현대 경영이론에서도 돈으로 대표되는 외재적 동기부여 효과를 소홀히 하지 않는다. 즉 돈은 현대 자본주의를 사는 많은 사람들에게 강력한 모티베이트 요인이다. 이는 낮은 수준의 욕구는 어느 정도 충족하고 보다 고차적인 욕구를 추구하는 존재라고 가정되는 과학자나 엔지니어도 예외는 아니다. 왜냐하면 돈은 저차적 욕구뿐만 아니라 자기존경과 같은 상당히 고차적인 욕구도 살(buy)수 있기 때문이다. 또 높은 연봉 임금인상, 또는 승진 등 외재적 보상이라고 생각할 수 있는 것들이 실질적으로 인정 성취감 등의 내재적 보상의 의미도 포함하고 있기 때문이다. 따라서 많은 외재적 보상들은 그에 대한 근본적 욕구뿐만 아니라 그것이 상징하는 내재적 보상의 의미도 더해져 무시할 수 없는 동기부여 요인이다. R&D 인력에서도 외재적 동기부여의 의미를 결코 소홀히 할 수 없는 이유이다.

(3) 외재적 동기부여의 관리방안

다만 R&D 인력의 외재적 동기부여를 관리함에 있어서는 다음과 같은 사항을 유념할 필요가 있다.

첫째, R&D 인력의 성과를 높이는데 있어서는 궁극적으로 내재적 동기부여가 중요하지만 외재적 보상이 불만족 요인(위생요인)으로 작용되어서는 안 된다. 즉 급여나 승진들이 불만을 야기하는 수준이 되어서는 안 되도록 하는 노력이 필요하다. 많은 빅테크 기업들에서 직원들이 보수가 최고수준이 아니지만 자기가 맡은 일에 의미와 보람을 느껴 상당히 내재적으로 모티베이트되어 업무성과를 내는 경우가 많다. 그러나 보수가 중요 동기부여 요인은 아니라하더라도 그것이 업계의 평균을 하회하는 것이라면 거기에서 느끼는 불만이 일에서의 만족을 훨씬 상회할 것이다. 따라서 직무를 통한 내재적 동기부여 수준이 높더라도 외재적 보상이 동종업계의 평균보다 크게 쳐지지 않도록 하는 관리적 배려가 필요하다.

둘째 동기부여 이론의 하나인 자기결정이론(self determination theory)에 의하면 외재적 보상은 때로 내재적 동기부여를 훼손시키기도 한다(Ryan & Deci, 2017). 특히 기존에 하던 일이 내재적 보상이 큰 일이었다면 그 가능성은 더욱 높다. 일이 보람되고 좋아서 하는 사람에게 일의 성과에 따라 지급되는 인센티브를 제공하게 되면 자신의 일에서 자기결정능력을 잃어버렸다고 인식하게 되어 내재적 동기부여가 훼손될 수도 있다는 것이다. Deci & Flaste(1996)는 모든 외재적 보상이 통제적 측면과 정보적 측면을 모두 갖고 있는데 통제적 측면만을 가진 보상은 훼손 효과(undermining effect)를 생성한다는 것을 발견했다. 이러한 훼손 효과의 존재는 최근 신경과학적 이론을 통해서도 확인되고 있다(Murayama et al., 2010).

앞서 언급했던 Pink는 다음과 같은 사례로 이 과정을 설명하고 있다(Pink, 2011). 이스라엘의 한 보육시설에서 있었던 일이다. 엄마들이 직장에서 늦게 끝나다 보면 아이를 데려가는 데 지각하는 경우가 간혹 발생했다. 이 문제를 해결하기 위해 보육시설에서는 벌금제도를 도입했다. 지각시간이 늘어남에 따라 벌금액수도 증가했다. 그러나 이러한 조치는 예상과 달리 오히려 역효과를 초래했다. 지각이 오히려 늘어난 것이다. 예전에는 늦게 도착하는 엄마들은 무척 보육시설에 대해서 미안해하는 감이 컸었다. 새로운 제도 하에서는 늦으면 벌금을 내는 것으로 그들의 윤리적 책무를 다해 버렸다. 외재적 보상이 내재적 동기부여를 훼손한 사례 중 하나이다. 따라서 외재적 동기부여 시행에 있어서는 연구개발 인력의 고유한 내재적 동기부여가 훼손되지 않는 배려가 필요하다. 즉 그들의 자기결정권을 훼손시켜서는 안 된다.

셋째, 성과와 외재적 보상이 연계되는 것은 중요하나 그것은 사전적이기 보다 사후적이 되는 것이 바람직하다. 즉 얼마를 줄테니 성과를 내라는 것 보다 성과가 난 경우 그에 합당한 외재적 보상을 주는 것이 훨씬 효과적이다. 전자라면 앞서 설명한 바와 같이 외재적 보상의 통제적 측면이 부각되어 자기결정성이나 내재적 동기부여를 훼손할 가능성이 있기 때문이다(Deci & Flaste, 1996). Pink에 의하면 실제로 최고수준의 창의성은 외재적 보상을 많이 받은 사람들이 아니라 기본적으로 내재적 동기부여가 강하며 사후에 회사로부터 보너스를 받은 사람들에 의해 성취되고 있었다(Pink, 2011).

결론적으로 R&D 성과나 창의성의 발휘에 있어서는 내재적 동기부여와 외재적 동기부여 모두가 중요하고 적절한 균형이 필요하다. 다만 내재적 동기부여 방안을 우선시하고 외재적 보상은 높은 성과에 따른 사후적 성격을 가지는 것이 가장 바람직하다.

제 3 절 내재적 동기부여 요인(intrinsic motivator)

다음은 R&D인력들에게 중요한 내재적 동기부여를 줄 수 있는 구체적 방안들에 대해 살펴보기로 한다.

1. 일의 의미

내재적 동기부여가 일 자체에서 나오는 성격임을 감안할 때 일의 내용이 어떤 것이냐가 내재적 동기부여 요인의 결정요인이 된다. 일반적으로는 일에서 도전감이 나고(challenging), 신명(excitement)이 나며 일의 성취에서 자긍심(pride)을 느낄 수 있어야 한다.

특히 맡은 일이 새로운 것을 추구하고 그것이 변화를 일으키고(make differences) 세상을 바꾼다고 믿을 때 크게 동기부여된다(읽을거리 참조).

마이크로소프트의 초창기에 직원들은 셔츠바람에 맨발로 낮, 밤과 주말을 가리지 않고 열정적으로 일했다. 그 당시 초창기 멤버들은 스톡옵션의 혜택도 물론 있었으나 급여는 업계평균 수준 정도였다. 그들을 진정으로 모티베이트시켰던 것은 새로운 OS를 개발할 때 마다 세상을 바꾼다는 긍지가 가장 큰 동기부여

요인이었다(Barlett, 2001).

읽을거리

일의 의미를 보여주는 사례

#에피소드 1:

존 세이지(John Sage)와 크리스 던리(Chris Dearnley)는 하버드 경영대학원(Harvard Business School)에 운 좋게 입사한 새내기 대학원생들이었다. 그 둘은 엘리트들로 가득한 대학원에서 시골 출신들이라는 공통점에서 쉽게 친해졌다. 모두 외로운 처지라 학교가 시작하기 전 학교 앞의 카페에 만나 커피도 마시고 같이 공부도 하곤 했는데 둘은 모두 기독교 신자라 모임은 기도로 시작했다. 기도의 내용은 거창한 내용이 아니라 유급 좀 면하게 해달라는 내용이었다.

"주여 첫해 에 부디 살아남게 해주세요(Lord, please help us survive the first year)."

그 둘은 기도 덕분인지는 몰라도 무사히 졸업을 했다. 졸업 후 존은 Microsoft사의 하이텍 마케팅(Microsoft high tech marketing) 부서를 거쳐 커피회사 스타벅스(Starbucks)로 자리를 옮겼다.

반면에 크리스는 컨설팅 회사에 입사하였다가 뜻한 바 있어 코스타리카(Costa Rica)에서 선교사로 활동하였다.

그 둘은 졸업 후에도 교우관계를 지속해서 일 년에 한 두 번은 만나곤 했다.

어느 날 만남에서는 크리스가 존에게 코스타리카 산 커피 원두를 선물로 가져왔다. 스타벅스에 근무해서 커피에 관심이 많을 수 밖에 없던 존은 그것을 얼마나 주고 샀는 가고 물었다. 현지에서는 3달러 주고 샀지만 미국에서는 10달러에 해당하는 것이었다.

크리스는 즉석에서 창업에 대한 아이디어가 떠올라 존에게 창업을 제안했다. 비즈니스에 관심이 덜한 존에게 회사를 만들어 이익이 생기면 코스타리카의 아동들 위해 사용하자는 것도 제의했다. 회사명은 '퓨라 비다 커피(Pura Vida Coffee)'로 정했다. 퓨라 비다는 스페이언로 순수한 삶이라는 뜻이었다.

창업의 발상이 즉흥적이었지만 크리스는 실행을 하기 전 한 달의 유예기간을 가질 만큼 지혜로웠다. 사업이 꼭 해야만 일인지. 실현가능성에 대해 숙고하는 시간을 가진 후 창업을 했다.

창업 후 다행히 사업은 성공을 거두어 코스타리카로부터 월 6~8천톤의 커피를 공급하는 회사로 성장했다. 동시에 유기농 커피의 공정무역(fair trade)이라는 비전도 실행했다. 수익은 아동복지로 연결되어 사회정의와 환경보호 실현이라는 선한 뜻도 이룰 수 있었다. 비전의 힘을 보여주는 사례로 기록된다.

회사가 나날이 성장함에 따라 그 둘에게는 새로운 과제가 생기기 시작했다. 대부분의 벤처기업이 어느 정도 성장하면 공통적으로 겪는 문제였다. 즉 재무를 비롯한 내부경영을 책임져줄 전문경영자가 필요했다. 재무담당 중역(chief financial officer: CFO)으로 그렉(Greg Forsythe)이라는 인물의 영입이 검토되었다. 그렉은 IBM에서 일한 경험이 있는 데다 커피분야에서 10년간 종사한 이력도 있어 최적의 후보였다.

회사는 인터뷰까지 실시하였지만 최대의 장애물이 있었다. 퓨라 비다 커피라는 중소기업에서는 그에게 걸 맞는 보수를 줄 수가 없었다. 그렉은 지피루비(Jiffy Lube)라는 자동차 엔진오일 전문회사에서 제2인자로 영입을 제안을 받고 있었다.

크리스는 아쉽지만 그렉을 잡을 수 없었다. 지피루비의 본사가 있는 휴스톤 행 비행기를 타려는 그렉을 공항까지 데려다 주기로 하였다. 주차장에서 차를 내리며 마지막으로 그렉에게 방금 전 공항 고속도로에서 보았던 지피루비사의 광고판 카피를 상기시켰다. 광고판에는 다음과 같은 문구가 적혀있었다. "우리는 세상을 바꾸기를 바라지 않습니다. 우리는 다만 귀하의 오일을 바꾸려고 합니다(We don't want change the world, we just want to change your oil)." "보셨어요? 지피루비는 오일을 바꾸는 일만 하지만 우리는 세상을 바꾸는 일을 하려 합니다." 급여는 적지만 세상을 바꾸는 일에 동참하기를 호소한 것이다. 며칠 후 그렉은 회사에 합류를 통보해왔다.

중요한 것은 돈이 아니라 의미였던 것이다(Not about the money, but about the meaning).

자료: Maxwell et al(2006).

에피소드 # 2:

스티브 잡스(Steve Jobs)가 애플(Apple)을 창업하여 매킨토시 컴퓨터로 성공을 거두었을 때 내부경영을 효율적으로 추진해줄 중역이 필요했다. 고려대상이 되었던 사람이 당시 펩시(Pepsi)의 CEO였던 존 스컬리(John Sculley)였다. 그는 콜라 음료계의 만년 2인자였던 펩시를 코커콜라(Coca Cola)를 제치고 1위 자리에 올린 탁월한 수완을 보여주었다. 잡스는 5달 동안 주말에 스컬리를 만나 팹시를 떠나 애플로 오도록 권유했다. 당시 망설이던 스컬리에게 잡스가 했던 유명한 말이 남아 있다.

"당신이 그냥 남아서 나머지 생애동안 설탕물 음료나 팔 거요? 애플에 와서 세상을 바꿔보시오"

아이러니하게도 1983년 스컬리는 애플의 CEO로 취임 후 잡스를 쫓아냈다. 잡스는 1997년에야 애플에 복귀할 수 있었다.

일의 의미에 있어서는 새로운 것을 추구하고 변화를 일으킬 수 있다는 점 외에 일을 통해 타인들에게 도움이 될 수 있다면 내재적 동기부여는 배가 된다는 연구결과가 있다(Grant & Berry, 2011). 타인들에게 도움이 된다고 믿음으로 인해 발생하는 동기부여는 친 사회적 동기부여(prosocial motivation)라 한다. [그림 4-6]에서 보듯이 친 사회적 동기부여는 내재적 동기부여와 창의성간의 관계에서 조절요인(moderator)으로 작용한다. 다시 말해 내재적 동기부여에 친 사회적 동기부여까지 갖추어진다면 창의성에 더 강력하게 작용할 수 있다.

그림 4-6 친사회적 동기부여의 조절요인

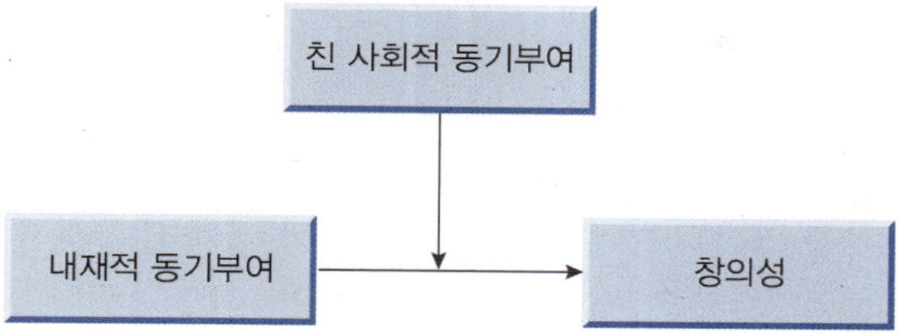

자료: Grant & Berry(2011).

친 사회적 동기부여의 조절효과는 [그림 4-7]에 나와 있다. 내재적 동기부여가 높은 상황에 친 사회적 동기부여가 곁들여지면 창의성 효과는 확대됨을 알 수 있다.

이러한 연구결과는 R&D 인력들은 자신이 믿기에 의미있고 중요하다고 생각하는 일을 할 때, 특히 일을 통해 그것들이 조직과 사회에 의미있는 영향을 줄 수 있다고 믿을 때 강력하게 모티베이트된다는 것을 시사해 준다. 많은 연구자나 엔지니어들에게 인간의 삶을 개선하는 프로젝트에서 일하는 것은 궁극적 꿈이다. 마리큐리는 그러한 연구자들의 전형적인 사례이다(인물탐구 참조).

그림 4-7 친사회적 동기부여의 조절효과

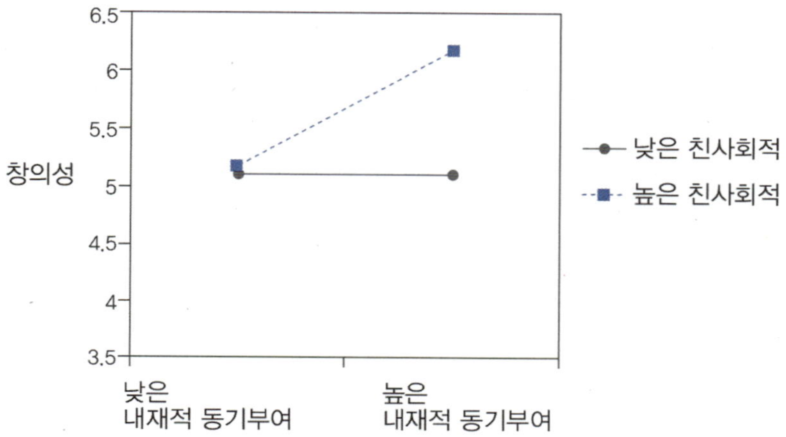

자료: Grant & Berry(2011).

인물탐구

마리큐리: 세상을 바꾼 과학자

마리큐리(Marie Curie 1867.11.07~1934.07.04.)는 폴란드 태생의 프랑스 여성 과학자(물리학, 화학)이다. 결혼 전 본래 이름은 Maria Salomea Sklodowska였다.

어려서부터 학업에 두각을 나타낸 그녀는 프랑스 파리의 솔본느 대학에 유학하여 우수한 성적으로 졸업하였다. 그러나 폴란드 출신에다 여성이라는 편견에 시달리며 학자로서의 커리어 발전에 많은 어려움을 겪었다.

1895년 피에르 퀴리와 결혼하여 프랑스 국적을 취득하였으며, 남편과 공동으로 연구 생활을 시작하였다. 당시 물리학에서는 뢴트겐(Wilhelm Röntgen)이 X선을 발견하였고 베크렐(Antoine Henri Becquerel)이 우라늄에서 방사선이 나온 다는 것을 밝혀냈다. 이러한 일련의 발견에 자극받아 퀴리 부부도 방사능 연구에 착수하였다. 방사선은 방사선 물질이 붕괴될 때 나오는 전자기파인데 또 다른 방사선 원소의 존재가 있음을 확신하고 1898년 7월 새로운 방사선원소인 폴로늄을 발견하였다. 이것은 그녀의 조국 폴란드의 이름을 따서 명명한 것이다. 이어 그해 12월 라듐을 발견하였다.

이 두 원소는 방사성 원소로서 발견된 최초의 것으로, 이 발견은 방사성 물질에 대한 학계의 관심을 불러일으켜, 새 방사선 원소를 탐구하는 계기를 만들었다. 이러한 업적으로 1903년 퀴리 부부는 베크렐과 함께 노벨 물리학상을 받았다

1906년 남편 피에르 퀴리가 마차에 치어 사망한 뒤에도 단독으로 방사선 물질을 계속 연구하였다. 1906년 5월에는 남편의 후임으로 여성으로서 최초의 소르본 대학 교수가 되었다. 1911년에는 라듐과 폴로늄 발견으로 노벨 화학상을 받았다.

제1차 세계대전이 일어나자 장녀 이렌과 함께 부상자 치료를 위해 전쟁터에 뛰어 들었다. 당시 많은 부상자들이 상태를 잘 모른 채 사지를 절단하는 사례가 많았다. 그녀는 렌트겐 X선 장치를 실은 구급차들을 마련해 전쟁터로 향했다. 당시 재원의 부족을 이유로 그녀의 제안에 망설이던 정부 당국자들에게 노벨상으로 받았던 순금 메달을 내놓았던 것은 유명한 일화이다. 그녀와 장녀는 전쟁터를 누비면서 많은 목숨을 구하였다. 그 수는 거의 백만 명에 이른다고 알려지고 있다.

마리 퀴리는 1934년 7월 4일 백혈병으로 사망하였다. 평생의 연구였던 라듐연구 과정에서 발생했던 방사능 피폭과 전쟁 중 과다한 X선 노출이 원인이었을 것으로 추측되었다. 사후 1995년 4월 20일 남편 피에르 퀴리와 함께 여성으로는 사상 최초로 역대 위인들만이 안장되어 있는 파리 팡테옹 신전으로 이장되었다

그녀는 최초의 여성 노벨상 수상자, 최초의 소르본 대학 교수의 타이틀을 가지고 있다. 그녀는 발견한 라듐에 대해서 특허를 내지 않았다. 인류공동의 자산이라고 생각했기 때문이다. 그녀가 최초로 발견한 라듐은 암 치료에 효과가 있는 것으로 밝혀져 오늘날까지 많은 환자들의 생명을 구하고 있다.

2. 자율성

R&D 인력의 대다수는 가장 원하는 것 내지는 가장 그들을 모티베이트 시키는 요인으로 연구나 직무에서의 자율성을 꼽는다. 자율성(autonomy)은 한 개인이 업무수행에 있어 가지는 자유의 정도를 말한다. 자율성이 늘어날수록 개인은 자신의 노력과 이니셔티브와 결정에 의존하는 경향이 있다. 그들은 책임감을 느끼게 되고 작업의 결과에 대한 개인적 설명의무를 보다 수용한다.

자율성은 내재적 동기부여와 직접적인 관련성이 있기 때문에 연구성과와 창의성 발휘에 있어서는 핵심적인 요소이다. 그러나 여기서도 상황적합적 접근이 필요하다. 기초연구에 가까울수록 연구의 자율성 허용은 긍정적 효과를 가질 것이다. 그러나 응용연구나 특히 개발의 경우는 뚜렷한 목표를 가지고 있고 여러 사람의 협업과 조정이 필요한 경우가 많아 개인에게 허용되는 자율성의 폭은 좁아질 수 도 있다. 연구개발의 과업특성에 따라 허용되는 자율성의 폭은 달라질 수 있다.

R&D 특히 연구에서 연구의 자율성은 창의성 발휘나 연구성과에 중요한 요인으로 작용한다는 것이 실증연구에서도 입증되고 있다. 필자가 정부출연연구소 연구자들을 대상으로 실시한 여러 차례의 실증조사의 경험에서는 연구자가 가장 필요로 하는 요인으로 '연구의 자율성'이 항상 1위의 자리에 위치했다.

노벨상 수상자들에 대한 분석을 한 조사에서도 연구의 자율성의 중요성을 보여주고 있다. 이 연구에서는 노벨상 수상자들의 핵심 업적 데이터를 수집해 연구비 항목을 집중 분석했다(동아사이언스, 2016). 우선 2000년부터 2015년까지 노벨상 과학부문(물리, 화학, 생리·의학) 수상자 123명의 수상 핵심 업적에 해당하는 논문 161편을 모은 다음 최종적으로 총 104명의 논문 142편에 대해 연구비 정보를 파악하였다. 이 정보를 분석한 결과, 흥미로운 사실이 발견되었다. 연구비도 중요하지만, 정작 중요한 것은 '연구 자유'라는 사실이었다. 104명 중 외부에서 지원받은 연구비를 기록한 88명(84.6%)의 논문을 분석했다. 특히 88명 중에서 67명은 자신이 받은 연구비의 종류까지 구체적으로 기록했는데, '그랜트(grant)'의 형태가 훨씬 많았다. 그랜트는 승인된 과제에 대해 지원되는 일반적인 연구비 지원과 달리 '연구자가 원하는 주제를 연구할 수 있도록 지원하는 연구비'다. 분석 결과 핵심 업적의 연구비를 외부에서 받았다고 기록한 88명의 노벨상 수상자 중 49명(55.7%)이 그랜트를 받았다. 노벨상 수상자의 절반 이상이 연구자의 자율성을 인정하는 그랜트만으로 자신의 연구 업적을 달성한 것이다.

2009년 노벨상 수상자들 중에는 학문적 성과를 낼 수 있었던 최고의 비결을 묻는 취재진의 질문에 흥미로운 답변들을 제시한 바 있다. 연구의 자율성과 함께 커피를 마시는 휴식 시간 등이 제시되었다(YTN, 2009). 노벨 물리학상 수상자인 조지 스미스(George Elwood Smith) 박사는 시상식을 위해 스웨덴을 방문한 자리에서, 연구 비결과 관련해 상부에서 내려오는 지시보다는 연구자들끼리의 협력이 좋은 결과를 만들었다고 말했다. 또 공동 수상자인 윌러드 보일(Willard Sterling Boyle) 박사도 연구 분야를 마음대로 택할 수 있었던 자유가 성공 포인트였다고 강조했다. 화학상을 받은 토머스 스타이츠(Thomas A. Steitz) 박사는 휴식 시간에 커피를 마시며 동료들과 연구에 관해 토론했던 것이 큰 도움이 됐다고 말한 바 있다.

R&D 인력들에게 자율성이 중시되고 있고 또 이것이 그들을 동기부여 시켜 연구개발 성과를 내는 중요한 요인임에는 틀림 없으나 상당한 정도의 연구자율성이 허용되는 대학의 연구자들(교수 포함)을 제외하고 목표를 가진 조직에서 활동하는 R&D 인력에 대해서는 허용되는 자율성과 폭에 대한 관리가 필요하다.

자율성 관리와 관련하여서는 전략적 자율성(strategic autonomy)과 업무적 자율성(operational autonomy)간의 구분이 필요하다(Bailyn, 1985). 전략적 자율성은 목표를 정하는 것과 관련된 자율성인 반면 업무적 자율성은 그 목표를 달성하는 방식과 관련된 자율성이다. 불행히도 경영층은 이 두 자율성을 혼동하기도 한다. R&D 인력에게 자율성이 중요하다하여 둘을 구분하지 않고 자율성을 주다보면 오히려 혼란을 야기할 수 있다. 조직은 조직자체가 설정한 명확한 전략적 목표 하에서 직원들에게 업무적 자율성만을 허용하는 것이 바람직하다. 즉 올라갈 산은 조직에서 설정하되 산을 오르는 방식은 가능한 한 직원들에게 자율성을 허용하는 것이 필요하다. 이는 제품 개발이 중심을 이루는 기업조직에서의 R&D에서는 특히 그러할 것이다.

3. 인　정

사람은 인정(recognition)에 대한 강력한 욕구를 지닌다. 특히 R&D를 담당하는 과학자나 엔지니어의 경우 이 욕구는 특히 강하다. 따라서 연구성과에 대한 올바른 인정은 그들에게 가장 강력한 동기부여의 수단이 될 수 있다.

인정은 일상 업무에서 관리자가 직원의 업적에 대해 가볍게 어깨를 도닥여 주는 비공식적인 형태도 있지만 인정에 대한 공식적인 프로그램을 운영할 수도 있다. 이러한 인정 프로그램을 잘 설계하고 운영함으로써 비즈니스 성과에 큰 영향을 미칠 수 있다. "인정이 풍부한 문화"를 구축하는데 상위 20%에 들어간 기업은 실제로 자발적 이직률이 31% 낮아진다는 연구가 있다(Bersin, 2012). 자발적 이직에 따른 비용이 만만치 않음을 감안할 때 효과적인 인정 프로그램의 경제적 효과는 매우 크다고 할 수 있다.

인정의 형태에는 비화폐적인 것과 약간의 화폐가 동반하는 것이 있다. 전자의 대표적인 것은 칭찬이고 후자의 경우는 각종 상(賞)의 수여가 대표적이다.

(1) 칭 찬

칭찬은 긍정적 피드백이라고 할 수 있으며 가장 손쉬운 인정의 표시이다. 이는 돈이 안 들므로 가장 이용이 쉬운 동기부여 수단이다. 그럼에도 불구하고 이는 생각만큼 많이 사용되지 않는다. 이는 보통 타인에 대한 칭찬에 인색하기 때문이다.

조직에서 인정의 활용은 상사나 동료의 성격에 따라 활용도가 달라지지만 조직은 이를 공식화하기도 한다. 삼성전자 미국법인(Samsung Electronics America)에서는 동료 인정 플랫폼인 '박수(Applause)'를 설치, 운용하여 훌륭한 업무수행에 대하여 직원들 상호간에 점수를 부여하거나 사회적 인정을 공유하고 있다(Samsung News U. S., 2020). 미국에서는 3월 첫째 금요일을 '직원 감사의 날(National Employee Appreciation Day)'이라는 공식적인 공휴일로 지정하여 기업들이 직원들의 노력에 대해 감사를 표하고 있다.

(2) 상(賞)의 수여

대표적인 공식적인 인정의 수단은 각종 상이다. R&D의 대표적인 상은 물론 노벨상일 것이다. 노벨상의 수여는 개인적 명예이기도 하지만 상당한 상금도 따른다. 미국의 R&D Magazin은 매년 '우수 연구성과 100(R&D 100 Award)'을 선정하여 수상한다.

조직에서도 훌륭한 성과에 대해서 상을 공식화할 수 있다. 삼성전자에서는 '자랑스러운 삼성인'이라는 시상제도를 가지고 있다.

상의 종류에는 상장, 상패, 뱃지 등 다양한 형태가 있을 수 있다.

어떤 연구소에서 있었던 일이다. 기술적 난관으로 오래 고생하던 문제에 한 연구원이 해결을 해냈다. 그는 기쁜 나머지 상사의 사무실로 달려갔다. 두 사람은 얼싸안고 기뻐했고 상사는 무언가 감사의 표시를 하고자 했다. 눈에 띈 것은 먹다 남은 바나나였다. 우선 급한 대로 부하 직원에게 상으로 바나나를 주었다. 난관을 해결한 직원에게는 너무나 소박한 상이었다. 그러나 후에 회사는 이러한 사건을 기념하여 탁월한 연구개발 성과를 보인 연구원들에게 금으로 만든 바나나(golden banana) 뱃지를 수여하는 전통을 만들었다. 이 회사에서는 그 후 금 바나나 뱃지를 다는 것은 커다란 명예가 되었다.

많은 기업에서 운영되는 상에 '근속상'이 있다. 장기근속에 대한 직원의 노력을 인정하는 데는 의미가 있으나 그러나 이는 인정으로서의 동기부여 효과는 그리 크지 않은 것으로 평가된다. 대부분의 기업들이 이 제도를 운영하고 있지만 한 조사에서는 조사대상 근로자의 58%가 그 존재조차 모르고 있다는 것이다(Bersin, 2012).

그러나 이러한 근속상도 운영방식에 따라서는 동기부여 효과를 가질 수 있다. 미국의 한 중견 맥주회사는 10년 근속자에게는 자전거를 부상으로 수여하고, 20년 근속자에게는 회사 내에 자신의 나무를 심게 해준다.

(3) 학회발표 기회

R&D 인력들에게는 동료(peer)로 부터의 인정이 특히 중요하다. 상사나 조직으로 부터의 인정보다는 동료의 인정이 동기부여 효과가 더 크다는 연구들이 존재한다. 그들에게 동료로 부터의 인정이 중요한 것은 연구개발의 특성상 실제로 자신의 하는 일을 더 정확히 알고 있는 당사자들이 동료일 가능성이 크기 때문이다. 동료로 부터의 인정은 [그림 4-8]에서 보듯이 사회적 욕구와 존경의 욕구에 작용할 수 있다.

이는 물론 제2장에서 설명한 것처럼 기초연구를 주로 하는 과학자와 개발연구가 주인 엔지니어에 있어 다소 다르다. 과학자들의 경우 엔지니어보다 동료나 소속 분야로 부터의 인정에 더 민감하다는 점을 언급한 바 있다.

동료로 부터의 인정을 받을 있는 가장 일반적인 기회는 학회발표이다. 따라서 과학자나 엔지니어에게는 학회의 참가나 발표는 매우 중요하다. 현실에서는 연

그림 4-8 욕구단계설과 동료 인정의 의미

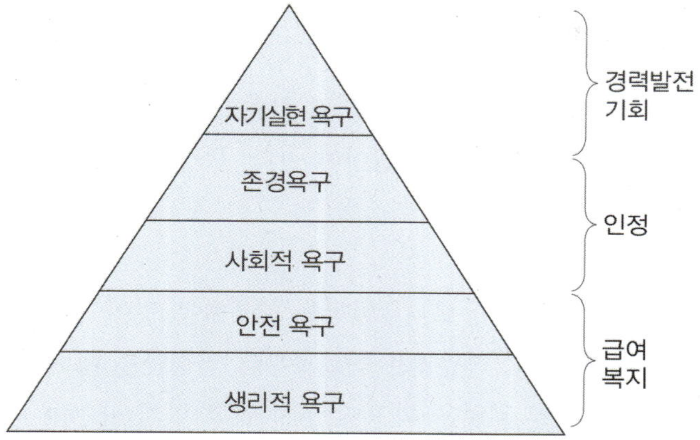

구자나 개발자들의 학회참가 특히 해외학회의 경우 비용이 많이 들어 이를 제한하려는 경향이 있다. 그러나 학회참가나 발표는 생각보다 많은 이익을 조직에 가져다준다. 그들은 학회를 통해 새로운 기술동향을 접하고 네트워크를 형성하며 인정의 기회를 얻을 수 있다. 비용을 능가하는 효과를 가져다 줄 수 있다. 따라서 가능한 한 연구자나 개발자들에게 학회참가와 발표를 독려할 필요가 있다.

R&D 인력의 학회발표에 대한 조직의 좀 더 많은 배려가 필요한 사례가 있다. 예산을 아끼려다 R&D 인력의 열정과 동기부여에 찬물을 끼얹은 사례이다(Katz, 2003). 25명의 엔지니어로 구성된 한 프로젝트 팀이 수년간 노력한 끝에 여러 장애를 극복하고 최종적으로 매우 귀중한 기술적 타결(breakthrough)을 성취하였다. 수 년 간의 노력 끝에 이루어낸 성취이고 그 기술 분야에서 획기적인 성과였기 때문에 프로젝트 팀은 관련 전문분야의 연차 국제 학회에서 그 기술적 타결을 팀으로서 발표할 기회를 갖고 싶어했다.

그런데 팀에 보상을 주고 특별한 것을 성취한 것에 대해 동기부여를 주기는커녕 조직은 팀의 간절한 소망을 통상의 관리규정으로 대응했다. 고위경영층은 예산상의 이유로 두 사람에게만 학회에서 발표를 허용하였다. 참석하지 못한 팀원들의 실망은 대단히 컸다. 학회참가로 인한 팀원들의 사기향상 그리고 회사가 이 획기적 타결을 미래사업으로 구축함으로써 얻을 수 있는 막대한 수익에 비하면 학회참가 비용은 사실 작은 투자에 불과했던 것이다.

(4) 인정의 효과적 관리방안

조직에서 인정을 효과적으로 관리하는 데는 다음과 같은 지침이 활용될 수 있다(Bersin, 2012).

첫째. 특정 결과와 행동을 기반으로 직원을 인정한다. 누군가에게 "이달의 직원"이라는 이유로 보상을 주지 말아야 한다. 특정과제를 해결했거나 특정 문제가 발생했을 때, 뛰어난 고객 서비스를 제공 한 것 등 구체적 결과와 행동에 대해 상을 수여해야 한다.

둘째, 하향식이 아닌 동료 간 인정을 활용하는 것이 중요하다. 리더의 인정은 생각보다 영향이 적다. 직원들은 동료로부터 인정받을 때 훨씬 기분이 좋다고 말한다. 동료들은 매일 무엇을 하고 있는지 알고 있기 때문에 동료들이 노력에 대해 "감사"할 때 그 영향은 훨씬 더 의미가 있다.

셋째 인정 스토리를 공유한다. "스토리 텔링"의 효과는 강력하다. 누군가가 대단한 일을 하고 동료들에게 인정을 받으면 이것들을 자주 얘기할 필요가 있다. 뉴스 레터 나 회사 블로그에서 자주 언급해야 한다. 이러한 이야기는 직원 참여와 학습을 창출한다.

넷째, 인정을 쉽고 자주할 수 있게 할 필요가 있다. 직원들이 손쉽게 서로를 인정할 수 있는 온라인 시스템을 구축할 필요가 있다.

다섯째, 인정을 회사 가치 또는 목표와 연결한다. 회사의 인정 프로그램이 회사의 사명과 목표와 연계될 필요가 있다. 즉 회사가 누군가에게 "감사(thank you)"상을 수여한다면 이는 회사의 전략(고객 서비스, 혁신, 팀워크 또는 수익 또는 비용 절감 목표)과 관련되어야 한다.

4. 개인적 연구 시간의 허용: 20% 시간

조직이 부과한 연구시간 외에 일과시간 중 개인적 연구를 위한 시간을 허용하는 제도가 R&D 인력의 동기부여에 도움을 줄 수 있다. 왜냐하면 자신이 흥미를 가지는 연구를 할 수 있는 기회를 제공하기 때문이다. 조직은 이러한 제도를 통해 의외의 성과를 얻기도 한다.

(1) 20% 시간

'20% 시간(20% time)'은 Google이 직원들의 창의적인 연구를 독려하기 위한 제도로 자신의 근무시간 중 20%를 회사가 부과한 연구과제가 아니라 자신이 택한 개인적 연구에 사용할 수 있게 허락하는 제도이다. 이 제도는 Google에 의해 처음 시작된 제도가 아니라 원래 3M사가 시행하던 '15% 룰'을 원용한 제도이다. 실제로 3M사에서는 2차 세계대전 이후 '혁신이냐 죽느냐(innovate or die)'라는 슬로건 하에 혁신에 사활을 걸면서 이 제도를 도입하고 추진하였다. 그 결과 이 제도를 통하여 수 십 년이 지난 지금도 쓰이고 있는 다수의 혁신적이고 창의적인 제품개발에 성공한 사례들이 있다. 예컨대 '포스트 잇(Post It)' 등이 제품이 이 제도를 통해 회사가 얻은 대표적인 수확이었다.

2000년대 초부터 Google의 창립자인 페이지(Larry Page)와 브린(Sergey Brin)은 직원들에게 '20% 시간'을 장려했다. 3M보다 오히려 5%를 확대한 과감한 정책이었다. 그들은 2004년에 투자자들에게 보낸 IPO서신에서 "회사는 직원들에게 Google에 가장 도움이 될 것으로 생각되는 작업에 20%의 시간을 투자하게 한다"고 이 제도의 중요성을 강조하고 있다. 그리고 이 제도는 직원들이 창의적, 혁신적이게 권한을 부여해(empower) 회사의 많은 진보가 이 방식에 의해서 이루어지고 있다고 자랑하고 있다(Hill, 2018).

(2) 성과와 확산

Google은 20% 시간 룰을 통해 다수의 혁신적인 성과를 도출한 바 있다. 가장 대표적인 성과는 Google의 이 메일 서비스 인 'G mail'이다. 개발자 Paul Buchheit는 '20 % 시간'의 틀 안에서 이를 개발했다. 그는 대학시절의 소프트웨어 경험에서 얻은 지식을 사용하여 이 서비스를 만들었는데 자신이 하고 싶은 연구를 할 수 있는 자유 덕분에 궁극적으로 이 서비스를 개발할 수 있었다.

Buchheit의 동료인 Susan Wojcicki는 자신의 시간을 활용하여 Adsense를 만들었다. 이는 게시자가 타겟 고객을 위해 미디어 광고를 제작할 수 있는 프로그램이다. 그리고 개발자 Krishna Bharat는 개인 취미로 Google 뉴스를 만들었다. 그 외에 Atlassian이나 TargetProcess 등도 이 20% 시간 룰 속에서 탄생된 서비스들이다.

이 제도를 유지함으로써 얻을 수 있는 효익이 인정됨에 따라 이 제도는 여타 조직이나 산업계로 확산되었다. 학교시스템에도 도입되어 교실에서 학생들의 창의성을 북돋는 데 활용되기도 하였다. 기타 중소기업들 중에도 이러한 개념을 도입하는 기업들이 늘어났다(Wikipedia, 2021).

(3) 문제점

'20% 시간'은 Google의 혁신 전략을 상징하는 대표적 기법으로 주목받아 왔지만 그러나 그 실상에 대해서는 논란이 많았다. 다음은 이 제도의 시행과 관련하여 제기되었던 문제점들이다.

첫째는 '20% 시간'으로 인한 생산성 저해 가능성이 일차적으로 제기된다. 회사가 조율한 프로젝트에 투입되는 시간의 손실로 인해 회사의 전반적인 성과에 부정적인 영향을 줄 수 있다는 우려가 존재했다.

둘째는 이 제도가 실제로 존재했는 지와 관련된 문제이다(Hill, 2018). Google의 초창기 멤버이면서 뒤에 Yahoo의 CEO가 된 메이어(Marissa Mayer)는 이런 말을 한적이 있다. "Google의 '20% 시간'에 대한 더러운 작은 비밀을 말씀 드리겠습니다. 실상은 120%입니다". 그녀에 의하면 '20% 시간'은 회사가 지정한 업무를 수행하는 데 포함된 시간이 아니라 기본 업무에 추가하여 하는 일이라는 것이다.

셋째는 20%의 시간을 허락한다고 해서 혁신적인 결과물이 많이 도출될 수 있느냐는 것이다. 이론적 수준에서 '20% 시간'은 누군가에게 창의력을 발휘할 수 있는 시간을 더 많이 줄수록 더 창의적이 된다는 가정을 기반으로 하고 있다. 그러나 현실은 다를 수 있다. 오히려 세상을 바꾸는 혁신은 사람들이 새로운 아이디어에 대해 생각할 수 있는 특정한 공간을 지니고 있거나 더 많은 시간을 가지고 있기 때문에 발생하는 것이 아니다. 대신에, 그것은 사람들이 정상적인 일을 열정을 갖고 하고, 늦게까지 일하며 허락 없이도 여러 가지를 끊임없이 시도하는 바쁜 사람들에게서 나온다는 것이다(Hill, 2018).

(4) 중단과 그 배경

Google 혁신의 대명사와 같았던 '20% 시간'은 그러나 2013년부터는 내용적으로 중단된다. 회사가 공식적으로 제도의 폐지를 언급하지는 않았지만 이 제도의 실질적인 시행을 어렵게 만드는 일련의 조치들이 이루어졌다(Mims, 2013).

우선은 2012년에 회사는 이 제도를 활용하고자 하는 엔지니어들은 먼저 관리자들에게 제안서를 제출하고 관리자의 승인을 받도록 요구하기 시작했다. 이것은 20% 시간을 직원의 권리이며 복지의 하나로 인정하던 회사의 이전 정책과는 크게 달라진 것이었다.

더구나 20% 시간의 실질적 시행을 막은 또 하나의 조치는 평가의 강화였다. Google에는 모든 직원의 생산성을 지속적으로 측정하는 고도로 발전된 내부 분석(analytics) 팀이 있어 관리자들의 생산성을 평가하고 있다. 이러한 평가를 의식하는 관리자의 입장에서는 팀원들이 부과된 업무에 100%의 시간을 집중하도록 요구할 수 밖에 없어 20%시간을 승인하는 것을 실질적으로 어렵게 만들었다.

그러면 회사가 이러한 조치를 취한 배경은 무엇인가? 그것은 2011년 페이지(L. Page)가 회사를 맡은 이후 취해온 일련의 Google의 전략변화의 연장선상에서 이해할 수 있다. 페이지는 취임 이래 기존활동을 정리하고 보다 집중된 혁신전략을 택하고 있다. 작은 수의 프로젝트에 더 많은 자원과 인력을 투입하고자 했다. 그래서 그는 Google의 핵심이 아닌 프로젝트를 제거하기 시작하였고 20% 시간도 그런 맥락에서 취한 조치로 이해된다. 물론 Google은 여전히 혁신을 추구하고 있지만 보다 위에서 수립된 통합된 방식의 틀 안에서 진행될 것을 요구하는 것이다(Ross, 215).

이러한 집중 전략의 채택은 Google의 수익에 도움이 될 수 있으며 회사가 커지고 관리하기 어려워짐에 따라 반드시 필요한 단계라고 이해될 수도 있다. 이 회사는 더 이상 2000 년대 초반처럼 빠르게 성장하는 소규모 비즈니스가 아니다. 따라서 혁신전략에도 변화가 필요한 것이다. Google은 '20% 시간'으로 대표되는 '상향식 내지 산탄총식'(bottom up or scattergun)의 혁신 접근 방식이 아니라 회사에서 설계된 특정영역에 초점을 맞춘 '하향식'(top down)프레임이 더 필요하다고 보고 있는 것이다(Ross, 2015). '20% 시간'의 중단은 그런 의미에서 회사의 필요한 조치라고 볼 수도 있다.

그러나 일부에서는 회사가 혁신을 모든 엔지니어의 일상의 루틴의 일부가 아니라 소수의 엘리트 영역으로 한정함으로써 잃어버릴 수 있는 부분을 우려한다. 또한 게다가 종주국인 Google에서 '20% 시간'을 포기했다면 이 제도를 따라서 유사한 제도를 채택하고 있는 여타 기업들(예컨대, Apple, LinkedIn, 3M)의 노력은 현명한 것인가 하는 문제를 제기하고 있다(Mims, 2013).

제 4 절 R&D 인력의 동기부여 실제 사례

다음은 R&D 인력의 동기부여에 대한 실제 기업사례들에 대해 살펴보기로 한다.

1. SAS사의 동기부여 전략

(1) 회사의 개요

SAS사(SAS Institute)는 분석 소프트웨어(주로 통계 패키지)를 개발하는 미국의 다국적 기업이다. 우리에게는 SAS라는 통계 패키지를 만든 회사로 널리 알려져 있다. 노스캐롤라이너(North Carolina)주의 캐리(Cary)시에 본사를 두고 있고 1976년 굿나잇(James Goodnight)을 비롯한 노스캐롤라이너 주립대학(NC State University)의 통계학과 교수들에 의해 공동 창업되었다. 현재 SAS사는 종업원 14,175명(2021년 기준), 연간수익 31억불(2018년 기준), 140개국에 고객을 지닌 세계에서 가장 큰 소프트웨어 기업 중 하나이다(SAS, 2021).

이 회사는 기업의 직원들에 대한 투자가 기업성과에 얼마나 도움을 주는 가를 보여주는 좋은 사례이다. 일반적으로 소프트웨어 기업은 장시간 노동 등 근무여건이 열악해 종업원 이직율이 산업평균 20~25%를 기록하고 있다. 그러나 이 회사는 급여가 업계 최고 수준이 아님에도 이직율을 3~5%정도로 유지하고 있다. 또 계약 프로그래머의 활용이나 아웃소싱, 스톡옵션 없이도 우수인재를 확보하고 또 장기간 유지하고 있다. 직원은 전원 정규직이며 이직이 거의 없어 직원의 평균연령은 높은 편이다. 뿐만 아니라 여러 매체에서 최고의 기술 회사 중 하나이자 세계에서 '일하기 가장 좋은 회사(Best Company to Work for)'로 여러 번 선정된 기록을 보유하고 있다. 그 비결을 회사가 택하고 있는 전략의 동기부여 측면에서 살펴보기로 한다.

(2) 내재적 동기부여를 위한 노력

SAS사에서 인재관리가 어떻게 이루어지고 있느냐는 공동창업자이자 CEO인

Goodnight의 다음과 같은 어록에 유추할 수 있다. "매일 밤마다 회사의 자산의 95%가 정문을 통해 빠져 나갑니다. CEO인 제가 할 일은 그들이 아침에 다시 돌아오게 살피는 일입니다"(Kochan & Schmalensee, 2003).

이 회사에서는 소프트웨어 개발은 창의성이 중요하며 그 창의성은 마음에서 우러나오는 것이라는 전제위에서 회사는 직원들이 최대한 '편하게' 일할 수 있는 환경을 조성하기 위해 노력한다.

구체적으로 직원들에게 내재적 동기부여를 제공하기 위해서 다음과 같은 노력을 하고 있다.

첫째, 회사는 종업원들이 자신이 쉽게 바뀌칠 수 있는 부속품이 아니라 자신이 회사에서 가치있는 구성원이라는 의식을 가질 수 있게 만들어 주고 있다. 그럼으로써 고성과와 낮은 이직율을 유지하고 있다. 회사의 모든 행동과 의사결정은 다음의 네 가지 원리에 기초하고 있다(SAS, 2014).

① 모든 사람을 평등하게 대접한다.

② 훌륭한 업무수행을 하도록 사람을 신뢰한다.

③ 장기적으로 사고한다.

④ 밑에서 위로 올라가는 의사결정을 실행한다.

둘째, 직원들이 자신들의 일을 진정으로 즐길 수 있도록 보장한다. 이미 유사한 기술을 개발한 회사로부터 사오는 방식 대신 처음부터 새로운 제품을 만들 수 있도록 직원들을 지원한다. 그리고 직원들에게 추가적으로 교육을 받을 수 있는 옵션을 제공하고 직원이 원한다면 회사 내에서 자리를 변경할 수 있는 기회를 준다. 물론 이는 옮겨갈 수 있는 자리가 있는 범위 내에서다. 이러한 각 요소는 직원이 개인적 이익이나 개인적 만족을 위해 회사에서 계속 일하는 데 필요한 내재적 동기부여를 제공한다.

셋째, 직무의 안정성을 제공한다. 회사에는 항상 2년 치의 일감들이 있어 고용의 안정을 위협받을 요인들이 없다. 사람이 빠지면 납기일을 맞추는데 지장이 있다는 것을 잘 알고 있기 때문에 일자리를 잃을 수 있다는 압박감을 느끼지 않고 그들의 임무 과정에서 그들에게 할당된 작업을 완료하는 데 더 많은 에너지를 집중할 수 있다.

넷째, 직원들에게 상당한 자율성을 보장하고 있다. 조직규모가 커져 사업부가 늘어남에도 조직위계는 비교적 평탄해서 최고경영층까지 3단계의 계층구조를 지니고 있다. 직원들은 업무의 자율성을 가지며 개발자는 실험적인 제품 아이디어를 추구하도록 격려된다. 제품 개선을 위한 제안의 80%가 반영되고 있다(Fishman, 1998).

(3) 외재적 동기부여 방안

SAS사의 급여수준은 업계평균에 비해 그리 높은 수준은 아니다. 다만 CEO인 Goodnight은 회사의 성과와 개인의 기여에 기초한 경쟁급여와 관대한 보너스가 특징이라고 말한다.

그러나 직원복지만큼은 거의 최고수준을 자랑한다. 이는 회사가 원하는 것을 얻으려면 우선 주어야 한다는 회사의 경영철학에 기초하고 있다.

우선 특징적인 것을 보면 공식적으로 주당 근무시간이 35시간이다. 강제적인 초과근무도 없다. 이는 업무시간이 길고 초과근무가 다반사인 소프트웨어 개발업계의 관행과는 너무 동떨어진 것이다. 탄력 근무시간제를 채택해 직원들은 자신의 형편에 맞추어 근무시간을 조정할 수 있는 재량권을 갖는다. 주당 근무시간을 줄이고 가족과 보내는 시간을 늘려 주므로 직원들은 열심히 노력하고 더 현재의 일에 집중하는 선순환 구조를 마련하고 있다.

둘째는 회사를 '캠퍼스'라고 부르는데서 알 수 있듯이 연구한경 분위기 조성이 뛰어나 모든 직원들에게 개인사무실이 제공되고 있다. 소프트웨어 개발이라는 특수성이 있어 가능한 공간 배치일수도 있지만 업무의 집중에 도움이 될 수 있다.

셋째는 회사의 후생복지가 여타의 서구기업과 달리 직원의 가족들에게까지 확장되고 있다. 많은 복지가 가족들에게도 똑 같이 적용되고 있다. 회사는 정상가격의 1/3수준으로 사내 탁아시설을 운영하고 있다. 또 이 회사에서는 종업원과 가족을 위한 무료 사내 의료시설을 운영하고 종업원과 그 가족을 위한 무료 리크레이션과 체육시설이 완비되어 올림픽 수준의 수영장이 마련하고 있으며 보조금이 있는 식당과 카페 등을 운영하고 있다. 자녀의 대학진학, 입양, 이혼 등 일상생활과 관련된 카운슬링도 제공하며 자녀들을 위한 여름 캠프도 주선한다. 매주 수요일에는 M&M 초콜렛 단지도 제공한다.

넷째, 직원들이 소소한 개인사에 보내는 시간을 줄여주려고 노력한다. 사내 의료시설을 완비한 이유도 외부 의료시설을 이용하는데 낭비되는 시간들을 줄여주고 직원이 회사업무에 보다 집중할 수 있는 여건을 마련하기 위함이다. 그 외에 세탁소 시설, 자동차 관련 서비스, 마사지 제공 등 많은 개인적인 서비스가 회사 내에서 이루어질 수 있도록 하고 있다.

다섯째, 직원들에게 자원봉사 활동에 참가하도록 장려하고 회사는 직원들이 참여하는 비영리 단체에 기부를 한다(Shields, 2013). 이 회사는 주로 교육 개선에 자선 활동을 집중하고 있다. 이는 직원들이 '착한 기업'에서 근무한다는 의식을 갖게 만들어줘 자존감을 증진시켜주고 직원몰입을 증대시키는 효과가 있다.

(4) 동기부여 전략의 효과

SAS 사는 내재적 동기부여와 외재적 동기부여를 통해 모든 직원이 편하게 자신의 능력을 최대한 발휘하는 데 필요한 여건을 마련해주도록 노력하고 있다.

회사의 이러한 조치는 단순히 박애적 관점에서 이루어지는 것은 아니다. 경제적 측면에서도 실행을 위한 충분한 합리적 근거를 보여주고 있다. 우선 앞서도 설명한 것처럼 동종업계의 평균에 비해 이직율이 현저히 낮다. 이는 신규채용과 훈련과 관련된 비용을 크게 줄일 수 있어 연간 8천만 달러 이상을 절약한다고 추정된다(Cathleen & Anne, 2013; Hall, 2014).

회사가 관대한 복지와 관련하여 지출하는 비용은 그 이상의 대가를 가져다준다. 직원들에게 매년 제공되는 40,000건의 사내 의료 시설의 무료 이용은 회사에 미화 450만 달러의 비용이 들 것으로 추정되지만 직원이 다른 병원의 대기실에서 근무 시간을 보낼 때 직원 생산성 손실로 인해 발생하는 500만 달러를 절약할 수 있게 해준다(Kaplan, 2010).

또한 이러한 조치들에 의해 형성된 직장문화는 직원의 충성도, 집중력 및 창의성을 향상시킴으로써 "강하게 충성스러운" 직원을 만들어 냈다(Maney, 2013). 회사는 무제한의 병가를 허락하고 있지만 직원들은 실제로 평균 2일 밖에 사용하지 않고 있다.

SAS사가 직원의 복지 등에만 신경쓰는 것은 아니다. 회사는 최고의 기술력을 유지하기 위해 회사수익의 20~30%를 R&D에 투자하고 있다. 이는 업계평균의 두 배 이상에 달하는 것이다. SAS사는 최고의 기술력과 높은 직원의 충성도를 확보하는 이상적인 기업을 지향하고 있다.

2. 구글(Google)의 동기부여 전략

Google은 대학을 졸업한 졸업생들의 선망의 직장이다. 2020년 Glassdore의 일하고 싶은 직장(The best place to work for) 순위에서는 처음으로 10위에서 벗어나 11위가 되었으나 그동안 탑 10을 벗어나 본 적이 없다. 우리가 알고 있는 빅테크 기업들은 의외로 이 순위에서는 높지 못하다. 그것은 그들 기업들이 업계 최고를 지향하다 보니 지나치게 경쟁적인 기업문화가 형성된 결과와 무관하지 않을 것이다.

Google은 세계에서 가장 행복하고 생산적인 직장을 지향한다. Google 인력개발 담당 부사장의 다음 말은 그 사실을 뒷받침하는 역할을 한다. "세계 1위가 되고자하는 열망이 아니라 직원과 미래의 직원이 이곳을 좋아하기를 바라는 것이 더 중요하다고 생각한다. 그것이 우리를 성공으로 이끌기 때문이다(Luenendonk, 2019)."

Google은 그들의 브랜드 이름과 독보적인 업무 문화로 인해 가장 우수하고 머리 좋은 인재를 고용 할 수 있었다. 회사는 3 백만 개 이상의 지원서를 받고 있으며 직원은 7000여명에 불과하므로 수락률은 0.2%에 불과하다(Luenendonk, 2019). 구글은 처음부터 본질적으로 열정적이고 내재적으로 동기부여되는 직원을 선발하고자 한다.

구글의 표현을 빌리면 그들은 "구글다음(Googelyness)"의 속성을 구현하는 직원을 찾는다. '구글답다'는 것은 '직원이 즐겁게 일하고 지적으로 겸손하며 양심적이며 모호함에 익숙하며 과거에 용감한 위험을 감수했다는 증거가 있는 경우'를 말한다(Bock, 2015).

이러한 직원들은 내재적으로 동기부여된다. 그리고 창의적인 아이디어를 제공하여 Google에게 가치를 더하기를 원한다. 그들은 내재적으로 동기부여되므로 장시간 일하더라도 탈진(burnout)하지 않고 즐겁게 일할 수 있다.

구글은 이렇게 내재적으로 동기부여될 수 있는 인재를 뽑아 그들이 생산적으로 일하게 할 수 있는 최적의 환경을 조성하기 위해 노력한다.

그러한 환경조성을 위해 회사의 초창기에 공동 설립자인 페이지와 브린은 사람을 돌보고 진정으로 놀라운 브랜드를 개발하며 놀라운 혁신을 유발하는 벤치마크 대상 기업을 물색했다. 훌륭한 인재들을 끌어 들이고 잘 유지할 수 있는 기업들이 대상이었다. 검색 결과 앞서 설명한 SAS사(당시 일하기 가장 좋은 다국적 기업 목록에서 1위)가 모델링 할 가치가있는 회사라는 사실을 발견했다. SAS 경영진과의 상호 작용을 통해 Google 창립자들은 직원들이 진정으로 가치 있고 완벽한 지원을 받았다고 느낄 때 자신의 일에서 정말 성공적이고 충성도가 높다는 것을 이해할 수 있었다.

그들은 이러한 사고의 바탕위에서 Google만의 특유한 다음과 같은 타의 추종을 불허하는 동기부여 전략들을 확립했다(Luenendonk, 2019).

(1) 내재적 동기부여

Google에서는 직원들의 내재적 동기부여를 위해 다음과 같은 방안들을 사용한다.

1) 직원의 목소리 보장

Google에서는 직원들은 다양한 경로를 통해 자신의 목소리(voice)를 낼 수 있다.

① 회사는 매주 금요일마다 직원 포럼을 개최하여 가장 많이 나왔던 질문 20개를 검토한다.

② 직원들은 자신의 생각을 전달하기 위해 다양한 표현 채널을 사용할 수 있다. 채널에는 Google+대화, 다양한 설문 조사, Fixits(특정 문제 해결에 전념하는 24시간 스프린트), TGIF 및 Google 리더 누구에게도 보낼 수 있는 직접 이 메일이 포함된다.

③ 구글정신(Googlegeist) 조사는 회사의 가장 큰 설문 조사인데 여기서는 수백 가지 문제에 대한 직원 피드백을 받은 다음 회사 전체에 자원 봉사 팀을 활용하여 주요 문제를 해결한다.

④ 직원들로 부터 관리자들에 대해 정기적으로 설문 조사를 받는다. 설문 조사 결과 최고의 관리자를 공개적으로 인정하고 내년의 역할 모델 또는 교사로 삼는다. 반면 최악의 관리자에게는 적극적인 지원과 코칭이 제공된다.

2) 투명성의 유지

Google은 사람을 가장 큰 자산으로 여기는 회사이기 때문에 공유할 수 있는 모든 것이 공유된다. 이러한 방식으로 직원들에게 그들과 그들의 판단을 신뢰한다는 것을 보여준다.

매 분기의 처음 몇 주 안에 Google의 회장은 이사회 자료를 모든 Google 직원과 공유한다. 이는 이사회에 상정되었던 자료와 거의 동일하다. 이 자료에는 팀 및 직원 OKR(분기 별 목표) 외에도 출시 계획 및 제품 로드맵이 포함되어 있으므로 모든 구글 직원은 동료 직원이 무엇을 하고 있는지 알 수 있다.

3) 과업 완료 방법과 시기에 대한 자유

회사는 사람들에게 자유를 주는 것은 놀라운 결과를 얻을 수 있다는 것을 확고하게 믿고 있다. 실제로 런던 유니버시티 칼리지(University College London)의 역학 및 공중 보건 교수인 마이클 마모트 경(Sir Michael Marmot)의 연구는 그 사실을 증명해주고 있다. 그는 영국 공무원의 건강에 대해 40년에 걸쳐 수행 한 연구에서 가장 높은 사망률과 가장 형편없는 건강복지가 직장 생활에 대한 통제력이 가장 낮은 직원들과 지속적으로 연관되어 있음을 발견했다(Marmot et al, 1997). 즉 통제력과 자유가 없을 때 건강에도 부정적 영향을 미쳤다.

Google 직원은 근무 시간에 마사지를 받거나, 헬스장에 가거나, 배구를 즐기는 등 근무시간과 관련하여 큰 재량권을 부여 받고 있다.

4) 유연성

직원들에게는 다양한 유연성(flexibility)이 허용되고 있다. 우선 회사는 평탄한(flat) 계층 구조를 갖고 있고 엔지니어는 작업하는 프로젝트를 선택할 때 많은 유연성을 갖는다. 직원은 고유 한 방식으로 업무에 접근 할 수 있다. 예를 들어, 직원은 벽에 낙서를 하여 자신을 표현할 수 있다. 그들은 또한 원하는 시간에 일하러 도착할 수 있고, 원하면 파자마 바람에 일하거나 개를 데리고 갈 수도 있다. 편안하고 창의적이며 재미있는 환경은 Google 직원에게 심리적으로 도움이 되며 동기 부여가 높고 헌신적이며 생산적인 인력의 이점을 제공한다.

5) 영감을 주는 과업

사람들이 자신의 과업에 대해 의욕을 느끼지 못하는 이유 중 하나는 자신에게 할당 된 업무가 다양성이나 도전이 부족하기 때문이다. 작업의 단조로운 성격은 직원의 열정을 둔화시킨다.

Google에서는 직원들이 영감을 주는 일을 할 수 있도록 노력하고 있다. 자신이 관심을 갖는 프로젝트에 대한 '20% 시간' 허용은 그 일환이었다고 할 수 있다.

2장에서 Chade-Ment Tan이라는 이름의 구글 엔지니어의 스토리를 소개한 바 있다. 그는 평생 동안 세계 평화를 현실로 만들고 싶어했다. 많은 사람들에게는 이것이 불가능하고 이상한 꿈으로 보였지만 회사는 그를 낙담시키지 않았다. 결국 Tan은 스탠포드 대학교수인 Daniel Goleman(감성 지능의 저자)과 기타 비즈니스 업계의 주요 인사의 도움을 받아 '마음 챙김(mindfulness)' 명상 프로그램을 매우 성공적으로 설계하고 운영했다. Tan의 코스는 회사에서 큰 인기를 끌은 과정이었다(제2장 Tan의 "Search Inside Yourself" 참조).

6) 즐거움의 제공

Google에서는 일이 전부는 아니다. 일터에서 다양한 즐거움(fun)을 제공하려 노력한다. 여기에는 빈번한 휴식, 벽 등반, 비치 발리볼 또는 볼링 시설이 포함된다. 개인 창작 세션, 파자마 데이, 드레스 업 데이, 할로윈 의상 파티가등이 있다. 매년 만우절에 직원들은 전 세계에 몇 가지 주요 개그와 트릭을 계획하고 구현할 수 있다. 회사 사무실 디자인에도 약간의 재미가 포함되어 있다. 한 가지 예는 계단을 슬라이드식 구조로 만들어 직원이 다음 층으로 미끄럼을 타며 이동할 수 있다.

7) 먹을 것의 제공

Google에는 재미있는 규칙이 있다. '먹을 것으로부터 200피트 룰'이라는 것이다. 즉 200피트 내에서 먹을 것을 위치시킨다는 규칙이다. 따라서 회사에서는 먹을 것을 찾으러 멀리 갈 필요가 없다. 물론 대부분의 먹을 것은 무료이다. 동시에 회사는 건강한 먹거리에도 많은 신경을 쓴다.

8) 색다른 사무실 디자인

Google은 독특한 사무실 디자인으로 유명하다. 이 디자인은 창의적인 사람과 엔지니어가 함께 모일 수 있는 공간이나, 아이디어 생성 및 최대 창의력 유발과 직원의 행복을 보장하는 등 여러 가지를 지향한다. 예컨대 구글 직원을 위한 회의실에는 더블린(Dublin)에서는 펍(pub), 취리히(Zurich) 사무실의 스키 곤돌라와 이스탄불(Istanbul)의 카페와 같은 형태들도 있다.

(2) 외재적 동기부여

Google의 외재적 동기부여를 위한 특전(perks)이나 복리는 다종다양하다.

다른 회사와 마찬가지로 구글은 선택적 복리후생 지출 계정, 무료 건강 및 치과 혜택, 보험, 퇴직연금인 401K 플랜, 휴가 패키지 및 학비 상환과 같은 일반적인 외재적 복리후생 혜택을 제공한다. 그러나 Google은 직원을 지속적으로 행복하게 만들기 위해 회사가 얼마나 많은 노력을 기울이는 지 보여주는 매우 독특하고 "그냥 매력적인 것 이상"의 특전과 복리후생을 자랑한다(자세한 내용은 제11장 참조).

실무자를 위한 가이드라인

- ✔ 동기부여에는 내재적 동기부여와 외재적 동기부여가 있다
- ✔ R&D 인력에는 내재적 동기부여가 외재적 동기부여보다 중요하다.
- ✔ 그들은 의미있는 일을 수행 할 수 있는 기회, '자신의 방식으로 일 할 수 있는 자유', '성취에 대한 인정', '도전감' 등에 의해 동기부여된다.
- ✔ R&D 인력에는 내재적 동기부여가 중요하지만 외재적 동기부여가 중요하지 않은 것은 아니다.
- ✔ 외재적 동기부여는 불만을 야기할 정도로 낮아서는 안 되며 내재적 동기부여를 훼손하는 방식으로 관리되어서도 안 된다. 그리고 사전적 유인수단보다는 훌륭한 성과에 사후적으로 주어지는 것이 바람직하다.
- ✔ R&D 인력에게는 '일의 의미'는 매우 강력한 내재적 동기부여 요인이다. 여기에 그 일을 통해 사회적으로 기여할 수 있다면 내재적 동기부여는 배가된다.
- ✔ '업무에서의 자율성'은 R&D 인력들에게 매우 중요한 동기부여 요인이다. 그러나 전략적 자율성과 업무적 자율성을 구분하여 관리하는 것이 필요하다
- ✔ R&D 인력은 인정에 대한 강력한 욕구를 가지고 있다. 과학자들은 엔지니어에 비해 동료들로 부터의 인정이 중요하다. 엔지니어들은 소속 조직에서의 인정이 보다 중요하다.
- ✔ R&D 인력이 동료로부터 인정을 받을 수 있는 좋은 기회가 학회발표이다. 학회발표는 조직입장에서도 많은 효과를 가져다 줄 수 있는 방안이므로 참가지원에 인색해서는 안 된다.
- ✔ 조직에서 구성원 상호간에 좋은 성과에 대해 쉽게 인정하고 칭찬할 수 있는 시스템을 갖출 필요가 있다. 칭찬과 인정을 손쉽게 하고 공유할 수 있는 앱을 개발하거나 온라인 시스템을 구현하는 것이 좋은 방법이다.

- ✔ 3M이나 Google에서 시행되었던 20% 시간(20% time)제도는 R&D 인력에게 하고 싶은 연구를 허용한다는 점에서 강한 내재적 동기부여 수단이 될 수 있다. 이런 제도를 통해 실제로 상당한 혁신성과도 이룩할 수 있었다. 이 제도는 직원의 자발적 창의적 연구를 유도한다는 점에서 대기업보다는 소규모의 신생기업의 경우 더 효과적이다.
- ✔ Google은 채용에 있어 "구글다움(Googelyness)"의 속성을 강조한다. 즉 내재적으로 모티베이트되는 사람을 찾는다. 그들은 장시간 일하더라도 탈진하지 않고 즐겁게 일할 수 있다. 회사는 이렇게 내재적으로 동기부여될 수 있는 인재를 뽑아 그들이 생산적으로 일하게 할 수 있는 최적의 환경을 조성하기 위해 노력한다.

05 CHAPTER

R&D 팀의 관리

제1절 팀의 기초
제2절 팀의 창의성 · 혁신에 영향을 주는 요인
제3절 R&D 팀워크의 조성
제4절 R&D 팀의 효과적 관리방안

우리는 조직에서 개인으로 일하는 경우보다 어떤 형태로든지 팀에 소속되어 일할 때가 많다. 점차 팀의 일원으로 일하는 경우가 많아지고 있는 것이다.

또한 오늘날의 R&D나 기술개발은 더 이상 어느 한 수퍼스타의 창의성의 결과가 아니다. 기술의 복잡성으로 인해 여러 전문가들의 협업의 결과물일 경우가 많다. R&D는 팀 단위로 이루어지는 경우가 많고 따라서 팀을 잘 관리하는 것이 혁신의 성과와 사업성과에 중요한 영향을 미칠 수 있다.

제 1 절 팀의 기초

1. 팀의 개념과 종류

(1) 팀의 개념

팀(team)과 집단(group)이란 용어는 서로 교차해서 사용되기도 한다. 집단은 팀보다 광의의 개념으로 팀은 집단 중에서도 뚜렷한 목적을 가지고 구성원 간 조정된 노력을 통해 긍정적 시너지를 창출하는 집단이라고 볼 수 있다.

팀과 집단의 차이를 구분한다면 집단은 개인의 노력을 조정하는 개인의 집합체인 반면에 팀은 공통된 팀 목적과 여러 도전적인 목표를 공유하는 사람들의 집단이다. 팀원들은 목표와 서로에 대해 몰입한다. 이 상호몰입은 또한 강력한 유대감과 강력한 수행 동기를 만드는 공동 책임을 생성한다.

팀은 반드시 목적과 목표를 지니고 있다. 목적은 가치가 있어야 하며 함께 중요한 일을 한다는 느낌을 조성한다. 목표는 도전적이고 구체적이어서 각 구성원이 팀의 성공에 어떻게 기여하는지 이해할 수 있어야 한다.

(2) 팀의 종류

조직에서 발견되는 팀에는 일반적으로 다음과 같은 네 가지 종류가 있다.

1) 프로젝트 팀

프로젝트 팀(project team)은 프로젝트를 가진 즉 공동목표를 위해 함께 일하는 종업원들의 집단들이다. 이에는 기능별 팀(functional team), 복합기능별 팀(cross functional team), 매트릭스 팀(matrix team), 계약 팀(contract team) 등이 있다. 이들 팀의 특성은 조직구조와 중복되어서 제 12장에서 상세히 다루기로 한다.

2) 자기관리 팀

자기관리 팀(self managed team)은 같은 조직의 종업원들이 공동목표를 위해 함께 일하지만 관리자나 권위적 인물이 없는 팀이다. 여기서는 구성원들이 규정을 스스로 정하고 문제가 발생하면 스스로 해결하고 결과에 대해서는 공동의 책임을 진다.

자기관리 팀의 구성원들은 자율성이 부여되어 직무에서 자신의 가치를 느끼고 일이 도전적이라고 생각하지만 실제로 성과가 높다는 증거는 별로 없다(Moga, 2017).

3) 가상 팀

가상 팀(virtual team)은 서로 다른 물리적 위치에서 일하고 공동 작업을 수행하기 위해 공동 작업 도구에 크게 의존하는 사람들로 구성된다. 가상 팀은 구성원에게 더 나은 삶과 일의 균형을 제공하고 구성원들의 거주지와 관계없이 비즈니스 소유자가 해당 분야에서 최고의 전문가를 고용할 수 있도록 해준다.

가상 팀으로 가장 성공한 조직 중 하나는 WordPress(홈페이지 제작도구 개발사)에 의해서 알려진 Automattic이다(Moga, 2017).[1)]

4) 운영 팀

운영 팀(operational team)은 다른 유형의 팀을 지원하는 팀이다. 조직의 모든 업무 과정이 원활하게 진행되도록 돕는 역할을 한다.

예를 들어 인적자원(HR) 부서는 어떤 프로젝트에 직접 참가하지 않지만 프로젝트에 지원하는 지원자들에 대한 심사, 인터뷰 및 채용을 수행한다. 주요 인원 중 한 명이 그만두면 HR은 각 팀이 작업을 수행 할 수 있도록 대체자를 찾아야

---

1) 여기서는 43개국의 100명 이상의 직원이 실시간으로 서로 통신할 수 있는 WordPress 플러그인(plugin) P2를 사용한다. 신입 직원이 들어오면 홈 오피스를 개선하기 위해 2,000달러의 보조금을 받고 최신 맥북 컴퓨터를 받으며 필요할 때마다 자유 시간을 가질 수 있는 개방형 "휴가"정책의 수혜자가 된다.

한다.

또한 운영 팀은 자신의 프로젝트를 가질 수 있으며 잘 정의된 역할과 책임이 있기 때문에 프로젝트 팀처럼 기능할 수도 있다. 예를 들어 회계 부서가 특정 날짜까지 연간 재무 보고서를 작성하는 과업을 부여받으면 다른 프로젝트 팀과 마찬가지로 일정을 정하고 작업을 위임하며 마감일을 챙겨야할 가능성이 높다.

2. 팀(집단)의 발전과정

팀(집단)은 보통 다음과 같은 5단계를 거치면서 발전한다(Tuckman & Jensen, 1977).

(1) 형성기

형성기(forming)는 팀이 막 형성되어 개인 구성원들이 비교 및 사회적 평가를 통해 서로를 알아가는 시기이다. 구성원이 팀에 처음 왔거나 새 팀이 구성될 때 팀 구성원은 자신의 환경에 적응하고 누가 무엇을 하는지, 팀의 경계가 어디인지를 이해하고 팀이 전체적으로 어떻게 기능하는지 알아볼 시간이 필요하다.

그림 5-1 팀(집단)의 발전과정

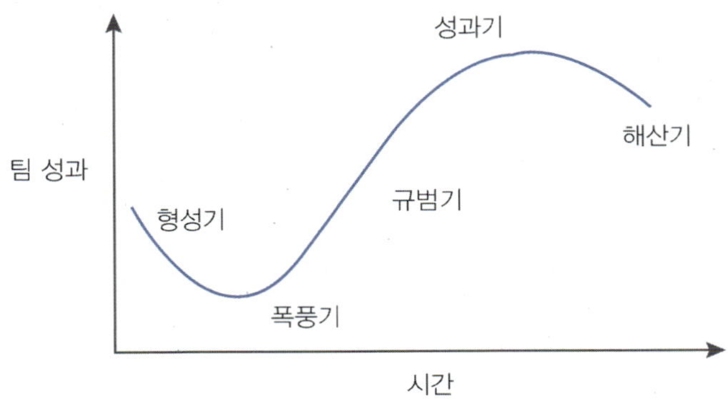

(2) 폭풍기

폭풍기(storming)는 서로 다른 개성을 지닌 구성원들이 하나의 팀을 형성함으로써 폭풍 속에 있듯이 갈등과 경쟁을 겪는 시기이다. 이 단계는 통과하기 가장 어렵고 중요한 단계이다. 구성원 간의 차이나 갈등 조정과 같은 비생산적인 활동에 팀의 에너지가 투입되기 때문에 이 단계에서는 팀 성과가 실제로 감소 할 수 있다. 팀원들은 팀 목표에 동의하지 않을 수 있으며, 강한 개성이나 동의하는 영역을 중심으로 하위 그룹과 파벌이 형성 될 수 있다. 이 단계를 통과하려면 구성원은 장애물을 극복하고 개인차를 수용하며 팀 작업 및 목표에 대한 상충되는 아이디어를 해결하기 위해 노력해야 한다. 이 단계에 갈등을 해결하지 못하면 팀이 수렁에 빠져 장기적인 문제가 발생할 수 있다.

(3) 규범기

규범기(norming)는 갈등이 해결되기 시작하고 협력으로 대체되는 시기이다. 팀 내에 질서가 확립된다. 개인 간의 단결이 이루어지고 구성원들은 공동의 목표를 추구하기 위해 노력하고 협력하기 시작한다. 이 단계에서 팀(그룹) 규범이 수립되고 회원들은 종종 신뢰를 높이는 데 도움이 되는 피드백을 서로 주고 받는 것이 편해진다.

(4) 성과기

규범이 수립되면 이제는 본격적으로 팀이 목표를 향해 움직여 성과를 내는 성과기(performing)다. 이 단계에서 팀 내 합의와 협력이 잘 이루어지며 팀은 성숙하고 조직적이며 잘 작동한다. 명확하고 안정적인 구조가 자리 잡으며 팀원은 팀의 사명에 전념한다. 문제와 갈등은 여전히 발생하지만 건설적으로 처리된다. 팀은 문제 해결 및 팀 목표 달성에 중점을 둔다.

(5) 해산기

어떤 팀은 오래 지속적이기도 하지만 많은 팀들은 목표가 거의 달성되면 해산기(adjourning)를 거치게 된다. 여기서는 최종과업을 마무리하고 결과를 문서화하는 것이 강조된다. 일의 부담이 감소됨에 따라 개별 팀원들은 다른 팀에 배치

되거나 팀이 해체된다. 팀이 끝나는 것에 아쉬움이 남을 수 있으므로 팀의 일과 성공에 대한 기념행사와 같이 공식적인 인정절차가 도움이 될 수 있다. 팀이 지속적인 책임을 가지는 상임위원회와 같은 경우 구성원은 새로운 사람으로 교체되면서 팀은 존속되는데 이 경우 팀은 형성 또는 폭풍 단계로 돌아가 개발 프로세스를 반복 할 수 있다.

3. 팀의 장 · 단점

팀은 직장에서 점점 활용빈도가 높아지고 있다. 팀 중심의 조직 구조는 회사 또는 부서가 소규모 작업 그룹 또는 팀에 의존하여 다양한 제품 또는 작업을 관리하는 것을 의미한다. 많은 R&D 성과는 팀에 의해 창출되고 있다. 이러한 팀은 여러 직원의 협업이라는 이점을 제공하지만 동시에 개인에 의한 업무수행보다 불리한 점도 지니고 있다. 팀의 장 · 단점은 다음과 같다(Johnson, 2018).

(1) 팀의 장점

1) 창의력 증진

직원들이 그룹으로 함께 일할 때 종종 함께 협력하여 조직에 도움이 되는 혁신적이고 창의적인 아이디어를 브레인스토밍 할 수 있다. 많은 조직이 다양한 팀들을 구성하고 있고 이러한 팀들이 서로의 경험과 능력을 활용하고 있다. 다양한 배경과 문화를 가진 사람들이 문제와 주제에 다르게 접근하기 때문에 팀 내의 다양성은 조직에 이점을 가져다준다. 팀은 또한 인지적으로 다양할 때 더 생산적이 된다는 연구결과가 많다.

2) 동기 부여

조화롭게 함께 일하는 팀원들은 서로에게 동기를 부여할 수 있다. 생산적인 팀과 함께 일하면서 얻은 성취감은 직원들의 사기를 높이고 직원들이 더 큰 성공을 이루고 싶어 하도록 만든다. 동기가 부여 된 직원은 우수한 고객 서비스를 제공하고 효율성과 생산성을 높여 회사에 도움이 된다.

3) 신뢰 구축

조직 내 팀의 또 다른 장점은 팀으로 작업하면 직원 간의 신뢰를 구축 할 수 있다는 것이다. 서로를 신뢰하는 직원은 불필요하게 서로 경쟁하지 않는다. 그들은 함께 일하는 것이 조직의 이익을 위한 것임을 이해한다. 서로를 신뢰하는 직원들은 미래에 더 기꺼이 함께 일하고 필요할 때 서로에게 도움을 요청한다.

(2) 팀의 단점

1) 대인 갈등

팀의 중요한 단점중의 하나는 팀 구성원 간에 갈등이 발생할 가능성이다. 한 팀원이 다른 팀원의 아이디어에 동의하지 않아 논쟁으로 이어질 수 있다. 팀 내 적대감은 생산성, 창의성 및 의사 결정 과정을 제한한다.

갈등은 팀 간에서도 발생한다. 조직전체의 목표라는 큰 그림 속에서 움직이기 보다는 성과와 인정을 대상으로 팀 간에 경쟁이 격화되다보면 갈등이 커 질 수 있다.

2) 개인적인 불화합

팀 단점 중 하나는 개인적인 불화합이다. 어떤 직원들은 천성적으로 팀 플레이어가 못된다. 그룹 내에서 적응이 어려운 직원은 전체 팀의 진행을 방해 할 수 있다. 화합하지 못하는 직원은 스스로를 팀에서 격리하고 참여를 거부 할 수 있다. 또 다른 팀원들이 화합 못하는 직원에 대해 부정적인 감정을 느끼면 그룹 내 의사소통이 어려워 질 수 있다. 관리자는 적응과 화합이 안 되는 직원에게 교육을 제공하거나 이들을 그룹에서 제거하여 팀 플레이어가 못되는 직원을 효과적으로 처리해야 한다.

3) 무임승차 문제

일부 팀 구성원은 그룹 내에서 다른 구성원이 수행하는 노력에 편승하려고 한다. 소위 무임승차(free riding) 이슈이다. 팀 별로 성과가 측정되다 보면 자신에게 부과된 응당해야할 역할을 수행하지 않는 무임승차자가 증가할 가능성이 있다. 성과가 저조한 직원이 팀 뒤로 숨는 현상이라고 볼 수 있다.

이 문제를 즉시 처리하지 않으면 열심히 일하는 구성원들의 사기가 저하될 수 있다. 팀의 다른 개인들은 문제를 일으키기 싫어 비생산적인 직원의 일까지 어쩔 수 없이 수행할 수도 있지만 불만은 쌓이게 된다. 이러한 문제를 피하기 위해 관리자는 각 팀원의 성과를 개별적으로 측정할 수 있는 방안을 강구해야 한다.

제 2 절 팀의 창의성 · 혁신에 영향을 주는 요인

팀의 유효성 그중에서도 창의성이나 혁신에 영향을 미치는 요인으로는 다음과 같은 것들이 있다.

1. 팀의 규모

팀 또는 집단의 규모(size)는 팀원들의 행위나 성과에 영향을 미친다. 일반적으로 팀의 규모는 너무 크지 않아야 창의적인 문제해결에 도움이 된다.

Amazon의 창업자인 제프 베조스(Jeff Bezos)는 회사가 스타트업일 때부터 회의를 하거나 프로젝트를 구성할 때 '피자 2판 규칙(two pizza rule)'을 고집한 것으로 유명하다. 피자 2판 규칙이란 회의나 프로젝트 팀의 규모가 피자 2개를 먹을 수 있을 정도의 작은 규모여야 한다는 규칙이다. 베조스는 이렇게 작은 규모가 분권화되고 창의적인 환경을 조성하는데 도움이 된다고 믿었기 때문이다(Hern, 2018).

피자 2개 규칙에서 보듯이 팀의 규모를 크지 않게 유지하려는 데는 여러 이유가 있다.

첫째는 규모가 커지면 의사소통(커뮤니케이션) 문제가 심각해진다.

팀 성과 연구에 거의 50년을 바친 하버드 대학의 해크만(J. Richard Hackman)은 4~6명이 프로젝트 팀의 최적 구성원 수이며 어떤 팀이라도 10 명 이상의 구성원이 있어서는 안 된다고 결론짓고 있다(Hackman & Vidmar, 1970).

Hackman에 따르면 규모가 커지면 안 되는 이유는 "팀 규모가 증가함에 따라 커뮤니케이션 문제가 기하급수적으로 증가하기 때문이다"(Hackman & Vidmar, 1970). 즉 팀이 크면 클수록 팀 구성원간의 상호작용이 급격히 증가하게 된다. 즉 그룹 구성원 간의 링크 수를 결정하는 공식은 n(n-1)/2이어서 기하급수적으로 증가한다. 이렇게 되면 아이러니하게도 일하는데 쓰는 시간보다 구성원 간 조정을 하는데 더 많은 시간을 할애하는 상황이 발생하는 것이다. 조정, 의사소통 및 서로의 관계를 조정하는 데 드는 비용은 개인 및 팀의 생산성을 저하시킬 정도로 눈덩이처럼 불어나게 된다.

[그림 5-2]는 구성원의 수 증가에 다른 상호작용의 수 증가를 보여주고 있다.

그림 5-2 구성원 수와 상호작용

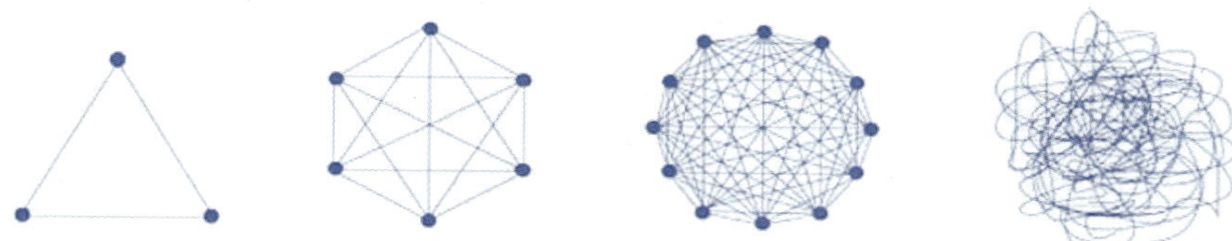

둘째, 작은 규모의 팀은 '팀 확장 오류(team scaling fallacy)'로 보호해주는 역할을 한다(Choi, 2018).

많은 관리자와 리더는 팀에 더 많은 사람을 추가하는 것이 항상 좋다는 정신적 함정에 빠지기 쉽다. 특히 확장시기에는 더욱 그렇다. 사람은 최고의 자산이므로 프로젝트에 더 많은 자산을 추가하면 다양한 관점과 스킬이 동원되어 진행 상황이 향상되리라 믿기 쉽다.

그러나 한 연구에서는 사람들은 "팀 규모가 커짐에 따라 자신감에 넘쳐 작업 완료 시간을 점점 과소평가하는 경향이 있음을 밝히고 있다"(Staats et al, 2012). 그들의 실험에서는 동일한 레고 피규어를 만드는 작업을 했을 때 2인 팀은 36분이 걸리지만, 오히려 4인 팀은 52분이 소요되어 44% 이상 더 오래 걸린다는 것을 발견했다. 그러나 규모가 큰 팀은 소요 시간에 대해 거의 두 배나 지나치게 낙관적이었다. 프로젝트가 뒤쳐지고 있거나 더 빠르게 작업을 수행하고 싶거나 야심찬 이정표가 위태로울 때 더 많은 인력을 추가하는 것이 합리적인 것처럼 보일 수 있다. 그러나 이 경우 피자 2개 팀과 같은 적정 인원을 고수하는 것은 추가 링크를 처리하는 데 드는 비용과 마찰을 과소평가하는 경향에 균형을 잡아주는 역할을 하게 된다.

셋째, 팀의 규모가 확대되면 팀 내에 소규모 분파가 생기기 쉽고 책임이 분산되어 무임승차자가 생기기 쉽다.

넷째, 팀의 규모가 커지면 합의 요구가 개별 그룹 구성원의 판단을 무시할 때 발생하는 현상인 집단사고(groupthink)의 발생여지가 커진다(읽을거리 참조). 또한 "최고 임금을 받는 사람의 의견(highest paid person's opinion" 또는 "사무실에서 가장 높은 임금을 받는 사람(highest paid person in the office)"을 나타내는 약어인 HiPPO가 발생할 수 있다. HiPPO는 결정을 내려야 할 때 저임금 직원이 고임금 직원에게 그것을 미루는 경향을 말한다.

그러면 가장 적정한 팀의 매직숫자는 얼마일까? Bezos의 '피자 2판 규칙'에 의하면 이는 최대 6명 또는 7명이다. Hackman은 자신의 매직 넘버를 5명으로 고정하고 10명 이상이 되지 않도록 강력하게 경고한다(Hackman & Vidmar,1970). 관리 전문가 밥 서튼(Bob Sutton)은 "전투 팀에 최적의 크기"는 4명임을 확인한 미국 해군특수부대(U. S. Navy Seals)의 예를 인용하고 있다. 제품 분석 회사인 Amplitude는 확장하는 스타트 업에서는 성장 팀이 5~10명의 전담 팀원으로 구성되어야 한다고 주장한다(Choi, 2018).

이상의 논의를 통해 볼 때 팀 구성원은 한 자릿수에 머물러 있는 것이 안전하다고 할 수 있다. 따라서 팀원의 수가 현재 10명 이상이 되면 하위 그룹으로 분할하는 것을 고려해볼 필요가 있다.

읽을거리

집단사고(groupthink)

(1) 집단사고의 개념

집단사고란 집단 구성원들 간에 합의와 동조에 대한 압력이 지나쳐 비합리적이고 역기능적인 의사결정이 이루어지는 심리적인 현상을 말한다. 집단구성원들은 여러 가지 대안에 대한 비판적인 평가없이 갈등을 최소화하고 합의결정에 도달하려고 애쓰고 그 과정에서 반대의견을 억압하고 자신들을 외부의 영향력으로부터 스스로 고립시킨다. 결과적으로 이는 의사결정의 유효성을 저해하게 된다.

원래 집단의사결정은 개인 의견의 합(sum)이라는 점에서 장점이 발휘되는 것인데 집단자체에 사고가 발생해 이것이 집단 내 개인들의 다양한 의견의 분출을 억제함으로써 잘못된 의사결정이 발생할 가능성을 키우는 것이다.

(2) 집단사고의 원인

집단사고의 원인에는 다음과 같이 세 가지가 거론하다

① 높은 응집성: 응집성이 높게 되면 합의를 이루는 것이 개인의 자유로운 의견표현보다 중요한 분위기가 형성된다.

② 구조적 문제: 편파적인 리더십, 방법적 절차를 요구하는 규범의 결여, 집단구성원의 사회적 배경의 동질성 등이 포함된다.

③ 상황 요인: 스트레스가 매우 큰 상황이나 외부적 위협이 클 때, 또는 최근 실패를 경험한 경우 집단사고가 나타날 가능성이 커진다.

(3) 집단사고의 증상

집단사고는 다음과 같은 증상을 보인다.

① 잘못불가의 환상

② 집단의 도덕성에 대한 의문없는 믿음

③ 집단의 가정에 반하는 경고사항에 대한 합리화

④ 집단반대자에 대한 스테레오타이핑

⑤ 집단합의에 이탈하는 아이디어에 대한 자기검열

⑥ 만장일치의 환상

⑦ 집단초병: 집단의 수호역할

2. 팀원 구성의 다양성

(1) 다양성과 창의성 · 혁신 · 간의 관계

팀원 구성의 다양성(diversity)은 일반적으로 팀 창의성이나 팀 생산성에 긍정적인 관계를 가지는 것으로 보고되고 있다. 왜냐하면 구성원이 다양하다는 것은 그들이 다양한 관점과 지식을 갖추고 있어 이것이 문제해결에 도움을 줄 수 있기 때문이다.

팀 다양성에 대한 인식과 창의성간의 관계를 연구에서는 개인수준이나 팀 수준이나를 막론하고 긍정적인 관계가 발견되었다(Kim et al, 2021). 다만 여기서 학습지향성(learning orientation)은 조절효과를 가졌다. 즉 팀 구성원들이 배우려는 지향성이 강할수록 다양성은 창의성에 더 긍정적으로 관련되었다. 또한 R&D 조직 전체의 인력다양성과 기업성과간의 관계에 대한 연구에서는 전공수준 다양성이나 교육수준 다양성은 총 자산 수익율(ROA)이나 매출액 증가율과 긍정적인 관계를 갖는 것으로 나타나고 있다(한상연, 2015).

반면에 다양성의 증대는 팀 성과에 부정적인 영향을 미친다는 연구결과도 적지 않다(Milliken et al, 2003; Østergaard et al. 2011). 인지적으로 다양성이 높은 팀에서 성별과 스킬에서의 다양성은 R&D 성과에 오히려 해가 되는 것으로 나타났다(Garcia et al, 2017). 다양성에서 파생되는 부정적인 결과 때문이다. 다양성이 증대한다는 것은 구성원들이 서로 다르다는 것을 의미하는데 이는 팀 내 긴장을 초래하고 이를 해소하는데 많은 에너지가 필요하다. 따라서 구성원의 다양성이라는 것은 '양날의 칼'인 셈이다.

(2) 표면수준 다양성과 심층수준 다양성의 구별

이러한 혼재된 연구들을 다양성의 종류나 과업의 성격이라는 상황요인의 측면에서 설명하려는 연구도 이루어지고 있다(Wang et al, 2019). 이 연구에서는 다양성을 표면수준 다양성과 심층수준 다양성으로 구분하고 있다. 표면수준 다양성(surface-level diversity)은 사회적 범주 다양성(social category diversity)이라고도 하며 국적과 인종과 같이 사회적 범주의 구성원을 명시적으로 구별해주면서 쉽게 감지할 수 있는 인구 통계학적 속성을 말한다. 반면 심층수준 다양성(deep-level diversity)은 성격, 가치 및 태도와 같은 관찰할 수 없는 속성을 포함한다. 그들의 연구에 의하면 팀의 창의성·혁신과 긍정적으로 관련되는 것은 심층수준 다양성이다. 표면 수준 다양성은 관련이 없다. 오히려 단순과업에서는 표면수준 다양성과 팀의 창의성·혁신간의 관계는 부정적으로 나타났다. 반면에 복잡하고 상호연관성이 높은 과업에서는 심층수준 다양성과 팀의 창의성·혁신간의 관계는 긍정적으로 나타났다. 결론적으로 복잡한 과업에서는 심층수준 다양성이 팀의 창의성과 혁신에 도움이 된다는 것이다.

Zouaghi 등의 연구(2020)는 한 발 더 나아가 다양성과 관련된 관리자의 역할을 강조한다. 그들은 다양성과 R&D 팀의 성과와의 관계를 스페인의 R&D팀에 대한 다년간의 패널 자료를 이용하여 검증하였다. 연구에서는 표면 수준 다양성이 R&D 팀 성과에 부정적인 영향을 미칠 수 있다는 선행연구들을 지지하고 있다. 그러나 그들은 그 과정에서 R&D 팀에서 가치를 끌어낼 수 있는 사회적 자본(social capital)의 매개 효과에 주목하고 있다.

사회적 자본(social capital)은 개인이 다른 사람들과 갖는 전반적인 연결의 형태 또는 개인 간의 연결을 나타낸다(Burt, 1992). 다른 사람들과 상호작용하는 개인은 시간이 지나면서 다른 사람들의 정보와 자원에 접근할 수 있게 해 주는 사회교류로서의 사회적 자본을 개발하게 된다(Nahapiet & Ghoshal 1998). 쉽게 말해 팀의 사회적 자본은 팀원들이 친밀한 관계를 가지고 자주 대화하며 잘 지내는 것을 의미한다. 팀 내의 사회적 자본이 R&D 성과에 미치는 긍정적 효과는 국내의 연구에서도 밝혀지고 있다(황호민 · 이상곤, 2019).

Zouaghi 등의 연구(2020)에서는 이러한 팀 내의 사회적 자본은 다양성이 팀의 R&D성과에 미치는 부정적 효과를 감소시키는 역할을 한다고 말한다. 사회적 자본이 다양한 팀 구성원 간의 조화로운 대인 관계를 개발함으로써 사회적 상호 작용을 촉진하기 때문이다. 따라서 다양성이 R&D 성과에 미치는 부정적 효과를 줄이고 긍정적 효과를 최대화하기 위해서는 팀 내의 사회적 자본이 활성화되도록 즉 팀 내에서 갈등과 불신이 최소화되도록 하는 관리자나 리더의 역할이 매우 중요하다.

(3) 기능 다양성이 팀 성과에 도움을 줄 수 있는 조건

기능 다양성(functional diversity)은 한 팀에 여러 기능분야(예컨대 설계, 기술, 디자인 등)이 섞여 있는 정도를 말한다. 최근 기능부서(functional department) 간 소통을 강화하고 그에 바탕을 준 신속한 제품개발을 위해 복합기능 팀(cross functional team)의 활용이 늘고 있다. 그러나 이러한 팀이 기대했던 것만큼의 성과를 못 내는 경우가 많다. 그 이유로는 다음과 같은 점이 지적된다.

우선 많은 관리자는 부서 간 다양성 즉 여러 기능부서의 사람들을 모아놓으면 창의적 사고에 필수적인 다양한 관점과 아이디어를 제공한다고 믿고 있다. 그러나 다양성이 증가함에 따라 더 많은 아이디어가 테이블에 나올 수 있지만 팀 문제 해결은 더 어려워질 수 있다. 다양성에서 발생하는 넘치는 정보 과부하가 팀의 프로세스를 방해하여 더 많은 관점과 아이디어라는 다양성 본래의 이점을 상쇄할 수 있다.

높은 기능 다양성이 혁신의 향상으로 이어지지 않는 또 다른 이유는 팀원들이 자신이 속한 기능부서에 대해 뿌리 깊은 충성심을 가지고 있기 때문이다. 따라서 복합기능팀의 관리자나 리더는 다양한 기능별 팀원들이 새로운 팀에서의 소속감을 느끼고 성공에 대한 이해관계를 갖도록 유도해야 한다. 즉 자신의 본래 기능부서에 대한 아이덴티티를 초월하는 강력한 "수퍼 아이덴티티(super identity)"를 갖도록 만들어야 한다. 이는 팀원들이 다양한 관점에서 새로운 연결을 찾도록 장려하고 이것이 바로 혁신의 원동력이 된다.

3. 팀의 응집성

(1) 응집성의 개념과 효과

팀 또는 집단의 응집성(cohesiveness)이란 그룹 구성원 사이에 존재하는 대인 관계의 강도와 정도를 말한다. 응집성은 그룹 구성원이 서로에게 매력을 느끼고 그룹에 머물도록 동기를 부여하는 정도로도 정의된다. 이는 구성원들이 팀에 쉽게 참여하고 설정된 목표를 달성하도록 동기를 부여하는 구성원들 간의 유대를 뜻하기도 한다. 그래서 응집성이 높은 집단이나 팀은 "우리(we-ness)"라는 태도를 강하게 가지게 된다.

응집성이 높은 집단이나 팀은 긍정적 결과와 관련성이 크다. 응집성의 긍정적 효과로는 다음과 같은 것들이 있다.

1) 더 많은 참여

그룹 응집력이 높을수록 구성원간의 인간관계는 밀접하다. 그 결과 회원들은 그룹 업무와 활동에 적극적으로 참여하게 된다.

2) 더 큰 동조(conformity)

응집력에 영향을 미치는 요소 중 하나는 태도와 가치의 유사성이다. 결과적으로 응집력이 높은 집단의 구성원들은 서로를 좋아하고 자신을 비슷하다고 인식하는 경향이 있다. 이러한 특성으로 인해 구성원은 그룹에 상대적으로 의존하게 되므로 영향을 받기 쉽다. 예를 들어, 어떤 회원이 자신의 개인적인 목표를 향상시키기 위해 조직 정치에 참여하는 경우, 그룹은 그에게 사회적 압력을 가하고 그를 그룹 규범을 준수하도록 만들 수 있다.

3) 더 많은 성공

응집력과 팀의 성공은 상호 의존적 관계이다. 응집력은 목표 달성을 더 쉽게 만들고 목표 달성은 성공을 가져온다. 이러한 관계가 형성되는 이유는 응집력이 높으면 의사소통, 참여 및 그룹 규범에 대한 순응도가 높아지기 때문이다.

4) 보다 많은 의사소통

응집력이 있는 그룹의 구성원은 응집력이 약한 그룹의 구성원보다 서로 더 많이 소통한다. 구성원들은 공통의 이념, 목표, 배경 또는 태도를 공유하기 때문에 의사소통을 더 많이 하는 경향이 있다. 그러한 의사소통은 긍정적인 사회적 관계와 개인적인 관계의 깊이를 촉진하고 강화하는 경향이 있기 때문에 더욱 강화된다.

5) 보다 큰 개인적 만족

응집력이 큰 그룹의 구성원은 응집력이 작은 그룹의 구성원에 비해 더 만족한다. 구성원이 만족하지 못한다면 그 그룹을 떠나 다른 그룹에 가입할 가능성이 크다. 구성원들은 친근함, 존중, 지원, 성취, 보호 및 안정감 등과 같은 요소로 인해 더 만족하게 된다.

6) 더 높은 생산성

일반적으로 응집성은 다음과 같은 이유로 생산성 향상에 기여할 수 있다.

첫째, 응집성이 높은 그룹의 사람들은 업무 관련 불안과 긴장을 덜 경험한다.

둘째, 응집성이 높은 그룹은 결근과 이직률이 낮다.

셋째, 응집성은 그룹 간의 생산성 차이를 줄인다.

그림 5-3 팀 응집성, 성과규범, 팀 생산성간의 관계

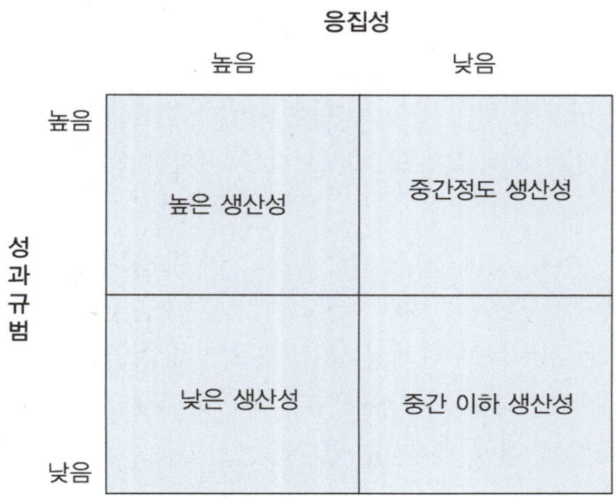

이상에서 살펴보았듯이 팀의 응집성이 높다는 것은 팀의 성과나 생산성과 긍정적인 관계를 갖는다. 그러나 여기에는 하나의 조건이 있다. 그것은 팀(그룹)의 규범과 조직의 규범(norm)이 일치해야 한다는 것이다. 즉 팀이 조직이 정한 성과규범을 가지고 있어야 성과나 생산성에 긍정적 영향을 미친다. [그림 5-3]은 응집성, 성과규범, 생산성간의 관계를 보여준다.

(2) 응집성에 영향을 미치는 요인

팀(집단)의 응집성은 다음과 같은 요소들에 의해 영향을 받는다(CFI, 2021).

1) 태도와 가치의 유사성

그룹 구성원을 하나로 유지하는 측면 중 하나는 유사한 가치와 태도를 공유하는 것이다. 일반적으로 직원과 인간들은 비슷한 의견, 신념 및 행동 강령을 가진 사람들의 집합체를 항상 선호하는데 이는 어떤 형태의 사회적 검증을 제공하기 때문이다.

2) 팀의 규모

작은 팀은 다음과 같은 이유로 큰 규모의 팀보다 더 응집성이 큰 경향이 있다.

첫째, 작은 규모에서는 구성원들 간의 대면접촉이 보다 빈번하게 발생한다.

둘째, 팀의 규모가 커질수록 문제에 대해 합의하는 것이 더욱 어려워진다. 10명의 구성원으로 구성된 그룹을 설득하는 것보다 30명의 구성원들이 공통된 목표에 동의하도록 하는 것이 더 어렵다.

셋째, 큰 규모의 팀이 갖는 또 다른 단점은 팀 내에서 작은 파당이 발생할 가능성이다. 이것은 전체 목표의 희석으로 이어져서 파워 정치의 정도가 증가할 수 있다.

3) 시간

한 팀의 구성원들이 함께 보내는 시간이 많을수록 그들 사이의 유대감은 더 강해진다. 시간이 지나면 그들은 더 자주 교류함으로써 팀원들은 서로의 강점, 약점 및 스킬에 대해 배울 수 있다.

4) 과거 성공 및 목표의 공유

한 팀이 특정 프로젝트를 완수하게 되면 모든 구성원이 성공에 기여했기 때문에 승리와 흥분을 공유하게 된다. 작은 활동에서도 성공의 경험이 있게 되면 팀원의 결속력은 높아진다.

5) 위협과 경쟁

팀은 도전에 직면할 때 더욱 단합하게 된다. 구성원들은 자신의 차이점을 제쳐두고 당면한 문제를 해결하기 위해 기꺼이 노력할 것이다. 예를 들어, 적대적인 조직이 특정 회사를 장악하려는 경우 이사회는 인수가 발생하지 않도록 단결된 전선을 구축한다. 마찬가지로 경영진이 위협을 주거나 경쟁을 야기시키면 흐트러졌을 수도 있는 팀을 하나로 묶을 수 있다.

(3) 팀 응집성과 창의성 · 혁신과의 관계

팀 응집성과 창의성 · 혁신과의 관계에 대한 실증연구에서는 엇갈리는 연구결과가 나오고 있다. 팀의 속성 중 하나인 다양성과 마찬가지로 양날의 칼인 측면이 있다.

팀의 응집성이 높다는 것은 구성원 간 인간적인 유대가 강하고 따라서 협조가 잘 이루어질 수 있다는 점에서 혁신에 도움을 준다. 실제로 대만의 기술 R&D 팀에 대한 한 연구에서는 응집성이 팀의 혁신성과에 긍정적으로 영향을 주는 것으로 나타나고 있다(Huang, 2009). 물론 이는 대만이라는 집단주의 조직문화의 특성을 감안하여 해석할 필요가 있다.

반면에 팀의 응집성이 혁신에 저해된다는 연구결과도 적지 않다. 솔직한 대화는 혁신과정에서 매우 중요한데 팀 구성원 간 높은 사회적 응집성은 솔직한 의견교환을 억제할 수 있다. 응집력이 높은 그룹은 관계를 유지하는 데 더 중점을 두기 때문에 의견합의를 추구하는 경향이 있다. 그래서 복합 기능 팀 구성원 간의 사회적 유대가 강화되면 신제품의 혁신성이 감소하는 연구결과가 나오고 있다(Sethi et al, 2002).

이런 상반된 연구결과를 해석함에 있어서는 본서에서 강조하고 있는 상황 적합적 접근법이 필요하다. 앞서 1장에서 원심력과 구심력에 대해 언급한 바 있는데 어떤 힘이 필요한가하는 것은 상황에 의해 결정될 수 있다. 즉 응집력이라는 것은 일종의 구심력이라 할 수 있다. 예컨대 집단적인 노력이 많이 필요한 시스템 혁신의 경우 구심력인 응집성이 도움을 줄 수 있다. 이에 반해 다양한 분산적 사고와 혁신적인 아이디어 창출이 필요의 경우에는 응집성은 장점보다는 단점이 나타날 공산이 크다. 이 경우 응집성은 창의적 발상에는 도움이 안 되거나 때로는 부정적 영향을 미칠 수도 있는 것이다.

(4) 응집성 향상을 위한 관리방안

다음은 팀 응집성의 향상을 위한 팀 리더나 조직의 관리방안에 대해 살펴보기로 한다.

1) 신중한 고용

리더가 팀을 구성하는 방법에는 두 가지가 있다. 현재 직원 풀에서 팀원을 모집하거나 회사 외부에서 새로운 직원을 고용 할 수 있다. 어떤 방법을 채택하든 리더는 잠재적인 후보자가 팀 환경에서 얼마나 잘 일할 수 있는지 고려해야 한다. 높은 수준의 기술을 가지고 있지만 다른 사람과 함께 일할 수 있는 능력이 부족한 사람들이 있다. 그러한 직원을 팀 구성원으로 영입하면 논쟁과 갈등의 가능성이 높아지고 팀 목표가 손상될 우려가 있다.

2) 팀원 모두의 공헌가치 인정

리더가 팀에 적합한 구성원을 선택했다면 다음 단계는 모든 사람이 참여하도록 만드는 것이다. 팀은 각 팀원의 전문 지식을 충분히 활용할 때 성공할 수 있다. 일부 직원은 기술이 우수하고 또 다른 직원은 행정 및 재무 기능에 능숙할 수 있다. 모든 팀이 잠재력을 최대한 발휘하려면 모든 팀원이 적극적으로 참여해야 한다. 반면에 리더는 각 구성원의 기여도를 소중히 여겨야 한다.

3) 팀원에 대한 권한부여(임파워먼트)

팀 구성원에게 권한을 부여하는 것도 응집력을 높이는 데 도움이 된다. 그룹 구성원은 제안된 문제와 활동에 대한 어느 정도의 권한을 갖고 주인의식을 느낄 때 그들은 일에 몰입도가 커지고 성과도 높아질 가능성이 커진다.

4) 팀 내 갈등 해결

팀 구성원 간에 발생하는 과업과 관련된 건설적인 갈등은 건강한 그룹의 징표일 수 있다. 팀이 일하면서 여러 도전에 직면하지 않았다면 그것이 오히려 이상한 일이다. 팀원들이 팀의 화합을 방해하지 않으려는 이유만으로 제안된 아이디어에 모두 동의 할 필요는 없다.

그럼에도 불구하고 팀 내 갈등은 신속히 해결될 필요가 있다. 특히 과업과 관련이 없는 관계적 갈등은 그것이 사소한 것이라도 즉시 해결되는 것이 바람직하다. 팀 구성원들이 스스로 실행가능한 솔루션을 찾을 수 없는 경우는 관리자가 개입할 수 있다. 또는 양측의 주장을 듣고 올바른 해결책을 제시 할 수 있는 공정한 제 3자를 찾는 방법도 있다.

제 3 절 R&D 팀워크의 조성

오늘날의 팀들은 여러 면에서 과거의 팀들과는 사뭇 다르다. 즉 훨씬 다양하고 지리적으로 흩어져있으며 디지털적이고 팀원 자격이 자주 바뀐다는 점에서 동태적이다. 그러나 팀이 당면하는 과제는 바뀔지 몰라도 일관되게 팀의 성공은 팀 내의 협조를 뜻하는 팀워크가 얼마나 발휘되느냐에 의해 좌우되게 된다.

팀워크(teamwork)란 공동의 목표를 성취하고 한 과업을 가장 효율적이면서 효과적으로 완수하고자하는 집단의 협동적 노력으로 정의된다. 이는 공동의 목표를 위해 함께 일하는 상호의존적인 개인들의 집단인 팀의 한 속성이다. 그러면 팀이 팀워크를 유지하려면 또는 팀 유효성을 높이려면 어떠한 조건이 필요한 것인가?

1. 팀워크의 기본 조건

팀워크나 팀 유효성을 위한 조건은 앞서 언급되었던 해크먼(R, Hackman)의 연구에서 일찌기 제시된바 있다(Hackman, 2002). 그는 1970년대부터 40년간 팀과 집단에 대한 연구를 진행한 결과 팀에 대한 깊은 통찰력을 보여주고 있다. 그에 의하면 팀워크 또는 팀 내 협업에 가장 중요한 것은 팀원의 성격, 태도 또는 행동 스타일이 아니다. 그 대신 팀이 성공하기 위해 필요한 것은 특정 "활성화 조건(enabling conditions)"이다. 그는 연구를 통해 세 가지 조건(설득력있는 방향, 강력한 구조 및 지원적 환경)이 팀 성공에 특히 중요하다는 사실을 발견했다.

이상의 세 가지 조건 외에 최근의 한 연구에서는 변화하는 환경을 반영하여 마음자세의 공유라는 추가의 조건을 덧붙이고 있다(Haas & Mortensen, 2016).

(1) 설득력있는 방향(compelling direction)

팀은 설득력있는 방향을 지닐 때 성공적일 수 있다. 이러한 방향은 팀원들에게 에너지를 주고 방향을 일러주며 몰입시킨다. 팀은 어느 방향을 향하는지 또는 분명한 명시적 목표를 갖지 못하면 영감을 받지 못한다. 팀이 갖는 목표는 너무 어렵거나 쉬우면 안 되고 적당히 도전감을 불러일으키는(challenging) 것이어야 한다. 또한 그것은 결과를 낼 수 있어야 한다. 팀원들은 성과를 낼 때 그에 따른 외부적 보상(급여, 보너스 인정 등)과 내재적 보상(만족이나 의미감)에 대해서도 관심을 가지고 있기 때문이다.

(2) 강력한 팀 구조(strong structure)

팀의 구조에는 팀원의 구성과 숫자, 적절한 과업설계, 규범 등이 포함된다. 이러한 구조요인들이 팀 성과나 팀워크에 영향을 미친다.

성과가 좋은 팀에는 기술의 균형을 갖춘 구성원이 포함된다. 모든 개인이 최상의 기술 및 사회적 스킬을 보유 할 필요는 없지만 팀 전체는 이 두 가지 모두를 적절하게 필요로 한다. 연령, 성별, 인종뿐만 아니라 지식, 견해, 관점의 다양성은 팀이 더 창의적이 되고 집단사고를 피하는 데 도움이 될 수 있다.

물론 팀원을 추가하는 것은 팀이 필요한 기술과 다양성을 갖도록 하는 한 가지 방법이지만 앞서 살펴본 것처럼 규모가 커지면 비용이 발생한다. 규모가 큰 팀은 커뮤니케이션 부족, 파당형성 및 무임승차라는 결점이 있다.

팀 내 과업활동도 중요한 요소 중 하나이다. 모든 작업이 매우 창의적이거나 영감을 줄 필요는 없다. 그러나 리더의 과업할당 방식은 팀워크나 팀 유효성에 큰 영향을 미칠 수 있다. 예컨대 팀이 처음부터 끝까지 중요한 작업을 담당하게 하고, 팀 구성원이 해당 작업을 관리하는 데 많은 자율성을 가지게 하며, 팀이 성과 피드백을 받도록 함으로써 모든 과업에 동기를 부여 할 수 있다.

규범의 확립도 팀워크의 조성에는 꼭 필요하다. 이러한 규범은 파괴적인 행동을 규제하고 긍정적인 행동을 촉진하는 역할을 한다. 파괴적인 행동들은 협업 노력을 저해 할 수 있다. 팀원들이 정보를 숨긴다든지, 다른 팀원들에 대해 동조압력을 가하고, 책임을 회피하고 타인을 비난하는 행동들이 그런 것들이다. 팀은 명확한 규범(예: 정시에 회의에 참석하고 모든 사람에게 발언권을 부여하는 등)과 절대하지 말아야 할 행동(예: 방해)들을 명시하는 규칙을 설정하여 역기능 가능성을 줄일 수 있다.

(3) 지원적 환경(supportive context)

제대로 된 지원을 받는 것은 팀워크를 가능하게 하는 세 번째 조건이다. 여기에는 좋은 성과를 강화하는 보상 시스템, 과업에 필요한 데이터에 대한 액세스를 제공하는 정보 시스템, 훈련을 제공하는 교육 시스템, 그리고 마지막으로 자금 및 기술 지원과 같이 일을 수행하는 데 필요한 물질적 자원을 확보하는 것이 포함된다. 원하는 모든 것을 얻을 수 있는 팀은 없지만, 리더는 처음부터 필수적인 지원을 마련하는데 시간을 할애하여 많은 문제를 해결할 수 있다.

(4) 마음가짐의 공유(shared mindsets)

오늘날의 팀은 지금까지 설명한 세 가지 조건 외에 추가의 것을 필요로 한다. 팀 간 거리의 증대, 다양성 증가, 디지털 커뮤니케이션 및 잦은 구성원 변화는 팀워크와 팀 유효성에 도전과제를 제기한다. 특히 “우리 대 그들”이라는 이분법적인 사고와 불완전한 정보는 문제를 발생시켜 팀을 취약하게 만든다. 이 두 가지 모두에 대한 해결책은 팀 구성원 간에 공유된 마음가짐을 개발하는 것이다. 이는 팀 리더가 공통의 정체성과 공통이해를 촉진함으로써 가능한 일이다.

과거의 팀은 일반적으로 대면 작업을 하고 비슷한 사고방식을 갖는 경향이 있는 상당히 동질적인 멤버들로 구성되었다. 그러나 이는 더 이상 어렵게 되었다. 이제 팀은 종종 자신을 응집력있는 하나의 그룹이 아니라 여러 개의 작은 하위그룹으로 인식한다. 이것은 자연스러운 인간 반응이다. 우리의 두뇌는 점점 더 복잡해지는 세상을 이해하기 위해 인지적 지름길을 사용하며, 환경의 복잡성을 처리하는 한 가지 방법으로 사람들을 범주로 묶는 방법을 많이 택한다. 그러나 우리는 기능, 부서, 지역 또는 문화 등에 기초해 형성된 자신이 속한 하위 그룹을 다른 사람들의 그것보다 더 긍정적으로 보는 경향이 있으며 이러한 습관은 종종 긴장을 유발하고 협업을 방해한다.

불안전한 정보(incomplete information)도 오늘날 팀에서 직면하는 하나의 과제이다. 어떤 팀원들은 그 분야의 전문가이거나 또는 지리적으로 떨어져있어서 남들이 못 가진 정보를 가지는 경우가 많다. 정보는 여타 팀원들에게 소통되지 못하면 큰 가치를 발휘하지 못한다. 결국 공유된 지식은 효과적인 협업의 초석이 된다. 이는 그룹에 준거 체계를 제공하고 그룹이 상황과 결정을 올바르게 해석할 수 있도록 하며 사람들이 서로를 더 잘 이해하도록 돕고 효율성을 크게 향상시키는 역할을 한다.

최근 코로나 팬데믹 현상으로 인해 화상회의 원격근무 등 디지털 소통이 크게 늘고 있다. 그러나 이러한 디지털 의존성은 종종 정보의 교환을 방해한다. 대면 팀에서는 참가자는 비언어적 및 맥락적 단서에 의존하여 진행 상황에 대한 통찰력을 얻을 수 있다. 예를 들어 대면 회의에 참석하면 회의실에 있는 사람들의 개별적 및 집단적 분위기를 즉시 감지 할 수 있다, 그러나 디지털 소통에 의존하게 되면 이러한 중요한 유형의 정보전달이 약하게 된다.

다행히도 팀 리더가 공유된 정체성과 공유된 이해를 적극적으로 촉진하고 협조 및 정보교환을 가로막는 장벽을 허물 수 있는 방법이 많이 존재한다.

한 가지 강력한 접근 방식은 각 하위 그룹이 팀의 전체 목표에 대한 그들의 기여에 대해 가치를 느끼도록 만드는 것이다. 예컨대 다음과 같은 방안들이 도움이 될 수 있다. 한 임원 교육 과정에 참여한 참가자들에게 "무정형의 계획된 시간(structured unstructured time)"을 제공하는 방안이 시험되었다, 즉 교육 일정에서 시간을 할애해 당면한 작업과 직접 관련이 없는 문제에 대해 이야기할 시간을 부여함으로써 참여자들 간에 공유 이해를 촉진했다. 팀 전체 회의에 앞서 처음 10분을 할애해서 참가자들이 사무실에서의 소소한 일상사에서부터 가족 또는 개인 행사와 같이 자신이 선택한 일이나 일상생활의 모든 측면에 대해 자유롭게 대화 할 수 있는 기회를 제공하였다. 이를 통해 사람들은 멀리 떨어진 동료의 업무 및 환경에 대한 보다 완전한 그림을 그릴 수 있게 해주었다. 그러나 이 경우에도 팀 리더의 역할이 중요하다. 그는 토론의 목적과 규범을 명확히 해 주어여야 한다. 그렇지 않으면 10분간이 모든 사람이 누군가의 발언을 기다리는 매우 어색한 시간이 될 수도 있다.

또는 원격으로 화상회의를 하는 팀들 사이에 다음과 같은 방안도 활용되었다. 회의에 참여한 각 팀원들은 처음에 데스크톱 비디오에서 "만나" 서로의 일터에 대한 가상투어를 먼저 했다. 카메라를 방 주위로 돌려 멀리 떨어진 동료들에게 자신들의 업무 환경을 보여주는 시간을 갖게 했다. 여기에는 빽빽이 앉아있는 동료나 근처의 복사기와 같이 업무에 방해가 되거나 방해가 될 수 있는 것들도 포함되었다. 이러한 가상 투어가 끝난 후 팀원들은 멀리 떨어진 동료들과 어느 정도의 공감대가 형성되어 그들의 태도와 행동을 더 잘 해석하고 이해할 수 있게 되었다.

2. 팀워크 증진방안

팀워크를 증진하기 위해 관리자가 택할 수 있는 방안으로는 다음과 같은 것들이 있다(AIU, 2018).

(1) 지나친 경쟁을 유발하는 성과관리의 개편

조직이 성과를 높이기 위해서는 구성원 간, 팀 간 경쟁이 필요하다. 그리고 조직에 기여도를 평가하는 성과관리 시스템도 필요하다. 그러나 팀원 간 지나친 경쟁은 관계를 해치며 팀워크 형성에 부정적 영향을 미친다. 특히 최근에는 감소추세에 있지만 과거 성과관리의 전형이었던 강제순위법(stacked ranking) 즉 팀 내 구성원들의 순위를 매기고 순위의 최하위에 있는 사람들을 해고하는 방법은 팀워크 형성에는 치명적이다. 이 제도 하에서는 여타 팀원들이 잠재적인 경쟁자이기 때문에 팀워크 형성을 기대하기가 쉽지 않다. 과거 이 방식을 적극 채용했던 GE사나 Microsoft사의 예를 보면 자기보존을 위한 아부와 사내정치가 만연했다.

따라서 조직성과를 위해서는 어느 정도의 경쟁과 이를 평가하는 메커니즘이 필요하나 적어도 팀내에 경쟁을 유발하는 성과관리는 피하는 것이 좋다. 협업과 팀워크를 유도할 수 있는 성과관리 시스템의 도입과 운영이 필요하다(제11장 참조).

팀 내 분위기가 살벌한 경쟁관계이냐 또는 가족적인 유대감이 있느냐 하는 것은 창의성의 발휘나 정신적, 육체적인 건강과도 관련된다. 친밀한 분위기에서는 행복감을 유발하는 옥시토신(oxytocin)이 많이 분비되는 반면 경쟁관계에서는 스트레스 호르몬인 코티솔(cortisol)이 분비된다. 코티솔의 장기간에 걸친 과다분비는 사고의 시야를 좁혀 창의성 발휘에도 부정적일뿐더러 심각한 건강상의 문제를 야기할 수 있다(읽을거리 참조).

읽을거리

옥시토신과 코티솔

조직 내 과도한 경쟁유발이나 성과평가에 대한 압력이 부정적 효과를 초래할 수 있음은 인체에 분비되는 호르몬의 영향의 관점에서도 살펴볼 수 있다.

① 옥시토신((oxytocin)

누군가를 포옹하거나 배려를 하고 친밀한 관계를 맺을 때 옥시토신이라는 호르몬이 분비된다. 옥시토신은 뇌하수체후엽호르몬 중의 하나로 사랑의 호르몬(love hormone)이라고도 불리운다. 옥시토신은 뇌의 신경조절기능을 담당하면서 행복과 사랑의 감정을 느끼는데 직접적으로 작용한다. 이 호르몬이 분비되면 기분을 진정시키고 행복감을 느끼게 한다. 이런 긍정적인 기분은 타인과의 유대감을 증진시킨다. 조직 내에서 혹은 팀원사이에 배려와 애정이 있게 되면 이 옥시토신의 작용으로 구성원들은 유대감과 함께 행복감을 느끼게 되어 팀워크가 강화되는 효과가 있다.

② 코티솔(cortisol)

반면에 구성원간의 반목과 경쟁, 압력이 강화되면 코티솔이라는 호르몬이 분비된다. 이는 스트레스 상황에 대처하기 위한 호르몬이므로 스트레스 호르몬(stress hormone)이라고 부른다.

스트레스 상황이 발생하면 인간의 선택지는 두 가지 중 하나가 된다. 싸울 것인가(fight), 도망칠 것인가(fleight) 중 선택해야 한다. 어떤 선택을 하든 우리 신체는 위급상황에 대한 준비를 해야 한다. 이러한 준비를 해주는 호르몬이 코티솔이다.

우리 뇌에서 위기상황을 인식하면 뇌의 뇌하수체에서 부신피질 자극 호르몬이 발생한다. 이는 다시 부시피질에서 코티솔을 생성하게 한다. 코티솔은 스트레스에 대한 반응을 유발시킨다. 신체에 빠른 혈액공급을 위해 가슴이 뛰고 혈당치가 올라간다. 이는 인지(cognition)에 영향을 미치기 위해 다시 뇌로 환류한다. 결국 코티솔은 우리가 스트레스 상황을 극복하기 위한 필수적인 호르몬이라 할 수 있는 것이다.

그러나 이렇게 순기능이 큰 호르몬이지만 스트레스 상황이 장기간 강도높게 계속되게 되면 과다분비가 발생하고 이는 건강에 악영향을 미친다. 대표적인 것은 우리 몸의 면역체계를 약화시켜 각종 질병을 야기하게 된다.

조직에서 과다한 경쟁이나 성과에 대한 압력이 존재하고 심하면 해고될지 모른다는 생각이 들면 인체는 과다한 코티솔을 분비하게 된다. 이러한 상황이 질병에 이르기 전이라도 인간의 행동과 감정에 부정적인 영향을 미치게 된다. 인체는 이러한 절박한 스트레스 상황에서는 생존이 매우 중요한 과제가 되어 생존과 관련된 부정적 행동과 감정이 나타나게 된다. 우선 위급상황에서 시야가 좁아지고 폭넓은 사고가 이루어지지 못한다. 따라서 다양한 사고가 전제되는 창의성과 혁신이 저해될 수 밖에 없다. 또한 생존을 우선시하는 행동들이 나타난다. 정치적 행동에 몰두하게 되고 타인을 비난하거나 배제하려는 노력들이 이루어진다. 이는 모두 집단이나 팀워크에 부정적인 영향을 미치는 행동들이다.

(2) 팀워크와 동료애에 대한 보상

높은 팀워크를 조성하기 위해서는 팀워크와 동료애를 보인 팀원을 보상하는 시스템을 마련할 필요가 있다. 펩시(PepsiCo)에서는 직원의 연간 보너스 중 40%는 자신이 담당한 KPI(Key Performance index) 달성정도가 아니라 다른 유망한 직원이 자신의 경력을 향상시키는 데 얼마나 도왔는지에 따라 결정된다. 이는 팀워크를 장려하기 위해 개인 보상을 사용하는 좋은 사례이다.

팀 구성원 간의 지식 공유를 장려하고 공유된 프로세스와 책임을 구축하며 협력적 문제 해결을 한 경우에는 보상을 제공한다. 이에 대한 인센티브는 꼭 화폐적인 것일 필요는 없다. 동료들 앞에서 칭찬을 해주는 것도 똑같이 효과적인 인정 형태가 될 수 있다. 사람들은 자신이 주목받고 감사를 받았다는 사실을 알고 싶어 하기 때문에 진심으로 감사를 표하거나 공개적으로 감사를 표하는 것은 큰 효과가 있을 수 있다.

(3) 팀내 계층의 평탄화

팀워크를 구축하기 위해서는 팀 내에 위계구조가 뚜렷해서는 안 된다. 스타트업 출판사인 미디엄(Medium)사에서는 핵심 원칙 중 하나가 의사 결정권을 분산하고 합의에 얽매이지 않는 것이었다. 그들의 접근 방식은 신입 인턴조차도 CEO에게 아이디어를 가져가는 것을 편하게 느낄 수 있고 아이디어가 회사 전체에 자유롭게 흘러야 한다는 것을 의미했다.

회사에 공식적인 위계구조가 있을 수 있지만 팀 내에서 가능하면 수평적 관계가 유지되도록 하는 것이 좋다. 관리자는 문을 개방하고 협업을 강조하며 모두가 함께 있는 것처럼 느끼도록 만들어야 한다. 이러한 분위기는 혁신을 촉진 할뿐만 아니라 팀 내 참여를 촉진하여 모든 사람이 최선을 다할 수 있도록 만든다.

(4) 협업을 장려하는 사무실 공간배치

물리적인 사무실의 공간배치도 팀워크나 팀내 협력에 영향을 미칠 수 있다. 1999년 Apple을 떠난 잡스(Steve Jobs)는 Pixar의 CEO를 맡은 바 있다. 오픈 컨셉의 사무실이 보편화되기 오래 전에 , 잡스는 서로 다른 분야로 나뉘어져 있었던 사무실 공간을 변화시켰다. 애니메이터는 한 건물에, 컴퓨터 과학자는 두 번째, 관리 직원은 세 번째 건물에서 일하고 있었다. 오픈 플로어 플랜의 잠재력을 알고 있던 잡스는 디자이너를 불러 레이아웃을 변경했다. 그들은 모임 공간, 극장 및 휴게실이 있는 거대한 중앙 아트리움을 만들어 각 분야의 사람들이 서로 어울리고 협력 그룹을 형성 할 수 있도록 했다. 이는 효과가 있었다. Pixar의 최고 창조담당 중역(Chief Creative Officer: CCO)는 회사의 창의성과 협업 증가의 이유로 이 공간을 꼽았다.

기능부서 간 소통을 어렵게 만드는 사일로(silo)를 열어젖혀 직원들이 여러 분야에서 아이디어를 공유 할 수 있도록 하는 것은 팀워크를 높여서 기업의 혁신과 민첩성에 도움을 준다. 하지만 오랫동안 혼자 집중해야 하는 산업에서 일하는 경우 개방적 사무실은 직원의 생산 능력을 저하시킬 수도 있다. 이 경우 개인 공간을 유지하되 일부 개인 공간은 통합하여 공유 공간을 유지할 필요가 있다.

(5) 신기술을 통해 분산된 팀의 통합

새롭게 발전하는 신기술을 이용해 분산되어 있는 팀을 통합하는 것도 팀워크 증진의 한 방법일 수 있다. 영국 항공사 British Airways는 직장 내 소셜 네트워크(SNS) Yammer를 사용하여 직원을 통합하고 직원 참여를 장려하며 아이디어를 공유하고 있다. 이전에는 직원 지식 공유를 위한 절차가 없었던 이 항공사에게 이 SNS는 특히 성공적이었다. Yammer는 자발적인 대화를 촉진하여 회사가 고객 서비스를 개선하고 보다 효율적으로 운영하는데 도움이 되는 혁신적인 아이디어를 촉발했다.

여러 대륙에 사무실이 있거나 여행이 잦은 팀이 많은 회사의 경우 리더들은 기업 문화와 팀워크에 특히 주의를 기울여야 한다. 이 경우 Yammer나 Facebook의 Workplace 및 Salesforce사의 Chatter와 같은 플랫폼들은 회사 내 여러 부서나 팀들이나 같은 장소에 있을 수 없을 경우 열린 토론과 혁신을 촉진해주는데 큰 도움을 줄 수 있다.

3. R&D 수퍼스타의 관리

탁월한 수퍼스타(superstar)를 가진 스포츠 팀은 게임에 이길 가능성이 크다. 그의 기량과 열정이 타 팀을 압도할 수 있기 때문이다. 그러면 창의적인 수퍼스타를 가진 R&D팀의 경우는 어떨까? 그에 힘입어 팀의 창의적 성과도 단기적으로는 높아질 수 있을 지 모르나 그러나 장기적은 그림은 우리의 예상과 다를 수 있다. 탁월한 한 사람의 활약이 다른 팀원들의 소극적이거나 경쟁의식을 불러일으켜 장기적으로 팀워크를 손상시키고 팀의 유효성을 떨어뜨릴 가능성도 있다.

최근 중국에서 이루어진 한 연구에서는 이를 실증해주고 있다(Li et al, 2020). 이 연구에서는 R&D 팀원 676명과 고객 서비스 기업 2곳의 영업팀 457명을 대상으로 설문 조사를 실시하고 팀 관리자로부터 정보도 수집했다 이로부터 연구진들은 각 팀의 창조적인 스타나 스타들을 찾아냈다. 또한 전체적인 팀 창의력, 조정 및 학습 활동을 측정하고 팀에서의 스타의 역할을 조사했다.

연구결과는 스타가 팀 워크 플로의 중심이 될수록 전반적인 창의력이 직접적으로 향상되지만 스타가 아닌 팀원들의 학습은 타격을 받았다. 팀원들이 주요 정보나 자료를 스타에게 의존할 때, 그들은 스스로 기여하는 것에 대해 덜 긴박감을 느끼게 되고 관련 지식을 추구하거나 다른 관점을 탐색 할 가능성이 적어진다는 것이다. 그리고 이는 결과적으로 팀의 창의성을 약화시키는 결과를 초래했다. 결론적으로 연구진은 "가장 재능있는 개인에게만 집중하는 것은… 창의적인 프로세스를 촉진하려고 할 때 현명하지 못한 관행일 것이다."라고 경고하고 있다(Li et al, 2020).

한 R&D 팀이 탁월한 수퍼스타를 가지고 있다는 것은 큰 자산이다. 그러나 이 자산인 수퍼스타가 여타 팀원들과 가지는 동태학이 팀의 유효성을 결정한다. 경우에 따라서는 팀에 큰 부담으로 작용할 수도 있다.

이 문제의 해결은 두 측면에서 찾을 수 있다. 하나는 그 수퍼스타가 감성지능도 갖추고 있어 여타 팀원들과도 좋은 팀워크를 유지하며 자신의 창의적 역량을 발휘하는 것이다. 그러나 이는 크게 기대하기 힘들다. 수퍼스타일수록 자아(에고)가 매우 강해 팀워크 조성을 위해 자신을 희생할 가능성은 적기 때문이다.

다른 하나의 해결은 관리자의 조정능력에서 찾을 수 있다. 앞서의 연구에서도 스타와 팀원들의 관계가 원만하도록 관리자가 조정능력을 잘 발휘하면 스타가 아닌 팀원들의 학습에 대한 억제 효과를 줄일 수 있었다. 따라서 수퍼스타를 지닌 팀에서는 관리자의 책임이 중요하다. 관리자는 이 수퍼스타가 팀의 자산이 될 수 있도록 효율적인 팀 조정 능력을 발휘해야 한다. 그래서 중심에 위치한 스타에게 가해지는 부담도 덜어 주며 스타의 그림자에 가려질 수 있는 여타 팀원들의 목소리나 존재감도 같이 살려줄 수 있어야 한다.

제 4 절 R&D 팀의 효과적 관리방안

1. 팀 성공을 위한 다섯 가지 열쇠

팀의 성공을 결정하는 요인은 무엇일까? 성공적인 팀과 그렇지 못한 팀을 구별해주는 핵심적인 요소는 무엇일까? 이에 대해서 Google은 오랫동안 연구를 해왔고 '아리스토텔레스 프로젝트(Project Aristotle)'를 통해 그 해답을 제시하고 있다(읽을거리 참조). 이 프로젝트를 통해 밝혀진 연구결과는 팀의 성공적 관리를 위해 중요한 통찰력을 제공해준다.

연구진은 최종적으로 [그림 5-4]에서 보는 다섯 가지를 성공적인 팀이 되는 핵심동인으로 제시하고 있다(Google, 2021).

그림 5-4 성공적인 팀의 다섯 가지 핵심동인

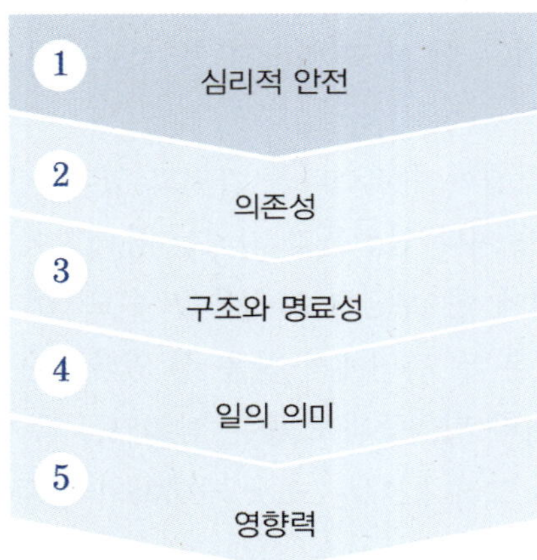

자료: Google(2021).

(1) 심리적 안전

심리적 안전(psychological safety)은 팀 구성원들이 위험을 감수하거나 진심을 말하는데 편안함을 느끼는 상태를 말한다. 부담 없이 위험을 감수할 수 있는 팀 분위기를 갖추는 것은 쉬운 일은 아니다. 서로의 실수를 용인하고 새로운 임무와 역할을 수행할 줄 알아야 하기 때문이다. 이런 특성을 갖춘 팀은 다양한 아이디어를 받아들여 팀워크의 원동력으로 활용한다. 이러한 팀은 성과도 높고 이직율도 낮다.

(2) 의존성

의존성(dependability)은 정해진 업무성과를 달성하고 제시간에 마무리할 수 있도록 팀원들이 서로 의존할 수 있는 팀 분위기를 의미한다.

(3) 구조와 명료성

구조와 명료성(structure & clarity)은 팀 구성원들이 명확한 역할, 계획, 목표를 가져야 한다는 것이다. 라즐로 복(Laszlo Bock) 전 Google 인사책임자는 그의 저서에서 팀 매니저가 팀원들에게 세세한 부분까지 일을 지시하기보다 그들 스스로 업무를 수행할 수 있도록 하는 것이 필수적이라고 밝혔다(Bock, 2015). 이는 팀원 모두 명확한 역할과 계획, 목표를 수행하고 있을 때라야 가능하다.

(4) 일의 의미

일의 의미(meaning)는 맡고 있는 일이 팀 구성원들에게 개인적으로 중요해야 한다는 것이다. 개인적으로 일이 중요한 의미를 갖게 되면 동기부여와 몰입도를 높여 팀 성과를 높인다.

(5) 영향력

영향력(impact)은 팀에서 맡고 있는 일들이 파급력이 있는 것을 말한다. 팀이 성공하려면 팀원들이 맡고 있는 일들이 조직 내외에서 중요한 의미를 갖고 또한 변화를 창출할 수 있어야 한다.

읽을거리

아리스토텔레스 프로젝트(Project Aristotle)

아리스토텔레스 프로젝트(Project Aristotle)는 Google사가 팀 성공의 요인을 찾기 위해 수행한 연구 프로젝트이다. 아리스토텔레스라는 이름이 붙여진 것은 그가 '전체는 부분의 합 이상이다(whole is great than the sum of the parts)'라는 유명한 말에서 따온 것이다. 개인 팀원이 시너지 효과를 발휘할 수 있는 집단운영을 염두에 둔 명명이라고 할 수 있다.

2012년에 시작된 Project Aristotle은 Google '사람 애널리틱스(People Analytics)' 부서의 관리자인 Abeer Dubey가 주도했다. 그런 다음 신입사원이었던 예일 경영대학원(Yale School of Mana-gement) 출신의 Julia Rozovsky에게 맡겨졌다. 그녀는 훗날 수석연구원이 되었다. 이러한 프로젝트가 있기 전에 Google은 완벽한 팀을 구축하는 것과 팀 효율성을 이해하기 위해 이미 수십 년 동안 이미 수백만 달러를 투자하고 있었다. 이러한 이니셔티브의 결과가 별로 좋지 않았기 때문에 Project Aristotle이 탄생했다.

Google 연구진들은 처음에 뛰어난 팀에 필요한 개인적 특성과 스킬의 완벽한 조합을 찾을 수 있을 것이라고 확신했다. 그래서 성공하는 팀과 실패하는 팀을 구분짓는 연구원들의 특성을 찾으려고 노력했다. 그러나 연구팀의 기대와는 상당히 달리 그러한 특성들을 찾을 수 없었다. 어떤 구성원의 특성이나 팀의 구조적 속성들은 어떤 경우에는 성공하는 팀에 또 어떤 때는 실패하는 팀의 특징이 되기도 하였다.

프로젝트 수행의 결과 연구진이 내린 최종결론은 팀의 성공 여부를 결정짓는 것은 탁월한 개인들의 집단이 아니라 팀의 집합적 능력이라는 것이었다. 즉 개별적으로 팀원들이 누구인가보다 그들이 팀 내에서 하나의 팀으로 어떻게 상호작용하고 조직목표에 기여하는 가가 팀 성공에 더 중요하다는 것이다. 예컨대 팀의 성공은 모든 팀원들이 같이 잘 일하고 서로 존경할 때 이루어진다. 여러 개인들이 수퍼스타가 되려고 할 때 절대 그 팀은 성공하지 못하는 사례를 많이 볼 수 있다. 연구진의 연구결과는 그들이 프로젝트 이름으로 명명했던 바와 같이 "전체는 부분의 합보다 크다"는 것을 확인하는 것이었다.

자료: Casanova(2016).

2. 심리적 안전의 관리

Google이 제시한 성공적인 팀을 규정짓는 다섯 가지 핵심적 동인 중에서도 가장 중요하며 다른 네 가지의 요인들의 토대가 되는 것이 심리적 안전이다(Rozovsky, 2015). 팀내에 심리적 안전을 확보하는 것은 팀 성공의 가장 중요한 요인이다. 이는 R&D 팀에 있어서도 마찬가지이다. 따라서 팀에서 심리적 안전을 확보하기 위한 관리방안에 대해 자세히 살펴보기로 한다.

(1) 심리적 안전의 개념과 중요성

심리적 안전은 '팀에서 개인적인 위험부담을 해도 안전하다는 공유된 믿음'으로 정의된다(Edmondson, 1999). 즉 위험부담을 지더라도 팀원들이 부정적인 결과가 없으리라고, 처벌을 받지 않을 것이라고 절대적으로 진지하게 받아들이고 믿는 상황이다. 심리적으로 안전한 환경에서는 팀원들이 받아들여지고 존중된다. 그렇게 되면 그들은 업무와 관련된 아이디어, 질문, 우려, 실수, 문제점들을 걱정 없이 말할 수 있게 된다. 그리고 이는 결과적으로 팀내 의사소통을 활성화하고 협력적 분위기를 통해 팀 성과에 공헌하게 된다.

모든 팀원들이 팀 내에서 위험을 감수할 수 있는 환경을 조성하는 것은 생각처럼 쉬운 일은 아니다. 가장 최근의 수행한 프로젝트에서 일했을 때를 한번 상기해 보자. 자신 혼자 팀에서 동떨어졌다고 느끼지 않고 프로젝트의 목표를 물어볼 수 있는 분위기였는가? 혹은 자신이 모르는 부분이 있다는 것을 다른 팀원들에게 들키지 않기 위해 그냥 가만히 있었던 적은 없었는가?

우리 모두는 다른 사람들이 우리의 능력, 인식 및 긍정성을 인식하는 방식에 부정적인 영향을 미칠 수 있는 행동을 하는 것을 꺼린다. 이런 종류의 자기 보호는 직장에서 자연스러운 전략이지만 효과적인 팀워크 형성에는 해롭다. 반면에 팀원들이 서로에 대해 안전하다고 느낄수록 동료들에게 실수를 인정하고 새로운 역할을 맡을 가능성이 높아진다. 그리고 그것은 팀내 구성원들의 거의 모든 중요한 행동차원에 영향을 미친다. 심리적 안전이 높은 팀의 개인은 회사를 떠날 가능성이 적고 팀원의 다양한 아이디어를 활용할 가능성이 더 높으며 더 많은 수익을 가져다주고 두 배 더 효과적이라는 경영진의 평가를 받고 있다.

(2) 심리적 안전에 관한 Edmondson의 연구

심리적 안전은 Google에 의해서 팀의 중요한 속성으로 제시되었으나 사실 그에 앞서 이미 하버드 경영대학원 교수인 Amy Edmondson의 일련의 논문과 저서에 의해 조직에서 중요한 개념으로 주목받은 바 있다.

그녀는 1990 년대 중반 박사과정 재학 중 직장 팀에 대한 연구 중 우연한 기회에 이 개념의 중요성을 발견했다(Edmondson, 1999). 박사 1학년 때 Amy Edmondson은 병원 의료 팀 가운데 성과가 좋은 팀이 성과가 낮은 팀보다 실수를 더 많이 하는지 적게 하는지를 조사하는 연구를 시작했다. 그녀는 설문 조사 데이터를 수집하여 성과 높은 팀과 낮은 팀을 확정한 다음 이 데이터를 가장 많은 실수를 저지른 팀에 대한 통계와 비교했다.

연구결과는 상당히 의외였다. 최고 성과 팀이 실수를 가장 적게 한 것이 아니라 가장 많이 하는 것으로 나타났기 때문이다.

이것이 어떻게 가능한 것일까? Edmondson은 그녀의 저서에서 이 순간을 '유레카'(eureka)순간으로 묘사한다(Edmondson, 2018). 그녀는 "더 나은 팀이 개방적인 분위기를 가졌던 것이 아닐까? 오류를 보고하고 논의하는 것이 더 쉬웠던 것은 아닐까? 갑자기 나는 이런 생각이 들었다. 좋은 팀은 더 많은 실수를 하는 것이 아니다. 그들은 더 많이 보고할 뿐이다."

심리적 안전감은 일반적인 친절과는 다소 다른 개념이다. 예를 들어, 동료가 당신에게 엄청나게 친절하다고 느낄 수 있다. 그들은 당신이 주말을 어떻게 지냈냐 묻고, 당신의 생일을 기억하고, 심지어 퇴근 후 음료를 같이 마시자고 당신을 초대할 수도 있다. 그러나 정작 회의에서는 여전히 솔직히 말하기가 어려울 수 있다. 동료들에게 멍청해 보일까 봐 신경 쓰이거나 아니면 관리자가 새로운 아이디어에 대해 얼마나 폐쇄적인지를 쭉 보아왔기 때문일 수 있다. 그래서 회의 중에 계산을 하게 되고 솔직한 발언이 쉽지 않게 된다.

심리적 안전은 새로운 아이디어가 장려되고 기대되는 공간을 만드는 것이다. 여기서 리더는 각 직원에게 피드백을 요청하고 받은 피드백을 진정으로 수용한다. 그리고 종업원들은 그가 신입 직원이든 고위 관리자든지 간에 실수를 했을 때 자신의 목소리에 지지를 받는다는 느낌을 갖고, 그러한 실수가 창피함이 아니라 혁신으로 이어질 수 있다는 것을 알고 있는 상황이다.

궁극적으로 심리적 안전은 팀 유대감과 직장 문화를 위한 '있으면 좋은 것'이 아니라 회사 성장과 장기적인 성공을 위한 '반드시 있어야 할 요소'이다

(3) 심리적 안전의 육성과 관리 방안

팀 성공에 가장 핵심요소인 심리적 안전을 어떻게 육성하고 관리할 것인가? 그 방안에 대해 살펴보자(Forsey, 2021).

1) 심리적 안전이 혁신과 조직성장 모두에 매우 중요하다는 점을 인식한다.

구성원이 심리적 안전을 느끼지 못한다면 조직에는 많은 비용이 지출된다. 예

를 들어, 직원이 행복하다고 못 느끼거나 직장에서 자신의 진정한 모습을 보이는 것이 불편할 경우 회사의 이직률이 높아질 수 있다.

그러나 더욱 중요한 것은 심리적 안전이 혁신에 중요하다는 것이다. Edmondson이 말했듯이, “혁신은 심리적으로 안전한 환경에서 일어난다. 이것이 없으면 혁신에 실패할 위험이 크다”(Edmondson, 2018).

심리적 안전을 확보하여 혁신을 이룩한 대표적인 사례로 Pixar사를 들 수 있다.

Pixar(Pixar Animation Studio)는 컴퓨터 애니매이션 영화사로 Walt Disney Studios의 자회사이다. 이 회사는 1979년 Edwin Catmull 과 Alvy Ray Smith에 의해 공동 창립되었다.

공동 창립자인 Ed Catmull은 “Pixar의 성공은 부분적으로 솔직함에 기인했다. 솔직함이 직장 문화의 일부가 될 때 사람들은 침묵하지 않는다”고 말하고 있다.

그러나 Catmull은 팀 내에서 솔직함을 장려하는 것 이상을 수행했다. 그는 그것을 제도화했다. 예를 들어, 그는 소그룹이 몇 달에 한 번씩 만나 영화를 평가하고 감독에게 피드백을 제공하는 “브레인트러스트(Braintrust)”라는 프로세스를 만들었다. 이러한 반복적인 프로세스를 통해 직원은 영화에서 잘된 것과 잘되지 않은 것에 대해 공개적으로 이야기할 기회를 충분히 가졌다.

브레인트러스트에는 규칙이 있었다. 예를 들어 피드백은 사람이 아닌 프로젝트에 대해 이루어져야 했다. 따라서 영화 제작자는 방어적일 필요가 없었고 또한 개인적으로 비판을 받을 일도 없었다. 그리고 코멘트는 처방이 아닌 제안일 뿐이며 이는 공감의 토대 위에서 나와야 했다.

아이디어를 공유하고, 브레인스토밍할 수 있는 안전한 공간을 만드는 것은 중요하다. 그러나 리더가 심리적으로 안전한 행동을 스스로 보여주는 것도 마찬가지로 중요하다. 예를 들어, Catmull은 자신의 언어로 정직함과 겸손함을 보여 주며 “… 초반에는 모든 영화가 형편 없었어”라고 인정했다. Catmull는 개선의 여지가 많다고 생각한다는 것을 직원들에게 공개적으로 보여줌으로써 그는 팀원들로 하여금 아이디어를 공유하지 않는 것이 어리석은 것으로 느끼게 만들었다.

1990년대 초, Pixar는 토이 스토리(Toy Story)를 만드는 동안 계속해서 브레인트러스트를 활용했다. 부분적으로 이 덕분에 토이 스토리는 1995년 최고 수익을 올린 대박영화가 되었다.

2) 심리적 안전을 장려하는 구조와 시스템을 만든다. 그리고 리더들에게 심리적으로 안전한 행동의 모범을 보이는 방법을 숙지시킨다.

조직에서 심리적 안전을 확보하려면 이를 촉진하는 구조와 시스템을 구축할 필요가 있다. 또 그에 걸 맞는 리더십도 필요하다. 리더십은 구성원의 행위형성에 영향을 많이 미치므로 심리적 안전을 높이는데 중요한 역할을 한다.

구조와 과정구축과 관련해서는 앞서 브레인트러스트에서 보았던 것처럼 브레인스토밍에 규칙을 만들어 정직성과 개방성을 확보할 수 있다.

예를 들어, 직원에게 미리 익명으로 제안 사항을 작성하도록 요청할 수 있다. 아니면 회의 전에 다음과 같은 질문을 던질 수도 있다. "오늘 회의에서는 모든 사람들이 이 질문에 대한 답을 제시해 주었으면 합니다." "제품 출시 전에 Facebook을 이용한 캠페인을 하려는데 이를 개선 할 수 있는 한 가지 방법은 무엇입니까?"

심리적 안전의 분위기 조성을 위한 리더의 리더십 행동에는 다음과 같은 것들이 있다

첫째, 비판을 호기심으로 대체할 필요가 있다. 직원이 바람직하지 않은 모습을 보일 때 리더가 그 이유를 다 알고 있다고 가정하지 않는 것이 좋다. 해당직원에게 부정적인 행동을 관찰했음을 말한 다음 왜 그런 일이 발생했는지 설명하도록 요청한다. 예를 들어, "지난 2주 동안 마감일을 지키지 않은 것으로 나타났습니다. 작업을 완료하는 데 방해가 되는 몇 가지 요인이 있겠지요? 그에 대해 설명해 주시겠습니까?" 또한 잘못에 너무 많은 시간을 소비하지 말고 해결에 집중하는 자세가 필요하다. "괜찮다면 몇 가지 해결책에 대해 브레인스토밍하고 싶습니다. 어떻게 해야 내가 가장 잘 지원할 수 있을까요?"라는 식으로 말한다.

둘째, 실수했을 때는 인정을 한다. 직원은 회의실에 있는 다른 모든 사람이 완벽하다고 느끼면 회의에서 절대로 말하지 않을 것이다. 리더가 실수를 했거나 잘못된 말을 했을 때 이를 인정하게 되면 그것은 그 방에 있는 다른 사람들도 똑같이 해도 된다는 것을 허용하는 것이 된다.

셋째, 직원에게 피드백을 요청하고 받은 피드백에 대해서 감사를 표한다. 심리적으로 안전한 환경을 만드는 가장 쉬운 방법 중 하나는 직원들에게 지원하기 위해 더 잘할 수 있는 것이 무엇인지 물어보거나 아이디어와 의견을 공유 할 수 있는 열린 분위기를 느낄 수 있도록 하는 것이다. 하지만 직원들이 피드백을 제공하려고 할 때 그들을 차단하면 심리적으로 안전한 공간을 만들 수 없다. 대신

그들의 피드백을 진지하게 받아들여야 한다. 피드백을 노트북이나 컴퓨터에 기록하고 팀을 위한 리더십 스킬을 강화하는 데 도움이 되는 부분이 있다면 "피드백에 감사드립니다. 정말 감사합니다"라고 대답한다.

3) 심리적 안전을 측정한다.

심리적 안전은 조직 내에서 팀별로 다를 수 있다. 실제로 Edmondson은 병원에서의 연구에서 팀의 심리적 안전 수준이 매우 다양하다는 사실을 발견했다(Edmondson, 1999).

고위 간부의 경우 자신의 조직이 심리적 안전 측면에서 강점과 약점이 어디에 있는지 파악하기 어려울 수 있다. 따라서 심리적 안전 정도를 객관적으로 측정하는 것이 필요하다.

4) 심리적 안전을 전체 조직의 최우선과제로 만든다.

심리적 안전의 확보가 팀이나 조직에서 매우 중요한 과제가 되어야 한다. 심리적 안전 조치를 구현하지 않으면 조직이 얼마나 위험에 빠질 수 있는 가를 보여주는 좋은 사례가 미국의 은행 Wells Fargo이다(Edmondson, 2018).

2015년 Wells Fargo는 직원들에게 최소 8개의 다른 금융 서비스 상품을 기존 고객들에게 교차 판매하도록 장려했다. 이론상으로는 훌륭한 아이디어였지만 현실성이 없는 조치였다. 대부분의 Wells Fargo 고객은 8가지 제품을 감당할 수 없었다. 그러나 리더십은 직원들을 계속 밀어 붙였다. 은행 내에 개방성이나 솔직함을 위한 공간이 존재하지 않았다. 은행의 리더십도 직원의 피드백을 권장하거나 환영하지 않았다.

대신 직원들은 할당량에 도달하지 못하면 해고될 것이라는 두려움이 있었다. 그 결과 직원들은 윤리적 선을 넘을 수 밖에 없다고 생각했다. 그들은 가짜 고객을 만들거나 고객을 속여 신제품에 가입하도록 속이기 시작했다.

이 사례는 심리적 안전을 확보하는 것이 장기적인 회사 성장에만 유리한 것이 아니라 중대한 비즈니스 실패에 직면하지 않기 위해서도 절대적으로 필요한 것이라는 것을 보여준다.

현장에서 근무하는 직원은 고객을 잘 알고 있다. 그들은 관리자들이 못 가진 관점과 의견을 가지고 있을 수 있다. 따라서 관리자들은 직원들이 안전하다고 느끼고 자신의 의견, 제안 및 불일치를 전달할 수 있는 공간을 만드는 것이 매우 중요하다. 이는 결과적으로 더 행복하고 건강하며 생산적인 조직을 만드는데 기여할 것이다.

5) 심리적 안전과 책임감 간의 균형을 유지한다.

심리적 안전은 팀원들이 스트레스와 불안감 없이 능력을 최대한 발휘하게 한다는 점에서 팀 성과를 위해서 매우 중요한 요소이다. 그러나 책임감이 병행하지 않는다면 그 의미를 크게 살릴 수 없다. 팀원들은 그저 안락함을 추구하게 되고 이는 모티베이션의 결여와 형편없는 성과를 낳을 가능성이 있다. 따라서 관리자의 입장에서는 팀내에 심리적 안전과 책임감 간에 적절한 균형을 유지하는 것이 중요하다.

[그림 5-5]는 심리적 안전과 책임감 간의 조합을 의미하는 2×2 매트릭스를 보여준다. 각 차원의 높고 낮음에 따라 안락 영역(comfort zone), 무관심 영역(apathy), 불안영역(anxiety zone), 학습영역(learning zone)의 네 영역이 형성된다. 이중에서 팀이나 조직성과가 높아지는 것은 학습영역에서이다. 높은 심리적 안전과 책임감이 동시에 병존할 때 팀원들은 두려움 없이 책임감을 가지고 학습을 하는 문화가 형성된다. 그럼으로써 결과적으로 팀 성과가 높아지게 된다(Edmondson, 2018).

그림 5-5 심리적 안전과 책임감의 조합

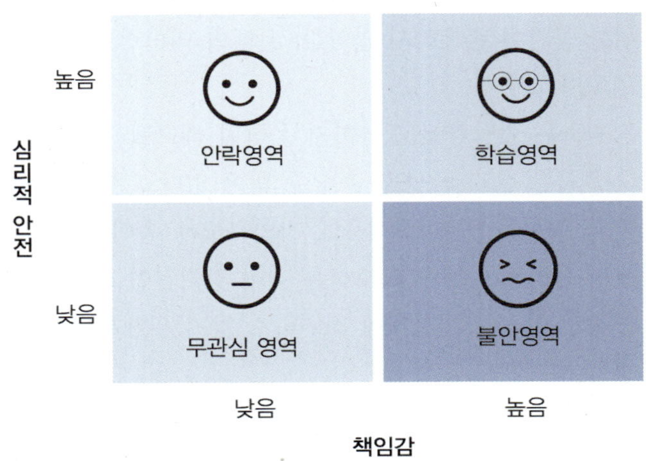

자료: Edmondson(2018).

3. 지식공유의 촉진과 지식 쌓아두기 · 지식은폐의 방지

R&D 팀의 성과를 올리기 위해서는 팀 내의 지식관리가 잘 이루어질 필요가 있다. 구체적으로는 지식(정보)의 공유가 촉진되어야 하고 부정적인 효과를 낳은 지식 쌓아두기나 지식은폐는 방지할 필요가 있다.

(1) R&D 팀에서의 지식공유

1) 지식공유의 중요성

R&D는 지식집약적인 행위이다. 즉 새로운 기술이나 제품, 과정에 대한 R&D에는 많은 지식을 필요로 한다. 때문에 R&D 팀에서의 지식공유는 필수적이다. R&D 팀 구성원들의 다양한 전문성이 복잡한 제품의 개발에 필요한 것이기는 하지만 이러한 분산화된 지식은 팀원들 간에 공유될 때에만 R&D 팀의 성과창출에 의미가 있다. 특히 현대의 R&D의 복잡성은 구성원 간 높은 과업 의존성을 야기하고 있다. 그러나 모든 팀원들이 여러 학제적 영역에 대한 지식을 모두 갖추기는 힘들다. 그러므로 지식공유는 R&D팀의 성과를 위해 모든 구성원들에게 필수적 사항이 되고 있다.

그러나 이러한 중요성에도 불구하고 R&D 팀 내에 정보공유가 자연적으로 발생하지는 않는다. 인간은 기본적으로 '지식은 파워다(knowledge is power)'라는 믿음이 있고 지식을 공유하는 것은 자신의 파워가 상실된다고 생각하는 경향이 있기 때문이다. 따라서 이러한 편견을 극복하고 팀 내 구성원들이 정보를 공유하게 만드는 관리적 노력이 필요하다.

2) 지식공유의 촉진수단

R&D 팀내의 지식(정보)공유를 촉진하기 위해서는 다음과 같은 관리적 노력이 필요하다(Xiao, et al, 2021).

① 효과적인 팀 선발 전략

R&D 업무는 상당한 정보를 필요로 한다. 따라서 구성원의 인지적 다양성이 필요하다. 그래서 팀원 구성이나 선발에서 이를 확보할 필요가 있다.

그러나 인지적 격차가 너무 크면 팀원들의 소통을 방해하고 지식공유를 저해해서 R&D 팀의 성과목표에 부정적 영향을 미칠 수 있으므로 이 점도 고려할 필요가 있다.

② 학습 및 교육 시스템 구축

R&D 인력이 지식 스톡을 늘리고 지식재산의 폭과 넓이를 증대하며 학습능력을 높일 수 있는 기회를 제공하기 위해 학습과 훈련시스템을 개발하고 구축해야 한다.

③ 지식공유에 대한 인센티브 시스템의 구축

지식공유를 촉진하기 위해서는 지식을 공유하도록 유도하는 인센티브 제도가 필요하다. 팀원들이 새로운 지식을 흡수하고 배우고, 그것들을 R&D 과정으로 통합하고 응용하는 것을 가속화할 수 있도록 동기부여를 시키기 위해 효과적인 인센티브 메커니즘을 구축해야 한다. 그러나 인센티브의 부여가 단순히 지식공유의 양에 의해 결정되는 시스템 하에서는 유용성이 떨어지는 지식 쓰레기를 증대시킬 가능성이 있다. 따라서 공유되는 지식이나 정보의 질을 평가할 수 있는 시스템이 구축되어야 한다.

④ 지식공유 플랫폼의 설립

지식공유가 활성화되기 위해서는 지식(정보)이 모이는 장터가 필요하다. 조직은 R&D 팀 내의 지식의 상호작용 과정을 강화하기 위해서 팀원들이 지닌 암묵지(tacit knowledge)[2]를 변환하고 촉진하며 형식지(explicit knowledge)를 구체화하고 내면화하는데 도움을 줄 지식공유 플랫폼을 구축할 필요가 있다. 디지털 시대에는 이를 위해 비교적 용이하게 디지털 플랫폼이나 소셜 미디어를 활용할 수 있다.

⑤ 지식공유와 관련된 위험의 감소

팀원들은 지식공유에는 위험이 따른다고 생각할 수 있다. 즉 지식공유는 팀에는 좋으나 개인적으로는 손해라는 의식이 있을 수 있기 때문이다. 따라서 공유를 통해 지식가치의 손실을 방지하는 메커니즘을 마련하는 것도 중요하다. 필요한 경우 지적재산권의 보호조치도 강구할 필요가 있다.

---

2) 암묵지(暗默知)란 학습과 체험을 통해서 개인에게 습득되지만 겉으로는 드러나지 않는 지식을 말한다. 반면 형식지(形式知)란 문서나 매뉴얼처럼 외부로 표출되어서 여러 사람이 공유할 수 있는 지식이다. 지식경영의 입장에서는 암묵지는 형식지로 전환되는 과정이 필요하다.

(2) 지식 쌓아두기, 지식은폐의 방지

R&D 팀 내의 지식관리에는 지식공유와 반대되는 부정적인 현상도 발생한다. 그 중 대표적인 것이 지식 쌓아두기와 지식은폐이다. 이 둘은 지식위험(knowledge risks)이라고도 한다.

1) 지식 쌓아두기

① 개념과 결과

지식 쌓아두기(knowledge hoarding)는 훗날 지식공유가 될지 안 될지 모르는 지식을 축적해두는 현상을 말한다(Bilginoğlu, 2019). 거의 모든 조직의 모든 직급에서 직원들은 자연스럽게 지식, 특히 가치 있는 것으로 생각되는 지식을 축적하는 경향이 있다. 이러한 현상은 쌓아둔 지식이 공유되지 않는다는 점에서 조직의 입장에서는 바람직하지 못한 현상이다.

이러한 현상이 발생하는 원인은 첫 번째는 앞서 설명한 대로 "지식은 파워다"라는 풍토 때문이다. 구성원들이 지식의 축적이 파워를 자신에게 가져다 준다고 생각하기 때문이다. 두 번째는 조직 내에 효과적인 지식공유의 플랫폼이 부재하기 때문이다.

지식 쌓아두기는 다음과 같은 결과를 초래한다.

우선 지식이 한 사람에게 저장되어 있으면 지식의 혜택을 받을 수 있는 다른 많은 사람들이 쉽게 접근할 수 없거나 지식이 존재하는지 모를 수 있다. 또한 그들은 그 지식 없이 업무를 수행하거나 그것을 찾는 데 귀중한 시간을 낭비하거나 처음부터 다시 생성해야 한다. 이는 조직의 경쟁 우위와 효율성을 감소시키고 중요한 자원을 낭비하게 한다. 끝으로 지식을 축적해 놓은 팀원이 조직을 떠나는 경우 백업이 없기 때문에 그 지식은 손실된다.

② 지식 쌓아두기에 대한 방지대책

지식 쌓아두기에 대한 조직의 방지대책으로는 다음과 같은 것들이 있다(Bilginoğlu, 2019).

첫째, 지식공유를 경영전략이나 인사전략과 통합할 수 있는 환경의 조성이 필요하다.

둘째 지식을 파워로 인식하는 생각의 변화를 유도한다. 지식공유의 이점이 파워를 잃는 비용을 초과한다는 인식을 갖게 만드는 관리적 노력이 필요하다.

셋째, 경영자는 지식을 공유하는 데서 파워가 나오는 것이지 그것을 쌓는 데서 나오는 것이 아니라는 인식을 심어주어야 한다.

넷째, 직원은 지식의 공유가 아니라 알고 있는 것으로 보상을 받기 때문에 쌓아두기를 강화하는 경향이 있다. 그러므로 지식을 공유한 사람이 보상을 받을 수 있는 인센티브 시스템을 갖출 필요가 있다.

2) 지식은폐

팀이나 조직에서 지식과 관련하여 최근 가장 부정적인 현상으로 주목을 받고 있는 것이 지식은폐이다.

① 지식은폐의 개념과 결과

지식은폐(knowledge hiding)는 개인이 의도적으로 타인이 요청한 지식을 주지 않거나 감추는 시도를 말한다(Connelly et al, 2012). 앞서 설명한 지식 쌓아두기가 고의성이 적은 반면 이는 다분히 의도적이고 고의성이 있는 행위이다.

지식은폐의 구체적인 행동에는 얼버무리기, 바보행세, 합리화된 은폐 등이 있다(Webster et al, 2008).

얼버무리기(evasive hiding)는 요청된 지식정보와 다른 것 또는 일부만 주거나 최대한 시간을 지체한 다음 주는 것을 말한다.

바보행세(playing dumb)는 요청받은 정보를 모른다고 말하거나 내가 그 지식(정보)를 주어도 되는지 모르겠다고 하는 것을 말한다.

합리화된 은폐(rationalized hiding)는 요청받은 지식을 줄 권한이 없다고 말하거나 요청받은 지식이 기밀인 경우를 말한다.

지식은폐와 앞서 설명한 지식공유, 지식 쌓아두기 간의 관계는 [그림 5-6]에서 보는 것처럼 설명될 수 있다(Silva de Garcia, et al, 2020).

[그림 5-6]에서 개인 1은 개인 2에 도움이 될 수 있는 중요하거나 관련된 지식을 소유하고 있다. 이 지식은 지식을 필요로 하는 개인이 누가 그것을 제공할 수 있는지 반드시 알지 못한다는 점을 고려하여 요청되거나 요청되지 않을 수 있다.

A 사분면은 개인 2가 개인 1에게 일부 지식을 요청했지만 개인 1이 공유하는 대신 의도적으로 자신이 알고 있는 것을 숨겨 지식 수집을 방지하기 때문에 요청된 지식을 받지 못하는 것을 보여준다. 지식은폐를 말한다.

그림 5-6 지식수집, 지식기부, 지식은폐, 지식 쌓아두기 간의 관계

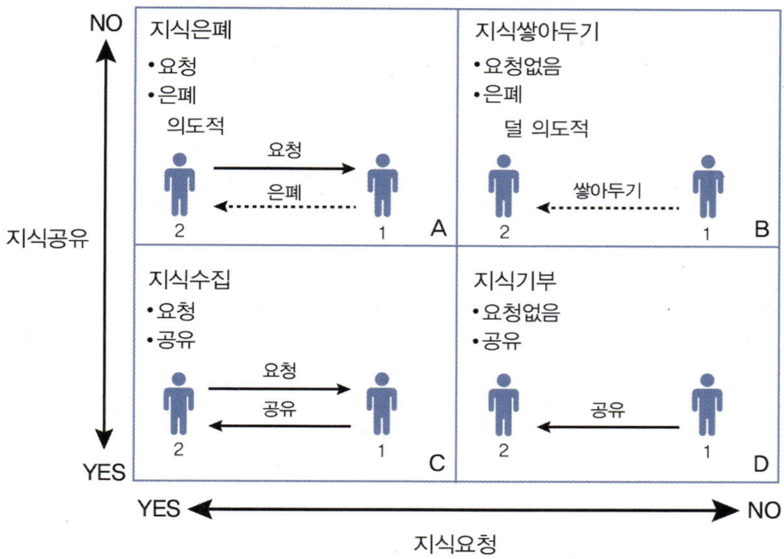

자료: Silva de Garcia, et al(2020).

대조적으로, 사분면 B는 개인 1이 그들에게 도움이 될 수 있는 지식을 가지고 있지만 개인 2가 어떤 지식도 요구하지 않는다는 것을 보여준다. 개인 1은 자신이 알고 있는 것을 자발적으로 공유하는 대신 지식을 저장하는 것을 선호하며 이러한 행동은 그림 2에서 점선 화살표로 표시되고 있다. 결과적으로 개인 1은 지식 기부를 하지 않는다. 지식 쌓아두기에 해당한다.

사분면 C와 D는 지식수집(knowledge collection) 및 지식기부(knowledge donation)로 지식공유에 해당한다. 사분면 C에서 개인 2는 지식을 요청하고 개인 1은 요청된 내용을 공유하여 지식수집 프로세스를 효율적으로 만든다. 마지막으로 사분면 D에서 개인 1은 자신의 지식이 개인 2에게 도움이 될 수 있음을 인정하고 개인 2가 공유된 지식을 요청하지 않았음에도 자발적으로 공유한다. 이는 지식기부로 가장 바람직한 지식공유의 형태라고 할 수 있다.

② 지식은폐에 대한 방지대책

지식은폐는 R&D 팀에서 업무수행에 필요한 지식공유를 저해함으로써 팀 창의성이나 팀의 R&D 성과에 부정적 영향을 미친다. 따라서 이를 방지하기 위한 적극적인 관리적 노력이 필요하다. 지식은폐를 방지하기 위한 대책에는 다음과 같은 것들이 있다(Boyes, 2020).

- 지식은폐는 구성원의 감성지능(EI, EQ) 부족 때문에도 발생한다. 감성지능 향상을 위한 교육을 실시하면 지식은폐 행위를 방지할 수 있으며 구성원들의 책임감을 높일 수 있다.
- 직원들 사이에 친 사회적(prosocial) 행동과 조직시민행동(organizational citizenship behavior)을 증진하고 공동체 의식을 고취하면 지식은폐 행동을 크게 줄일 수 있다.
- 팀 내의 신뢰(trust)가 지식은폐의 중요한 예측 변수로 확인되고 있다(Ruparel & Choubisa, 2020). 따라서 관리자는 직원 간의 응집력 구축을 목표로 하는 워크숍을 실시하여 직원 간의 신뢰 구축에 힘써야 한다.
- 직원들과 지속적으로 피드백을 공유하는 것(예: 격주 또는 한 달에 한 번)은 팀 간의 학습 분위기(mastery climate)[3]를 조성할 수 있다. 학습 분위기는 협력, 학습 및 스킬발전을 촉진하며 이는 다시 지식공유를 촉진한다. 조직에서 학습 분위기를 조성하는 것은 또한 심리적 안전(psychological safety)을 촉진함으로써 팀 간의 지식 은폐 행동을 줄이는 데 도움을 준다.
- 직원들이 서로를 알아가는 것을 포함하는 조망수용(perspective taking)[4]은 지식은폐를 줄일 수 있다.
- 시간 압박은 지식은폐의 선행 요인으로 확인되고 있다. 지식 이전을 촉진하려는 조직은 역할 과부하, 역할 모호성, 업무 과부하 및 갑작스러운 마감일 설정을 줄여야 한다. 직원이 작업을 급히 완료해야 하는 시간 압박을 덜 받으면 조직의 생산성이 향상될 수 있다.
- 지식은폐에는 감정적 부분이 담겨져 있으며 감성 기반 상호주의 메커니즘에 기반 하고 있다. 그러므로 구성원들이 정서적으로 스스로에게 애정을 갖게 되면 부도덕하고 자기중심적인 행동보다는 도덕적이고 조직을 위한 행동에 관여할 수 있게 된다.
- 직원들 사이에 윤리적 가치를 구축하면 직원 간의 가학적 감독의 부작용을 줄일 수 있다.
- 신경증 성향의 직원을 식별해서 이들을 교육하면 직장에서 지식을 숨기는

3) 학습 분위기(mastery climate)는 협조, 개인/팀 발전의 강조, 과업의 학습과 숙달을 강조하는 분위기를 말한다. 반면 이와 상반되는 성과 분위기(performance climate)는 규범적 비교와 팀 간 경쟁을 조장한다.
4) 조망수용은 타인의 관점을 받아들이는 것으로 역지사지(易地思之)의 자세를 말한다

행동을 줄이는 데 도움이 될 수 있다.

- 개인의 경쟁력은 회피적인 지식은폐의 선행 조건이 될 수 있다. 스스로 경쟁력이 부족하다고 느끼는 직원은 지식은폐에 개입할 가능성이 크다. 따라서 직원의 역량을 높이고 기술을 향상시키는 교육은 지식은폐 감소에 도움이 될 수 있다.

실무자를 위한 가이드라인

✔ R&D 팀의 규모는 작은 것이 좋다. 10명을 넘지 않는 것이 바람직하다. 작은 팀의 중요성을 아마존의 베조스는 '피자 2판' 규칙으로 설명하고 있다.

✔ R&D 팀의 다양성은 약이 될 수도 독이 될 수도 있다. 팀 내 다양성은 창의적인 문제해결에 도움이 되는 것으로 인식되고 있으나 인지적 다양성이나 심층 수준 다양성이 R&D 팀의 성과와 긍정적으로 연결되려면 팀원 간 불신과 갈등을 조정할 수 있는 리더의 관리 역량에 중요하다.

✔ 복합기능 팀(cross functional team)이 효과적으로 작동하려면 팀원들이 자기 소속 부서의 아이덴티티를 추종하는 대신 수퍼 아이덴티티를 갖도록 유도해야 한다.

✔ 팀의 응집성은 팀 창의성과 혁신에 때로는 긍정적으로 때로는 부정적으로 작용할 수 있다. 응집성은 때로는 다양하고 활발한 아이디어의 발산을 억제할 수도 있다. 응집성이 높은 팀은 협업과 구심력 활용이 필요한 R&D 과업에서 그 효과가 크다.

✔ R&D 팀의 팀워크 조성을 위해서는 지나친 경쟁을 유발하는 성과관리 시스템의 개편, 동료애와 팀웍에 대한 보상, 팀 내 평탄구조, 협업을 장려하는 사무실 공간배치 등이 중요하다. SNS 등 신기술도 적극활용해야 할 필요가 있다.

✔ 한 R&D 팀이 탁월한 수퍼스타를 가지고 있다는 것은 큰 자산이다. 그러나 이것이 진정한 자산이 되려면 여타 팀원들과의 원만한 관계를 형성할 수 있는 관리자의 조정능력이 필요하다.

✔ Google의 연구에 의하면 R&D 팀의 성공과 관련된 핵심동인에는 다섯 가지가 있지만 가장 중요한 것은 심리적 안전이다

✔ 그에 앞서 심리적 안전을 연구한 하버드 대학의 Edmondson 교수의 연구에 의하면 병원에서 실적이 가장 좋은 팀이 실수가 가장 많이 보고되었다. 그것은 실수를 가장 많이 한 것이 아니라 안전한 팀 분위기로 인해 편하게 실수를 보고할 수 있는 분위기 때문이었다.

✔ 심리적 안전은 팀의 성과 특히 창의성과 혁신과 긴밀한 관계가 있다.

✔ 팀에서 심리적 안전을 높이기 이해서는 심리적 안전을 장려하는 구조와 시스템을 만들어야 하고 리더가 모범적인 행동을 보여야 한다. 즉 비판을 호기심으로 대체하고 실수를

했을 때는 흔쾌히 인정하고 피드백이 있을 때는 감사의 표현을 해야 한다.

- ✔ 팀에서의 심리적 안전의 중요성을 감안하여 이를 정기적으로 측정해야 한다.
- ✔ 팀 내에 심리적 안전과 책임감 간에 적절한 균형을 유지하는 것이 중요하다.
- ✔ 높은 심리적 안전과 함께 책임감이 동시에 병존하는 것이 중요하다. 그 때 팀 원들은 두려움없이 책임감을 가지고 학습을 하는 문화가 형성되고 그럼으로써 팀 성과가 높아지게 된다.
- ✔ R&D 팀의 성과를 높이려면 팀 내 지식관리에도 신경써야 한다. 지식공유를 촉진함과 동시에 부정적 현상인 지식 쌓아두기와 지식은폐 현상을 이해하고 방지대책을 강구해야 한다.

06 CHAPTER

R&D 팀의 의사소통과 갈등관리

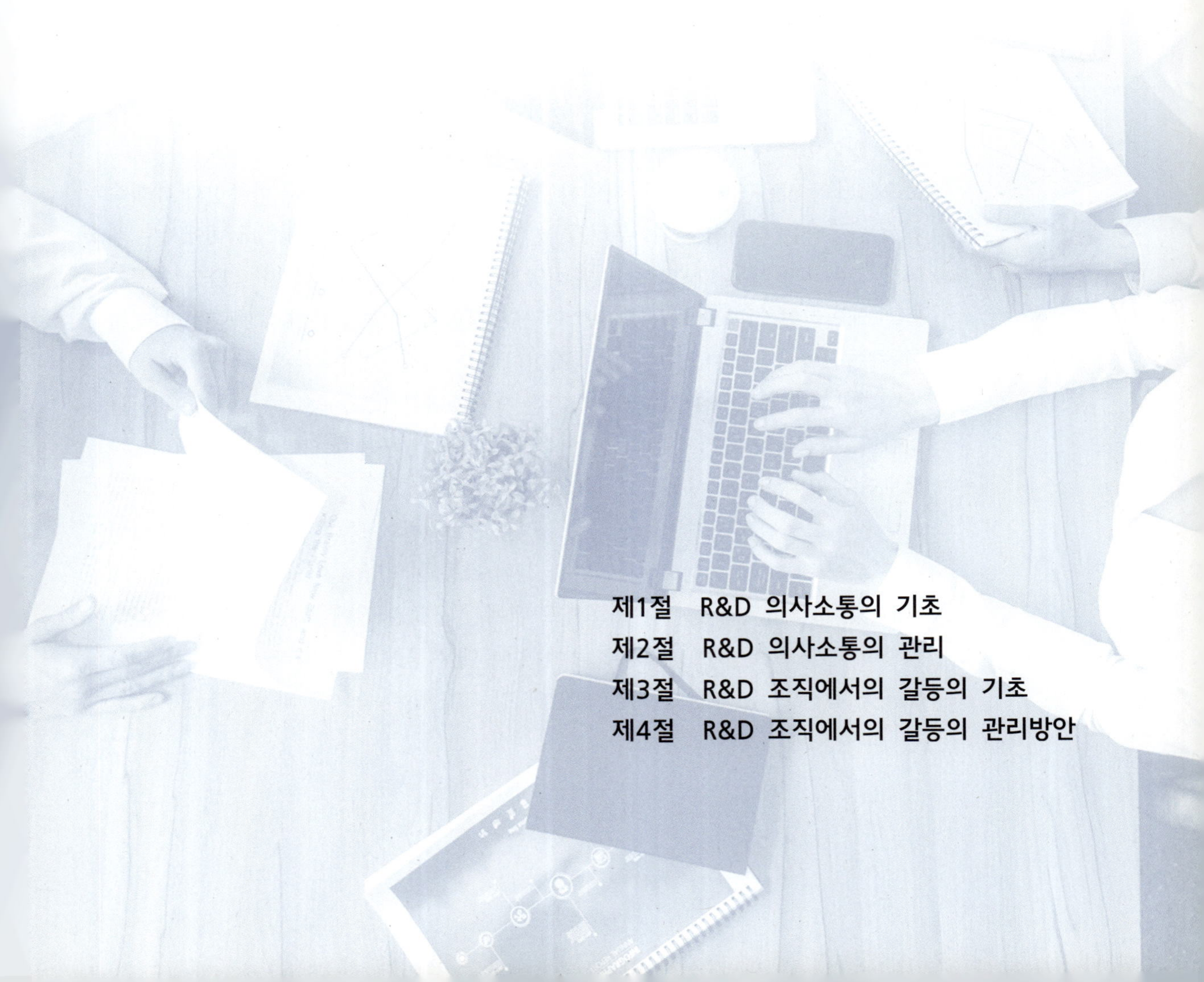

제1절 R&D 의사소통의 기초
제2절 R&D 의사소통의 관리
제3절 R&D 조직에서의 갈등의 기초
제4절 R&D 조직에서의 갈등의 관리방안

제 1 절 R&D 의사소통의 기초

1. R&D에서의 의사소통의 중요성과 종류

(1) R&D에서의 의사소통의 중요성

펜지어스(Arno Allan Penzias)는 1978년 노벨상을 수상한 물리학자이다. 그는 우주 초단파 배경복사 발견에 대한 공으로 로버트 윌슨(Robert Woodrow Wilson)과 함께 노벨상을 공동수상했다. 그는 독일 태생이었지만 미국으로 이민해 벨(Bell) 연구소의 전파연구소장까지 역임한 바 있다.

누군가가 그에게 노벨상 수상의 비결에 대해 물어본 적이 있었다. 그의 대답은 인상적이었다. "길고 넓은 낭하와 엘리베이터가 없다는 것(long, wide corridors and no elevator)"이 그가 말한 노벨상 업적의 배경이었다. 벨 연구소의 물리적 환경의 특징과 중요성을 말해줌과 동시에 연구개발에서의 소통의 중요성을 시사하는 명답이라고 할 수 있다.

오늘날의 많은 연구개발은 다양한 분야의 연구자들의 우연한 마주침과 대화속에서 태동하는 경우가 많다. 우리가 늘 경험하는 것처럼 엘리베이터 내에서는 대화가 없는 경우가 많다. 그에 비해 식당까지 가는 넓고 긴 낭하가 있다면 연구자들은 개인적인 잡담도 나누겠지만 연구와 관련된 다양한 분야의 사람들과 접촉이 자연스럽게 이루어질 수 있는 것이다.

이러한 우연한 접촉이나 만남과 같은 의사소통은 R&D에서 중요한 활동을 구성한다. 미국과학재단(NSF)의 한 연구에 의하면 연구자의 시간배분 중 50.9%가 정보입수 및 처리에 사용되고 있다는 것이다.

더구나 오늘날은 기술융합이나 학제 간 연구개발이 증대하고 있어 R&D 팀이나 프로젝트내에서 여러 분야의 팀원 간의 소통과 협업이 어느 때보다도 중요해 지고 있다. 그러므로 팀이나 프로젝트 내에서 구성원 간에 또는 외부전문가와의 원활한 의사소통은 R&D 성과 도출에 있어 매우 중요하다. 따라서 내 외부 의사소통을 촉진할 수 있는 관리적 방안의 강구가 매우 중요한 과제가 되고 있다.

(2) R&D에서의 의사소통의 종류

1) 내부 의사소통과 외부 의사소통

① 내부 의사소통(internal communication)

연구개발자가 조직 내 구성원과 갖는 의사소통이다. 여기에는 같은 분야 구성원과 갖는 동질적 내부 의사소통, 상 하급자와 갖는 수직적 의사소통, 다른 분야 구성원과 갖는 이질적 내부 의사소통이 있다.

② 외부 의사소통(internal communication)

연구개발자가 조직 외부의 전문가들과 갖는 의사소통이다. 여기에는 동종 기술분야의 외부전문가와 갖는 동질적 외부 의사소통과 다른 기술분야의 외부전문가와 갖는 이질적 외부 의사소통이 있다.

2) 대면과 비대면 의사소통

① 대면 의사소통(face to face communication)

이는 얼굴을 맞댄 상태에서의 의사소통을 말한다. 언어나 바디 랭귀지같은 비언어적 의사소통이 포함된다.

② 비대면 의사소통(untact communication)

얼굴을 직접대면하지 않는 의사소통이다. 전화나 화상, 또는 문서에 의한 의사소통이다. 최근 특히 COVID 19 팬데믹 이후 비대면 의사소통의 비중이 크게 늘고 있다.

하지만 R&D에 있어서 여전히 대면 의사소통의 중요성을 강조하는 주장이 있다. 한 연구에 의하면 494개의 기술문제해결 정보 중 문헌에 의한 것은 11%, 나머지 89%는 개인적 접촉에 의한 것이었다(Allen, 1984). Google이나 Naver, Youtube 등과 같은 검색엔진의 발달에 의해 인터넷 상에서 쉽게 많은 정보를 획득하는 것이 가능해졌지만 진짜 중요한 기술리포트 등은 대면 접촉에 의해 입수되는 경우가 많다. 여전히 인간(human being)이 효과적인 정보의 원천인 경우가 적지 않다.

2. R&D 정보를 위한 의사소통의 방식

다음은 R&D 인력들이 필요한 정보를 획득하는 방식과 R&D 성과와의 관련성에 대해 살펴보기로 한다.

(1) 내부 의사소통과 R&D 성과

내부 의사소통과 R&D 성과와의 관련성에 대해서는 다음과 같은 사실이 밝혀지고 있다.

1) R&D 과업 특성에 따라 다르다. 개발의 경우에는 내부 의사소통이 많을수록 성과가 높다.

내부 의사소통과 R&D 성과와의 관련성은 R&D 과업특성(연구, 개발, 기술서비스)에 따라 달라진다. Allen은 R&D의 종류를 연구, 개발, 기술서비스의 세 종류로 분류하고 있다(Allen, 1977). 개발을 담당하는 엔지니어들에 있어서는 의사소통이 많은 엔지니어들이 성과가 높았다. 반면 연구나 기술서비스에서는 내부 의사소통과 성과와의 관련성이 발견되지 않았다.

Pelz and Andrews(1966)는 기술적 성과가 엔지니어가 프로젝트내의 동료와 갖는 개인적 접촉의 빈도와 다양성과 상관관계를 갖는다는 것을 발견했다. 또한

그림 6-1 내부 의사소통과 성과

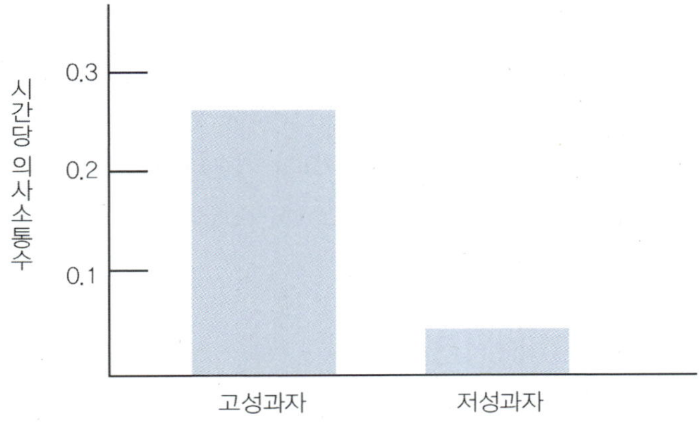

자료: Allen(1977).

Allen은 엔지니어들의 내부 의사소통과 관련해서 다음과 같은 사실들을 확인했다(Allen 1977).

첫째, 엔지니어는 과학자보다 정보를 얻을 때 동료에게 더 많이 의존한다.

둘째. 성과가 높은 엔지니어들은 그들의 문제 해결을 위해 다른 출처(예: 문헌)보다 동료를 더 자주 사용한다. 즉 [그림 6-1]에서 보듯이 동료들과 협의(consultation)의 빈도가 높았다.

셋째, 성과가 높은 엔지니어일수록 [그림 6-2]에 나온 것처럼 프로젝트 내 동일 기술분야 직원들이나 프로젝트 외의 다른 기능 분야 동료들과 더 많이 의사소통한다는 사실을 발견했다(Allen et al, 1980).

그림 6-2 의사소통의 대상이 되는 동료의 수와 위치

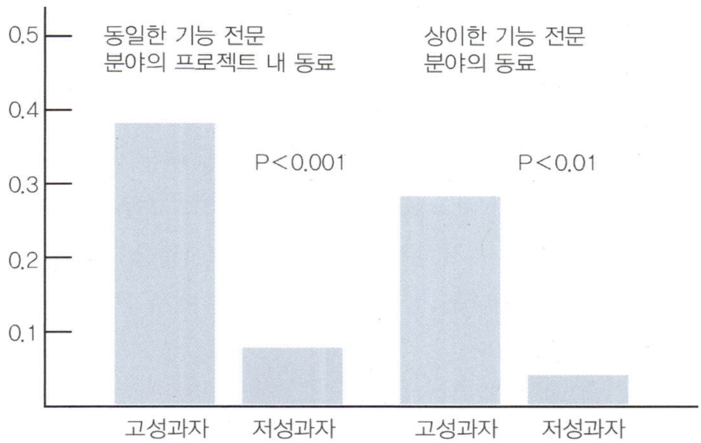

자료: Allen et al(1980).

2) 내부 의사소통의 구조는 R&D 과업 특성에 따라 차이가 있다. 연구에서는 균등한 커뮤니케이션이 바람직하다.

내부 의사소통의 구조는 R&D 과업 특성에 따라 차이가 있다. 이는 연구와 기술서비스에서 가장 큰 차이를 보인다. 기술서비스에서는 담당 관리자가 의사소통의 중심을 이룬다. 즉 여타 조직이나 팀과 다르지 않은 의사소통 구조를 갖고 있다. 반면 연구에서는 관리자가 의사소통을 독점하는 것은 바람직하지 못하고 오히려 역기능을 발생시킨다. 연구는 개발이나 기술서비스보다 독립적으로 이루어지므로 개개의 연구자의 균등한 커뮤니케이션이 바람직하다(Allen et al, 1980).

(2) 외부 의사소통과 R&D 성과

1) 외부 의사소통은 내부 의사소통보다도 중요하다.

연구개발자가 필요한 정보의 획득을 위해 외부 의사소통을 갖는 것은 전술한 내부 의사소통보다 더 중요한 경우가 많다. 문제해결의 중요 정보의 2/3는 조직 외부에 존재한다(Allen, 1977). 또 의사소통과 성과와의 관련성의 정도가 내부보다 외부의 경우 2배 높다는 주장도 있다(Hagstrom, 1965). 그리고 프로젝트 멤버들이 내부 기술 스탭에게 정보를 많이 의존할 것 같아도 실제로는 기업 외부로부터 아이디어의 대부분을 획득한다는 것이다.

연구개발자 특히 개발 엔지니어가 내부 의사소통보다 외부 의사소통을 많이 활용하는 이유는 심리적 비용으로 설명되기도 한다. 엔지니어는 외부인으로부터 얻은 정보의 품질이 훨씬 열등하더라도 자신의 동료보다 정보를 얻기 위해 조직 외부의 낯선 사람에게 접근하는 경우가 많은데 이는 조직 동료가 고비용 정보 원천이기 때문이다(Gerstberger, & Allen, 1968). 그들은 조직 동료에게 정보를 구하면 동료들 사이에서 자신의 평판이 손상되는 것을 두려워한다. 다시 말해 동료의 도움을 필요로 한다는 것을 인정하는 것은 매우 큰 심리적 비용을 지불하는 것처럼 느껴지는 것이다.

2) 외부 의사소통의 방식은 과업특성에 따라 달라져야 한다.

연구개발자의 외부 의사소통 방식은 과업특성(연구, 개발, 기술서비스)에 따라 달라져야 한다(Allen, 1984). [그림 6-3]에서 보듯이 연구의 경우에는 연구자가 개별적으로 직접 외부 정보원천과 소통한다. 연구자는 이를 원하고 또 이러한 방식이 효과적이다.

반면에 개발에 종사하는 엔지니어들의 경우에는 직접 외부와 소통하기 보다는 다른 핵심인물들에 의존하여 필요한 정보를 얻는 간접적인 방식이 많이 활용되고 또 그것이 효과적이다.

그러한 이유로는 여러 가지가 있는데 우선 엔지니어들은 기술 문헌을 잘 읽지 않으려는 경향이 있다. 또 외부인을 많이 접촉하나 별로 효과를 못 보는 경우가

그림 6-3 R&D 과업특성과 외부 의사소통

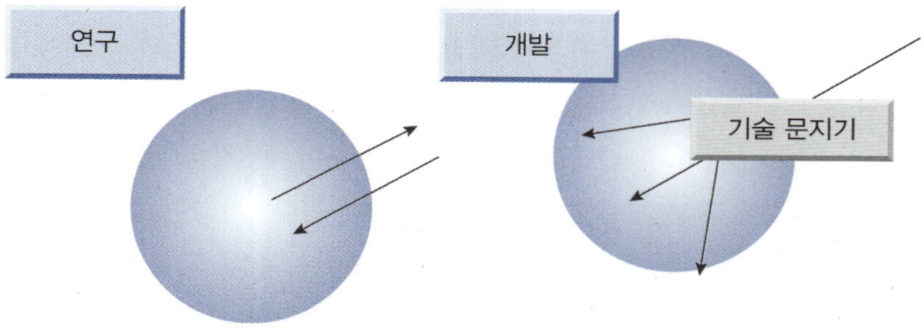

있는데 이는 엔지니어의 특성상 외부 전문가와 효과적인 의사소통이 잘 안되기 때문이기도 하다. 그래서 정보유입수단으로 조직 내 소수의 핵심인물에게 의존하게 된다. 이러한 역할을 하는 사람을 '기술 문지기(technological gatekeeper)'라고 한다. 즉 개발을 담당하는 엔지니어들의 경우에는 기술문지기를 통한 외부 의사소통이 보다 효과적인 방법이다.

3. 기술문지기(technological gatekeepers)의 역할

(1) 기술문지기의 개념과 특성

앞서 개발연구에서는 외부 의사소통을 함에 있어 기술문지기에 의한 간접적 소통이 많고 또 그것이 효과적임을 언급한 바 있다.

기술문지기(technological gatekeeper)란 기술혁신에 관한 정보를 외부로부터 조직으로 유입하는 경로가 되는 조직 혹은 집단에서의 역할을 말한다. 이러한 역할을 하는 사람은 조직 내외의 전문가와 소통하면서 기술적 정보를 획득, 번역, 보급하는 창구 역할을 한다. 기술문지기는 외부로부터 조직을 지킨다는 의미는 아니고 조직의 경계에서 조직 외부의 정보 동향을 파악해 조직 내부로 연결해준다는 의미로 이해하는 것이 바람직하다. 조직론에서 말하는 경계연결 역할(boundary spanning role)에 해당한다고 할 수 있다(Tushman and Scanlan 1981).

R&D 단위는 어느 것이든 자기완결적인 경우는 드물고 외부로부터의 정보유입이 필수적이다. 이때 외부 정보 유입이 숙련된 기술문지기에 의해 주도될 때 가

장 최적이라는 것이 여러 연구에서 입증되고 있다(Katz & Tushman, 1983; Taylor, 2007).

외부로부터의 정보는 미래의 기술 개발을 위한 씨앗임과 동시에 회사의 미래 '흡수 역량'(absorptive capacity)을 구축하는 데 도움이 된다(Cohen 및 Levinthal, 1990). 1970년대와 1980년대 초에 걸쳐서 과학 및 기술 정보가 R&D 그룹에 유입되는 과정에 대한 연구가 활발하게 이루어졌다. 이러한 흐름을 대표하는 것이 MIT의 Thomas Allen에 의해 이루어진 연구이며 주요 연구성과들이 그의 저서인 '기술흐름의 관리(Managing the Flow of Technology)'에서 발표되고 있다(Allen, 1977). Allen에 의하면 [그림 6-4]에서 볼 수 있듯이 모든 R&D 전문가가 외부 정보 원천과 직접 연결되어있는 것은 아니며 중요 정보가 2 단계 또는 다단계 프로세스를 통해 R&D 그룹에 들어온다는 것이다. 그는 여러 R&D 그룹의 의사소통 패턴을 분석한 결과, R&D 전문가와 외부 세계를 중재하는 소수의 핵심 인력이 존재하는 것을 발견했다. 그리고 이러한 개인은 외부 기술정보가 R&D그룹으로 유입되는 '게이트(gate)'역할을 하므로 '기술문지기'(technological gate-keeper)라고 이름했다. 기술문지기는 내부 동료 및 외부 정보 소스와 밀접하게 연결되어 있으며 조직 내부와 외부의 두 시스템 간에 정보를 이어질 수 있는 능력을 보유한 핵심 엔지니어라고 할 수 있다(Allen 1977; Tushman and Scanlan 1981).

기술문지기가 반드시 R&D 조직이나 팀의 관리자일 필요는 없다. 관리자가 아니더라도 개인의 특성상 외부정보에 민감하고 소위 안테나가 높은 사람들이 존

그림 6-4 기술문지기의 역할(2단계 의사소통)

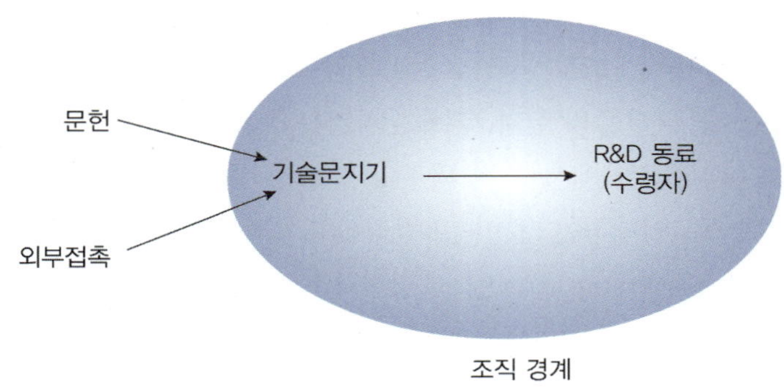

자료: Allen(1977).

재한다. 이러한 사람들은 조직의 공식적인 직함에 관계없이 기술문지기의 역할을 수행할 수 있다.

일반적으로 기술문지기의 역할을 하는 사람들은 다음과 같은 특성이 있다(Arora, 1987).

첫째, 외부정보에 대한 지향이 남들과 다르다. 그들은 호기심이 많고 새로운 정보를 접하는 것을 즐긴다.

둘째, 평소 독서량이 많고 특히 어려운 문헌을 많이 읽는다.

셋째, 전문 공학 및 저널의 탐독도 일반 기술자들보다 더 많다.

넷째, 조직 외부의 기술인력들과의 친교관계도 넓고 장기적인 관계를 유지한다.

이러한 기술문지기는 R&D팀 내에서 자연발생적으로 나타나기도 하지만 조직에 의해 공식적으로 지정될 수도 있다. 후자의 경우라면 위에서 설명한 특성을 지닌 사람에게 역할을 지정하는 것이 효과적일 것이다.

(2) 인터넷의 발전과 기술문지기 역할의 분업

오늘날은 인터넷 기술의 발전에 따라 지식근로자가 정보를 획득하고 공유하는 방식에 커다란 변화가 생기고 있다. 이제는 누구나 손쉽게 기술적 정보의 접근과 획득이 가능해지고 있다. 그래서 과거처럼 특정 소수의 개인들만이 기술전문가나 외부정보에 접근이 가능했던 시대와는 다르다.

따라서 과거 소수 특정인에 의해 맡았던 기술문지기 역할에 대한 Allen의 모델의 수정이 필요하다는 주장이 제기되고 있다. 한 연구(Whelan, et al, 2010)에서는 의료기구 R&D 그룹에 대해 사회적 네트워크 분석과 면접 조사를 통해 다음과 같은 사실을 밝히고 있다. 기술문지기 역할이 여전히 중요하기는 하지만 이 역할이 이제는 한 사람에 의해 수행될 필요가 없다. 그 대신에 현대의 R&D 집단은 내부와 외부 의사소통 전문가의 적절한 조합을 통해 최신 기술정보를 쫓아가야 있다는 입장을 취하고 있다.

이들의 연구에 의하면 기술문지기의 역할에는 분업이 필요하다. [그림 6-5]에서 보듯이 외부정보를 획득하고 취사선택하는 외부 의사소통 전문가가 있고 이러한 정보를 받아 내부에 의사소통하는 전문가가 따로 존재한다.

그림 6-5 인터넷의 발전과 기술문지기 역할의 분업

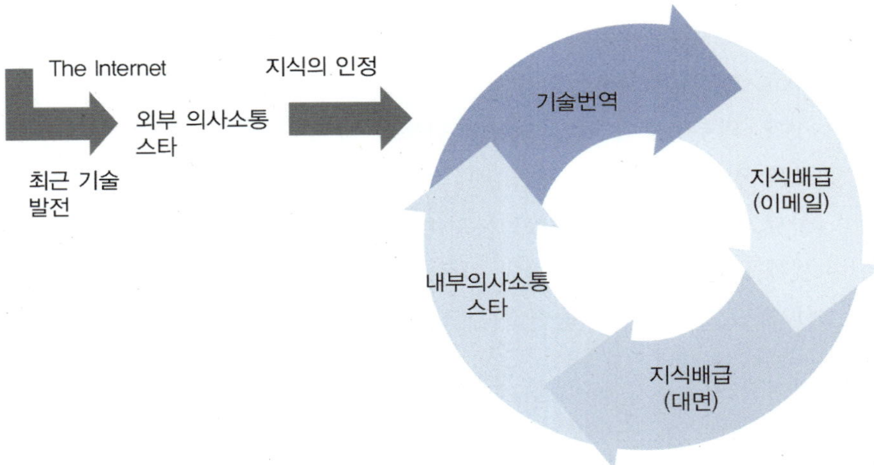

자료: Whelan, et al(2010).

조직 외부에는 기술정보가 넘쳐난다. 문제는 이러한 정보 중에 조직에 필요하고 귀중한 정보를 판별하고 이를 조직 내부에 유입하는 전문적 식견을 가진 스타가 필요하다. 이들은 해당 산업 분야에 경험이 있고 전문성을 보유하고 있어야 한다. 때로는 이들은 박사학위 소지자들이다. 정보 흐름 네트워크에 대한 기여도를 극대화하기 위해 이 외부 의사소통 스타(external communication star)에게는 일상적인 관리 업무에서 벗어나 새로운 기술과 트렌드에 대해 외부 환경을 스캔하는 데 필요한 시간이 할당되어야 한다. 자원 측면에서 필요한 것은 인터넷에 연결된 컴퓨터뿐이다. 그러나 학술회의나 전시회와 같은 외부 네트워킹 이벤트에 대해 외부 스타에게 우선순위가 부여될 필요가 있다. 이처럼 외부 의사소통 스타는 귀중한 외부정보를 얻는 데만 특화된다.

그러나 이러한 정보를 내부 네트워크를 통해 배포하는 것은 또 다른 사람의 역할이다. 이 역할은 여기에 특화된 내부 의사소통 스타(internal communication star)에 의해 수행된다. 내부 의사소통 스타는 다른 사람을 파악하는 데 타고난 재능이 있는 사람이다. 이 개인들은 전문 분야에 대한 깊은 지식을 소유하기보다는 광범위한 분야에 대한 지식을 보유하고 있어야 한다. 그래서 정보가 필요한 사람을 정확히 찾아내어 이들에게 전달하는 역할을 한다.

경영진이 이러한 개인들이 수행하는 귀중한 역할을 인식하지 못하면 정보 보급 노력이 원활하게 이루어지지 못할 위험이 생긴다. 내부 의사소통 스타는 네트워크에 대한 기회와 자원이 필요하다. 이러한 내부 스타들을 회사 전체의 여러 프로젝트에 참여시키는 것은 효과적인 정보 보급자가 될 수 있으면서 필요한 네트워크를 보다 신속하게 구축할 수 있게 해준다. 또한 외부 스타와 내부 스타 사이의 연결이 잘 이루어지게 만드는데도 관리적 배려가 필요하다. 이러한 연결이 잘 이루어져야만 귀중한 기술정보가 내부로 통합될 수 있다.

제 2 절 R&D 의사소통의 관리

1. NIH 증후군의 관리

R&D 조직이나 팀이 성과를 내려면 원활한 내 외부의 의사소통이 필요하다. 그러나 R&D 집단에는 의사소통을 감소시키는 NIH증후군이라는 현상이 발생할 수 있다.

(1) NIH 증후군의 개념과 원인

NIH 증후군(Not invented here syndrome)은 말 그대로 여기서 개발한 것이 아니다(Not invented here)라는 의미로, 자기 집단이 아닌 제 3자가 개발한 기술이나 연구 성과는 인정하지 않고 폄훼하는 배타적 조직문화 또는 그러한 태도를 말한다. 이러한 병적 증상이 발생하면 R&D 팀이 주어진 문제에 대한 해법을 자신 또는 조직 내부의 역량만을 고집하여 해결하려는 배타적인 현상이 나타난다. NIH 증후군은 타인이나 다른 조직에서 나온 기술이나 아이디어는 무시하거나 수용하지 않으려 한다는 점에서 소통과 협업을 어렵게 만드는 장애 요인으로 작용한다. 따라서 팀내 원활한 의사소통을 확보해야 하는 관리자나 조직의 입장에서는 주의의 대상이 된다.

심리학적으로 NIH 증후군이 발생하는 이유는 다양하다. 일단은 타인이 개발한 작품을 이해하지 못할 것 같은 두려움도 있고, 또 다른 사람의 작품에 대해 인정하지 않으려는 일종의 질투심도 작용하여 타인의 기술이나 아이디어 등을 수용하지 않으려고 할 수도 있다. 사회적으로 보면 이러한 태도는 부족주의(tribalism) 형태의 일환으로 다른 문화에서 유래한 물품이나 제도를 받아들이지 않으려는 것과 비슷하다.

이러한 NIH 증후군은 연구팀이 조직되어 구성원의 입, 출입이 없이 일정한 시간이 흐르면 발생할 가능성이 커진다. [그림 6-6]에서 보듯이 연구인력의 유동성이 줄어들면 구성원들의 행동이 정형화된다. 그리고 시간이 흐를수록 그들은 동질화된다. 이러한 상황에서는 지금이 서로 편하기 때문에 외부 의사소통의 필요성을 느끼지 못하게 되고 의사소통은 감소한다. 한편 연구인력의 유동성이 줄고 시간이 흐르면 역할의 분화가 자연스럽게 이루어져 내부 의사소통도 감소한다. 그리고 이러한 외부, 내부 의사소통은 연구개발 성과의 저하로 연결된다.

그림 6-6 NIH 증후군의 원인과 결과

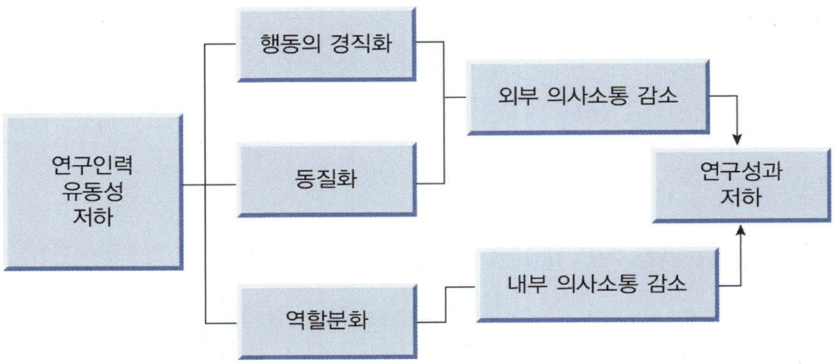

조직론의 관점에서 보면 팀이 형성되어 시간이 흐르면 두 가지 효과가 발생한다(Katz, 2003). 하나는 '팀 형성 효과(team building effect)'이다. 즉 팀 형성 초기에는 개인들이 차이점 때문에 갈등을 빚으나 점차로 차이점을 해소하고 안정화를 이루어 팀이 정상적인 성과활동을 할 수 있게 된다. 이러한 효과는 조직에 긍정적인 효과이다. 반면에 다른 하나의 효과는 앞서 설명한 'NIH 증후군 효과'이다. 이는 의사소통을 감소시켜 성과를 저하시킨다는 점에서 부정적인 효과이다. [그림 6-7]에서 보듯이 이 두 효과는 시간이 지나면서 교차한다. 즉 팀이 인력의 유동성이 떨어진 상태에서 팀의 존속기간이 길어지면 NIH 증후군 효과가 팀 형성 효과를 압도하게 된다. 즉 팀 전체적으로 부정적 효과가 더 커질 가능성이 생기는 것이다.

그림 6-7 장기간 존속하는 팀에서 발생하는 두 효과

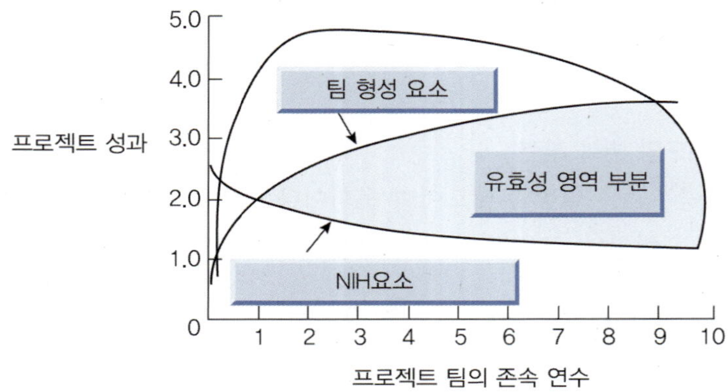

자료: Katz(2003).

(2) NIH 증후군의 극복방안

NIH 증후군은 성과를 하락시킬 가능성이 크기 때문에 이를 극복하는 방안이 마련될 필요가 있다. 이와 관련한 관리적 방안으로는 직접적인 대응조치와 간접적인 대응조치가 있을 수 있다.

1) 직접적인 대응조치

직접적인 대응조치는 NIH증후군을 감소시키거나 제거하기 위한 강력한 조치이다.

① 정기적인 새로운 피의 수혈과 로테이션

NIH증후군은 인력의 유동성이 없으면서 팀이 장기화되는 과정에서 발생할 수 있다. 따라서 물이 고여 썩지 않게 새로운 피(인재)를 유입하거나 정기적 순환을 통해 재임기간이 긴 팀원들의 물갈이가 필요하다(Kathoefer & Leker, 2012).

② 상황적합적인 리더십의 발휘

장기간 유지되는 R&D 프로젝트 팀의 경우 NIH증후군을 방지하기 위해서는 프로젝트 관리자의 역량이 중요하다. 특히 상황적합적 대응이 필요하다. 일반적으로 R&D 팀에 대해서는 참여적 스타일의 리더십이 필요하지만 장기 재임자가

많은 팀에 대해서는 때로는 리더십을 달리할 필요가 있다(Katz & Allen, 1982). 일반적인 R&D 팀에는 자율성과 임파워먼트가 필요하지만 오래된 팀에 대해서는 NIH 증후군의 발생가능성을 줄이기 위해 어느 정도의 통제가 불가결하다. '지시와 통제'의 범위가 큰 전통적 경영 방식으로의 회귀도 필요할 수도 있다. NIH증후군의 방지를 위해서는 팀 관리자의 면밀한 관찰과 개입이 필요하다고 할 수 있다

③ 태도의 변화 훈련

NIH증후군은 일종의 태도이며 문화이다. NIH증후군의 존재와 역기능에 대한 다양한 훈련이나 교육을 통해 팀원들의 태도변화를 꾀할 수 있다.

2) 간접적인 대응조치

NIH 증후군을 줄이려는 직접적인 조치는 팀원들의 반발 등 다소 위험이 따른다. 또한 태도변화는 시간과 비용이 걸리는 과정이다. 따라서 짧은 시간에 NIH 증후군의 부정적 측면을 감소시킬 수 있는 간접적인 대응조치가 보다 효과적이라는 주장도 있다(Antons and Piller, 2015). 이는 NIH 증후군 자체를 제거하기보다는 그 존재를 인정하는 상태에서 부정적 결과(행위)를 감소시키는 간접적인 방식이다.

① 역지사지(易地思之) 기법의 도입

회의나 워크숍 등의 조직의 일상에서 타인의 관점에서 생각하는 역지사지의 기법들을 적극 활용하는 방법들이 NIH증후군의 부정적 효과를 감소시킬 수 있다(Hannen, 2019). 여기에는 '조망수용'이나 '여섯 색깔 사고 모자 기법' 등과 같이 외부정보에 대한 '편견제거 기법(debiasing techniques)'들이 도움이 될 수 있다.

'조망수용(perspective taking)'은 자기 자신의 관점과 타인의 관점을 별개의 것으로 구분하여 타인의 생각, 감정, 지식 등을 그 사람의 관점에서 이해하는 능력을 의미한다.

'여섯 색깔 사고 모자 기법(Six Thinking Hats)'은 회의 참여자들이 각각 중립적, 감정적, 부정적, 낙관적, 창의적, 이성적 사고를 뜻하는 여섯 가지 색깔의 모자를 차례대로 바꾸어 쓰면서 모자 색깔이 뜻하는 유형대로 생각해보고 발언하는 방법이다. 서로 다른 관점에서 동시에 중구난방으로 논의하는 것을 방지하며, 여러 가지 다른 측면에서 사고하게 해준다는 장점이 있다.

② NIH증후군의 특성을 이용한 부정적 효과 감소

NIH증후군의 특성을 활용하면서도 그 부정적 효과를 줄이는 방안도 생각할 수 있다(Enclaria, 2015).

첫째, NIH증후군이 발생하는 한 가지 이유는 소유권(ownership)과 관련된 것이다. 자기 생각이야말로 내 것이기 때문에 이를 고집하는 것이다. 그래서 팀원들이 외부의 생각이나 관행을 채택하도록 하기 위해서는 그것도 자기 것이라는 의식을 심어주는 것이 필요하다. 그들에게 다른 관행에 대해 배울 수 있는 기회를 주어 그것을 내 것으로 인식하게 만들 수 있는 방법이 도움을 줄 수 있다.

둘째, NIH증후군이 발생하는 또 하나의 토양은 구성원들이 '우리는 다르다 different)'라는 의식을 갖는 점이다. 따라서 새로운 관점이나 관행에 대한 저항이 발생할 때 기존의 것과 새로운 것 양자 간에 공통의 기반(플랫폼)을 강조할 필요가 있다.

셋째, NIH증후군에 빠지는 구성원들은 현재의 방식과 관행이 통하고 있다고 믿기 때문이다. 따라서 우선 그들을 안락지대(comfort zone)에서 끌어내려면 현재 상태를 불편하게 만들 필요가 있다. 그 다음에 새로운 관행의 채택을 격려하고 이것을 편안하게 만드는 후속조치를 강구해야 한다.

2. 의사소통을 촉진하는 사무 공간 디자인

(1) 소통을 위한 전략자산으로서의 사무 공간

이 장의 앞에서 R&D 성과를 위해 소통이 중요하며 이는 물리적 공간의 설계에 의해 크게 영향을 받을 수 있음을 언급한 바 있다. 오늘날은 디지털 통신 기술의 발달로 인해 문자나 이 메일 등 다양한 소통의 수단이 존재한다. 그러나 여전히 대면(face to face) 의사소통이 널리 활용되며 또 이것이 보다 효과적이다. 특히 다양한 배경을 지닌 인력들의 우연한 마주침(chance encounters)이 문제해결이나 연구성과에 도움이 되었다는 보고들이 많이 존재한다. 또한 컴퓨터 모니터 앞에 앉아만 있어서는 좋은 아이디어가 나오지 않는다는 주장도 설득력을 얻고 있다. 따라서 많은 조직들은 사무실 배치와 설계를 조직의 소통을 위한 전략자산으로 인식하고 자연스러운 대면접촉을 촉진할 수 있는 사무 공간의 설계에 노력하고 있다.

사무실 공간을 대면 접촉을 증대시킬 수 있는 소통과 협업의 공간으로 만들려는 조직들의 사례로는 다음과 같은 것들이 있다(Waber et al, 2014).

- Google: Google의 새로운 캠퍼스(본사)는 우연한 만남을 극대화하도록 설계되었다.
- Facebook: 수천 명의 직원을 1마일(1.6K) 길이의 공간에 길게 배치하고 있다.
- Yahoo: 최선의 결정과 통찰력 중 일부는 복도와 카페테리아 토론에서 나온다라는 입장에서 직원들의 원성을 사기는 했지만 모바일로 처리하는 업무 권한 방식을 취소했다.
- Samsung 미주 본사: 삼성 미주 본사의 건물은 기존의 전통적인 위계적 조직문화와 대조적으로 설계되어 있는데 층과 층 사이에 샌드위치와 같은 야외 공간을 조성해서 직원들을 공중장소로 끌어들이고 있다. 회사는 이 공간에서 엔지니어들과 세일즈 인력들이 섞이기를 바라고 있다. "가장 창의적인 아이디어는 모니터 앞에 앉아 있는 동안은 나오지 않을 것입니다"라고 삼성 반도체 부사장인 Scott Birnbaum은 말한다. 새 건물은 "단지 협업뿐 아니라 사람들이 마주칠 때 발생하는 혁신을 촉발하도록 설계되었습니다."
- Telenor: 노르웨이 통신 회사인 Telenor는 "핫 데스크"(지정된 좌석 없음)제도와 함께 다양한 작업 및 발전하는 팀에 맞추어 쉽게 재구성될 수 있는 공간배치를 실시했다. 그럼으로써 국영독점기업으로부터 1억 5천만 가입자를 보유한 경쟁력 있는 다국적 통신사로 전환하는 데 도움을 준 사무실 설계를 이룩했다. 이 작업을 주도한 CEO인 Jon Fredrik Baksaas는 사무실을 부동산이 아니라 커뮤니케이션 도구로 생각했으며 따라서 비용과 효율성보다 전략, 기능 및 가치를 더 중시했다고 말하고 있다(Pentland, 2012).
- 제약회사의 사례: 한 제약 회사에서 수집 된 데이터에 따르면 영업 사원이 다른 팀의 동료와의 상호 작용을 10% 증가시켰을 때 매출이 10% 증가했다. 이 회사에서 영업 직원이 다른 부서의 동료들과 만날 수 있도록 하기 위해 경영진이 착안한 것은 커피였다. 당시 회사에는 직원 6명당 커피머신 1대 꼴로 배치되어 있었다. 이 커피머신을 중심으로 사람들이 모이기는 했지만 마케팅 사람들은 마케팅 부서 사람들하고만 끼리 끼리 소통하고 있었다. 이를 변화시키기 위해 회사는 커피머신이 배치된 카페의 숫자를 줄이는 대신 규모를 크게 만들어 많은 사람들이 한자리에서 섞이게 만들었다. 커피머신을 120명당 1대로 전환하고 또한 모든 직원들을 위한 새로운 대형 카페테리

아를 만들었다. 매출은 단 한 분기 만에 20%, 금액으로는 2억 달러 증가하여 공간 재설계에 대한 자본 투자를 신속하게 정당화시켜 주었다.

(2) 효과적 사무 공간 디자인을 위한 지침

1) 공간 디자인을 위한 사분면

소통과 성과 향상을 위해 사무실 공간을 재구성하는 경우에는 [그림 6-8]에서 보는 바와 같은 간단한 사분면 개념이 의사결정에 도움이 된다(Waber et al, 2014).

그림에서는 사무실 디자인에서 두 가지 중요한 요소인 상대적인 개방성과 좌석탄력성을 활용하여 4가지 설계방안이 제시되어 있다.

지정좌석제(assigned seating)는 자기만의 좌석이 고정된 것이고 탄력좌석제(flexible seating)는 자신의 좌석이 고정된 것이 아니고 유연하게 운용되는 것을 말한다. 이를 코워킹 스페이스(coworking space)라고도 하는데 사무실을 공유하면서 자유롭게 정보, 기술, 아이디어를 나누며 함께 일하는 협업, 교류의 공간을 말한다.

개인사무실(private offices)은 격리된 개인만의 공간이 허용되는 사무실이고 개방형 공간(open plans)은 칸막이 없이 개방된 공간에서 함께 일하는 사무실 배치를 말한다.

개인사무실이며 지정자석제는 개인효율성(individual efficiency)을 높인다. 반면 개방형 공간의 지정좌석제는 집단효율성(group efficiency)에 강점이 있다.

개인사무실에 탄력좌석제를 채택하면 브레인스토밍이나 소집단 아이디어 수정을 통해 신속한 시제품화(rapid prototyping)를 이룩한다. 개방형 공간에 탄력좌석제를 채택하면 타화수분(cross-pollination)이 가능하다. 즉 사일로를 타파하여 다른 집단의 아이디어를 흡수함으로써 혁신과 창의성이 높아질 수 있다.

개별 조직은 조직이 처한 상황과 목적에 따라 사분면 중 적합한 공간 디자인 방안을 선택할 수 있다.

그림 6-8 사무 공간 디자인을 위한 사분면

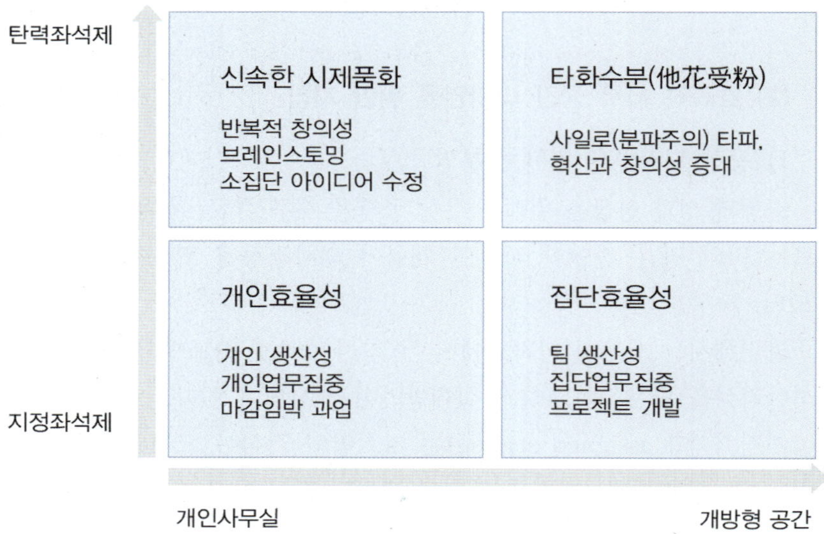

자료: Waber et al(2014).

2) 공간공유의 중요성

물리적 공간이나 거리는 R&D 인력의 의사소통에 중요한 영향을 미친다. R&D에서의 의사소통에 대한 선구적 업적을 낸 Allen은 물리적 거리와 의사소통 빈도 사이에 강한 부(-)의 상관관계를 측정한 최초의 인물이다. [그림 6-9]에서 보는 바와 같은 “Allen 곡선”이라고 알려진 곡선에 의하면 우리가 60 feet(18.28m) 떨어진 곳에 있는 사람에 비해 6 feet(1.83m) 떨어진 곳에 앉아 있는 사람과 정기적으로 의사소통할 가능성이 4배 더 높으며, 별도의 층이나 별도의 건물에 있는 동료와는 거의 소통할 가능성이 없다고 추정한다(Allen, 1977), 즉 의사소통은 물리적 거리에 크게 영향을 받는다는 주장이다. 따라서 의사소통의 측면에서만 생각하면 종업원들은 서로 가까이서 일하는 것이 중요하다.

오늘날은 디지털 정보통신의 발달로 의사소통에서 물리적 거리의 의미는 크게 적어졌다. 현재는 세계의 어느 곳에 있는 동료와도 인터넷 인프라만 갖추어져 있다면 실시간으로 다양한 방식으로 의사소통할 수 있다. 특히 COVID 19 팬데믹 이후에는 비대면 의사소통이 크게 활성화되고 있다. 따라서 물리적 거리를 중시하는 Allen의 이론은 더이상 큰 의미가 없는 것처럼 보인다.

그림 6-9 물리적 거리와 의사소통에 대한 Allen 곡선의 확장

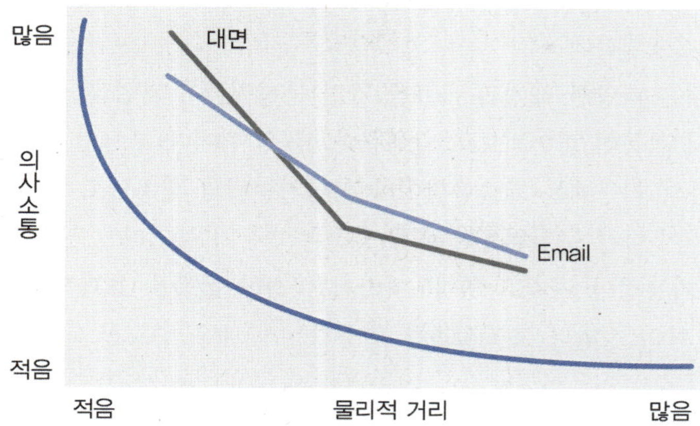

자료: Waber et al(2014).

그러나 그렇지 않다는 주장도 있다(Waber et al, 2014). 여전히 디지털 정보통신 시대에도 Allen의 곡선은 유효하다는 것이다. 실제로 거리 축소 기술이 가속화됨에 따라 근접성(proximity)이 점점 더 중요 해지고 있다. [그림 6-9]에서 보듯이 대면 및 디지털 통신 모두 Allen 곡선과 같은 궤적을 보인다. 연구에서는 실제 사무실을 공유하는 엔지니어는 다른 장소에서 일하는 엔지니어보다 디지털 방식으로 연락할 가능성이 20% 더 높았다. 긴밀하게 협력해야 할 때, 같은 위치에 있는 동료들은 서로 다른 위치에 있는 동료들보다 4배 더 자주 이 메일을 보냈고 프로젝트 완료 시간을 32%나 단축했다.

제 3 절 R&D 조직에서의 갈등의 기초

1. 갈등의 개념과 효과

(1) 갈등의 개념과 중요성

갈등(conflict)은 불일치하거나 또는 양립할 수 없는 희망이나 욕구가 존재한

다는 관련 당사자의 인식이다(Regnet, 2001). 또는 개인이나 집단 또는 조직과 같은 사회적 주체간에 이해관계가 충돌하여 서로 적대시하거나 대립하는 과정으로도 설명된다.

조직은 다양한 배경과 목표를 가진 구성원들이 과업달성을 위해 노력하는 과정에서 갈등이 필연적으로 발생한다. R&D 팀이나 부서의 경우에도 마찬가지이다. 특히 최근에는 기술융합이나 복합기능팀의 활용빈도가 높아지면서 배경과 가치관이 다른 구성원들이 함께 일하는 경우가 늘어나고 있고 따라서 갈등도 증가할 가능성이 커지고 있다. 따라서 이러한 갈등을 효과적으로 관리하는 것이 R&D 팀의 성과나 조직성과를 달성하는데 매우 중요한 과제가 되고 있다.

(2) 갈등의 기능 · 역기능과 갈등관리의 기본입장

갈등은 순기능과 역기능을 동시에 갖고 있다. 갈등의 순기능(function)은 집단의 목표를 지원하고 성과에 도움이 될 수도 있다는 것이다. 순기능 갈등은 구성원 간 자극을 주고 새로운 해결안의 모색을 돕는다. 반면 역기능(dysfunction)은 집단이나 조직에서 인간관계를 악화시키고 성과를 하락시킨다. 갈등은 순 기능보다는 역기능이 훨씬 많아 문제가 된다. 갈등에 대한 관리가 필요한 이유이다.

오늘날 조직에서 갈등에 대한 기본적 입장은 과거와는 매우 다르다. 과거에는 갈등의 역기능에만 주목해 가능하면 갈등을 억제하거나 제거하는 것이 바람직하다고 보았다. 그러나 현재는 적당한 갈등은 조직에 도움이 될 수도 있다는 입장이다. 오히려 조직에서 갈등이 너무 없다는 것은 어떤 면에서는 조직이 아무런 노력을 하지 않고 있다는 반증일 수도 있다. 목표달성을 위해 다양한 구성원들이 일하다보면 갈등은 필연적이고 따라서 갈등의 발생은 오히려 건강한 징표일 수 있다. 다만 갈등이 어느 정도를 벗어나면 순기능보다는 역기능이 커진다. 따라서 오늘날 조직에서의 갈등관리의 입장은 너무 지나친 경우는 갈등의 해결(conflict resolution)을, 지나치게 없는 경우는 다소 조직에 긴장을 주는 갈등의 조장(conflict stimulation)의 입장을 택하고 있다.

2. 조직에서의 갈등의 종류

(1) 주체별 구분

조직 내에서 발생하는 갈등은 주체별로 다음과 같이 세 종류로 구분해볼 수 있다.

1) 개인 내 갈등(conflict within individuals)

오늘날 많은 과학자나 엔지니어는 조직에 소속되어 일하고 있다. 그런데 조직이 추구하는 목표가 개인의 도덕적 가치관이나 목표와 충돌할 때가 있다. 이 경우 연구자나 엔지니어는 갈등을 경험하게 된다. 예컨대 국방과학 관련 연구소나 기업에 근무하는 연구자가 인명 살상용 무기개발을 할 때 이것이 개인적인 도덕관과 맞지 않아 갈등을 경험할 수 있다.

2) 개인 간 갈등(interpersonal conflict)

한 사람의 연구개발자는 조직에서 승진이나 지위(보직) 또는 보상(인센티브, 학회참석, 연구 공간)을 두고 경쟁을 할 수 있다. 많은 경우 이는 제로섬 게임인 경우가 많아 갈등의 소지가 생긴다. 이러한 경쟁은 갈등을 심화하고 나아가 조직성과 하락의 원인이 되기도 한다.

3) 부서 간 갈등(intergroup conflict)

R&D 조직의 많은 부서나 팀들은 프로젝트나 자원을 두고 서로 경쟁하는 것이 일반적이다. 이는 필연적으로 갈등을 유발한다. 또한 개인 간 갈등에서 보듯이 집단들도 한정된 보상이나 시설들을 두고 서로 경쟁한다. 이 경쟁에서 한 집단이 많은 부분을 가져가면 갖지 못한 집단은 제 몫을 받지 못했다고 느끼게 된다. 이는 필연적으로 갈등을 유발하고 집단 간 협조 분위기를 해친다.

어떤 조직에서는 성과를 올리기 위해 의도적으로 집단 간 경쟁을 부추기는 경우도 있다. 이 경우 경쟁에 이기기 위해 좀 더 열심히 하는 측면도 존재하나 과도한 경쟁과 그로 인한 승자와 패자를 만드는 것은 득보다는 실이 클 수 있다.

(2) 특성별 구분

1) 과업갈등(task conflict)

과업갈등은 목표를 달성해야 하는 조직에서 가장 일반적으로 발생할 수 있는 갈등유형이다. 업무 할당과 관련된 구체적인 문제를 포함하는 경우가 많으며 자원 분할 방법, 절차 및 정책에 대한 의견의 차이, 직장에서 기대치를 관리하는 방법, 사실에 대한 판단과 해석 등에 대한 분쟁들이 포함된다.

과업갈등은 일견 해결하기 가장 간단한 것처럼 보일 수 있다. 그러나 과업갈등은 보기와 달리 더 깊은 뿌리와 복잡성을 갖는 경우도 있다. 예를 들어, 어느 사람이 출장 회의에 참석해야 할 것인가로 갈등이 생긴다면 그 배경에는 사실은 동료에 대한 오래된 경쟁심이 자리 잡고 있을 수 있다.

과업갈등은 종종 제 삼자인 조직 리더의 개입으로 인해 해결될 수도 있다. 또한 브레인스토밍처럼 공동으로 문제를 해결하는 프로세스에 갈등 당사자들을 참여 시키는 것도 좋은 방법일 수 있다. 그들 당사자들이 함께 솔루션을 개발할 때 동료의식이 강화되고 미래에 더 잘 지낼 가능성이 높아진다.

2) 관계 갈등(relationship conflict)

관계 갈등은 성격, 스타일, 취향 문제, 심지어 갈등 스타일의 차이로 인해 발생한다. 조직에서는 평소에 성장배경과 성격, 가치관이 다른 사람들이 함께 모여 어울리면서 일해야 한다. 따라서 조직에서 관계 갈등이 흔하게 발생할 수 밖에 없다.

과업갈등은 조직에서 업무추진과정에서 발생하는 것이어서 때로 순기능을 가지는 경우도 있지만 관계 갈등은 조직에 장기간에 걸쳐 역기능을 초래하는 경우가 많다. 따라서 개인적으로나 조직의 입장에서 빠른 시간 내에 적극적 이를 해결하려는 노력이 필요하다.

관계갈등은 쉽게 해결되기 어려운 갈등이기는 하나 당사자 중 어떤 일방의 적극적인 의지가 있다면 해결될 여지도 크다. 개인적으로 업무 과제, 성격 차이 또는 기타 문제로 인해 동료와 오랫동안 긴장감을 느꼈다고 가정해 보자. 관리자에게 달려가기 전에 동료를 점심에 초대하고 그 사람을 더 잘 알아 가려고 할 수 있다. 같은 지역에 거주하든, 같은 나이의 아이들에 대한 대화든, 조직의 문제에 대한 우려를 공유하든 간에 대화 중에 서로의 공통점을 발견하는 것은 갈등 당사자들 간에 공감대를 형성하는데 도움이 될 수 있다.

대화 중 편안함을 느낀다면 긴장과 갈등의 근원을 불러내 상대방의 관점을 경청할 필요가 있다. 이때 자신의 입장을 강변하거나 변호하려는 충동은 자제하는 것이 좋다. 우선은 상대방의 얘기를 듣고 상대방에 대한 공감과 관심을 보일 때 상대방 역시 보답을 할 것이다. 갈등이 지속되거나 악화되어 해결의 한계를 느끼는 경우에는 제 3자인 관리자의 도움을 받아 해결하는 것도 방법일 수 있다

3) 가치 갈등(value conflict)

가치 갈등은 정체성과 가치의 근본적인 차이에서 발생하는 갈등이다, 여기에는 정치, 종교, 윤리, 규범 및 기타 깊이 있는 신념의 차이가 포함될 수 있다. 정치와 종교에 대한 논의는 종종 조직에서 금기시되지만, 취약계층에 대한 우대정책을 시행할지 아니면 부패한 정부와 관련이 있는 고객을 상대할지 여부와 같은 사항에 대한 업무 및 정책의 맥락에서 가치와 관련된 갈등이 발생할 수 있다.

가치와 관련된 분쟁은 방어성향, 불신, 소외감을 높이는 경향이 있다(Susskind, 1981). 당사자들은 자신의 가치를 지키는 것에 대해 너무 몰입하여 상대의 입장을 거부하게 된다.

따라서 가치에 기반을 둔 분쟁은 이를 해결하기보다는 상대방을 악마로 규정하는 것을 극복해서 대화를 통한 상호 이해와 존중의 자세를 갖는 것이 중요하다. 그래서 상대가 의도하는 내용을 정확히 이해해야 한다. 이러한 이해를 위해서는 공감이나 감정적 연결이 아니라 상대방의 상황을 정확히 이해하고 설명할 수 있는 "가치중립적" 능력이 필요하다.

3. 개인의 갈등해결의 방식

갈등상황에 직면하여 개인이 갈등을 해결하는 방식에는 [그림 6-10]에서 보듯이 5가지 방식이 있다(Thomas, 1971; 2008). 그림은 자기에 대한 배려(자기주장 약함 ↔ 자기주장 강함)와 타인에 대한 배려(비협조적 ↔ 협조적)의 두 차원에서 5가지 유형이 가능함을 보여주고 있다.

그림 6-10 갈등해결 방식

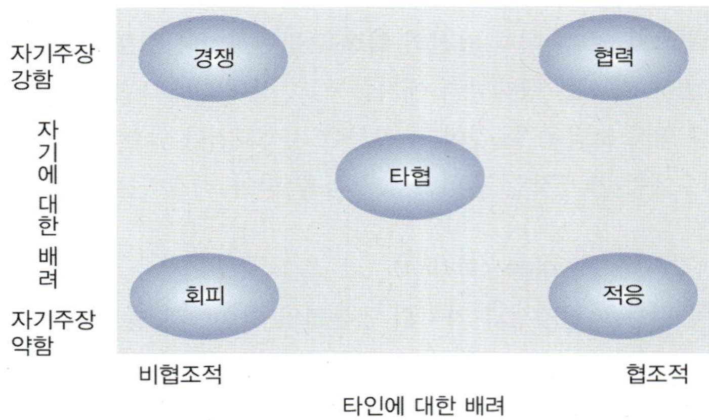

자료: Thomas(1971, 2008).

(1) 경쟁(competition) 스타일

경쟁 스타일은 자기의 입장을 관철하고 상대방에 대한 협조는 거의 없는 갈등해결 스타일이다. 새로운 고객을 두고 경쟁사와 다툴 때와 같은 상황에서 효과적이지만 일반적으로 타인들과 더불어 일하는 조직에서는 바람직하지는 않은 갈등해결 스타일이다.

(2) 협력(collaborating) 스타일

타인에 대해서도 협조적이면서 자기주장도 관철하는 갈등해결 스타일이다. 이 유형에서는 갈등 양측이 원하는 것을 얻을 수 있고 부정적인 감정을 최소화 할 수 있다는 점에서 이상적이다. 그러나 현실에서 이러한 솔루션을 발견하는 것은 쉽지 않다. 이러한 협조 스타일은 장기적인 관계와 결과가 중요할 때 예컨대 두 부서를 하나로 합치는 것과 같은 상황에서 가장 잘 작동한다.

(3) 회피(avoiding) 스타일

회피 스타일은 자기주장도 없고 상대에게 협조적이지도 않은 유형이다. 다시 말해 갈등이라는 괴로운 상황으로부터 도피하는 방식이다. 적극적 대처가 부족해 갈등에 대처하는 효과적인 수단이라고 말하기는 어렵지만 갈등해결에 시간이 필요한 상황이나 결과가 그리 중요하지 않은 상황에서 유효할 수도 있다.

(4) 적응(accommodating) 스타일

적응 스타일은 자기주장은 적은 반면 상대에게 협조하는 유형이다. 다소의 자기희생으로 장기적으로 원만한 관계를 꾀하는 형이다. 결과가 그리 중요한 것은 아니지만 좋은 관계를 유지하거나 구축하고 싶을 때 이 방식을 사용할 수 있다.

(5) 타협(compromise) 스타일

타협 스타일은 일부 자기주장과 협력을 유지하면서 갈등 당사자를 부분적으로 만족시키는 상호 수용가능한 솔루션을 찾는 것을 목표로 한다. 이 스타일은 결과가 중요하지 않고 갈등해결에 시간이 낭비될 때 사용하는 것이 효과적이다. 예를 들어, 빨리 결정을 내리고 더 중요한 일로 이동하기 위해 내 것을 조금 양보하고자 할 때 사용된다. 그러나 양 당사자에게 최적의 해결안은 아니므로 다소의 아쉬움은 남을 수 있다.

이상에서 설명한 다섯 가지 갈등해결 방식 중 하나의 최선의 방식을 고집할 필요는 없다. 본서에서 채택하고 있는 상황적합적 접근이 여기서도 유효하다. 적절히 상황의 요구를 파악하여 유연한 갈등해결 방식을 채택할 필요가 있다. [표 6-1]은 각 스타일이 유효한 상황을 보여주고 있다(Thomas, 2008).

표 6-1 갈등해결 방식과 유효한 상황

갈등해결 방식	유효한 상황
경쟁	• 신속하고 결단력 있는 행동이 중요한 위기상황 • 비인기행동이 필요할 때(구조조정 등) • 조직의 복지를 위해 꼭 필요한데 이용세력이 있을 때
협력	• 타협을 보기에는 양측의 관심사가 너무 중요해서 통합안을 발견해야할 때 • 상이한 관점을 지닌 사람의 통찰력을 합쳐야할 때 • 목표가 배우는 것일 때 • 합의적 의사결정을 통해 참여를 얻고 모티베이션을 높이고자 할 때
회피	• 이슈는 사소하고 다른 것이 중요할 때 • 내 이익관철이 힘들 때 • 잠재적 파국이 해결의 이익을 초과할 때 • 진정하는 것이 필요할 때

적응	• 자신은 틀리고 상대가 옳다고 판단될 때 • 협조유지가 중요할 때 • 이슈가 자신보다 상대에게 더욱 중요할 때 • 차후이슈에 대한 신용축적이 필요할 때 • 졌을 때의 손실을 최소화하기 위해
타협	• 목표가 중요하기는 하나 내 주장만 해서 발생하는 파국의 가치보다는 낮다고 판단될 때 • 상대가 동일한 파워를 갖고 있고 목표가 상호배타적일 때 • 잠정적인 해결안이 필요할 때 • 시간의 압력 하에서 유효한 해결안을 찾아야할 때

자료: Thomas(2008).

4. 갈등해결의 전략

조직에서 발생하는 갈등에 대해서는 다음과 같은 해결전략을 채택할 수 있다.

(1) 갈등해결을 위한 기본방향의 설정

조직에서 갈등해결 전략을 선택함에 있어서는 우선 갈등의 원천이 관계에 의한 것인지 아니면 구조적인 것인지를 파악하는 것이 선결과제이다. 많은 갈등이 소통을 통한 관계개선을 통해 해결될 수 있지만 그 갈등의 근원이 구조적인 것에 있다면 관계의 개선으로는 한계가 있다. 따라서 갈등의 원천이 사람에 기인하는지 구조에 기인하는지를 규명하는 것은 올바른 갈등해결 전략을 선택하는 데 첫걸음이 된다. 예컨대 영화제작자와 영화감독 간의 갈등을 생각해보자. 그 둘 간의 갈등은 구조적인 것이다. 영화감독은 완벽한 장면의 연출을 위해 비용에 관계없이 촬영을 거듭하자고 주장할 것이다. 반면에 사업성을 따지는 영화제작자 입장에서는 제작기간과 비용절감을 우선적으로 고려할 수 밖에 없다.

(2) 관계기반 갈등에 대한 해결전략

인간관계로 인한 갈등에 대해서는 다음과 같은 해결전략이 있을 수 있다.

1) 행위변화를 위한 훈련

갈등을 야기하는 구성원들의 태도나 행위를 수정하는 인간관계훈련과 같은 행위변화기법의 채용이 도움이 될 수 있다. 여기에는 전통적인 감수성 훈련이나 감성지능(EQ) 훈련 등이 포함된다.

2) 소통기회의 증대

갈등을 빚고 있는 양 당사자나 집단의 소통의 기회를 늘리는 것도 효과적인 방법이다. 이러한 소통의 기회를 통해 역지사지의 심정과 함께 상대에 대한 이해를 높일 수 있다. 오랜 앙숙관계였던 독일과 프랑스는 젊은 대학생들을 상호 교환하는 프로그램을 통해 양 국민들 간에 이해와 소통을 늘리고 관계개선을 효과적으로 이룩한 바 있다.

(3) 구조기반 갈등에 대한 해결전략

구조로 인해 발생한 갈등은 인간적인 변화나 소통의 증대로는 한계가 있다. 여기에는 다음과 같은 구조적인 접근법이 필요하다.

1) 과업흐름에 따른 구조의 재편성

일의 흐름(work flow)에 따라 조직구조가 편성되는 것이 갈등을 줄일 수 있다. 일이 한참 진행한 후에 결정을 뒤집을 수 있는 부서가 위치하면 불필요한 갈등이 유발된다. 따라서 자연스러운 일의 흐름에 따라 부서배치가 이루어질 수 있도록 조직구조의 개편이 필요하다.

동시에 몇 개의 상호의존적인 부서를 하나의 단위 내에 포함시키는 것도 갈등을 줄일 수 있는 구조개편 방안이 된다.

2) 조정기구의 설치

갈등소지가 발생할 수 있는 두 부서를 연결해주는 조정기구(coordinating bodies)를 설치할 수 있다. 집권당과 정부 간에도 정책과 관련된 불협화음이 있을 수 있다. 이 문제의 해결을 위해 과거에는 무임소 장관 또는 정무장관 등의 이름으로 조정기구를 설치 운영한 적이 있다.

3) 통합관리자의 지정

기능부서간 갈등이 있는 경우는 기능부서를 총괄하는 통합관리자(integrating manager)를 둘 수 있다. R&D, 생산, 마케팅 등 기능 부서들 간에는 제품과 관련한 갈등이 발생할 소지가 크다. 이 경우 각 기능 부서를 한 사람의 제품관리자

밑에 위치시킬 수 있다.

4) 연락역할의 지정

부서 간 소통을 담당하는 연락병과 같은 연락직위(liasion position or roles)를 지정할 수 있다. 이 역할을 담당하는 개인은 갈등소지가 있는 부서 간 소통증대를 책임진다.

제 4 절 R&D조직에서의 갈등의 관리방안

다음은 R&D 조직이나 팀에서 흔히 발견되는 갈등 이슈와 관리방안에 대해 살펴보겠다.

1. 신제품 개발과정에서의 R&D부서(제품관리부서)와 마케팅 부서와의 갈등

(1) R&D 부서(제품관리부서)와 마케팅 부서와의 협조의 중요성

제품에 대한 R&D를 담당하는 제품관리(product management) 부서와 마케팅 부서(product marketing)와의 협조와 소통은 시장에서의 제품의 성과를 올리는 데 필수 불가결한 요소이다. 특히 신제품개발(new product development: NDP) 과정에서는 특히 중요하다. 한 연구에서는 제품의 궁극적인 성공 또는 실패의 결정적인 요인은 신제품 개발 과정에서 마케팅 팀과 R&D(제품관리)부서의 협조와 소통임이 밝혀지고 있다(Griffin & Hauser, 1996).

신제품개발 시 두 부서의 원활한 소통과 협조는 다음과 같은 이점을 가져다준다.

첫째, 제품의 강력한 시장경쟁력의 확보와 유지에 도움을 준다.

둘째, 고객경험을 제품에 반영할 수 있다

셋째, 실제로 비즈니스에 도움이 되지 않는 허수를 좇는 대신 보다 실효성 있는 작업에 더 집중할 수 있게 된다.

그러나 두 부서의 협조와 참여의 중요성에도 불구하고 현실에서 두 부서의 원활한 협조와 소통은 그리 만만한 일이 아니다. 두 부서의 인력의 배경과 지향점이 근본적으로 차이점이 있기 때문이다. 제품관리 부서는 제품의 기술적 측면이 우선 관심사인 반면 마케팅 부서는 시장에서 제품이 팔리느냐 또는 소비자의 반응이 우선시 된다.

(2) R&D 부서(제품관리부서)와 마케팅 부서 간 갈등의 원인

R&D부서(제품관리부서)와 마케팅 부서간의 소통이 원활하지 못하고 때로 갈등이 발생하는 일반적인 원인으로는 다음과 같은 것들이 있다(ProductPlan, 2021).

첫째 두 부서가 관심을 갖는 중요한 성공 지표에 차이가 있다. 제품관리부서는 긍정적인 사용자 피드백(positive user feedback)이나 업계 분석가의 호의적인 제품 리뷰(favorable product reviews by industry analysts) 등과 같은 지표에 중요성을 둔다. 반면에 제품 마케팅 부서는 고객과의 소통을 통한 정보제공과 구매유도(lead generation)나 제품인지도(brand awareness)를 중시하는 경향이 있다.

둘째, 두 부서의 모든 직원의 일상적인 목표 (또는 상사 및 부서장의 요구)가 단기적으로 회사의 더 큰 전략적 목표보다 우선시될 때가 많다.

셋째, 두 부서의 역할과 책임이 종종 느슨하게 정의되어 있어 갈등이 생기기도 한다. 그에 따라 책임에 있어서의 차이 또는 중복, 때로는 영역 분쟁까지 발생하기도 한다.

넷째, 두 부서 간 협력체제가 이루어지지 못하고 소통이 부족하기 때문이다. 특히 제품 개발 프로세스 초기에 이것이 필요함에도 제대로 이루어지지 못하는 경우가 많다.

(3) R&D 부서(제품관리부서)와 마케팅 부서 간 원활한 관계구축의 전략

제품관리 부서와 마케팅 부서간의 갈등을 줄이고 원활한 관계를 구축하기 위해 다음의 다섯 가지 전략이 제시되고 있다(ProductPlan, 2021).

1) 제품 계획 과정에서 가능한 한 초기에 제품 관리 및 마케팅 부서가 함께 일하도록 한다.

제품 관리와 마케팅 사이의 긴장에 대한 한 가지 이유는 마케팅 팀이 효과적인 작업을 수행하기 위해 필요한 모든 정보(제품의 전략, 제품의 가치를 표현하는 방법에 대한 명확한 이해 등)가 부족하다고 느끼는 경우가 많기 때문이다.

마케팅 부서는 제품 관리부서가 요구할 자료를 만드는 데 최선을 다할 수 있도록 제품의 고유한 판매 제안, 주요 차별화 요소 등에 대한 정보를 제공받아야 한다.

이를 염두에 두고 제품 관리자는 제품 계획의 초기 단계에 마케팅 팀을 참여시켜야 한다. 즉, 제품관리부서가 원하는 방식으로 제품을 구축하려는 "이유" 즉 전략적 사고를 정의하는 대화에 두 부서가 함께 참여해야 한다. 이렇게 하면 마케팅 팀이 제품에 대한 더 나은 자료와 메시지를 전달하는 데 도움이 될 뿐만 아니라 단순한 정보제공자가 아니라 팀의 일원처럼 느껴질 수 있게 만드는 효과가 있다.

2) 제품 아이디어 및 우선순위에 대해 여러 부서와 협력한다.

마케팅 팀은 제품과 관련하여 시장이 관심을 갖는 것에 대한 고유한 통찰력을 가지고 있을 수 있다. 제품 관리 팀도 사용자와 직접 소통할 수 있지만 마케팅은 캠페인의 세부 사항을 관장하고 추적할 가능성이 높다. 즉, 잠재 고객과 공감할 수 있는 귀중한 데이터를 보유할 수 있다는 의미이다.

설혹 마케팅 팀에 사용자에 대한 통찰력으로 전환할 수 있는 현실세계에 대한 데이터가 없더라도 그들이 제품에 대한 아이디어를 생성하고 우선순위를 정하는 데 제품관리 부서를 돕도록 하는 것은 상당한 의미를 지닌다. 그 이유는 마케팅 팀으로 하여금 단순히 정보제공자가 아니라 제품에 관여하고 투자했다고 느낄 수 있게 만들기 때문이다.

마케팅 외에 조직 전체의 다른 팀들과 협업하는 것도 또 다른 훌륭한 팀 구축 활동이 된다. 모든 구성원들이 제품에 대해 더 가깝게 느끼고, 궁극적인 성공의 일부를 담당하며 이를 지원하는데 더 적극적이 될 것이기 때문이다.

3) 프로세스 전반에 걸쳐 투명성과 의사소통을 유지한다.

제품 관리부서와 마케팅 부서와 아무리 응집력 있게 일하고 두 그룹이 아무리

하나의 팀처럼 움직이더라도 구성하더라도 결국 모든 사람들은 스스로 맡은 과업을 수행해야 한다. 이 점이 투명성을 유지하고 부서 간 빈번한 의사소통이 중요한 이유이다.

제품 관리 팀은 마케팅 팀이 항상 쉽게 액세스 할 수 있는 제품 로드맵을 만들 필요가 있다. 이렇게 하면 제품 관리자가 마케팅 팀이 예상하지 못한 것을 요청하는 경우 로드맵을 보고 요청 이유를 알 수 있게 된다. 마케팅 팀도 마찬가지이다. 마케팅 로드맵을 제품관리 부서와 공유해야 두 팀이 제품 광고 방법에 대해 신속하게 파악할 수 있다.

한 회사에서는 사무실 공동 공간의 거대한 화면에 항상 제품 로드맵을 실행하고 있다. 그렇게 함으로써 모든 부서의 모든 사람이 회사의 제품 팀이 전략적으로 수행하고 있는 상황에 즉시 시각적으로 액세스 할 수 있게 하고 있다.

4) 모든 직원들(제품 관리, 마케팅 및 기타 모든 관련 팀)이 노력의 대상이 되는 전략적 성공 지표에 대해 미리 동의한다.

마지막으로, 제품 관리와 마케팅 부서 모두 공유되고 상호 합의된 성공을 측정하는 방식을 갖는 것이 중요하다.

제품 관리와 마케팅 부서에는 각각 고유한 성공지표가 있으며 이것은 나름대로 의미가 크다. 이들 성공지표들(metrics) 예컨대 고객 유지율, 수익 목표, 랜딩 페이지 전환율(landing page conversion rate)[1] 또는 'Facebook에서 좋아요' 등의 지표들은 모두 각 부서에 유용한 가이드가 되고 있다.

그러나 팀을 하나로 모으려면 제품 관리부서와 마케팅 부서 모두가 공유하는 전략적 수준의 목표지표를 확인하고 이를 위해 일할 계획을 세워야 한다. 이렇게 하면 두 팀이 사일로(silo) 모드(분파주의)에 빠지지 않고 모두가 회사의 큰 그림 목표에 집중할 수 있게 된다.

---

1) 랜딩페이지(landing page): 검색광고의 텍스트나 배너 광고를 클릭 했을 때 연결되는 페이지. 전환율(conversion rate: CVR): 전환은 광고 등을 통해 사이트를 방문한 사람이 제품 구매, 장바구니 담기, 회원가입 등 광고주가 의도한 행동을 취하는 것을 의미. 전환율은 전환수 · 유입수×100

2. 연구원과 지원 인력 간 갈등

R&D 활동에는 이를 직접 수행하는 인력과 이를 지원하는 인력간의 구별이 생긴다. 대규모 R&D 조직의 경우에는 별개부서가 설립되는 경우가 있는데 이들 두 부서 간에 때로 갈등이 생기기도 한다. 이 경우에는 집단 간 갈등의 형태가 된다. 대표적인 지원인력으로는 연구개발을 지원하는 테크니션(technician) 그룹과 행정지원인력을 들 수 있다.

(1) 연구원과 테크니션 간 갈등

연구개발에는 과학자나 엔지니어만 필요한 것이 아니다. 각종 시험기기를 유지 관리하고 시작품을 제작하는 등의 테크니션(technician) 즉 기술직들이 필요하다.

연구자와 이들 테크니션간에는 개인 간, 집단 간 갈등이 발생할 가능성이 크다. 테크니션들은 주로 연구개발에서 지원적 역할, 즉 연구자들을 돕는 역할이 기대된다. 이는 그들로 하여금 조직에서 '이등시민'이라는 자괴감을 갖게 만들 수가 있다(Jain et al, 2010). 연구자와 대응한 입장에서의 동료라기보다는 하인들처럼 연구자들에게 부림을 받는 위치에 있다는 생각을 갖게 할 수 있다.

이러한 생각은 개인적인 자격지심에서 발생할 수도 있으나 조직의 관리방식의 잘못에 의해 기인할 수 도 있다. 더구나 연구자들은 창의적인 연구를 하고 테크니션들은 기술적인 지원만 하기 때문에 자신들의 일이 창의성이 결여되었다고 느끼기 쉽다. 자연히 그들은 자신들의 기술적 역량과 스킬이 최대한 발휘되지 못하고 있으며 상사들이 자신들의 개인적 욕구들을 배려해주지 못하고 있다고 생각하기 쉽다. R&D 조직에서는 테크니션을 비롯한 지원인력들은 무력감과 파워・영향력의 결핍을 경험하는 수가 많다.

그런데 잘 알려진 대로 R&D 조직의 관리자는 일반적인 관리능력보다는 기술적 우수성을 근거로 승진이 된다. 그래서 기술적으로는 우수해도 관리능력은 부족한 경우가 적지 않다. 이러한 관리자들은 업무의 기술적인 측면에만 초점을 맞추다보니 하급자들의 개인적인 욕구들을 잘 헤아리지 못할 수 있고 그럼으로써 그들의 불만을 키우고 갈등을 심화시키는 경우가 많다.

이러한 문제들의 해결을 위해서는 다음과 같은 방안이 강구될 수 있다(Jain et

al, 2010).

첫째. 지원인력들에게 긍지를 느끼게 만들 직명(title)을 부여하고 자신들도 조직의 일원으로 통합되고 있다고 느낄만한 승진정책을 개발한다.

둘째, 지원인력에 다양한 활동을 부여하여 그들의 직무를 충실화(enrich)한다.

셋째, R&D 인력에 대해 인간관계의 감수성이나 감성지능 향상을 위한 교육훈련에 주력한다.

끝으로 지원인력이나 테크니션을 선발할 때는 성격적 특성에도 주의를 기울일 필요가 있다. 지원업무에도 자긍심을 가질 수 있고 연구자의 무리한 요구나 다소 역량이 부족한 관리자를 참고 견딜 수 있는 '뚝심있는' 성격의 소유자를 선발하는 방법도 있다.

(2) 연구원과 행정인력 간의 갈등

조금 규모가 큰 R&D 조직에서는 연구인력과 행정지원인력 간의 갈등도 흔히 발견된다. 이러한 갈등은 그들이 담당하는 과업의 특성이나 소속 집단의 문화에 있어서의 차이 등 구조적 요인에 기인하는 수가 많다. [표 6-2]는 행정조직과 연구조직의 특성의 차이를 보여주고 있다.

표 6-2 연구조직과 행정조직 간 특성 차이

특성 \ 조직종류	행정조직	연구조직
조직특성	관료제	비 관료제(애드호크라시 등)
선호문화	공식적 규정에 의한 운영	자율성
규율과 규정	규정 준수	규정 완화
	감사에 대한 의식	감사에 대한 의식 없음

행정조직은 효율성을 높이기 위해 관료제에 근거해서 운영된다. 즉 위계질서가 존재하며 모든 활동이 공식화된 규정과 규칙에 의해 운영된다. 그리고 내부적으로 통제 시스템이 구축되고 있다. 이러한 관료제는 효율성에는 크게 도움이 되나 구성원의 창의성 발현에는 부정적 영향을 미치는 것으로 밝혀지고 있다. 따라서 연구조직은 관료제적 속성과 운영을 어느 정도는 탈피하려고 노력한다. 규정보다는 연구자의 자율성을 중시하며 창의성 발현에 억제요인으로 작용하는 규정

을 완화해주기 위해 노력한다. 그 과정에서 두 조직이나 부서 또는 개인 간에 생각과 입장의 차이가 발생하게 된다.

또한 행정조직은 관료제에 입각하기 때문에 업무의 처리에 있어 공식적인 규정이나 지침의 준수여부를 묻는 감사의 대상이 된다. 따라서 행정조직의 구성원들은 업무처리에 있어 항상 감사와 규정을 의식하지 않을 수 없다. 이점에 있어서 감사의 대상으로부터 비교적 자유롭고 그럼으로써 감사를 별로 의식하지 않아도 되는 연구조직이나 연구인력과는 입장이 다르다고 할 수 있다. 예컨대 두 조직간 갈등의 가장 흔한 형태가 연구비 집행과 관련된 것인데 그것은 이러한 양측의 입장 차이에 기인한다고 할 수 있다. 행정부서는 연구비 집행과 관련되어 엄격한 규정의 준수를 강조한다. 이에 대해 연구부서나 인력들은 융통성 없는 규정의 적용과 강제는 연구의 활력을 저해하고 불필요한 규정준수 행동에 많은 시간을 낭비하게 한다고 불만을 가질 수 있다.

(3) 연구원과 지원인력 간 갈등의 관리방안

연구원과 지원인력 간 갈등은 구조적인 갈등이지만 조직의 대처방식에 따라 이를 크게 완화할 수 있다. 다음과 같은 관리방안이 제시될 수 있다.

1) 상호이해와 존중의 태도

갈등의 예방과 해결을 위해서는 기본적으로 양측 구성원들이 상대의 역할과 가치에 대해 이해하고 존중(respect)의 자세를 갖는 것이 중요하다. 한 조직의 R&D의 성과는 여러 구성원 즉 연구자, 테크니션, 행정지원인력의 통합적 노력에 의한 것이라는 공통의 인식을 기반으로 구성원 각자의 역할의 중요성을 인정하는 태도가 필요하다. 테크니션이나 행정인력 등 지원인력들도 자신의 고유한 업무와 역할에 대한 긍지를 강화하는 것도 필요하다.

2) 관리자와 조직의 역할

연구원과 지원 인력 간 갈등의 관리를 위해서는 관리자와 조직의 역할도 중요하다.

첫째, 관리자는 연구개발 부서와 지원부서간 갈등이 있을 시 균형 잡힌 자세를 유지하는 것이 필요하다. 형평을 유지하는 제3자가 되어야 한다.

둘째, 연구부서와 지원부서가 공통의 조직목표를 위해 함께 일한다는 것을 강조할 필요가 있다. 갈등해결의 방식에는 상위목표(superordinate goal)의 도입이라는 것이 있다(Höchli et al, 2018). 상위목표란 각 개인이나 집단의 개별 목표를 초월하는 더 큰 목표를 말한다. 즉 갈등당사자들이 이러한 큰 목표를 위해 함께 일하다보면 상호 협력적인 분위기와 환경이 조성된다. 연구인력이나 지원인력이 모두 더 큰 R&D 성과를 위해 함께 일한다는 것을 강조하다보면 지원인력도 조직에서 소외되지 않고 함께 통합되고 있다는 의식을 가질 수 있게 된다. 이를 위해 양 집단들 간에 정기적인 소통의 기회를 적극적으로 마련할 필요가 있다.

셋째. 관리자의 이러한 사고나 의지의 표명은 구체적인 관리제도의 구축에 의해 제도화되어야 한다. 지원인력에 긍지를 유지할 수 있는 직함의 부여가 필요하고 소외감을 느끼지 않도록 승진경로의 마련도 중요하다. 또한 로얄티 등 연구개발 성과의 배분에 있어서도 기여에 걸맞는 배려가 이루어져야 할 것이다.

넷째, R&D 부서의 관리자들에게 인간관계와 관련된 스킬이나 역량을 높일 수 있는 교육훈련의 강화가 필요하다. 관리자들에 대한 감성지능(EQ) 향상 교육훈련은 갈등의 예방과 해결에 기대이상의 효과를 가져다 줄 수 있다.

다섯째, R&D 조직 내 갈등의 예방과 해결을 위해서는 정기적인 직원몰입(employee engagement)조사를 실시하는 것이 도움이 된다. 집단별 직원몰입 정도와 결정요인에 대해 정기적인 추적을 하는 것이 조직에서의 갈등관리에 필수적이다.

결론적으로 관리자들은 R&D 관련 모든 주체들이 조직의 공통목표를 위해 일한다는 것을 강조함으로써 지원인력들이 소외감을 느끼지 않고 조직에 통합될 수 있는 방안을 강구해야 한다.

3. 연구실(lab)에서의 갈등관리

과학이나 공학 분야의 기초연구 성격의 R&D는 대학에서는 교수를 중심으로, 연구기관에서는 연구책임자(principal investigator: PI)가 주도하는 연구실 또는 실험실(laboratory 줄여서 lab이라 함)의 형태로 진행된다. 이러한 연구실은 연구성과 도출과 함께 인력양성의 역할도 수행한다.

이러한 연구실은 규모에 따라 다르기는 하겠지만 서로 다른 경험, 배경, 관점 및 성격을 가진 다양한 개인으로 구성된다. 때로는 다양한 인종과 국적, 종교의 소유자들도 포함되기도 한다. 최근에 우리나라에서는 연구실에 외국인 연구자들이 크게 늘고 있는 추세이다.

이러한 다양성은 창의성의 원천이 되고 R&D 성과를 높이는데 기여할 수도 있지만 연구실내 긴장을 증대시키고 갈등의 원천이 될 수도 있다. 이러한 갈등은 내부의 문제에 그치지 않고 때로는 조직외부에까지 노출되어 사회문제로 비화되기도 한다. 따라서 교수나 연구실의 책임자는 연구실 내 갈등의 예방과 해결에도 적절한 관심을 기울일 필요가 있다.

(1) 연구실 내 갈등의 원인

연구실내의 갈등의 원인으로는 다양한 것이 있는데 우선 상하 간 갈등과 동료 간 갈등으로 나누어볼 수 있다.

1) 교수 또는 연구책임자(PI)와의 갈등

대학의 연구실의 책임자인 교수와 연구실원 간의 갈등은 여러 형태가 있으나 밖으로 불거지는 것의 대표적인 것은 금전과 관련된 것이다. 이는 연구비 중 연구보조 인력(대부분 학생)의 인건비의 투명하지 못한 집행과 관련된 것들이다. 인건비 집행의 불투명성은 교수 학생 간 갈등의 단계를 넘어 때로는 사법적 조치의 대상이 되기도 한다.

교수 또는 연구책임자와 연구원 간 흔한 두 번째 갈등은 비인격적 감독(abusive supervision)과 관련된 것이다. 장시간 근로나 과도한 연구압박, 비인격적인 대우 등이 문제되기도 한다. 일반 기업이나 조직에서는 '갑질' 행위로 공론화되기도 하지만 연구실의 경우 교수와 학생이라는 신분의 특수성으로 인해 이러한 지나친 행위가 은폐되거나 용인되는 경우가 많다.

2) 연구실원간 갈등

연구실 내 구성원들 간에는 다음과 같은 문제로 갈등이 발생할 수 있다(Levine, 2005).

① 논문 저자 포함여부 및 순서

연구실에서 이루어진 연구에 저자로 포함되느냐의 여부, 논문 공저자의 기재순서(주저자, 교신저자, 공저자 등)와 관련하여 다툼이 있을 수 있다

② 역할의 배분과 수행

연구실 구성원간 역할의 배분이 명확하지 않은 것이 갈등의 원인이 된다. 또한 구성원들 중에 자신의 역할을 제대로 수행하지 못해 다른 구성원들의 부담이 늘어나는 경우 다른 구성원들의 불만을 야기한다.

③ 구성원의 의도적 배제

연구실도 집단이므로 여기에는 집단역학이 작용한다. 특정 소집단이 결성되어 특정인을 재제하거나 소외시킨다. 소위 '왕따' 현상 같은 것이 발생할 수 있다.

④ 학회참석관련 갈등

연구실에서는 연구원들이 자주 학회들에 참석하게 되는데 참석 장소(국내, 해외)나 참석의 빈도, 순서와 관련하여 내부적 다툼이 있을 수 있다.

⑤ 연구진행의 기술적 문제

연구수행과 관련한 온도 또는 측정을 수행해야하는 빈도와 같은 기술적 문제에 대한 불일치 또는 데이터 해석 방법에 대한 불일치가 있을 수 있다.

⑥ 공간과 장비사용

연구수행에 필요한 공간 확보나 장비의 사용시간에 대해서도 구성원 간 다툼이 있을 수 있다.

⑦ 구성원 간 협조

동료가 실험에 대한 도움을 거부하거나 휴일근무 할당 문제 등에서 서로 협력하지 않는 경우 갈등이 발생한다.

⑧ 연구실 관리

실험실 관리 및 청결 문제에 대한 불일치, 보건 및 안전 문제에 대한 태도의 차이도 갈등의 원인이 되기도 한다.

(2) 연구실 갈등해결 전략

이상에서 설명한 연구실원 간의 갈등에 대해서는 다음과 같은 해결방안이 강구될 수 있다(Levine, 2005).

1) 소통의 증대

많은 갈등은 소통의 부재에서 발생한다. 연구실원들은 상호간 또 연구책임자와의 원활한 소통이 필요하다. 연구실 모두가 정보를 공유하고 서로 경쟁자가 아닌 팀의 일원으로 자신을 인식하는 방법을 배우는 것이 중요하다. 매주 열리는 주간 랩 회의를 통해 이러한 상호 작용을 촉진할 수 있다.

소통은 공식적인 회의뿐만 아니라 회식이나 커피모임과 같은 비공식적인 의사소통 경로를 활용할 수 있다. 교수나 연구책임자와의 1 : 1 의사소통의 기회도 마련하는 것이 필요하다. 이러한 소통에서 가장 중요한 것은 상대의 말을 듣는 경청의 태도이다. 과학이나 공학 전공자는 이러한 경청의 기술이 부족한 경우도 있으므로 이를 위한 훈련의 기회를 갖는 것도 도움이 될 수 있을 것이다. 랩의 전체 인원이 참석하는 워크숍 등을 이를 위한 교육의 기회로 활용할 수 있다.

2) 사전계획과 제도화

갈등이 발생하여 일단 감정과 분노가 발생하면 이를 해결하는데 많은 노력과 비용이 발생한다. 따라서 갈등의 사전예방이 가장 좋은 전략이다. 이를 위해서는 갈등의 소지가 있는 사항들에 대해 사전에 계획과 제도화를 할 필요가 있다. 즉 논문저자의 순서나 학회참석 , 장비사용, 휴일근무 등에 대해 합리적인 사전계획과 제도적 틀을 마련해두는 것이 불필요한 갈등을 사전 예방하는 데 효과적이다. 발생한 갈등을 처리하기 위한 명확한 규율, 고충 및 분쟁 절차도 마련할 필요가 있다.

3) 신속한 조치를 통한 확산의 방지

어떤 종류의 갈등은 시간이 약이다. 시간이 흐르면서 해결되는 수도 있다. 그러나 많은 갈등은 조기의 신속한 조치가 필요하다. 갈등을 방치하면 곪고 또 확산되는 수가 많다. 무언가 잘못되었거나 누군가가 화를 크게 내고 있다는 것을 알게 되면 이를 공개적으로 꺼내 공론에 부칠 필요가 있다.

그러나 이것이 그리 쉬운 일은 아니다. 갈등해결 논의 과정에서 적절한 단어를 선택해야 되고 또 모든 사람들이 들을 준비가 되어있는 적절한 타이밍을 찾는 것도 중요하다. 연구실원간에 해결이 어려울 때는 상급자나 교수의 조언 또는 개입을 요청할 수도 있다.

4) 리더(교수나 연구책임자)의 중요한 역할

연구실내 갈등의 예방이나 해결에 있어서는 교수나 연구책임자의 리더십이 중요하다.

첫째, 연구실의 책임자는 본보기로서 팀을 이끌어야 한다. 도덕적으로나 인격적으로 모범의 위치에 있어야 한다. 특히 금전이나 이성과 관련되어 바른 몸가짐으로 모범을 보일 필요가 있다. 금전적으로는 투명해야 한다.

둘째, 많은 갈등은 리더가 중립적인 입장을 지키지 못할 때 악화된다. 연구실 내 특정 소집단에 대한 편애를 보이지 않도록 노력한다. 이는 갈등을 유발하고 불필요한 조직정치를 야기한다. 연구책임자는 연구실원들이 공정하게 대우 받고 있다고 느끼도록 할 책임이 있다.

셋째, 연구책임자는 항상 연구실원들이 쉽게 다가갈 수 있는(approachable) 존재이어야 한다. 이는 소통을 증대시키고 갈등을 사전 예방할 수 있다. 수시로 질문할 수 있고, 자연스럽게 감정을 표현하거나 단순히 불평 할 수 있을 만큼 편안하게 가까이 다가갈 수 있는 존재가 되는 것이 중요하다.

넷째. 연구책임자는 갈등해결과정에서 성격(퍼스낼리티)이 아닌 이슈나 행위에 초점을 맞출 필요가 있다. 문제를 일으킨 연구실원을 질책할 때는 그가 가진 성격을 비판하기 보다는 그가 범한 잘못된 행위를 지적해야 한다. 그래야 그가 그런 행위를 교정하는 것이 가능하기 때문이다.

실무자를 위한 가이드라인

- ✔ R&D 팀에서의 의사소통은 R&D 성과에 중요한 영향을 미친다. 그러나 이는 연구와 개발의 경우에 다르게 나타난다.
- ✔ R&D 팀에서의 의사소통은 내부 의사소통과 외부 의사소통으로 나뉜다. 개발의 경우 내부 의사소통이 활발할수록 성과가 높았다. 연구에서는 팀 내 소통의 중심점이 있는 것은 부정적 영향을 주었다.
- ✔ 외부 의사소통은 연구의 경우 개별적으로 이루어지는 것이 좋은 반면 개발의 경우에는 외부 정보를 내부로 연결하는 게이트키퍼가 있는 경우 효과적이었다.
- ✔ 게이트키퍼는 기술분야에 다년간의 경험이 있고 정보흡수력이 뛰어난 인물로 때로는 조직에 의해 지정될 수도 있다
- ✔ 인터넷 시대에는 게이트키퍼의 역할 분담이 이루어질 수 있다.
- ✔ R&D 팀이 구성되어 구성원의 재임기간이 길어질수록 NIH 증후군이 발생할 수 있다. 이 NIH 증후군은 내 외부 의사소통을 감소시키고 성과를 약화시키므로 관리가 필요하다. NIH 증후군의 방지를 위해서는 구성원의 적당한 교체, 관리자의 통제강화가 필요하다.

- ✔ 사무실의 공간배치는 의사소통에 영향을 미치므로 혁신을 활성화하기 위한 사무실 공간배치에 신경써야 한다. 혁신유발을 위해서는 개방형 공간과 탄력좌석제를 적극 활용해야 한다.
- ✔ 정보통신 기술이 발달해도 R&D 팀이 동일공간에서 일하는 것은 성과에 효과적이다. 물리적 거리가 짧을 때 이메일과 같은 비대면 의사소통도 활발하게 이루어졌다.
- ✔ R&D 조직에서는 다양한 갈등이 발생할 수 있고 이의 효과적 관리는 R&D 성과에 지대한 영향을 미친다.
- ✔ 갈등은 특성에 따라 과업갈등, 관계갈등, 가치갈등 등으로 구분된다. 과업갈등은 팀이나 조직성과에 긍정적인 부분도 있으나 관계갈등은 부정적인 영향이 크므로 가능하면 신속히 해결할 필요가 있다. 과업갈등도 방치하면 관계갈등으로 발전할 수 있다.
- ✔ 갈등해결을 위해서는 자신의 갈등해결 스타일을 파악하고 여러 갈등해결 방식이 효과적인 상황에 대해 이해한다.
- ✔ 동시에 갈등의 원천이 사람에 있는 지 아니면 구조문제에 있는 지를 파악하고 각각에 맞는 해결방식을 채택한다.
- ✔ 신제품 개발과정에서 제품관리부서와 마케팅 부서 간에 갈등발생의 소지가 크다. 두 부서간의 협조는 제품 성공여부에 결정적인 영향을 미친다. 협력제체 구축을 위해서는 제품의 계획단계부터 마케팅 부서를 참여시키는 것이 필요하다.
- ✔ R&D 조직에서는 연구부서와 테크니션이나 행정부서와 같은 연구지원 인력 간에 갈등이 발생할 수 있다. 갈등해결을 위해서는 R&D 성과를 달성하는 공동주체라는 인식기반을 마련하여 상호 존중의 태도를 개발할 필요가 있다. 이를 직함이나 승진체계 확립 등 제도적으로 뒷받침 하는 것도 중요하다.
- ✔ 기초연구를 담당하는 대학이나 연구소에서는 연구실(lab)의 형태로 R&D가 수행되는데 여기서도 갈등이 발생하는 경우가 많다. 갈등의 예방과 관리를 위한 방안이 강구될 필요가 있다. 연구실내 소통을 증대하고 갈등소지가 있는 사항들에 대해서는 사전계획과 제도화가 필요하다.
- ✔ 연구실 내 갈등관리와 관련하여 특히 연구책임자(교수나 PI)의 역할이 중요하다. 연구원들과 관련하여 균형잡힌 자세를 유지하고 평소 소통을 강화하며 모범으로써 관리해야 한다.

07 CHAPTER

R&D 리더십

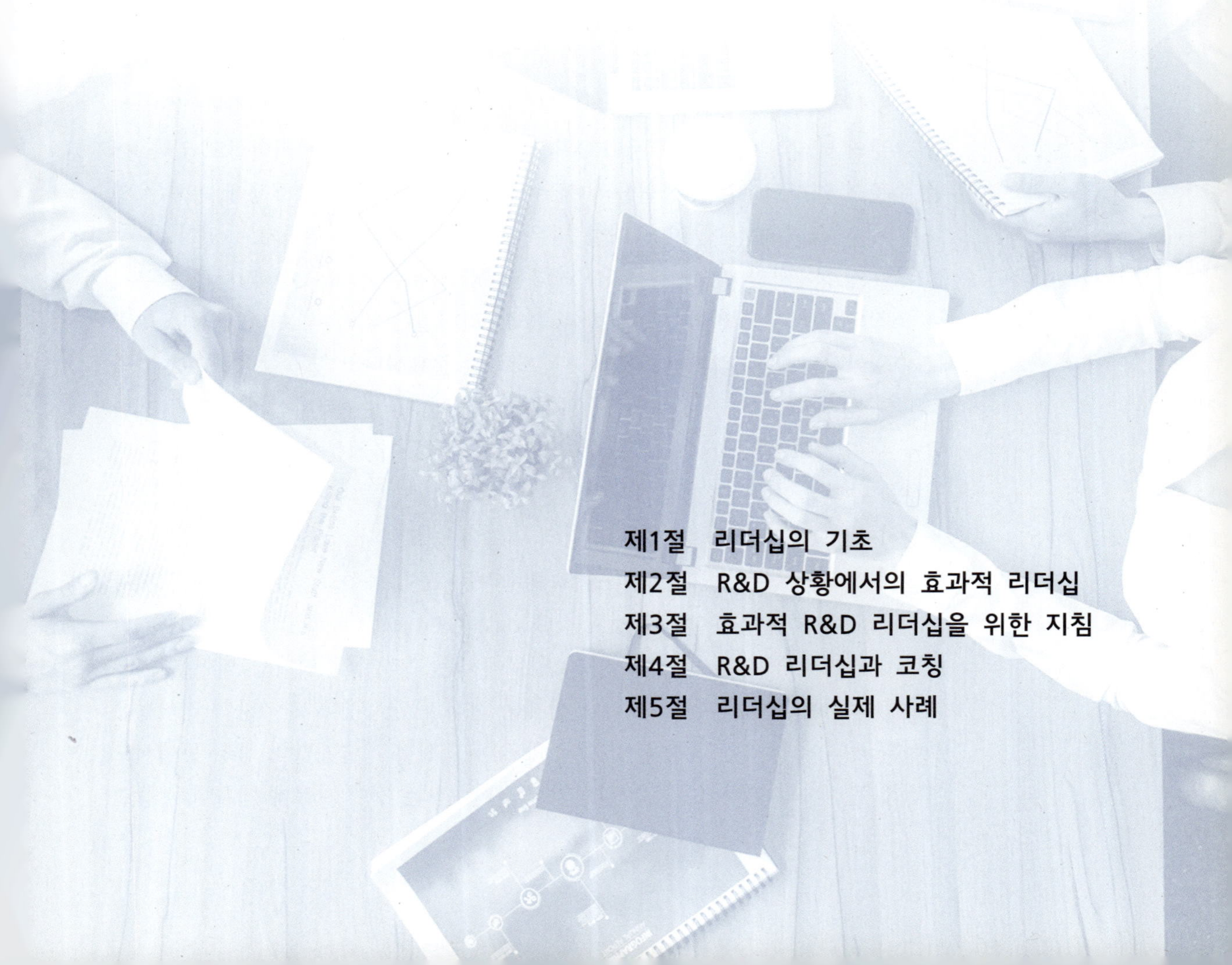

제1절 리더십의 기초
제2절 R&D 상황에서의 효과적 리더십
제3절 효과적 R&D 리더십을 위한 지침
제4절 R&D 리더십과 코칭
제5절 리더십의 실제 사례

제 1 절 리더십의 기초

1. 리더십의 정의와 중요성

리더십(leadership)이란 리더가 조직목표 달성을 위해 조직 구성원들에게 영향력을 행사하는 과정으로 정의된다. 조직이나 집단에서 리더십을 언급할 때는 리더와 대비되는 개념으로 리더를 따르는 사람들을 추종자(followers)라고도 하지만 팀원 또는 구성원이라고도 한다. 리더십은 구성원 또는 추종자들의 조직목표를 향한 행동이나 태도에 직접적인 영향을 미치고 이는 다시 조직목표달성도 즉 조직유효성(organizational effectiveness)에 영향을 미치기 때문에 조직관리에 있어 매우 중요하게 다루어져왔다. 즉 리더십은 조직성과나 조직유효성을 결정하는 가장 중요한 변수 중의 하나라는 것이 경험적으로나 학문적으로 입증되고 있다.

조직에서의 리더십에는 여러 수준(level)이 있다. 팀장이나 감독자와 같이 현장 수준의 리더십도 있고 또는 CEO처럼 조직전체를 통괄하는 리더십도 있다. 어떤 수준의 리더십이든 구성원들의 행위나 태도 그리고 조직유효성에 미치는 영향은 매우 크기 때문에 이에 대한 많은 관심과 연구가 이루어지고 있다.

R&D 상황에서의 리더십은 R&D 리더십이라고 부른다. R&D를 담당하는 부서나 조직의 관리자의 리더십을 말한다. R&D 리더십은 조직 내 여타 부서나 인력들에 있어서의 일반 리더십보다 상대적으로 덜 중요하다고 생각할 수도 있다. 즉 R&D의 경우 특성상 전문가들이기 때문에 성과에 미치는 리더십의 효과가 제한적일 수 있다고 생각할 수 있다. 각 연구개발 인력들이 전문성을 가지고 맡은 바 업무를 수행하면 되기 때문이다. 그러나 그러한 개인들의 전문적 노력을 통합, 조정하여 성과를 도출하는 데는 리더의 역할이 중요하다. 그래서 R&D 상황에서도 여전히 리더십은 성과결정의 중요 변수라는 것이 통설로 받아들여지고 있다

실제로 다음 절에서 살펴볼 것처럼 Google의 Project Oxygen에서는 제품개발이나 기술개발과 같은 엔지니어들의 업무에서는 관리자의 리더십 역할은 거의 없을 것이라는 가정을 했다. 그러나 실제는 전혀 딴판이었다. 관리자의 리더십은 부서의 성과에 중대한 영향을 미쳤다. R&D나 혁신적 기술개발의 상황 등에서도 여전히 관리자의 리더십은 성과결정의 핵심변수라는 것이 자료에 기초한 실증연

구에서 입증되었다.

리더십은 R&D상황을 넘어서 전체적인 조직혁신에도 핵심적인 역할을 수행한다(Jung, Chow & Wu, 2008). 리더는 기업이 조직 혁신을 보다 효과적으로 추구하는 데 도움이 되는 변화를 시작하고 구현한다. 리더십은 기업의 전략적 결정, 정책 및 절차에 영향을 미침으로써 혁신을 지원하는 중심적 역할을 하며, 혁신에 있어 필요한 기업 변화를 촉진하는 핵심 요인이다(Prasad & Junni, 2016).

2. 리더십이론의 발전

리더십은 조직성과를 결정하는 핵심변수이기 때문에 일찍부터 여러 학문에서 리더십에 대한 많은 연구가 이루어졌다. 처음 정치학에서 정치리더십에 대한 연구로 시작했지만 그 후 기업조직의 발전과 함께 경영학에서 주도적으로 연구가 진행되었다. 여기서는 간단하게 리더십 연구의 흐름에 대해 살펴보기로 하겠다.

(1) 특성 · 행위 · 상황이론

리더십에 대한 연구는 특성, 행위, 상황이론의 순서로 전개되어 왔다.

리더십 특성이론(trait theory)이란 리더가 되는 사람이 지닌 독특한 특성 또는 자질을 찾아내려는 이론이다. 예전부터 리더란 타고 난 사람으로 리더와 비 리더를 구별할 수 있는 자질이나 특성이 있다고 가정하고 이를 찾아내려 시도했다. 그러나 이 이론은 리더를 구별해주는 특별한 특성 추출에 실패함으로써 리더십 연구의 주도권을 넘겨주게 된다. 특성추출에 실패한 이유는 특성이라는 것이 추상적이어서 과학적 연구가 힘들고 어떤 상황에서 훌륭한 리더의 특성이 다른 상황에서는 전혀 그렇지 못할 수 있다는 것이 발견되었기 때문이다. 예컨대 전장에서 훌륭한 리더의 특성으로 인정된 과감성이 전문가 집단에서는 융화 실패의 원인으로 평가되기도 한다.

특성이론의 다음 단계는 행위이론이다. 리더십 행위이론(behavioral theory)은 성과를 올리는 리더십 행위를 찾고자 하는 이론이다. 리더가 지속적으로 보이는 행위 패턴은 스타일이라고도 할 수 있어 스타일이론이라고도 한다. 특성이 추상적인데 비해 행위는 가시적이고 과학적 연구가 가능하다는 장점이 있다. 또 성과를 올리는 리더십 행위 스타일을 찾게 되면 타인들도 리더가 되기 위해서는 그런

스타일을 모방하거나 훈련시킬 수 있다는 장점도 지닌다. 1950년대의 Michigan 대학 연구, Ohio대학의 연구, 관리격자(Managerial Grid)이론 등이 여기에 속한다.

행위이론은 다음에 상황이론으로 발전한다. 리더십 상황이론(contingency theory, situational theory)은 1960년대 이후 리더십 연구의 주류로서 효과적인 리더십 스타일이 리더가 처한 상황에 따라 달라진다는 이론이다. 상황요소에는 추종자들의 수준이나 과업의 특성 같은 요소들이 포함된다. 예컨대 추종자의 수준이 낮을 때는 지시적(telling) 스타일이 효과적인 반면 수준이 높다면 참여적(participating) 스타일이나 위임하는(delegating) 스타일이 보다 효과적일 수 있다. 여기에는 Fiedler의 리더십 상황모형(leadership contingency model), House의 경로목표 이론(path goal theory), Hersey & Blanchard의 상황이론(situational theory) 등이 포함된다.

현대의 리더십이론에서는 이러한 상황적합적인 관점을 채택하여 어떤 상황에서나 효과적인 리더십을 찾기 보다는 상황의 특성에 따라 효과적인 리더십 스타일이 결정될 수 있다는 입장을 견지하고 있다.

(2) 신 리더십 이론

1990년대 이후에는 '신 리더십이론'이라고 명명되는 일련의 리더십 이론들이 등장한다. '신 리더십 이론'(new leadership theory)이란 조직에서 필요한 변화를 이룩할 수 있는 리더십을 말한다. 1990년대에는 급격한 환경변화로 인해 조직이 이에 적응하기 위해 변화가 필요했다. 리더십에서도 이러한 변화를 창출할 수 있는 리더십이 요구되게 되었다.

이러한 시대적 요구에 부응하여 여러 리더십 이론이 제기되었다. 처음에는 큰 변화를 창출한 리더십을 정치학에서 찾아 카리스마적 리더십(charismatic leadership)을 다시 소환하였다. 다음에는 이의 경영학적 변용이라 할 수 있는 변혁적 리더십이 등장했다, 강력한 비전의 제시를 통해 변화를 이끌어내는 비전형성 리더십(visionary leadership)도 이러한 부류에 속한다.

변혁적 리더십 이론은 신 리더십이론을 대표하는 이론이므로 이에 대해 자세히 살펴보기로 한다.

변혁적 리더십(transformational leadership)이란 말 그대로 조직에 변혁을 가져올 수 있는 리더십으로 집단에 필요한 변화를 확인(identify the needed change)하고 영감을 통해 그 변화를 가이드 할 비전을 창출(create a vision to guide the change)하며 몰입도 높은 구성원들과 함께 그 변화를 실행하는 리더십(execute the change with the committed members)을 말한다(Bass, 1990; Odumeru & Ogbonna, 2013).

변혁적 리더십은 추종자들에게 영향을 주어 그들이 생각했던 것 이상의 역량을 발휘할 수 있게 만들고 기대 밖의 대단한 성과를 성취하기도 한다. 그리고 추종자들에게 구체적인 직무에서의 자율성과 함께 의사결정의 권한도 부여한다. 그럼으로써 추종자의 태도와 조직전체에 긍정적인 변화를 유도한다.

변혁적 리더는 '4I'로 알려진 다음과 같은 네 가지 독특한 행동들을 수행한다(Smirl, 2018).

① 영감적 동기부여(inspirational motivation)

변혁적 리더는 추종자들이 목표를 성취하도록 영감을 준다. 그들은 추종자들과 조직에 대해 합리적이면서 높은 목표를 설정하고 몰입을 고취하며 조직에 대한 공동의 비전을 창출한다. 추종자들을 내재적, 외부적으로 동기부여하고 그들의 기대를 명확히 전달한다. 이 영감적 동기부여는 리더의 카리스마와 밀접하게 연관되어 있다. 카리스마는 권위의 원천이 되고 추종자들에게 미래의 비전을 제시함으로써 그들에게 긍정적이고 감성적인 영향력을 미칠 수 있다.

② 이상적인 영향력(idealized influence)

변혁적 리더는 강력한 역할 모델이 되며 본보기로서 리드를 한다. 이 리더들은 추종자들의 욕구를 고려하며 이를 우선시한다. 이들은 카리스마를 지니면서도 매우 윤리적이다. 그래서 추종자들은 진심으로 리더를 닮기 위해 노력한다.

③ 지적자극(intellectual stimulation)

변혁적 리더는 추종자들이 스스로 생각하도록 격려한다. 그들은 창의적, 혁신적이고 새로운 아이디어에 열려 있다. 또한 추종자들의 실수에 대해 관대하고 때로는 권장하기도 한다. 실수가 배움의 기회를 제공한다고 믿기 때문이다. 추종자들이 배울 기회를 만들고 낡은 관습을 버리도록 돕는다.

④ 개별적 고려(individualized consideration)

변혁적 리더는 추종자들과 강력한 관계를 형성하고 추종자와 조직을 위해 배려적인 지원자로서의 역할을 한다. 그들은 추종자에게 멘토 역할을 하며 그들이 잠재력을 개발할 수 있는 시간을 할당해준다.

변혁적 리더십에 대비되어 제시된 개념이 거래적 리더십 개념이다. 거래적 리더십(transactional leadership)이란 역할과 과업필요성을 분명히 해주고 정해진 목표달성의 대가로 하급자의 욕구가 어떻게 충족될 수 있는가를 지적해주는 리더십이다. 이는 리더가 추종자들이 원하는 것을 주는 대신 리더십을 확보하는 '거래(give and take)'에 기반을 둔 리더십이다. 거래적 리더십이 다분히 상호간의 이해관계에 바탕을 둔 '계산된' 리더십인 반면 변혁적 리더십은 추종자들이 자신의 이해를 초월하여 헌신하는 '계산이 없는' 뜨거운 리더십을 의미한다.

거래적 리더십은 변혁적 리더십과 꼭 대립되는 개념은 아니다. 한 리더가 두 리더십을 동시에 가질 수도 있다는 주장도 있다. 그리고 이 거래적 리더십은 변혁적 리더십만큼 변화를 창출하지는 못하지만 위기상황에서는 효과적이라는 연구결과도 있다(Odumeru & Ogbonna, 2013).

(3) 최근의 리더십 이론: 진정성 리더십과 포용적 리더십

최근에도 여러 리더십 이론이 제시되고 있지만 여기서는 주목을 받고 있는 두 가지 최근의 이론을 설명하고자 한다.

1) 진정성 리더십(authentic leadership)

진정성 리더십(authentic leadership)은 명확한 자기 인식에 기초하여 확고한 가치와 원칙을 세우고 투명한 관계를 형성함으로써 다른 사람들에게 긍정적인 영향을 미치는 리더십을 말한다(Avolio, & Gardner, 2005). 또는 진정성 리더십은 추종자와의 정직한 관계를 통해 리더의 합법성을 구축하는 리더십으로 추종자의 기여에 가치를 두며 윤리적 기초위에 바탕을 두고 있다(Gardner, 2011). 일반적으로 진정성 리더들은 개방적이며 믿을 만한 자아개념을 가진 긍정적인 사람들이다.

진정성 리더십이 주목받게 된 배경에는 2000년대에 들어오면서 부터는 리더의 윤리성을 강조하는 분위기가 존재한다. 미국에서는 2000년대 초 엔론(Enron)사 사태등에서 보는 바와 같이 경영진들의 비윤리적인 모습들이 많이 발생하면서 신뢰할 만한 리더십에 대한 필요성이 커졌다. 또한 1990년대에는 변화의 바람 때문에 카리스마적 리더십에 대한 대중들이 열광하였지만 그 이면의 어두운 부분이 발견되면서 진실한 리더십에 대한 갈망이 커지게 되었다. GE의 웰치(Jack Welch)와 같은 카리스마적 리더십에 대한 실망은 이러한 분위기에 일조를 했다.

진정성 리더십은 하급자들로부터 신뢰를 형성하고 열정적인 지원을 받음으로써 개인과 집단의 성과를 개선할 수 있다.

진정성 리더십은 다음과 같은 네 가지의 차원으로 구성된다(Walumbwa, 2008).

① 자기 인식(self-awareness)

리더 자신에 대한 성찰을 의미한다. 자신의 강점과 약점, 가치관, 감정, 본성 등에 대한 이해를 갖고 있다.

② 내면화된 도덕적 신념(internalized moral perspective)

외압의 영향을 받지 않고 자신의 내면의 가치관에 따라 움직이는 과정을 의미한다. 자기조절, 자기 통제 과정이라고도 볼 수 있다.

③ 균형잡힌 정보처리(balanced processing of information)

의사결정을 내리기 전에 선입견이나 편견없이 정보를 객관적으로 검토하는 과정을 거친다.

④ 관계의 투명성(relational transparency)

자신의 진정성을 다른 사람에게 보여주는 것을 의미한다. 자신의 생각과 감정을 표현하면서 다른 사람들과 진실되게 의사소통하는 것이다.

2) 포용적 리더십

포용적 리더십(inclusive leadership)은 리더가 구성원을 공평하게 대접하고 소속감과 가치감을 느끼게 만들며 그들의 전체 잠재력을 성취하는데 필요한 자원과 지원을 구성원들에게 보장하는 리더십을 말한다. 이 개념을 경영분야에 처음 제안한 학자들에 의하면 포용적 리더십이란 "다른 사람의 기여를 유도(invitation)하고 감사를 나타내는 리더나 리더들의 말과 행동"으로 정의했다(Nembhard & Edmondson, 2006).

구체적으로 포용적 리더십에는 3가지 차원이 포함된다(Qi, et al, 2019).

첫째, 리더는 직원의 견해에 귀를 기울여서 직원의 견해와 실패를 용인하고, 합리적으로 오류를 용인하며, 직원이 실수 할 때 지원할 수 있도록 격려와 지도를 제공한다.

둘째, 리더는 직원 교육에 대해 존중하고 집중하며 질투심을 보이기보다는 성과를 칭찬함으로써 직원을 인정하고 훈련시킨다.

셋째, 리더는 직원을 공정하게 대우하고, 필요와 관심사를 고려하고, 직원에 대한 공정한 태도를 보이며, 얻는 것을 공유할 것을 보장한다.

포용적 리더십이 주목받게 된 배경은 최근 조직에서 여러 형태의 다양성(diversity)이 증대되고 이러한 환경 속에서 다양한 구성원들을 포용, 통합할 수 있는 역량이 요청되기 때문이다. 구성원들이 조직에 포함되었다고 느끼게 만드는 것이 중요하게 된 것이다. 이에 결정적 역할을 하는 것이 리더이다. 한 연구에 따르면 리더의 말과 행동은 개인이 조직에 자신이 포함되어 있다는 느낌을 갖게 만드는데 최대 70%의 차이를 만든다(Bourke & Titus, 2020). 직원들은 소속감을 느끼게 되면 더 많이 발언하고 더 많은 노력을 기울이며 협업한다. 이점에서 포용적 리더십은 중요하다. 그리고 이 모든 것이 궁극적으로는 조직의 성과를 높여준다.

이러한 점을 감안할 때 최근 포용적 리더십은 조직이 다양한 고객, 시장, 아이디어 및 인재에 적응하는 데 도움이 되는 독특하고 중요한 리더십으로 부상하고 있다.

여러 연구들에 따르면 포용적 리더는 다음과 같은 6가지 특징을 공유한다(Bourke & Titus, 2020).

① 가시적인 몰입(visible commitment): 그들은 다양성에 대한 진정한 헌신을 표현하고, 현상 유지에 도전하고, 다른 사람들에게 책임을 묻고, 다양성과 포용을 개인적 우선순위로 삼는다.

② 겸손(humility): 그들은 능력에 대해 겸손하고 실수를 인정하며 다른 사람들이 기여할 수 있는 공간을 만든다.

③ 편견에 대한 인식(awareness of bias): 그들은 시스템의 결함뿐만 아니라 개인의 맹점에 대한 인식을 보여주고 능력주의를 보장하기 위해 열심히 노력한다.

④ 타인에 대한 호기심(curiosity about others): 그들은 타인에 대한 열린 사고 방식과 깊은 호기심을 보여주고 판단 없이 듣고 공감하면서 주변 사람들을 이해하려고 한다.

⑤ 문화적 지능(cultural intelligence): 그들은 다른 사람의 문화에 주의를 기울이고 필요하면 적응한다.

⑥ 효과적인 협업(effective collaboration): 그들은 다른 사람에게 권한을 부여하

고, 사고의 다양성과 심리적 안전에 주의를 기울이고, 팀 응집성에 초점을 맞춘다.

이 중에서도 리더를 중심으로 일하는 사람들 즉 관리자, 부하 직원 또는 동료와 같은 사람들에게 포용감을 불러 일으키는 가장 중요한 특성은 리더의 '편견에 대한 인식'으로 나타나고 있다(Bourke & Titus, 2020).

제 2 절 R&D 상황에서의 효과적 리더십

앞서 R&D 상황에서도 리더십은 중요한 역할을 한다는 점에 대해 언급하였다. 그런데 R&D 상황에서 효과적인 리더십은 일반적으로 확인된 효과적 리더십과는 다소 다를 수 있다. 이는 창의성이나 혁신을 요구하는 R&D의 특수한 상황 때문이다. 여기서는 R&D의 특수한 상황적 특성과 함께 창의성이나 혁신을 북돋는 리더십 스타일들에 대해 살펴보겠다.

1. R&D의 상황적 특성

R&D 상황은 다른 인력이나 과업과는 구별되는 세 가지 특성이 있다.

첫째, R&D 인력이나 팀은 다른 유형의 팀보다 훨씬 더 많은 자율성을 가지고 있다. 일반적으로 작업 시기 및 문제 해결 방법과 같은 일상적인 운영 결정에서 더 큰 자유를 가진다(Stoker et al., 2001; Thamhain, 2003).

둘째, R&D 활동은 구성원 간에 고도의 상호의존성이 존재해 그들 간에 협업이 매우 중요하다. 그들이 담당하는 과업의 성격은 종종 체계적이고 연속적이며 서로 영향을 미치는 업무 흐름을 기반으로 한다. 혁신의 복잡성이 증가함에 따라 R&D 작업은 종종 한 사람 또는 한 팀의 능력을 초과하는 경우가 많다. 따라서 전반적인 성과와 성공적인 프로젝트 통합을 위해서는 팀 내 및 팀 간 협업이 모두 중요하다(Souder & Moenaert, 1992; Hoegl et al., 2004).

셋째, R&D의 주요 목적은 제품, 프로세스 또는 서비스에 대한 새로운 아이디어를 개발하는 것이다. 따라서 R&D는 창의성과 혁신이 직무 수행에 필수적인 '전문적인 창의력'이 필요한 직무로 볼 수 있다.

2. R&D에 효과적인 리더십 스타일에 대한 연구

R&D의 상황적 특성을 고려할 때 이에 맞는 효과적인 리더십 스타일은 다소 특수할 수 있다. 자율성을 요구하는 인력들 간에 협업을 유도하고 창의성과 혁신을 북돋을 수 있는 리더십이 필요하다. 이러한 리더십 스타일에 대한 이제까지의 연구들을 살펴보기로 하겠다.

(1) 변혁적 리더십

R&D 상황에 필요한 창의성이나 혁신을 강화하는데 도움이 되는 리더십으로 가장 주목을 받고 또 많은 연구가 이루어지는 것이 변혁적 리더십 스타일이다.

변혁적 리더는 추종자의 가치와 규범을 지원하고 조직 및 개인적 변화를 촉진하는 데 많은 능력이 있다(Jung, Chow & Wu, 2003). 따라서 이 리더는 조직 구성원이 창의적이고 혁신적일 수 있도록 동기부여와 능력을 강화하여 혁신을 지원할 수 있다. 또한 변혁적 리더는 조직 구성원들 사이에서 신속하게 생각하고 더 창의적으로 행동하며 조직 구조, 프로세스 및 관행에 관한 새로운 아이디어와 솔루션을 개발하려는 열정을 고취한다(Prasad & Junni, 2016).

변혁적 리더십이 창의성과 혁신에 긍정적인 영향을 미친다는 것은 여러 실증 연구에서도 확인되고 있다. Jung, Chow & Wu(2003)는 변혁적 리더십이 종업원들에 대한 임파워먼트(권한 부여)와 혁신지원 조직 분위기(innovation support organizational climate)를 통해 직, 간접적으로 조직 혁신과 상당한 긍정적인 관계를 맺고 있음을 발견했다.

또한 Gumusluoglu & Ilsev는 변혁적 리더십이 창의성이나 조직혁신에 미치는 영향력에 대한 두 편의 연구결과를 발표했다. 한 연구(Gumusluoglu & Ilsev, 2009a)에서는 변혁적 리더십이 창의성이나 조직혁신에 미치는 영향력을 개인 수준과 조직 수준을 나누어 양자에서 조사하였다. 우선 개인 수준에서는 변혁적 리더십과 종업원의 창의성간에 긍정적인 관계가 있다는 것을 발견했다. 동시에 변혁적 리더십은 심리적 임파워먼트(psychological empowerment)를 매개로 하여 추종자의 창의성과 연관된다는 사실도 구명했다. 조직 수준의 연구에서는 변혁적 리더십은 조직혁신과 긍정적인 관계를 가지고 있음을 밝혀냈다. 개인 수준이든 조직 수준이든 변혁적 리더십은 종업원의 창의성이나 조직혁신과 긍정적인 관계를 가지고 있음을 밝혀냈다.

같은 해에 발표된 다른 연구(Gumusluoglu & Ilsev,2009b)에서도 변혁적 리더십이 조직혁신과 긍정적 관계를 가진다는 주장을 확인하고 있다. 여기서는 이에 덧붙여 여러 맥락변수 즉 내부적 지원과 외부적 지원요인이 그 관계를 조절한다는 가설을 검증하였다. 이 연구에서는 내부의 혁신 지원적인 풍토는 변혁적 리더십과 조직혁신과의 관계를 조절해주지는 않는 것으로 나타났지만 외부적 지원요인들은 둘 사이의 관계를 조절하는 것으로 나타났다. 즉 변혁적 리더십 하에서 외부적 지원(기술적, 재정적 지원)이 있는 경우 조직혁신은 배가되는 효과가 있었다.

Feng, Huang & Zhang(2016)은 개인 수준과 집단 수준에서 변혁적 리더십과 혁신과의 관계를 연구하였다. 동시에 변화 관련 상황변수 즉 급진적 변화(radical change)와 점진적 변화(incremental change)의 조절효과에 대해서도 검증하고자 하였다. 연구결과 연구자들이 가정한대로 개인 수준과 집단 수준 모두에서 변혁적 리더십은 혁신행위에 긍정적 효과가 있었다. 다만 조절효과는 급진적 변화에서만 나타났다. 즉 변혁적 리더십은 집단의 혁신행위에 긍정적 영향을 미치는데 이는 점진적 변화가 아닌 급진적 변화상황에서 더 뚜렸했다. 연구를 마무리하면서 연구자들은 '변혁적 리더십은 변화하는 시대에 발맞추고 기업의 혁신 역량을 향상시킬 수 있는 필수적인 리더십 스타일'이라고 강조하고 있다.

Mokhber, Khairuzzaman & Vakilbashi(2018)의 연구에서는 변혁적 리더십의 효과를 조직수준으로 확대했다. 그들의 연구에서는 변혁적 리더십은 혁신적인 활동을 촉진할 뿐만 아니라 그 혁신의 시장 성공도 확보해준다는 것을 밝혀주고 있다. 동시에 혁신활동에 대한 조직의 지원은 둘 간의 관계에서 조절역할을 한다는 것도 구명하였다. 즉 리더의 변혁적 리더십에 조직의 지원이 뒷받침된다면 혁신활동은 배가된다는 것이다.

(2) 임파워링 리더십

변혁적 리더십과 함께 R&D에 적합한 리더십으로 주목을 받고 있는 것이 임파워링 리더십이다. 임파워링 리더십(empowering leadership)이란 말 그대로 추종자들에게 파워를 주는 리더십으로 직원의 업무 환경에 대한 수용력과 적응력을 향상시키고 장려하기 위해 권한, 자율성 및 책임을 직원과 공유하는 리더 행동으로 정의된다(Gao et al. 2011). 이는 자율성과 통제 사이의 균형을 제공하고, 구성원 참여를 장려함으로써 창의성과 혁신에 도움이 되는 것으로 알려지고 있다.

R&D 환경에서의 임파워링 리더십의 유효성은 실증연구에서도 확인되고 있다.

Zhu & Chen(2016)는 R&D에서의 임파워링 리더십이 R&D 팀 과정과 팀 유효성에 미치는 영향에 대해 연구했다. 그들은 임파워링 리더십을 집단차원과 개인차원으로 분리하여 연구하였는데 집단에 초점을 둔 임파워링 리더십은 팀 내 협조를 증진시켜 그 결과 팀 혁신성과 성과를 높이는데 긍정적으로 관련되었다. 반면에 개인차원 임파워링 리더십 즉 팀 내에서 개인 간 권한부여를 차별화하는 리더십은 오히려 집단 내에서의 경쟁을 부추기는 부정적인 결과를 낳았다.

Schroeder & Baldegger(2020)의 연구에서는 신제품 개발 상황에서 임파워링 리더십의 효과에 대해 연구했다. 신제품개발 상황은 직원들의 자율성과 성취에 대한 욕구가 강하면서도 또한 그들 간의 협조가 필수적인데 이를 지원할 수 있는 임파워링 리더십이 매우 효과적일 수 있다는 가정을 했다. 실증연구에서는 변혁적 리더십이나 거래적 리더십의 효과도 병행하여 조사하였는데 임파워링 리더십이 신제품 개발 성과에 가장 큰 관련성이 있는 것으로 밝혀졌다.

(3) 포용적 리더십

포용적 리더십(inclusive leadership)은 수용, 소속감, 독창성 및 포용성이라는 고유한 특성을 가지고 있다. 이는 앞서 설명한 리더십들과는 다음과 같은 점에서 비교된다.

변혁적 리더십은 조직의 필요에 따라 직원의 동기를 부여하고 개발하는 데 초점을 맞추고 있고 적극적인 직원 참여, 상호 영향 및 보상에 대한 고려는 별로 없이 리더에 중심을 두고 있다. 반면에 포용적 리더십은 종업원을 있는 그대로 수용하고 그들의 독특한 능력과 견해로 기여할 수 있도록 허용하며 조직 활동에 참여하도록 격려한다. 또한 임파워링 리더십은 모범을 통한 리드, 권력 공유, 교육 및 코칭에 기반을 두지만 포용적 리더십은 포용성과 접근성에 대한 인식을 촉진해준다.

포용적 리더십의 개념이 비교적 최근에 제시된 관계로 리더십 연구에서 독특하고 중요한 역할에도 불구하고, 현재까지 포용적 리더십과 직원의 창의성이나 혁신적 행동 사이의 연관성을 조사한 연구는 그리 많지는 않다. 포용적인 리더십은 창의성과 혁신에 필요한 심리적 안전에 긍정적인 영향을 미친다는 연구결과가 오래 전에 제시된 바 있다(Nembhard & Edmondson, 2006). 최근의 한 연구에서는 포용적인 리더십은 종업원의 혁신적 행동과 긍정적인 관계를 맺고 있다는 것을 밝히고 있다(Qi et al, 2019). 또 그 과정에서 조직지원 인식(perceived organizational support)이 매개역할을 한다는 것도 입증하고 있다. 즉 포용적 리더십 하에서 종업원들은 조직이 자신들을 후원한다는 인식을 갖게 되고 그 결과로 혁신 행동이 증가하게 된다는 것이다.

(4) 감독자 후원

종업원에게는 일선감독자의 리더십이 CEO의 그것보다 더 영향이 클 수 있다. 종업원들은 전체조직보다는 감독자로부터 더 많은 지원을 받고 또 그들은 감독자로부터 일과 관련된 정보나 피드백을 받는 것을 선호한다. 감독자 후원은 리더십의 한 형태를 의미한다.

감독자 후원(supervisor support)은 리더가 종업원의 기여에 대해 가치를 두고 그들의 복지에 대해 배려하는 정도로 정의된다. 후원적인 감독자는 종업원들이 이야기를 들어주고 가치를 부여하며 배려해준다는 느낌이 들게 만들어주는 리더이다.

종업원이 감독자 후원을 인식할수록 창의성이 발현되고 그 결과 개인적, 조직적 혁신이 증대한다는 연구결과들은 열거하기 힘들 정도로 많다. Chang & Teng (2017)은 감독자 태도 즉 감독자의 후원적 태도가 직원 창의력 생성의 중요한 요소임을 지적했다. Jaiswal & Dhar(2015)의 연구에서는 감독자의 후원적 태도가 직원의 행동과 동기부여에 가장 직접적으로 영향을 미치는 것으로 나타났다. Garaus 등(2016)은 감독자 후원은 물론이고 그 외에도 직원과의 원활한 의사소통과 직원들의 창의성 유도 및 조직 혁신을 위해서는 적시에 감사와 격려를 해야 한다는 점을 강조했다. Tsai 등(2015)는 감독자가 조직 환경에 기여하는 좋은 아이디어를 적시에 평가하거나 보상해야 하며 창의성을 높이기 위해서는 직원의 독특한 아이디어에 대해 열린 태도를 보여야 한다는 점을 강조했다. Do 등 (2016)은 창의성과 혁신을 높이기 위해서는 상사가 직원의 감정과 욕구에 대해 배려하고, 직원이 아이디어를 발언하도록 장려하고, 긍정적이고 유용한 피드백

의견과 정보를 적시에 제공하고 직원이 스킬을 개발하도록 지원해야 한다는 점을 지적했다. 감독자 후원이 개인의 창의성이나 조직의 혁신에 유의미하게 긍정적으로 관련된다는 것은 최근의 Zhang & Wang(2018)의 연구에서도 재차 확인되고 있다.

감독자 후원이 개인의 창의성이나 조직혁신에 미치는 긍정적 관계를 구명하는 데서 한발 더 나아가서 관계에 영향을 미치는 상황변수를 조사한 연구도 있다. 한 연구에서는 언제 감독자 후원이 효과적인가를 구명하기 위해 전반적 자기효능감(general self efficacy)[1)]과 내재적 통제위치(internal locus of control)라는 상황변수를 도입하였다(Chen, 2016). 연구결과는 감독자 후원과 개인의 창의성 간의 관계에서 전반적 자기효능감은 긍정적인 매개요인으로 작용했지만 내재적 통제위치는 부정적인 조절효과를 나타냈다. 즉 자신이 잘할 수 있다고 믿는 종업원은 감독자의 후원이 있는 경우 더 긍정적으로 창의성을 발현했다. 반면 내적 통제위치가 강한 직원 즉 자신의 결정을 중시하는 종업원의 경우 감독자의 후원은 창의성 발현에 오히려 부담으로 작용할 수도 있다는 것이다.

제 3 절 효과적 R&D 리더십을 위한 지침

다음은 R&D 상황에서 효과적 리더십 발휘를 위한 실무적 지침(guidelines)에 대해 살펴본다.

1. 효과적인 리더십의 조건(Google 연구)

R&D 현장에서 활용할 수 있는 효과적인 리더십 방안이 Google사의 체계적 연구를 통해 제시되고 있다.

---

1) 자기효능감은 특정 목표나 도전을 잘 해낼 수 있다는 믿음을 가리킨다. 예컨대 수학에 대한 자기효능감이 있을 수 있다. 반면 전반적 자기효능감(general self efficacy, generalized self efficacy)이란 자기에게 닥치는 여러 문제들이나 목표를 잘 해결할 수 있으리라는 전반적인 믿음이다.

Google에서는 Project Oxgen(읽을거리 참조)을 통해 과학적 근거와 자료에 입각해서 효과적 리더십 발휘를 위한 8가지 지침을 제시하고 있다(impraise, 2021). 이러한 효과적인 리더가 갖추어야할 특성이나 행동은 비록 Google의 관리자들을 대상으로 연구된 것이기는 하지만 여타의 기술중심 조직이나 R&D 조직에서도 통할 수 있는 보편성을 지니고 있는 것들이다.

이러한 연구에서 특기할만한 것은 놀랍게도 기술적 스킬이 마지막에 나오고 있다는 점이다. 이는 R&D 나 기술개발 리더들이 성공을 하려면 단순히 기술적 스킬 외에도 많은 다른 요인들이 있다는 것을 시사하는 것이다.

(1) 좋은 코치(good coach)가 된다.

효과적인 리더가 되기 위해서는 일차적으로 좋은 코치가 되어야 한다. 점차적으로 리더는 팀원의 개발을 지원하는 자신의 역할에 코칭 기술을 적용할 필요가 커지고 있다. 코칭 마인드 개발에는 피드백을 통한 성장에 대한 개방성을 보여주는 것이 포함된다. 관리자는 어떤 영역을 개선할 필요가 있는 가를 알기 위해 하급자들의 상향적 피드백을 적극적으로 권장하고 요청해야 한다.

이러한 리더(관리자)의 역할에 도움이 되는 핵심 코칭 기술은 적극적인 경청(active listening)이다. 더 깊은 수준에서 듣는 법을 배움으로써 관리자는 팀원과 그들이 직면 할 수 있는 도전에 대해 잘 이해하게 될 것이다. 그럼으로써, 그들을 보다 효과적으로 지원할 수 있게 된다.

(2) 팀에게 권한을 부여하고(empower)하고 미세관리(micromanage)하지 않는다.

앞서 R&D 리더십에 대한 많은 연구에서 밝혀졌듯이 창의성과 혁신의 발현을 위해서는 리더가 아닌 팀 구성원들의 임파워먼트(권한부여)가 매우 중요하다.

좋은 리더는 팀원들에게 방향제시와 함께 자율성을 동시에 줄 수 있어야 한다. 목표를 설정함으로서 구성원들에게 나아가야할 바를 명확히 하고 그들이 팀과 기업성공에 어떻게 기여하고 있는 가를 인식시킨다. 동시에 그들에게 가능한 한 간섭받지 않고 자신이 맡은 바 일을 수행할 수 있는 자율성을 줌으로써 신뢰관계를 형성할 수 있다. 팀원들에게 권한을 부여하는 것은 전문가로서의 발전을 격려함으로써 그들이 지닌 강점을 스스로 발견하고 그것에 초점을 맞추도록 돕는 역할을 한다.

구성원들을 임파워한다는 것은 미세관리를 하지 않는다는 것을 의미하는 것이기도 하다. 지나친 미세관리는 구성원의 통제력을 감소시키므로 자유로운 발상의 발현을 억제하므로 청의성과 혁신의 발휘에는 독소로 작용한다. R&D부서는 지적으로 기술적으로 유능한 사람들을 고용하고 있다. 따라서 그들이 날개를 펴고 날 수 있도록 해주는 것이 중요하다. 제4장에서 살펴보았듯이 Daniel Pink는 그의 책 '동기(Drive)'에서 자율성을 모티베이션의 핵심적 세 요인 중의 하나로 언급하고 있다(Pink, 2011). 언제 할 것인가 어떻게 하는가를 일일이 지시받는 것만큼 팀원들의 사기를 저하시키는 것은 없다.

(3) 팀 구성원들의 성공(success)과 개인적 복지(personal well-being)에 관심을 표명하고 포용적인(inclusive) 팀 환경을 조성한다.

많은 리더(관리자)들은 팀 구성원의 성공과 개인적 복지는 자신의 책임 영역 밖에 있는 것으로 생각할 수 있다. 하지만 이는 직원들이 직장에서 참여하고 인정받는다고 느끼는 데 핵심적인 역할을 한다. 기업조직에서는 수익과 이익도 중요하지만 이 목표를 달성하게 만드는 것은 사람(종업원)이라는 것을 잊으면 안 된다.

관리자는 팀원이 소중한 구성원임을 느낄 수 있도록 그들의 복지를 위해 배려해야 한다. 구성원들이 잘하지 못하거나, 과로하거나, 스트레스를 받거나, 갈등을 겪고 있는 상황을 감지 할 수 있는 리더의 역량은 팀의 효율성을 높이는 데 도움이 되는 핵심 역량이다. 팀원들의 복지에 관심을 보이는 것은 또한 그들의 신뢰감을 키우는데도 도움이 된다. 또 팀원들이 자신이 팀에서 소외되지 않고 팀의 일 부분이라는 느낌을 가질 수 있도록 포용적 분위기 형성과 유지에도 주력해야 한다.

(4) 생산적(productive)이고 결과 지향적(results oriented)이어야 한다.

조직 특히 기업에서 효과적인 리더는 일을 잘 해야 하고 결과를 내어야 한다. 관리자가 높은 감성 지능과 같은 관계능력을 지니는 것도 중요하지만 그 이전에 결과 지향적이어야 하는 것은 너무나 당연하다. 리더로서 그들은 팀이 핵심적인 성과를 내고 분기 또는 연초에 설정된 목표를 달성하도록 할 책임이 있다. 또한 이러한 결과가 회사의 전반적인 성공에 기여하고 있는지 확인해야 한다. 이 과정에서 관리자가 전략을 수립하고, 조직화하며 업무를 집행하고 위임 할 수 있는 능력은 매우 중요하다.

(5) 좋은 의사소통자(good communicator)가 되어야 한다. 경청(listen)하고 정보를 공유(share information)해야 한다.

좋은 의사소통 기술은 누구에게나 필수이지만 특히 리더십 위치에 있는 경우에는 더욱 그렇다. 피드백을 효과적으로 제공하는 능력은 이것의 핵심 부분이다. 관리자는 업무 개선의 여지가 있을 때 의사소통을 할 수 있어야하며 적절할 때 인정을 제공하는 방법도 알고 있어야 한다.

편안하게 피드백을 제공하는 것도 중요하지만 관리자는 경청하는 능력도 갖추어야 한다. 상향적 피드백을 받을 수 있도록 길을 열어 두어야 하고 의견이 다른 팀원의 말을 들을 수 있어야 한다. 이를 위해 관리자는 듣기 기술을 연마해야 하며 이를 통해 팀 역학과 상호 작용을 더 잘 이해할 수 있게 된다.

경청자가 되는 것 외에 관리자는 고위 경영진과 팀원 사이의 다리 역할을 해야 한다. 이를 통해 회사 전체에 정보를 전달하고 위의 메시지가 이해되도록 하는데 중추적인 역할을 담당한다. 정보를 공유하게 되면 조직에서의 병목 현상을 제거하고 모든 구성원들이 루프에 속해 있으며 의사 결정을 내릴 권한이 부여되고 있다는 느낌을 갖게 할 수 있다.

(6) 구성원들의 경력개발(career development)을 돕는다.

관리자는 다양한 역할을 수행해야 하는데 그 중 하나는 부하 직원의 전문성 개발을 지원하는 것이다. Gallup의 연구에 의하면 직장에서 자신의 강점을 사용하는 사람들은 업무에 몰입할 가능성이 6배 더 높고 생산성이 8% 더 높으며 직장을 그만 둘 가능성이 15% 더 낮다는 것이 밝혀졌다. 직장에서 강점을 파악하고 활용하는 방법을 배우는 것이 성과가 높은 팀과 성과가 저조한 팀을 구분하는 주요 요인이 된다.

하지만 모든 사람이 자신의 강점을 자연스럽게 인식하는 것은 아니며 관리자라도 개인의 핵심 자질을 정확히 파악하기 어려울 수 있다. 다행히도 이에 도움이 되는 많은 책과 검사(테스트)가 있다. 일단 자질들이 확인되면 관리자는 직원이 전문 개발 목표를 설정하도록 도울 수 있다.

(7) 팀을 위한 명확한 비전과 전략(clear vision and strategy)을 가진다.

리더가 팀이 달성하고자하는 목표와 달성 계획에 대한 비전을 갖는 것은 매우 중요하다. 이를 통해 팀내의 모든 사람들에게 초점과 방향을 제시할 수 있으며 나머지 구성원들에게는 각 팀이 비즈니스 전략에 기여하기 위해 무엇을 하고 있는지를 알 수 있게 해준다.

각 팀은 고유한 재능을 가진 개인으로 구성되며, 리더는 이러한 개인이 함께 일할 수 있도록 조정하고 안내하는 역할을 해야 한다.

(8) 팀에 조언을 해줄만한 핵심 기술 스킬(key technical skills)을 보유한다.

리더는 과업수행에 필요한 핵심적인 기술 스킬을 보유하고 있어 팀원들에게 필요한 경우 조언을 제공할 수 있어야 한다. Google과 같은 기술중심 조직에서 리더는 기술적으로 구성원들보다도 우위에 있어야 효과적인 리더십 발휘에 도움을 받을 수 있다. 리더십을 영향력이라고 볼 때 파워가 있어야하는데 전문적 파워(expertise power)가 영향력의 중요한 원천이 될 수 있다.

그러나 효과적인 리더십 발휘를 위한 행동 중 비교적 후순위라는 점에 유념할 필요가 있다. 이는 리더가 되는 데는 기술적 스킬 이상의 것이 더 중요하다는 의미로 해석할 수 있다.

읽을거리

Project Oxygen: Google사의 리더십 프로젝트

(1) 프로젝트의 목적과 배경

Project Oxygen은 Google에서 인사 데이터를 분석해 성공적인 관리자의 조건을 밝혀내려는 프로젝트를 말한다.

Google에서는 회사에서 훌륭한 관리자란 어떤 사람인가를 알고 싶어했다. 그래서 '인력운영 팀(People Operation team)'으로 하여금 훌륭한 관리자를 구성하는 것이 무엇인가를 조사하기로 했다.

(2) 연구의 기초 가정: 관리자의 질은 중요하지 않다

우선 팀은 반대 가설부터 설정하고 그것부터 살펴보기로 했다. 즉 관리자는 '중요하지 않다'라는 가설 즉 구체적으로 '관리자의 질(quality)이 팀 성과에 영향을 미치지 못했다'을 증명하고자 했다.

운영 팀이 이런 가정을 수립한 것은 일부 관리자나 엔지니어들 사이에서 '관리자는 관료제를 구성하는 백해무익한 존재'라는 생각들이 있었는데 이를 반영한 것이었다.

(3) 연구의 과정

설정된 가정을 증명하기 위해 인력운영 팀은 최고 등급과 최저 등급의 관리자 간의 차이를 평가하기 위해 통계학자 그룹을 고용했다.

관리자의 질(quality)은 두 개의 계량지표로 평가했다. 하나는 성과평가점수이고 다른 하나는 Google에서 연례적으로 실시하는 직원 서베이 피드백 결과였다.

(4) 연구의 결론: 관리자의 질은 매우 중요하다.

데이터 분석결과는 처음 설정했던 가설과는 달리 '관리자가 중요하다'라는 것이었다. 훌륭한 관리자(질이 높은 관리자)가 담당한 팀들은 더 행복했고 생산성도 더 높았다.

(5) 훌륭한 관리자의 조건

관리자가 중요하다는 것은 밝혀졌지만 이는 무엇이 훌륭한 관리자를 만드는가는 설명해주지 못했다. 그래서 인력운영팀은 직원들에게 관리자에 대해 묻는 방식을 택했다. 성과평가와 직원 서베이에서 나온 답변들을 기초로 인력운영팀은 높은 점수를 획득한 관리자들에게서 발견되는 공통적인 열 가지 행위들을 찾아냈다. 또한 이중 블라인드 테스트(double blind test)를 실시하였는데 여기서는 최고 관리자 집단과 최악 관리자 집단 사이에 행동에 어떤 차이가 있는 가를 규명하고자 했다. 그 결과 효과적인 리더를 만드는 여덟 가지 특성을 발견했다.

자료: re:Work(2021).

2. 바이오(bio) 산업에서의 효과적인 리더십을 위한 지침

앞서 Google이 제시한 효과적인 리더십의 지침은 산업에 관계없이 보편성을 지니는 것이다. 그러나 최근 COVID 19 팬데믹 현상에서 그 중요성이 커지고 있고 R&D활동이 활발하게 이루어지는 바이오나 의약품 산업에서는 산업의 특성상 효과적 리더십에서 특별한 측면이 있을 수 있다. 그래서 Oceanyx Pharmaceuticals의 공동 창립자 겸 최고 경영자인 Pravin Chaturvedi가 바이오와 의약품 산업에서 혁신리더가 갖추어야할 조건으로 제시하는 것들을 살펴보기로 하겠다(Chase, 2019). 이 지침에는 바이오와 의약산업의 특성을 고려한 부분이 다수 포함되어 있다.

첫째, 환자에 대한 충족되지 않은 요구를 해결(solving unmet needs for patients)하는 목표에 초점을 맞춘다.

둘째, 개인적인 이익이나 기업의 이윤을 위해서만 동기부여가 되어서는 안 되고 모든 이해 관계자에게 이익을 주겠다는 전체론적인 열정(possesses holistic passion)을 가져야 한다.

셋째, 건강하면서도 그러나 균형 잡힌 자아(have a healthy but balanced ego)를 갖는다(자기 중심성을 극복하고 그룹의 아이디어를 이해하고 발전해 나갈 수 있도록 돕는다).

넷째, 팀에 대해 올바른 질문을 하고(ask the right questions) 충족되지 않은 요구 사항 해결과 관련된 지속적인 위험 및 알려지지 않은 사항을 편안하게 처리한다.

다섯째, 팀원과 동료들과 공감을 유지(maintain empathy)한다. 그래서 그들로 하여금 자신의 제안과 아이디어에 따라 행동할 권한이 부여되어 있다고 느낄 수 있도록 해야 한다.

여섯째, 효과적으로 위임(delegate effectively)한다. 자신의 잠재력을 발휘하도록 영향을 주고 동기를 부여 할 수 있게끔 자격을 갖춘 다른 팀원들의 일에 깊이 관여 하지 않는다.

일곱째, 각기 다른 전문 지식, 기술 및 배경을 가진 모든 이해 관계자와 마음을 열고 의사소통한다(openly communicate). 그럼으로써 환자의 요구 사항과 주어진 솔루션이 환경에 어떻게 부합하는지에 대한 강력한 집단적 이해를 개발한다.

여덟째, 주어진 기술이나 약물이 질병이나 상태에 대한 "유일한"(unique) 해결책이 될 것이라고 믿어서는 안 된다. 생명 공학 리더는 살아있는 유기체는 지속적으로 진화하고 있으며 개입에 대해 내성이 생길 수 밖에 없다는 점을 인식하면서 유기체를 치료하는 약물을 개발할 필요가 있다.

3. 디지털 리더십

R&D와 직접적으로 관련된 것은 아니나 경제의 디지털화, 조직의 디지털화가 급속히 진행되고 있는 점에서 오늘날 리더들은 디지털 리더십을 갖추어야 한다. 조직의 혁신을 이룩하기 위해서는 디지털 변혁(digital transformation)이 필수적이다. 따라서 조직의 리더들에게는 이러한 디지털 변혁을 효과적으로 수행하기 위한 디지털 DNA와 함께 리더십이 필요하다.

(1) 디지털 리더십이란?

디지털 리더십은 비즈니스 목표를 달성하기 위해 회사의 디지털 자산을 전략적으로 사용하는 것을 말한다. 아는 조직수준과 개인 수준 양자에서 수행될 수 있다.

개인 수준에서는 디지털 자산을 관장하는 데 책임이 있는 사람들이 수행한다. 효과적인 디지털 리더는 비즈니스 목표를 인식하고 자신의 직무 책임이 그것을 어떻게 지원하는 가를 알고 있다.

조직 수준에서 디지털 리더는 예를 들어 디지털 자산을 성공적으로 활용하여 경쟁 우위를 확보하고 유지하는 조직일 수 있다. 이러한 디지털 리더들은 그들의 비즈니스가 어떻게 고객의 요구와 끊임없이 변화하는 비즈니스 요구 사항에 훨씬 더 민감하게 대응할 수 있도록 기술을 활용할 것인가 하는 것을 탐구한다.

성공적인 디지털 리더는 인 바운드 데이터의 중요성과 이를 지원하는 비즈니스 내 프로세스를 이해한다. 그들은 새로운 기술과 디지털 정보가 비즈니스 프로젝트를 돕기 위해 사용될 수 있는 방법을 탐구하기 위해 의사소통, 창의성 및 의지에 높은 가치를 둔다.

(2) 디지털 리더십의 중요성

디지털 리더십은 조직에 다음과 같은 이점을 가져다 준다(GDS Insights, 2020).

1) 디지털 문화의 구축

비즈니스 내 여러 부서에서 업무를 개선하기 위해 서로 다른 디지털 도구가 필요하다. 효과적인 디지털 리더가 있으면 조직 내에서 그들이 적절한 도구를 사용할 수 있도록 해준다. 예컨대 Google 드라이브를 예로 들어 보자. 회사는 Google 드라이브를 사용하여 특정 정보가 포함된 특정 문서를 만들고 액세스할 수 있다. 또한 원격으로 작업하는 직원은 이 플랫폼을 통해 협업하고 문서를 공유할 수 있다. 편집한 각 항목이 저장되고 사람들이 실시간으로 정보를 추가, 제거 또는 변경한 사람을 볼 수 있다.

2) 직원의 생산성 향상

조직에 제공되는 도구는 생산성 수준을 높이도록 설계되었지만 이를 추진할 디지털 리더십이 없다면 직원은 이러한 도구를 구현하고 최대한 활용하는 데 어려움을 겪을 수 있다. 디지털 리더십은 직원이 즉시 사용에 집중할 수 있도록 해준다.

3) 고객 만족도 향상

디지털 리더십은 편의성, 속도 및 고객 지원을 개선하고 도입함으로써 고객만족을 도울 수 있다. 이는 다시 고객이 제품이나 서비스에 만족도를 더욱 높인다.

4) 수익 증대

더 짧은 시간에 더 많은 고객에게 서비스를 제공하는 것이 비즈니스 내에서 더 많은 수익을 창출하는데 효과적인 방법이다. 디지털 리더십이 수익 증대에 도움이 될 수 있는 방법에는 다음과 같은 것이 있을 수 있다

첫째, 유지율이 향상된다. 디지털 도구를 사용하여 고객에게 더 나은 서비스를 제공하게 되면 고객은 점점 더 만족하고 충성도가 높은 고객으로 바뀐다.

둘째, 서비스를 제공받는 고객 수가 증가한다. 디지털 도구를 사용하면 더 낮은 운영비용으로 고객에게 서비스를 제공할 수 있다.

(3) 디지털 리더의 스킬

효과적인 디지털 리더가 되기 위해서는 다음과 같은 스킬들이 필요하다(GDS lnsights, 2020).

1) 의사소통

디지털 리더는 기술을 사용하여 비즈니스의 상부에서 하부까지 강력한 커뮤니케이션 네트워크를 구축할 수 있다. 이를 구현하기 위해 디지털 리더는 전략을 수립하고 그들이 누구를 대상으로 하는지 이해해야 한다.

2) 비전

강력하고 명확한 비전이 있으면 직원들을 움직이게 하는 것이 쉬워진다. 이것은 디지털 리더를 사람들과 차별화하는 특성 중 하나이다.

3) 디지털 문해력(digital literacy)

1,000명의 CEO를 대상으로 한 Harvard Business Review의 연구에 따르면 응

답자의 90%가 자신의 비즈니스가 디지털 비즈니스 모델에 의해 중단되거나 재창조되고 있다고 믿고 있는 것으로 나타났다(Bersin, 2016). 그러나 자신의 능력에 대해 물었을 때 70%는 적응할 수 있는 올바른 기술, 리더 또는 운영 구조가 없다고 생각했다. 산업계가 직면한 문제 중 하나는 '디지털 이민자(digital immigrants)'로 알려진 구세대가 새로운 기술을 배워야 한다는 것이다. 디지털 리더가 기술과 도구들을 장악하고 전체 인력을 함께 데려가는 것이 중요하다.

4) 전략

가장 성공적인 디지털 리더는 미래에 대한 매우 명확한 비전을 가질 뿐만 아니라 내부적으로 디지털 문화를 육성하고 변화를 수용할 준비가 되어 있는 전략을 수립해야 한다. 이것이 실제로 일어나기 위해서는 디지털 의제를 수행하는 일관된 전략이 중요하다.

(4) 디지털 리더의 필수 역량

디지털 리더는 또한 디지털 기술원천으로부터 정보요구를 이해하고 디지털 자원을 투입, 조직, 통합하기 위해 디지털 도구와 시설을 활용할 수 있는 지식과 능력을 갖추어야 한다. 디지털 리더가 갖추어야 할 필수역량에는 다음과 같은 것들이 있다(GDS lnsights, 2020).

1) 프로그래밍

프로그래밍 역량은 개발자만을 위한 것이 아니다. 디지털 리더가 프로젝트를 지원하기 위해서는 프로그래밍에 대한 기본적인 이해가 필요하다.

2) 프로젝트 관리

사람, 예산 및 자원을 효과적으로 조정할 수 있는 프로젝트 관리 능력은 디지털 리더가 갖추어야할 또 하나의 역량이다. 훌륭한 프로젝트 관리자는 과업을 완료하기 위해 프로젝트를 효율적으로 이끌고 직원을 적재적소에 배치할 수 있다.

3) 빅 데이터 및 비즈니스 인텔리전스 분석

이는 기업이 시장 점유율을 유지하고 경쟁 우위를 정의하는 데 사용할 수 있는 중요한 정보를 제공한다. 빅데이터 분석은 비즈니스 프로세스에서 중요한 역할을 한다. 큰 데이터 세트를 평가하는 것은 가치 있는 고객을 강조하며 투자수익율(ROI)를 평가하는 데 중요하다. 이 데이터를 올바르게 분석하면 보다 효과적인 판매와 수익 창출 기회가 증가한다.

4) 정보 보안

보안은 모든 조직에서 가장 큰 관심사이다. 데이터 침해는 고객 손실에서 브랜드 평판 손상에 이르기까지 심각한 영향을 미칠 수 있다. 따라서 모든 디지털 리더는 기술 보안 전문가를 확보하는 것이 중요하다.

제 4 절 R&D 리더십과 코칭

1. 리더십에서의 코칭의 중요성

Google에서 제시한 효과적인 리더십 지침의 첫 번째가 리더는 우선 훌륭한 코치(good coach)가 되어야 한다는 것이었다. 현대의 리더십에서의 코치로서의 관리자의 역할을 강조한 것으로 볼 수 있다.

오늘날처럼 조직은 신속하고 지속적이며 파괴적인 변화가 표준이 되고 과거에 성공한 것이 더 이상 미래의 성공에 대한 지침이 될 수 없는 시대에 직면하고 있다. 이제 관리자라고 해서 모든 문제에 대한 해답을 갖고 있지 못하다. 이러한 새로운 현실에 대처하기 위해 기업조직은 기존의 명령 및 통제(command and control) 관행에서 벗어나 매우 다른 방식으로 이동하고 있다. 관리자가 지시가 아닌 지원과 가이던스를 제공하고 구성원이 지속적으로 변화하는 환경에 적응하는 방법을 스스로 배우는 모델이다. 이러한 방식만이 구성원들이 신선한 에너지, 혁신, 헌신을 불러일으킬 수 있기 때문이다.

간단히 말해서 관리자의 역할 중 코치의 역할의 비중이 커지고 있다. 많은 기업이 리더를 코치로 교육하는 데 투자하고 하고 있고 코칭은 모든 수준의 훌륭한 관리자를 개발하는데 필수적인 요소가 되고 있다.

코칭은 외부전문가에 의해서 이루어질 수도 있고 일상에서 내부의 관리자들에 의해서도 이루어진다. 여기서 말하는 코칭은 외부전문가에 의한 코칭이 아니라 조직 내부의 사람들에 의해 진행되고 실행되는 것을 말한다. 이는 진정한 학습 조직을 만들 수 있는 종류의 코칭이다. 현대 조직에서 모든 관리자는 조직의 문화를 정의하고 사명을 발전시키는 데 도움이 되는 방식으로 항상 모든 직원들과 협력해야 한다. 따라서 효과적인 코치로서의 관리자는 답변을 제공하는 대신 질문을 하고, 직원을 판단하는 대신 지원을 하며, 해야 할 일을 지시하는 대신 개발을 촉진하는 역할을 해야 한다.

이러한 코칭 개념은 점점 진화되고 있다. 코칭은 더 이상 경험이 부족하거나 경력이 부족한 사람과 아는 것을 공유하는 자비로운 형식이 아니다. 물론 이것도 가치있는 일이기는 하다. 그보다는 코칭은 타인들 속에 담겨져 있는 통찰력에 점화를 하기 위해 질문을 하는 하나의 방식이다. 이 분야의 선두 주자 인 John Whitmore경(卿)이 정의했듯이 숙련된 코칭에는 "성과를 극대화 할 수 있도록 사람들의 잠재력을 드러내는 것"이 포함된다(Whitmore, 2002). 이를 위해 숙련된 코치는 지식을 전달하면서 동시에 타인들이 스스로 그것을 발견할 수 있는 능력을 키워주는 역량을 갖추어야 한다.

그런데 개인이 이러한 역량을 갖추는 것과 이것들이 조직전체에서 매일의 일상에서 자연스럽게 실행되는 것은 별개의 문제이다. 그래서 여기서는 먼저 개인 관리 역량으로서 코칭을 개발하는 방법들에 대해 살펴본 다음에 이를 조직적인 역량으로 만들 수 있는 방안에 초점을 맞추어보기로 한다.

2. 개인의 관리역량으로서의 코칭의 개발

다음은 개인의 관리역량으로서의 코칭 능력개발에 대해 살펴보기로 한다(Ibarra & Scoular,2019).

(1) 심리적 저항의 극복

기존 관리자들은 코칭에 대해 부정적인 사람들이 많다. 성과를 내기 위해 부하들에게 항상 지시하고 명령하는데 익숙한 관리자들에게는 코칭은 너무 "무른(soft)" 방식이라고 생각한다. 또 관리자는 자신이 가진 권한행사를 빼앗기는 것 같아서 심리적으로 불편하기도 한다. 그래서 그들 중에는 코칭에 대해 저항감을 느끼고 시도조차하지 않는 경우가 많다.

Daniel Goleman(2017)의 리더십 스타일에 대한 고전적인 연구에서는 리더들은 사람들을 가르치고 성장하도록 돕는 그렇게 느리고 지루한 일을 할 시간이 없다고 말하면서 코칭을 가장 선호하지 않는 스타일로 꼽았다. 또한 많은 관리자들은 코칭과 관련된 자신의 능력을 과대평가하는 경향이 있다. 자신들이 코칭을 잘한다고 생각한다. 그러나 현실은 그렇지 않았다. 한 연구에서는 3,761명의 임원으로 하여금 자신의 코칭 기술을 평가하게 한 다음 이를 그 임원들과 함께 일한 사람들의 평가와 비교했다. 결과는 큰 차이를 보였다. 경영진의 24%는 자신의 능력을 상당히 과대평가하여 자신을 평균 이상으로 평가했지만 동료들은 그들을 그룹의 하위 3분의 1에 순위를 매겼다. 이 연구의 저자들은 "당신이 좋은 코치라고 생각하지만 실제로는 그렇지 않다, 이 데이터는 당신이 생각했던 것보다 훨씬 더 나쁠 수 있다는 것을 보여준다"고 말하고 있다.

코칭을 잘하는 것은 가장 유능한 관리자조차도 어려울 수 있다. 그러나 다행인 것은 올바른 도구와 지원, 건전한 방법, 많은 연습과 피드백을 통해 거의 모든 사람이 더 나은 코치가 될 수 있다는 것이다.

(2) 코칭의 유형

리더가 사용할 수 있는 코칭에는 [그림 7-1]에서 보는 바와 같이 네 가지 유형이 있을 수 있다(Ibarra & Scoular,2019). 이는 정보투입의 많고 적음 차원과 도출 에너지의 많고 적은 차원을 기준으로 2×2 매트릭스로 분류한 것이다. 리더는 이러한 유형들 중에서 여러 상황요인들을 고려하여 적합한 형태를 선택할 수 있다.

왼쪽 상단의 1 사분면은 주로 "지시(telling)"를 통해 이루어지는 지시적(directing) 코칭이다. 소위 멘토링(mentoring)은 이 범주에 속한다. 수년간 축적된 지식을 가진 관리자가 기꺼이 그것을 주니어 팀원과 공유하고, 팀원은 가능한 한 많은 지식을 흡수하고자 주의 깊게 경청한다. 이 접근 방식에는 장점도 많지만 단점도 있다. 지시적 코칭으로는 우선 코치를 받는 사람에게서 높은 에너지를 끌어내기가 쉽지 않다. 때로는 에너지 수준과 동기를 떨어뜨릴 수도 있다. 또한 상사가 코칭을 받는 사람은 알지 못하는 것을 알고 있다고 가정한다. 그러나 이는 지금처럼 복잡하고 끊임없이 변화하는 작업 환경에서는 항상 안전한 가정은 아니다. 또한 이는 리더가 항상 잘해왔던 일(다른 사람의 문제 해결)을 계속하도

그림 7-1 코칭의 유형

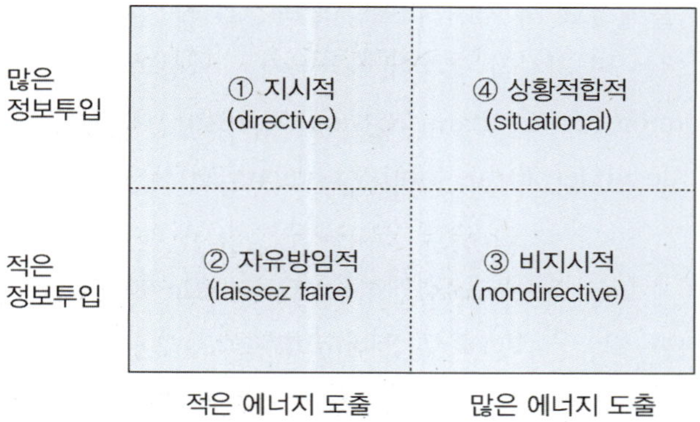

자료: Ibarra & Scoular(2019).

록 허락하는 것을 의미하므로 조직 역량을 제대로 구축하지 못할 수 있다.

왼쪽 하단의 2 사분면은 자유방임(laissez faire) 코칭이다. 즉 공식적인 코칭행위가 이루어지지 않는 경우이다. 모든 팀원이 생산적으로 일을 하고 있을 때는 그들을 그냥 내버려 두는 것도 좋은 방법일 수 있다.

오른쪽 하단의 3 사분면에는 비 지시적(nondirective)코칭이 있다. 이는 경청과 질문은 하되 판단은 유보하는 방식이다. 여기서 관리자는 자신이 코칭하는 사람이 스스로 문제를 해결하고 어려운 상황에 대처하는 방법을 배우게끔 하는 것을 목표로 한다. 그리고 그들이 스스로 지혜, 통찰력, 창의성을 끌어내도록 돕는다. 이는 코칭을받는 사람들에게 매우 활력을 줄 수 있는 접근 방식이지만 "지시" 모드에서 더 편한 함을 느껴왔던 대부분의 관리자에게는 자연스럽지 않은 방식이다.

오른쪽 상단의 4 사분면에는 상황적합적(situational) 코칭이 있다. 이는 네 가지 유형 중 가장 바람직한 형태로 학습 조직의 모든 관리자는 상황적합적 코칭의 전문가가 되어야 한다. 이 유형은 용어에서 알 수 있듯이 특정 순간의 필요에 따라 지시적 스타일과 비 지시적 스타일 사이의 균형을 잘 취하는 것을 의미한다. 코칭의 경험상 이러한 상황적합적 코칭을 선택하기 전에 리더들은 우선 비지시적 코칭에 대해 나름대로 익숙해 질 필요가 있다.

즉 리더의 코칭능력 함양에 있어서는 비지시적 코칭이 선결과제이다.

(3) 코칭의 과정: GROW 모델

코칭 그중에서도 비 지시적 코칭의 과정을 잘 설명한 이론 중에 GROW 모델이 있다. 이는 비 지시적 코칭이 이루어지는 과정의 앞 문자를 따서 붙여진 이름이다(Whitmore, 2002; Ibarra & Scoular, 2019). 이 모델은 원래 비즈니스 코치 Graham Alexander(2010), John Whitmore(2002) 경에 의해 1980년대에 개발되었다.

GROW 모델은 [그림 7-2]에서 보는 것처럼 목표(goal: G), 현실(reality: R), 대안(option: O), 의지(will or ways forward: W)의 네 가지 과정으로 구성된다.

이 모델에 대해 쉽게 이해하기 위해서는 여행을 계획하는 과정을 생각해보면 된다. 먼저 어디로 갈 것인지(목표)를 결정하고 현재 위치(현재 현실)를 설정한다. 그런 다음 목적지까지 다양한 경로(옵션)를 탐색한다. 의지를 확립하는 마지막 단계에서는, 여행을 하고자하는 의지를 확인하고, 도중에 만날 수 있는 장애물에 대비한다.

그림 7-2 코칭의 과정: GROW 모델

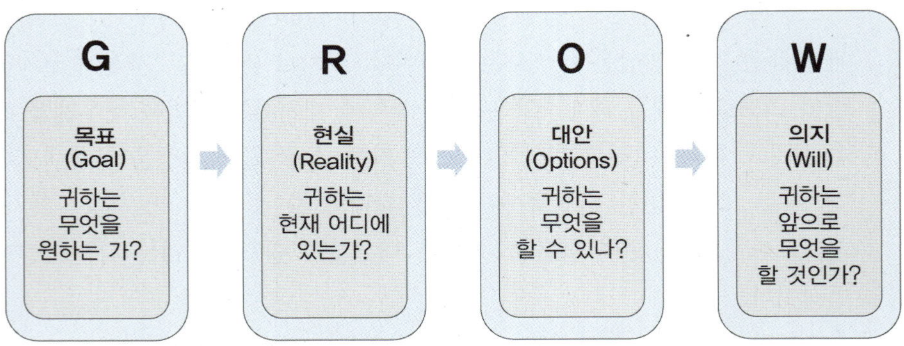

① 목표(goal)

코칭의 첫 번 째 단계는 코칭의 목표를 분명히 정하는 것이다. 즉 그것은 코칭 받는 팀원이 이 기회를 통해 무엇을 얻고자 하는 것을 확정하는 것이다. 목표는 이 특정 코칭 기회에서 그가 얻고 자 하는 것이다.

② 현실(reality)

대화의 목표가 설정되면 다음은 팀원에게 현재 현실을 설명하도록 질문한다.

이는 중요한 단계인데 너무 자주 사람들은 출발점을 충분히 고려하지 않고 문제를 해결하거나 목표에 도달하려고 하며, 그래서 필요한 일부 정보를 놓치는 경우가 많다. 팀원이 현재 현실에 대해 이야기하다 보면 그 과정에서 솔루션이 나타나기도 한다.

이 단계에서 코치는 다음과 같은 질문을 할 수 있다.

- 지금 무슨 일이 일어나고 있습니까(무엇을, 누가, 언제, 얼마나 자주)? 이것의 효과 또는 결과는 무엇입니까?
- 이미 목표를 향한 발걸음을 내디뎠습니까?
- 이 목표가 다른 목표 또는 목표와 충돌합니까?

팀원은 이러한 질문에 답하기 위해 종종 생각에도 잠기지만 어느 순간 깨달음도 온다. 그러면 그 다음은 새로운 에너지와 신선한 관점으로 스스로 문제에 몰입하기도 한다. 이 단계는 사람들에게 스스로 생각할 기회를 주는 것인데 그들이 관련 변수를 간과하고 성급히 결론을 내리는 것을 막는 효과가 있다. 여기서 코치의 임무는 올바른 질문을 제기한 다음 잠깐 비켜서는 것이다

③ 대안(option)

다음 단계는 문제해결을 위해 대안을 찾는 단계이다. 코치는 팀원이 가능한 한 많은 좋은 옵션을 브레인스토밍하도록 도와주어야 한다. 그런 다음, 이것들에 대해 논의하고 그들이 가장 좋은 것을 결정할 수 있도록 해준다.

이 단계에서는 코치가 자신의 제안도 제공한다. 그러나 팀원이 먼저 제안을 하고 대부분의 이야기를 하게 한다. 코치가 실제로 결정을 내리지는 않고 올바른 방향으로 안내하는 것이 중요하기 때문이다.

이 단계에서 코치가 사용할 수 있는 질문에는 다음과 같은 것들이 있다.

- 다른 방안에는 무엇이 있습니까?
- 이들 제약요인이 제거되면 어떻게 될까요? 그렇게 하면 상황이 바뀔까요?
- 각 대안의 장단점은 무엇입니까?
- 대안을 평가하기 위해 어떤 요소 또는 고려 사항을 사용할 것입니까?
- 이 목표를 달성하기 위해 무엇을 중단해야 합니까?
- 당신의 앞을 가로막는 장애물은 무엇입니까?

그림 7-3 GROW 모델의 다른 해석

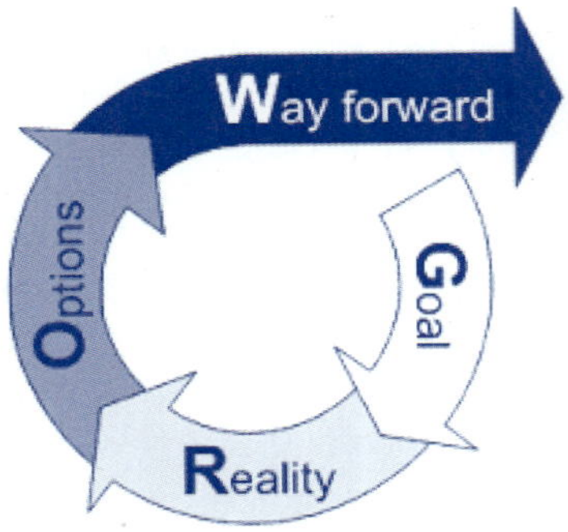

팀원들은 이런 간단한 질문에도 신선하고 생산적인 방식으로 생각하기 시작할지 모른다. 그들이 관점을 넓히고 새로운 대안들을 발견한 후에는 각 대안의 장점, 단점 및 위험을 탐색하도록 권장하여 생각을 더 깊게 하도록 유도한다.

④ 의지(will)

마지막 단계는 목표를 향해 나아가기 위해 선택한 옵션을 실행할 의지를 갖는 단계이다. GROW의 W는 [그림 7-3]에서 보는 바와 같이 향후 방안(Way forward)으로 설명되기도 한다(Alexander, 2010).

이 단계에서의 코치의 역할은 팀원의 의지를 확립하고 동기를 부여하도록 돕는 것이다. 코치가 할 수 있는 유용한 질문에는 다음과 같은 것이 있다.

- 그럼, 지금, 언제 무엇을 하시겠습니까? 또 다른 무엇을 할 것입니까?
- 당신이 앞으로 나아가는 것을 막을 수 있는 것은 무엇입니까? 이것을 어떻게 극복할 것입니까?
- 어떻게 의욕을 유지할 수 있습니까?
- 진행 상황을 언제 검토해야 합니까? 매일, 매주, 매월?

이 단계의 마지막에는 진행 상황을 검토할 날짜를 결정한다. 이것은 책임감을 부여하고 원래 계획이 작동하지 않고 일부 조정이 필요한 경우 접근 방식을 변경할 수 있게 해준다.

물론 직장에서의 코칭은 일반적으로 공식적 코칭 세션에서만 이루어지는 것은 아니다. 직장에서 상호간에 이루어지는 간단한 대화에서도 얼마든지 코칭이 이

뤄질 수 있다. 그러므로 코칭은 리더의 일상적인 행동속에 자리잡고 있어야 한다.

3. 조직 역량으로서의 코칭

지금까지 우리는 관리 기술로서의 코칭에 중점을 두었다. 이는 매우 중요한 첫 번째 단계이지만 회사를 진정한 학습조직으로 전환하려면 개별 리더와 관리자에게 코칭 방법을 가르치는 것 이상의 일을 해야 한다. 코칭을 회사의 일상적인 조직 역량으로 만들어야 한다. 이것이 성공하려면 다음 단계를 포함하는 문화적 변화를 이룩해야 한다(Ibarra & Scoular,2019).

(1) 코칭의 필요성에 대한 공감대 형성

전문가나 관리자들은 기본적으로 바쁜 사람들이다. 따라서 코칭이 필요하기 때문에 코칭교육을 받으라고 HR부서에서 밀어붙인다면 그들은 거부감을 가질 수 있다. 따라서 코칭이 필요한 이유(why)를 납득시키는 것이 중요하다. 코칭이 궁극적으로 조직미션달성을 위한 핵심적인 과업과 연계 된다는 점을 강조할 필요가 있다.

관리자들에 대한 코칭 능력향상은 코칭에 대한 몰입을 높이는 효과도 있지만 부수적 효과를 가져오기도 한다. 한 경영 컨설팅업체에서는 파트너들이 코칭 교육을 받은 이후 대 의뢰인 업무가 부드러워졌다고 긍정적으로 평가하고 있다.

(2) 고위경영자에 의한 행동의 모델구축

회사에 코칭의 문화가 정착되기 위해서는 고위관리자들이 우선 행동의 모델이 되어야 한다. 최고경영자의 솔선수범이 중요하다.

이의 대표적인 사례로 Microsoft의 CEO인 Satya Nadella를 들 수 있다. Nadella는 다음 절에서 살펴 보겠지만 Microsoft를 회생시킨 핵심인물이다. Nadella는 CEO로 취임 이후 회사가 기존의 관리관행에서 탈피하여 조직에서 대대적 변화가 필요하다고 느꼈다. 지속적인 학습이 이루어지고 위험부담을 하는 새로운 문화로 전환해야 했다. 그의 표현을 빌리면 회사가 "모든 것을 아는(know-it-alls)" 문화로부터 "모든 것을 배우는(learn- it- alls)" 문화로의 변신해야 한다고 생각했다.

Nadella는 이 프로세스가 자신으로 부터 시작되어야 한다는 것을 알고 있었다. 그래서 회사의 관리자가 채택하기를 원하는 행동모델을 스스로 행하기 시작했다. 그는 자신의 이야기 상대 모두에게 생각을 구하고 그들이 하는 말을 공감적으로 들었다. 그는 비 지시적인 질문을 하여 자신의 역할이 판단보다는 지원임을 보여주었다. 또한 그는 사람들이 자신의 실수에 대해 공개하고 그것들로부터 배우도록 격려했다. 그러한 모습을 회사의 한 중역은 다음과 같이 설명했다. "그는 당신과 함께 있습니다. 당신은 그것을 느낄 수 있습니다. 신체 언어에서 볼 수 있습니다. 그는 항상 경청의 자세를 가지고 있습니다. 상대가 최고 임원이든 일선 판매자이든 관계없습니다."

(3) 조직 전체에 코칭 역량을 구축

Nadella가 Microsoft의 CEO가 된 후 기업 분위기가 바뀌고 회사의 성과가 급증했다. 그러나 이는 물론 Nadella 혼자서 이룩한 것은 아니다. 여러 스탭들의 도움을 받았다. 그러한 사람 중의 하나가 2016년에 Microsoft의 글로벌 영업, 마케팅 및 운영을 맡고 있던 Courtois였다. 그는 명령 및 통제의 문화를 코칭 문화로 전환해야할 필요성을 누구보다도 절감했다.

Courtois는 코칭 문화로의 전환이 필요하다고 생각한 직접적인 이유는 Microsoft가 클라우드(cloud) 우선 전략으로 전환하고 있었기 때문이다. 클라우드 컴퓨팅의 기본 경제학은 고객이 사용하는 리소스(예: 서버 사용 시간 또는 데이터 대역폭 소비량)에 대해서만 비용을 지불한다는 전제를 기반으로 한다. 이제 회사의 수익이 Microsoft가 제공하는 것을 소비자가 얼마나 사용하느냐에 더 크게 의존하게 되었다. 따라서 회사의 모든 직원이 아직 알지 못했던 내용, 즉 고객의 충족되지 않은 요구 사항을 충족하는 방법을 배울 수 있는 대화에 능숙해져야 했다. 따라서 기업 고객이 클라우드로 이전함에 따라 Courtois는 Microsoft의 영업 팀에 적절한 기술 및 산업 스킬을 제공하기 위한 구조 조정 노력을 기울인 후에 후속조치를 강구했다. 회사 관리자들이 코칭 스타일의 리더십을 개발하는데 도움을 줄 수 있는 워크숍, 툴 및 온라인 과정을 설계, 운용하기 시작했다.

(4) 장애물의 제거

코칭의 문화가 조직역량으로 자리 잡기 위해서는 장애물을 제거하는 것이 필요하다. 그러한 장애물 중의 하나가 Microsoft에서는 연간 성과리뷰(annual performance review)였다. 많은 조직에서와 마찬가지로 Microsoft에서도 1월에는 중간리뷰(midyear review)라는 연례 모임이 있었다. 중간리뷰는 전 세계에서 모인 회사의 중견관리자들이 담당부서와 영역에 대해 진행 상황과 계획을 보고하는 자리였는데 시간이 지나면서 성격이 변질되었다. 대표적인 지휘 및 통제 문화의 상징이 되어 버렸다. 최고 경영진 팀은 심문의 자세를 보였고 연례행사는 일종의 기업 극장 같은 것으로 발전하고 있었다. 많은 관리자들에게 이 행사는 평가를 받는 자리가 되었고 공포의 대상이었다. 그래서 그들은 실수나 실패를 보여주지 않고 최선의 그림을 그려야 한다고 압박감에 시달렸다. 12월이면 휴가를 앞두고 초조하게 준비를 시작하는 고위 관리자들의 이야기가 회사에 넘쳐났다. 즉, 회사의 가장 가치있는 사람들이 연례행사에서 좋은 인상을 주기 위해 내부 리뷰를 준비하는 데 한 달 이상 시간을 쏟고 있었다.

학습 문화로의 전환의 일환으로 Courtois는 팀 내에서 성과를 판단하는 송곳 질문을 포기하고 보다 코칭 지향적인 접근 방식을 택하도록 직원들을 장려했다. 예컨대 "무엇을 하려고 합니까?", "무엇이 효과가 있습니까?", "무엇이 작동하지 않습니까?", "어떻게 도와 드릴까요?" 등의 질문을 하게 했다. 그러나 오래된 습관은 쉽게 소멸되지 않았다. Courtois가 중간리뷰 제도 자체를 없애서 그래서 변화에 대한 중요한 장벽을 제거한 후에야 모든 사람들이 그의 의도를 이해하게 되었다.

제 5 절 리더십의 실제 사례

다음은 R&D와 기술개발이 중심이 되는 글로벌 빅테크 기업에서 몇몇 최고경영자의 실제 리더십 사례이다. Microsoft의 Satya Nadella, Apple의 Steve Jobs와 Tim Cook의 리더십에 대해 살펴보기로 한다.

1. Micrsoft를 재부팅한 Satya Nadella의 리더십

Microsoft사의 CEO는 2021년 현재 Satya Nadella이다. 그는 Bill Gates, Steve Balmer에 이은 3대 CEO로 2014년부터 Microsoft의 경영을 책임지고 있다. 그가 Steve Balmer의 후계자로 발표되었을 때 세간의 첫 번째 반응은 "Satya Nadella가 누구냐?"라는 것이었다. 그처럼 그는 회사내에서 존재감이 있었던 인물은 아니었다. 게다가 그는 인도 이민자 출신이었다. 많은 사람들이 과연 그가 12,000여명의 직원을 가진 이 거대 빅테크 기업을 제대로 이끌 것인가에 대해 의구심을 가지고 있었다.

회사를 물려받을 당시 Microsoft사는 어려운 상황에 있었다. Steve Balmer시절에도 회사는 성장하고 있었지만 시장에는 신흥 강자들이 속속 두각을 나타내고 있었다. Apple은 스마트 폰 시장을 석권하고 있었고 Google은 검색엔진에서 앞서 가고 있었으며 Facebook과 Amazon은 새로운 영역을 개척하고 있었다. 그에 비해 Micrsoft사의 사업은 답보상태에 머물렀다. 이제 회사는 더 이상 세계 제1위의 시가총액을 자랑하는 IT업계의 왕자가 아니었다. 회사의 수익도, 주가도 정체되어 있었다(제10장 기업탐구 참조).

Steve Balmer 시절(2000~2014)은 그의 개성 때문에 회사의 내부 문화도 어지러워져 있었다. 관리자들은 종래의 관행에 젖어 IT 업계의 새로운 추세를 읽지 못하고 있었고 내부적으로는 구성원 간 지나친 경쟁이 조장되어 회사의 발전을 가로막고 있었다. 위험기피, 사내정치, 보신주의 등 소위 혁신에 저해되는 모든 요소들이 사내에 만연했다. 혁신의 부진과 주가의 정체에는 그럴만한 이유가 있었던 것이다. 이 시기를 혹자는 Microsoft의 '잃어버린 10년'이라고 이름붙이기도 한다.

이러한 어수선한 분위기와 능력에 대한 의구심속에 출발하였지만 그러나 Satya Nadella는 수 년 만에 Microsoft를 정상궤도에 다시 복귀시키는 쾌거를 이룩했다. 가히 기적이라 불릴만한 변화를 이룩했다. Nadella가 취임한 이후 연간 두 자릿수 매출 성장을 기록하고 2020년 말 시가 총액이 1.6조 달러에 달하게 되었다. [그림 7-4]에서 보듯이 회사의 주식 가치는 5배 이상으로 상승했다(The Economist, 2020). 회사는 이제 수익의 37배로 거래되는데, 이는 Alphabet, Apple 또는 Facebook보다 높은 배수이다(Amazon의 비율인 123보다는 훨씬 낮음). 그야말로 Satya Nadella에 의해 Microsoft는 재창조(reboot)되었으며 르네상스 시

그림 7-4 Satya Nadella 취임 이후의 Microsoft의 시장가치의 상승

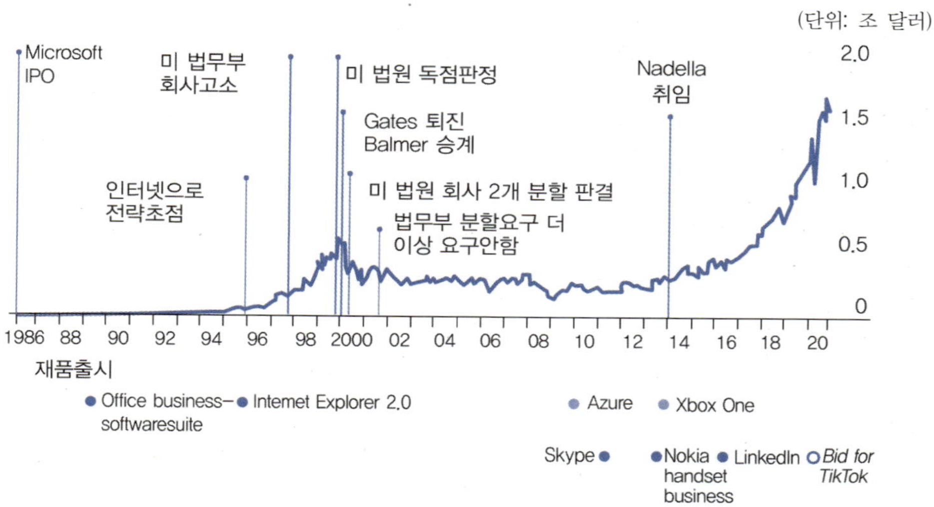

자료: Economist(2020).

대를 맞이하고 있다.

(1) 조직문화의 변혁

Nadella가 한 첫 번째 일은 Microsoft의 조직문화를 대대적으로 바꾸는 일이었다(Smith, 2017). 당시 회사는 성장 동력을 잃고 있었다. 감시와 평가의 문화가 만연하고 있었고 관리자들의 마인드는 정체되어 있었다. 관리자들은 직원들이 과거 성공을 얼마나 재현하는 수치를 산출했는지 또 스킬을 얼마나 습득했는지를 가지고 평가하고 있었다.

이러한 문화는 개인 컴퓨팅의 주가 되었던 세상에서는 Microsoft가 독보적 위치를 점하는데 크게 기여했다. 그러나 이제 기술세계는 빠르게 스마트폰과 클라우드로 옮겨가고 있었다. 회사의 낡은 관행은 이러한 회사의 추세 따라잡기를 방해하고 있었다. Nadella의 취임 당시 위험회피와 사내정치의 문화가 부서 간 협조를 방해하고 있었으며 고위관리자들은 오픈 소스(open-source)[2] 혁신에 저항하고 있었다. 이에 더하여 기술은 급격하게 변화하여 관리자들이 기존에 가졌던

2) 오픈 소스 소프트웨어(open source software)란 소프트웨어를 구성하고 있는 소스 코드(소프트웨어 제작을 위해 프로그래밍 언어로 기술한 내용)가 공개된 것.

지식과 관행이 낡은 것이 되었음에도 그들은 그것을 고집하고 있었다. 왜냐하면 아는 것이 그것밖에 없었기 때문이다.

문화의 변혁이 필요하다는 절감을 한 Nadella가 첫 번째 강조한 것은 구성원들이 성장 마인드(growth mindset)를 개발하는 것이었다. 즉 전 구성원들이 끊임없는 학습(constant learning)과 위험부담을 지는 문화형성을 위해 노력하였다. 앞 절에서 표현한대로 '모든 것을 아는' 문화로부터 '모든 것을 배우는' 문화로의 전환이었다(Ibarra, &coular, 2019).

또한 Nadella는 Gates와 Balmer가 만들어 놓은 지나친 경쟁문화도 바꾸고자 했다. 경쟁의 완화는 직원들에게 숨 쉴 공간을 주고 약한 모습을 보여줄 수도 있는 분위기를 만들 수 있다. 그래서 모든 것을 아는 체 안 하고 무언가 호기심을 가지고 배우는 문화가 형성될 수 있는 것이다.

이러한 문화의 변혁에 중심적 역할을 한 것이 성과관리 시스템의 변화였다. 기존의 성과관리 시스템은 '강제순위법(stack ranking)' 제도를 채택하고 있었다. 즉 한 팀의 평가에 정규분포곡선상의 강제선택법을 도입해 일정비율의 우수성과자는 보상을 주는 대신 일정 비율의 저성과자는 패널티를 주거나 해고되었다. 이는 팀원 간 지난친 경쟁관계를 유발해 어느 임원이 표현에 의하면 "개가 개를 먹어치우는" 경쟁문화가 조성되었고 좋은 평가를 받기 위한 사내정치를 유발시키고 있었다(Smith, 2017). 한 임원은 이러한 당시 상황을 다음과 같이 표현하고 있다. "이전 시스템은 사자에게 쫓기는 사람들의 무리에 속해있는 것과 비슷했습니다. 가장 빠를 필요는 없고 가장 느린 사람보다 빠르기만 하면 됐습니다." Microsoft는 성과관리 시스템을 대대적으로 개편하였다. 보여주기식의 중기리뷰 제도를 폐기하고 개인의 성공보다는 팀워크를 기반으로 한 새로운 성과검토 시스템을 채택하였다.

(2) 사업구조의 재편

Nadella는 Microsoft의 사업구조의 재편도 시도했다. 우선 Windows 운영 체제를 핵심 제품으로 보는 발상에서 벗어나 그는 Microsoft의 소프트웨어와 서비스들을 오픈 소스인 Linux는 물론 Google과 Apple의 다른 운영 체제로도 가져갔다.

사업구조 개편에서 가장 중요한 것은 2010년에 출시된 Microsoft의 클라우드

컴퓨팅 서비스인 Azure를 비즈니스의 중심에 두는 것이었다.3)

2014년까지 Microsoft는 5가지 사업 영역을 가지고 있었다(The Economist, 2020). 대부분의 수익은 Windows, Office 소프트웨어(스프레드 시트, 워드 프로세싱, PowerPoint 등) 및 데이터 센터 및 기업 네트워크에서 사용되는 서버를 실행하는 프로그램의 세 가지에서 나왔다. Xbox를 포함한 엔터테인먼트 및 장치는 약간의 돈을 벌었줄 뿐이었다. Bing 검색 엔진 및 MSN 웹 포털과 같은 온라인 서비스는 그렇지도 못했다.

Nadella는 이 사업구조를 재구성했다. 오늘날 Microsoft의 20여 개 기업은 클라우드, 생산성 소프트웨어 및 비즈니스 프로세스, 개인 컴퓨팅이라는 세 가지 큰 분야로 분류된다. 거기에는 모두 회사의 충실한 돈벌이 일꾼들이라고 할 수 있는 서버, Office 및 Windows 등을 포함하고 있다. 현재. 많은 비즈니스가 클라우드인 Azure를 중심으로 이루어지고 있다. 그래서 이는 고객에게 판매할 제품으로 뿐만 아니라 Microsoft 애플리케이션의 중추 역할로 성장하고 있다. 미래형 양자 컴퓨팅 또는 가상 및 증강 현실, 인공지능(AI)의 발전은 Azure 즉 클라우드의 중요성을 더 해줄 가능성이 크다.

물론 클라우드 분야에서 [그림 7-5]에서 보듯이 Azure는 Amazon의 AWS와 Google Cloud Platform(GCP)이라는 두 개의 큰 라이벌과 싸워야 한다(The

그림 7-5 글로벌 클라우드 시장의 판도

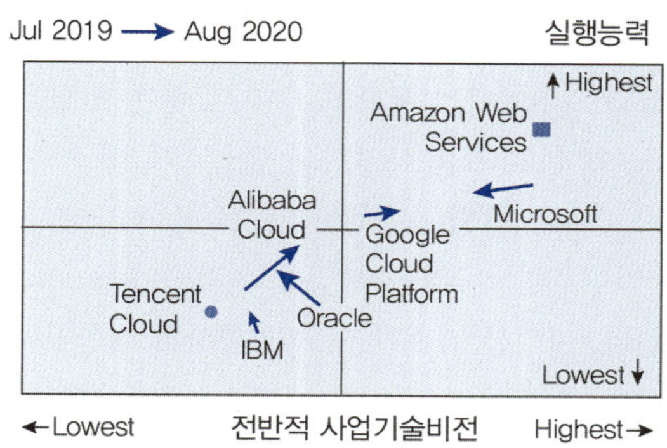

자료: The Economist(2020).

3) Microsoft사의 이러한 사업변화를 '창문(windows)'으로부터 '구름(cloud)'으로 올라갔다고도 표현된다.

Economist, 2020). 이 분야의 전통적인 강자는 Amazon이고 기술적으로 Microsoft가 다소 뒤쳐져있다는 평가도 있다. 그러나 시장 점유율은 매년 꾸준히 상승하고 있다.

물론 Microsoft만의 장점도 존재한다. 클라우드 발전에 회사의 다른 IT부서의 존재가 큰 도움이 된다. 회사는 여전히 비즈니스 소프트웨어의 상당부분을 지배하고 있고 개인용 컴퓨터 5대 중 4대는 Windows를 채택하고 있으며 서버에서는 그 비율이 72%에 이르고 있다. 기업 고객에게 Azure와 Office 및 기타 소프트웨어를 묶음(번들)으로 제공하면 경쟁자보다 더 값싸게 공급할 수도 있다.

(3) Satya Nadella의 조용한 리더십

이러한 모든 Microsoft의 변화의 이면에는 Nadella의 리더십이 자리 잡고 있다. 그는 그의 전임자인 Bill Gates나 Steve Balmer와는 캐릭터가 매우 다르다. 그는 결코 화려한 리더십의 소유자는 아니다. Microsoft에서 이루어진 개혁을 소리없이 조용히 이룩했다.

그는 인도 이민자 출신이라 그런지 몰라도 '사려깊고 포용적이며 거의 에고가 없는 행동'을 보인다. 그러면서도 높은 목표를 설정하고 세상을 바꾸려는 정력적인 에너지를 동원한다. 몇 가지 에피소드를 통해 그의 리더십의 일단을 살펴보기로 한다.

① 전임자 계승의 겸손한 태도

우선 그는 취임 시부터 자신이 Microsoft의 일원임을 강조한다(Smith, 2017). 그는 "나는 Microsoft에서 성장했고 여기서 젊은 시절을 보냈다"라고 강조한다. 전임자인 Gates와 Balmer를 부정하는 대신 그들이 자신이 회사에 알고 있는 지식을 다른 방식으로 사용할 수 있는 기회를 준데 대해 감사한다. Ballmer가 회사의 정체에 책임이 있다는 것을 부정하고 자신이 Balmer의 뒤를 따른다는 것을 주저없이 말한다. 이러한 겸손한 태도가 회사의 내실있는 변화를 큰 저항없이 실행하는데 도움을 주었을 것으로 예상된다. 이러한 태도는 한편으로는 '구시대 인물의 새로운 포장'이라는 비판을 받기도 한다.

② 영광의 공유

Nadella가 취임한 이후 그가 대중에 데뷔할 수 있는 기회가 있었다. 회사가 애플의 iPad에서 실행되는 Office 애플리케이션의 출시에 앞서서 제품 프리젠테이션 행사를 가졌다. 많은 사람들이 Steve Jobs처럼 Nadella의 쇼가 있을 것으로 예상했으나 그는 이를 Office 제품 마케팅 총괄 매니저인 Julia White에게 맡겼다. 그녀가 멋진 프리젠테이션으로 대중의 스포트라이트를 받는 순간 그는 뒷자리에서 조용히 이를 지켜보았다(Smith, 2017).

③ 경쟁의 이해

그는 또한 경쟁의 진정한 의미를 이해하고 있는 것으로 평가된다. 즉 상대와의 경쟁이 아니라 자신과의 싸움 즉 어제와 대비해 나은 오늘을 위해 노력할 것을 강조했다. 그는 회사 내에 이룩하고 싶어 했던 성장마인드란 새로운 아이디어를 생각할 때 위험부담을 지도록 직원들을 격려하고자 하는 바람이라고 말하고 있다. 그래서 경쟁업체가 출시하는 인기제품에 어떻게 대응할 것인가를 걱정하지 말고 새로운 길을 개척하기 위해 회사가 해야 할 일은 무엇인가를 고민하도록 주문했다.

④ 솔선수범

Nadella는 말로만이 아니라 행동을 통해 메시지를 전달하는 솔선수범의 리더십을 보여주었다(Ibarra, &coular, 2019). 그는 회사가 바꾸어야할 문화를 몸소 실행을 통해 보여주었다. 앞 절에서 설명한 것처럼 그는 일상의 업무에서 지위의 고하를 불문하고 대화 상대방의 생각을 구하고 공감적 경청의 보였다. 비지시적인 질문을 행함으로써 그의 역할이 판단이나 평가가 아니라 뒷받침임을 시현하였다. 또 구성원들이 자신들이 범한 실수를 공개하고 그것으로부터 배울 수 있는 분위기 조성을 위해 노력했다.

Nadella의 리더십은 약육강식의 냉혹한 기업세계에서도 조용하고 부드러운 리더십이 얼마든지 통할 수 있다는 것을 보여주는 좋은 사례라고도 할 수 있다(Cortel, 2021).

2. 혁신의 아이콘: Steve Jobs 대(對) Tim Cook의 리더십

현재 Apple을 이끌고 있는 CEO는 Tim Cook이다. 그러나 오늘의 Apple을 언급하면서 Steve Jobs를 빼고는 말할 수 없다. 그만큼 Apple에 있어 Jobs의 족적은 매우 크다. Apple을 대표하는 주요 제품들이 모두 Jobs의 주도하에 출시되었다. iPhone 출시를 알리는 프리젠테이션에서의 그의 언행과 복장은 오랫동안 세계인들에게 기억될 것이다.

Jobs와 Cook이 오늘의 Apple을 대표하는 리더들이지만 그러나 그 둘의 리더십에는 상당한 차이가 있다. 두 사람의 리더십을 비교함으로써 효과적인 R&D 리더십의 힌트를 찾아보기로 한다.

(1) 공통점

Steve Jobs는 Apple의 얼굴이 되었고 그 과정에서 충성도가 높은 고객 기반을 구축했다. 그의 후계자 인 Tim Cook은 여러 면에서 잡스의 발자취를 따른다. 두 사람의 리더십의 공통점은 두 사람 모두 자신과 Apple에 대한 높은 기대치를 가지고 있었고 이를 현실에서 실현했다는 점이다. 그 결과 타의 추종을 불허하는 혁신을 이룩했다. 두 사람 모두 Apple이 혁신적이고 판도를 바꾸는 여러 제품을 생산하도록 영감을 주었다.

(2) 차이점

그러나 그러한 혁신을 일으키는 관리나 리더십 스타일에 있어서는 차이가 있었다. Jobs가 '주도형'이었다면 Cook은 '합의형'이라고 할 수 있을 것이다. 사람에 따라서는 Jobs를 '전제적(autocratic)' 리더로, Cook을 '민주적(democratic)' 리더로 분류하기도 하지만 두 사람 모두 이러한 분류방식으로는 적당하지 못한 복합적인 모습을 지니고 있다.

Jobs의 가장 큰 특징은 앞을 내어다 보는 비전 형성 리더십의 면모를 가지고 있다는 점이다. 그는 iPhone이라는 전대미문의 혁신 제품을 선도했다. 그의 리더십은 혁신, 카리스마 넘치는 리더십, 완벽주의로도 유명했다(Investopedia, 2019).

그는 주도형이기는 했지만 전통적인 전제적 리더와는 다르게 '나를 따르라'는 형은 아니고 제품과 관련하여 관계자들과 토론과 논쟁을 즐겨했다. 그는 제품과 관련하여 완벽함을 추구하는 기대치가 높아 구성원들의 열정과 잠재력을 극대화하는 방향으로 유도하였지만 구성원들이 느끼는 심리적 압박감은 적지 않았다. Apple의 모토 '다르게 생각하라(think differently)는 항상 구성원들의 창의성을 유도하였지만 그에 따라 구성원들이 느끼는 스트레스는 대단했다. 그리고 Jobs는 자신의 기대치에 미치지 못하는 구성원에 대해서는 그리 관대하지 않았다. Jobs의 재직기간 동안 많은 구성원들은 해고의 두려움이 상존했다고 말한다. 그런 점에서 그는 변혁적 리더임에 틀림없으나 동시에 거래적 리더이기도 했다. 즉 잘하는 사람에게 상을 주는 대신 부족한 사람에게는 패널티를 부여하는 측면이 존재했다. Jobs는 불세출의 혁신 리더임에 틀림없으나 에고가 무척 강한 자기도취(나르시스트)형 리더라는 일부의 혹평도 동시에 받고 있다(Kim, 2020).

그에 반해 2011년 Jobs의 사망이후 CEO를 물려받은 Cook의 리더십 스타일은 상당히 다르다. Cook의 취임이후 Apple에는 문화의 큰 변화가 일어났다고 표현할 정도이다. 그는 우선 전임자처럼 에고가 강한 카리스마 형이 아니다. 그는 투명성과 팀워크를 강조하며 차분한 리더십을 보여준다. Jobs와 달리 논쟁을 좋아하지 않으며 관계자들을 불러 모아 합의를 유도한다. 그리고 그는 전임자보다 훨씬 다가가기 쉬운(approachable) 리더이다. Apple에서의 근무가 지금도 그렇게 편한 것은 아니지만 Jobs시대에 느꼈던 심리적 압박감이나 두려움은 많이 경감된 편이다.

구성원들의 새로운 영감을 불러일으킨다는 점에서 Cook의 리더십도 변혁적 리더십으로 평가된다. 그러나 Jobs와 달리 거래적 성격의 리더십은 그리 강하지 않다.

Cook의 리더십 스타일이 Jobs에 비해 민주적이고 차분하지만 그러나 결코 유약한 것은 아니다. 2015년의 Cook가 미국 사법당국과 대치하는 사건이 있었다. 경찰과 대치 중 사망한 범죄자가 테러의심을 받고 있었다. 사법당국은 Apple에게 범인이 소지한 iPhone의 잠금장치를 풀어달라고 요청했다. 당시 iPhone은 암호를 10번 잘못입력하면 보관 자료가 지워지는 기능이 탑재되어 있었다. 개인의 프라이버시 보호와 국가안보라는 두 가지 이슈가 첨예하게 대립되는 사건으로 세간의 주목을 받았다. Cook은 회사가 개인에게 약속한 개인정보보호라는 관점에서 사법당국의 요청을 끝내 뿌리쳤다. Jobs 못지 않는 강건함을 보여주는 사례였다.

그리고 Apple의 제품의 영역에서 보면 Jobs는 새로운 영역으로의 개척을 강조하였지만 Cook은 기존에 하던 것을 좀 더 잘하는 방향을 추구하고 있다. 예를 들어, Cook의 주도하에 출시된 Apple Watch는 완전히 새롭고 혁신적인 제품이 아니라 iPhone의 확장이다. Cook의 시대에는 신제품이 늘어난 것은 아니지만 Apple의 수익성이나 기업의 주가, 시가총액은 훨씬 커지고 있다.

또한 전임자 Jobs의 시대에는 주주 배당이라는 것이 없었다. Cook가 경영를 맡은 이후 2012년에 주주배당을 실시하였는데 이는 17년만의 일이었다. 그는 주주친화적인 경영에도 노력하고 있다.

(3) 누구의 리더십이 더 효과적인가?

위에서 설명한 것처럼 Jobs와 Cook의 리더십은 상당히 대비되는 특성을 보이고 있다. 그러면 누구의 리더십이 더 효과적일까? Jobs의 독특한 성격 때문에 Jobs의 리더십에는 호, 불호가 엇갈린다. Cook의 리더십을 구성원들이 더 좋아하며 존경도 더 받는 것이 사실이다. 그러나 그의 리더십이 더 효과적이라는 판단을 하기는 힘들다. 여기서도 상황적합적인 접근이 필요할지 모른다. 즉 두 사람의 리더십은 각기 처했던 상황에서 적합했다고 평가할 수 있다(Kim, 2020).

흔히 Jobs는 Apple이라는 회사가 나아가야할 길을 만든 것으로 평가된다. Jobs가 복귀하였을 당시 Apple의 상황은 그리 좋지 못했다. 그는 일련의 혁신적인 제품(iPAD, iPhone 등)을 내놓으면서 Apple의 미래를 열어 주었다. 그렇게 만들어진 길 위에서 Cook는 순항하고 있는 것이다. Cook의 시대에 Apple은 보다 안정화되고 내실을 다졌다. 그런 점에서 Jobs와 Cook의 리더십의 우열을 말하기는 쉽지 않다. Jobs와 Cook의 리더십은 각각 필요한 시기에 필요한 리더십이라고 평가하는 것이 타당할 것이다.

[표 7-1]은 두 사람의 리더십을 비교하여 보여주고 있다.

표 7-1 Steve Jobs와 Tim Cook의 리더십 비교

	Steve Jobs	Tim Cook
리더십 관리스타일	• 혁신, 리더십, 완벽주의 • 토론을 즐기고 경청하되 자신이 의사결정 • 직원들에게 완벽함과 탁월함을 요구하는 열정적이고, 거친 리더 • 기대에 못 미치는 직원의 해고 • 접근하기 힘듬 • 에고가 강한 나르시스트 형 • 주도형 스타일 • 변혁적 스타일+거래적 스타일	• 투명성, 팀워크, 차분한 태도 • 논쟁을 즐기지 않고 합의도출 • 개방형 정책과 협업 환경을 장려함으로써 직원들에게 영감 부여 • Jobs보다 훨씬 더 접근하기 용이 • 에고가 강하지 않은 형 • 수동적 스타일 • 변혁적 스타일
제품전략	• iMac, iPod, iTunes, iPhone, App Store 및 iPad의 도입을 감독 • 새로운 영역 진출 지속적인 혁신	• iPad 미니, iPad 레티나, Apple Watch • 이미 잘하고 있는 것의 집중
배당정책	• 배당금 지급 안함	• 배당 지급(2012년부터)

실무자를 위한 가이드라인

- ✔ R&D 팀에서 리더십은 R&D 성과에 중대한 영향을 미친다.
- ✔ R&D는 인력이 자율성에 대한 욕구가 강하고 협업이 필요하며 전문적인 창의성이 필요하다는 과업특성으로 인해 특별한 리더십이 필요하다.
- ✔ 팀원들의 창의성과 혁신을 북돋을 수 있는 R&D 리더십으로는 변혁적 리더십, 임파워링 리더십, 포용적 리더십, 감독자 후원 등이 거론된다.
- ✔ 효과적인 R&D 리더십이 되기 위해서는 다음의 조건을 갖추어야 한다.
  (1) 좋은 코치(good coach)가 된다.
  (2) 팀에게 권한을 부여하고(empower)하고 미세관리(micromanage)하지 않는다.
  (3) 팀 구성원들의 성공(success)과 개인적 복지(personal well-being)에 관심을 표명하고 포용적인(inclusive) 팀 환경을 조성한다.
  (4) 생산적(productive)이고 결과 지향적(results oriented)이어야 한다.
  (5) 좋은 의사소통자(good communicator)가 되어야 한다. 경청(listen)하고 정보를 공유(share information)해야 한다.
  (6) 구성원들의 경력개발(career development)을 돕는다.
  (7) 팀을 위한 명확한 비전과 전략(clear vision and strategy)을 가진다.
  (8) 팀에 조언을 해줄만한 핵심 기술 스킬(key technical skills)을 보유한다.
- ✔ 산업과 조직의 디지털화가 대세이므로 오늘날의 리더들은 디지털 리더십을 갖추어야 한다. 디지털 리더십은 조직목표 달성을 위해 디지털 자원을 전략적으로 활용하는 리더십이다. 디지털 리더는 디지털 변혁을 완수하기 위해 비전, 전략, 디지털 문해력 등을 갖추어야 한다.
- ✔ 새로운 경영환경에 대처하기 기업조직은 기존의 명령 및 통제(command and control) 관행에서 벗어나 관리자가 지시가 아닌 지원과 가이던스를 제공하고 구성원이 지속적으로 변화하는 환경에 적응하는 방법을 스스로 배우는 모델이 필요하다. 따라서 리더의 코치로서의 역할이 강조되고 있다.
- ✔ 많은 기업이 리더를 코치로 교육하는 데 투자하고 있고 코칭은 모든 수준의 훌륭한 관리자를 개발하는데 필수적인 요소가 되고 있다.
- ✔ 학습조직이 되기 위해서는 개인 리더의 코칭 능력의 개발이 필요함과 동시에 이를 조직역량으로 확립해야 한다. 이를 위해서는 코칭의 필요성에 대한 공감대 형성, 리더의 솔선수범, 코칭 문화의 정착, 장애요인의 제거 등이 필요하다.
- ✔ Microsoft의 Satya Nadella와 Apple의 Tim Cook은 약육강식의 냉혹한 기업세계에서도 조용하고 부드러운 리더십이 얼마든지 통할 수 있다는 것을 보여주는 좋은 사례이다.

PART 3

R&D 인력의 인사관리

제 1 부
서 론

제 1 장 R&D 인사조직관리의 기초

제 2 부
R&D 인력의 행동개발

제 2 장 R&D 인력의 퍼스낼리티 특성
제 3 장 R&D 인력의 창의성
제 4 장 R&D 인력의 동기부여
제 5 장 R&D 팀의 관리
제 6 장 R&D 팀의 의사소통과 갈등관리
제 7 장 R&D 리더십

제 3 부
R&D 인력의 인사관리

제 8 장 R&D 인력의 채용관리
제 9 장 R&D 인력의 경력관리
제10장 R&D 인력의 성과관리
제11장 R&D 인력의 보상관리

제 4 부
R&D 조직관리

제12장 R&D 조직구조
제13장 R&D 조직문화
제14장 엔지니어로부터 관리자로의 전환

08 CHAPTER

R&D 인력의 채용관리

제 1 절 R&D 인력 채용관리의 기초

1. 채용관리의 개념과 중요성

(1) R&D 채용관리의 개념

R&D 채용관리란 조직에서 R&D 활동에 종사할 인력을 효율적, 효과적으로 확보하는 과정을 말한다. 채용은 인재의 획득(talent aquisition)라고도 하며 필요 인력의 모집과 선발로 이루어진다. 인재의 확보는 채용 전 직무분석이나 인력계획을 포괄하는 개념이지만 여기서는 모집과 선발로 범위를 좁히고자 한다.

모집과 선발은 기술적인 사항들이 많이 포함되어 있다. 이에 대해서는 전통적인 인적자원관리(HR) 텍스트를 참고하는 것으로 미루기로 한다(한인수 외, 2020 참조). 이 장에서는 채용관리 중 R&D 인력의 특수성과 관련되거나 최근의 추세와 관련된 부분을 중점적으로 다루고자 한다.

(2) R&D 채용관리의 중요성

동양에는 오래 전부터 인사(人事)는 만사(萬事)라는 말이 있다. 인재의 중요성을 강조한 표현이다. 좋은 인재를 확보하고 잘 운영하는 것은 모든 조직체의 운영의 핵심이다.

McKinsey사는 1990년대에 경영환경이 경쟁이 강화되면서 이에 대처하기 위해 '인재전쟁(war for talent)'이란 말을 만들어냈다. 즉 새로운 경영환경에서는 사람이 조직의 핵심자원이고 사람을 통한 경쟁우위의 확보가 중요하다는 것이다. 따라서 얼마나 훌륭한 인재를 보유하느냐에 따라 조직의 경쟁력이 좌우되기 때문에 조직은 인재를 위한 전쟁이라 부를 정도로 인재확보에 힘쓸 수 밖에 없다.

조직의 경쟁력을 갖추려면 인재를 잘 활용하고 유지하는 것도 중요하지만 우선 좋은 인재를 뽑는 것이 선결되어야 한다. '좋은 기업을 넘어 위대한 기업으로(Good to Great)'의 저자인 콜린스(Jim Collins)는 경영자를 버스 운전자로 비유하며 우선 적절한 인재를 버스에 태우는 것(Bus In)의 중요성을 강조하고 있다.

인재경영에 특히 많은 노력을 기울이고 있는 대표적인 회사로 평가되는 Google

에서는 전체 HR 노력의 약 70% 정도를 채용에 투입한다고 한다. 우수한 인재채용의 중요성을 시사해주는 것이라고 볼 수 있다. 또한 CEO들에 대한 최근의 한 조사에서도 채용은 경영의 최우선 관심사로 나타나고 있다(Cappelli, 2019). PwC(Pricewaterhouse Coopers)사에서 시행한 2017년 CEO 대상 설문조사에 따르면 CEO들은 인재와 기술의 부재를 비즈니스에 가장 큰 위협으로 보고 있었다. 그래서 사용자들은 채용활동에 막대한 금액을 지출하고 있다. 미국 인적 자원 관리 협회(Society for Human Resource Management: SHRM)의 추정에 따르면 채용을 위해 직무 당 평균 4,129달러가 지출되며 관리자 역할의 경우에는 이보다 몇 배나 많은 금액이 사용된다. 기업이 인적 자원 공급업체에 지출하는 200억 달러의 대부분은 채용에 사용되고 있다.

적절한 인재의 채용은 한국의 특수한 상황에서 더욱 중요하다. 서구의 경우 인력의 횡적 이동이 쉬우며 사용자는 직원이 마음에 안 들면 해고하는 것이 쉽다. 그에 반해 우리나라에서는 일단 조직에 채용되면 직무태도가 바람직하지 못하거나 성과가 저조하더라도 해고가 용이하지 않다. 근로자를 자의적인 해고로부터 보호해야한다는 사회적 합의가 있기 때문이다. 이러한 상황에서는 특히 인재의 채용이 조심스럽고 또 적정인재의 채용이 중요하게 되는 것이다.

2. R&D 인력 채용관리 환경의 변화

R&D 인력의 채용관리 역시 주변 환경의 영향을 많이 받는다. 채용관리에 미치는 환경요인은 매우 다양하지만 여기서는 특히 주목할 만한 최근 몇 가지 환경 변화에 대해 살펴보기로 한다.

(1) 기술인력의 부족 현상

일반적인 노동시장은 항상 구직자에 비해 일자리가 부족하다. 따라서 사용자는 지원자에 비해 항상 우월적 위치에서 선택권을 가질 수 있었다. 그러나 R&D 인력의 주축을 이루는 과학자나 엔지니어들의 노동시장은 다소 다른 상황이 존재한다. 특히 일부 기술분야에서는 인재의 부족이 나타나고 있고 향후 더 심각해질 것으로 예상된다. 특히 이러한 인력의 부족은 특정 국가에 한정된 것이 아니라 글로벌 현상이다.

인력부족이 가장 심각한 분야는 IT 특히 소프트웨어 개발자들의 시장이다. 지난 몇 년 동안 점점 더 많은 조직이 디지털 혁신을 겪으면서 다양한 소프트웨어 문제에 대한 솔루션을 제공하는 소프트웨어 엔지니어에 대한 수요가 급격히 증가했다. IT 산업은 빠르게 변화하고 있으며, 이로 인해 워크로드, 신기술 및 새로운 작업 방식을 관리하는 데 도움이 되는 소프트웨어 엔지니어가 부족하게 되었다. 데이터 분석, IT, 모바일 또는 웹 디자인 산업은 기술 격차와 IT 인재 부족으로 인한 혼란 가능성이 가장 높은 영역이다.

2020년 현재 전 세계의 인재 부족은 이미 전 세계적으로 4천만 명에 이르고 있고 2030년까지 전 세계의 인재 부족은 8,520만 명에 달할 것으로 예상된다. 그 결과 전 세계 기업은 숙련된 인재 부족으로 인해 8조 4천억 달러의 매출 손실 위험에 처해 있다(Daxx, 2020).

미국에 있어서도 기술인력의 부족은 심각한 현상이다. 2019년 11월 CNBC 보도에 따르면 그 당시 약 920,000개의 IT 직책이 채워지지 않고 있었다(Pham 2021). 글로벌 조사 및 자문기업인 Gartner사의 위험 보고서에 따르면 2018년 하반기의 상위 5대 위험 중 하나로 인재부족이 나타나고 있다. 같은 보고서에 의하면 고위 경영진의 63%는 소프트웨어 개발자 부족이 여전히 큰 우려 사항이라고 인정하고 있다. 그리고 또 다른 한 연구에 따르면 기술 직책에 인재를 고용하는 데 다른 직책보다 50% 더 오래 걸린다. 또한 기술 역할을 제대로 해낼 사람을 찾는 데 평균 66일이 걸린다는 것이다(Pham 2021).

게다가 코로나 19 팬데믹(대유행)으로 인한 글로벌 위기는 미국 기술인력 시장에서 인재부족 문제를 가속화시켰다. 국가의 디지털화 프로세스가 촉진되었고 그 결과 기술인재 격차가 심화되었다. 머신러닝 기술이 빠르게 성장하고 조직의 92%가 클라우드 워크로드를 늘리면서 IT 인력 부족현상이 계속 악화되고 있다.

미국 IT 산업에서의 직원 이직률은 13.2%로 모든 산업 중에서 가장 높은 이직률을 기록하고 있다. 이는 미국 기술 시장의 발전을 저해하는 주요 요인 중 하나로 작용하고 있다. 게다가 높은 이직률은 기업에 많은 비용을 초래한다. 사용자는 인력의 교체 비용으로 급여의 50~250%를 지불해야 한다. Manpower Group에서 발표한 미국 인재 부족 통계에 따르면 미국 고용주의 69%가 2020년에 기술직 빈 자리를 채우기 위해 고군분투하고 있다.

미국노동 통계국(Bureau of Labor Statistics)은 2026년까지 미국의 엔지니어 부족이 120만 명을 초과할 것이며 545,000명의 소프트웨어 개발자가 그때까지

시장을 떠날 것이라고 밝히고 있다(Daxx, 2020).

이러한 압도적인 소프트웨어 개발자의 부족은 기업경영에 중대한 영향을 미치고 있다. 우선 소프트웨어 개발자 급여가 상승하고 IT가 최고의 보상을 받는 부문으로 변모했다. 미국의 컴퓨터 프로그래머 평균 급여는 1년에 10만 달러 이상이며, 일부 주(州)에서는 지역 평균 급여보다 두 배나 많다.

또한 기술인력 공백을 채울 수 없는 사용주는 기존 직원에 대한 추가 업무를 떠 맡기고 있다. 이는 장기적으로 개발자의 탈진(번아웃)으로 이어지고 비즈니스 개발에 부정적인 영향을 미친다. 한 조사에 따르면 응답자의 30% 이상이 이 문제가 직원 이직을 가속화시키는 요인이라고 인정하고 있다.

궁극적으로 소프트웨어 엔지니어의 부족은 기업의 혁신을 방해하고 비즈니스 성장에 부정적인 영향을 미치고 있다. 보고서에 따르면 지난 5년 동안 정보담당중역(CIO)의 50% 이상이 기술 부족으로 인해 회사가 최신 기술을 따라잡기가 어렵게 되었으며 그리고 CIO의 60%는 기술 부족으로 인해 회사가 경쟁업체를 따라잡기가 어려워졌다고 보고하고 있다.

우리나라에서도 4차 산업혁명 기술발전과 코로나 팬데믹으로 인한 비대면 소프트웨어 수요의 증가로 2020년 말 고숙련 소프트웨어 개발자의 부족현상이 두드러지게 나타났다. 적은 급여차로도 많은 노동이동 현상이 나타나고 기존 업체에서는 개발자들을 붙잡아두기 위해 상당함 급여인상을 보장하기도 했다. 주 52시간 근무제와 겹쳐 이는 인건비의 급격한 상승을 초래한 바 있다.

이러한 고숙련 기술인력의 부족현상에 대비하여 조직에서는 유능한 인재의 확보와 유지가 인사관리의 중요과제로 대두대고 있다. 이에 대처하기 위해 여러 방안이 제안되고 있다. 기술인력에 대한 비전 제시를 위해 이중경력제도를 채택하고 기존 인력에 대한 교육훈련의 강화가 추천되고 있다(Breaux, & Moritz, 2021). 기존 인력에 대해서는 온라인 교육의 강화로 역량의 업그레이드가 요청된다. 또한 신규진입인력에 대해서는 유수 대학졸업이나 유수 기업 경력을 묻지 않고 코딩 부트 캠프(coding boot camp)등의 활성화에 의한 인력의 추가 확보도 하나의 방안으로 제안되고 있다(읽을거리 참조).

읽을거리

코딩 부트 캠프(coding boot camp)

코딩 부트 캠프는 소프트웨어 개발을 위한 코딩(coding)을 가르치는 훈련소라는 뜻이다.

신병들을 양성하듯이 단기간에 코딩 교육을 한다는 의미에서 나온 말이다. 캠프참가자는 국적 연령 성별에 관계없이 프로그래머와 짝을 지어 함께 공부한다. 강사의 역할을 최소화하고 참가자들이 서로 묻고 배우면서 성장해나가는 협업능력을 중시한다. 문제해결을 위한 자기주도적 능력과 현장에서 사용할 수 있는 실무능력개발을 목표로 한다.

소프트웨어 개발을 위한 정규교육 졸업자가 부족한 상황에서 소프트웨어 개발 엔지니어의 학보 방안의 하나로 주목받고 있다.

(2) 세대 차에 의한 가치관의 차이

조직 인력의 세대 차와 그에 따른 가치관의 차이는 채용은 물론 인적자원관리 전반에 영향을 미친다. 특히 우수 인재의 채용을 위해서는 채용 기업 자체가 지원자들의 입장에서 구매하고 싶은 우수한 브랜드(brand)가 될 필요가 있다. 그런데 그들이 생각하는 우수한 브랜드의 기업은 세대별로 다를 수 있다.

세대(generation)는 흔히 베이비 부머(baby boomer)세대, X세대, 밀레니얼(Miillenials, Y세대라고도 함)세대, Z세대(I세대라고도 함) 등으로 분류된다(읽을거리 참조). 이러한 세대별 분류는 세대 간 소비형태에 착안하여 거론되기 시작한 것이기는 하지만 세대의 특성에 따라 가치관의 차이가 나기 때문에 기업의 인적자원관리나 리더십에 있어서도 대응방안이 달라져야 한다는 점에서 의미가 있다.

읽을거리

세대 차(generation gap)

시간의 흐름에 따른 가치관이나 의견이 차이를 나타내주는 개념에 세대 차(generation gap)가 있다. 세대 차란 세대 간에 가치관이나 신념 등에 관한 견해의 차이를 말한다. 세대 차는 세대 간 소비행태의 차이 때문에 주목을 받았지만 기업에서는 세대의 특성에 따라 인적자원관리나 리더십에 있어서도 대응방안이 달라져야 하기 때문에 의미가 있다.

(1) 베이비 붐 세대(Baby Boomer)

2차 세계 대전 후 출생 붐(1946년~1964년)에 태어난 세대를 말한다. 미국에서는 1970년대의 극심한 사회변화 시기에 성장하였다. 이전 세대와는 달리 성 해방과 반전(反戰)운동, 히피 문화, 록

	베이비 붐 세대 (Baby Boomer)	X세대	밀레니얼(Millenials) (Y세대)	I 세대 (Z 세대)
시기	1946년~ 1964년 출생	1968년 전후 출생	1980~2000년 출생	1990년대말~ 2010년 초반
기원	2차 세계 대전 후 출생 붐	Douglas Coupland의 동명의 소설에서 사용	William Strauss and Neil Howe(1991), Generations: The History of America's Future: 1584 to 2069.	Generation Z는 2000년 Advertising Age에서 처음 사용
특성	• 미국의 경우 극심한 사회변화 시기에 성장 • 이전 세대와는 달리 성 해방과 반전(反戰)운동, 히피 문화, 록 음악 등 다양한 사회 · 문화운동 • 한국에서는 경제성장의 주역 • 일 중심적인 특성	• 부모가 이룩해 놓은 복지 상태에 이르는 것을 포기한 첫 세대 • 80년대 불경기를 체험하고 현실파 • 모든 것을 편리하게 하려고 하고 필요 이상의 노력을 안 하는 경향	• Generation 'Me' • 자기표현이 강하고 개성을 극대화하는 부분에 적극 소비 • IT, 모바일에 능하고 대학 진학율이 높음 • 내집 마련을 포기하고, 이전 세대에 비해 결혼이나 출산을 선호하지 않음 • 일과 생활의 균형(워라벨)	• I 세대의 'I'란 인터넷(Internet)의 약자로, 인터넷 세대를 지칭 • 어려서부터 컴퓨터와 인터넷으로 놀이와 학습을 하며 자라 인터넷 환경에 아주 친숙하고, 디지털 문화에 지대한 영향을 받으며 생활 • 소셜미디어 • 전자적 소통 • 멀티 태스킹 • 웹툰 중시 • 기업가 정신이 강함

음악 등 다양한 사회 · 문화 운동의 영향을 받고 또 주역 역할을 했다. 한국에서는 경제성장의 주역 역할을 했고 따라서 조직과 일을 강조하는 기업 문화속에서 활동하였다. 이들에게는 소비보다는 저축을, 여가보다는 일이 강조되는 가치관이 매우 강하다.

(2) X세대(X generation)

이 세대는 1968년 전후 출생한 세대로서 그렇게 뚜렷한 정체성을 보이지는 못한다. 부모가 이룩해 놓은 복지 상태에 이르는 것을 포기한 첫 세대로서 80년대 불경기를 체험하였고 이상적이라기보다는 현실파이다. 모든 것을 편리하게 하려고 하고 필요 이상의 노력을 안 하는 경향이 있다.

미국에서는 전 시대와 비교되는 신세대의 이미지로 이들은 출세, 가족, 돈 등에 전혀 관심이 없고 삶은 공허함과 우울함의 특징을 지닌다. 우리나라의 X세대는 산업화의 수혜를 받아 물질적 · 경제적 풍요 속에서 성장하였기 때문에 기존의 가치나 관습에서 자유롭고, 개인주의적이며, 자신이 좋아하는 분야에만 집중하는 특징을 보인다.

(3) 밀레니얼 세대(Millenials)

Y 세대(Y generation)라고도 하며 1980~2000년 출생한 세대이다. 이들은 'Me' 세대라고 불리우는 데서 알 수 있듯이 자기표현이 강하고 개성을 극대화하는 부분에 적극적으로 소비하는 경향이

있다. IT, 모바일에 능하고 대학진학율이 높다. 전 세대와 달리 내집마련이나 결혼이나 출산을 선호하지 않고 여가를 통해 삶을 즐기고자 하는 경향이 있다. 따라서 직장생활에서도 일과 생활의 균형(워라벨)을 추구한다. 미래에 대해 낙관하고 인정을 받고자 하는 욕구가 강하다.

(4) I 세대(I generation)

Z 세대(Z generation)라고도 하며 1990년대 말~2010년 초반 출생한 세대를 말한다. I 세대의 'I'란 인터넷(Internet)의 약자로, 인터넷 세대를 지칭하기도 하지만 iPod, iPhone 등에 매우 익숙한 세대라는 의미도 된다. 이들은 어려서부터 컴퓨터와 인터넷으로 놀이와 학습을 하며 자라 인터넷 환경에 아주 친숙하고, 성인이 되어서도 디지털 문화에 지대한 영향을 받으며 생활하고 있다. 페이스 북이나 트위터같은 소셜 미디어(SNS)를 적극적으로 활용하고 전자적 소통에 익숙하다. 멀티 태스킹에 능하고 웹툰도 많이 본다. 조직생활도 많이 하지만 기업가 정신이 강해 창업에 대한 의지가 강하다.

[그림 8-1]은 세대별로 직장에서 '극히 중요한 것'에 대한 생각의 차이를 보여주고 있다(Rigoni, & Adkins, 2016). 그림에서 보듯이 밀레니얼 세대(millenials: Y세대라고도 함)는 '배우고 성장하는 기회'를 극히 중요하게 생각한다는 점에서 다른 세대와 다르다. 이 연구는 물론 미국 젊은이를 대상으로 한 연구라 우리의 경우와는 다소 다를 수 있으나 이 세대의 개인주의적인 가치관의 일단을 보여주

그림 8-1 조직에서 '극히 중요하다'라고 생각하는 요소에 대한 세대별 차이

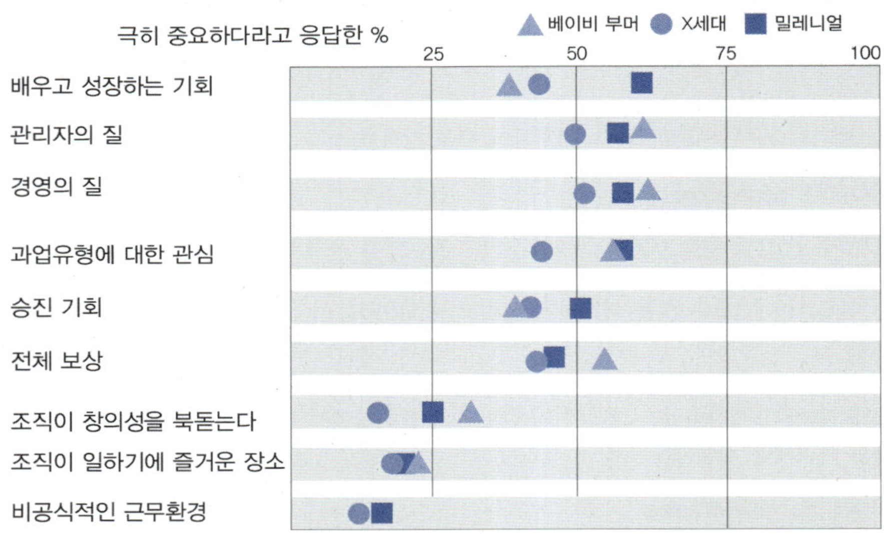

자료: Rigoni, & Adkins(2016).

는 것으로 해석될 수 있다.

밀레니얼 세대는 '관리자의 질', '경영의 질', '과업유형에 대한 관심'이 다른 세대에 비해 상대적으로 높다. 또한 승진기회도 중시하고 전체 보상에 대한 관심 역시 강하다. 반면에 '조직이 창의성을 북돋는다', '조직이 일하기에 즐거운 장소이다', '비공식적인 직무환경' 등에 대한 관심은 상대적으로 낮다. 종합적으로 밀레니얼 세대는 자신의 조직생활에 직접적인 영향을 미치는 발전기회나 상사, 경영 등에 대한 관심은 높은 반면 조직 전반에 대한 관심은 적은 특성을 보여주고 있다. 이러한 밀레니얼 세대의 특성들은 조직에 채용 및 인력의 유지, 활용에 새로운 과제를 부여하고 있다.

(3) COVID 19 팬데믹

2020년부터 전 세계적으로 발생한 코로나 19 대유행(COVID 19 Pandemic)은 우리 삶 전반에 영향을 미쳤지만 기업의 인적자원관리 특히 채용과 관련하여서도 많은 영향을 미쳤다. 코로나 19 팬데믹이 가져다 준 최근의 채용방식의 변화는 다음과 같다.

1) 비대면 채용의 증가

코로나 상황에서는 대면접촉이 제한되는 탓에 비대면 채용(virtual hiring)이 크게 늘었다. 기존에 사용이 증가하던 온라인 지원 역시 늘었다. 우리나라에서는 채용시험도 온라인으로 진행되기 시작했다. 또한 그 사용이 제한적이던 화상면접(video interview)도 크게 늘었다.

비대면 채용에 익숙하지 못했던 사용자나 지원자에게 아직은 불편한 점도 있지만 업무방식이 재택과 사무실 근무를 번갈아 하는 하이브리드(hybrid) 워킹으로 변화하듯이 채용도 대면과 가상방식을 혼용하는 것이 표준으로 자리잡아 가고 있다.

이러한 비대면 채용은 개인과 조직 양자에게 다양한 이점도 가져다 주고 있다(Marson, 2021). 채용담당자의 시간을 많이 덜어준다는 연구조사도 있다. 비디오 인터뷰로 전환한 이후 P&O Ferries의 채용 관리자는 면접 및 평가 프로세스에 소요되는 시간이 62% 감소했다고 말하고 있다. 비대면 채용 이벤트 플랫폼인 Brazen의 사장 겸 공동 설립자인 Ryan Healy는 2020년 가상 채용이 조직이 채용 프로세스를 간소화하고 다양성 채용을 개선하며 지리적 장벽을 넘어 더 나은 인재를 채용하는 데 도움이 되었다고 말하고 있다.

또한 온라인과 오프라인이 섞인 하이브리드 면접 프로세스는 고용주의 시간과 출장비용을 절약할 뿐만 아니라 채용 관리자가 인터뷰 녹음을 재생하고 분석하여 후보자의 답변을 검토할 수 있으므로 후보자에 대해 보다 객관적이고 정확하게 평가할 수 있게 해준다. 또한 면접 비디오를 통해 이력서에서 결코 볼 수 없었던 측면을 평가하는 것도 가능하게 된다.

2) 채용에서의 지리적 한계의 극복

가상채용의 증가는 채용에서의 지리적 한계를 극복하게 해준다. 인력부족 현상을 겪고 있는 고숙련 엔지니어의 경우 전 세계적으로 인종, 성별, 국적에 관계없이 유능한 인재의 충원이 가능하다. 그럼으로써 미국기업에서 인적자원관리의 과제이며 목표 중 하나인 '다양성, 공정성, 포용성(diversity, equity and inclusion: DE&I)의 실현이 가능하다. 한 조사에서는 구직자의 70%가 다양성과 포용성을 중시하는 기업에서 일하고 싶다고 답하고 있다.

3) 내부채용의 강조

코로나 이후 기업의 내부채용(internal hiring)이 증가추세이다. LinkedIn 자료에 따르면 조직에서의 내부 이동성(internal mobility)은 COVID-19 발병 이후 20% 증가했다. 동 회사의 인재 솔루션 담당 부사장 마크 로보스코(Mark Lobosco)에 의하면 몰입도 증가, 비용 절감, 채용 프로세스 단축 등이 내부 이동성의 이점이지만 가장 큰 이점은 인재의 유지율 향상이다.

내부이동성의 확대는 기술인력 부족의 시대에 기술의 축적에도 도움을 준다. 기술은 직장에서 새로운 '통화(currency)'의 하나가 되고 있다. 그래서 IBM, Novartis 및 Unilever와 같은 기업들은 기술이 중심이 되는 기업문화를 구축하려고 노력하고 있다. 내부 이동성은 기술인재의 개발과 유지에 크게 기여하고 있다.

4) 인공지능(AI)과 같은 신기술 사용의 증대

최근 몇 년 동안 채용 도구로서의 AI와 머신러닝(machine learning) 그리고 디지털 HR 플랫폼의 사용은 핵심추세가 되고 있다. 물론 때로 문제점이 지적되기도 하나 회사와 채용 담당자에게 제공되는 혜택을 생각해보면 이러한 신기술 활용증가는 불가역적인 추세이다.

AI 기반 채용기술이 지원자 선발에서 편향을 지니고 있어 공정성 문제가 대두되기도 한다. 그러나 개발초기부터 공정성을 고려하여 개발된다면 채용 프로세스의 시간을 줄이고 작업을 간소화할 뿐만 아니라 채용의 다양성과 포용성을 촉진하는 데도 도움이 된다. 이를 위해서는 프로그램의 전면적인 구현 전에 문화적 적합성, 비판적 기술 및 직관과 같은 자질이 공정하게 평가되고 있는 지 확인하는 절차가 필요하다. 그리고 다양한 배경, 속성, 태도 및 관점이 적용되도록 솔루션을 검토하고 테스트하려는 노력도 필요하다.

5) 소프트 스킬의 중요성 증대

COVID 19 팬데믹 이후 기술인력의 채용에 있어 소프트 스킬 그 중에서도 적응성(adaptability)이 중시되고 있는 추세이다. 팬데믹과 같은 불확실성 상황 하에서 조직구성원들이 신속하게 적응하는 것이 필요하기 때문이다. 또한 팬데믹이 사라진 후에도 점점 더 빠른 속도로 진행되는 기술 변화와 직장내 혁신에 대응하기 위해서는 이러한 적응력은 계속 기술인력이 갖추어야 할 중요한 스킬로 남을 전망이다.

적응성은 채용관리자에게도 필요한 스킬이다. 팬데믹과 같은 갑작스러운 불확실성에 직면해서 신속히 채용방식의 변경 등 대처역량이 요구되기 때문이다.

3. 채용 인재의 요건

채용관리의 핵심은 어떤 인재를 어떤 방식으로 뽑을 것인가 하는 것이다. 어떤 방식으로 후보자들을 모집하고 선발할 것인가는 다음 절에서 다루고 여기서는 어떤 인재를 채용할 것인가에 대해 논의하기로 한다.

채용 인재의 요건은 조직의 입장에서 채용하려는 인재가 갖추었으면 하는 조직의 희망을 말한다. 채용 인재의 요건을 결정하는 것들에는 다음과 같은 것들이 있다.

(1) 직무분석과 역량모델링

채용하려는 인재의 요건은 기본적으로 그 인력이 담당할 직무에 의해 결정된다. 모든 직무에는 직무분석을 통해 마련된 직무기술서(job description)와 직무명세서(job specification)가 있다. 직무기술서는 직무의 내용과 직무담당자의 권한과 책임을 설명한 서식이고 직무명세서는 그 직무를 담당할 인력의 자격요건을 규정한 것이다. 따라서 채용에는 직무명세서가 선발의 기준으로서의 역할을 한다.

최근에는 환경변화와 기술발전으로 직무 내용이 매우 가변적어서 직무명세서의 유효성이 제한을 받고 있다. 그래서 최근에는 역량을 기반으로 직무를 분석하는 경향이 있다. 이를 역량기반 직무분석 또는 역량모델링이라 한다. 역량 모델링(competency modeling) 은 직무담당자가 갖추어야 할 역량의 종류와 기준을 정하는 것이다.

역량기반 채용에 있어서는 역량모델링에서 규정한 역량의 종류와 수준이 채용의 기준으로서의 역할을 한다. 역량은 보통 모든 조직구성원이 공통적으로 갖추어야 하는 기본적(공통) 역량과 해당 직무수행에 필요한 전문적 역량으로 나뉜다. 관리자들에게는 리더십 역량이 따로 규정된다.

(2) 인재상

조직에 따라서는 조직에 바람직한 인재의 모습 즉 인재상을 정립하고 있다. 인재상은 조직의 특성이나 환경에 따라 조직마다 달라질 수 있다. 예컨대 '전문성과 윤리성을 갖춘 글로벌 인재'라는 인재상을 가지고 있으면 이러한 특성(해당분야 전문성, 윤리의식, 글로벌 감각 등)을 지원자 선발의 중요 기준으로 삼을 수 있다.

인재상은 몇 가지 상황적 요인에 의해서도 영향을 받는다. 우선 문화권에 의해 강조점이 달라진다. 동양권(한국, 일본 등)에서는 집단주의와 장기고용의 영향으로 인재의 능력과 함께 품성(品性), 또는 인성(人性)이 강조된다. 한번 입사하면 조직에서 같이 오래 살아야 하기 때문에 다른 구성원과의 협조성이나 조직규율에 대한 준수 등이 중시되는 경향이 있다. 반면 개인주의와 단기고용을 바탕으로 하는 서구의 문화에서는 무엇보다도 업적과 성과가 인재의 필수요건이다. 단기고용을 전제로 하므로 우선 실적을 통해 무언가를 보여주는 것이 중요하다. 개인의 품성이나 잠재적인 능력은 동양권에 비해 상대적으로 덜 중요하다.

R&D의 특성도 바람직한 인재상에 영향을 미친다. 본서의 접근법인 상황 적합법 접근에 따르면 연구와 개발의 경우 바람직한 인재상이 조금은 달라질 수 있

다. 기초연구는 혼자 하는 경우가 많으므로 개인적인 연구역량이 무엇보다도 중요하다. 그러나 제품개발 쪽으로 갈수록 이는 시스템적인 노력이 필요하므로 R&D 인력이라 하더라도 협조성이나 관계능력이 더 요구될 수도 있다.

동양의 조직에서도 전체적으로 R&D 인력에 대해서는 여타 직무에 비해 인성이나 품성 등의 비중이 다소 작아질 수 있다. 왜냐하면 품성을 구성하는 많은 특성들이 기존 질서의 준수를 바탕으로 하고 있기 때문이다. 많은 연구에서 이는 오히려 창의성을 저해하는 요소로서 지적되고 있다. R&D 조직이나 부서에 전통적으로 중시되었던 품성이나 인성의 측면에서 보면 특이한 인력이 많이 눈에 띄는 것은 어떤 점에서는 당연하다. 그런 점에서 대학의 교수와 연구원과 관련된 다음과 같은 우스개 소리는 시사하는 점이 크다. "교수나 연구원 사회에는 두 종류의 사람이 있다. 이상한 사람과 아주 이상한 사람이다."

(3) 다양성과 포용성

어떤 인재를 채용할 것인가와 관련하여 고려해야 할 이슈 중의 하나가 다양성(diversity)과 포용성(inclusion) 문제이다. 즉 채용에 있어 성별, 인종, 민족, 때로는 성 정체성에 대해 차별없이 우수한 인재를 채용하려는 고용주의 자세를 말한다. 이는 다민족 국가로 구성된 미국의 경우에는 현재 중요한 인적자원관리 이슈 중에 하나이다. 우리나라는 물론 단일민족 국가라 다양성의 이슈가 성별 이슈에 한정되는 감이 있지만 인적자원관리에서 점점 고려해야할 중요한 과제가 되어가고 있다.

인재의 채용에 있어서 다양성의 확보는 단순히 도덕적 규범적 문제만은 아니다. 다양성은 기업들에게 경제적 측면에서도 이득이 된다는 것이 입증되고 있다. McKinsey & Company의 연구(2020)에 의하면 2019년에 중역 팀에 성별 다양성(gender diversity)을 확립한 상위 4분의 1에 속한 기업들은 하위 4분의 1에 속한 기업들보다 평균 이상의 수익을 올릴 확률이 25% 높았다(Dixon-Fyle,et al, 2020). 인종 다양성(ethnic diversity)과 관련하여서는 그 확률은 36%나 높았다.

R&D팀의 구성과 관련하여서도 다양성은 제2장이나 제3장에서 살펴본 것처럼 창의성이나 혁신에 긍정적으로 작용하는 것으로 나타났다. 단순한 표면 다양성 즉 성별, 민족 다양성 등은 크게 도움이 못 될 수 있어도 인지적 다양성이나 심층 다양성은 창의성, 혁신과 긍정적 관계를 가졌다. 문제해결에 필요한 다양한 관점

과 지식이 도움을 주었기 때문이다. 따라서 R&D 인재의 채용이나 팀의 구성에 있어서 다양성의 확보는 충분히 고려해야 할 과제이다.

최근에는 채용에 있어 기존의 다양성의 범위를 넘어서서 신경 다양성(neuro diversity)까지 범위를 확장하려는 움직임도 있다(Austin, & Pisano, 2017; Dev-Skiller, 2021). 신경 다양성이란 기존에 질병으로 분류되었던 자폐증, 난독증, ADHD을 지닌 인재들을 정상인으로 받아들이자는 움직임이다. 여기서는 이러한 신경학적 차이가 인간 게놈의 정상적이고 자연스러운 변이의 결과라고 생각한다.

이러한 신경 다양성 인재들은 사회성은 부족하지만 어떤 특정분야에서 탁월한 재능을 보이는 수가 있다. 분석력, 추리력, 암산 능력 등에 뛰어날 수 있다. 또한 '상자 밖(outside the box)' 사고를 할 수도 있어 R&D나 소프트웨어 개발 등에 소중한 인재일 수 있다. 그래서 최근에는 많은 유명 기업들이 이들을 수용하려고 인적자원관리(HR) 방식을 개편하고 있다(읽을거리 참조).

읽을거리

신경 다양성(neurodiversity): 경쟁이점이 될 수 있다.

영화 '레인맨(Rainman)'이나 미국 드라마 '굿닥터(Good Doctor)'(한국 드라마의 리메이크)의 주인공들을 기억할 것이다. 주인공들은 정상적인 사회생활에 어려움을 겪지만 어떤 분야에서는 탁월한 재능을 보인다. 자폐증의 하나인 서번트 증후군을 앓는 주인공들 중 레인맨의 주인공은 뛰어난 암산능력을, 굿닥터의 주인공은 천재적인 진단능력을 갖추고 있다.

신경 다양성(neurodiversity)은 자폐 스펙트럼 장애, 운동 장애, 난독증과 같은 신경학적 상태를 가진 많은 사람들을 정상인의 범주에 수용하자는 운동이다. 이러한 신경학적 차이가 인간 게놈의 정상적이고 자연스러운 변이의 결과라고 생각하기 때문이다.

최근에는 기업에서도 이들 인재를 채용하려는 적극적인 움직임이 보이고 있다. 그 이유는 이들이 가진 특별한 재능 때문이다. 그들은 패턴 인식, 기억 및 수학을 포함한 특정 영역에서 비범한 능력을 갖고 있을 때가 있다. 그들은 '상자 밖' 사고를 할 수 있고 창의성을 발휘하며 탁월한 분석 능력을 바탕으로 우수한 소프트웨어를 개발하기도 한다.

그런데 기존의 기업의 HR 시스템으로서는 이들을 채용하거나 활용하는데 많은 장애물이 존재한다. 따라서 이들을 수용하려면 HR 시스템의 개편이 필요하다. 선구적인 기업들의 경험으로부터 이들의 재능을 활용할 수 있는 방안을 살펴보면 다음과 같다

(1) 사회적 파트너와 팀을 이룬다.

기업은 신경 다양성 인재들에 대해 전문적 지식이 부족하다. 이들에 대해 정통한 "사회적 파트너(social partner)"와 팀을 이루어 도움을 받을 필요가 있다.

(2) 평가와 훈련방식을 달리한다.

면접이나 훈련에 있어 이들의 특성을 감안하여 전통적인 방식을 달리한다. 예컨대 이들은 면접 과정에서 면접자와 눈을 마주치지 못한다. 자연스러운 환경에서 편안하게 긴 시간동안 관찰의 기회를 갖거나 그들의 능력이 나타나기까지 기다릴 수 있어야 한다.

(3) 기존 직원과 관리자들을 교육한다.

새로운 직원의 특성을 고려하여 상호작용할 수 있도록 기존 직원들과 관리자들에 대해서도 단기간 교육이 필요하다.

(4) 지원 생태계를 구축한다.

새로운 직원들을 맞이할 수 있는 지원시스템을 구축한다. 한 회사에서는 신경 다양성 신규 직원을 약 15명으로 구성된 "포드(pods)"에 배치하여 신경 다양성 관련 문제를 처리하는 임무를 맡은 두 명의 관리자와 컨설턴트가 약 4 : 1의 비율로 신경 다양성 동료와 함께 일한다.

(5) 경력 관리를 위한 맞춤형 방법을 고안한다.

이들을 위한 장기간의 고용에 바탕을 둔 특별한 경력관리 방안을 마련한다.

(6) 프로그램의 규모를 확장한다.

전체 직원 중 신경 다양성 직원들의 비율을 증대한다.

신경 다양성 프로그램의 성공경험을 통해 점점 더 많은 기업들이 이 제도를 채택하고 있거나 도입을 검토하고 있다. 이미 이 제도를 정착시킨 기업으로는 SAP, Hewlett Packard, Microsoft, Willis Towers Watson, Ford 및 EY가 있다. 그 외에 Caterpillar, Dell Technologies, Deloitte, IBM, JPMorgan Chase 및 UBS를 비롯한 많은 회사에서 도입을 추진하고 있다.

자료: Austin & Pisano(2017).

(4) 직무가 요구하는 스킬

직무가 요구하는 스킬(skill)은 채용을 결정하는데 중요한 역할을 한다. 직무에 필요한 스킬은 직무별로 다양해서 앞서 설명한 직무분석이나 역량분석에서 도출될 수 있다.

스킬은 일반적으로 '하드 스킬(hard skill)'과 '소프트 스킬(soft skill)'로 나뉜다(Doyle, 2020). 하드스킬은 직무를 수행하는데 필요한 스킬로 계량화가 쉬운 스킬이다. 컴퓨터 프로그래밍 스킬, 타자속도, 기계운용능력, 어학능력 등과 같은 것들이다. 반면에 소프트 스킬은 사고능력이나 사람과의 상호작용과 같은 인간관계 능력들로서 계량화가 힘들다. 예를 들면 의사소통, 유연성, 리더십, 팀워크 등과 같은 것들이다. 두 능력 모두 가르칠 수 있고 학습할 수 있으나 소프트 스킬

보다는 하드스킬의 경우가 훨씬 쉽다.

[표 8-1]은 주요 엔지니어들에게 필요한 스킬들의 목록을 보여주고 있다(BioSpace, 2017; JD&RE, 2021; indeed, 2020).

표 8-1 엔지니어들에게 필요한 스킬

IT 엔지니어	소프트웨어 엔지니어	BT 엔지니어
• math skills. • time management skills. • user experience design. • active listening. • networking skills. • communication skills. • leadership skills. • teamwork. • systems administration and evaluation. • strong analytical sskills. • attention to details. • structured queried language (sql) skill. • problem solving skills. • technical writing skills. • multitasking skills. • computer science. • industry skills. • pressure management. • creativity. • structural analysis. • educational commitment. • data modeling.	• teamwork. • multitasking. • computer programming and coding(JavaScript, SQL, Java, Ruby, PHP, Python, C,C++, C#, HTMLCSS). • software development. • object-oriented design (OOD). • software testing and debugging. • problem solving and logical thinking. • written and verbal communication. • analytical skills. • process analysis. • project management. • more software engineer skills(Database Architecture, Product Enhancement, Linux/ Unix, Perl, Shell, Optimization, Strategic Planning, Design Reviews, Agile Scrum Team, Computer Architecture, Operating Systems, Data Structures, SaaS, Web Services, Source Code Version Repository, UI Toolkits and Frameworks, Microsoft ASP.NET MVC, Web API, js, Deductive Reasoning, Inductive Reasoning).	• complex problem solving. • judgment and decision making. • digital literacy. • practice setting research priorities. • learn to estimate a project's ROI. • assess and manage risk. • manage and present data more effectively. • interpretation and communication skills. • empathy. • change management. • regulatory and government relations. • entrepreneurship. • people management. • adaptability. • communication with non-technical peers. • creativity. • flexibility. • curiosity. • (balanced) drive. • big-picture comprehension. • organization.

자료: BioSpace(2017), JD&RE(2021), indeed(2020).

4. R&D 인력과 제너럴리스트 대(對) 스페셜리스트 논쟁

R&D 업무를 위해서는 제너럴리스트가 나은가 아니면 한 분야에 깊은 지식을 가진 스페셜리스트가 나은가? 이는 해묵은 논쟁거리이지만 쉽게 답하기 어려운 과제이다.

그러나 최근에는 기술의 융합이나 앞서 설명한 것처럼 제품을 시장에 신속하게 출시하려는 움직임 등으로 인해 제너럴리스트에 대한 선호현상이 다소 보이는 것 같다(Epstein, 2021; Nagle & Teodoridis, 2021).

(1) 제너럴리스트와 스페셜리스트의 장·단점 및 상충 관계

R&D 전문가로서 제널러리스트(generalist)란 여러 분야에 폭넓은 지식을 갖춘 연구자를 말한다. 반면 스페셜리스트(specialist)는 특정 분야에 깊이 있는 전문지식을 갖춘 인재이다.

오늘날 각 분야의 첨단지식이 빠르게 발전하는 세상에서 여러 분야에 걸쳐 깊이 있는 지식을 갖춘 인재를 발견하는 것은 사실상 불가능에 가깝다. 제널러리스트와 스페셜리스트는 상충(tradeoffs)관계에 있다. 즉 제너럴리스트는 분야의 폭이 넓은 대신 깊이가 부족하며 반면 스페셜리스트는 지식의 깊이가 있는 반면 폭은 그리 넓지 못한 것이 일반적이다.

(2) 제너럴리스트가 선호되는 이유

제너럴리스와 스페셜리스트가 나름대로 장단점을 가지고 있기 때문에 우열을 가늠하기는 쉽지 않다. 그러나 이제까지의 생각은 R&D 환경이 분야의 전문성이 심화되는 추세를 반영하여 스페셜리트가 선호되는 경향이 더 컸다.

그러나 최근의 한 연구자들(Nagle & Teodoridis, 2021)은 제너럴리스트의 우위를 주장하고 있다. 주장의 근거는 최근의 혁신의 특성과 관련이 된다. 다양한 분야의 경험이 있어 연구 포트폴리오를 가진 개인(제너럴리스트)이 새로운 분야에서 가치 있는 기회를 식별할 가능성이 더 높기 때문에 경쟁우위가 있다는 것이다. 아이디어를 성공적으로 실행하려면 깊이 있는 지식이 필요하지만, 그 보다 앞서 제너럴리스트가 전문 분야를 연결하고 유망한 조합을 찾는 데 더 우수하다. 발견 단계가 없으면 실행 능력이 무의미하다는 점에서 새로운 조합을 발견할 수 있는 제너럴리스트의 우위가 있다는 것이다.

그들은 자신들의 주장의 근거가 되는 한 준 자연실험연구(quasi natural experiment)를 소개하고 있다(Nagle & Teodoridis, 2017).

Microsoft사는 2010년 Kinect를 출시했다. 이는 모션 인식 입력 장치이다. 별도의 컨트롤러 없이 적외선 카메라와 이미지 센서를 이용하여 일정한 영역 내 발생한 플레이어의 몸 움직임(모션)을 인식한다. 이는 전신 동작을 추적하는 능력에 획기적인 지평을 열어주었는데 이러한 역량은 인공 지능, 영화 촬영, 건강 관리 등을 포함한 분야에서 활용될 수 있었다. Kinect는 그동안 높은 비용이나 기술적 어려움 때문에 대중이 접근하기 어려웠던 모션 인식 기술을 게임 속에 녹여내는 데 성공하며 대중화에 크게 기여하였다.

연구자들은 이 기능을 가장 잘 활용 한 연구원을 결정하기 위해 전기 및 전자공학 분야의 14년 치 분량의 학술 논문을 조사해 모션 인식에 대한 사전 경험이 없는 연구원을 식별하고 다음에 그들의 연구 다양성 수준을 측정하였다. 그런 다음 "Kinect"라는 키워드를 검색하여 Kinect가 출시 된 후 4년 동안 이 새로운 기술을 활용한 연구들을 찾아냈다.

연구결과는 다음과 같았다. 다양성 측면에서 상위 25%에 속하는 연구원(제널럴리스트)들은 하위 25%에 속하는 유사한 숙련된 연구원에 비해 새로운 기술을 활용할 가능성이 3.1 배 높았다. 또한 논문의 품질도 더 높았다. 다양성이 높은 연구자들의 논문은 피인용 상위 10% 논문에 포함될 가능성이 다양성이 낮은 연구자들의 논문보다 3.8배 더 높았다. 연구자들은 "기업과 연구 기관의 제도적 규범은 종종 전문화(스페셜리스트)에 대한 선호를 보여주고 있지만, 우리의 연구결과는 지식 다양성이 높은 개인들(제너럴리스트)이 지식을 더 발전시키는데 중요한 역할을 한다는 것을 보여준다."라고 결론짓고 있다.

(3) 관리적 시사점

연구자들은 그들의 연구를 통해 제너럴리스트의 중요성을 강조하면서 효과적인 R&D팀 운영을 위한 두 가지 통찰력도 제시하고 있다(Nagle & Teodoridis, 2021).

첫째, R&D 인력의 채용에 있어 능력있는 제너럴리스트와 함께 스페셜리스트의 적절한 균형을 취해야 한다. 탐색적 혁신(explorative innovation)은 다양한 분야의 경험을 두루 갖추어 기회를 포착하는 제너럴리스와 확인된 기회를 탐색적 혁신으로 활용할 수 있는 분야의 스페셜리스트 양자의 팀 노력이 함께 필요하다. 따라서 조직은 능력있는 제너럴리스트와 스페셜리스트 양자를 확보하려는 다양한 방안을 고려할 필요가 있다.

둘째 조직의 보상체계에 대한 점검도 필요하다. 보너스나 상 또는 승진과 같은 조직의 보상들이 성공적인 스페셜리스트들에게 돌아가는 경향이 있었다. 그 대신 제너럴리스트들은 소외되는 수가 많았다. 따라서 장기적으로 연구인력들이 제너럴리스트를 지향하도록 보상체계를 설립, 운용할 필요가 있다. 연구자들의 연구에 의하면 제너럴리스트가 되는 데는 개인의 선호보다 오히려 조직의 정책이 더 영향을 미치고 있다는 것이다.

제 2 절 모집과 선발

직원의 채용을 위해서는 모집과 선발의 과정을 거친다. 모집(recruitment)은 지원자를 모으는 과정이고 선발(selection)은 그 중에서 적합한 인재를 뽑는 것이다.

여기서는 기술인력을 중심으로 모집과 채용에서의 최근 추세를 다룬다.

1. 모집에서의 최근 추세

(1) HR 애널리틱스(analytics)의 활용

최근의 인적자원관리에서의 두드러진 추세로는 데이터에 기반한 HR 애널리틱스와 인공지능(AI)과 같은 새로운 테크놀로지의 활용을 들 수 있다. 이 두 신기술들은 인재의 채용에서도 활발하게 활용되고 있다.

1) 개념과 중요성

HR 애널리틱스(HR analytics)란 인력과 관련된 조직성과를 높일 목적으로 인적자원(HR) 데이터를 수집하고 분석하는 과정이다. 즉 인적자원 데이터를 잘 활용하여 효과적인 HR도 도모하고 나아가 조직의 성과도 높이려는 활동을 말한다. 기존에도 HR과 관련된 의사결정이 데이터에 근거하여 이루어지는 경우가 있었지만 최근 과학적인 데이터 처리 및 AI 기술이 접목되면서 강력한 경영의 도구(tool)로 발전하고 있다. HR 애널리틱스는 '사람 애널리틱스(people analytics)', 인재 애널리틱스(talent analytics), '노동력 애널리틱스(workforce analytics)'로 불리워지기도 하는데 엄격히 말하면 포괄하는 범위에 차이가 있다. HR 애널리틱스는 내부구성원의 데이터에 한정되는 반면 '사람 애널리틱스'에는 종업원 뿐만 아니라 고객도 포함되며 노동력 애널리틱스는 정규, 비정규직, 프리랜서 및 컨설턴트를 포함하는 좀 더 광범한 개념이다.

HR 애널리틱스가 주목을 받는 이유는 이것이 합리적인 인적자원관리와 조직성과에 기여하는 점이 크기 때문이다. 인적자원관리는 이제까지 통상적으로 경험과 직관의 세계로 보는 측면이 강했다. 불과 조사대상의 37%의 기업만이 데이터에 기반한 인적자원관리를 시행하고 있다는 조사 결과도 있다. HR 애널리틱스는 직관과 경험에 의존하는 HR 관련 의사결정에서 발생할 수 있는 오류와 결점을 합리적인 데이터에 의하여 보완함으로써 의사결정의 질을 높인다는 점에서 의미가 있다.

인재 확보 프로세스 전반에 걸쳐 애널리틱스를 사용하면 데이터에 기반한 의사결정이 가능하고 강점과 약점 영역을 식별할 수 있는 통찰력을 제공해 준다. 뿐만 아니라 인재확보 관행의 비용을 절감하고 프로세스에서 문제와 장애물을 확인하고 공석을 보다 신속하게 채우는 데 도움을 준다. 또한 인재 애널리틱스를 통해 채용 소프트웨어 투자의 효율성과 ROI를 입증할 수 있게 해준다.

2) 핵심측정지표의 제공

보다 구체적으로 애널리틱스는 채용 담당자에게 다음과 같은 지표를 제공해 준다(Marson, 2021).

① 채용 출처
② 자리를 채우는데 걸린 시간
③ 채용 시간
④ 채용제안 수락률
⑤ 고용당 비용

⑥ 고용의 질
⑦ 공석 비용(자리가 비어 있는 동안 조직에 소요되는 비용)
⑧ 다양성

HR 애널리틱스 중에서 최근 부상하고 있는 것이 예측 애널리틱스이다. 예측 애널리틱스(predictive analytics)는 HR analytics의 특수한 형태로서 기존 데이터를 분석하고 여기에 통계학을 이용하여 미래의 결과를 예측하는 기술이다.

예측 애널리틱스를 통해 채용 담당자는 예상 충원 시간, 예상 미래 후보자 성과, 면접 수락 확률 및 후보자의 예상 재직기간과 같은 미래 추세를 예측할 수 있다.

3) 채용에 있어 애널리틱스의 활용사례

채용분야에 애널리틱스가 활용되는 사례로는 다음과 같은 것들이 있다

① 이 분야의 대표적 기업은 미국회사 Google이다. 이 회사는 이미 2009년에 직원평가, 승진, 급여 등에 대한 데이터 분석을 통해 어떤 직원이 들어와서 일을 잘하고 있는 지를 확인하여 이를 채용관리에 활용하고 있다. 또한 어떤 직원이 조만간 퇴사할 가능성이 큰 가를 가려내는 알고리즘을 개발하여 맞춤식 대응을 하고 퇴사관리의 합리화를 꾀한 바 있다.

② 한 회사에서는 기업용 소프트웨어 판매경력이 있는 사원을 선발하는 것이 관행이었다. 그런데 100명의 데이터 분석을 한 결과 그런 경력과 실적과는 관련이 없는 것으로 나타나 경력규정을 채용과정에서 삭제하였다.

③ 한 미국회사는 유명대학의 MBA를 중심으로 채용하였다. 그런데 직원 데이터와 성과와의 관련성을 조사해보니 학력과 직무성과와는 관련이 없는 것으로 나타났다. 오히려 이력서나 자기소개서에서 보이는 철자나 문법오류, 휴학 유무, 아르바이트를 통한 판매 경험 등이 중요한 것으로 나타났다. 회사는 이 분석에 근거해 채용지침을 변경하였고 그에 따라 회사의 수익이 증대하였다.

(2) 온라인 모집

채용에 있어 온라인 모집(online recruiting)은 대세가 되어가고 있다. 구인과

구직 양측에서 인터넷의 활용은 보편화하고 있기 때문이다. 이러한 온라인 모집은 COVID 19 팬데믹과 함께 더욱 가속화되고 있다.

온라인 모집은 전통적인 모집방법에 비해 많은 지원자들에게 공평하게 지원의 기회를 부여하며 모집과 관련된 조직의 비용을 줄여주는 장점이 있다. 반면 온라인에 익숙하지 못한 지원자에게 부담을 주며 너무 많은 지원자기 지원함으로써 이를 처리하는데 비용과 노력이 많이 든다는 단점도 존재한다.

조직은 너무 많은 지원자들 중에 다음 단계의 채용과정을 거칠 후보자 선정을 위해 지원자 관리 시스템 혹은 지원자 관리(추적) 시스템(applicant tracking system: ATS)의 도움을 받게 된다. 지원자 관리 시스템은 채용 및 채용 요구를 전자적으로 처리할 수 있는 소프트웨어 응용 프로그램이다. ATS는 조직의 필요에 따라 대기업 또는 소기업 수준에서 온라인으로 구현하거나 접근 할 수 있다. 무료 및 오픈 소스 ATS 소프트웨어도 사용가능하다.

ATS는 [그림 8-2]에서 보는 바와 같이 여러 기능을 수행한다. 그중에서도 가장 중요한 것은 사용자를 위해 많은 지원자 중 일정 부분의 후보자를 뽑아주는 역할을 한다. 또한 지원자의 면접일정을 잡아주기도 한다.

ATS는 이력서 분석을 통해 후보자를 걸러줌으로써 고용주의 노력을 크게 줄여주는 역할을 하지만 최근에는 문제점도 지적된다. 한 연구에 의하면 미국 기업

그림 8-2 지원자 관리 시스템(ATS)의 기능

의 40% 정도가 지원자 관리시스템을 활용하고 있는데 시스템 자체의 문제로 인해 이력서를 제출한 지원자의 75%는 원천적으로 탈락한다는 것이다(Bell, 2021). 문제는 후보자를 걸러내는 로직(logic)에 있다. 이 시스템은 키워드나 스킬, 이전 고용주, 경험연수, 다녔던 학교와 같은 기준에 의해 자동적으로 걸러낸다. 그런데 시스템의 문제로 직무가 요구하는 기준을 제대로 파악하지 못한다는 것이다. 즉 시스템의 잣대로만 판단하기 때문에 세부적인 내용을 검토하는데 한계가 있다. 이로 인해 사실 자격을 충분히 갖추었음에도 이력서의 제목이나 글자의 폰트, 문서 양식 등 또는 요구되는 키워드 등을 갖추었느냐의 여부가 당락의 주요 요인으로 작용하고 있다. 그래서 지원자들 중에 관리시스템에 의해 누락되지 않고 뽑힐 수 있는 이력서 작성 및 대응 요령에 대한 논의가 무성하게 일고 있다(Levinson, 2012).

(3) 구인 · 구직 플랫폼의 활용

최근 수년간 구인과 구직 양측에서 구인 · 구직 플랫폼을 활발하게 활용하고 있다. 이 플랫폼의 발달로 글로벌한 인재의 구인 · 구직이 가능해지고 있다. 조직은 쉽게 필요 직무를 게시할 수 있고 구직자는 이미 저장된 이력서를 손쉽게 제출할 수 있다.

이러한 구인 · 구직 플랫폼 중에서도 가장 널리 사용되는 것이 LinkedIn이다. 이는 매우 유용하고 손쉽게 사용가능한 글로벌 구인 · 구직 사이트이다. 특히 국내기업을 넘어서 외국계 기업이나 외국에서 일자리를 찾을 경우는 필수적인 도구가 되고 있다.

LinkedIn은 기존의 구직 서비스에 SNS기능을 더한 것이 큰 특징이다. 프로필 메뉴에 자신의 소개서와 경력을 자세히 적을 수 있으며 여러 구직 사이트와 비슷하게 채용정보 검색이 가능하다. 자신의 직장상사나 동료가 자신의 경력에 추천글을 작성하는 것이 가능해 평판 조회의 기능도 갖고 있다.

Job 메뉴에는 [그림 8-3]에서 보듯이 관심을 갖고 있는 직종이나 지역을 적어 넣으면 채용공고의 추천을 받을 수 있다. 채용공고뿐만 아니라, 자신의 관심 분야와 관련된 다양한 그룹 또한 찾을 수 있다. 관심 기업에 지원할 때는 Easy Apply를 클릭하면 해당 기업으로 나의 커리어 파일이 송부되어 이력서를 새롭게 쓰지 않아도 되는 장점이 있다. 기업 인사 담당자 등 다른 사람들이 검색을 하여 수시로 나의 프로필을 볼 수 있기 때문에 기업 인사 담당자와 헤드헌터 등에서 연락을 받을 수도 있다. 기본적으로 LinkedIn은 무료이나 약간의 회비를 내는 프리미엄(premium) 회원이 되면 나의 경력 조회자를 확인할 수 있는 등 추가적인 기능의 혜택을 받을 수 있다.

그림 8-3 LinkedIn의 Job 메뉴 화면

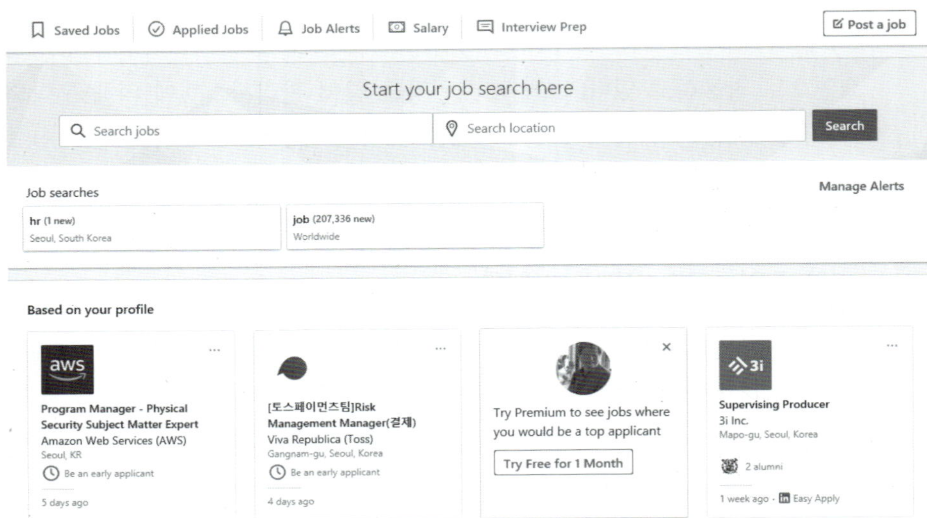

(4) 채용 전문기관의 활용

R&D 업무와 관련하여서는 신입사원외에 특정 기술분야의 경력을 지닌 기술전문가를 채용해야 할 경우가 많다. 이런 경우는 채용전문 기관의 도움을 받는 것이 효과적이다. 이러한 채용 전문기관의 대표적인 것이 소위 헤드헌터(headhunter)이다.

예전에는 헤드헌터에 대한 부정적인 인상도 있었으나 최근에는 우수인재를 회사를 대신해 찾아준다는 점에서 그 사용이 늘고 있다. 이 방법이 가지는 최대 이점은 이상적인 인재를 목표로 한다는 점이다. 헤드헌터는 현재 새 일자리에 관심이 적은 사람도 이상적인 인재라면 접촉해서 데려올 수 있다. 그리고 기업을 대신해서 수많은 잠재적인 후보자들을 찾고 스크린 해주어 기업경영자의 시간을 절약해줄 수 있다. 물론 소정의 수수료를 지불하나 시간절약을 생각하면 그리 큰 것이 아닐 수 있다는 주장이 설득력을 얻고 있다.

반면에 헤드헌터가 채용성사를 시키는 데 급급한 나머지 찾아준 사람이 회사가 꼭 필요로 하는 사람과 차이가 있을 수 있다는 단점이 있다. 따라서 요구하는 인재를 분명히 하는 것이 필수적이다. 그리고 수수료를 목적으로 알선 경험이 있는 우수인재들에게 다른 직장으로의 전직을 권유함으로써 고용안정을 저해하는 측면도 결점으로 지적되고 있다.

헤드헌터에 대한 수수료 지급에는 두 가지 유형이 있다. 하나는 '타결수수료'(contingency search firms)형으로 여기서는 후보자가 고용이 성사되는 경우에 의뢰인으로부터 수수료를 받는다. 서구의 경우 채용된 연봉의 30% 정도를 받는데 비해 한국의 경우에는 1개월치의 월급을 받는 것이 일반적이다. 다른 하나는 '계약형'(retained search firms)으로 의뢰인 조직과 독점계약을 맺고 최고경영자와 같은 핵심인재를 찾아주는 컨설턴트 역할을 하는 것으로써 채용성사 여부와 관계없이 수수료를 받는다. 이는 일반적으로 타결수수료형보다 고액연봉의 핵심인재를 채용하는 데 이용되는 방식이다.

2. 선발에서의 최근 추세

일반적인 채용과정에서는 지원자의 이력서와 자기소개서 등을 통해 일정 인원을 추려낸 다음 테스트(검사)와 면접을 거치게 된다. 테스트(검사)와 면접에서의 최근 추세를 살펴본다.

(1) 온라인 인성검사와 적성검사

우리가 흔히 검사 또는 시험이라고도 부르는 테스트는 크게 인성검사와 직무수행능력을 알아보는 직무적성 검사로 구분된다.

인성검사는 심리 테스트로서 지원자의 심리적 속성을 알아보는 테스트이다. 심리 테스트를 담당하는 전문기관에 수수료를 지불하고 의뢰하는 방법을 택하고 최근에는 온라인으로 시행되는 경우가 많다. 테스트 결과는 선발에 직접적으로 반영하기 보다는 면접에서 참고자료로 활용되는 수가 많다.

직무수행능력에 대한 테스트로서는 과거에는 해당 전문 분야의 논술 등의 필기시험을 치루는 경우가 많았다. 그러나 최근에는 NCS기반 채용이 늘면서 직무

기초능력과 직무수행능력에 대한 테스트가 늘고 있다(읽을거리 참조).

일부 대기업에서는 직무수행능력에 대한 테스트를 자체개발하여 사용하고 있다. 그 중 대표적인 것이 삼성(三星)의 직무적성검사(GSAT)이다. 이 회사에서는 코로나 확산으로 인해 대규모 신입사원 채용을 위한 대면 채용시험이 어려워지자 이를 2020년부터 온라인 비대면으로 전환하여 실시하고 있다. 물론 소프트웨어 개발자의 코딩 테스트는 비대면으로 어려워 대면 테스트를 시행하고 있지만 원칙적으로 신규채용은 비대면 온라인 테스트가 원칙이다.

온라인 테스트는 시험 응시자의 입장에서는 편의성이 있다는 장점이 있다. PC나 노트북 컴퓨터가 없는 응시자는 PC방을 이용할 수도 있다. 그러나 시험의 시행자의 입장에서는 부정행위의 감독이 최대 난제이다. 이 회사에서는 시험을 보는 PC나 노트북외에 모바일 폰을 이용해 시험의 전 과정을 촬영하도록 하고 있다. 수 명의 응시자를 한 명의 감독자가 실시간으로 모니터링한다. 기존의 시험시간과 문항을 줄여 추리력과 수리능력을 테스트하고 있다. 응시자나 회사나 새로운 온라인 방식에 익숙하지 못하다는 단점이 있기는 하지만 회사의 실험은 상당히 성공적인 것으로 평가되고 있다.

읽을거리

NCS기반 채용

최근에 많은 기업들, 특히 공공기관들이 NCS 기반 채용방식을 채택하고 있다. NCS는 직업기초능력을 평가하는 필기전형에서 많이 쓰이고 있지만 때로는 면접에서도 채택되고 있다.

(1) NCS란?

국가직무능력표준(National Competency Standards: NCS)은 산업현장에서 직무를 수행하기 위해 요구되는 지식·기술·태도 등의 내용을 국가가 체계화, 표준화한 일종의 데이터베이스다. 2002년부터 일－교육·훈련－자격 연계하기 위해 도입되었다. NCS의 분류는 직무의 유형(Type)을 중심으로 한국고용직업분류(Korean Employment Classification of Occupations: KECO) 등을 참고하여 분류하였으며 '대분류(24) → 중분류(79) → 소분류(253) → 세분류(1,001개)'의 순으로 이루어지고 있다. NCS는 직업훈련, 자격훈련, 채용시 기준을 정립하고 시험문제를 만드는 데 활용된다.

(2) NCS기반 시험평가와 면접

NCS기반 시험평가에서는 필기시험 공통과목이 NCS기반으로 이루어진다. NCS에서 규정된 직무능력을 평가하기 위해 직업기초능력평가＋직무수행능력평가가 이루어진다. 직업기초능력은 10개 영역 중에서 기업의 특성에 맞게 선택 가능하다.

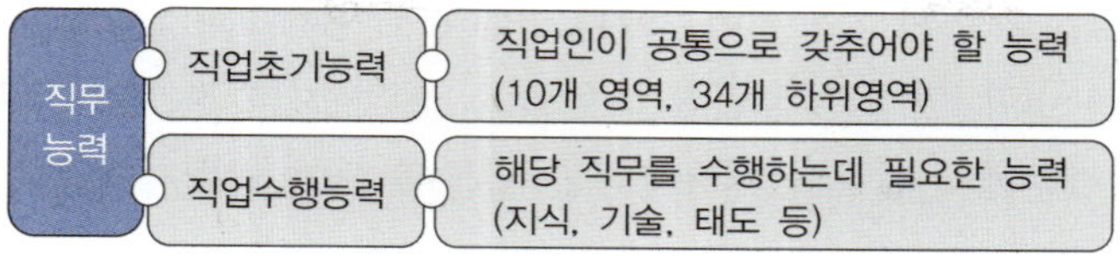

NCS기반 면접은 기업마다 요구하고 필요로 하는 직무능력을 중심으로 업무와 직접적으로 연관되는 부분을 묻고 그 역할을 잘 수행할 수 있는지에 대해 질문한다.

(2) 인공지능(AI)의 활용

1) 채용관리에서의 인공지능(AI)의 활용

채용에 있어 인공지능의 활용이 증대하고 있다. 인공지능은 다음의 세 가지 용도로 많이 활용된다(Shaughnessy, 2019)

① **후보자 발굴(sourcing)**: 지원자들이 SNS나 채용사이트에 자신의 정보를 올리거나 해당기업 사이트에 이력서를 등재하면 인공지능이 방대한 이력서를 검토하여 적합자를 추려낸다

② **후보자 평가(screening)**: 후보자 중 기존의 우수한 성과를 내는 직원들에 대한 특성 등 데이터에 기초해 후보자들을 평가한다.

③ **후보자 매칭(matching)**: 후보자들의 개인적 특성, 보유기술과 회사에서 성과를 내는 특성을 비교, 결합하여 직무 적합성을 판정한다.

즉, AI는 서류전형 시 우수 인재 판별할 수 있는 정보를 제공하는 일차적인 역할을 한다. 즉 AI를 이용해 대규모 후보 풀 중에서 적절한 후보자들을 빠르고 효율적으로 분류 할 수 있다.

2) 인공지능 면접

인공지능은 지원자에 대한 면접과정에도 관여한다. 이를 흔히 AI면접이라고 한다. 면접 시 AI가 질문도 담당하고 면접 질문에 응답하는 모든 순간의 지원자의 반응을 실시간으로 모니터링하여 선발에 도움을 준다. 최근 HR 부서에서 사용하는 AI 기술에는 "특이한" 행동 또는 부정행위의 징후(눈 접촉 부족 등)를 식별하고 그에 따라 후보자를 배제할 수 있는 비디오 분석 소프트웨어가 포함되고 있다(ideal, 2021).

인공지능은 자연어 처리기술과 결합하여 면접과정에서 질문을 하기 때문에 후보자는 실제 면접관과 면접을 한다고 생각하기까지 한다. AI 면접에서 이루어지는 질문에서는 응답 내용보다는 질문에 대한 지원자의 반응이 분석의 초점이 된다.

이러한 AI는 방대한 지원자 중에 후보자들을 손쉽게 분류해내는 효율성이 있으며 인간의 선입관이나 편견을 배제하여 객관적인 채용을 보장한다는 장점을 지닌다.

그러나 AI가 효과를 발휘하려면 빅 데이터와 그것을 분석할 좋은 알고리즘이 있어야 한다는 조건이 존재한다. 그렇지 못하다면 이는 또 다른 편견이나 편향성을 가질 수 있다. 이를 활용한 기업에서는 AI가 남성의 편향성을 갖는다는 우려가 제기되기도 한다.

최근에는 무의식적인 편견을 제거할 수 있는 AI 프로그램들도 개발되고 있다(Bishop, 2021). Textio 및 HireVue와 같은 프로그램에서는 특정 성별의 영향을 배제할 수 있다. 채용에서 사용되는 AI의 또 다른 좋은 예는 Mya인데 이 소프트웨어는 텍스트를 통해 면접과정에 직접 참여함으로써 채용 프로세스를 돕고 응시자는 Mya에게 질문을 할 수도 있다. 만일 AI가 답변을 모르면 채용 담당자에게 직접 문의하기도 한다. 몇 분 안에 Mya는 사전 프로그래밍 된 평가 모델을 기반으로 후보자를 배제하거나 인터뷰 과정의 다음 부분으로 옮겨 간다. 이 과정은 매우 매끄럽게 이루어지기 때문에 Mya와 상호작용 한 설문조사 대상자의 73%가 실제로 인공지능에 기반한 챗봇과만 대화했음에도 채용 담당자와 실제로 대화를 했다고 보고하고 있다.

제 3 절 채용관리의 실제

다음에서는 주요 글로벌 빅 테크 기업에서 이루어지는 채용관리의 실제 사례에 대해 살펴보기로 한다.

1. 구글(Google Inc.)의 채용관리

세계 초일류기업인 구글(Google Inc.)은 인재의 채용에 있어서도 최고의 인재를 채용하려 노력하고 있다. 구글의 채용방식은 분석적(analytical)이며, 증거에 근거(evidence based)한 과학적(scientific)인 방식을 지향한다(Bock, 2015).

(1) 채용대상

구글에서는 강력한 채용후보자를 모색한다. 이를 위해 채용게시판에 올라 있는 이력서에서 후보자를 찾는 대신에 내부 충원 팀이 최고의 인재를 적극적으로 찾아 나선다.

(2) 채용방식

구글에서도 채용방식은 테스트와 면접을 활용한다.

모든 기술인력들은 워크 샘플 테스트(work sample test)를 거친다. 이는 배치된 직무를 잘 수행할 수 있는 개인의 능력을 판단하는 방법이다. 여기에 인지적 능력(IQ 테스트와 유사)고 양심적인 정도를 측정하는 테스트도 병행하여 실시된다.

(3) 면 접

구글의 면접절차는 까다롭기로 유명하다. 면접은 다음과 같은 내용으로 구성된다.

1) 면접의 횟수

과거에는 구글에서는 거의 12번의 면접절차를 거치기도 했다. 그러나 [그림 8-4]에서 보는 바와 같이 HR 애널리틱스의 결과 4회 면접 후에 더 얻어지는 추가정보가 없다는 것이 판명되어 최근에는 4회 면접을 원칙으로 하고 있다. 이를 '4회 룰(rule of four)'이라 부른다(Bock, 2015).

그림 8-4 Google에서 면접횟수와 정보획득

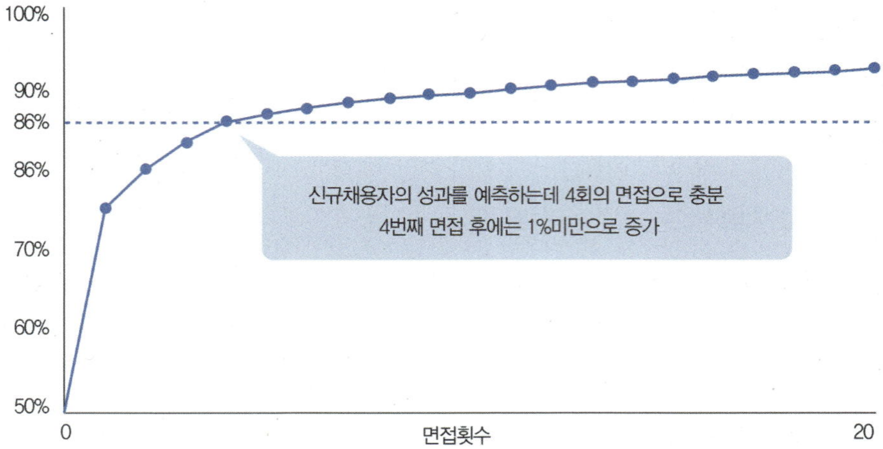

자료: Bock, 2015.

2) 면접의 내용

원칙적으로 구조화된(structured interview)면접으로 지원자에게 동일한 질문이 주어진다. 질문의 내용은 상황과 행위적 질문들을 강조하고 구글의 QDroid 시스템에서 타당성이 증명된 질문 문항들이 면접자들에게 전달된다. 질문 내용은 다음으로 구성된다.

① 인지능력

② 리더십

③ 구글스러움(Googleness): 즐거움(fun)을 좋아하거나 양심적인 것과 같은 구글이 추구하는 가치들

④ 역할관련 지식(컴퓨터 과학 등)

3) 면접자

면접자는 '군중의 지혜(wisdom of crowd)'를 기본으로 하여 다양하게 구성한다. 장래의 상사뿐만 아니라 하급자 또는 관련없는 부서의 직원들도 폭넓게 참여한다.

(4) 지속적 개선

구글에서는 채용관리의 내용을 지속적으로 개선한다. 채용 후 근무성적이 우수한 직원들의 이력서를 분석하여 공통의 키워드를 찾아낸 다음 채용탈락자 중 이러한 특성을 지닌 사람들을 다시 찾아내 채용하기도 한다. 그리고 면접자들의 성적표를 작성해 추후 면접자 선정에 활용하기도 한다.

2. 애플(Apple)의 채용관리

Apple은 기업활동 전반에 있어 비밀유지(secrecy)의 전통을 가지고 있는 것으로 악명(?)높다. 때문에 직원들도 다른 팀이나 부서의 활동에 대해 알려고 하지 않는다. 채용과정 역시 여기에서 예외는 아니어서 공식적으로 회사에 의해서 발표된 부분은 별로 많지 않다. 지원자들이나 직원들의 단편적인 언급을 통해 유추할 수 있을 뿐이다.

대부분의 직원은 Apple의 인터뷰 프로세스가 Google 및 Microsoft에 비해 비구조적이며 예측할 수 없다고 말한다. 또 프로세스가 역할에 따라 크게 다르다고 말한다. Apple 의 전·현직 직원들에 의하면 지원자들은 이력서 제출로부터 입사제안을 받기까지 보통 1~4개월 걸린다. 인터뷰 라운드 사이에 채용 담당자로부터의 피드백은 거의 없다.

Apple에서의 채용과정은 대개 [그림 8-5]와 같은 다섯 단계를 거치면서 이루어진다(Cooper, 2020).

그림 8-5 Apple의 채용과정

(1) 지원(application)

Apple사에의 지원은 채용직무에 대해 LinkedIn이나 Apple의 경력포털에서 지원할 수 있다. Apple의 경력 포털에 로그인하려면 Apple ID가 필요하다. 지원자는 자신의 이력서를 업로드함과 동시에 몇 개의 질문에 답해야 한다. 내용은 특정 직무에 지원하게 된 동기와 관련된 것이다. Apple에 입사하려는 이유와 특정 직무에 지원하게된 동기 등을 묻는다.

(2) 전화 스크린(최대 2회)

지원자는 회사 채용담당자로부터 전화를 받는다. 회사의 전화 스크린은 아주 표준화되어 있다. 즉 30분 정도의 통화에서 지원자의 관심사와 팀 적합성을 묻는다. 구체적인 대화 과정은 다음과 같다.

첫째, 채용담당자가 지원자에게 채용과정에서 회사가 기대하는 바를 간단히 설명한다.

둘째, 첫 번째 전화는 대개 채용담당자인데 두 번째 전화가 있다면 이때에는 팀 리더가 전화한 것이다(Apple은 Microsoft와 마찬가지로 중앙집중식으로 뽑지 않고 특정 팀을 위해 채용한다).

셋째, 대화에는 지원자가 과거 참가한 특정 프로젝트, 학업성취나 전문가로서의 성취 등에 대해 관한 내용도 포함된다.

(3) 대면 면접(face time interviews)(최대 5회)

다음 단계는 대면 면접이다. 30분 정도로 1 : 1 면접이 실시된다. 주요 평가의 초점은 업무수행과 관련된 기술적 스킬과 행동 스킬이다. “당신이 저지른 최고의 실수는 무엇이며 그것이 당신에게 무엇을 가르쳐 주었습니까?”와 같은 질문이 주어진다. 답변은 STAR의 방식이 되도록 유도한다. STAR란 역량기반 면접에서 채용하는 방식으로 면접자의 질문에 대해 지원자가 상황(situation: S), 직면한 과업(tasks: T), 해결하기 위해 취한 조치(action: A) 및 최종 결과(results: R)의 순서로 응답하도록 유도하는 것을 말한다. 이 일련의 과정에서 채용직무가 필요로 하는 역량이나 스킬의 보유 여부를 판정한다.

(4) Apple 평가센터(해당되는 경우)

일부 후보자는 채용 프로세스의 일부로 Apple의 평가센터 평가를 받으라는 요청을 받았다고 보고하고 있다. 평가센터(assessment center)란 보통은 승진후보자를 선정함에 있어 공정성을 기하기 위해 후보자를 복수의 평가기법에 참여시키고 복수의 평가자들이 평가하여 최적의 후보를 선발하기 위한 방법으로 개발된 것이다. 승진자 선정 평가방식을 Apple에서는 채용후보자 선발에서도 활용하고 있는 것이다(읽을거리 참조). 평가센터법에서 많이 사용되는 평가절차 중 Apple은 다음과 같은 세 가지를 활용하고 있다.

1) Apple 그룹 시험

그룹 시험(group exercise)에서는 팀에서 일하는 능력을 테스트한다. 후보자는 지원하는 특정 팀(Siri, Maps, Calendar 등)과 관련된 문제를 해결하라는 요청을 받게 되고 Apple 직원이 관찰하면서 팀에서 일하는 능력을 체크한다.

2) Apple 서면 시험

서면 시험(written exercise)에서는 후보자에게 사례 연구 문제를 주고 답변을 쓰게 한다. 보통은 평가센터법에서 서류함(in basket) 기법이라고도 하는 것이다.

3) Apple 역할연기 시험(role play exercise)

후보자는 역할연기 시험에 참여해야 한다. 보통 2인 1조로 시행되는데 회사측의 평가자는 문제를 가진 고객으로, 후보자는 이를 응대하는 회사의 직원으로의 역할을 수행한다. 역할연기의 과정에서 직무수행에 필요한 자질이나 역량의 보유 여부를 판정한다.

(5) 현장 면접

Apple에서의 면접의 마지막 단계는 직무가 이루어지는 현장 면접(onsite interviews)이다. 현장 면접은 일반적으로 한 번에 두 사람과 6시간의 연속 인터뷰로 구성된다.

중간에 점심식사가 주어지기도 하는데 이는 사실 면접의 연장선으로 간주된다. 후보자가 한 번에 여러 팀 구성원에게 질문을 받기 때문에 실제로 면접의 가장 집중적인 부분일 수 있다. 현장면접에 대해 공개적으로 공유된 정보는 거의 없지만, 현직 및 전직 직원들에 의하면 기술적인 질문에 초점을 맞추는 경향이 있다. 소프트웨어 엔지니어 후보자는 알고리즘 및 데이터 구조에 대한 일반적인 질문을 받고 랩톱 및 화이트보드에서 코딩을 시현하며 시스템 설계에 대한 이해를 보여주어야 한다.

현장면접에 초청된 후보자에게는 Apple 여행(Apple Travel) 링크에 접속하여 귀국 항공편과 Apple 본사 근처 호텔에서의 3박 숙박을 자유롭게 예약할 수 있다.

읽을거리

평가센터법이란?

(1) 평가센터법의 의미

평가센터법(assessment center method)은 현대적인 평가방법의 하나로 평가자들의 집단이 평가를 전문으로 하는 평가센터를 구성하고 피평가자의 직속상사가 아닌 특별히 훈련된 관리자들이 복수의 평가절차를 통해 피평가자들을 평가하는 방법이다. 이 평가 방법은 일상적인 인사고과보다는 관리자로서의 잠재력을 갖추고 있는가를 평가하는 방법으로 채택되고 있다.

그래서 평가센터법은 직속상사가 아닌 일단의 라인관리자들이 피평가자들을 합숙시켜 가면서 평가하는 방식을 택한다. 피평가자들은 여러 가지 의사결정 게임이나 토의 등에 참가하면서 그들의 모습을 나타내면 복수의 평가자들이 이를 평가하게 된다. 평가자들도 복수이고, 또 참여하는 평가과정도 여럿이므로 그림에서 보는 바와 같이 복수평가절차(multiple assessment procedure)를 거치게 되는 것이다.

(2) AC형과 DC형

평가센터법은 원래 승진후보자를 평가하려는 목적으로 개발된 것이나 최근에는 역량의 개념이 도입되면서 이 방법을 이용하여 부족한 역량을 발견하고 이를 육성하려는 개발목적으로도 활용되고 있다. 따라서 평가센터법은 그 용도에 따라 다음의 둘로 나뉘고 있다.

① 역량평가센터(Assessment Center, AC)

직무와 관련된 업무수행 능력을 평가하기 위한 방법으로 직무상황과 유사한 시뮬레이션 과제를 사용하여 다수의 훈련된 평가자가 평가대상자의 행동을 관찰하여 역량을 측정하고 후보자를 선발하는 과정

② 역량개발센터(Development Center, DC)

현업의 업무 상황과 유사한 시뮬레이션 과제의 수행을 통해 직원들이 자신의 역량수준을 인식하고 경험적 학습과 퍼실리테이터의 피드백을 통해 역량을 개발하는 과정

즉 AC는 승진자 선발을 위한 평가목적, DC는 육성의 목적으로 시행된다.

(3) 평가기법

평가센터법에서 활용되는 시뮬레이션 과제(simulation exercise)로는 서류함 기법(In-basket), 역할 연기법(role playing), 집단토론, 인터뷰, 역할조정 등의 방법들이 사용된다.

평가센터법의 특징과 용도

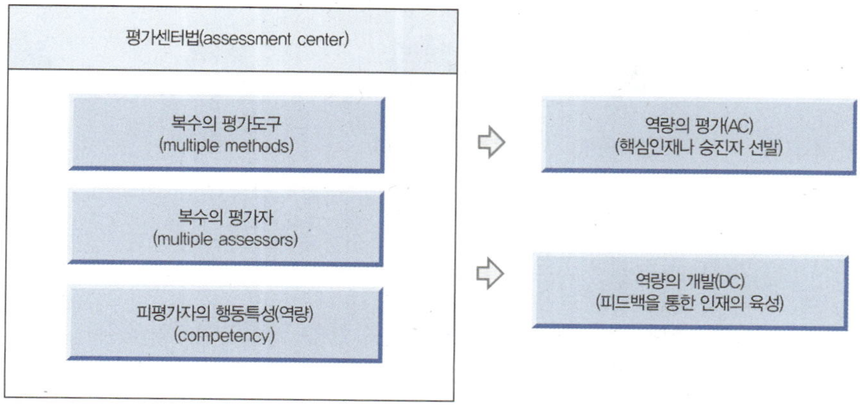

3. 마이크로소프트(Microsoft)의 채용관리

Microsoft의 채용 프로세스는 간단하지 않다. 치열한 경쟁, 여러 차례의 인터뷰, 까다로운 질문 등이 Microsoft의 채용의 특징이다.

그러나 Microsoft의 지원 프로세스의 모든 고통은 그만한 가치가 있다. 회사는 평판이 좋은 일부 FAANG(Facebook, Amazon, Apple, Netflix, Google)기업들에 비해 더 많은 혜택과 보상을 제공하기 때문이다.

다른 기업과 마찬가지로 Microsof의 채용은 후보자의 지원으로부터 시작된다. Microsoft의 채용 페이지에서 직접 지원하거나 Microsoft의 자회사인 LinkedIn의 플랫폼을 통해 채용 담당자 및 채용 관리자와 연결할 수 있다.

Microsoft 채용에서는 특정 면접 형식이나 프로세스를 따르지는 않는다. 이는 팀과 제품 그룹에 따라 다를 수 있다. 그러나 가장 일반적으로 [그림 8-6]에서 보는 것처럼 4~5회의 면접을 통해 후보자의 문제 해결 스킬, 기술적 스킬 및 분석 기술을 테스트한다(IGotAnOffer, 2020; Cooper, 2020b; Levels.fyi ,2021).

면접과정은 대다수는 2주(24%) 또는 1개월(23%) 이내에 채용된다. 캠퍼스(회사) 배치는 때때로 더 오래 걸리며 1-2개월 연장되기도 한다.

그림 8-6 Microsoft의 면접과정

(1) 전화 스크린

지원자는 신청서가 성공적이면 1~2주 안에 답변을 듣게 된다. 그런 다음 여러 차례의 인터뷰에 초대된다.

채용 담당자가 LinkedIn 또는 이 메일을 통해 연락하여 전화 스크린을 예약한다. 다음에 정해진 시간에 전화통화가 이루어진다. 이 전화 통화는 약 45분 정도 소요되며 두 부분으로 나뉜다. 채용담당자는 먼저 이력서와 관련된 사항을 검토한다. 그 다음 호기심, 학습에 대한 개방성 및 리더십 자질을 측정하기 위해 몇 가지 행동 질문을 한다.

개발자 또는 엔지니어 역할(developer or engineer roles)의 경우 전화 스크린이 약간 더 길게 이루어진다. 데이터 구조 및 알고리즘에 대한 기술적 질문이 주어진다. 코딩에 대한 질문도 이루어지는데 30분 안에 하나의 솔루션을 개발한다.

(2) 전화 면접

전화 스크린이 끝난 1~2주 후에 다음 면접 라운드인 전화 면접에 초대될 수 있다. 이 단계는 기술 직책에 가장 일반적이지만 다른 지원자도 필요한 경우 요청받을 수 있다. 채용 담당자는 면접자들과 일반적으로 사전에 잠재적인 주제와 질문을 공유한다. 면접의 각 후속 라운드로 갈수록 면접자의 조직 내 위치는 높아진다.

엔지니어링 역할(engineering roles)의 경우 엔지니어는 선임 개발자 또는 엔지니어링 관리자와 두 번째 전화 면접을 요청받을 수 있다. 응시자는 어레이(arrays)나 스택(stacks), 해시 테이블(hash table)과 같은 데이터 구조나 '넓이 우선 탐색(breadth-first search)', '깊이 우선 탐색(depth-first search)' 등과 같은 알고리즘을 이해하고 있어야 한다.

(3) 현장 면접

개발자가 아닌 엔지니어 역할의 경우 전화 스크린을 통과하는 대부분의 후보자는 전화 면접 없이 바로 이 단계로 이동한다. 그들은 지원하는 Microsoft 위치(시애틀, 레드몬드 또는 베이 지역)에서 현장 인터뷰를 하며 모든 비용은 회사에서 지불한다.

이 면접 라운드는 일반적으로 하루 4~5회의 연속 면접으로 구성된다. 구체적인 체계는 다음과 같다.

① 각 인터뷰는 두 사람이 수행한다. Microsoft 면접관은 2인 1조로 구성되는데 후보자에 대한 더 넓은 관점을 제공하고 무의식적인 편견을 줄이고자 한다.

② 합류하려는 팀의 직원과 관리자를 각각 한 시간씩 만난다.

③ 정기적인 현장 면접 중에 팀과 점심(lunch)을 먹게 되며, 이 또한 인터뷰 과정의 일부로 간주된다.

④ 각 라운드가 끝난 후 면접관은 후보자를 '채용(hire)' 또는 '비채용(no hire)'으로 표시한다. 후보자가 '비채용'을 세 번 받으면 조기 귀가할 수 있다.

현장에서 최종 면접은 Microsoft의 고위 간부(예: 채용 관리자 또는 상사가 될 사람)에 의해 시행된다. 이를 담당하는 사람을 'As-Ap' 또는 'As Appropriate'라고 한다. 이 인터뷰를 "적절한" 인터뷰, AA 또는 ASAPP 인터뷰라고 하는 이유는 처음 세 번의 인터뷰가 잘 통과된 경우에만 인터뷰를 요청하기 때문이다. 처음 세 번의 면접에서 잘하지 못하면 AA 멷접도 받지 못하고 입사 제안도 받지 못한다. 이 면접자는 Amazon의 "기준을 높이는 사람(bar raiser)"과 유사하게 채용 관리자와 함께 후보자의 채용에 대한 거부권을 갖고 있다.

AA 면접관은 두 가지 역할이 있다. 첫 번째 역할은 평가에 맹점은 없는지 확인하는 것이다. 예를 들어, 처음 세 명의 면접관이 귀하가 기술 채용 표준을 충족하지만 지원자의 회사와의 문화 적합성에 대해 확신하지 못한다면 AA 면접은 주로 행동 질문에 초점을 맞추게 된다. 두 번째 역할은 이전 면접들을 잘 통과해 왔다면 회사를 "설득(sell)"시키는 것이다. 그래서 회사가 채용을 결정했을 때 후보자가 반드시 입사할 수 있도록 만드는 것이다.

Microsoft는 후보자들을 오래 기다리게 하지 않는다. 일부 후보자는 현장 면접 중 또는 직후에 입사제안을 받았다고 보고하고 있다.

(4) HR 면접

현장 인터뷰 후 1주일 이내에 후보자는 입사제안 또는 거절을 통보받는다. 때로는 최종 인사부서 면접(HR 면접)에 다시 초청되기도 한다. Microsoft의 전, 현직 직원에 의하면 이는 단순히 형식적 과정인 경우가 많다. 채용관리자는 후보자의 적합성 여부를 다시 한번 확인하고 급여 및 복리후생에 대해 논의한다.

Microsoft에서는 채용의 전 과정에 걸쳐 다음과 같은 핵심역량의 보유여부를 중점적으로 평가하고 있다.

① 적응성(adaptability)
② 협조(collaboration)
③ 고객중시(customer focus)
④ 결과에 대한 열정(drive for results)
⑤ 영향력 행사 능력(influencing for impact,)
⑥ 판단력(judgement)

실무자를 위한 가이드라인

✔ 우수인재의 채용은 R&D 인적자원관리의 가장 중요한 부분을 구성한다.
✔ Google에서는 전체 HR 노력의 약 70% 정도를 채용에 투입한다고 한다.
✔ 우리나라에서는 장기고용의 경향이 있어 적정인재의 채용이 특히 중요하다.
✔ 효과적인 채용관리를 위해서는 최근의 환경변화에도 주목해야 한다. 기술인력의 부족 심화, 신세대의 가치관의 변화, COVID 19 팬데믹에 대처하는 역량이 요구된다.
✔ 채용을 위한 인적요건에는 직무명세서, 역량모델링, 인재상 등을 고려한다
✔ 장기고용을 전제로하는 동양형 인재채용에서는 개인의 능력 외에 품성이나 인성을 강조하는 경향이 있다. 그러나 이러한 특성들은 기존 규범에 대한 순응요소들이 포함되어 있어 R&D 인력의 채용에 있어서는 덜 강조될 필요가 있다. 반면에 R&D중에서도 제품개발과 같이 협력적 노력이 필요한 경우 협조성과 같은 인성요소들은 여전히 중요하다.
✔ 채용에 있어서는 다양성과 포용성을 증대할 필요가 있다. 특히 인지적 다양성은 창의성에 긍정적으로 작용하기 때문이다. 최근에는 뉴로다양성도 적극 고려되고 있다.
✔ R&D 인력의 채용에 있어서는 최근 스페셜리스트보다는 제너럴리스트가 선호되는 경향이 보인다. 다방면의 지식과 경험을 통해 시장기회의 포착이 중요하며 제품개발도 보다 신속하게 이루어질 수 있기 때문이다.
✔ 채용을 비롯한 인적자원관리 전반에 데이터에 기반한 HR 애널리틱스와 인공지능(AI)을 비롯한 신기술의 활용이 크게 늘고 있다.

- ✔ 모집에 있어서는 COVID 19 팬데믹의 영향으로 온라인 모집이 가속화되고 있다. 그에 따라 많은 지원자 들 중에 적정 후보자를 선별해주는 지원자 관리시스템(ATS)의 역할이 커지고 있다.
- ✔ 회사와 지원자 양측에서 LinkedIn과 같은 구인·구직 플랫폼의 활용도 크게 늘고 있다
- ✔ 선발에서는 비대면(가상, 원격) 선발이 증대하고 있다. 인성검사나 적성검사가 온라인으로 시행되고 있다. 우리나라의 일부 기업에서는 대규모 신규채용에서도 온라인 시험 시스템을 개발하여 성공적으로 시행하고 있다.
- ✔ 면접에서도 기존 대면 면접 외에 화상면접이 널리 시행되고 있다.
- ✔ AI면접의 활용도 늘고 있는데 머신러닝, 자연어 처리기술, 챗봇 등의 기술과 어우러져 피면접자가 실제 면접자가 질문을 하고 있다는 느낌을 받는 면접환경을 조성한다. AI면접 프로그램에서는 편견을 제거하는 공정성 이슈가 과제이다.

09 CHAPTER

R&D 인력의 경력관리

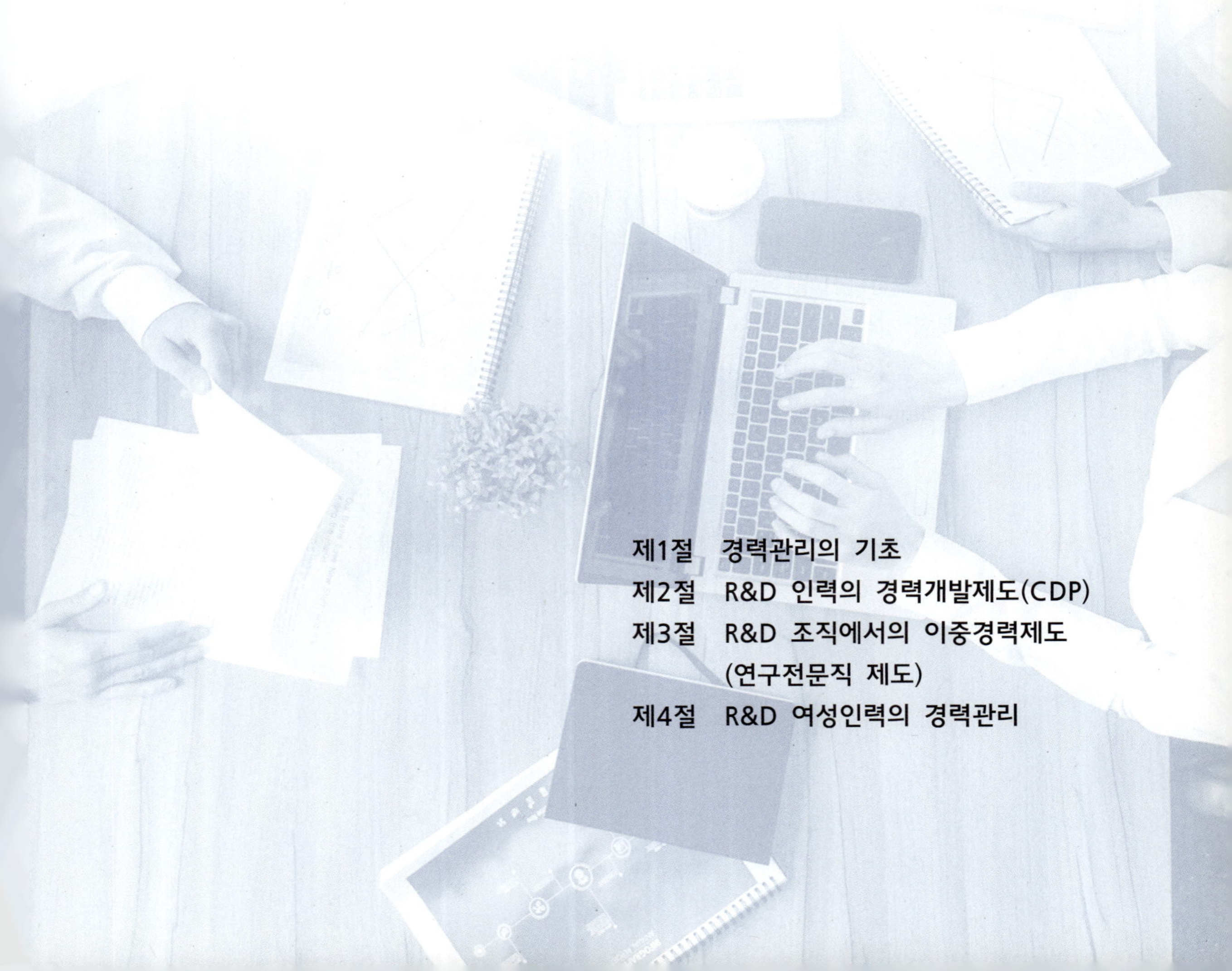

제1절 경력관리의 기초
제2절 R&D 인력의 경력개발제도(CDP)
제3절 R&D 조직에서의 이중경력제도 (연구전문직 제도)
제4절 R&D 여성인력의 경력관리

제 1 절 경력관리의 기초

1. 조직에서의 경력관리의 중요성

조직에서의 인재의 육성 내지 개발(development)은 교육훈련에 의해서도 이루어지지만 한 종업원이 어떤 일을 맡아가면서 발전하는 과정에서도 형성된다. 한 개인이 일생 동안 경험하는 일과 관련된 태도와 행위의 연속을 우리는 경력(career)이라 한다. 종래의 인사관리에서는 종업원의 경력을 조직의 필요에 따라 자의적으로 관리해 왔지만 현대의 인적자원관리에서는 조직에서의 한 개인의 경력을 그가 지닌 경력의 목표와 조직의 필요성 양자를 통합하는 방향에서 관리하는 경력개발제도를 운영하여 인재의 체계적 육성과 활용을 도모하고 있다. 이러한 제도는 나아가서 조직과 개인의 새로운 관계를 형성시켜주는 데도 일조를 하고 있다.

조직에서 인력들의 경력관리가 중요한 것은 그것이 인력들의 유지와 깊은 관련성이 있기 때문이다. 조직구성원이 조직에서 가장 관심을 갖는 것은 사람마다 다르겠지만 크게 보면 급여와 경력이다. 즉 자신이 얼마를 받을 수 있는가와 조직에서 자신이 얼마나 발전할 수 있는 가가 조직구성원의 입장에서는 최대관심사 중 하나이다. 이에 대한 불만이 있다면 인력의 동기부여가 제대로 이루어지지 못할 것이고 결국에는 조직을 떠나게 될 것이다. 실제로 연구에서는 급여와 확실한 경력의 부재가 이직의 가장 결정적인 요인이라는 연구결과들이 많다(Arshad & Puteh, 2015; Jha, 2009).

많은 R&D 조직이나 기술 빅테크 기업들의 경우 우수 인재의 확보와 이직관리에 고심하고 있다. 우수인재의 확보와 유지를 위해서는 괜찮은 급여를 제공하는 것과 더불어 분명한 경력경로를 제시함으로써 우수인재의 이탈을 방지해야 하는 과제가 인적자원관리에서 점점 중요한 과제가 되고 있다.

2. 경력관리 개념의 변화

(1) 글로벌 환경변화와 심리적 계약의 변화

전통적인 인적자원관리에서는 한 개인의 경력에 대해서는 특별한 관심의 대상이 아니었다. 이는 구미형(歐美型) 인적자원관리나 한국・일본과 같은 동양형(東洋型) 인적자원관리 모두 동일한 상황이었다. 상대적으로 단기고용이 강조되는 구미형에서는 어차피 경력(커리어)은 개인 몫이었고 동양형에서는 어떤 일을 하고 어떤 경력을 갖느냐 하는 것은 전적으로 조직의 필요에 의해 결정되었다. 동양형에서 개인 종업원이 자신의 경력에 신경 쓸 필요는 적었는데 그것은 종신고용 내지 장기고용이 보장되는 상황에서 경력은 큰 의미를 지니지 못했기 때문이다. 어차피 자신의 일보다는 조직을 보고 입사하였기 때문이다. 동양형에서는 취직(就職)보다는 취사(就社)의 의미가 컸던 것이다. 이런 상황에서는 경력관리란 조직내의 이동과 배치전환이 전부라 해도 과언이 아니었다.

그러나 최근 동서양을 막론하고 전통적인 경력관리(career management)의 개념에 큰 변화가 발생하고 있다. 그것은 글로벌 경제 환경에서의 경쟁격화와 그에 따른 심리적 계약의 변화와 관련이 있다. 주지하다시피 글로벌 경쟁상황은 기업들로 하여금 경쟁력 강화를 위해 비용을 절감하고 "더 작은 것을 가지고 더 많이 만들라"는 상황으로 몰아가고 있다. 그에 따라 구조조정, 합병, 인원조정, 잉여제거 등 이름은 달리하지만 실질적인 해고와 퇴출이 다반사가 되어가고 있다. 특히 우리나라의 경우 1990년대의 외환위기와 IMF체제, 2008년 이후의 글로벌 금융위기를 겪으면서 많은 인력들이 전에 경험하지 못했던 고용의 중단을 경험한 바 있다.

이러한 빈번한 해고와 퇴출은 기존의 근로자-사용자 간의 관계에 중대한 변화를 초래하고 있다. 특히 기존의 심리적 계약이 붕괴되고 있다. 심리적 계약(psychological contract)이란 문서화되지는 않았지만 관계 쌍방이 상호에게 가지고 있는 믿음이나 신뢰를 의미한다. 과거에 조직에 들어오는 사람들과 조직 간에는 "최선을 다하고 우리에게 충성을 하라. 그러면 당신의 경력은 우리가 돌봐주겠다"라는 것과 같은 불문의 계약이 있었다. 우리나라의 경우 종업원 편에서는 "나 이 조직을 위해 몸 바치겠다. 그러나 나를 책임져 달라"라는 심리적 계약이 있었을 수도 있다. 해고가 빈번해지고 고용의 책임이 개인에게 돌아가는 최근의 상황에서 이 심리적 계약을 믿은 종업원 입장에서는 심각한 배반감을 느낄 수 있다.

이러한 상황은 기업에게는 딜레마를 야기한다. 구조조정을 통해 기업의 회생과 수익성이 살아나는 단기적 성과가 보이는 반면 눈에 안 보이는 종업원의 몰입과 충성은 크게 훼손되는 장기적 손실을 초래한다. "당신들이 비용절감을 위해 쓰레기처럼 우리를 버린다면 우리가 당신들에게 충성해야 할 이유가 어디 있느냐?"는 정서가 직원들간에 지배적이 될 수 있다. 때문에 구조조정이 만연하는 이 시대에 기업과 조직들은 충성심과 몰입(committment)의 유지 · 확보라는 난제에 직면하고 있다. 이 과제를 해결하기 위한 한 방안으로 경영자와 인적자원관리자들은 과거의 심리적 계약이 붕괴된 자리를 메꿀 수 있는 새로운 심리적 계약을 제시할 필요가 생기고 있다.

(2) 개인의 경력욕구를 고려한 경력개발로의 초점변화

과거의 심리적 계약이 깨지고 종업원의 입장에서는 평생 여러 직장에서 경력을 쌓아가야 되는 이러한 상황에서 개인 종업원의 경력관리는 전적으로 조직의 영역에서만 있을 수는 없다. 과거와 같은 조직의 자의에 의한 경력관리를 한다면 종업원의 몰입과 충성을 유지할 수 없다. 물론 종업원들은 예전과 같이 조직이 고용을 보장하는 시대는 끝나고 그들 자신을 스스로 돌봐야 된다는 것을 잘 알고 있다. 따라서 조직은 종업원 자신의 장기적 경력 욕구(long term career needs)를 도와주는 방향으로의 경력관리 내지 인적자원관리를 모색해야 할 필요성이 커지고 있다. 이제 조직의 경력관리는 조직의 필요성에 의하여 필요하면 언제든지 개인을 이동시키는 개념으로부터 조직이 개인 종업원의 바람을 통합하여 장기적으로 경력을 개발해가는 '경력개발(career development)'의 개념으로 전환되어야 한다. 이와 관련하여 새로운 심리적 계약도 다음과 같이 정립되어야 할지 모른다. "나는 귀하를 위해 최선을 다하겠다. 그러나 내가 여기를 떠날 날을 위해 대비할 수 있는, 그리고 내가 원하는 일과 삶의 균형을 갖게 해주는 학습과 개발을 제공해주었으면 좋겠다"(Liefooghe, et al., 2005).

경력관리의 개념이 경력개발에 초점을 맞추는 것으로 전환함에 따라 경력관리도 새롭게 규정되고 있다. 오늘날 경력관리는 종업원들로 하여금 자신들의 경력 스킬과 관심을 더 잘 이해하고 개발할 수 있도록 하고 또 이들 스킬과 관심을 보다 효과적으로 활용할 수 있도록 해주는 과정이다. 경력개발에 초점을 둔 새로운 경력관리를 전통적인 인적자원관리와 비교하면 [표 9-1]과 같다(Otte & Hutcheson, 1992).

이상에서 설명한 경력개념의 변화 외에도 개별 종업원의 경력개발에 조직이 관심을 가져야 하는 또 하나의 이유는 장기적 핵심인재의 육성의 필요성 때문이다. 우리나라의 경우 상황의 필요성에 의해 임기응변적인 배치이동이 이루어지다 보니 긴 안목에서의 인재육성이 이루어지지 못하는 사례가 많았다. 어느 시점에서 전반 관리자의 직무로 승진시켜야 할 인재가 특정 부분에 지나치게 장기근무함으로써 절름발이 인재가 되는 수가 있다. 그리고 미래의 직위를 대비한 체계적인 인재육성도 이루어지지 못했다. 따라서 미래의 핵심인력은 장기적인 안목에서 경력경로를 설정하고 그에 따른 교육훈련과 자기개발을 병행하는 인사관리의 필요성이 커지고 있다.

표 9-1 전통적 경력관리 초점과 경력개발 초점의 비교

HR 활동	전통적 경력관리 초점	경력개발 초점
인적자원 계획	• 직무 스킬, 과업의 분석－현재와 미래	• 개인의 관심, 선호에 대한 정보 추가
충원과 배치	• 자격있는 개인과 조직 니즈의 매치	• 종업원의 경력관심과 적성을 포함한 변수들에 기초하여 개인과 직무를 매치
훈련과개발	• 직무와 관련된 스킬 정보, 태도를 학습 할 수 있는 기회의 제공	• 경력 경로 정보 제공 • 개인별 개발 플랜 추가
인사고과	• 평가와 보상	• 개발 플랜과 개인별 목표설정의 추가
보상과 복리후생	• 시간, 생산성, 재능에 대한 보상	• 학비 환급 플랜의 추가 • 자선단체 활동과 같은 직무무관 활동에 대한 보상

자료: Fred L. Otte and Peggy G. Hutcheson(1992), *Helping Employees Manage Careers*, N.J.: Prentice－Hall, p.10

3. 경력개발제도와 경력 지도의 작성

(1) 경력개발제도와 특성

이상에서 설명한 경력개발의 개념을 조직에서 구체적으로 구현하고 있는 인적자원관리제도의 하나가 경력개발제도이다.

경력개발제도(career development program: CDP)란 종업원 한 사람 한 사람에 대해서 조직의 인재 니드(need)와 본인의 희망을 조화시켜 장기적 경력(커리어)육성 계획(plan)을 만들고 이 계획과 결부시켜 직무로테이션(승진, 전속, 직무변경), 교육훈련을 행하는 제도를 말한다(한인수 외, 2020).

이 제도는 다음과 같은 특징을 갖는다.

첫째, 개인과 조직의 목표가 합치된 종업원의 능력개발을 꾀한다. 즉 CDP에서는 한 조직에서의 개인의 커리어 선택과 발전, 그에 따른 교육훈련 등에 있어 개인의 희망과 욕구를 적극 반영시켜 준다. 그런 점에서 개인목표와 조직목표합치라는 현대 인적자원관리의 이상과 가장 합치되는 제도인 것이다.

둘째, 조직에서의 한 개인의 이동배치 또는 승진의 활동과 교육훈련을 이 CDP에 의해 통합시킬 수 있다. 종래의 인사관리에서는 이동배치 등의 활동과 교육훈련이 유기적으로 연결되지 못했었다. 그에 반해 CDP제도에서는 한 개인의 경력경로의 예측이 어느 정도 가능하고 그에 따라 변경된 직무수행을 위한 교육훈련이 체계적으로 연결될 수 있는 것이다.

셋째, CDP에서는 인재의 장기적 육성을 도모한다. 장기적이고 체계적인 계획하에 개인들을 조직이 원하는 전략적 인재로 육성해 간다.

이상에서 보듯이 경력개발제도는 인재활용과 육성의 관점을 '단기에서 장기'로 '집단 획일적 관리에서 개인별 관리'로 전환한다는 의미를 갖고 있다.

(2) 경력 지도의 작성

CDP의 운용을 위해 필요한 절차와 제도에는 여러 가지가 있다(이에 대해서는 한인수 외, 2020 참조). 여기서는 CDP에서 중요한 역할을 하는 경력지도의 작성에 대해 살펴보기로 한다.

1) 경력 지도 작성의 개념과 중요성

경력 지도 작성(career map or mapping)은 사용자가 회사 내에서 개인의 경력 발전을 경로를 제시해 주는 과정이다(indeed.com, 2020). 경력지도는 조직에 의해 제시되는 것과 개인이 작성하는 것들로 나뉜다. 조직에 의한 경력지도는 개인 종업원이 발전할 수 있는 표준적인 경력의 경로를 제시한다. 동시에 직원 경력의 각 단계에서 승진을 위해 필요한 요건이 포함된다. 반면에 종업원들도 조직 내에서 자신의 발전 과정을 보여주는 개인별 경력 지도를 만들 수 있다. 그들은 자신의 경력의 진행 경로를 만들고 입사 위치에서 목표에 도달하는 데 필요한 요건들을 결정할 수 있다.

경력 지도는 조직에 의해 제시되든 개인이 작성한 것이든 경력과 관련된 개인과 조직 쌍방 의사소통의 수단이 된다. 경력 지도는 직원 유형별로 발전의 방향을 확인해 줄 뿐만 아니라 조직이 개인의 약점을 파악하고 다음 목표를 결정하는데 도움을 준다. 예를 들어 사용자는 직원이 목표에 도달하는 것을 방해 할 수 있는 장애물을 발견하였을 때 더 많은 기회를 부여하는 방향으로 필요한 조치를 취할 수 있게 된다.

2) 경력 지도의 구성요소

경력 지도는 다음과 같은 요소들로 구성된다(indeed.com, 2020).

① 직무 기술서 및 명세서

단일 경력 경로 내의 모든 새로운 수준의 자리에는 공식적인 직무기술서와 직무명세서가 필요하다. 많은 직업 설명은 온라인에서도 찾을 수 있지만 대부분의 역할은 고유한 의무와 세부 사항으로 구성된다. 따라서 유사 직무를 담당하는 직원들에 대한 인터뷰 등을 통해 직무의 특수성을 반영한 직무기술서와 명세서를 마련할 필요가 있다.

② 필수 역량

일부 역할에는 특정 기술이나 교육이 필요하다. 특히 고위직으로 갈수록 이런 수요는 커진다. 앞서와 마찬가지로 이러한 역할에 속한 사람들의 의견을 직접 인터뷰해서 보완하는 것이 중요하다. 새로운 직책이 아직 존재하지 않는 경우 이러한 역할이나 또는 유사한 역할에 대한 온라인 조사를 수행하는 것도 필요하다.

③ 성격 프로필

역할 자격요건 외에 또 다른 필수 구성 요소에는 역할수행에 적합한 성격 프로필이 포함된다. 해당 직무수행에 필요한 성격 프로필을 확정함으로써 직무와 개별직원의 성격이 부합되는 지를 체크할 필요가 있다.

④ 훈련과 개발

일부 역할은 능숙해지기 위해 추가의 훈련이나 교육이 필요하다. 경력 지도의 단계별로 필요한 교육훈련을 확정해두어 신규직원이 새 역할을 담당하는데 역량의 갭이 없는 지를 확인하고 필요한 교육훈련을 사전에 준비시킬 수 있다. 이는 자기개발의 형태로 이루어질 수 있는 부분과 조직의 주도에 의한 공식적인 교육의 부분으로 나뉘어질 수 있다.

3) 경력 지도의 작성단계

경력 지도는 다음의 단계를 거쳐 작성된다.

① 출발지점 결정

경력 지도를 만드는 과정의 첫 번째 단계는 최초 진입 직위를 결정하는 것이다. 이것은 종종 대부분의 신입 직원이 회사에 입사 할 때 취하는 역할이며 요구사항은 거의 없다. 시작 지점은 전체지도의 기초 역할을 한다.

② 최종 목표 결정

두 번째 단계는 최종 목표를 결정하는 것이다. 대부분의 경우 여기가 올라갈 수 있는 가장 높은 직위이며 지도가 끝나는 곳이다. 작은 목표를 설정할 때는 이는 단순히 이전 수준의 다음 경력 수준일 수도 있다.

③ 두 지점을 연결하는 방법의 확인

다음 단계는 한 지점에서 다른 지점으로 또는 시작 지점에서 최종 목표로 진행하는 데 필요한 사항을 이해하는 것이다. 이러한 목표에 도달하는 다양한 방법에는 교육 세미나, 향상 교육, 특정 자격증 등이 포함된다. 두 지점 간 격차를 해소하는 방법은 개별 역할과 산업에 따라 다르게 된다.

④ 두 지점 내에서 일련의 작은 목표 창출

두 지점 내에 작은 목표를 설정할 필요가 있다. 보다 큰 목표 사이에 작은 목표를 설정하면 목표달성과정이 더 빠르고 쉬워지는 경우가 많다. 작은 목표를 달성하다 보면 다음 단계에 도달하는 데 걸리는 시간이 줄어든다. 경력 지도의 모든 단계에서 필요에 따라 이 과정을 반복한다.

제 2 절 R&D 인력의 경력개발제도(CDP)

1. R&D 인력 경력개발제도(CDP) 왜 필요한가?

CDP제도는 그 중요성에도 불구하고 실제로 실무에서는 가장 잘 이루어지지 못하는 인사제도의 하나이다. 그 이유에 여러 가지가 있다. 우선은 조직에서 인력에 대한 장기적인 비전을 갖지 못했다는 것이 가장 큰 이유이다. 또 현실적으로 제도 구축에 드는 노력과 자원에 비해서 단기적인 성과는 쉽게 가시화되기에 힘들었다는 것도 실행의 우선순위에서 처지는 이유로 작용했다. 때문에 R&D직에서도 실제의 도입은 매우 부진했다.

그럼에도 불구하고 최근 R&D직무에서 CDP의 필요성은 최근 다시 부각되고 있다. 그 배경으로는 다음과 같은 것을 생각해볼 수 있다.

첫째, 현대의 기업환경을 '인재 전쟁'(war for talent)이라고 말하고 있는 것으로부터 알 수 있듯이 R&D 분야에서도 인재육성의 중요성은 매우 부각되고 있다.

둘째 지식의 진부화가 촉진되면서 기존의 연구직들의 연구역량의 강화가 한층 요망되고 있다. '기업연구소 연구직 40세 정년설'이 오래전부터 등장한 바 있고 R&D인력의 3분의 2는 35세를 정점으로 성과가 급격히 하락한다는 주장도 있다(Dalton , 1999). 따라서 연구직들의 연구역량의 체계적인 강화는 조직에 있는 동안 계속되어야 할 필요성이 커지고 있다.

셋째, 경력개발제도의 이상은 경력과 관련된 조직의 니드와 개인의 욕구를 통합하는 것이다. 종전에 우리나라 조직에서 경력개발제도가 부진한 원인중의 하나로는 경력과 관련된 개인욕구부분에 대한 배려의 필요성이 없었기 때문이기도 하다. 장기고용이 보장되는 상황 하에서는 조직의 니드만 존재할 뿐 개인의 경력욕구는 어차피 중요한 요소가 아니었다. 즉 연구원 입장에서는 개인적으로 자신의 경력을 관리할 필요가 그리 크지 않았던 것이다. 그러나 조직이 제공하는 장기고용대신 이제 개인 스스로 '장기고용능력'(lifetime employability)을 유지하는 것이 중요한 시대가 되었다. 여기서는 개인 종업원은 자신의 경력을 관리해야 할 필요성이 상대적으로 커지게 되었다. 그래서 조직편에서도 이러한 개인의 경력관리에 협력해가면서 인력을 활용하는 인적자원관리를 하지 않으면 안 되게 되었다. 개인들의 경력개발에 무심해서는 유능한 인재의 유지가 힘들게 된 상황에 처하게 된 것이다.

2. R&D 인력 경력개발제도는 어떠한 방향으로 도입되어야 할까?

연구직 CDP를 도입하고 설계하려면 우선적으로 다음의 두 가지 선행작업이 이루어져야 한다.

첫째, CDP의 적용범위를 정해야 한다. CDP는 관리적 관심과 조직의 자원이 상당히 투입되는 관리제도이다. 따라서 경제적 시행이 요청된다. 다시 말하면 이 제도를 전 연구직에게 실시할 것인지 또는 일부에 한정되어 실시할 것인가를 결정해야 한다. 일반적으로는 전략적 인재의 육성이 장기적으로 필요한 분야로부터 시작하는 경우가 많다.

둘째로 조직이 육성을 목표로 하는 인재의 상을 분명히 해둘 필요가 있다. 특정분야의 심화된 인재인지 아니면 시장이나 소비자의 니드에 민감한 비교적 넓은 시야를 가진 인재인지를 결정하고 그 인재 상에 따라 CDP의 추진방향을 결정해야 한다.

다음 단계는 연구직 CDP설계와 운용의 기본적인 방향을 정하는 것이다.

이를 위해서는 우선 연구직의 직무와 경력개발의 특성부터 이해할 필요가 있다. 연구개발의 직무(job)는 제조나 서비스 분야처럼 경력발전이 이루어지는 직무의 계열이 별로 존재하지 않는다. 연구원의 직무는 일정한 직무에서 역량의 제고가 이루어져 수준 높은 연구가 진행될 뿐이다. 그리고 자리나 직무의 이동이 그리 빈번하지도 않다. 따라서 일반적인 CDP에서 흔히 보이는 표준적인 경력경로나 직무순환(로테이션) 룰의 수립이 용이하지도 또 필요치도 않다.

둘째로는 연구직의 경력개발의 특성이 고려되어야 한다. 연구직에는 어느 수준이 되면 어떤 종류의 역량이 어느 정도 요구된다는 정형적인 패턴을 발견하기가 매우 어렵다. 따라서 경력개발을 위한 조직의 대규모 연수나 체계적인 개발은 적합성이 떨어진다. 즉 연구개발 직무는 표준화가 어려우며 개인 간 차이가 크기 때문에 직무공통적인 사내 또는 사외연수가 어렵다. 따라서 연구직에서는 경력개발에 있어 조직이 주도하는 플랜의 수립이 상대적으로 어려운 반면 각 직무에서의 연구원들에 의해 주도되는 개발플랜이 작성되고 조직은 이 개발을 지원하는 지원자의 역할을 수행해야 하는 경우가 많다. 즉 경력개발에 있어서의 개인의 주도성이 존중되는 방향으로 제도가 설정될 필요가 있다.

이러한 제반 상황요인을 고려해 볼 때 연구직의 경력개발제도는 표준경력경로나 어느 정도 경직적인 로테이션 룰, 조직에 의해 주도되는 능력개발 등의 전형적인 경력개발제도와는 다소 다른 형태로 이루어지는 것이 바람직하다. 우선 첫째로 연구직의 경력은 자리의 바뀜보다는 역량의 제고의 성격을 가지게 되는 경우가 많다. 또 연구직에는 즉 '어느 시점까지는 어떤 자리는 경험을 해야 한다든가, 어떤 종류의 관련 역량을 구비할 필요가 있다든가'하는 것을 규정한 상당히

'느슨한 형태'의 경력개발제도를 도입하는 것이 실질적인 효과를 얻을 수 있는 도입방안이 될 수 있을 것이다.

3. 연구직 경력개발제도는 구체적으로 어떻게 설계될 수 있나?: K연구소의 가상사례

이론적으로는 정형화된 CDP의 틀이 제시될 수는 있지만 개별조직의 그것은 과업의 성격이나 조직이 처한 특수한 상황에 적합하게 설계·운용되어야 한다. 여기에서는 가상의 K연구소의 사례로 설정하여 연구직의 CDP의 설계와 운용방안의 한 전형을 제시해보기로 한다.

(1) K연구소의 경력개발제도의 성격

본고에서 설명하려고 하는 K연구소는 식품산업에 속한 한 기업의 중앙 연구소로서 연구원 250명 정도의 중간 규모의 연구소이다.

이 연구소가 속한 기업과 관련해서는 경영환경변화에 따라 보다 기술적으로 고도화된 고품질 제품에 대한 시장욕구가 증대하고 있다. 이러한 경영환경에 대응하기 위해서는 고객의 욕구와 시장친화적인 연구개발이 요구되고 있다. 연구소는 이러한 연구개발에 대한 요구를 실현할 수 있는 전략적 인재를 양성하고 활용할 필요성을 느끼게 되었고 그래서 CDP제도의 도입을 검토하게 되었다.

◎ 변용된 형태로서의 역량개발제도

이 연구소가 채택하려고 하는 CDP는 전형적인 경력개발제도와는 다소 다른 형태의 것이다. 앞서 설명한 바와 같이 연구직의 직무나 경력개발 특성상 경력으로 이름 붙일 정도의 직무변동이 별로 없고 연구자들은 한 연구 분야에서 연구역량을 심화하는 경우가 많다. 그래서 이 연구소의 경우에는 CDP의 영어약자는 동일하게 사용하나 경력과는 다소 다르게 역량개발제도(competency development program: CDP)로 이름하였다. 기본적으로 커리어 발전은 역량의 심화로 이해할 필요가 있기 때문이다.

이 역량개발제도의 체계는 [그림 9-1]에 나와 있는 바와 같은 구도하에서 이루어진다.

그림 9-1 K연구소의 CDP의 방향

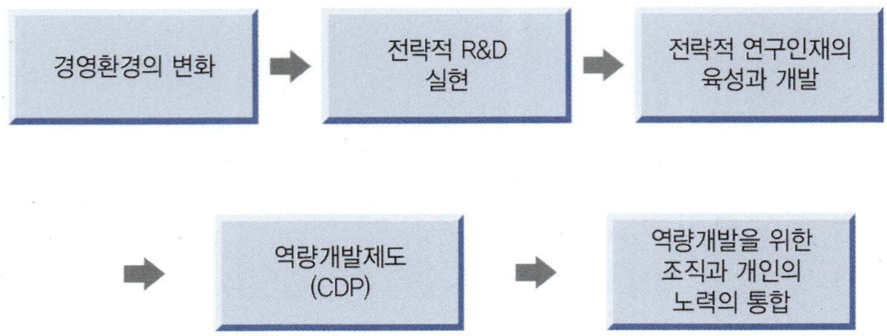

(2) K연구소의 경력개발제도의 설계와 운용

1) 역량경로의 설정

연구소가 필요로 하는 인재상은 전문적으로 심화된 연구역량과 동시에 포괄적인 시야를 가진 연구인재이다. 즉 「깊이」와 「넓이」를 가진 인재이다.

이를 실현하기 위해서 「깊이」와 관련하여서는 역량 경력제도(competency ladder system)가 설정될 필요가 있다. 많은 조직에서는 수직적으로는 경력단계로서 이중경력제도(dual ladder system)를 채택하고 있다. 여기에서는 관리직 경로든 기술직 경로든 승진의 단계가 존재하고 있어 연구직들에게 승진의 기회를 제공한다. 반면 이는 중요한 관리적 애로사항의 하나가 되기도 한다. 승진수요에 비해 항상 승진의 기회는 턱없이 부족하기 때문이다. 그래서 최근 대기업 중에는 승진의 사다리 자체를 없애려는 움직임이 시도되고 있다(한인수, 2001). 즉 승진의 압박으로부터 연구원을 해방시키려는 시도이다. 승진자체가 없다면 그래서 모든 사람이 단지 평등한 연구원이라면 승진에 신경 쓸 필요도 없기 때문이다. 이 때 대안의 하나가 될 수 있는 것이 역량 사다리 개념이다. 여기서는 기존 사다리에 존재하던 계급의 개념은 별로 존재하지 않게 된다.

K연구소의 경우 기존의 인사체계를 역량 사다리로 대체하는 것은 또 하나의 커다란 변화이기 때문에 수직적인 경력의 경로는 기존의 연구원・주임연구원・선임연구원・책임연구원 체제를 그대로 유지하였다.

수평적으로는 K연구소에서는 「넓이」를 가진 인재육성을 위해 역량의 경로를 주(主)역량경로,부(副) 역량경로, 보조 역량경로의 세 분야로 설정하였다. 이는 전공분야에 주 전공과 부 전공이 존재하는 것과 유사개념이다. 연구자는 주 역량경로에서는 연구역량을 보다 심화시켜 나가는 한편 부 역량경로와 보조역량경로를 택하여 폭넓은 시야를 가진 연구인재로 발전하여 나아간다.

각 역량경로별 개념과 역량개발의 목표는 [표 9-2]와 같다.

표 9-2 역량경로별 개념과 개발목표

역량경로	내 용	역량개발의 목표
주 역량경로	수년간 연구의 주요과제를 수행하고 있으며 따라서 전문성 심화가 필요한 경로	연구역량의 심화
부 역량경로	포괄적 시야를 갖추기 위해서 필요한 경로로써 실제로 1년 이상의 연구경험이 있거나 그에 동등한 역량을 보유한 경로	연구역량의 보강
보조 역량경로	연구의 실제 경험은 없으나 연구자가 필요하다고 느끼거나 관심을 가지고 있는 경로. 조직과 협의하여 현재 연구소내에 연구분야가 없는 분야의 설정도 가능	연구역량의 확장

2) 역량경로의 설정원칙

각 개인연구자는 자신이 설정한 주 역량경로별로 부 역량경로와 보조 역량경로를 설정하여야 한다. 설정의 기본원칙의 일부를 소개하면 다음과 같다.

우선 A과학분야를 주 역량경로로 설정한 연구자 가운데 제품개발분야 연구자의 경우는 연구소내의 다른 제품개발 분야 중 한 분야를 부 역량경로로 설정하여야 한다. 현업부서의 제품개발 부서의 근무도 부 역량경로로 인정된다. 보조 역량경로는 인접분야의 모든 분야가 될 수 도 있고 시장조사나 예측과 같은 분야를 설정할 수도 있다.

직접제품개발과 직접적으로 관련이 적은 분야는 A과학분야 내의 제품관련 분야를 부 역량경로로 설정하고 여타의 분야를 보조 역량경로로 설정할 수 있다.

4. 우리나라 정부출연연구기관의 경력개발제도

(1) 정부출연연구소의 경력개발제도 현황

정부출연연구기관(政府出捐研究機關, government-funded/government-contributed research institute)은 운영 재원의 일정 부분 이상을 정부 출연금으로 충당하는 연구기관을 의미한다. 대표적으로는 “정부출연연구기관 등의 설립 · 운영 및 육성에 관한 법률"을 법적 근거로 하는 경제인문사회연구회 소관 연구기관과 "과학기술 분야 정부출연연구기관 등의 설립·운영 및 육성에 관한 법률"을 법적 근거로 하는 국가과학기술연구회 소관 연구기관이 있다.

우리나라 정부출연연구기관은 1966년 설립된 한국과학기술연구원(韓國科學技術研究院, Korea Institute of Science and Technology, 약칭 KIST)을 필두로 한국경제의 도약기에 한국과학기술발달의 핵심적인 역할을 담당하여 왔다. 현재는 기업 R&D의 발전에 따라 그 비중이 다소 축소되었지만 [표 9-3]에 나온 것처럼 여전히 정부연구비의 약 40%를 차지할 정도로 상당한 비중을 점하고 있다. 기업들이 수행하기 힘든 기초연구 및 원천기술 R&D에 주력하고 있다.

표 9-3 정부연구비 연구주체별 투자 현황(2016~2019)

(단위: 억 원, %)

구 분	2017		2018		2019	
	연구비	비중	연구비	비중	연구비	비중
국공립연구소	10,016	5.2	10,245	5.2	10,527	5.1
출연연구소	78,838	40.7	80,502	40.7	82,597	40.1
대학	44,052	22.7	45,365	22.9	50,278	24.4
기업	45382	23.4	46,694	23.6	48,810	23.7
정부부처	4,692	2.4	2,993	1.5	1,829	0.9
기타	10,948	5.6	11,960	6.0	12,212	5.9
합계	193,927	100.0	197,759	100.0	206,253	100.0

자료: 한국과학기술기획평가원(KISTEP)(2019).

우리나라 정부출연연구기관의 R&D인력들에 대한 경력개발에 대해서는 충분히 관심을 기울이지 못했다. 이는 경력개발을 위한 조직의 투자(전담 부서 및 인력) 미흡과 인력의 장기적 육성에 대한 비전과 노력이 부족했다는 것을 의미한다. 최근의 정부출연연구기관이 중심이 되는 공공연구기관의 경력개발 현황에 대한 조사연구(국가과학기술인력개발원[KIRD], 2021)에 의하면 조사대상 111개의 공공연구기관 중에서 경력개발 체계를 수립한 기관은 29개로 26.1%의 수준에 머무르고 있다. 특히 경력개발 지침(가이드)을 마련한 기관은 조사기관 전체(111곳)에서 단 9곳에 불과해, 대부분의 연구기관이 경력개발에 대한 구체적인 지침이 부재한 것으로 파악되었다.

공공연구기관 재직자 중 97%가 '경력개발이 필요하다.'고 응답했으며, 필요한 이유에 대해서는 '현 직무의 전문가로 성장(73.1%)', '신기술의 등장과 변화에 대응(53.6%)'순으로 높은 비중을 차지했다. 조사대상자 중에서 36.7%가 "현재 경력개발이 충분히 이루어지고 있지 않다"고 응답했고, 그 이유로는 '업무 과중(61.8%)', '경력개발 제도 부재(36.1%)', '기관의 협조 부족(21.9%)' 순으로 보고했다. 이처럼 재직자 대다수는 경력개발의 필요성을 매우 높게 인식하고 있었으나 현실은 그들의 욕구를 뒷받침하지 못하고 있는 것으로 나타났다. 조사결과는 공공연구기관의 경력개발과 관련하여 조직 차원의 적극적인 지원책이 마련되어야 할 필요성을 시사해주고 있다.

(2) 정부출연연구기관의 경력개발제도 운영방안

정부출연연구기관의 경력개발제도 운영에 대해서는 윤현진(2013)의 연구와 제안이 주목할 만하다. 이 연구에서는 정부출연연구기관의 경력개발제도의 활용방안을 다음과 같이 행정직과 연구직으로 나누어 제안하고 있다.

1) 행정직의 경력개발제도

정부출연연구기관의 행정직은 출연연 기관별 전체인원대비 15% 수준의 소수 인원이다. 현재의 정부출연연구기관에서는 행정직의 경우 대부분 체계적인 순환배치가 이루어지지 못해 직무전문가를 육성할 수 없는 구조이다. 또한 경력개발의 중요한 의미인 개인의 성장욕구를 충족시켜주지 못하고 있다. 행정직의 경력개발제도를 위해서는 다음과 같은 조치가 필요하다.

첫째, 행정직의 경력개발제도는 채용단계부터 시작되어야 한다. 선발기준이 직무적합성 기준으로 전환되어야 한다.

둘째, 직무순환의 질서가 확립되어야 한다. 많은 기관에서 행정직의 직무순환이 보직자의 자의적 판단에 의해 임기응변적으로 이루어지는 경우가 많다. 자리의 결원이 생긴 경우 인재 풀에서 적합한 인재가 보임되는 절차가 수립되어야 한다. 그리고 경력개발을 감안한 직무순환을 위해서 적임자 선발을 위한 인사부서(위원회 등)의 결정권이 강화되어야 한다.

셋째, 행정적을 위한 경력개발 인프라가 구축되어야 한다. 역할모델링, 육성을 위한 체계적인 교육훈련체계와 교육프로그램이 수립될 필요가 있다.

2) 연구직의 경력개발제도

정부출연연구기관의 연구직은 스스로의 자기개발에 의해 연구역량을 강화하는 것은 가능하지만 최종 목표는 자신의 연구분야에서 연구책임자가 되는 단순한 경력경로를 지니고 있다. 더구나 정부출연연구기관의 연구관리 체계인 PBS (project base system)하에서 연구직이 다양한 경력경로를 추구하는 것이 현실적으로 어려웠다. 따라서 연구직의 강력한 경력개발 욕구에도 불구하고 제도의 정착에 한계가 있었다. 연구직의 경력개발제도를 위해서는 다음과 같은 방안이 필요하다.

첫째, 연구책임자가 되는 단선적인 경력경로를 벗어나 다양한 경력지향점(career goal)을 실현하도록 경로를 다양화할 필요하다. 즉 연구정책전문가, 연구과제전문가(연구책임자), 연구관리전문가(보직자), 창업전문가 등 다양한 경력목표를 추구할 수 있도록 해야 한다. 이는 PBS의 완화와 병행되어야 한다.

둘째, 경력지향점이 다양화되면 이에 따라 요구되는 핵심역량에서 차이가 나타나고, 경력경로도 세분화가 일어나기 때문에 이에 부합하는 역량을 강화할 수 있는 학습자원들도 구체적이고 다양하게 설계되어야 한다.

셋째, 연구직 경력개발제도를 위한 인프라가 구축되어야 한다. 경력계획서 작성 및 경력상담제도, 직무게시(job posting) 등 경력개발제도의 운영을 위한 하위 시스템들을 마련해야 한다.

제 3 절 R&D 조직에서의 이중경력제도(연구전문직 제도)

1. 이중경력제도의 의의

R&D 조직이나 기술중심 조직의 경우 R&D나 기술개발 담당인력의 경력관리를 위해 이중경력제도가 많이 채택되고 있다.

기술개발을 위한 기술인력을 많이 보유하고 있는 조직의 경우에는 독특한 경력관리가 필요하다. 많은 조직의 경우 경력단계를 통해 승진하는 과정에서 유능한 인재는 관리자로 승진하는 절차를 밟게 된다. 그런데 기술인력 중심의 경우에는 유능한 인재의 관리자로의 승진에 문제가 있다. 우선 기술인력이 관리자로 승진하게 되면 관리적인 업무에 매몰되어 기술개발이 소홀하게 되거나 원래의 기술전문성이 떨어지게 된다. 또 기술인력 중에는 관리직으로의 승진을 싫어하고 자신의 기술개발이나 연구의 일에 전념하고 싶어하는 경우도 있다. 이러한 문제 때문에 기술 중심의 조직에서는 기술인력들이 자신들이 원하는 기술업무에 전념하면서도 관리직으로의 승진에 버금가는 대우를 해주는 특별한 경력 및 승진관리의 필요성이 생기게 된다. 이러한 과정에서 나온 것이 이중경력제도(二中經歷制度)라고 하는 것이다.

이중경력제도(dual ladder system)란 조직의 계층을 '관리직'경로(managerial ladder)와 '기술(전문)직' 경로(technical ladder)로 양분하여 각 계층에서는 동일한 지위(status)와 보상(rewards)을 약속하는 시스템이다. 이러한 두 경력경로 중 기술(전문)직 경로는 관리직 경로와는 달리 부하들을 거느리지 않는 경우가 많다는 의미에서 '개인적 기여자'(individual contributor)라고 이름하기도 한다(M. Moravec). 기술(전문)직 또는 개인적 기여자들은 관리직 업적이 아니라 '기술적 업적'에 기초해서 전문직 경로로의 승진이 가능하게 되는 것이다. 이러한 이중경력제도의 취지는 기술직들에 대해 관리직과 같은 대우를 보장함으로써 관리직으로부터 독립하여 기술개발이나 연구 등에 전념하게 할 수 있고 이를 통해 기술(연구)개발의 성과를 높이기 위한 것이다.

우리나라의 연구개발 조직에서는 이 듀얼 래더 조직을 기술(전문)직이 존재한다는 의미에서 연구전문직제도로 부르고 있다(한인수, 2001).

2. 이중경력제도의 설계

(1) 전형적인 이중경력제도

이중경력제도의 전형적인 형태는 [그림 9-2]의 3M사나 P&G(Proctor & Gamble)사의 그것에서 보듯이 Y자의 모습을 하고 있다. 즉, 기술(전문)인력들은 입사 후 어느 일정 시점까지는 동일한 사다리를 올라간 후 관리직과 기술직으로 이원화된 경로를 밟게 된다. 이때 같은 래더(ladder), 즉 직급에서는 관리직과 기술(전문)직에 관계없이 같은 처우가 보장되게 된다.

그림 9-2 이중경력제도의 예

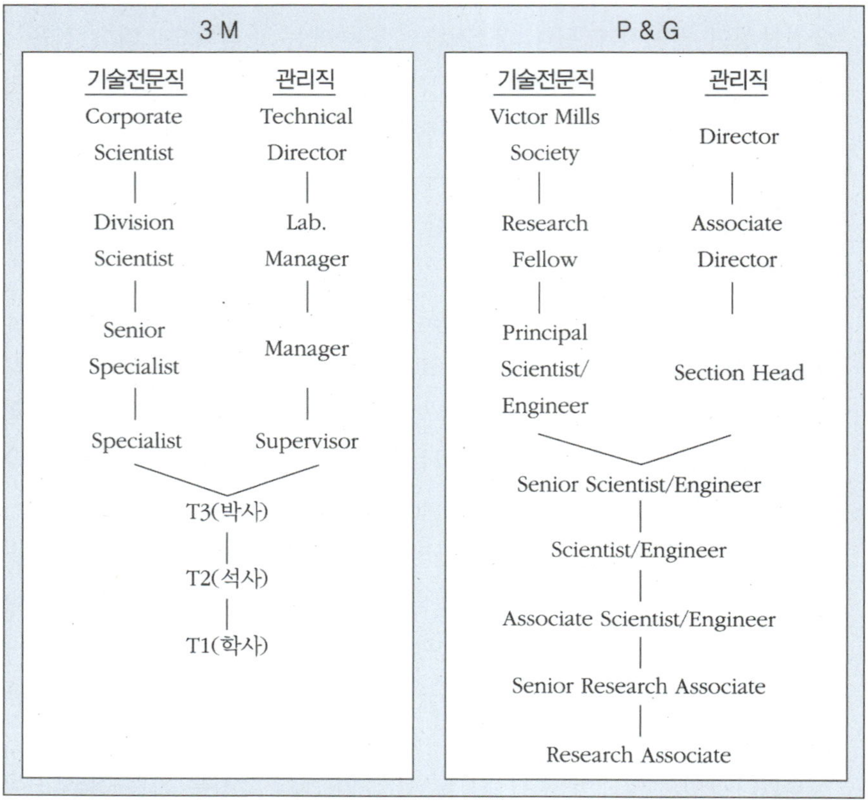

(2) 소프트웨어 개발 기업에서의 이중경력제도

[그림 9-3]은 한 소프트웨어 개발(software development)기업에서의 이중경력제도를 보여주고 있다(Razzaqui, 2018). 여기서는 두 역할 군(群)에 따른 이중경력제도를 운영하는데 하나의 역할은 '사람과 수행과업(people and work)'을 관리하는 것이고 다른 하나는 구축하고 있는 '시스템과 서비스(system and service)'를 관리하는 역할이다.

그림 9-3 소프트웨어 개발 기업에서의 이중경력제도

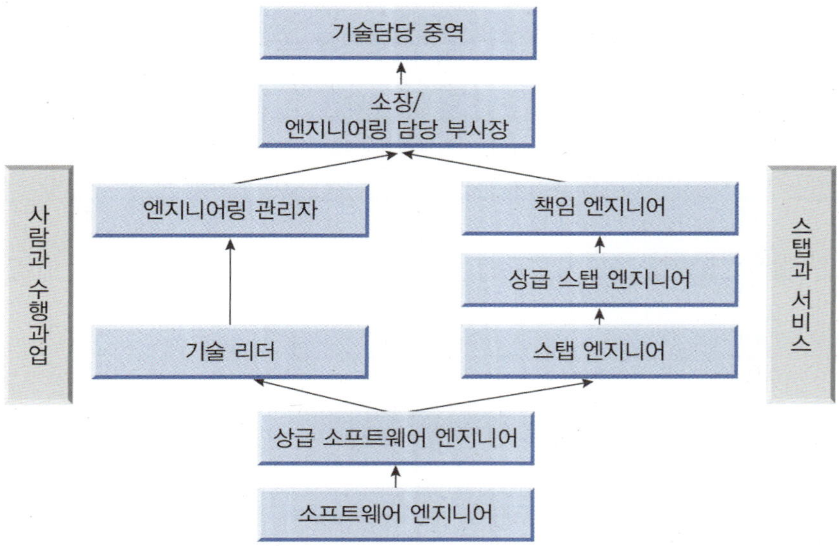

자료: Razzaqui(2018).

(3) 복수경력제도

연구전문직제도는 이렇듯 이중경력제도의 모습을 갖는 것이 대표적인 형태이나 최근에는 기술인력의 선택의 폭을 넓히기 위해 복수경력제도(multiple career path)의 형태로 운영되는 곳도 있다(Leibowitz wr al,1992). 이중경력제도가 기술과 관리의 두 경력경로 중에서 선택을 해야 하는 반면 복수경력제도에서는 기술인력이 자신의 욕구에 따라 3~5개의 경로 중 선택할 수 있고 수평적 · 수직적으로 경력을 이동할 수 있는 기회를 부여하고 있다. 즉, 복수경력제도에서는 관리직 경로 외에 기술인력이 택할 수 있는 경력경로의 선택 폭을 확대한 것이라 할 수 있다. [그림 9-4]에는 대표적인 복수경력제도가 나와 있다.

3. 이중경력제도의 문제점

1950년대 이중경력제도가 소개된 이래 이 제도가 갖는 의미로 인해 기술이 중심이 되는 많은 조직에서 도입 · 운영되어 왔다. 그런데 도입의 실제사례에서는 이 제도가 갖는 긍정적 기능만이 실현된 것은 아니고 시행과정에서 많은 문제점

그림 9-4 복수경력제도의 사례

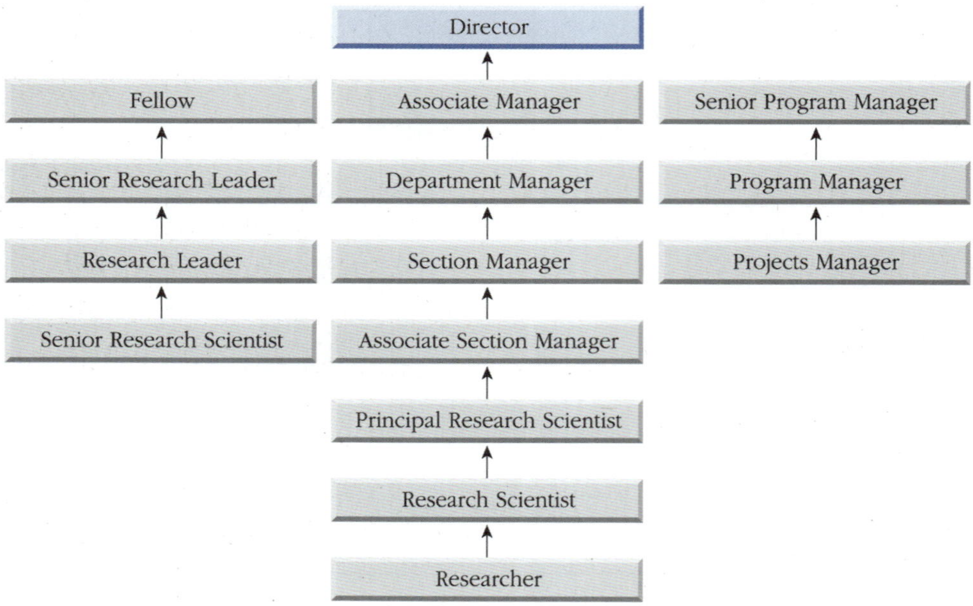

자료: Leibowitz, Kaye & Farren(1992).

이 지적되었다. 따라서 이 제도는 그 필요성에 대한 강한 인정에도 불구하고 논란이 끊이지 않고 있다. 이중경력제도의 시행상에 나타나 문제점들을 보면 다음과 같다.

첫째, 기술경로에 남은 사람들은 관리직으로 승진하지 않고도 긍지와 자부심을 갖고 일할 수 있어야 한다. 그런데 실제에 그렇지 못하고 관리직으로는 유능한 사람이 승진되고 기술직 경로에는 남은 사람 또는 무능한 사람이라는 인식이 자리잡은 경우가 많다. 앞서 설명한 것처럼 기술직 경로는 쓰레기하치장(dumping ground)으로서의 이미지가 강한 것이다. 이 경우에는 이 제도를 도입하는 조직이 처우해결의 방편으로서 기술직 경로를 활용하는 이유도 있고 또 유능한 사람은 관리와 기술 모두를 잘 하는 것이고 어느 하나만 잘 한다면 이는 무언가 부족한 사람이라는 사회적 인식도 기여하고 있다고 볼 수 있다(Shepard, 1958).

둘째, 기술경로에 있는 사람들은 관리직과 동등한 처우가 주어져야 하는데 실제로 이의 보장이 어렵다는 것이다. 관리직에 특별한 보상이 주어지는 경우가 많으며 설혹 모든 보수가 같다 하더라도 눈에 보이지 않는 처우의 차이가 있다. 예컨대 관리직은 부하를 갖는 반면 기술직은 사소한 모든 일(예컨대 복사 등)을 자신이 해결해야 한다. 관리직은 기술직이 갖지 못한 각종 파워를 갖는 것이다.

셋째, 관리직에 비해 기술직은 직위의 호칭이 어려워 일반적으로 인정을 받지 못하는 경우가 많다. '전문위원'보다는 '부장'이 일반인들에게 쉽게 인정을 받을 수 있는 것이다. 이는 우리나라처럼 장(長)에 대해 높은 가치를 부여하는 문화권에서는 더욱 심리적 괴리감을 줄 수 있다.

넷째, 기술직은 관리직에 비해 성과에 대한 부담이 더욱 크다. 관리직의 경우 성과평가가 애매한데 비해 기술직의 경우는 성과가 눈에 보이므로 평가에 대한 압박이 더욱 크다고 할 수 있다.

다섯째, 기술경로에 위치하는 것이 조직의 주류로부터 밀려난 것으로 인식될 수 있다. 특히 기술적(전문적) 경로의 천정이 급료나 위신의 관점에서 관리직보다 낮다는 인식이 있을 때에는 특히 그러하다.

여섯째는 우리 나라에서는 이중경력제도의 운영을 어렵게 하는 특유의 문화적 요인이 존재한다. 한국의 오랜 유교적 전통 특히 실질보다는 형식을 우선하는 형식주의와 기술을 경시하고 관직을 우대하는 사회적 풍토는 우리나라에서 이 제도의 정착을 어렵게 하는 요소로서 작용하고 있다. 물론 구미의 연구나 기술조직에서도 동일한 계층의 관리직과 전문기술직 간에 형식상의 보상에 차이가 없어도 실질적인 내지는 심리적으로 동일한 대접이 약속되느냐에 대한 논란이 있다. 그러나 한국의 경우에는 전술한 사회적 분위기가 조직이 주는 보상이 동일해도 전문기술직에 속한 사람들이 제대로 대접을 못 받고 있으며 무엇인가 불리하다는 느낌을 갖게 만들고 있는 것이다. 즉, 한국의 전통문화 속에는 자기 일에 대한 만족보다는 타인을 관리하는 자리에 대한 가치부여가 뿌리 깊게 자리하고 있는 것이다.

4. 이중경력제도의 성공조건

우리나라에서 이중경력제도의 성공적 정착을 위해 반드시 갖추어야 할 가장 중요한 조건의 몇 가지를 정리해보면 다음과 같다(한인수, 2002).

첫째, 이 제도가 성공하느냐의 가장 중요한 키는 결국 이 제도를 처우의 방편으로 사용함으로써 기술(전문)직을 쓰레기하치장의 이미지로 고착화시키느냐의 여부에 달려 있다. 관리직으로의 승진이 어려운 사람들에 대한 처우목적으로 활용하는 한 이중경력제도의 성공을 기대하기는 힘들다는 것이 많은 사례에서 입증된 교훈이다. 기술(전문)직에 기술적으로 탁월한 사람들이 모여들게 해야 하고 또 전문직에서의 승격요건을 매우 엄격하게 적용하는 이중경력제도에 대한 지속적인 '품질관리'가 이루어질 필요가 있다.

둘째, 기술(전문)직에 우수한 인재가 모이게 함과 동시에 실질적인 보상체계가 확립되어야 한다. 실질적인 보상이 관리직과 전문직에 동등하게 주어진다 해도 앞서 설명한 것처럼 관리직은 눈에 안 보이는 권위와 보상을 누리게 된다. 따라서 기술(전문)직에게는 이러한 관리직에의 심리적 보상을 상쇄할 수 있는 보상이 이루어질 수 있도록 노력해야 한다. 기술(전문)직에의 강사, 전문가 등의 활용, 정년 후의 재고용 등 관리직이 누리지 못하는 전문직만의 보상책을 강구할 필요가 있다.

셋째, 기술(전문)직 경로에서의 승격요건을 엄격히 시행하기 위해서는 기술(전문)직의 특성을 고려한 평가체계의 정비가 필요하다. 기술(전문)직의 특성을 고려한 평가체계를 마련하고 이를 엄격히 적용하는 평가문화와 평가관리의 정착이 선행되어야 한다.

넷째, 기술이나 연구 중심의 조직에서는 기존의 관념을 깨는 파격적인 직급파괴를 꾀해볼 필요도 있다. 직급파괴를 통해 기술(전문)직이 승진의 중압감에서 벗어나 자신의 연구에 전념하는 풍토를 만들 수 있는 것이다. 또한 직급파괴를 통해 기존의 한국의 전문직제도에서의 문제점, 즉 직급이 높은 기술(전문)직이 제도상 서열이 낮은 관리직에 보고해야 하는 문제도 자동적으로 해소될 수 있는 것이다.

결국 이중경력제도의 성공 여부는 기술(전문)직들이 "관리직이 아니라 기술(전문)직이 되어 좋았다"고 느낄 수 있는 정도가 되거나 또는 조직의 젊은 연구기술인력들이 기술(전문)직을 선호할 수 있는 분위기를 만들 수 있느냐에 좌우될 것이다.

제 4 절 R&D 여성인력의 경력관리

여성의 사회진출의 확대는 사회 전반의 과제이지만 R&D 분야에서도 여성인력의 참여는 상대적으로 저조하다. R&D 활동의 기반이 되는 학문인 과학과 공학분야의 여성참여가 적기 때문이다. 게다가 여성에게는 조직에서 경력발전을 이룩하는데 많은 장애물들이 존재한다. 과학과 공학분야의 여성참여는 국가적으로나 조직에서 중요한 과제이다. 여기서는 R&D 분야의 여성인력들의 경력관리를 지원할 수 있는 방안에 대해 살펴보기로 한다.

1. 과학기술 여성인력의 현황

현재 여성은 전 세계 연구원의 30% 미만이다(Pathirage, 2020). 인구의 반이 여성임을 감안하면 저조한 수치이다. 과학기술 분야에 여성인력이 적다는 것은 비단 우리나라만의 문제가 아니다. 이는 국가별로 차이가 있기는 하지만 전 세계적인 문제이다.

유네스코 데이터(2014~2016)에 따르면 전체 여학생의 약 30%만이 고등 교육에서 STEM 관련 분야(science, technology, engineering, mathematics)를 선택한다. 전 세계적으로 여학생의 등록율은 ICT(3%), 자연 과학, 수학 및 통계(5%), 엔지니어링, 제조 및 건설(8%) 분야에서 특히 낮다. 반면 여성들은 남성보다 교육 학위. 인문학 및 예술, 사회 과학, 비즈니스 및 법률 또는 건강 및 복지. 분야에서 학위를 받을 가능성이 높다.

과학기술 분야의 여성참여가 저조한데는 여러 이유가 있지만 오래된 편견과 성 스테레오 타입이 여성을 과학 관련 분야에서 멀어지게 만드는 주요한 이유 중 하나이다. 과학과 기술분야는 여성에게 맞지 않으며 그들은 과학과 기술의 기초분야인 수학 등을 싫어한다는 고정관념이 뿌리 깊다. 예컨대 현실 세계에서와 마찬가지로 화면(영화 등 미디어 매체)의 세계에서도 유사한 편견이 나타난다. Geena Davis Institute의 2015년 '국경 없는 성별 편견 연구(Gender Bias Without Borders)'에 따르면 영화에서 나타나는 STEM 직업을 가진 캐릭터 중 여성의 비율은 12%에 불과했다.

이러한 과학기술 분야에서의 성비의 격차 문제를 해소하기 위해 전 세계적인 노력이 이루어지고 있다. UN은 과학분야에서의 성 평등을 2030 지속 가능한 개발 목표(SDGs)의 하나로 정하고 과학 분야에서 여성인력들을 고무시키고 참여시키기 위해 많은 노력을 기울여 왔다(UN, 2021). 그러나 그 성과는 그리 크지 못하고 있다.

UN 여성부와 유네스코 등 UN의 교육기구들은 과학 분야에 종사 중인 여성과 과학자를 꿈꾸는 여자 청소년들을 위해 매년 2월 11일을 '세계 여성 과학인의 날(International Day of Women and Girls in Science)'로 지정하고 과학계 내 성 불평등을 없애고 여성 청소년들을 위한 과학 교육의 혜택을 넓히기 위한 운동을 진행하고 있다. 사실 이러한 날이 제도화되고 있다는 사실이 과학기술분야의 여성이 처하고 있는 현실을 직접적으로 시사해주고 있다고 볼 수 있다.

2. 과학기술 여성인력 성별 불균형 해소의 과제

과학기술분야 성별 불균형과 관련하여서는 다음과 같은 과제들이 있다(Sanderson, 2021).

(1) 과학기술 분야의 여성인력의 절대 숫자 부족

첫째, 과학과 기술분야의 여성 진출의 절대 숫자가 부족하다. 우선 과학과 기술분야의 대학 졸업자에서 큰 성별 차이가 존재한다. 여성은 남성보다 교육학, 인문학 및 예술 사회 과학, 비즈니스 및 법률 또는 건강 및 복지 학위로 졸업할 가능성이 더 높다. 예를 들어 2018년 데이터가 있는 국가의 절반 이상에서 교육학 프로그램 졸업생의 2/3이상이 여성이었다. 대조적으로 남성은 정보 및 통신기술, 농업, 임업, 어업 및 수의학, 그리고 엔지니어링, 제조 및 건축학 세 가지 분야에서 대부분의 졸업생을 차지했다. 이 세 분야가 가장 큰 성별 불균형을 차지한다.

과학기술분야에서의 성별 불평등은 다소 개선의 여지를 보인다. [그림 9-5]는 발간논문에 대한 자료를 기반으로 한 남녀 연구자의 성비의 추세를 보여주는 연구결과이다(Boekhout, et al, 2021). 그림에서 보듯이 논문을 발간한 연구자들 중 여성의 비율이 200년대의 30%대로부터 2016년에는 40%로 남성에 비해 다소

그림 9-5 논문출간 연구자중 남녀 비율의 추이

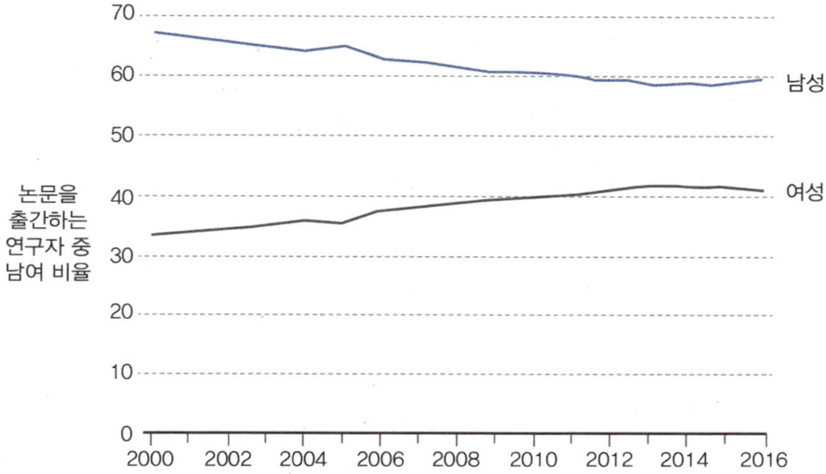

자료: Boekhout et al(2021).

증가한 것을 알 수 있다.

우리나라의 경우 아직도 과학기술 분야의 여성인력의 참여율은 떨어지지만 비교적 적은 시간 내에 인상적인 개선을 이룩한 나라로 평가된다. [그림 9-6]에서 보듯이 11.4%에 불과하던 여성 R&D 인력이 2019년에는 17.1%로 상승하고 있다(한국여성과학기술인육성재단, 2020). 또한 특기할 만한 것은 2009년 부터 2018

그림 9-6 국내 재직 과학기술 연구개발인력 중 여성비율 추이

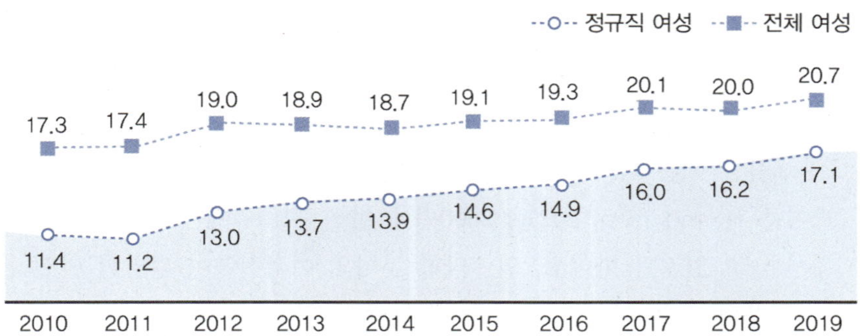

자료: 한국여성과학기술인육성재단(WISET)(2020).

년 까지의 10년간 추이를 살펴보면 민간, 이공계대학, 공공연구기관 모두 여성연구책임자 비율이 약 2배 증가한 것을 확인할 수 있다. 특히 공공연의 여성연구책임자 비율이 2009년 대비 5.8%p 증가하여 다른 곳보다 가장 큰 폭으로 증가했다(한국여성과학기술인육성재단[WISET], 2020).

(2) 경력 진행에 따른 인력 축소

여성은 대학에서의 과학과 공학 전공자도 적지만 학위 단계나 연구현장에 진출하면서 그 숫자가 점차 줄어드는 현상을 보인다. 과학이나 공학을 전공하는 여성들의 숫자가 조금씩 늘고는 있으나 많은 여성들이 연구자로서의 경력에 필요한 가장 높은 수준인 박사를 선택하지 않는다. 결과적으로 박사학위 취득자의 성별 불균형이 크다.

이것이 과학기술 여성인력에게 보이는 소위 '누수 파이프라인(leaky pipeline)', '파이프라인 축소(pipeline shrinkage)' 문제이다(한인수, 1999; Cassidy, 2016). 학사, 석사, 박사를 거치면서 전체 인력 중 여성의 비중은 크게 줄어든다. 박사 졸업 후에도 특히 산업계로 진출한 많은 여성들이 여러 가지로 이유 특히 결혼, 출산, 육아등의 문제로 현장을 떠난다. 그럼으로써 수 년간의 연구와 전문 지식이 사장되는 결과를 초래한다.

(3) 전공별 편중

과학과 기술(공학) 분야의 여성진출이 다소 개선되는 추세이기는 하나 여전히 전공별 편중은 심하다. 바이오, 의약학 분야에서의 여성전공자는 비교적 많은 편이나 수학, 공학, 컴퓨터 공학의 여성 전공자는 드물다. 2018년에 데이터가 있는 거의 모든 국가에서 공학, 제조 및 건설관련학과 졸업생 5명 중 3명 이상을 남성이 차지했다.

[그림 9-7]은 과학과 기술의 여러 학문 분야에서 연구경력을 시작하는 비율을 보여준다(Sanderson, 2021). 2000년에 비해 2010년에는 여성이 거의 모든 분야에서 늘고 있지만 바이오, 의 · 약학 분야의 여성진출이 활발한 반면 공학, 에너지, 컴퓨터 과학, 물리학, 천문학, 수학 등에서는 저조한 것을 알 수 있다. 학문분야별 격차는 여성인력과 관련하여 해결해야 할 또 하나의 과제이다.

그림 9-7 학문 분야별 성별 격차

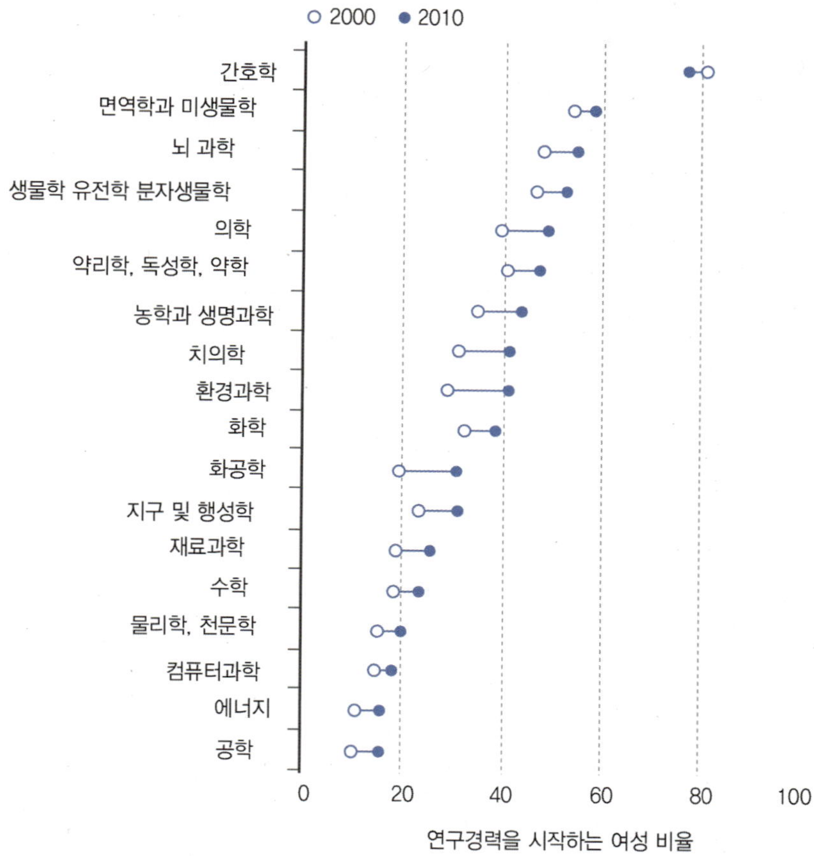

자료: Sanderson(2021).

(4) 민간부문 진출의 저조

여성 과학자와 연구원은 학계나 공공부문에서 일할 가능성이 더 높은 반면 남성은 더 높은 급여와 더 많은 기회를 제공하는 민간부문에서 일할 가능성이 더 크다. 예를 들어 아르헨티나, 리투아니아, 말레이시아, 포르투갈 및 세르비아와 같은 국가에서는 민간부문에서 일하는 연구원의 약 65~75%가 남성인 반면 여성은 25~35%에 불과하다(Sanderson, 2021). 학계나 공공부문의 일자리의 대부분은 민간부문에 비해 상대적으로 급여수준이 낮다.

3. R&D 여성인력 경력관리의 과제

R&D 여성인력은 과학과 기술분야 학위를 취득하고 대학, 공공기관, 민간부문에서 R&D업무에서 경력발전을 해나가는 여성인력들을 말한다. 학교나 기업에서 경력을 계속 발전시킬 수 있는 행운(?)을 잡은 여성인력에 또 한 번의 시련의 시기가 도래한다. 미혼여성의 경우에는 결혼, 기혼여성이라면 출산과 육아의 문제를 당면하게 된다. 자신의 경력발전을 위해 출산과 육아를 포기하지 않는다면 여성인력들은 이 둘을 병행해야 하는 무거운 짐을 지게 된다. 강한 의지와 열정으로 연구와 이 두 역할을 견뎌나가는 여성들도 적지 않다. 그러나 상당수의 여성인력들이 잠정적으로 아니면 영구히 직장을 떠나는 경력단절을 경험하게 된다.

일반적으로 여성의 사회참여를 보여주는 경제활동 참가율은 M자형의 곡선을 보여준다. 즉 2~30대의 참가율이 높다가 출산, 육아등으로 직장을 떠나는 30~40대에는 참가율이 저조해서 움푹 들어가는 모습을 보여준다. 그러다 육아의 문제가 어느정도 끝나는 40대 이후에 다시 회복되는 패턴을 보여준다. 즉 출산과 육아의 문제가 발생하는 시기에는 경력단절의 현상이 발생한다. 경력이 단절된 이 여성들이 다시 현장에 나타나는 것은 출산과 육아가 어느 정도 해결되는 상당한 시기가 흐른 다음에서 이다. 이는 R&D 여성인력에서도 마찬가지이다.

이러한 현상은 여성 R&D 인력의 경력발전에 중대한 영향을 미친다. 가장 핵심적으로 경력발전을 이룩해야하는 중요한 시기에 현장을 떠나 있거나 떠나지 않더라도 출산육아의 큰 부담을 질 수 밖에 없어 경력발전에 이중고를 지니게 된다.

[표 9-4]는 국내 정규직 R&D 인력의 연령별 분포를 보여준다(한국여성과학기술인육성재단, 2020). [표 9-4]에서 보듯이 성별로 구분해보면 남성 R&D 인력의 66.3%가 30~40대에 집중적 분포되어 있는 반면, 여성 R&D인력은 67.3%가 20~30대에 집중적으로 분포되는 것으로 나타났다. 이를 통해 여성이 남성에 비해 초기 경력단계에 보다 집중되어 있으며, 핵심(core)경력을 개발하는 40대 여성 비중이 상대적으로 낮음을 확인할 수 있다

표 9-4 국내 정규직 과학기술 R&D인력 연령별 분포현황(2019년)

(단위: 명, %)

구분	남성		여성		전체	
	명	%	명	%	명	%
만 29세 이하	18,841	11.6	8,824	26.4	27,666	14.2
만 30~ 39세	59,034	36.4	13,651	40,9	72,685	37.2
만 40~ 49세	48,366	29.9	7,155	21.4	55,522	28,4
만 50~ 59세	27,786	17.2	3,049	9.1	30,836	15,8
만 60세 이상	7,978	4.9	706	2.1	8,684	4.4
합 계	162,006	100.0	33,386	100.0	195,392	100.0

자료: 한국여성과학기술인육성재단(WISET, 2020).

4. 여성 R&D 인력의 경력지원

앞서 살펴 본대로 여성 R&D 인력의 경력발전에는 많은 장애요소들이 존재한다. 따라서 이들의 순조로운 경력발전을 위해서는 국가적으로나 개별조직 차원에서 특별한 지원책이 마련될 필요가 있다. 지원의 방향은 [그림 9-8]에서 보는 바와 같이 경력단계별로 진입촉진, 경력단절의 예방과 단절된 여성의 재진입 지원방안이 있을 수 있다.

그림 9-8 여성 R&D 인력의 경력단계별 경력지원 방안

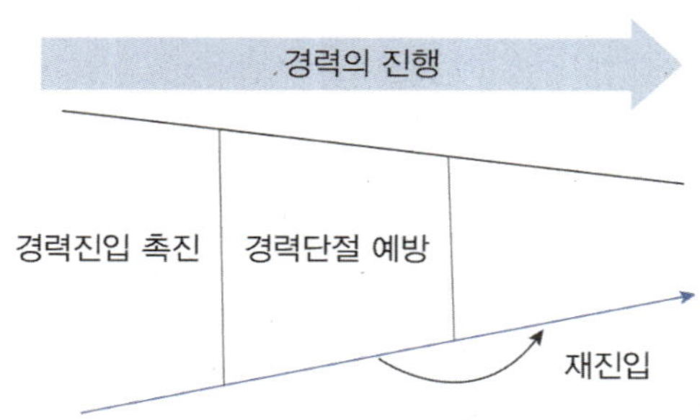

(1) 경력 진입 촉진을 위한 멘토 지정

여성 R&D 인력의 경력관리 지원책으로는 우선 R&D 분야의 경력진입을 촉진

하는 방안이 있다. 여기에는 다양한 방안이 있겠지만 여기서는 맨토의 지정을 중심으로 설명하고자 한다. 과학 기술분야에서 여성의 참여율이나 유지율이 낮게 나타나는 하나의 원인으로 자주 거론되는 것이 성공적인 연구 경력의 귀감이 될 수 있는 멘토링과 역할 모델의 부족이라는 지적이 있다. 그래서 멘토의 지정을 통해 과학기술 분야의 여성참여 확대를 꾀하려는 노력이 이루어지고 있다.

멘토는 대학지원 이전의 청소년 시기에도 필요하나 이제 막 경력을 시작하는 초기경력단계에서 중요성이 크다. 즉 신입사원 연구자들을 가이드하는 고참 여성 연구자를 공식적으로 지정하는 방법이다. 여성 과학기술 인력의 경력지원을 위해서는 미국국립보건원(National Institutes of Health: NIH)의 노력이 특기할 만하다(Cassidy, 2016). NIH는 미국에서 가장 큰 생명과학 및 의학 분야의 연구비 지원기관이다. NIH 산하 여성건강연구부(Office for Research on Women's Health: ORWH)는 생의학 분야의 여성들을 발전시키고 유지하는데 특별히 노력하고 있다. ORWH의 많은 임무 중 하나는 생의학 경력에서 여성의 충원, 유지, 재진입 및 지속적인 발전을 위한 기회와 지원을 제공하는 것이다. ORWH는 1999년 멘토링 경력 개발 프로그램인 BIRCWH(여성 건강 분야의 학제 간 연구 경력 구축)를 시작하여 여성의 건강 및 성별 차이에 대한 공통된 관심을 가진 주니어 및 시니어 교수진을 연결해 주는 사업을 진행해 성과를 거두고 있다.

(2) 경력단절의 예방

R&D 여성인력들에게는 결혼 후 출산과 육아 등으로 경력단절이 발생하기 쉽다. 어느 정도 이 문제가 해소되는 시기에 경력단절을 경험한 여성인력들은 노동시장 복귀를 원한다. 그러나 이것이 그들의 바람과는 달리 현실적으로 쉽지 않다. 최근의 급속한 기술발전으로 인해 수년간 현장을 떨어진 여성인력들이 기술진보를 뒤쫓아 간다는 것이 힘들기 때문이다. 따라서 경력단절을 예방하는 것이 최선책이다. 이를 위해 R&D 여성인력이 출산육아를 병행할 수 있는 여성친화적인 조직환경을 조성하는 것이 필요하다. 최근 워라벨(work life balance: WLB)과 관련된 국가시책 및 조직의 복리후생책들이 여기에 해당한다(이에 대해서는 제11장 제3절 복리후생 참조바람).

1) 보육시설 설립 및 증대

여성이 일하기 위해서는 근무시간 중 안심하고 자녀를 맡길 수 있는 사내 보육시설 또는 사내 탁아시설 이 마련되는 것이 가장 중요하다.

그런데 특히 질병을 가진 아이 즉 병아(病兒)를 양육하는 부모에게는 문제가 있다(주혜진, 2010). 일반 보육시설이 병아 등원을 꺼리는 이유로, 맞벌이 부부 등 병아를 직접 돌볼 수 없는 시민을 위한 병아 돌봄 서비스 제공도 필요하다. 국공립 보육시설을 우선으로 병아보육 전담 서비스가 가능해야 한다.

2) 출산 및 보육지원

출산율 저하와 관련되어 국가적으로도 출산 및 보육과 관련된 법정 복리후생이 강화되고 있다. 출산유급휴가, 배우자 출산휴가, 육아휴직, 가족돌봄 휴직 등이 법정복리후생의 범주에 들어가고 있다. 그 외에도 기업 등 조직에서도 개별적으로 추가적인 조치를 강구할 수 있다.

3) 근무시간의 자율적 조정

자녀의 양육을 위해 많은 조직이 근무시간을 직원들이 자율적으로 조정할 수 있는 제도를 운영하고 있다. 출산 및 양육 상 근무시간을 조정할 수 있으며 부모가 시간에 쫓기지 않고 아이를 맡길 수 있는 시차출퇴근제도가 있다.

(3) 경력단절 여성의 재진입지원

장기간에 걸쳐 가족을 돌보느라 연구현장을 떠난 R&D 여성인력이 노동시장에 재진입하는 것은 쉬운 일이 아니다. 따라서 경력단절 여성의 재진입을 위해서는 특별한 지원이 필요하다

구미에서는 이를 위한 여러 재단이나 프로그램등이 설립 운영되고 있다. 앞서 설명한 NIH 산하 ORWH는 1992년 경력단절 후에 독립적인 연구 프로그램을 수행하고자 하는 과학자들을 위한 연구 자금을 지원하기 위해 재진입(reentry) 프로그램을 수립했다. 2016년 현재까지 145명의 생물의학 연구원이 이 프로그램의 혜택을 받았으며 지원은 남녀 모두에게 열려 있지만 참가자의 93%가 여성이다. 그리고 이러한 참가자의 대부분은 결국 현장에 복귀했다. 2012년에 실시된 전화 설문조사에서 81%는 여전히 연구직에 고용되어 있었다.

우리나라에서도 연구 및 산업현장에서 경력이 단절된 R&D 여성인력의 재진입

을 지원하기 위한 정책을 펴고 있다.

연구기관의 R&D 여성인력을 위해서 한국여성과학기술인육성재단(WISET)은 여성과학기술인 R&D 경력복귀 지원사업(Returner)을 시행하고 있다. 이 사업에서는 임신, 출산, 육아, 가족구성원 돌봄, 계약만료 등으로 경력이 단절되었으나 연구현장으로 복귀하기를 희망하는 경력단절 여성과학기술인과 연구기관 매칭을 지원한다.

산업현장의 R&D 여성인력을 위해서는 한국산업기술진흥원(KIAT)의 주관으로 '산업현장의 여성 R&D 참여확산 기반구축사업'을 진행하고 있다. 이 사업 중 '경력단절 여성연구원 재취업 교육 지원' 사업은 경력단절 여성연구원의 산업현장 복귀 교육 및 취업 지원을 위한 것이다.

읽을거리

딸과 함께 읽기 좋은 여성 과학자 그림책

과학기술분야에서의 성 평등을 확립하기 위해서는 어려서부터의 교육도 중요하다. 각종 매체를 통해 과학기술을 접할 수 있는 기회가 소녀의 경우는 소년들에 비해서 적다는 것이 지적된다.

이와 관련하여 여자 자녀들에 대한 어머니들의 교육이 중요한데 어머니가 읽어주는 그림책 등을 통해 여성과학자들을 자연스럽게 접할 수 있는 기회를 가질 수 있다. 이에 도움을 주는 책을 소개해보기로 한다.

① 히든 피겨스(Hidden Figures)

Margot Lee Shetterly(2018), *Hidden Figures: The True Story of Four Black Women and the Space Race*, Harper Collins Children's Books.

여성이자 흑인이라는 이중 차별 속에서 우주 경쟁을 승리로 이끈, 천재 흑인 여성 수학자 들의 실화를 다룬 그림책. 히든 피겨스란 소련과의 우주경쟁에 승리하는데 보이지 않게 기여한 인물이라는 뜻에서 붙여진 제목임. 미국과 러시아의 치열한 우주 개발 경쟁으로 보이지 않는 전쟁이 벌어지고 있던 시절, 천부적인 두뇌와 재능을 가진 그녀들이 NASA 최초의 우주궤도 비행 프로젝트에 선발되어 활약한 스토리.

2017년 동명의 영화로도 제작되어 Netflix에서 시청가능하다.

② 여성과학자(Women in Science)

Rachel Ignotofsky 2016), *50 Fearless Pioneers Who Changed the World*, Ten Speed Press.

세상을 변화시킨 두려움 없는 여성 과학 개척자 50명을 다룬 책으로 다양한 분야에서 활약한 여성 과학자의 삶과 업적을 독특한 일러스트로 그려낸 그림책이다. 그들의 투쟁과 승리한 이야기를 만나볼 수 있다.

자료: 딱따구리(2019), 우따따의 책읽기: "세계 여성 과학인의 날 기념－딸과 함께 읽기 좋은 여성 과학자 그림책. retrieved 07, 23, 2021 from https://post.naver.com/viewer/postView.nhn?volumeNo=17860910&memberNo=44772515&vType=VERTICAL

실무자를 위한 가이드라인

- ✔ 경력관리는 급여 만큼이나 직원의 사기와 이직에 영향을 미친다
- ✔ 개인의 경력을 조직의 자의에 의해서 이동시키는 전통적인 경력관리는 경력개발로 전환하고 있다
- ✔ 경력개발은 개인의 희망을 고려하며 개인별로 장기적인 경력계획을 수립하고 그에 따라 직무순환과 교육훈련을 연계하는 장기육성개발 계획이다
- ✔ 경력개발제도(CDP)는 개인별 경력개발 플랜(Individual development plan: IDP)과 함께 이를 뒷받침하는 하위 시스템 즉 자기신고서, 표준적인 경력경로(career path), 경력카운셀링, 로테이션 룰, 육성플랜, CDP위원회 등으로 구성된다
- ✔ R&D 직무의 경우 연구역량이 정점이 여타 직무에 비해 조기에 도래한다는 점 또 종신고용능력의 유지라는 측면에서 경력개발제도의 도입이 필요하다.
- ✔ R&D 직무의 경우 직종의 특성 상 경력경로가 다양화되기 어렵다는 점을 감안하여 경력경로 대신 다양한 역량경로(주, 부, 보조 등) 형태의 CDP도 가능하다.
- ✔ 우리나라 정부출연연구기관의 인력들의 경력개발 욕구에 부합하는 적절한 경력개발제도의 개발과 정착이 필요하다.
- ✔ 행정직은 전문성 강화를 위한 경력개발 제도의 수립이 필요하다. 이를 위해 채용, 직무순환 체계가 합리화되어야 하며 보임에 있어 인사부서의 권한이 강화되어야 한다.
- ✔ 연구직의 경우에는 기존의 연구책임자로 이어지는 단선적인 경력경로를 지양하고 다양한 경력경로의 발굴이 중요하다. 그리고 새로운 경력경로의 채택에 따른 필요 역량을 강화하기 위해 교육훈련 시스템의 지원이 필요하다.
- ✔ R&D 조직이나 기술중심 조직의 경우 R&D나 기술개발 담당인력의 경력관리를 위해 이중경력제도(연구전문직 제도)가 많이 채택되고 있다
- ✔ 이중경력제도(연구전문직 제도)에서는 동일한 직급(래더)에서는 동일한 지위와 처우를 제공한다는 것인데 현실적으로 이러한 의미대로 시행하는 것이 쉽지 않다.
- ✔ 이중경력제도(연구전문직 제도)가 성공하기 위한 위해서는 기술직(연구직)을 쓰레기 하치장(dumping ground)의 이미지로 만들지 않는 것이 중요하다.
- ✔ '관리직이 아니라 기술직이 되어서 좋았다'는 조직 분위기를 만들 수 있는 관리적 배려가 필요하다.
- ✔ R&D 여성인력들이 경력관리를 해나가는데는 많은 장애요인들이 존재한다. 경력단계별 국가 및 개별 조직차원의 특별한 배려가 필요하다.
- ✔ R&D 분야 여성참여를 촉진하기 위해서는 멘토제도의 운영도 효과적이다.
- ✔ 조직 내 경력단절을 예방하기 위해서는 여성친화적인 조직문화와 워라벨을 위한 각종 시책이 필요하다. 직장 보육시설과 업무시간의 자율적 조정 등이 필수적이다.
- ✔ 경력단절 R&D 여성인력들의 재진입을 위해서는 특별한 재진입 프로그램을 수립 운영할 필요가 있다.

10 CHAPTER

R&D 인력의 성과관리

제 1 절 성과관리의 기초

1. 성과관리의 개념과 과정

(1) 인사고과와 성과관리의 개념

조직에서 인적자원을 채용해서 개발하고 활용한 후에는 그러한 인적자원이 조직에 가지는 가치를 평가해야 할 필요가 있다. 그러한 평가는 일상적으로도 일어나지만 공식적·체계적으로 이루어질 필요가 있다. 이를 인사고과(performance appraisal, performance review)라 한다. 이러한 인사고과는 보상의 기초가 되기도 하지만 현재의 직무에서 요구되는 능력과 실적을 비교하여 개발의 기초자료로도 활용될 수 있기 때문에 인적자원관리에서 매우 중요한 부분을 구성한다.

이러한 인사고과가 과거에는 독자적으로 이루어진 측면이 강했으나 최근에는 성과관리라는 보다 큰 틀 속에서 이루어지는 경향이 있다.

성과관리(performance management)란 개인, 팀 및 조직의 성과를 극대화하기 위해 조직의 과정을 확보하는 목표 지향적 과정으로 정의된다. 좀 더 구체적으로는 개인의 성과가 조직의 전략적 목표를 달성하는 데 기여하도록 목표설정, 인사고과(성과평가), 개발 등을 하나의 단일 시스템으로 통합한 과정이다. 조직이 성과를 높이려면 조직구성원 개개인의 목표가 조직의 전략목표와 연계하여 설정되어야 하며 그 달성 정도를 평가하여야 한다. 그 과정에서 성과를 올리려면 구성원의 능력도 중요한 요소이므로 역량육성에도 힘써야 하는 것이다. 성과관리는 [그림 10-1]에서 보는 바와 같이 크게 목표설정, 개인육성, 성과평가의 세 요소로 구성된다.

성과관리는 정의에서 보듯이 몇 가지 뚜렷한 특징을 지니고 있다(한인수 외 2020 참조).

첫째, 성과관리는 일상적인 활동이라는 점이다. 1년에 한두 번 종업원을 평가하는 단발적인 인사고과와는 달리 성과관리는 매일의 일상적인 활동으로 이루어진다. 기업의 전략적 목표에 따라 목표가 설정되고 종업원의 능력과 성과에 지속적인 개선이 이루어지고 있는가를 확인하기 위해 상하급자 간에 일(日) 별, 또는 주(週) 별 상호작용이 이루어진다(Wingrove, 2003). 실로 성과관리는 이러한 일련의 활동들이 단발적이 아니라 연중 이루어지고 있는 것이다.

둘째, 성과관리에서 성과는 모티베이션과 능력이 어우러져 이루어지는 것이므로 종업원 직무를 수행하는 데 필요한 역량을 유지할 수 있도록 필요한 훈련을 받을 수 있도록 뒷받침한다.

그림 10-1 성과관리의 개념

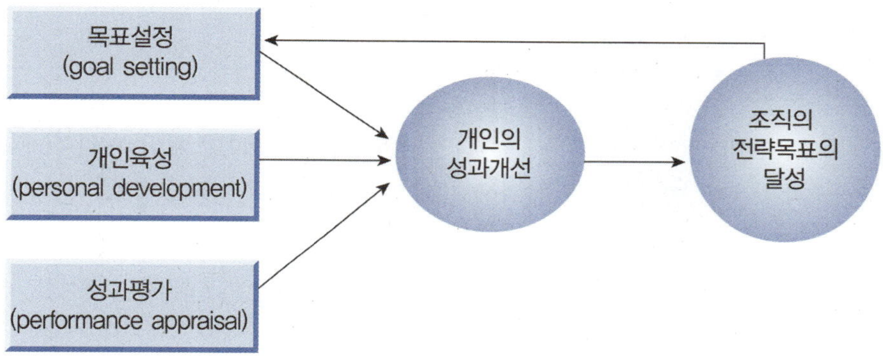

(2) 성과관리와 인사고과의 차이

실무에서는 성과관리와 인사고과를 혼용해서 사용하기도 한다. 그러나 인사고과라는 제도가 오래 전부터 경영기법으로 활용되어 왔으나 성과관리는 비교적 최근에 형성된 기법이고 차이가 있다. 앞서 살펴보았듯이 인사고과는 성과관리의 한 부분요소일 뿐이다. 성과관리는 인사고과를 포함하며 조직성과 향상을 지향하는 보다 폭넓은 개념이다.

사실 성과관리가 등장한 배경을 보면 기존의 전통적인 인사고과에 대한 불신에 기인하고 있다. 성과관리라는 용어를 처음 사용한 학자는 Beer와 Ruh인데 그들은 기존의 인사고과와 목표관리(MBO)의 문제점을 극복할 수 있는 대안으로 성과관리를 제시하고 있다(Beer & Rhu, 1976). 그들은 엉성하게 만들어진 성과급이나 성급하게 시행되는 평가시스템이 소기의 성과를 올리지 못하고 있다고 비판하면서 목표설정과 개인육성 그리고 성과관리가 연계되는 통합적인 시스템을 제시하고 있는 것이다.

표 10-1 **성과관리와 인사고과의 차이점**

성과관리	인사고과
선제적	사후반응
미래지향적	과거지향적
직원과 상사가 주도	투입된 자료로 인사부서가 주도
유연함	경직됨
전략적	일상활동적
지속적	1년에 한번
평가 등급부여를 사용안할 수 있음	평가와 등급부여

성과관리는 인사고과와 근본적인 지향점에 있어서도 차이가 있다. [표 10-1]에서 보듯이 인사고과는 과거에 무엇을 잘못했는가를 따지는 과거지향적인 반면 성과관리는 미래에 무엇을 할 것인가를 중시한다는 점에서 미래지향적이다. 또 인사고과가 하향적인 사람에 대한 평가인 반면 성과관리는 육성을 강조한다(Amstrong, 2006).

최근 이러한 성과관리는 조직성과 향상과 긴밀한 연관관계가 있는 것으로 평가되고 있다. 성과관리를 적극적으로 도입한 기업들은 그들의 경쟁자보다 50% 정도 더 성과를 내는 것으로 보고되고 있다. 또 성과관리가 조직유효성 향상을 위한 가장 큰 기여요인이라는 평가도 받고 있다. 최근에는 성과관리가 주요 인사활동과 연계되는 관리의 가장 중심적인 활동의 하나로 자리잡고 있다. 따라서 인사고과가 성과관리의 전부라고 생각하는 것은 큰 오해이며 성과관리를 한다고 하면서 인사고과만 하는 것은 성과관리의 진정한 의도를 전혀 살리지 못하는 것이라고 할 수 있다.

(3) 성과관리의 과정

성과관리가 구체적으로 이루어지는 과정에 일정한 틀이 있는 것은 아니지만 대개 [그림 10-2]에서 보는 것과 같은 사이클을 거치면서 이루어진다. 즉, 성과에 대한 조직의 기대가 전달되고 그에 대한 협약이 이루어진다. 다음은 성과를 달성하는 데 필요한 개인의 육성계획이 마련되고 성과달성을 위한 행동이 이루어지며 성과관리가 진행된다. 그리고 일정기간 이루어진 성과에 대한 리뷰가 이루어진다. 이는 공식적인 평가과정이며 이를 통해 문제점도 파악하고 차기의 성

그림 10-2 성과관리의 과정

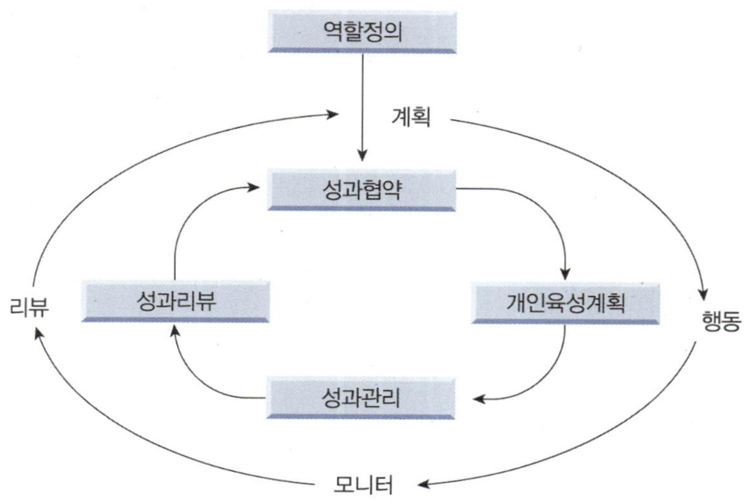

과협약이나 개인육성계획을 위한 참고자료로도 활용된다.

① 역할정의(role definition)

역할정의란 핵심성과 분야와 역량요건에 대해 정하고 합의하는 것을 말한다. 이는 역할수행자가 성과달성을 위해 해야 할 것이며 성과협약의 기초자료가 된다.

② 성과협약(performance agreement, contract)

성과협약은 목표(objective)의 형태로 개인이 해야 할 것을 정하는 것이다.이는 조직이 개인에게 기대하는 것을 정의하는 것이며 성과의 계획단계라고 할 수 있다.

③ 개인육성계획(personal development plan)

개인육성계획은 지식과 기술을 확대하고 역량수준을 높이며 구체적 분야에서 성과를 내기 위해 개인이 자신을 개발하기 위해 취할 행동계획을 작성하는 것을 말한다. 이는 성과의 개발단계라고 할 수 있다.

④ 성과관리(managing performance)

성과관리는 연중 일상의 일과에서 성과협약과 개인육성 계획을 이행하기 위하여 행동을 취하는 단계이다. 성과에 대한 피드백이 이루어지고 비공식적인 진행 리뷰가 이루어지며 필요하다면 성과와 관련된 문제점이 처리되기도 한다.

⑤ 성과 리뷰(performance review)

성과리뷰는 성과관리의 마지막 단계로서 공식적인 성과의 평가단계이다. 일정 기간 동안의 성과에 대해 검토하여 성취한 것과 문제점이 파악되며 이러한 자료는 차기의 성과협약과 개인육성 계획의 개정을 위한 기초자료로도 활용된다.

2. 성과관리의 용도와 초점의 역사적 변천

(1) 성과관리의 용도

성과관리나 인사고과는 대표적으로 다음과 같은 두 가지 용도로 활용된다.

1) 사정(accountability) 용도

성과관리의 중요한 목적중의 하나는 성과리뷰(고과)를 통해 해당 직원의 노력 정도와 성과를 평가하고 이를 보상과 승진 등의 기초자료로 삼기 위해서다. 이러한 기능을 일본적 용어로는 사정(査定)이라 한다.

최근 능력주의나 실적에 기반한 인적자원관리가 강화되면서 객관적 근거로서의 성과관리의 이러한 기능은 더욱 강조되고 있다. 그러나 그에 따라 평가의 정확성, 공정성 논란은 지속되어 이러한 용도의 성과관리는 불만의 대상이 되고 있다.

2) 개발(development) 용도

과거의 인사고과는 앞서 설명한 사정형 즉 평가와 그에 기반한 임금책정의 목적으로 주로 사용되었다. 따라서 관리자나 종업원 모두 매우 불편한 활동 중의 하나였다. 그러나 사정은 성과관리의 전부가 아니다. 성과관리는 직원의 개선점에 대한 정보의 중요한 원천이다. 성과관리를 통해 한 직원의 부족한 부분과 개발 필요성이 드러난다. 현재 직무에서 요구하는 것과 현재의 성과나 능력 발휘를 비교 판단하면 필요한 교육과 개발의 필요성이 도출될 수 있다. 그리고 상하급자는 부족한 부분을 메꿀 수 있는 개발계획을 같이 수립할 수 있다. 이러한 개발기능은 인사고과나 성과관리의 가장 궁극적인 용도로 평가되고 있다.

(2) 성과관리 초점의 역사적 변천과정

성과관리의 두 가지 대표적인 용도인 사정과 개발 중 어디에 더 초점을 맞출 것인가 하는 것은 경영환경의 변화에 따라 변화하여 왔다. [표 10-2]는 미국에서의 그러한 역사적 변천과정을 보여준다(Cappelli & Tavis, 2016).

특히 1990년대 경영환경에서 글로벌한 경쟁이 격화되고 경쟁력을 얻기 위해 실적주의 · 능력주의가 강조되는 상황에서는 사정용도가 강조되었다. 그러나 최근에는 개발용도를 강조하거나 두 기능이 모두 강조되는 제 3의 길이 대세가 되고 있는 추세이다.

표 10-2 미국에서의 성과관리 초점의 역사적 변천

시기	1980년대	1990년대	2000년대	2011년	2016년~현재
고과의 초점	사정 초점	사정 초점	사정 초점	개발 초점	혼합형 (제3의 길)
내용	GE사의 Jack Welch의 주도로 강제순위법(stacked ranking)법을 채택하여 우수자는 보상. 중간층은 수용, 저성과자는 해고	McKinsey의 인재전쟁 개념하에서 인재부족이 강화됨에 따라 성과 평가와 보상이 강조	조직이 평탄(flat)해 지고 부하의 수가 늘어남에 따라 그들의 개발에 시간할애가 어려워짐	고과를 폐지하는 기업들(Kelly Services 등)이 생기기 시작하고 빈번하고 비공식적인 피드백 강조 ------ 유명한 '애자일 선언"에 보조를 맞춰 Adobe사가 고과 폐지. 연간목표가 사업의 수행방식과 무관하다는 사고가 생김	Deloitte, PwC를 비롯한 여러 기업들이 종래의 성과평가를 손보고 새롭게 개발 피드백을 강조

자료: Cappelli & Tavis(2016)의 일부 수정.

제 2 절 R&D 성과관리의 특징

1. 성과관리는 창의성에 부정적 영향을 미친다?

R&D 조직이나 부서에는 여타 조직이나 부서와 마찬가지로 인사고과나 성과관리 제도를 운용하고 있다. 그런데 인사고과나 성과관리가 창의성에 부정적인 영향을 미친다는 논란이 있어 왔다. 이러한 논란은 창의성을 기본으로 하는 R&D 조직이나 부서의 입장에서는 곤혹스러운 것이었다. 여기서는 인사고과와 성과관리가 창의성에 미치는 효과에 대한 논란을 살펴보기로 한다.

지금까지 학계를 중심으로 인사고과가 창의성에 부정적인 영향을 준다는 것이 중론이었다. 고도로 창의적인 사람들이 성과에 대한 평가로 고통을 받았다는 얘깃거리는 많다. 예를 들어, 아인슈타인(A. Einstein)은 학창시절 성과에 대한 평가가 과학을 하고 창의력을 발휘하려는 내재적 동기에 미치는 해로운 영향을 다음과 같이 설명하고 있다. “좋든 싫든 시험이 있으면 모든 것을 머릿속에 꾸겨 넣어야 했다. 이러한 강압은 나를 억제하는 효과가 있어 최종 시험을 통과한 후 1년 내내 어떤 과학적 문제에 대해서도 생각하기가 싫어졌다”라고 회고하고 있다(Amabile, 1979; Gil and Spiller, 2007).

(1) 인사고과가 창의성에 부정적인 영향을 준다는 연구

초기 창의성에 대한 지배적인 이론은 통제(control)와 창의성이 같이 가기 힘들다는 것이었다. 이런 주장은 ‘창의성에 대한 내재적 동기부여 이론(Intrinsic Motivation Principle of Creativity: IMPC)’에 기초하고 있다(Amabile, 1983). 즉 이 이론에서는 내재적 동기부여는 창의성에 도움을 주는 반면 외재적 동기부여는 창의성에 해가 된다고 가정한다. 이 이론은 처음에는 하나의 가설로 대두되었지만 몇 번의 실증연구결과를 거쳐 주장이 확인되면서 이 분야에서 지배적인 이론으로 자리 잡게 되었다. 처음에는 외재적 제약 즉 규칙이나 표준 운영절차 등과 같은 것들이 창의성에 부정적인 것으로 공격의 대상이 되었다. 그러나 후에는 그 외에 외재적 성과 평가에 대한 예상도 창의성에 부정적인 것으로 추가되었다.

1) Amabile의 일련의 연구(1979, 1990)

이러한 주장의 선도적인 연구는 Amabile에 의해 수행되었다. Amabile은 박사 학위 논문을 기반으로한 연구에서 외부평가가 예술적 창의성에 미치는 영향을 분석했다(Amabile, 1979). 이 연구에서는 (여)대학생들은 자신의 창작활동에 대한 외부 평가를 기대하는 집단(실험집단)과 기대하지 않는 집단(통제집단)으로 나뉘어 미술 활동을 수행했다. 평균적으로 작품의 질적 평가를 기대하지 않은 학생들은 작품에 대한 외부 평가를 기대한 학생들보다 창의성 평가에서 훨씬 더 높은 수준의 작품을 제작했다. 즉 평가예상을 안한 집단의 창의성이 높았다. 이러한 연구결과는 평가예상이 창의성에 부정적 영향을 주었다는 것으로 추론될 수도 있다. 이 연구를 기초로 Amabile은 '창의성의 사회 심리학'(Amabile, 1983)에 관한 책을 저술했고 이는 IMPC이론의 기초가 되었다.

이어진 후속 연구(Amabile et al, 1990)에서도 평가의 예상(expected evaluation)이 개인의 창의성에 부정적인 영향을 미친다는 증거를 제공해 주었다. 이 실험연구에서 실험대상자들은 시(詩)를 쓰는 과업을 수행했다. 평가를 예상하는 집단(실험집단)에 대해서는 전문 심사위원이 그들의 시를 평가할 것이고 시에 대한 심사위원의 평가 사본을 받게 될 것이라고 말해 주었다. 그러나 실험대상자(무 평가 상태에 있는 대상자 포함)들 모두에게 그들이 쓴 시는 나중에 고등학교 교사에게 기증되어 그의 수업에서 사용될 것이라는 말을 덧붙였다. 연구자들에 따르면, 그렇게 말한 이유는 평가가 없는 조건의 실험대상자들도 합법적이고 논리 정연한 시를 쓰게 독려하려 했다는 것이다. 따라서 두 그룹 모두 좋은 목적에 기부될 잠재적으로 유용하고 의미 있는 시를 쓰기 위해 미묘한 방식으로 "인센티브"가 주어진 셈이고 이 기부의 가치는 분명히 시의 품질에 달려 있었다. 다만 한 그룹은 전문가의 평가를 받을 것으로 예상했고 다른 그룹은 이러한 평가를 기대하지 않았다. 이들의 연구결과는 평가를 예상하지 않은 집단이 평가를 예상한 집단보다 창의적으로 평가된 시를 쓴 것으로 나타났다. 즉 평가의 예상이 창의성에 부정적이라는 원래의 주장을 확인해준 셈이다.

2) 내재적 동기부여이론(IMPC)의 논리

Amabile에 의해 성립된 창의성의 내재적 동기부여 이론 즉 IMPC의 논리는 [그림 10-3]과 같이 설명될 수 있다.

그림에서 보듯이 규정, 표준과 같은 외재적 제약요인이나 인사고과 또 그에 기

그림 10-3 내재적 동기부여이론(IMPC)의 논리

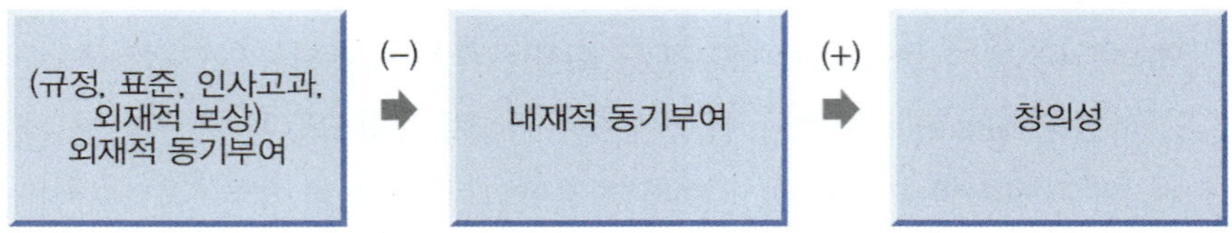

초한 외재적 보상 등은 내재적 동기부여를 훼손하는 효과가 있다. 그 결과 내재적 동기부여가 낮아져 창의성에 부정적 영향을 준다.

그러한 외재적 보상이나 외재적 동기부여가 내재적 동기부여를 훼손하는 효과가 발생하는 이유는 외재적 요인이 직원들로 하여금 자신이 통제(control)받는다는 느낌을 갖게 하고 그럼으로써 자기결정성(self determination)을 약화시켜 내재적 동기부여에 부정적 영향을 주었기 때문이다(Deci & Ryan, 2002). 그리고 이렇게 약화된 내재적 동기부여는 창의성에 부정적으로 영향을 미치게 된다.

(2) 인사고과가 창의성에 부정적 영향을 주지 않는다는 주장

외재적 모티베이션이나 인사고과가 창의성에 부정적 영향을 줄 수 있다는 이론이 지배적 이론으로 자리 잡았지만 최근 20년간에는 그와 반대되는 주장이 실무계나 학계에서 늘어나고 있다.

이러한 변화는 부분적으로 Google이나 Facebook과 같은 매우 창의적인 회사들이 직원에게 동기를 부여하기 위해 내재적 동기부여와 외재적 보상을 모두 사용하고 있는 현실을 반영한다(Gerhart and Fang, 2015; Hennessey and Amabile, 2010). 또한 이론적으로는 여러 연구를 통해 내재적 동기부여와 외재적 동기부여 간의 관계가 긍정적이냐 부정적이냐 하는 단선적 관계가 아니라 여러 상황이나 조건요인이 관여하는 훨씬 더 복잡한 관계라는 것을 인식하게 되었기 때문이다. 이와 관련한 대표적인 연구들로 다음과 같은 것들이 있다.

1) Shally(1995)의 실험연구

평가에 대한 예상이 창의성에 긍정적 영향을 줄 수 있다는 연구결과는 Shally의 실험연구에서 제기되었다. Shally는 1차와 2차에 걸쳐 실험을 진행했다.

1차 실험에서는 실험대상자들에게 인적 자원관리(HR) 책임자의 역할을 맡아

메모에 제시된 여러 문제에 대한 해결책을 찾도록 요청했다. 결과물은 창의성과 생산성 모두에 중점을 두었다. 실험대상자들은 각 문제에 대한 솔루션을 생성하는 데 매우 창의적이 되도록 노력해야 하고(창의성은 새롭고 적절한 솔루션을 찾는 것으로 정의됨) 할당된 시간 내에 가능한 한 많은 메모에 대한 솔루션을 생성하기 위해 최선을 다해야 한다고 들었다.

실험대상자들은 평가가 있는 집단(실험집단)과 없는 집단(통제집단)으로 나뉘었다. 실험진행자는 평가가 없는 조건에 속한 실험대상자들에게 평가에 대한 언급을 하지 않았다. 반면 평가가 예상되는 조건의 실험대상자들에게는 이 과제에 대한 생산성과 응답의 창의성을 전문가가 평가하고 다른 모든 학생들과 비교한다는 얘기를 해주었다. 생산성 측면의 성과는 솔루션을 제공한 문제의 수로 측정했고, 솔루션의 창의성은 HR 전문가가 평가했다. 이 1차 실험에서는 평가 예상이 제공된 솔루션의 창의성에 미치는 영향은 발견되지 않았다.

계속된 2차 연구에서 실험대상자들은 1차 실험에서와 같이 HR 문제가 있는 메모를 다시 받았다. 다만 1차 연구와 달리 생산성에 집중하라는 지시는 받지 못했다. 실험집단에 대해서는 창의성 목표("창의력을 위해 최선을 다 하십시오")가 할당된 반면 통제 집단에 대해서는 그런 목표가 할당되지 않았다. 더욱이 실험집단에게는 창의적인 솔루션은 "독창적이고 적절해야 한다"는 설명이 추가되었다. 즉 해결안이 조직에서 일상적인 것이 아닌 독창적인 것이어야겠지만 비현실적이거나 비합법적이지는 않아야 한다는 것이 주지된 셈이다.

연구결과는 평가가 예상되고 창의성 목표를 지닌 실험집단이 가장 높은 창의성 평가를 받았다. 결론적으로 Shally의 두 번에 걸친 연구는 평가예상이 창의성에 미치는 부정적 효과를 지지해주지 않았다.

2) Yuan과 Zhou(2008)의 연구

Yuan과 Zhou(2008)는 앞서 이루어진 Shalley의 연구를 의미있게 확장했다. 그들은 창의적 아이디어 생산 과정이 두 가지 주요한 인지과정으로 구성된다고 주장한다. 즉 변이(variaition)라는 아이디어 생성과정과 선택적 유지(selective retention)라는 아이디어 선택 및 수정 과정으로 구성된다. 변이와 선택적 유지는 각각 최종 창의적 제품의 참신함과 적절성을 결정한다. 그들의 이론적 주장에 따르면, 외부 평가의 영향은 두 과정, 즉 변이와 선택적 유지에 따라 다르게 나타난다.

그들 역시 실험연구를 진행하였는데 Shalley(1995)가 사용한 것과 유사한 과업을 사용했다. 그들의 연구결과는 변이과정 동안에는 예상되는 평가가 생성된 아이디어의 수를 줄였다는 증거를 제공했다. 즉 평가가 창의성에 부정적 영향을 미쳤다는 것으로 해석할 수 있다. 반면에 선택적 보유 과정 동안에는 외부평가를 기대한 실험대상자가 아이디어 적절성을 향상시키는 데 더 나은 성과를 보였다. 즉 이 기간 동안에는 외부평가가 창의성에 긍정적으로 작용했다. 변이기간이 아닌 선택적 유지 기간 동안에만 평가를 기대했던 개인이 가장 창의적인 아이디어를 도출했다.

즉 이들의 연구는 아이디어의 어떤 단계냐에 따라 외재적 평가가 창의성에 미치는 영향이 달라진다는 것이다. 아이디어의 발상에는 평가가 부정적일 수 있어도 아이디어를 고르고 수정하는 단계에서는 평가가 창의성에 도움을 줄 수 있다는 것이다. 아이디어의 유용성에 대한 고려가 중요한 연구조직이나 기업에서 평가가 창의성에 긍정적으로 작용할 수 있다는 주장으로 읽힐 수 있는 연구결과이다.

3) Speckbacher(2021) 의 연구

Speckbacher는 앞서의 연구들처럼 실증적 연구를 한 것은 아니지만 인사고과와 창의성 간의 관계에 대한 그간의 관련 연구를 문헌연구를 통해 비판적으로 검토하고 있다. 여러 연구를 검토한 결과 그는 인사고과가 창의성에 부정적인 영향을 미친다고 단정하기는 어렵다는 결론을 내리고 있다.

그는 우선 Amabile(1979, 1990) 실험 연구의 방법론에 문제가 있음을 지적하고 연구가 이루어진 상황 조건에 주목한다. 그녀의 연구는 주로 예술이나 시를 쓰는 것과 같이 아이디어의 유용성에 대한 고려가 없어도 되는 상황 하에서 이루어진 것이다. 반면 아이디어의 유용성을 고려했던 Shally에 대한 연구에서는 상반된 연구결과가 나왔다. 어느 정도 유용한 아이디어의 산출을 위해서는 외재적 보상이나 평가와 같은 요소들이 필요하다는 것을 시사하는 것이다. 더구나 오늘날 기업에서의 혁신은 개인이 아닌 팀이나 조직단위에서 이루어진다. 이 상황에서는 팀 창의성이나 조직 창의성이 보다 중요하게 되는데 이런 상황에서는 외부로 부터의 조정과 통제는 일정부분 불가피하게 된다.

Yuan과 Zhou(2008)의 연구에서도 새로운 아이디어의 생성(변이)단계에서는 예상되는 평가가 부정적이었지만 유용성을 고려해야 되는 아이디어의 선택과정에서는 평가 예상이 아이디어의 창의성에 보탬이 되었다는 점도 지적한다. 결론적으로 그들은 인사고과 자체가 본질적으로 창의성에 부정적인 영향을 주는 것이 아니라 둘 간의 관계는 인사고과가 어떤 성격을 지니는지 그리고 어떤 맥락에서 시행되는지에 의해 결정된다는 상황론적 입장을 피력하고 있다.

(3) 잠정적인 결론

성과관리(인사고과)나 외재적 보상과 같은 외재적 동기부여의 방안들이 창의성과 어떤 관계를 가지냐에 대해 결론을 내리는 것은 현재로서는 쉽지 않아 보인다. 전반적으로 외적 성과평가가 내재적 동기나 창의성에 미치는 긍정적인 영향을 실제로 약화시키는지 여부는 명확하지 않으며, 특히 성과평가와 연계 보상이 어떤 상황에서 창의성에 긍정적 또는 부정적 영향을 미칠지는 여전히 불분명하다.

다만 분명한 것은 성과관리와 창의성간의 관계도 본서에서 강조하고 있는 것처럼 상황적합적 접근방법이 타당하다는 것이다. 즉 둘 간의 관계는 본질적이라기 보다는 상황요소에 의해 많이 좌우되는 것이라는 잠정적인 결론을 내릴 수 있다.

성과관리가 창의성에 부정적이라는 내재적 동기부여이론(IMPC)의 주창자인 Amabile도 최근의 연구에서는 다소 전향적인 입장으로 선회하고 있다. 외재적 동기부여라고할 수 있는 외재적 보상은 한편으로는 인정(認定)이라는 측면도 보유하고 있다. 인정은 내재적 동기부여를 높인다. 그래서 외재적 보상이나 성과관리가 직원들의 능력을 확인하고, 유용한 정보를 제공하고, 지원적인 성격을 가지고 있다면 그리고 내재적 동기의 초기 수준이 이미 강한 과업에서 시행되는 경우에는 그들의 내재적 동기를 향상시킬 수 있다(Hennessey and Amabile, 2010). "외재적 보상은 능력을 확인하고, 유용한 정보를 지원하는 방식으로 제공하거나, 사람들이 이미 본질적으로 동기를 부여받은 일을 할 수 있게 해줄 때 실제로 내재적 동기부여와 창의성을 향상시킬 수 있다. 이러한 부양 효과는 초기 수준의 내재적 동기가 이미 강할 때 가장 가능성이 높다."라고 말한다.

그 외에 성과관리(인사고과)에 따른 피드백 기능의 발휘 여부도 창의성에 긍정적 영향을 줄 수 있다(Zhou, 2008). 성과관리(인사고과)가 사정용도를 강조해 결과적으로 통제적 기능으로 사용된다면 부정적 영향을 줄 수도 있지만 개발용도를 염두에 두고 피드백 기능을 강조하는 방식으로 시행된다면 창의성에 도움을 줄 수 있다. 감독자가 직원들에게 직무를 수행하면서 배우고 발전하고 개선할 수 있도록 가치있는 정보를 주거나 피드백을 사람 자체가 아니라 과업에 초점을 맞추어 줌으로써 직원의 창의적 능력과 성과를 발전시키는데 초점을 둔다면 인사고과의 긍정적 효과를 살릴 수 있다. 즉 정보를 전달하는 스타일로 피드백을 주게 되면 직원들의 창의성에 긍정적인 영향을 줄 수 있다는 것이다.

이상의 논의로부터 볼 때 성과관리(인사고과)와 창의성 간의 관련성에 대한 논란에 대해서는 현재까지는 다음과 같은 잠정적 결론을 내릴 수 있다.

첫째는 오늘날 개인의 창의성도 중요하지만 팀이나 조직의 창의성이 중시되는 상황에서 조정과 통제의 의미가 담긴 성과관리와 같은 외재적 동기부여 수단의 채용은 불가피하다.

둘째, 외재적 보상이나 인사고과가 창의성에 미치는 영향은 상황변수나 시행방식에 따라 크게 달라진다. 외재적 보상이나 인사고과가 직원들에게 능력을 확인하고, 유용한 정보를 제공하고, 지원적인 성격을 지니고 있다면 또는 이미 내재적 동기가 강한 일을 하고 있다면 창의성을 향상시키는 데 도움을 줄 수 있다.

셋째, 인사고과가 사정기능만을 강조하지 않고 개발용도 즉 피드백을 통해 직원들에게 의미있는 정보를 전달하는 방식으로 시행될 때는 창의성에 긍정적 영향을 줄 수 있는 여지가 크다.

2. R&D 성과관리의 어려운 점

R&D 부서나 인력에 대한 성과관리는 과업의 특성상 여타 부서나 인력의 성과관리와는 다른 특징들을 갖게 된다. 그리고 이러한 특징들로 해서 성과관리는 더욱 어렵게 된다. 중요 특징들로는 다음과 같은 것들이 있다.

(1) 목표를 정하는 것이 어렵다.

성과관리는 앞서 살펴본 것처럼 목표설정으로부터 시작한다. 즉 조직의 전략목표로부터 부서의 목표가 정해지고 그에 기초해 개인의 연간 목표가 설정된다. 기말에는 이 목표의 달성도에 의해 부서나 개인의 업적평가가 이루어지게 된다. 이 때 물론 목표의 달성도 뿐만 아니라 난이도도 고려된다.

그런데 R&D의 경우 목표의 특정이 어려울 때가 많다. 원래 목표에 의한 관리에서는 목표가 구체적이고 계량적으로 결정될 수 있는 상황에서 보다 효과적이다. 그러나 R&D의 경우 특히 기초연구에 가까이 갈수록 구체적 목표를 정하기 어렵거나 아예 목표자체가 불확실한 경우가 있다. 따라서 제품의 개발이나 개선과 같은 경우는 성과관리가 가능한 반면 기초연구의 경우에 성과관리는 훨씬 어렵게 된다.

목표설정의 어려움은 R&D의 전문성으로부터도 파생된다. 여타과업의 경우 상급자는 피평가자의 분야에 대해 경험으로부터 잘 알고 있다. 따라서 목표의 적정성이나 난이도를 잘 파악할 수 있다. 그러나 R&D 과업의 많은 경우 그 고유의 전문성으로 인해 상급자가 피평가자의 목표의 성격이나 달성도를 충분하게 파악하는 것이 힘들 경우가 많다. 따라서 목표의 적정성 여부의 판단이 힘들다.

(2) 성과 지표의 설정이 어렵다.

성과관리의 한 요소인 인사고과나 성과 평가(performance appraisal)를 위해서는 성과의 우수성 여부를 판단하는 기준인 지표(index)가 필요하다. 보통 기업조직에서 성과평가를 위한 지표로는 업무에서의 목표달성도나 역량 등이 흔히 사용된다.

R&D 조직의 경우 목표달성도 외에 [표 10-3]에서 보는 바와 같이 논문이나 특허와 같은 R&D 특유의 정량적 지표도 활용할 수 있다(Cole & Cole, 1967; Edwards & McCarrey, 1973, Phelan, 2000).

R&D조직의 경우 획일적인 단일의 평가지표를 설정하는 것이 어렵다. 대학처럼 순수한 기초연구를 하는 경우는 과학에 대한 기여도를 표시하는 논문이나 특허와 같은 성과지표를 적용하는 것이 용이하다. 그러나 개발이 중심이 되는 경우는 그런 평가지표가 부적절할 수 있다. 여기서도 제 2장에서 언급하였던 범조직

표 10-3 R&D의 성과지표 들

① 간행물(논문, 서적)의 숫자	② 간행물(논문, 서적)의 질
③ 간행물의 인용 횟수	④ 기술보고서의 양과 질
⑤ 학회발표 논문 수	⑥ 특허 출원 및 등록건수
⑦ 감독자 평가 업무의 질	⑧ 동료평가(연구실 내 · 외)
⑨ 과학 · 기술 커뮤니티에서의 평판	⑩ 조직목표에의 전반적인 기여
⑪ 창의성이나 독창적인 방법의 시현	⑫ 과학계로부터의 수상 실적

자료: Cole & Cole(1967); Edwards & McCarrey(1973); Phelan(2000).

인(cosmopolitans)과 조직인(locals)이 이슈가 등장하는데 대학의 교수나 과학자처럼 범조직인의 경우에는 과학적 세계에의 기여도를 표시하는 논문이나 특허가 성과의 지표가 될 수 있다. 그러나 조직을 위해 일하는 조직인들(로컬들) 특히 엔지니어들을 이러한 기준으로 평가할 수는 없다. 로컬의 경우는 조직이 요구하는 제품목표를 얼마나 달성하고 있는 가로 평가되어야 할 것이다. 만약 로컬들의 평가지표로 논문이나 특허가 중심이 된다면 그들은 조직의 생존에 필요한 제품개발보다는 논문이나 특허를 내는데 바쁠 것이기 때문이다.

따라서 R&D 성과 지표를 설정함에 있어서는 상황적합적 접근법이 필요하다. 기초연구를 하는 대학이나 연구소의 과학자를 평가하는 데는 논문이나 특허와 같은 정략적 지표의 비중이 크겠지만 제품개발을 주로 하는 기업의 엔지니어들의 성과를 평가할 때는 조직기여도와 같은 정성적 지표의 비중이 커야할 것이다. 과학자와 엔지니어 즉 범조직인과 조직인들의 혼합체인 R&D 조직의 경우라면 두 가지 성격을 가진 지표의 적절한 배합을 고려하는 것이 필요하다. 이 경우라도 연구보다 개발이 강조된다면 논문, 특허보다는 조직기여도의 비중이 높아야 할 것이다.

조직특성이나 목표를 무시하고 획일적인 단일지표로 R&D 성과를 판단할 때의 불합리한 점을 보여주는 좋은 사례가 있다. 1980년대 말에 한국과학기술원(KAIST)내에 인공위성분야를 새롭게 개척하기 위해 인공위성 연구센터(소장: 최순달)가 설립되었다. 당시 우리나라는 워낙 인공위성 분야의 불모지였기 때문에 센터가 가장 먼저 한 일은 이 분야의 전문인력을 양성하는 것이었다. 그래서 우수학생들을 선발해 영국의 서리대학(University of Surrey)에 유학시켜 위성관련 전문지식을 습득하게 했다. 그 인력들이 귀국하여 1992년 '우리별 1호'의 개발에 성공한다. 그러한 인력들이 오늘의 위성제조업체인 쎄트렉에이(Satrec Initiative)의 모체가 되어 우리나라 위성산업의 개척자들이 된다.

당시 인공위성연구센터의 인력파견은 한국과학재단(현재의 한국연구재단)의 우수연구센터(Engineering Research Center: ERC)지원사업에 선정되어 사업의 후원하에 이루어졌다(읽을거리 참조). 한국과학재단은 선정된 ERC들의 활동과 업적을 정기적으로 평가하여 차등지원과 함께 지원 지속여부를 결정하였다. 훗날 한국 위성산업의 토대를 구축하는데 중요한 역할을 한 인공위성센터였지만 한국과학재단 사업평가는 항상 좋지 못했다. 1차 평가(3년 차)에 이어 2차 평가(6년 차)에서도 저조한 평가를 벗어나지 못했다. 결국에는 2차 평가를 끝으로 사업에 대한 지원이 중단되었다. ERC의 평가 잣대가 출간된 논문과 출원 등록된 특허 수였기 때문이다. 당시의 센터의 일차적 목표는 논문작성이 아니라 인력의 양성과 최초의 소형 위성개발이었던 것이다. 한국과학재단의 지원이 오늘날 한국 위성산업의 초석을 놓는데 크게 기여한 것은 사실이나 기관의 미션을 고려하지 못한 획일적인 사업 평가기준의 설정은 조금 아쉬운 대목이라 할 수 있다.

읽을거리

인력양성을 통한 기술축적의 성공사례; 쎄트렉아이(Satrec Initiative)사

쎄트렉아이사는 인공위성체계 개발능력을 보유한 국내 유일의 기업으로 매출액 900억, 직원 수 300명(2020년 기준)에 이르는 우리나라의 중견기업이다.

우리나라 최초위성인 우리별 1호를 비롯한 소형 과학위성을 개발한 인력(대표: 박성동 쎄트렉아이 이사회 의장)을 중심으로 1999년 12월에 설립되었다.

처음에는 소형 지구관측위성인 우리별 1호로부터 시작하였으나 지금은 해외 수출 비중이 전체 매출의 90% 이상이 될 정도로 크게 성장하여 해외 중·소형 위성 시장에서도 인정받고 있다. 말레이시아, 아랍에미리트, 싱가포르 등을 주요 고객으로 하고 있다.

이 회사는 한국의 산업기술 역사에서 매우 독특한 위치를 점하고 있다. 기술이 전무한 상태에서 인력양성을 통해 기술을 개발하고 축적한 사례이기 때문이다. 그래서 좀 더 자세히 살펴보기로 한다.

1980년대 말에 고(故) 최순달 박사가 주축이 되어 한국과학기술원(KAIST) 내에 인공위성연구센터(SaTReC)가 설립되었다. 이에는 한국에도 인공위성 기술개발의 필요성을 인식한 최박사의 혜안이 크게 기여했다. 인공위성센터는 당시 시작되었던 한국과학재단(KOSEF)의 '우수연구센터(ERC) 지원사업'(후에 선도연구센터 지원사업으로 개명)에 선정됨으로써 본격적인 활동이 시작되었다. 우수연구센터 사업은 1990년부터 한국과학재단이 미국 과학재단(NSF)이 시행하던 유사사업을 벤치마킹하여 과학과 공학분야의 선도적인 연구 집단(SRC, ERC)을 지원하는 사업이었다.

인공위성센터가 중심이 된 연구센터(ERC)는 첫 번째 사업으로 자체 소형 인공위성 개발과 동시에 이에 필요한 인력을 양성하는 것이었다. 당시 워낙 인공위성분야의 기술이 전무했기 때문이다. 그래서 센터의 우선 사업을 인력들을 선진국에 보내 공부를 시키는 것으로 정했다. 그러나 당시 선진국들은 기술전수를 해주는 곳이 없었다. 유일하게 찾아낸 것이 영국의 서리(Surey)대학이었다. 서리 대학은 민간회사로 서리 새틀라이트 테크놀로지사를 세웠으며, 전 세계에 소형 지구관측위성을 수출하고 있었다. ERC센터(인공위성센터)는 참여 교수들의 우수제자들을 중심으로 서리대학에 유학생들을 파견하였다. 그들은 대학의 서리 스페이스 센터에 유학하여 학업을 수행하면서 우리나라 최초의 지구관측위성인 '우리별 1호'의 제작에도 참여하였다.

우리별 1호는 영국 서리대학교의 기술 지원 아래 한국과학기술원(KAIST) 인공위성연구센터와 한국항공우주연구소에서 파견된 유학생들과 연구원들에 의해 영국에서 제작되었고 1992년 8월 11일 우주궤도에 성공적으로 진입하였다.

1993년에는 유학 후 복귀한 센터의 연구원들에 의해 '우리별 2호'가 우리 자체의 힘으로 제작되었다. 그럼으로써 한국의 위성기술발전사에 한 획을 긋게 되었다. 그리고 영국에 유학했던 인공위성센터의 유학생들을 주축으로 1999년 세트렉아이라는 벤처기업이 탄생하게 된 것이다.

쎄트렉아이의 성공으로 상징되는 한국 위성 기술의 개발에는 여러 요인들이 기여한 것으로 평가된다. 우선 선구적인 혜안을 지녔던 최순달 박사를 비롯한 센터의 연구교수들, 한국과학재단을 통한 국가의 사업에 대한 지원(유감스럽게도 평가의 난맥으로 인해 6년 지원을 끝으로 중단되었지만) 등이 기본적인 기초가 되었다. 그러나 무엇보다도 어려운 환경에서 학업과 위성제작을 병행한 유학생들의 땀과 노력이 큰 기여요인이었다는 점은 인정해야 할 것 같다. 서리대학에 유학생을 파견한 여러 나라가 있었지만 여기서 배운 것을 기초로 스스로 위성산업을 일으킨 나라는 우리나라가 유일하다고 한다. 당시에 대학 측은 기술노출을 꺼려 센터에서 파견된 유학생들을 기술 전체를 파악할 수 없도록 분할에서 부분적으로만 접근시켰다 한다. 유학생들은 저녁에 모여 자신이 접근한 부분을 공유해 전체그림을 그려봄으로써 전체 기술의 모습을 파악했다고 알려지고 있다.

이러한 기여자들 외에도 한국의 위성기술개발에 알려지지 않은 히든 피규어(hidden figure)가 있었음을 이 자리를 빌려 부기하고 싶다. 그는 다름 아닌 한국과학기술원 경제학과의 고 유평일 교수이다. 유교수는 사업의 코디네이터로서 수 년 동안 사업과 유학한 유학생들을 뒷바라지했다. 그는 개인적으로 필자의 지인이어서 필자는 사업진행의 상황을 들을 수 있는 기회가 많았다. 유교수는 수년간 한국과 영국을 장시간 오가면서 사업에 헌신했던 것을 기억한다. 이 자리를 빌려 다시 한번 작고하신 고인의 명복을 빈다.

고 유평일 교수를 회고하면서 한국의 기술 발전에는 정말 알려지지 않은 많은 인물들의 보이지 않는 수고가 기초하고 있음을 다시 한 번 생각하게 된다.

(3) 개인평가와 집단평가의 비중조절이 필요하다.

성과관리는 보통 개인평가와 집단평가를 혼용하는 방식을 택한다. 개인평가를 강화하는 경우 집단의 팀워크 형성에 문제가 생기기 때문이다.

R&D의 경우도 개인과 집단 어디에 초점을 맞출 것인가는 어려운 문제이다. 기초나 순수연구의 경우 개인평가로 충분할 수 있다. 그러나 오늘날 많은 제품의 개발이나 혁신은 집단의 창조물인 경우가 많다. 그 경우 집단의 평가 비중이 커져야 조직이 원하는 집단 팀워크나 분위기의 형성이 가능해진다. 물론 집단평가가 강화되는 경우 무임승차자(free rider)의 문제를 살필 필요는 항상 있다.

집단평가의 비중은 문화와도 관련이 있다. 집단주의 성격이 강한 동양문화(동양문화라도 국가 간에 차이는 존재한다)에서는 그 강점을 살리기 위해 R&D 활동이라도 집단평가(팀 평가)의 비중이 더 중요할 수도 있다.

(4) R&D 성과평가는 파괴적 혁신이나 장기적 혁신을 저해할 수도 있다.

일반적으로 성과평가를 채택하는 조직은 그렇지 않은 조직에 비해 생산성이나 이익이 높다는 연구결과들이 많다. 그러나 이것이 R&D의 경우에도 그대로 적용되는 것인지에 대해서는 고민이 필요하다.

'성과를 정확히 평가하고 그에 따라 보상한다'는 것은 성과관리와 보상의 제1원칙이다. 그러나 이러한 제도가 시행될 때 직원들의 행태를 유심히 관찰할 필요가 있다. 성과관리 제도 하에서 높은 보너스와 승진을 얻기 위해서는 목표의 지속적인 달성이 필요하다. 이를 위해서는 직원들은 적당한 목표(누가 힘든 목표를 택하랴!)를 설정해서 물론 열심히 일해 과실을 따 먹는 전략을 택할 수 있다. 직원들은 10년 앞을 내다보는 불투명한 미래를 위해 일하기보다는 올해의 작은 목표의 성공적인 달성이 더 중요하다. 즉 모험보다는 안전운행을 선호하는 문화의 형성이 이루어질 수 있다.

이러한 문화에서는 파괴적 혁신이나 급진적 혁신보다는 소위 점진적 혁신이 이루어질 가능성이 크다. 10년을 내다보며 대박연구를 터트릴 사람이 10년 동안 성과관리에서는 평균이하의 평가점수를 받을 수도 있다. 문제는 이러한 대박연구를 통해 얻은 기업의 수익이 10년간의 기업활동의 이익보다 더 클 수 있다는 점이다. 사물인터넷의 창시자인 케빈 애쉬턴(Kevin Ashton)은 "평생 좋은 고과를 받아 본 적이 없다" 라고 말하고 있다(인물탐구 참조). 그리고 보다 큰 문제는 이러한 대박연구자가 10년을 못 버티고 조직에서 쫓겨나거나 이직할 가능성이 크다는 점이다.

인물탐구

사물인터넷의 창시자: 케빈 애쉬턴(Kevin Ashton)

(1) 경력과 업적

사물인터넷(영어: Internet of Things, 약어로 IoT)은 소위 4차 산업혁명의 핵심기술의 하나로 각종 사물에 센서와 통신 기능을 내장하여 인터넷에 연결하는 기술. 즉, 무선 통신을 통해 각종 사물을 연결하는 기술을 의미한다. 인터넷으로 연결된 사물들이 데이터를 주고받아 스스로 분석하고 학습한 정보를 사용자에게 제공하거나 사용자가 이를 원격 조정할 수 있는 인공지능 기술이다. 여기서 사물이란 가전제품, 모바일 장비, 웨어러블 디바이스 등 다양한 임베디드 시스템이 포함된다. IoT는 난방과 조명을 자동으로 조절하는 스마트 홈 기기부터 산업 장비를 모니터링하여 문제를 찾은 후 고장 예방을 위해 자동으로 해결하는 스마트 팩토리(smart factory)에 이르기까지 다양한 분야에 응용되고 있다.

이 사물인터넷이란 말은 케빈 애쉬턴(Kevin Ashton)에 의해 만들어졌다고 알려지고 있다. 그는 1968년 영국 버밍엄에서 태어나 미혼모밑에서 자랐다. 10대 때 그는 DJ를 하면서 유럽을 여행하며 결국 노르웨이에 정착할 때까지 대부분의 시간을 보냈다. 그는 21세까지 노르웨이에서 살았으며 런던 대학교에 입학하여 스칸디나비아 문학 프로그램을 공부하였다. 대학 재학시에는 학생신문의 편집장도 역임했다. 대학 졸업 후에는 국수 바(bar)인 신생 기업에 참여하여 인터넷 브랜드 구축에 도움을 주기도 했다.

그 후 Ashton은 P&G에서 자리를 제의받아 입사하게 된다. 회사에서 그는 Oil of Olay의 화장품 라인 출시를 도왔다. 그 과정에서 그는 회사의 인기제품이 항상 갈 때마다 매대가 빈 것을 발견하고 회사의 재고관리 시스템에 문제가 있음을 느끼게 된다.

Ashton은 새로운 해결안에 착상했다. 그것은 신용카드에 내장되어 있는 무선 마이크로 칩(radio micro ship)을 이용하는 것이었다. 이 개념은 당시 발전하고 있던 무선지원 칩(radio enabled chip)을 이용하는 것으로 개선되었는데 이것이 훗날 RFID(radio frequency identification: 무선인식) 기술로 발전하게 된다(제3장 읽을거리 참조).

Ashton은 P&G 경영진의 적극적인 후원에 힘입어 회사와 관계가 있던 미국 MIT의 미디어 랩(Media Lab)으로 옮겨 Auto-ID Center를 창설하고 RFID에 대한 연구를 심화하는 기회를 가졌다. 동시에 스마트 패키징 시스템(smart packaging system)이라는 새로운 영역의 잠재력을 연구하게 된다. 거기서 RFID를 모든 물건에 부착해 서로 소통할 수 있는 방안을 구상하게 되는데 이 아이디어가 사물인터넷(IoT)의 기초가 된다. 그 기간 중에 그는 수백 명의 기업가들에게 RFID 기술의 잠재력에 대해 발표를 하는 중에 사물인터넷이란 용어를 자주 사용하게 되면서 기업계에 이 용어가 널리 알려지는 계기가 된다. 스마트 패키징 시스템이란 RFID를 활용해 공급자와 소매업자를 연결하는 소통 시스템이다. 2003년에는 스마트 칩에 대한 시장이 폭발하고 칩을 더 저렴하고 쉽게 생산할 수 있도록 많은 투자가 이루어지게 되었다.

그는 가정 자동화 벤처기업인 WeMo를 설립했다가 이를 Belkin에 매각하고 현재는 청정 IoT의 선두업체 벨킨(Belkin)의 청정기술 부문 총책인자로 일하고 있다.

(2) 어록으로부터 살펴본 개인적 특성

Ashton이 그의 책이나 인터뷰에서 밝힌 두 어록을 통해 그의 연구자로서의 특성을 살펴보기로 하자.

① "천재성은 필요없다(no genius necessary)"

그는 산업의 경로를 바꿀 수 있는 미래의 기술, 도구, 전략을 명확하게 볼 수 있는 재능을 가진 비전가이다. 초기 시장 실험과 빠르게 변하는 소비자 니즈를 파악한 혜안을 지니고 있어 다른 사람들보다 미래를 더 잘 예측할 수 있었다.

그러나 그는 자신이 천재적 재능이 있다는 것을 부정한다. 오히려 창의성 발휘에 "천재성은 필요없다(no genius necessary)"고 말한다. 이는 그의 경력 전체를 일관하는 모토였다. 그는 한 인터뷰에서 "저는 창의력을 타고 난다고 믿지 않습니다. 제 경험에 비춰보면 창의적인 인재들은 열정을 갖고 엄청난 시간에 걸쳐 노력하며 반복해서 실패해도 포기하지 않는 근성을 갖추고 있었습니다"라고 말한다. 천재적인 재능보다는 끝없는 호기심과 그것을 실현하는 지구력의 중요성을 강조하고 있다. 최초의 RFID의 개념도 몇 번이고 현장을 직접 방문하여 눈으로 확인하는 과정에서 가능했던 것이다.

② 나는 평생 좋은 고과를 받아본 적이 없다(I've never had a good performance review in my entire career)

Ashton은 좋은 고과점수를 받는 우수사원 형은 못되었다. 정교하고 철저한 성과관리 시스템은 기업의 수익과 생산성 향상을 위해 필요하고 또 기여하는 제도이지만 경우에 따라서는 직원의 단기적 시야를 조장하는 측면도 존재한다. 좋은 고과를 받고 보상을 받으려면 확실하고 비교적 적당한 목표를 설정하고 노력하면 되기 때문이다. 이러한 상황에서는 긴 호흡의 장기적 안목의 연구개발을 하는 연구자나 직원은 좋은 평가를 받기 어려울 수도 있다. 정교한 성과관리 시스템이나 고과 시스템은 Ashton의 RFID와 같은 창조적 발상을 북돋지 못한다는 한계를 지닌다.

자료: Ashton(2015).

제 3 절 성과관리의 변화추세

최근 글로벌 빅테크 기업들을 중심으로 성과관리에 큰 변화가 일고 있다. 일부에서는 성과관리 혁명(performance management revolution)이라고 부를 정도로 그 성격과 방식이 크게 바뀌고 있다(Cappelli & Tavis, 2016). 이러한 변하는 기술중심 회사(Adobe, Juniper Systems, Dell, Microsoft, IBM, GE), 전문 서비스 회사(Deloitte, Accenture, PwC), 기타 산업(Gap, Lear, Oppenheimer Funds) 기업들에 의해 주도되고 있다. 변화를 야기한 동인, 그리고 변화의 방향에 대해 살펴보기로 한다.

1. 기존 성과관리에서 지적되던 문제점들

성과관리가 조직의 생산성 향상에 크게 기여한다는 연구도 많지만 또 문제점이 가장 많이 제기되는 제도 중 하나이다. 조직의 인사제도 중 직원들의 불만이 가장 큰 제도라고 말해도 과언이 아니다. 성과평가에 좋은 점수를 받은 직원은 그것을 자기 탓(내적귀인)으로 생각하는 반면 평가가 좋지 못한 직원은 자기잘못보다는 시스템(제도나 평가자 등 외부요인)의 탓(외부귀인)으로 돌리는 것이 인지상정이기 때문이다.

기존에 성과관리의 문제점으로는 다음과 같은 것들이 지적되어 왔다.

(1) 요란한 의식에 비해 실효성은 적다.

성과관리는 1년이나 반기별로 한 번씩 이루어지지만 이에 투입되는 시간과 서류절차는 대단하다. 미국 회계법인 Deloitte의 관리자에 의하면 성과관리에 투입되는 회사전체의 시간은 180만 시간에 이른다(Wilkie, 2015), 이러한 막대한 시간 지출에 비하면 성과관리를 통해 얻는 실익은 매우 적다. 그저 의례적인 연례행사로 전락해버린 경우가 적지 않다. Deloitte는 HR 임원의 58%가 성과관리과정을 통해 감독자의 시간을 비효율적으로 사용하고 있다고 생각한다라고 보고하고 있다. 자문 서비스 CEB의 연구에서 평균적인 관리자는 매년 평가를 하는 데 약 210시간(5주에 가까운 시간)을 소비한다고 보고하고 있다(Wilkie, 2015).

(2) 협업과 창의성 · 혁신을 저해한다.

연례적인 성과평가는 경쟁의식을 유발하기도 하나 이는 결과적으로 구성원 간 협업을 방해한다. 더구나 최근에는 점점 팀 단위의 업무가 늘어나는 추세에서 개인의 성과를 구별해서 가름하기가 쉽지 않다. 급여의 인상도 그렇게 크기가 힘든 상황에서 성과를 구분짓는 것은 오히려 창의성과 혁신을 방해하는 측면이 존재한다.

(3) 직원과 관리자 모두 평가과정을 달가워 하지 않는다.

성과관리는 어쩔 수 없이 하기는 하지만 상사나 부하 모두에게 부담이 되는 과정이다. 심지어 그들은 경멸하기까지 한다. 이러한 상사나 부하의 태도는 성과관리의 유효성을 제한한다. [그림 10-4]는 성과관리에 대한 관리자, 직원들의 부정적 반응을 보여준다(CEB Global, 2016).

우선 직원들은 전체 평가 과정을 싫어한다. 한 연구에 따르면 그들은 숫자 점수를 싫어한다. 그들은 5점 만점에서 3점을 받는 것보다 "평균"이라는 말을 듣고 싶어 했다(Wilkie, 2015), 그들은 특히 강제 순위를 싫어했다. Wharton 스쿨의 Iwan Barankay 교수가 현장 실험에서 시연했듯이 사람들이 다른 사람에 비해 상대적으로 평가 될 때 실제로 성과가 저하되었다(Barankay, 2012). 등급을 매기는 것이 정확해 보이지도 않았다. 평가 점수에 대한 많은 연구결과들은 성과평가가 성과자체보다는 평가자가 누구인지(사람들이 자신과 비슷한 사람들에게 더 높은 평가를 주었다)와 관련이 컸다는 것을 보여주고 있다.

그림 10-4 성과관리에 대한 관리자와 직원의 반응

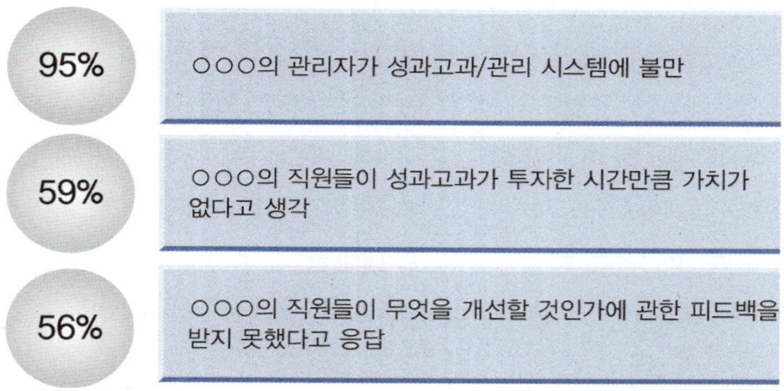

자료: CEB Global(2016).

(4) 과거의 책임을 물을 뿐 현재 성과를 개선하거나 미래의 인재육성에 기여하지 못한다.

성과관리는 주로 연말에 그해의 각 직원의 성과를 판별하여 그에 합당한 상과 벌을 결정한다. 이는 결국 과거의 행위에 대한 책임을 물을 뿐 현재의 성과를 개선하거나 미래를 위해 해당 직원에게 학습을 주거나 인재를 육성하는 기능은 별로 없다. 그런데 조직의 장기생존을 위해 중요한 것은 과거 행위보다는 현재성과의 개선과 미래를 위한 학습과 인재육성이다. 많은 조직이 성과관리를 폐지하거나 개편하려는 진짜 이유는 여기에 있다.

(5) 충격 효과가 크고 직원몰입을 높이지 못한다.

전통적인 성과관리에서 일 년에 한번 시행하는 성과 리뷰는 직원들에게 충격 효과가 크고 그들의 몰입(engagement)을 높이지 못한다는 것이 연구결과가 있다(emPerform, 2021).

제약회사 Eli Lilly는 기존에 사용하고 있는 연간성과 리뷰가 직원들의 몰입에 미치는 효과를 조사했다. 그 결과는 [그림 10-5]에서 보는 바와 같다(emPerform, 2021).

그림에서 보듯이 성과 평가 프로세스 직후 전체 직원 중 80%에서 몰입도가 크게 떨어졌다. 그리고 그 하락은 등급이 발표된 후 최대 3개월 동안 감소했다. 몰입도가 가장 크게 감소한 것은 '4'이하(표준 5점 척도 기준) 등급을 받은 직원이었다.

더욱 흥미로운 점은 5점을 받은 직원들조차도 하락에서 더 빨리 회복했음에도 불구하고 여전히 몰입도가 하락했다는 것이다. 연구결과 평가 프로세스가 거의 전체 분기 동안 몰입도와 성과를 떨어뜨리고 있는 것으로 나타났다.

그러나 이러한 연구결과가 성과관리 시스템이 전혀 의미가 없다는 것으로 해석되어서는 안 된다. 회사는 1년에 한번 실시하는 이러한 성과평가의 문제점을 인식하고 연중 직원과의 수시점검 대화를 통해 피드백을 주는 지속적 성과관리(continouous performance management)로 전환을 꾀하였다.

그림 10-5 성과평가가 직원의 몰입에 미치는 효과: Eli Lilly사의 사례

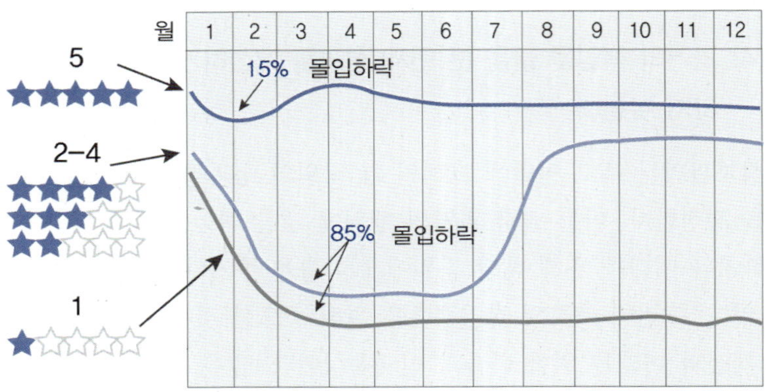

자료: emPerform(2021).

2. 성과관리의 변화를 야기하는 사업상 필요 및 환경변화

이상과 같은 성과관리에 내재한 문제점 외에도 최근에 발생하고 있는 환경변화나 사업상의 필요성도 성과관리를 폐지하거나 개편하는 이유로 작용하고 있다(Cappelli & Tavis, 2016). 많은 기업조직들이 연간 성과리뷰 대신 수시로 상황체크를 하고 피드백을 제공하는 관행으로 변화하고 있다.

(1) 인재개발과 육성의 강조

앞서 언급하였듯이 성과관리는 사정과 개발의 두 용도를 가지고 있는데 최근

추세는 인재의 개발과 육성이 강조되고 있다. 이러한 추세는 전문적인 기술서비스를 제공 하는 컨설팅 기업이나 전문서비스 제공 기업들에서 많이 발견된다. 여기서는 대학졸업자를 체계적인 교육을 통해 숙련된 전문가로 육성해야 하는데 이 경우에는 감독자들의 풍부한 피드백이 필요하다. 따라서 연례적인 성과리뷰보다는 자주 이루어지는 비공식적인 수시 점검대화(check-ins)가 더 유용성이 큰 것으로 인정되고 있다.

(2) 민첩성의 요구

오늘날은 미래의 고객의 요구가 끊임없이 변화하고 있기 때문에 기업이나 산업이 지속적인 경쟁력을 유지하기 위해서는 신속한 혁신이 필수적이다. 이를 위해서는 조직은 민첩성(agility)이 필수적인 속성으로 등장하고 있다.

이러한 추세를 반영하여 하이테크 기업들 중에는 2000년대에 들어와 성과에 대한 새로운 사고방식을 도입했다. 2001년 소프트웨어 개발기업들을 중심으로 "애자일 선언(Agile Manifesto)"이라는 개념이 도입되었는데 여기서는 새롭게 몇 가지 핵심 가치를 설명하고 있다. 예컨대 소프트웨어를 개발하는데 있어 사전에 완벽하게 정해진 절차에 따라 진행하는 방식대신 시험적인 베타 버전을 출시해 고객들의 반응을 고려하여 제품을 완성하는 방식을 채택하기 시작했다. 이러한 방식이 전자보다 훨씬 제품개발 주기를 단축시틸 수 있다는 것이다. 그래서 이러한 개념 하에서는 예를 들어 "계획을 따르는 것보다 변화에 대응하는 것"을 선호한다. 보다 신속하게 시작품을 만들고 고객 피드백 및 요구 사항 변경에 실시간으로 대응한다. 그리고 이를 위해 협업, 자기 조직화, 자기 주도 및 보다 효과적인 작업 방법에 대한 정기적인 성찰과 같은 원칙을 강조한다.

이러한 새로운 원칙은 그 자체로 성과를 겨냥한 것은 아니었지만 직무에 대한 유효성의 정의를 변경했으며, 목표를 위에서 아래로 계단식의 형태로 설정하고 1년에 한 번 직원들을 평가하는 일반적인 관행과는 상충되게 되었다. 조직은 직원이 같은 일을 계속하기를 원할 필요가 없기 때문에 주로 과거 또는 현재 관행에 대한 책임을 묻도록 구축된 평가 시스템에 매달리는 것은 의미가 없다. GE의 인사 책임자인 Susan Peters가 지적했듯이 기업은 더 이상 명확한 연간 주기가 없다(Wilkie, 2015). 프로젝트는 단기적이며 그 과정에서 변경되는 경향이 있으므로 직원의 목표와 작업을 1년 전에 정확하게 계획할 수는 없다는 것이다.

(3) 협업과 팀워크의 중요성 증대

기존 성과관리 시스템을 재편하려는 배경 중의 또 하나는 직원들 간의 협업과 팀워크를 높이고자 하는 것이다. 최근의 많은 업무가 팀 중심의 업무가 늘고 있고 협업이 강조된다. 강제로 직원들의 순위를 매기거나 개인의 책임에 초점을 둔 평가를 벗어나게 되면 팀워크를 육성하기가 보다 쉬어진다.

이러한 필요성은 특히 미국의 경우 Gap이나 Sears와 같은 소매업체에서 커지고 있다. 이제 정교한 고객 서비스를 제공하려면 일선 영업현장과 후방 사무실 직원이 협력하여 매장 전시를 하고 고객 흐름을 관리해야 하는데 기존 성과 시스템은 팀 수준에서 성과를 향상시키거나 협업을 추적하는 데 도움이 되지 않았다.

Gap사에서 관리자는 여전히 근로자에게 연말 평가를 실시하지만 이는 연중 발생하는 성과 논의를 요약하고 그에 따라 임금 인상을 설정하기 위한 용도로만 사용된다. 직원에게는 여전히 목표가 있지만 다른 회사와 마찬가지로 목표는 단기(이 경우 분기 별)로 정한다. Gap사에서는 새로운 시스템이 도입하고 2년 후에 효과를 평가한 결과, 매장 수준 목표를 어느 때보다도 높게 달성했고 성과관리 시스템에 대한 만족도도 높아진 것으로 보고되고 있다.

이상에서 보았듯이 경쟁력을 높이기 위해 사람을 개발해야하는 전문 서비스 회사 든, 빠른 혁신을 지원하기 위해 지속적인 성과 피드백을 제공해야 하는 회사 든, 고객 서비스를 위해 영업 현장과 후방 사무실 간의 더 나은 조정이 필요한 소매업체 든 마찬가지로 사업상 변화의 필요성 때문에 성과 관리에 대한 재검토가 이루어지고 있는 것이다.

3. 성과관리의 변화추세

이상에서 언급한 이유와 환경변화로 인해 상당수의 기업들이 기존의 연간 성과리뷰 시스템에 변화를 가하고 있다. 이는 완전히 연간 성과리뷰 제도를 폐기하는 경우에서부터 약간의 새로운 제도를 추가하는데 까지 다양한 범위로 이루어지고 있다. 주요한 변화 추세는 다음과 같다.

(1) "성과관리는 끝장났다"

최근 적지 않은 기업들이 "성과관리는 끝장났다(annual performance system

is dead)"는 주장이 나올 정도로 성과관리 제도를 폐지하는 추세다. 특히 1년에 한번 실시하는 연간 성과리뷰 즉 점수매기기를 없애고 있다(Rock & Jones, 2015).

대표적인 회사 중 하나가 GE사이다. 2015년 8월 GE는 30만 명의 전체 직원에 대한 공식적인 연간 성과리뷰를 완전히 폐기하기로 결정했다. 대신에 다음에 설명할 수시 점검대화로 대체하고 관리자와 팀원이 피드백을 공유 할 수 있는 앱을 개발하여 도입했다.

같은 해에 세계적인 컨설팅 회사의 하나인 액센츄어(Accenture)사도 연간 성과관리제도를 폐기하고 직원이 부여된 업무를 받는 즉시 자신의 관리자로부터 적절한 피드백을 받는 제도로 전환했다.

성과관리를 완전히 폐지하지는 않지만 이를 단순화시킨 기업들도 있다. 컨설팅 회사 Deloitte는 직원들 간 순위를 매기는 것을 피하고 1년 내내 직원을 점진적으로 평가하며 4개의 간단한 질문에만 응답하면 되는 새로운 프로그램을 실험하고 있다고 발표했다. 그 중 2 개는 단지 '예' 또는 '아니요'로 답변하기만 하면 된다(제4절 참조).

(2) 강제순위법(강제분포법)을 없앤다

1) 강제순위법(stacked rating)이란 무엇인가?

많은 성과관리 시스템에서는 각 직원을 점수로 평가하여 순위를 매기고 정해진 비율에 따라 3~5개 군으로 분류한 다음 하위군은 퇴출시키는 방법을 사용한다. 이를 강제순위법(stacked ranking, forced ranking)이라고 한다. 또는 rank and yank라고도 부른다. '순위를 매기고(rank) 하위군은 내 팽개친다(yank)'는 의미에서 붙여진 말이다.

이러한 강제순위법은 성과관리의 가장 고전적인 방법의 하나로 능력이 정규분포곡선(normal curve)또는 종형 곡선(bell curve)을 그린다는 기본가정에 기초를 두고 있다. 이 방식에서는 조직이나 부서의 직원이 '탁월(top performers)', '우수(good performers)', '평균(average)', '평균이하(below average)', '저조(poor)' 등으로 분류되고 일정한 비율로 할당된다. 이러한 방식의 대표적인 형태가 잭 웰치(JacK Welch)가 사장으로 있던 시기의 GE에서 채택했던 방식이다(McGregor, 2013). 여기서는 직원들 간 상호비교를 통해 상위 20%(A군), 중간 70%(B군), 하위 10%(C군)으로 분류되고 하위 10%는 해고되었다.

2) 강제순위법의 문제점

강제순위법은 글로벌 우수기업들에서 전통적인 성과관리나 인사고과에서 가장 널리 사용되고 있는 방법이었다. 그러나 찬성과 반대가 갈려 매우 논란이 큰 제도이다.

이 제도의 찬성론자들은 이러한 방법이 우수자를 거려내 보상하므로 동기부여를 시키고 저성과자에게 경고를 통해 분발시킴으로써 조직성과를 높이는 효과가 있다고 주장하다. 반면에 반대론자들은 이 제도가 득보다 실이 큰 제도라는 점에서 반대한다. 반대론자들의 구체적인 지적을 열거하면 다음과 같다.

첫째, 한 현장 실험에서는 사람들이 한 집단내의 다른 사람과 비교해 상대적으로 평가될 때 실제로 성과가 저하되었다는 연구결과가 존재한다(Barankay, 2010).

둘째, 이 제도는 구성원 간 파괴적인 경쟁을 유발한다(Pfeffer & Sutton, 2006). 그리고 이러한 경쟁구도는 타인을 끌어내는 것이 내가 올라가는 길이므로 구성원간 협조보다는 서로를 방해한다.

셋째, 이 제도는 협력, 공유 및 심지어 혁신의 기반을 훼손하는 유해한 업무환경을 만들 수 있다. 치열한 경쟁은 대부분의 조직에서 활력의 혈액을 빼앗아 간다. 동료가 자신의 성과 등급을 높이기 위해 당신을 뒤에서 찌를 가능성이 있다면 그들을 신뢰하기가 어렵다. 결과적으로 사람들은 자신을 보호하는 데 집중하게 된다. 그들과 지식을 공유하거나 도와주는 것은 나에게 불리한 위험한 짓일 수 있다고 생각한다.

넷째, 자기실현적 예언(self fulfilling prophecy)이 작용한다는 것이다. 저성과자로 분류하는 것은 그들이 분발하여 노력하게 한다는 의도도 있다. 그러나 현실은 그 정반대인 경우가 많다. 저성과자들은 낮은 평가에서 나타났던 기대에 부응하게 실제로 저성과를 벗어나지 못하는 경우가 많다. [그림 10-5]에서도 이러한 현상이 보이고 있다. '저조'로 평가된 직원들은 저성과를 벗어나지 못했다.

다섯째, 고성과자와 보통의 성과자 간에도 위화감이 조성되어 분노를 유발할 수 있다. 고성과자에게 많은 보상이 가고 평범한 "B"급 구성원은 간과된다면 두 집단사이의 불평등이 분노를 유발하게 된다.

여섯째, 이 제도에 반대하는 측에서는 설혹 우수한 직원으로 구성된 부서라도 일정한 비율은 어쩔 수 없이 저성과자로 분류하거나 퇴출해야 하는 이 제도의 불합리한 점을 지적한다. 가장 극단적인 사례로 다음을 예시되고 있다. Apple의 Steve Jobs, Facebook의 Mark Zuckerberg, Google의 Larry Page, Oracle의 Larry Ellison, Amazon의 Jeff Bezos 등과 같은 천재들로 구성되어 있는 한 팀을 가정해보자. 강제순위법에서는 어느 2명은 평균 이하로 평가되어야 하며 한 명은 저성과자로 분류되어 퇴출될 수 밖에 없다. 그 결과 이 제도에서는 다른 조직과 싸우는 것이 아니라 조직내부의 타인들과 싸우는 구도가 형성되게 되는 것이다.

일곱째, 강제순위법은 조직의 성과를 올릴지도 모르나 심한 경쟁적 상황은 개인에게는 신체적 정신적 부담을 많이 준다. 그리고 이것이 심해지면 정신 및 육체적 건강상의 문제를 야기할 수 있다. 인간의 신체는 상황에 대처하기 위해 코티솔(cortisol)이라는 스트레스 호르몬이 분비되는데 이것이 장기간 분비되는 경우 고혈압, 당뇨병 등 성인병을 유발하게 된다(제5장 제3절 참조).

이러한 많은 문제들로 해서 최근에는 강제순위법을 폐기하는 기업들이 늘고 있다. GE에서는 2005년경부터 이 제도를 폐기한 바 있고 Microsoft는 2012년 공식적으로 이 제도의 폐지를 선언했다. 비슷한 시기에 Adobe, Gap 과 Medtronic 사도 강제순위법을 없앴다. Adobe사에서는 2012년 3월 이 제도를 대체하겠다고 발표한 지 18개월 만에 이 소프트웨어 회사의 주가가 68% 상승하는 효과가 있었다(Wilkie, 2015).

(3) 수시 점검대화(check-ins)를 크게 늘리고 있다.

전통적인 성과관리 제도를 폐기하는 기업들에서는 그 대신에 수시 점검대화를 크게 늘리고 있다. 그 배경은 앞서 설명한 것처럼 기업의 사업 사이클이 매우 빨라져서 1년간 설정된 목표로는 환경변화에 빨리 대응할 수 없기 때문이다. 좀 더 작은 주기로 수시로 현황을 체크하는 것이 훨씬 효과적일 수 있다.

1) 수시 점검대화란 무엇이고 전통적인 성과관리와는 어떻게 다른가?

수시 점검대화(check-ins)란 작업 진행 상황, 목표, 현재까지의 성과 및 향후 조치 계획에 대해 관리자와 직원 간의 지속적인 일 대 일 대화가 연중 일정한 간격으로 개최되는 것을 말한다. 전통적인 성과관리에서 그 대화의 기회가 1년에 한 번 또는 두 번 이루어지는 반면 여기서는 상시적으로 이루어진다는 의미에서 지속적 성과관리(continuous performance management)라고도 부른다. 이러한

표 10-4 전통적인 연간 성과리뷰와 수시 점검대화의 비교

	전통적인 연간 성과리뷰 (annual performance review)	수시점검 대화 (check-ins)
정의	• 직원이 이전 검토주기(일반적으로 1년 전) 동안 설정된 목표에 도달한 정도를 논의하기 위해 직원과 관리자 간의 공식 토론. • 성과 등급이 부여되고 내년을 위한 새로운 행동 계획이 결정	• 작업 진행 상황, 목표, 현재까지의 성과 및 향후 조치 계획에 대해 관리자와 직원 간의 지속적인 일대일 대화
개최회수	• 1년에 1회 혹은 2회	• 정기적으로 연중 수시
철학	• 회사는 직원에게 책임을 묻고 직원의 가치를 평가	• 직원들은 업무를 잘 수행하기를 원함과 동시에 개선, 성장 및 발전도 원함. • 회사의 역할은(상호 이익을 위해) 직원을 지원하는 것

점검 대화는 직원을 육성하기 위해 성취와 진전을 점검한다는 측면에서 기록이 유지될 수도 있다. 또 피드백과 메모를 이용하여 진행 상황을 기록하고 향후 조치 계획을 수립한다.

수시 점검대화의 특징을 전통적인 성과관리에서 시행하는 연간 성과리뷰와 비교하여 살펴보면 [표 10-4]와 같다.

2) 수시 점검대화에는 어떠 효익이 있나?

수시 점검대화가 종전의 연간 성과리뷰를 대체해 성과관리의 주류로 자리잡는 데는 이것이 연간 성과리뷰의 문제점을 해소하고 보다 효과적이라는 믿음에 바탕을 두고 있다. 이를 잘 보여주는 연구 중의 하나가 [그림 10-6]에 나와 있다 (Gartner, 2015). 수시 점검대화와 같은 지속적인 성과관리가 활성화 수준이나 성과에 있어 보다 효과적이라는 것을 보여준다.

직원들이 월이나 분기별로 또는 수시 점검대화를 통해 상급자와 대화를 나누고 문제를 해결하고 목표를 조정하는 경우 훨씬 실적이 높아진다는 연구결과들이 존재한다. 또 직원이 분기 별 또는 더 자주 목표를 검토하기 위해 만나는 회사는 평균 이상의 재무성과를 거둘 가능성이 거의 50% 더 높아진다(Reflektive, 2021).

그림 10-6 전통적인 성과관리와 지속적 성과관리의 비교

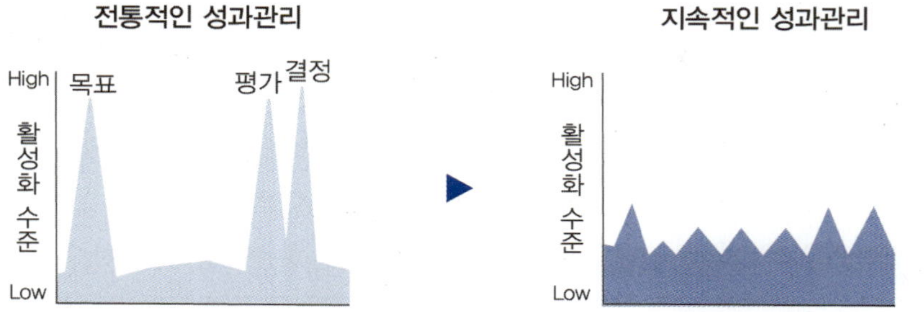

전통적인 성과관리	지속적인 성과관리
• 사람이 아니라 과정에 초점 • 공식적이고 사건위주 • 일로부터 분리 • 성과에 미치는 효과 3~5%	• 과정이 아니라 사람에 초점 • 비 공식적이고 일상적 • 일에 통합 • 성과에 미치는 효과 최대 39%

자료: Gartner(2015).

그 외에도 수시점검 대화에는 다음과 같은 효익이 있다(Cornerstone,2021).

① **목표**: 목표 진행 상황을 추적하고 장애요인을 확인하고 다음 단계에 취해야 할 조치에 대해 열린 커뮤니케이션을 보장한다.

② **직원 임파워먼트**: 직원과 관리자 모두 연중 프로젝트의 방향에 영향을 미치는 권한을 부여받는다. 직원은 승인을 기다릴 필요 없이 업무과정에 몰입한다.

③ **경로수정**: 프로젝트와 중요목표에서의 진전을 수시 점검하는 대화를 통해 장애요인을 확인하고 신속한 경로수정을 단행한다. 그리고 이는 직원이 계속 생산적인 목표에 집중할 수 있게 하고 관리자에게는 저성과자의 확인과 육성을 가능하게 해 준다

④ **몰입**: 수시점검 대화는 직원과 관리자간 강력한 관계를 형성하게 해준다. 이 제도를 채택한 기업 중 83%는 수시 점검대화를 함으로써 대화의 질이 상승되었다는 응답을 하고 있다.

⑤ **가치 투자**: 수시 점검대화는 회사가 직원에 부여하는 가치를 시현한다. 이 가치는 모든 계층의 모든 사람들에게 오픈되어 있고 투명하다. 피드백과 대화를 통해 회사는 직원에게 투자를 하고 있는 것이다

표 10-5 수시 점검대화(check-ins)의 효익

목표 (goals)	직원 임파워먼트 (employee empowerment)	경로 수정 (course correction)	몰입 (engagement)	가치투자 (value investment)
• 목표 진행 상황을 추적 • 장애요인 확인 • 향후 조치에 대한 열린 소통	• 프로젝트 방향에 대한 권한부여 • 승인없이 업무몰입	• 장애요인 확인과 신속한 경로 수정 • 저 성과자의 확인과 육성	• 상하 간 강력한 관계형성	• 피드백과 대화를 통해 회사가 직원에 대한 투자

자료: Cornerstone(2021).

한 연구에 의하면 관리자가 일일 피드백을 제공할 때(연간 피드백에 비해) 직원은 '의미있는 피드백을 받았다'는데 강력하게 동의하는 비율이 6배, '뛰어난 업무를 수행하도록 동기부여를 받았다'는 데 동의하는 비율이 3.6배, '업무몰입도가 높아졌다'는데 동의한 비율이 3.0배 증가했다(Conerstone, 2021).

또한 Deloitte의 최근 연구에 따르면 Adobe는 회사 내에서 지속적인 피드백 문화를 구현하여 자발적인 이직률을 30% 줄였다고 한다.

3) 수시 점검대화는 어떻게 운용되나?

다음은 수시 점검대화의 운영과정에서 발생하는 몇 가지 이슈들을 살펴본다.

① **다루는 주제**: 수시 점검대화 즉 체크인 대화는 다양한 주제를 다룰 수 있지만 주로 성과와 개발이라는 두 가지 일반 범주로 나뉜다. 또한 이러한 대화는 단순히 차를 마시는 한담이 아니라 좀 더 공식적인 형식으로 이루어져 데이터를 더 자주 수집 할 수 있는 기회를 제공한다. 그러나 성과 리뷰에서처럼 평가나 순위매기기의 압력은 없다.

i) 성과 수시 점검대화(performance check-ins): 여기서 대화는 목표와 특정 프로젝트에 중점을 둔다. 관리자는 성과를 인정하고 코스 수정 및 부족한 개발 기회를 제공한다. 그러나 직원이 대화를 가이드하도록 한다. 토론 주제에는 다음이 포함될 수 있다.

- 단기 목표 및 장기 프로젝트 상태
- 최근 성과
- 직원과 함께 목표 수정

ii) 개발 수시 점검대화(development check-ins): 대화는 상당 부분을 할애하여(보통은 전체 시간의 1/4) 직원의 요청, 스킬 격차, 개발 필요성 및 개인 경력 목표에 초점을 맞춰 이루어진다. 토론 주제에는 다음이 포함될 수 있다.

- 진행 중인 학습 및 과정의 상태
- 직업상 또는 개인의 개발 목표와 관련된 교육 요청
- 직원의 경력 목표 달성 방법

② **수시 점검대화의 타이밍**: 이는 목표와 과업의 복잡성이나 회사가 개발하고자 하는 문화에 좌우된다.

③ **수시 점검대화의 주도 주체**: 수시 점검대화는 직원과 관리자가 서로 협력할 수 있는 장을 마련하는 것이므로 이 대화를 누가 시작할 것인가는 양측 모두에게 열려있다. 최근에는 이 대화를 관리하고 지원할 수 있는 소프트웨어(예: PiiQ)가 개발되어서 대화를 촉진해주기도 한다.

제 4 절 R&D 현장의 성과관리의 실제 사례

다음은 R&D 조직이나 R&D가 중심이 되는 글로벌 빅테크 기업들에서 실제 이루어지는 성과관리의 실제 사례에 대해 살펴보겠다.

1. 마이크로소프트(Microsoft)

Microsoft사는 2000년대 까지만 해도 기술 산업의 지배자였고 혁신의 아이콘이었다. PC의 운영체제의 선두주자였으며 새로운 운영체제(OS)를 출시할 때마다 세상을 바꿨다. 회사의 탁월한 혁신은 수익으로도 연결되어 세계에서 가장 부유한 기업이 되었다. 그러나 2000년대 이래 새로운 혁신 빅테크 기업들(Apple, Google, Facebook 등)이 약진함에 따라 자신의 영역을 잠식당하고 기술추세를 좇아가지 못함에 따라 기술 산업에서의 존재감이 엷어지게 되었다. 그래서 독점적인 과거의 영광은 퇴색하며 옛날 옛적(once upon a time) 얘기가 되어 버렸다. 이러한 시기를 'Microsoft의 잃어버린 10년'이라고도 한다(기업탐구 참조).

다행히 기업문화의 혁신을 통해 이러한 부진을 딛고 최근에는 다시 영광의 자리를 되찾고 있다. Microsoft사의 쇠락과 재도약 과정에서 성과관리가 어떠한 역할을 했는지, 어떠한 변화를 겪었는지를 살펴보기로 한다.

(1) 성과관리의 문제점: 제품이 아니라 평가에 신경 쓰다 세월을 보냈다.

MIcrosoft의 부진을 가져온 가장 근본적인 문제는 사내에 혁신을 저해하는 기업문화가 형성되었다는 것이다. 그 중에서도 회사 내에 지나친 경쟁문화가 형성된 것이 문제였다. 건전한 경쟁풍토는 개인이나 회사의 발전을 위해 필수요소이지만 당시의 Microsoft사에서는 이것이 도를 지나쳐 적대적이고 거의 전쟁이라고 이름붙일 수 있을 정도로 심각했다. 그리고 이러한 문제의 핵심에는 강제순위법(stacked rating)이라는 성과관리 시스템이 자리 잡고 있었다. 앞서 본 것처럼 이 제도에서는 일정비율이 강제적으로 평균이하나 저성과자로 분류되어야 한다. 그리고 승진이나 보상이 평가결과에 연동되기 때문에 평가 상위그룹에 속하면 승진과 급여인상이 보장되지만 성과가 저조하면 승진에서도 누락되고 퇴출되기 때문에 평가결과에 민감할 수 밖에 없었다.

강제순위법 하에서 회사에는 다음과 같은 다양한 부정적인 현상이 나타나게 되었다.

첫째로 우수한 직원들과 같이 일하는 것을 기피하는 풍토가 생겼다. 회사의 수퍼스타들 마저도 자신의 평가가 훼손되는 것을 걱정해 다른 탁월한 직원들과 같이 일하는 것을 꺼려했다.

둘째로 다른 직원을 암암리에 견제하게 되고 협업이 원활하지 못했다. 회사는 성과관리제의 일환인 목표관리제(MBO)를 채택하고 있었는데 목표를 완수해도 상대평가이기 때문에 좋은 평가를 받는다는 보장이 없었다. 따라서 자기 일을 잘하는 것도 물론 중요하지만 동료가 적당히 내 뒤에 처져있는 것도 중요했다. 이러한 풍토 하에서 원활한 협업을 기대하기가 어려웠다.

셋째로 업무에 대한 관점이 매우 단기화하였다. 성과평가가 6개월마다 반기별로 이루어지다보니 순위가 매겨지는 직원이나 상사 모두가 혁신을 위한 장기적인 노력보다는 단기성과에 집중했다. 그 결과 잘못된 의사결정이 많이 내려지게 되었다. 직원들은 제품위주가 아니라 성과평가를 중심으로 자신의 하루와 1년을 계획했다. 회사가 필요로 하는 일을 하는 대신에 6개월 단위의 성과평가에 온 정신을 집중했다.

넷째로 회사 내에 아부와 사내정치가 득세하게 되었다. 회사의 성과관리제도에서는 일차로 소규모 단위에서 평가가 이루어지고 보다 큰 평가단위에서 정해진 비율을 맞추게 되어 있었다. 이를 위해 팀장들의 평가교정회의(caliberation)가 열리고 이를 통해 평가결과가 최종 확정되었다. 여기에서는 각 팀의 감독자들이 모여 말을 흥정하듯이 협상과정을 거쳐 평가결과를 조정했다. 평가에 신경 쓰는 직원들은 자기 팀의 상사뿐만 아니라 타 부서의 상사들에게도 좋은 인상을 줄 필요가 있다. 그 결과 인상관리를 위한 아부와 사내정치가 나타나기 시작했다.

결론적으로 강제순위법에 의한 평가는 직원들이 장기적으로 회사가 필요로하는 혁신이나 제품에 주력하기보다는 좋은 평가를 받기 위해 자기보신에만 신경쓰는 잘못된 기업문화를 형성하는데 일조를 하는 결과를 낳았다.

(2) 성과관리 시스템의 개편: “강제순위법을 창문 밖으로 내던졌다”

마이크로소프트가 가진 많은 문제들은 Balmer가 CEO를 그만두면서 많이 개선되었지만 그가 CEO로 내려오기 전부터 전사적 변화는 시작되었다. 변화의 주요 목표는 사내에 만연한 의사소통의 장벽을 무너뜨리는 것이었다.

그 첫 번째 작업이 회사의 기존의 성과관리 제도를 개편하는 것이었다. 2012년 11 월 회사의 HR 책임자인 Lisa Brummel은 전 사원에게 메일을 보내 회사가 평가와 강제순위법(stacked system)을 없애고 팀워크와 직원 성장에 더 중점을 두는 프로세스로 대체 할 것이라는 발표를 했다. 이러한 변화를 혹자는 이 회사의 주력제품인 윈도우(Window)에 빗대어 “Microsoft가 강제순위법을 창문(window) 밖으로 내던졌다(Microsoft throws stack ranking out the window)”라고 표현하고 있다(impraise, 2021).

성과관리 시스템의 변화의 핵심은 [그림 10-7]에서 보듯이 두 가지로 요약된다(impraise, 2021). 첫째는 직원들의 원성이 많았던 5점 척도 평가(ratings)와 강제순위법을 폐기한 것이다. 둘째는 그 대신에 수시 점검대화(check-ins)를 도입한 것이다. 수시 점검대화는 격월로 이루어졌다. 이를 통해 목표 진행상황을 점검함과 동시에 직원들의 육성을 위해 개발 피드백을 받을 수 있도록 했다.

그림 10-7 Microsoft사의 성과관리 시스템의 변화

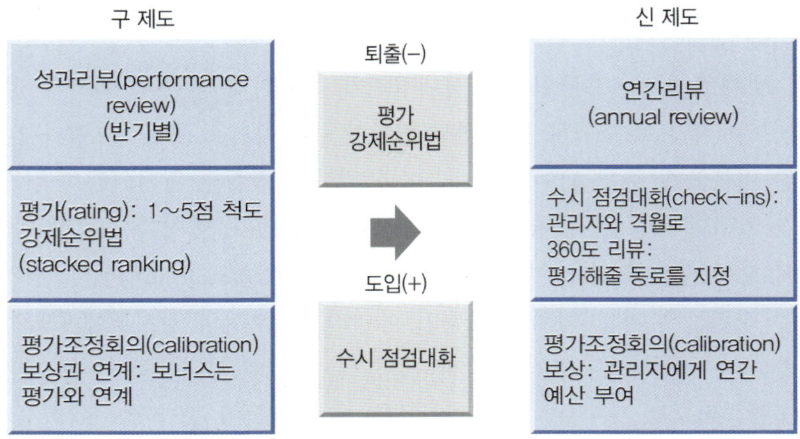

자료: Reflektive(2021).

새로운 시스템에서는 [그림 10-8]에 나온 것처럼 연간 성과 리뷰는 유지되었으나 기간은 6개월에서 1년 단위로 길어졌고 성과평가의 부담은 없었다. 360도 리뷰도 존재하였지만 평가자는 본인이 선정할 수 있었다. 평가조정회의(cal-iberation)도 계속 유지되었다. 다만 예전에는 평가결과가 승진이나 보상으로 유지되었으나 새로운 시스템에서는 보너스등과 관련된 예산사용에 있어서 관리자의 재량권을 늘려주었다.

기본적으로 새로운 제도의 특징은 팀워크, 협업 및 직원 성장에 초점을 맞추고 있다는 점이다. 관리자는 이제 팀과 개인의 성과를 가장 잘 반영하는 방식으로 보상을 할당 할 수있는 유연성을 갖게 되었다.

성과 리뷰는 팀웍을 촉진하기 위해 개별 직원의 성과뿐만 아니라 팀내에서 동

그림 10-8 새로운 시스템에서의 연간성과 리뷰와 수시점검 대화

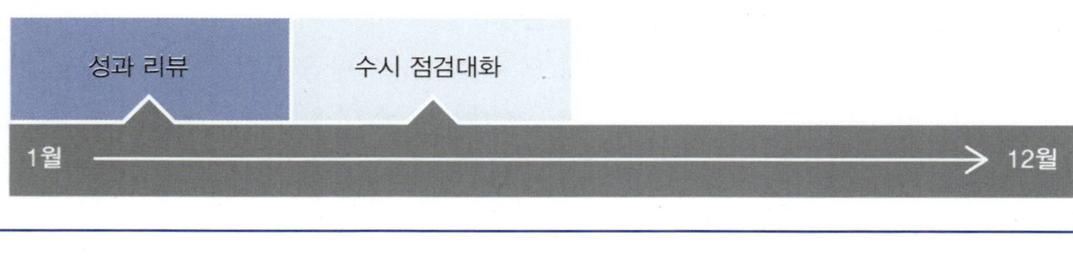

료와의 교류 방식에도 초점을 맞춘다. 이제 직원들은 팀원의 의견과 아이디어를 어떻게 활용했는지, 그리고 그들의 기여가 다른 직원들의 성공에 어떤 영향을 미치는지 보여줄 필요가 있게 되었다.

또한 Microsoft는 직원의 스킬과 역량에 초점을 맞춘 "커넥트"(Connect)라는 이름의 시스템을 시행하였다(Reflektive, 2021). 이 프로세스를 통해 직원은 실시간 피드백을 받아 자신의 강점과 주요 학습 영역을 알게 되고 성장하는데 도움을 받았다. 그럼으로써 관리자는 직원들과 일년 내내 성과와 개발에 대해 논의 할 수 있게 되었다.

기업탐구

"Microsoft의 잃어버린 10년"

2000년대 들어서 잘 나가던 Microsoft사가 혼돈에 빠졌던 시기가 있었다.

이러한 Microsoft의 부진은 일본의 '잃어버린 10년'을 본 따 'Microsoft의 잃어버린 10년(Microsoft's Lost Decade)'으로 명명하기도 한다(Eichenwald, 2012). 이 시기의 회사의 부진은 타사에도 시사점을 많이 줄 수 있는 사례이므로 비교적 자세히 살펴보기로 한다.

우선 이 시기의 회사의 부진은 각종 지표를 통해서도 분명하게 드러난다. 주력 제품의 호황과 매출에도 불구하고 10년(2002~2012년) 동안 Microsoft의 주가는 약 30달러에서 거의 정체된 반면 신흥 강자 Apple의 주가는 10년 전의 20배가 넘고 있었다. 2012년 6월 시가총액 2,490억 달러로 세계 3위이다. 2000년 12월 애플의 시가 총액은 48억 달러였지만 시가총액 상위목록에 이름도 못 올렸다. 그러나 2012년 6월에는 시가 총액 5,400억 달러로 세계 1위가 되었다. 아래 표에서 보듯이 2020년 시가총액 1위는 애플로 2조 달러가 넘는 반면 마이크로소프트는 1조 6천억 달러로 4위를 기록하고 있다.

기술 산업의 거인 IBM을 밀어내고 컴퓨터 산업에서의 독보적인 위치를 차지했던 Microsoft가 어쩌다가 신흥 기업들에게 밀리며 비틀거리게 된 것일까? Eichenwald는 가장 큰 요인으로 빌 게이츠를 이어받아 회사를 이끌었던 스트브 발머(Steve Balmer)의 리더십의 부재를 첫 번째 요인으로 지적하고 있다(Eichenwald, 2012). 그러나 그 외에도 다양한 요인이 복합적으로 작용한 것으로 보인다(Eichenwald, 2012).

첫째는 여타 신흥 기업들만큼 혁신의 선두자리를 지키지 못했다는 점이다. 구글, 애플, 페이스북 등 신진기업들이 소셜 미디어와 같은 새로운 기술영역으로 치고 나간 반면 마이크로소프트는 안전한 수익을 보장하는 윈도우나 오피스, 서버와 같은 '옛 충성파'들에 안주했다는 것이다. 회사의 경영진중 한사람은 마이크로 소프트가 윈도우와 오피스에 대한 회사의 충성심 때문에 새로운 기술에 계속해서 뛰어 들지 못했다고 말했다. "회사에서 윈도우즈(Windows)는 신(神)이었습니다. 모든 것이 윈도우즈에서 작동해야 했습니다."

둘째, 제품에서의 혁신이 늦었다는 문제보다도 훨씬 더 큰 문제는 창업 초기에 형성되던 혁신의 기업 문화를 잃어버렸다는 점이다. 한 임원은 다음과 같이 말한다. "회사의 복도에는 더 이상 탁월함이라는 공동 목표를 향해 밤과 주말을 가리지 않고 하와이안 셔츠를 입고 맨발로 일하는 프로그래머를 찾아보기 힘들게 되었습니다.” 기업이 비대하면서 관료제가 득세하였고 커리어 성공을 위해 사내정치를 능숙하게 하는 것이 더 중요하게 되었다. 이는 모두 기업 내에서 혁신을 죽이는 요인들이었다.

그러한 혁신을 저해하는 기업문화에는 다음과 같은 요인들도 작용했다.

첫째, 신구 직원 간 위화감이 커졌다. 회사의 초창기 멤버들은 스톡옵션을 부여받아 모두 부자가 되었다. 그들은 새로운 제품의 출시를 통해 세상을 바꾼다는 내재적 보상을 위해서도 밤낮없이 일했지만 새로운 제품의 성공은 곧 주가상승과 함께 부의 증대로 연결되므로 더욱 열심히 일하는 동인이 되었다. 그러나 닷컴 버블 붕괴 이후 회사의 주가가 많이 떨어졌고 그 결과 이미 부를 거머진 고참 직원들과 신규진입 직원 간에는 부의 격차가 형성되게 되었다. 더욱이 부를 획득한 고참 직원들은 안일해지고 많은 일을 신규직원들에게 맡긴 채로 자신의 부를 즐기는 분위기가 형성되었다. 세계를 이기기 위해 서로 어깨를 맞대고 싸우던 팀의 시절은 이제 끝났다. 당시 신구 직원들 간의 위화감을 보여주는 한 사례가 있다. 2003년경 회사는 비용을 줄이기 위해 샤워를 사용하는 직원들에게 더 이상 수건을 제공하지 않기로 결정한다. 그리고 이는 젊은 사원들의 분노를 유발했다. 한 젊은 직원은 회사의 처사에 항의하는 메일을 쓴 시간만 다 합쳐도 회사의 입장에서는 수건으로 인한 비용절감보다 훨씬 큰 비용을 지불했을 거라는 반응을 보이고 있다.

원래 Microsoft사는 세계에서 가장 많은 현금을 보유한 부자기업이었지만 부자티를 내지 않는 절약의 문화를 지니고 있었다. 월급은 동종 산업의 평균정도였고 임원도 출장 시 이코노미를 이용했으며 회사의 파티에 비싼 새우는 빠져있었다. 이런 절약의 문화는 회사가 빌게이츠(Bill Gates)와 폴 앨런(Paul Allen)이 차고에서부터 시작한 창업 역사와 무관하지 않았다. 그런데 이러한 절약은 Balmer가 Gates를 승계한 이래 더욱 심해졌다. Balmer는 빌게이츠의 기술배경과 달리 재무와 제품 마케팅의 배경을 가진 관리통이었기 때문이다. 어쨌든 이제 고참 직원들은 백만장자이고 젊은 직원은 수건조차 가질 수 없었다. 후에 수건은 돌아왔지만 회사의 경비절약은 계속되었다. 화이트보드도 부족하고 사무용품 조차 구하기 쉽지 않게 되었다. 이는 직원의 귀중한 시간을 헛되게 쓰지 않게 하기 위하여 개인의 신변사 업무를 회사가 대행해주는 Google 등의 혁신기업들의 관리와는 대조를 이루는 것이었다.

둘째 부자가 되는 길이 막히자 많은 직원들은 관리직 사다리를 오르는데 관심이 커졌다. 이는 회사 내에 관료제를 부채질했다. 보다 많은 관리직이 생기고 이는 보다 많은 회의를 의미했다. 회의가 많아지자 메모를 비롯한 번거로운 서류작업(red tape)이 늘었는데 이는 그만큼 혁신이 줄어든다는 것을 의미했다. 그 당시의 상황을 한 중역은 “모든 것이 달팽이의 속도로 진행되었다”라고 표현하고 있다(Eichenwald, 2012). 모든게 더디게 진행되었고 회의는 너무 많았다.

셋째, 관료제는 또 다른 폐해를 가져왔다. Microsoft가 문을 열던 시기인 1980년 대에 20~30대로 입사한 고참 관리자들은 2000년대에는 30~40대가 되었다. 그들은 새로운 세대의 변화하는 추세를 제대로 읽지 못했다. 젊은 직원들이 친구들 사이에서 떠오르는 트렌드를 지적하려고 하면 고참 상사들은 그들의 의견을 묵살했다. 한 소프트웨어 개발자는 “대부분의 고령자들은 젊은 세대가 컴퓨터를 사용하기 시작하는 방식에 대해 알지 못했습니다.” 젊은이들이 어떻게 메신저 프로그램을 사용하는지 몰랐거나 믿지 않았기 때문에 우리는 아무 것도 하지 않았습니다"라고 말하고 있다(Eichenwald, 2012).

그러나 Microsoft는 Balmer로부터 Satya Nadella로 CEO가 교체되면서 점차 혼돈의 시기를 벗어나게 된다. 새 CEO의 리더십 하에 조직문화의 변혁과 사업구조의 개편을 통해 옛날의 영광을 회복하였다(제7장 Satya Nadella의 리더십 참조). 표에서 보듯이 2021년에는 Apple에는 뒤지지만 시가총액에서 글로벌 빅테크 기업에서 2위 자리를 굳건히 지키고 있다.

표 주요 글로벌 기업의 시가총액 순위(2021년 3월기준)

(단위: 10억불)

순위	2005년		2020년		2021년(3월)	
	기업명	시가총액	기업명	시가총액	기업명	시가총액
1	General Electric	382	Apple	2,023	Apple	2,051
2	Exxon Mobil	381	Saudi Aramco	2,002	Saudi Aramco	1,920
3	Microsoft	263	Amazon	1,652	Microsoft	1,778
4	Citi Group	234	Microsoft	1,624	Amazon	1,568
5	BP	221	Alphabet	1,075	Alphabet	1,393
6	Wal−Mart	212	Facebook	766	Facebook	839
7	Royal Dutch Shell	211	Alibaba	706	Tencent	753
8	Johnson & Johnson	200	Tencent	539	Tesla	641

자료: PwC(2021).

2. 구글(Google)

Google은 일하기 좋은 기업으로의 명성을 갖고 있다. 그에 걸맞게 인적자원관리가 효과적으로 이루어지고 있다는 평판을 받고 있다. 그것의 중심을 이루는 성과관리 시스템도 회사가 자랑하는 '인간 애널리틱스'(people analytics)에 기반을 두어 꾸준히 변화시키고 있다. 주요한 성과관리 시스템의 특징은 다음과 같다.

(1) 성과관리 제도의 구성요소

Google의 성과관리 시스템은 다음과 같은 요소들로 구성된다(Homem de Mello, 2019).

① 연간 성과 리뷰(annual performance review)(중기 체크 포인트: mid-year−

checkpoint 포함)

② 월별 성과 수시 점검 대화(monthly performance check-ins): 경력 개발, 코칭, 개인 문제 등과 같은 주제를 포함하는 정기적인 1 : 1 회의의 일부.

③ 구글정신 몰입 설문 조사(Googlegeist engagement survey): 몰입보다 훨씬 더 광범한 측정.

④ 연례 상향 피드백 설문 조사(annual upward feedback survey): 하급자에 의한 상사평가 만 시행. Google의 Project Oxygen이 기초.

⑤ OKR(Objectives and Key Results)[1]: '목표와 성과 지표'라는 것으로 목표관리 제(MBO)의 변형.

OKR이란 「Objectives and Key Results」의 약자로 「목표와 성과 지표」.

⑥ 능력주의(mediocracy) 또는 불평등 보상: 성과에 따른 보상

(2) 성과 리뷰

Google에서는 다른 조직과 마찬가지로 연간 성과리뷰(annual performance review)를 실시한다. 이 회사의 연간 성과 리뷰의 주기는 1사분기 말의 '사전리뷰(중기 리뷰 또는 체크포인트라고도 함)'와 10월에서 11월 사이에 발생하는 '완전리뷰'의 두 부분으로 구성된다. 이때는 회사의 360도 피드백 수집 프로세스와 동시에 발생한다.

관리자는 직원의 성과를 평가할 때 두 가지 주요 사항을 고려한다. 첫째는 달성한 결과, 즉 직원이 성취한 것을 말한다, 둘째는 행동, 즉 직원이 이러한 결과를 얻은 방식을 고려한다.

성과리뷰는 처음에 자체 평가로 시작하여 동료 평가로 이어진다. 작성자는 관리자에게만 표시된다(피평가자는 동료 평가의 평가내용에 접근할 수는 있으나 이름은 익명으로 되어 있다).

Google 직원이 상호간 또는 부하 직원을 리뷰(평가)할 때는 다음과 같은 평가요소에 의한다.

① **구글다움(Googleyness)**: 직원이 Google의 추구하는 가치를 지키는 정도.

② **문제 해결**: 업무 상황에 적용되는 분석 기술(문제 해결).

---

1) OKR이란 「Objectives and Key Results」의 약자로 「목표와 성과 지표」로 번역. 전형적인 성과관리의 일부인 목표관리제(MBO)의 변형으로 Google과 Intel에서 도입하여 그 실효성이 인정되고 있는 제도임

③ **실행력(지도가 없이도 고품질 작업)**: 관리자와 동료가 손잡아줄 필요 없이 훌륭한 작업을 해내는 것.

④ **토픽 리더십(thought leadership)**[2]: 직원이 특정 틈새 전문 지식에 대한 참조 대상이 될 수 있는 정도.

⑤ **리더십(또는 잠재적 리더십)**: 문제와 프로젝트를 주도하고 적극적으로 대처하며 결과를 개인적으로 소유하는 것과 같은 잠재적인 리더십 스킬.

⑥ **존재감**: 점점 더 대규모화 되어가는 조직에서 자신의 목소리가 들려질 수 있게하는 직원의 능력이며 잠재적 리더십과 밀접한 관련.

1) 자기평가

자기평가(self evaluation)는 성과 리뷰의 첫 번째 단계이며 직원이 위에 설명된 평가 기준별로 5가지 등급("시연하지 않음"에서 "항상 시연"에 이르는)으로 자신을 평가한다. 또 그의 평가의 근거가 되는 실례를 들도록 한다. 그리고 지난 평가 주기 동안 그가 이룩한 주요 성과를 강조하도록 한다. 이는 512자 이내로 작성해야 한다. 이러한 스스로의 업적은 다음 단계(360도 검토)에서 검토하는 동료들에게 표시되며, 동료들은 피 평가자가 수행하는 프로젝트에 얼마나 가까운가 또 피 평가자가 같이 수행하는 업무결과에 얼마나 효과를 내고 있는가를 평가하도록 요청받게 된다.

직원의 자기 인식이 높아지면 맹점이 줄어들고 약점에 더 잘 적응한다. 직원에게 맹점이 생기면 직원 개개인에게 부정적인 영향을 미칠 뿐만 아니라 조직의 수익에도 영향을 미칠 수 있다. Google은 자기 인식의 중요성을 인식하고 이제는 성과 검토 프로세스의 첫 번째 단계로 자기 평가를 사용한다. 그런 다음 결과를 직원의 360도 피드백과 비교한다.

서로 다른 관점을 비교할 수 있다는 것은 자기 인식을 높이고 궁극적으로 성과를 향상시키는 데 도움이 된다.

2) 360도 피드백

360도 피드백은 하급자에 대한 균형 잡힌 관점을 제공한다는 점에서 효과적이

---

2) thought leadership은 토픽 리더십, 사고적 리더십, 생각 리더십 등으로 번역되며 미디어를 통해 비즈니스 리더들이 특정 분야에서 자신의 생각이나 전문성을 보여줄 수 있는 기회가 많아지면서 성립된 전문성에 기반한 새로운 리더십, 커뮤니케이션 개념이다. 특정 분야에서 전문성을 인정받이 대중에게 영향이 큰 리더십으로 마케팅에서 중요해지는 개념이다.

다. 관리자들은 부하들의 영향과 행동에 대해 인상과 편견을 가질 수 있기 때문에 이는 관리자에게 부하 직원에 대한 보다 큰 그림을 제공해 줄 수 있다(일부 직원은 예를 들어, 그들의 기여 에 대해 장밋 빛 그림을 "관리"하는 데 능숙 할 수 있다).

이 프로세스는 직원과 관리자 사이에 평가에 참여할 공정한 동료 샘플을 선택하는 가에 대해 협의하는 과정으로 시작된다. 직원이 먼저 동료 리스트를 작성하고 상사는 이를 확인하고 확정한다. 이 때는 동료가 직원의 기여도에 얼마나 가깝고 직원의 성과를 얼마나 잘 평가할 수 있는지를 고려하여 정하게 된다.

평가 동료는 피 평가자의 강점, 약점, 중점 프로젝트에 대한 영향력 또는 기여도를 기준으로 직원을 평가한다. 이러한 방식으로 관리자는 평가 보고서에 누락되거나 사실이 아닌 추가 사항이 있는지 확인할 수 있게 된다.

3) 평가교정

자체 평가 및 360도 피드백 직후 관리자는 직원에 대한 평가 초안을 작성한다. Google은 2014년 4월에 점수 평가를 폐지했으며 현재는 다음과 같은 등급 척도를 채택하고 있다.

- 개선 필요
- 지속적으로 기대에 부응
- 기대를 초과
- 기대를 강하게 초과
- 탁월

직원은 이 등급 척도에 따라 평가되고 그에 따라 등급이 부여된다. 성과의 최종 초안은 초기 초안을 일단의 관리자 그룹이 평가한 후에 승인된다. 이 프로세스를 위해 5~10명의 관리자가 초안을 검토하고 각 직원에게 적합한 등급에 동의하게 된다. 교정 단계에서 편견이나 불공정한 판단이 없어야 한다. 관리자는 평가 보고서에 대해 건설적인 비판을 수행하여 모든 형태의 편애를 제거해야 한다.

4) 최종평가 결과

최종평가 결과(output) 성과 검토의 마지막 단계이다. 평가 결과를 확정하기 위해 관리자들의 회의가 개최된다.

이 단계에서 최소 한 달 간격으로 두 번의 회의가 개최된다. 첫 번째 회의에서는 유지해야 할 강점과 개선해야 할 약점에 대한 피드백과 함께 동료 및 관리자의 평가에 대해 논의한다. 2차 회의는 보상 및 승진을 논의하기 위해 개최된다.

전체 성과리뷰는 최종 단계의 결론 후에 완료되며, 한 해가 마무리된다.

(3) "상향 피드백" 설문 조사

'직원은 회사가 아닌 상사를 떠난다'는 것이 경영계에서 널리 회자되는 말 중 하나이다. Google은 이를 인식하고 부하 직원이 관리자를 평가하는 연례 상향 피드백 설문 조사(annual upward feedback survey)를 실시하고 있다. 이를 시작한 지 2년 만에 Google의 평균 관리자 점수는 5% 상승했다는 것이 자체조사 밝혀지고 있다. 관리자는 이러한 상향 피드백을 통해 직원들로부터 직접 정보를 얻게 된다.

여기서는 [표 10-6]과 같은 질문들이 이루어지게 된다(Li, 2020).

Google에서 관리자는 이 결과를 공유하고 직원과 대화를 시작하도록 권장한다. 이를 통해 응답을 명확히 하고 관리자로서의 성과에 대해 자세히 알아볼 수 있게 한다.

표 10-6 상향 피드백 설문

1. 관리자가 성과를 개선하는 데 도움이 되는 실행 가능한 피드백을 제공한다.
2. 관리자는 나를 사람으로서 배려한다.
3. 관리자의 행동은 자신과는 다르더라도 내가 팀에 가져다주는 관점을 소중히 여긴다는 것을 보여준다.
4. 다른 Google 직원에게 관리자를 추천하고 싶다.
5. 관리자는 직원들의 불만을 고려한다.
6. 내 관리자는 마이크로 관리를 하지 않는다. 즉, 다른 계층에서 처리해야 하는 세부 사항에 지나치게 관여하지 않는다.
7. 내 관리자는 정기적으로 그들 상사와 고위 리더들에서 나오는 관련 정보를 공유한다.
8. 내 관리자는 나를 효과적으로 관리하는 데 필요한 기술 전문 지식(예: 기술적 코딩, 글로벌 비즈니스 판매, 재무 회계)을 보유하고 있다.
9. 나는 내 상사의 관리자로서의 전반적인 성과에 만족한다.
10. 내 관리자는 우선 순위로 두는 성과물에 팀이 집중하게끔 한다.
11. 관리자는 지난 6 개월 동안 경력개발에 대해 나와 의미있는 토론을 가졌다.

자료: Li(2020).

(4) 직원 수시 점검대화(check-ins)

앞서 설명한대로 많은 기업에서 1년 단위의 연간성과 리뷰로는 상황변화에 기민하게 대응하기 어렵다는 문제점을 자각하고 수시 점검대화를 활용하는 것이 대세이다. Google에서도 연간 검토를 기다리는 대신 연간 성과 검토 기간의 중간에 직원과의 공식적인 중간 지점 수시 점검대화를 사용한다.

이를 통해 직원은 성과 목표를 달성 할 수 있는지 확인할 수 있게 되며 성과평가 전에 이를 반영하고 조정할 시간을 갖게 된다. 또한 Google은 연간 성과 리뷰든 중간 지점 수시 점검대화든 이 과정이 생산적이며 직원들이 자신의 성과에 대한 대화에 안전감을 느끼며 참여할 수 있도록 하기 위해 노력한다. Google의 인사책임자였던 Bock은 목표가 달성되었는지 여부에 대해 "어떻게 하면 더 성공할 수 있도록 도와 드릴까요?"라는 태도로 시작할 것을 제안한다(Bock, 2015).

안전한 환경을 조성하고 더 자주 수시 점검대화를 하는 것은 성과 향상에 도움이 될뿐만 아니라 직원에 대한 존중을 보여주는 것이며 신뢰를 구축하는 데 기여하고 있다.

또한 상하 간 정기적인 일 대 일 회의 개최도 권장하고 있다(Li, 2020). 이러한 회의는 직원들이 가치를 인정받고 있음을 보여줄 뿐만 아니라 직원의 참여도를 높이고 관계를 강화하는 동시에 직원 개발에도 도움이 된다. Google의 연구에 따르면 성공적인 팀 의 가장 중요한 속성은 심리적 안전이다. 이것은 신뢰와 투명성을 통해 형성된다. 이러한 심리적 안전을 발전시키는 한 가지 방법은 정기적인 일대일 회의를 갖는 것이다. 또한 회사의 조사에 따르면 최고 등급의 관리자는 자주 일대일 회의를 하는 관리자였다. 이러한 회의에는 목표설정, 전문적인 성장기회 식별 및 관계구축이 포함된다.

이상에서 설명한 Google의 성과관리 일정을 요약하면 [그림 10-9]와 같다(Homem de Mello, 2019).

그림 10-9 Google 성과관리 일정 요약

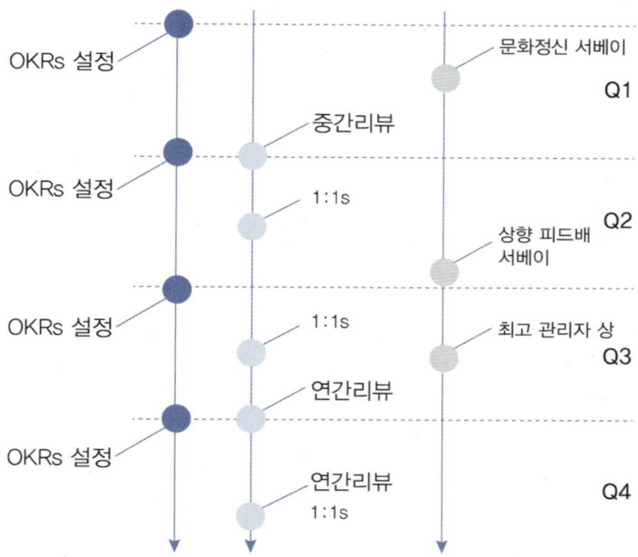

자료: Homem de Mello(2019).

3. 아마존(Amazon)

Amazon은 철저한 성과주의와 도전적인 기업문화로 명성과 함께 비판도 높은 기업문화를 지니고 있다. 회사는 각 직원이 스스로의 한계를 뛰어 넘는 성과를 보여주기를 기대한다. 그리고 데이터에 기반한 피드백을 통해 직원들을 채찍질 한다. 구성원간 저조한 것이 보이면 비판도 서슴치 않는다. 오직 최고의 사람(only the best)만이 대접받고 살아 남는다(PerformYard, 2018).

이러한 철저한 성과주의는 이를 견디는 직원들에게는 성과의 촉매로 작용하지만 많은 직원에게 심리적 압박과 부담으로 작용한다. 최고의 성과를 올리는 기업들의 이면을 보여주는 대표적 사례이다. Amazon을 퇴직한 전직 직원 중에는 회사의 이러한 경쟁적 문화를 "의도된 다윈주의"라고 설명하고 있다(Spicer, 2015)(읽을 거리 참조). 이런 문제로 뉴욕 타임즈(2015년 8월 15일자)에 Amazon의 전직직원 100명을 인터뷰한 "아마존의 내부: 고된 직장에서 대박 아이디어와 씨름하기(Inside Amazon: Wrestling Big Ideas in a Bruising Workplace)"란 장문의 기사가 실려 사회적 논란이 된 적이 있다(Kantor & Streitfeld, 2015).

이 기사에서 Amazon은 매우 가혹하고 냉혹한 문화를 지닌 회사로 묘사되고 있다. 이 기사를 읽은 Bezos는 기사의 내용은 사실이 아니며 만일 사실이라면 나라도 이런 회사는 그만 두겠다는 메일을 전 직원들에게 보낸 바 있다. 그리고 그런 사례가 발견되면 인사부서에 알려달라는 것을 부기하고 있다.

이러한 기사는 불만이 있어 회사를 퇴직한 직원들의 면접을 통해 작성된 것이라 다소 과장된 측면도 없지는 않겠지만 Amazon 문화의 특징의 대강을 짐작할 수 있게 해주고 있다.

이러한 문화가 직원들의 성과를 평가하는 방법에까지 확장된다고 하더라도 놀라운 일이 아닐 것이다. 주요 성과관리 시스템을 살펴보면 다음과 같다.

(1) 자료에 근거한 성과 피드백

회사가 자체로 수립한 피드백 시스템은 각 직원의 한계를 뛰어 넘게 하는 것을 목표로 한다. 매주 또는 매월 비즈니스 리뷰(business review)를 실시하며 각 직원들은 일련의 수치(metric)에 대해 책임을 진다. 직원들은 이러한 데이터를 50~60페이지의 인쇄 형식으로 받는 경우도 있다고 한다(Kantor & Streitfeld, 2015).

(2) 조직 수준 리뷰(Organization Level Reviews)

관리자들의 협의체로 여기서는 각 부서별로 최고 및 최하위 성과자가 보고되고 보너스 및 해고 결정이 내려진다. 이는 부서 간 조정이므로 자기 부서가 나은 평가를 받기 위해 상대부서에 대한 비판도 이루어진다. 이것은 앞서 설명한 전통적인 'rank and yank' 방식에 해당한다고 할 수 있다.

(3) 상시 피드백 툴(Anytime Feedback Tool)

아마존의 특이한 피드백 문화를 보여주는 것으로 '상시 피드백 툴'이라는 소프트웨어를 통해 직원은 동료에 대한 칭찬이나 비판을 직접 보낼 수 있다(PerformYard, 2018). 피드백은 피드백을 받을 사람에게 가는 것이 아니라 그의 관리자에게 직접 전송되며 피드백 제공자의 신원은 그들에게만 공개된다. 피드백 대상은 전혀 알지 못한다. 이를 통해서는 주로 칭찬이 피드백된다고 알려지고 있으나 "몰아주기" 등 악용되는 사례도 발견되고 있다.

읽을거리

의도된 다윈주의(Purposeful Darwinism)

의도된 다윈주의(Purposeful Darwinism)란 원래 다윈주의란 자연계에서 나타나는 적자생존의 원리인데 자연생태계에서는 이것이 자연적인 현상으로 나타나는데 비해 Amazon에서는 그것이 경영자에 의해 의도된 것이라는 데서 붙여진 말이다.

이 의도적 다윈주의는 Amazon 경영의 핵심으로 인식되고 있다. 여기서 기본적인 사고는 직원들 사이에서 생존을 위한 투쟁을 만들면 직원들의 성과가 높아질 것이라는 생각이다. 여기서는 다양한 측정 항목으로 직원을 측정하고 성과에 따라 순위를 매긴 다음 세 그룹으로 나눈다. 아낌없이 보상을 받는 소수의 고성과 그룹, 자신의 일을 고수하는 평균적인 대규모 그룹, 성과가 낮은 세 번째 그룹이다. 그리고 마지막 그룹은 관리적 차원에서 퇴출된다. 앞에서 설명한 강제순위법이나 rank and yank의 저변에 깔려있는 철학이 바로 이것이라 할 수 있다. 이러한 아이디어는 Amazon이 짧은 시간에 괄목할 만한 기업성과를 올리는데 매우 중요하게 작용되었다고 평가되나 일부 직원들에게는 불만의 대상이 되고 있다. 이것은 한 전직 직원의 말처럼 "사람들을 버스 아래에 외교적으로 던지는 법을 배우는" 시스템이라고 비판되고 있다.

자료: Spicer(2015).

4. 기타 기업들의 사례

다음은 몇몇 빅 테크 기업들을 중심으로 특징적인 성과관리 시스템을 살펴보기로 한다.

(1) 넷플릭스(Netflix)

Netflix는 회사가 설정한 가치를 매우 중시하는 기업이다. 유명한 "자유와 책임의 문화 가이드"라고도 불리우는 '문화 데크(Culture Deck)'를 통해 회사가 추구하는 가치와 그것을 실현하는 철학을 공표하고 있다(Netflix, 2009). Netflix에 따르면 리더와 관리자는 자신이 하는 모든 일에 회사 가치를 구현하고 살아가야 한다. 미션 선언문과 회사 가치는 단순히 멋지게 보이기 위한 것이 되어서는 안되고 직원의 업무 전반에 걸쳐 나타나야 한다. 한 예로 문화 데크의 내용중에는 지금은 사라진 Enron사의 회사사진과 함께 회사가 공표하고 있는 가치가 표시되고 있다. 공표한 회사의 가치를 구현하지 못한 기업으로 Enron을 반면교사로 삼기 위해서다. Enron사는 일상에서 그 가치대로 살지 못했기 때문에 Enron의 가치가 진정한 가치가 아니라고 말한다. Netflix는 회사의 가치를 시현하는 직원들은 분명하게 보상을 하거나 승진시키는 반면 그렇지 못한 직원은 퇴출시킴으로써 회사 가치를 시현하고자 한다.

회사가 추구하는 가치에는 여러 가지가 있지만 '높은 성과(high performnce)'는 Netflix가 추구하는 가장 주요한 가치와 문화중 하나이다.

1) 360도 리뷰

Netflix는 성과 리뷰 자체를 사용하지 않는다. 몇 년 전 Netflix는 연례 성과리뷰를 완전히 없앴다. 1년 후에 이루어지는 연간 리뷰는 무의미하고 결과적으로 의미가 없는 시간 낭비라고 판단했기 때문이다.

대신에 Netflix는 360도 리뷰(360 degree review) 절차를 선택했다(PerformYard, 2018). 이는 정기적이지만 비공식적으로 이루어진다. 리뷰는 사람들이 원하는 것을 쓸 수 있는 하나의 텍스트 상자만 주어지는 매우 간단한 형식이다. 이 새로운 절차에서는 대상이 되는 직원이 중지, 시작 또는 계속해야 할 과업(X: 시작, Y: 수행 중지, Z: 수행 계속)에 대해 조언을 준다. 원칙적으로 회사의 모든 사람이 다른 사람에게 피드백을 제공 할 수 있다. 회사는 최소한 팀원이 팀 동료, 관리자에게 피드백을 제공하기를 원한다. 부하가 있는 관리자는 직속 직원에게 피드백을 제공한다.

흥미롭게도 Netflix가 채택한 '성숙한' 문화 규범에 따라 제출된 모든 리뷰에는 평가자의 이름이 첨부되고 익명으로 처리되는 것은 없다. 리뷰 결과는 평가받은 직원과 관리자 및 인사담당(HR) 파트너와 자동으로 공유된다. 이는 학습 및 피드백 문화를 장려하기 위한 것이다. Netflix는 완전한 투명성을 강조하며 사람들이 진실만 말한다면 모든 것을 처리 할 수 있다고 믿고 있다. 이러한 360도 리뷰는 학습과 개발 용도로 활용되는 것으로 보상결정을 위한 리뷰와 완전히 별개로 취급된다.

2) 기타 평가시스템

Netflix의 성과문화를 보여주는 한 두어 가지 다른 평가 시스템도 있다. '문화데크'에도 나와 있지만 Netflix에서는 관리자가 '키퍼 테스트(keeper test)'를 사용하여 직원을 평가하는 시스템이 있다(Netflix, 2009). 이것은 다음과 같은 질문으로 이루어진다. "내 직원 중 한 명이 2개월 내에 동종회사의 비슷한 직무에서 일하기 위해 떠나야겠다고 말하면 귀하는 그 직원을 Netflix에 유지하기 위해 열심히 싸울 것입니까?" 만일 이 질문에 대한 대답이 "아니요"이면 Netflix는 해당 직원을 내 보낸다.

또는 회사의 현재 유명한 '문화 가이드'에 설명된 바에 의하면 "노력에서는 A를 받음에도 불구하고 지속적인 B수준의 성과를 보인다면 후한 퇴직금을 주어 내 보낸다."는 방침이 있다.

꽤 잔인한 처사에 의심할 여지가 없지만 그러나 그것은 이 회사에서는 통하는 것 같다.

(2) 아이비엠(IBM)

IBM은 최근 성과관리 방식을 바꾸었다. 새로운 성과관리 시스템은 회사가 처한 애자일(agile) 환경을 반영하여 '애자일 성과관리(agile performance management)' 시스템이라 한다.

1) 애자일 성과관리 시스템의 배경

전통적인 성과 관리에서 직원은 일반적으로 연초에 목표를 설정하고 관리자는 직원의 성과를 평가하고 연말에 성과 피드백을 제공한다. 즉 목표설정-성과평가-피드백 제공 등의 순으로 구성된다. 그러나 급변하는 소프트웨어 환경에 이는 맞지 않는다.

직원들은 현실에서 이미 다른 방식으로 일하고 있었다. 목표는 1년 내에 고정되지 않는 것이 회사가 처한 업계의 현실이었다. 상황이 매우 가변적이기 때문에 11개월이 지난 다음에 목표 달성정도를 따지는 것도 의미가 없다. 변화는 상황에 맞게 목표자체의 수정이 필요하고 변하는 목표를 구성원들이 공유하고 대처하는 노력이 필요하다. 이에 맞춰 성과관리 시스템이 필요해서 IBM 내의 스마터 워크포스 연구소(Smarter Workforce Institute)를 중심으로 '애자일 성과관리' 시스템을 탄생시켰다(Zhang & Feinzig, 2015).

2) 애자일 성과관리 시스템의 내용

애자일 성과관리 시스템에서는 말 그대로 상황에 민첩하게 대처하는 성과관리 시스템이라는 의미가 있다. 이를 위해 우선 기존 제도에 몇 가지 손을 보았다. 대부분의 직원은 도움이 되지 않았다고 생각하는 자기평가 제도와 직원들끼리 비교를 하는 강제순위법(stacked ranking)을 폐지했다.

새로운 시스템은 두 가지 특징을 가지고 있다. 첫째는 직원들이 비교적 유연성이 있는 단기 목표를 가질 수 있다는 것이고 다른 하나는 매 분기 직원의 진도에 대한 관리 피드백이 가능해지게 되었다는 것이다. 그리고 이는 회사가 새롭게 개발한 '체크포인트(Checkpoint)'라는 앱기반 성과관리 시스템에서 가능하게 되었다.

새로운 시스템에서는 소셜 미디어 플랫폼 기술을 사용하여 투명하고 유연한 목표를 설정하고 정기적이고 시기적절하며 다양한 출처의 피드백을 제공한다. 직원들은 직장 소셜 미디어 플랫폼에서 서로의 목표를 보고 목표를 묻고 피드백을 줄 수 있다. 또한 언제든지 다른 사람의 피드백을 기반으로 목표를 변경하고 변화하는 비즈니스 요구 사항에 따라 목표를 조정할 수 있다.

새로운 애자일 성과 관리 접근 방식은 오늘날의 역동적인 비즈니스 환경에 더 잘 부합하는 목표를 지원함으로써 직원들에게 더 많은 가치를 제공할 수 있는 잠재력을 가지고 있다. 또한 직원들이 성과를 개선할 수 있도록 자주 실시간 피드백을 제공한다.

(3) 어도비(Adobe)

Adobe는 성과 관리 양식과 설문지를 폐기했으며 이제는 공식적인 등급 또는 순위 시스템(stacked ranking)이 없다. 그 대신 관리자와 직원 간에 지속적인 피드백 및 개선 프로세스(체크 인: 수시 점검대화)를 갖기를 기대한다. 프로세스는 어떤 식으로든 문서화되거나 기록되지 않으며 공식적인 서면 검토도 없다.

회사의 새로운 방식은 세 가지 기본 원칙에 의해 근거하고 있다(Deadman, 2017).

첫째, 관리자는 각 팀원에게 기대되는 사항을 명확하게 전달해야 한다.

둘째, 모든 사람이 건설적인 방식으로 피드백을 주고 받아야 한다.

셋째 수시 점검대화(check in)는 전문적이고 개인적인 피드백의 기회를 제공해야 한다.

(4) 액센츄어(Accenture)

Accenture는 몇 년 전에 등급 시스템을 완전히 폐기했다. 대신 그들은 "직원들이 임무에 할당되어 업무를 수행하면서 지속적으로 관리자로부터 적시에 피드백을 받는 보다 유동적인 시스템"을 택했다.

Accenture의 CEO인 Pierre Nanterme는 리더십에 대해 새로운 초점을 강조하면서 그 과정에서 미세경영(micromanagement)의 탈피를 주장한다. 그의 근본적인 신념은 기업이 올바른 역할에 적합한 사람을 고용하면 엄격한 성과 관리 프로세스가 필요하지 않다는 것이다. 그는 다음과 같이 말한다(Deadman, 2017). "리더십의 기술은 측정하고 평가하는 데 시간을 소비하는 것이 아닙니다. 사람을 선택하는 것입니다. 그리고 당신이 올바른 사람을 선택했다고 믿는다면 그 사람에게 혁신할 수 있는 그리고 아주 간단한 방법으로 리드를 할 수 있는 자유, 권한, 위임을 주어야 합니다."

(5) 딜로이트(Deloitte)

전문 컨설팅 업체인 Deloitte는 기존의 성과 관리 프로세스를 보다 단순화하는 데 중점을 두었다. 모든 관리자는 모든 프로젝트가 끝날 때마다(또는 장기 프로젝트의 경우 분기마다 한 번씩) 모든 팀원에 대한 네 가지 미래 지향적 진술에 대해 응답을 하면 된다.

이러한 응답과정은 성과에 대한 속성사진이라는 의미로 '성과 스냅샷(Performance Snapshot)'으로 불려진다. 성과 스냅샷에서의 네 가지 설명은 다음과 같다(Deadman, 2017).

① **첫 번째 질문:** 이 사람의 성과에 대해 알고 있는 것을 감안할 때, 그것이 내 돈이라면 이 사람에게 가능한 한 가장 높은 급여 인상과 보너스를 부여할 것이다.

여기서는 "완전 동의함"에서 "완전 동의하지 않음"까지의 5점 척도를 이용하여 조직에 대한 전반적인 성과와 개인의 고유한 가치를 측정한다.

② **두 번째 질문:** 이 사람의 성과에 대해 내가 알고 있는 것을 감안할 때 항상 이 사람이 내 팀에 있기를 원한다.

응답은 동일한 5점 척도를 사용하고 다른 사람과 잘 일할 수있는 능력을 측정한다.

③ **세 번째 질문:** 이 사람은 성과저하의 위험이 있다.

예/아니오 응답을 사용하여 고객이나 팀에 해를 끼칠 수 있는 문제를 확인한다.

④ **네 번째 질문:** 이 사람은 오늘 승진할 준비가 되어 있다.

예/아니오 응답을 사용하여 잠재력을 측정한다.

Deloitte의 성과관리 시스템은 이러한 성과 스냅샷을 주축으로 하고 관리자와 직원간의 정기적인 대화인 '수시 점검대화'로 보완되고 있다.

Deloitte는 개정된 시스템에서는 주로 점수를 매기는 점수평가(ratings) 시스템의 오류를 인용하여 'rating'이라는 용어를 사용하지 않는다. 이러한 시스템의 변화는 자체 연구조사 결과에 기초하여 이루어졌다.

새로운 시스템의 목표는 두 가지였다. 하나는 관리자가 가능한 한 쉽게 성과를 평가할 수 있도록 하는 것이었고 또 다른 하나는 평가와 관련된 시간과 비용을 절약하는 것이었다. 회사의 자체 연구조사에 의하면 과거 시스템에서는 평가 양식 작성, 회의 및 평가와 관련하여 논쟁하는 데 약 2백만 시간을 소비하고 있다는 것이 드러났기 때문이다. 즉 과거 시스템은 가성비가 없었다.

5. 국내 공공 연구기관의 성과관리 사례

국내 공공연구기관에서 실시하고 있는 성과관리 사례도 살펴보기로 한다. 여기서 소개하는 A연구원은 국내 유수의 이공계 국책 연구기관이다. 연구관리 분야에서도 국내에서는 선도적인 위치를 점하고 있다.

(1) MBO중심의 인사평가

이 연구기관은 성과관리의 한 부분인 인사평가에 있어 목표관리(management by objective: MBO) 방식을 채택하고 있다. 이전에는 전통적인 서열식, 강제할당 방식의 인사평가를 채택하고 있었다.

MBO 인사평가 방식을 채택한 배경은 R&D 조직의 인력이 중시하는 공정성 문제와 협업을 중시하는 연구조직에 적합한 인사평가 방식이라고 판단했기 때문이다.

MBO 목표관리 평가제도는 조직 및 개인이 달성해야 할 목표를 해당 연구수행자의 역할과 책임에 근거하여 사전에 구체적인 실행목표를 명시하고, 이를 달성하기 위하여 참여 연구원(피평가자)과 부서장(평가자)이 함께 상세 활동계획을 수립하고, 목표 달성 정도를 평가, 관리하는 성과관리 시스템이다.

A연구원의 MBO과정은 목표설정, 업무의 실행과 피이드백, 정기적인 MBO평가와 피이드백 제공의 3단계로 이루어지고 있다.

(2) 목표설정

개인의 업무목표는 팀별 연구과제에서 개인별로 할당된 목표를 반영하여 업무목표를 설정하고 차후 업무평가 시 목표대비 업무실적에 대해 평가를 실시한다.

업무실적평가는 크게 업적평가와 역량평가로 구분하여 실시한다.

먼저 업적평가는 참여과제에서의 '업무목표달성도, 과제 공통업무 실적, 연구산출물 실적'을 평가한다. 연구산출물 평가는 논문, 특허, 기술이전 실적 등을 계량화하여 평가하고 있다.

역량평가의 항목은 '전문지식, 혁신능력, 의사소통능력, 전문가의식, 업무협조성'으로 구성되며 현재 역량 및 잠재역량을 평가한다. 평가 항목별 배점은 [표 10-7]과 같다.

업무목표 설정 시 평가대상 기간은 1월 1일부터 12월 31일로 하고 있으며, 보통 개인별 업무목표 설정은 상반기(1월~6월)에 마무리 되며, 평가자와 피 평가자간 간 업무목표 달성계획과 목표 배분율 설정이 이루어진다. 연구조직의 특성상 평가자는 피 평가자의 연구과제 참여율에 단위부서의 장과 과제책임자가 피 평가자를 상호평가한 후 합산하는 형태를 가지고 있다. 인사평가를 위한 목표설정은 평가자와 피 평가자가 합의하에서 시행하지만 합의가 여의치 않을 경우 1차 부서장이 최종 조율한다.

표 10-7 평가 항목별 배점

<table>
<tr><th colspan="2">구분</th><th>배점</th><th>대상</th></tr>
<tr><td rowspan="4">업적평가</td><td>업무목표달성도</td><td>업적평가 배점의 70%</td><td rowspan="6">연구원</td></tr>
<tr><td>공통업무</td><td rowspan="2">업적평가 배점의 30%</td></tr>
<tr><td>연구산출물(특허,논문 등)</td></tr>
<tr><td>업적평가 소계</td><td>85점</td></tr>
<tr><td>역량평가</td><td>전문지식, 혁신능력,
의사소통능력,전문가의식,
업무협조성</td><td>15점</td></tr>
<tr><td colspan="2">합계</td><td>100점</td></tr>
</table>

(3) 업무의 실행과 실적관리 피드백

피 평가자(연구원)는 평가자와 상호 협의한 업적평가 목표 및 달성계획에 따라 업무를 수행하며 업적평가 목표별 추진실적을 수시로 작성하여 평가자와 공유한다. 평가자는 피 평가자가 더욱 효과적으로 목표를 달성할 수 있도록 수시 면담 등을 통하여 피드백 하고 조율한다. 이때 평가자는 자신의 직무에 더욱 몰입할 수 있게 된다. 또한 매년 9월 평가자는 업적평가에 대한 업무목표 달성도를 중간 점검하고 피드백을 실시하는데 이때 연구과제 수행에 다른 연구팀의 성찰과 개선이 이루어지기도 한다.

(4) 정기평가와 피드백

매년 12월에 정기적인 인사평가가 실시된다. 업적평가 연구산출물(특허, 논문, 기술이전)이 각 기능부서를 중심으로 공식 집계되고 평가자들에게 통보된다. 업적평가 연구목표달성도는 평가자(과제책임자와 단위 부서장)가 달성률, 질적 수준 등을 종합적으로 고려하여 5단계(S, A, B, C, D)로 평가한다. 역량평가는 피 평가자의 소속 부서장이 역량평가표 상의 항목(전문성, 혁신성 등)에 대해 평가한다.

평가는 온라인 평가시스템으로 시행된다. 개인별 평가결과표에는 피 평가자 평균과 최대값이 표기되어 평가자의 위치를 확인할 수 있도록 하였다.

평가자의 인사평가가 완료되면 피 평가자의 확인을 거치도록 설계되어 있다. 만일 피 평가자가 평가결과에 동의하지 않는 경우 미 서명 사유서를 제출하여 이의신청을 할 수 있다. 평가결과에 대한 이의제기는 3심제(1차: 평가자, 2차: 소속부서, 3차: 조직)로 설계되어 충분한 공정성을 담보하고 있다.

평가결과는 연봉산정, 성과급 지급 자료로 활용되고 있다. 우수성과 직원에 대해서는 포상과 인센티브 지급, 승진과 보임을 통해 동기를 부여하고 있다. 아울러, 평가결과 역량개발이 필요한 직원에 대해서는 별도의 성장관리 프로그램을 마련하여 훈련을 실시하고 있다.

실무자를 위한 가이드라인

- ✔ R&D 조직에서 성과관리는 필수적인 제도이다
- ✔ 성과관리는 목표설정-성과평가-피드백 제시 등의 순서로 진행된다.
- ✔ 종전의 인사고과가 과거 지향적이었다면 성과관리는 목표설정 과정에서 미래 지향적이라는 차이가 있다.
- ✔ 성과관리의 용도에는 사정과 개발의 두 용도가 있다. 이 두 용도 중 어디에 중점을 둘 것인가는 조직이 처한 환경에 따라 바뀌어왔다. 최근에는 비교적 개발 용도에 초점을 맞추고 있다.
- ✔ 성과관리 제도가 R&D 조직의 창의성에 부정적인 영향을 미친다는 입장이 대세였다. 성과관리가 종업원의 입장에서는 통제받는다는 느낌을 받고 자기결정성을 약화시키기 때문에 창의성 발휘에 필요한 내재적 동기부여를 약화시킨다는 논리 때문이다.
- ✔ 그러나 최근 2~30년간의 연구는 성과관리 제도가 창의성을 약화시키는 것은 아니라는 주장의 설득력을 얻고 있다. 성과관리가 업무성과를 인정하고 개선해야 할 것에 대한 피드백을 주는 방식으로 진행된다면 내재적 동기부여와 창의성에 긍정적 영향을 미칠 수도 있다는 것이다.
- ✔ R&D 부서의 성과관리는 여타 부서에 비해 어렵다. 그 이유는 기초연구에 가까울수록 목표의 설정이 어렵고 과업특성 상 성과지표의 설정이 어렵기 때문이다. 또한 개인평가와 부서평가의 비중도 달라져야 하기 때문이다.
- ✔ 최근 글로벌 대기업들은 성과관리의 혁명이라고 불릴 정도로 성과관리를 크게 개편하고 있다. 그 배경으로는 인재개발의 비중 증대, 민첩성의 요구, 협업과 팀워크의 중요성 증대 등이 있다.
- ✔ 성과관리의 변화 추세로는 첫째 성과관리를 가능하면 단순화시키고 있다는 점이다. 성과관리에 드는 노력과 비용에 비해 효과가 적다는 연구결과에 근거한 것이다.
- ✔ 둘째는 성과평가에서 강제순위법(stacked ranking)을 폐지하는 기업이 늘고 있다. 강제순위법은 모든 구성원을 점수로 평가하여 수 개의 집단으로 분류한 다음 하위성과자 집단을 해고하는 방식을 말한다. 이 방식은 부서 내 지나친 경쟁을 유발하여 협업과 팀워크를 해친다는 문제점이 있다. 또 구성원들이 아무리 유능해도 일정비율은 해고해야 한다는 모순이 있다. 무엇보다도 구성원이 느끼는 심리적 압박감은 긍정적 효과를 능가한다.
- ✔ 셋째는 평가주기를 단축시키고 있다. 종래의 연간 평가리뷰(annual performance review)만으로는 변화하는 경영환경에 민첩하게 대처하기 힘들다. 또 연초에 설정된 목표에도 변화가 생길 수 있다.
- ✔ 따라서 기업들은 수시 점검대화(check-ins)를 크게 늘리고 있다. 수시 점검대화란 작업 진행 상황, 목표, 현재까지의 성과 및 향후 조치 계획에 대해 관리자와 직원 간의 지속

적인 일 대 일 대화가 연중 일정한 간격으로 개최되는 것을 말한다.

- ✔ 수시 점검대화는 목표를 추적, 장애요인을 확인하고 직원에 대한 임파워먼트를 통해 동기부여와 몰입을 높이며 경로를 수정할 수 있게 해주고 피드백과 대화를 통해 회사가 직원에 대한 투자하고 있다는 느낌을 주는 효익이 있다.
- ✔ 수시 점검대화에는 용도에 따라 성과 수시대화와 개발 수시대화가 있다.

11 CHAPTER

R&D 인력의 보상관리

제 1 절 R&D 인력 보상관리의 기초

1. 보상의 종류와 배분원리

(1) 보상의 종류

보상에 해당하는 영어에는 두 가지가 있다. 하나는 rewards이고 다른 하나는 compensation이다. 앞서 rewards에는 외재적 보상(extrinsic rewards)과 내재적 보상(intrinsic rewards)의 두 종류가 있음을 말한 바 있다. 본 장에서 말하는 보상은 compensation을 말한다. 이는 외재적 보상과 거의 같은 개념이다. 그중에서도 종업원의 기여에 대한 대가로 지불되는 돈이나 물질 등의 보상을 말한다.

R&D 인력에 대한 보상(compensation)의 종류에는 여타 직원들과 같이 기본급, 성과급(인센티브), 복리후생 등으로 이루어진다. 여기에 [그림 11-1]에서 보는 바와 같이 R&D 인력에 대해서는 다른 직원들과 달리 직무발명보상이 추가된다.

그림 11-1 R&D 인력에 대한 보상의 종류

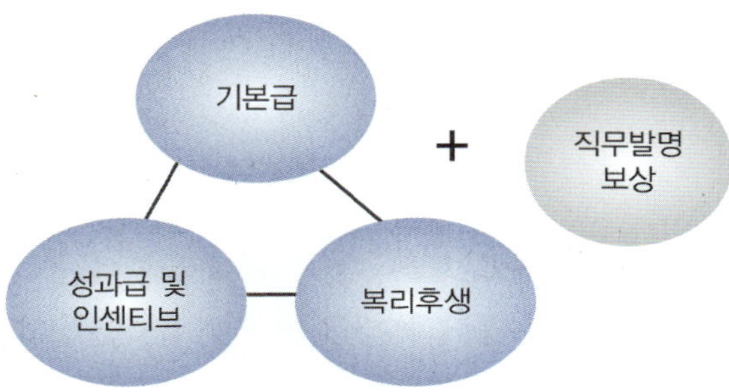

기본급은 인력에 대해 정기적으로 지급되는 기본급여이다. 이는 주급 도는 월급형태로 주어질 수 있으나 R&D 인력들에게는 대부분 월급형태로 지급된다.

성과급(인센티브)는 기본급외에 직무의 성과와 연동되어 지급되는 급여이다. 이는 동기부여(모티베이션)를 높이고 성과향상에 자극을 준다는 의미에서 인센티브(incentive)라고도 불리운다.

복리후생(fringe benefits)은 조직이 종업원과 그 가족의 생활 수준을 향상시켜 근무의 효율성을 높이고자 임금 이외에 마련하는 여러 혜택을 말한다. 직접적으로 현금을 지급하기보다는 물질의 제공 또는 시설의 이용 등의 형태로 지급되는 경우가 많다.

직무발명보상은 주로 R&D 담당 종업원에게만 주어지는 보상이다. R&D 담당 종업원들은 업무의 특성상 특허 등 직무발명이 발생한다. 직무와 관련된 발명으로 이익이 발생할 경우, 발생한 이익 중 일부를 해당 종업원에게 제공해주는 보상을 말한다.

(2) 보상의 배분원리: 공평성과 공정성

돈이나 물질과 같은 보상을 나누는 원리에는 대표적으로 두 가지가 있을 수 있다. 공평성과 공정성이다.

공평성(equality)이란 결과의 평등을 뜻한다. 보상의 공평성이란 개인의 기여와 관계없이 동일한 보상이 주어지는 원리를 말한다. 종래의 우리 사회의 월급(연공급)을 비롯한 많은 보상은 이 원리에 입각하고 있었다. 이 공평성의 원리는 [표 11-1]에서 보는 바와 같이 인정과 온정을 중시하는 문화적 풍토에서 배태하고 있는 것이다

표 11-1 공평성 · 공정성 배태의 문화적 기초

동 양	구 미
인정 ↓ 온정 ↓ 공평성	합리성 ↓ 냉정 ↓ 공정성

반면 공정성(equity)이란 개인들 간의 투입 대 산출비율(outcome/input)이 동일하게 되는 원리이다. 즉, 많은 기여를 한 사람의 보상이 더 많아지는 원리이다. 이는 합리성과 냉정에 바탕을 둔 구미의 토양에서 성숙한 원리이다.

각각의 문화적 기초를 지닌 보상원리로서의 공평성과 공정성은 어느 것이 우수하다고 말할 수는 없고 각각 장 · 단점을 지니고 있다. [표 11-2]에서 보듯이

표 11-2 보상의 기본원리의 특징

	공평성	공정성
내 용	결과의 평등	O/I = O/I O: outcome, I: Input
문화적 토양	온정	합리성
관련 관리원리	연공주의	능력주의
장 점	화합과 몰입	경쟁력
담 점	경쟁력 약화	긴장의 증대

공평성은 구성원 간 화합과 조직에의 몰입(commitment)이라는 장점이 있는 반면 다툼이 없어 체질(경쟁력)이 약화되는 치명적인 약점이 있다. 반면 공정성은 경쟁력이라는 장점을 가져다주는 대신 구성원 간 긴장이 증대되고 화합이 저해된다는 단점을 지닌다.

보상의 원리로서 공평성과 공정성은 나름대로의 특성을 가지고 있기 때문에 어떤 것이 더 적합하느냐 하는 것은 상황의 요구와 관련된다. 우리나라의 경우 전통적인 가치관하에서는 보상의 원리로서 공평성이 강하게 작용했다. 그러나 최근에는 공평성을 버리고 공정성을 강화하려는 움직임이 가속화되고 있다.

그러한 배경으로는 다음과 같은 것을 들 수 있다.

첫째는 경쟁력의 강화가 필요하기 때문이다. 글로벌 경쟁이 격화되는 환경에서 조직의 입장에서는 공평성의 장점이었던 화합과 몰입보다도 공정성의 장점인 경쟁력이 더욱 중요하게 되었다. 때문에 보상원리로서의 공평성이 지닌 내재적 장점에도 불구하고 공정성에서 유래하는 경쟁력 강화가 우선시 될 수 밖에 없는 것이다.

둘째는 종업원들의 의식변화이다. 전통적인 가치관에서는 공평성이 편안함을 주지만 새로운 소위 MZ세대(밀레니얼과 Z세대)는 공정성에 대한 강한 욕구를 가지고 있기 때문이다. 이들 세대는 공정성이 보다 정의에 가깝다고 믿고 있다.

2. 동기부여 요인으로서 돈의 의미

보상관리는 주로 종업원에게 돈의 형태로 주어지는 것이 대부분이므로 보상관리에 대해서 살펴보기 전에 보상의 주요 수단인 돈(money)이 종업원에게 미치는 의미에 대해서 살펴보기로 한다. 조직에서 제공되는 보상은 조직의 입장에서는 비용(cost)이지만 종업원의 입장에서는 생계를 이어가는데 필수적인 생계비이다. 종업원은 보상을 통해 생활의 안정을 꾀할 수 있지만 조직은 이를 통해 종업원이 더 열심히 일하게 만드는 동기부여 수단이 되기를 바란다. 그러면 돈은 동기부여 수단(motivators)이 될 수 있는가? 돈이 얼마나 동기부여 수단이 될 수 있는가? 이에 대한 정답을 찾기는 어렵지만 이와 관련해서도 본서에서 줄곧 채택하고 있는 상황적합적 접근법이 필요할 것 같다.

(1) 시대에 따라 관점이 바뀌었다.

조직에서 동기부여 수단으로서의 돈의 역할에 대해서는 경영이론의 발전에 따라 관점이 많이 바뀌었다.

우선 과학적 관리론으로 대표되는 전통 경영이론에서는 돈은 유일한 동기부여 수단(모티베이터)로서의 지위를 누렸다. 과학적 관리론의 창시자인 테일러(F. Taylor)는 화폐적 인센티브(financial incentive)라는 용어의 최초 사용자이기도 하다. 그는 종업원의 조직적 태업(systematic soldiering)으로 생산성 향상이 정체에 있던 시절에 이를 타개할 수 있는 방안으로 '차별적 성과급'을 주장하였다. 차별적 성과급이란 '잘한 사람에게는 보상, 못한 사람에게는 손해(gain in success, loss in failure)'라는 원리에 기초해서 과업을 달성한 사람에게는 높은 임률을, 미달성자에게는 낮은 임률을 차별적으로 적용하는 인센티브제도이다. 그의 머리 속에는 사람들은 모두 높은 임률을 받기 위해 과업 이상의 성과를 올릴 것이라는 믿음이 있었다.

차별적 성과급이 현실에서 상당한 성과를 거둔 것은 사실이다. 그러나 과학적 관리론 다음에 오는 인간관계론에서는 사람들은 돈보다는 오히려 의리, 정, 자존심과 같은 사회심리적 요인이 생산성에 더 큰 중요한 요인이라는 것이 밝혀지게 된다. 이는 매슬로우(A. Maslow)의 욕구단계설 등에 의하여 이론적으로도 지지되었다. 즉, 인간은 하위욕구가 충족되면 상위욕구에 의해 모티베이트되는데 하위욕구가 돈과 주로 관련되는 반면 상위욕구들은 주로 돈과 관련이 없기 때문이다. 사람들이 하위욕구에 머물러 있을 때는 돈이 중요하나 어느 정도 하위욕구가 충족된 사람들은 돈이 아닌 상위욕구에 의해 동기부여되는 것이다. 이 시기에 모티베이터로서의 돈의 왕자적 위치는 크게 추락하게 된다.

한편 현대경영 이론에서 추락했던 돈의 위상은 다시 회복된다. 여기서는 인간이 여러 가지 욕구를 지닌 복잡한 존재라는 것을 인식하게 된다. 인간에게는 사회·심리적 요인이 중요한 것은 사실이나 여전히 경제적인 것이 인간을 자극하는 측면을 무시할 수 없다. 돈은 여전히 인간에게 강력한 동기유발 요인이 될 수 있는 것이다. 인간관계론에서 돈은 매슬로우의 상위욕구와 관련이 없다고 상정되고 있지만 상당히 많은 정도, 돈은 자존심이나 파워와 같은 상위욕구들까지도 살(buy) 수 있다는 점이 인정되고 있다. 따라서 현대경영 이론에서는 돈은 상당한 정도로 모티베이터로서의 역할을 한다고 가정하고 있다.

(2) 문화에 따라 다르다

돈은 전 세계 모든 사람들에게 강력한 동기부여 수단이 된다. 특히 오늘날과 같은 자본주의 하에서는 돈은 인간의 강력한 추동요인임을 부정하기 힘들다. 유발 할라리(Yuval Noah Harari)는 그의 저서 사피엔스(Sapience)에서 "신의 존재를 믿는 사람은 전 세계 인구의 1/3도 안되지만 돈의 존재를 믿지 않는 사람은 거의 없다"고 돈의 위력에 대한 통찰력을 보여주고 있다(Harari, 2014).

그러나 인간의 행위에 미치는 돈의 동기부여 강도는 문화에 따라 다소 차이가 있다. 자본주의가 많이 발달한 서구 특히 미국의 경우에는 특히 강하다고 볼 수 있다. 미국에서는 모든 것이 "돈이 말해준다(money talks)"라는 말에서 보듯이 모든 가치가 돈으로 환산되는 경향이 있다. 따라서 사람들 간에 돈에 대한 명시적인 견해나 태도를 보이는데 큰 주저함이 없다.

반면에 유교문화권에서는 상황이 다소 다르다. 이 문화권에서 유교적 전통에 의하면 돈은 도구적 가치에 머무른다고 본다. 이상적인 인간은 이를 극복하는 사람이다. 물론 이러한 전통가치관은 최근 모든 국가가 자본주의화하면서 많이 퇴색되고 있다. 유교의 종주국이지만 공산주의 혁명을 거치고 경제적인 측면에서만은 급속히 자본주의화한 중국에서도 이제는 이러한 가치관은 낡은 것이 되어버렸다.

그러나 전통주의 유교의 가치관이 어느 정도 여전히 잔존하고 있는 우리나라의 경우에는 여전히 돈에 대한 이중적인 태도가 형성되어 있다. 돈에 대한 선호는 기본적으로 여타 국가에 비해 다르지 않지만 돈이 인간관계나 행위의 기본동인이 되는 것을 피하는 분위기가 여전히 남아 있다. 그래서 사실은 돈이 행위의 동인이지만 이를 포장하거나 감추려고 시도한다. 돈은 여전히 좋은 것이나 이를 표나게 드러나는 것은 추하게 보이기 때문에 은폐하려 한다.

(3) 사람에 따라 차이가 있다.

행위의 동인으로서 돈의 힘은 개인별 차이가 크다. 어떤 사람에게는 가장 중요한 동기부여의 요인이나 어떤 사람에게는 돈보다 더 중요한 요인들이 있다.

돈과 같은 도구적 요인들을 매우 중시하는 사람들을 도구주의자(instrumentalist)라고 부른다. 우리에게 널리 알려진 매슬로우(A. Maslow)나 허즈버그(F. Herzberg)이론에 따르면 저차적 욕구나 위생요인을 충족한 사람들은 고차적 욕구나 동기요인이 행동의 동인이 된다. 즉 돈을 넘어서서 자기존경이나 자기실현을 추구하게 된다. 그러나 도구주의자들은 돈이 자기존경과 자기실현의 수단이고 가장강력한 동기부여의 동인이다.

본서의 관심사인 R&D 인력에 대해서는 앞서 동기부여 장(제4장)에서 살펴본 것처럼 상대적으로 돈의 의미는 여타 직종에 비해서 크게 강하지 않다고 보는 것이 타당할 것 같다. 과학자나 엔지니어의 경우 학력도 높고 보수도 상대적으로 괜찮아 저차적 욕구가 어느 정도 충족되고 있기 때문이다. 그들은 일의 의미나 사회를 변화시키는 것 등에 관심을 많이 가진다는 것이 거의 정설이다. 돈에 대한 욕구가 없다는 것이 아니라 좀더 높은 것을 추구하는 경향이 크다는 것이다. 물론 12억 상금보다 10만 여 원의 월급을 택한 러시아의 기인(奇仁) 수학자 페렐만(Grigori Yakovlevich Perelman)과 같은 사람도 있다(인물탐구 참조). 그러나 그는 과학자의 세계에서 조차도 매우 예외적인 인물이라고 할 수 있다.

인물탐구

12억을 마다한 은둔수학자 페렐만

러시아의 수학자 그리고리 페렐만(Grigori Yakovlevich Perelman)은 1996년 6월 구 소련 상트 페테르부르크(구 레닌그라드)에서 유대인 부모 밑에서 태어났다. 그의 어머니(아직도 상트 페테르부르크에서 살고 있음)는 이들의 재능을 감지하고 아들의 교육을 위해 자신의 수학 석사과정 학업을 중도에 포기했다. 페렐만의 수학적 재능은 벌써 10세부터 나타나서 어머니는 그를 수학전문 훈련 프로그램에 등록시키기도 했다.

페렐만은 고등학교도 수학과 물리학에 특화된 레닌그라드 고등학교에 진학하여 수학교육을 계속하였다. 1982년에는 소련 대표팀의 일원으로 국제 수학 올림피아드에 참가해서 만점으로 금메달을 차지했다. 그는 이후 무시험으로 레닌그라드 주립대학 수학 기계학부의 학생이 된다.

박사학위를 받은 후에는 소련과학원 Steklov 연구소 레닌그라드 지부의 연구원으로 일한다.

1980년대 말부터 1990년 초에는 주위의 추천을 받아 미국의 몇 개 대학에서 연구를 할 기회를 갖게 된다. 그의 여러 연구업적이 수학계에 알려지자 미국의 프린스톤이나 스탠포드와 같은 유명대학으로부터 교수직을 요청받는다. 그는 이를 다 거부하고 자기 고향의 Steklov 연구소로 돌아간다. 거절의 이유는 교수직보다는 그는 오직 연구에만 몰두할 수 있는 연구자로서의 삶이 좋았기 때문이다.

페렐만이 세간이 큰 주목을 받게 된 것은 그가 소위 '밀레니엄 7대 난제' 중 하나인 '푸앵카레 추측'(Poincare conjecture)을 증명해내면서 부터이다. 수학계에는 오래 풀리지 않는 7대 난제가 있었다. 2000년 5월 미국 사설 연구기관인 클레이 수학연구소(Clay Mathematics Institute)는 인류가 20세기에 풀지 못한 수학의 난제 7가지를 선정하고 이들 문제를 푸는 사람에게 한 문제당 100만달러씩 주겠다고 발표했다. 클레이 연구소는 미국의 억만장자이자 뮤추얼펀드계의 '큰손'인 랜던 클레이(Landon T. Clay)가 1999년 수학 발전을 위해 고향인 매사추세스주 케임브리지에 세운 연구소였다.

페렐만은 문제가 나온 2000년께 이미 해법을 발견했으나 2002년 11월, 2003년 3월, 그리고 그해 7월 세 차례에 걸쳐 문제의 논문을 발표했다. 그러나 학술지가 아니라 연구자들의 공유공간인 인터넷에 띄웠고 논문의 어디에도 '푸앵카레 추측'이라는 말은 없었다. 다만 미국 체류기간(1992~ 1995)에 사귀었던 한 MIT 교수에게 이 사실을 알렸을 뿐이었다. 하지만 수학자로서 자신이 이룬 업적은 자랑스러워했고 또 평가받고 싶어해서 2003년에는 뉴욕에 가서 거물 수학자들 앞에서 자신의 연구성과에 대해서 강의도 했다.

수년간의 여러 수학자들의 검증 끝에 드디어 그의 논문들이 '푸앵카레 추측'의 난제를 풀었다는데 합의가 이루어졌다. 페렐만의 나이 30대에 이룬 쾌거였다. 2006년에 스페인 마드리드에서 열렸던 국제수학연합(IMU)에서 그는 수학계의 노벨상이라 불리우는 '필즈 상(Fields Medal)' 수상자로 선정되었다. 그러나 그는 수상식에 참석도 하지 않았고 회장이 러시아까지 찾아가 수상을 권했으나 이마저 거절했다. 거절의 이유로 다음과 같은 말을 남겼다. "나는 돈과 명예에 관심이 없다. 나는 동물원의 동물처럼 전시되고 싶지 않다."

2016년 3월 클레이 연구소는 '푸앵카레 추측'이 해결되었고 수상요건을 채웠다고 인정하면서 페렐먼을 제 1대 클레이 밀레니엄 상(Clay Millennium Prize) 수상자로 공식발표했다. 그러나 그해 6월 페렐만은 100만달러(12억~13억 원)의 상금 수령을 거절한다. 이 때에도 그는 다음과 같은 말들을 남겼다 한다. "이미 나는 원하는 모든 것을 가졌다", "나는 언젠가 아무도 풀지 못하는 문제를 풀고 싶었다. 나의 공헌이 맞은 것으로 판명되었으면 그 뿐이다", "나는 잘 살고 유명해지는데 관심없다. 나는 그저 연구만 하고 싶다."

그는 12억의 상금을 마다하고 자신의 연구소로 돌아가서 고독하게 연구에만 몰두한다. 연구소의 월급은 고작 우리 돈으로 10만 원 남짓에 불과함에도. "수줍음 많고 물질적 부(富)에 관심 없는 비(非)세속적 인물"이라는 것이 페렐만에 대한 동료 연구자들의 평가이다.

그는 이후 다니던 연구소도 돌연 그만두고 외부와의 접촉을 끊은채 고향인 러시아 상트페테르부르크 서민 아파트촌에 은둔한다. 그곳 숲에서 그의 유일한 취미인 버섯 따기를 즐기며 늙은 어머니와 함께 몇 푼 안되는 연금과 저금한 돈으로 가난하게 살아가고 있다.

3. 기본급의 관리

기본급은 R&D 인력이라 하더라도 여타 조직구성원들과 특별히 다른 구조를 갖지는 않는다. 때문에 여기서는 자세히 다루지 않는다.

표 11-3 기본급 결정기준

기본급 체계		결정기준	
연공급	연령급	생계비	필요기준
	근속급	근속공헌	
직무급		직무가치 기준	
직능급		능력기준	
연봉제		성과기준	
역할급		기대역할 기준	

자료: 한인수 외(2020).

기본급을 결정하는 기준은 [표 11-3]에서 보는 바와 같이 필요기준(according to needs), 담당직무기준(according to jobs), 능력기준(according to ability), 성과기준(according to results), 기대역할(expected roles)의 다섯 가지로 크게 분류할 수 있다. 이 기준에 의해 결정되는 기본급을 각각 연령급, 근속급, 직무급, 직능급, 연봉제, 역할급이라 한다(한인수 외, 2020).

이러한 기본급의 형태 중 연령급과 근속급을 포괄한 연공급은 종업원의 생활을 보장한다는 '생계보장의 원칙'에 입각한 임금형태이며 반면에 직무급은 노동가치만큼 임금을 지불한다는 '노동대응의 원칙'이 그 밑바탕에 깔려있다.

직능급, 성과연봉제, 역할급등은 정도의 차이는 있으나 양자의 절충적인 입장을 모색하고 있는 기본급의 형태이다.

기본급이 합리적으로 운영되기 위해서는 직무 가치의 내용이 임금에 반영되어야 하고 모든 종업원의 생활을 보장할 수 있어야 한다는 여러 조건들이 동시에 만족되어야 한다.

이러한 조건들을 충족시키기 위해서는 전술한 기본급 형태 중 어떤 단일의 기본급체계만 갖고는 미흡하다. 따라서 기본급체계는 직종별로 직무의 성격에 따라서 상대적으로 비중을 달리하면서 복합적으로 설정되는 병존형(併存型) 체계가 자주 사용된다.

(1) 연공급

연공급(年功給)은 근속·연령·학력 등의 귀속적 인적요소에 기초하여 임금을 지급하는 임금체계이다. 이 연공급은 근속연수나 연령이 많은 종업원을 우대하는 우리나라와 일본과 같은 동양적 가치와 전통 속에서 생성되어 온 것으로서 오래 근무했다는 것(年)이 공(功)이 된다는 가정에 기초한 기본급 형태이다.

연공급 임금체계는 종업원의 연령에 따른 생활보장의 성격이 강하고 장기고용을 전제로 하고 있으므로 종업원이 받는 임금이라고 하는 경제적 요인과 종업원이 조직에 공헌하는 가치의 사이에 장기적 균형을 유지하는 임금체계라 할 수 있다.

(2) 직무급

구미에서는 연공에 기초한 동양과는 전혀 다른 기본급 체계를 발전시켜 왔다. 그것은 한 개인이 수행하는 직무의 가치에 따라 급여를 지급하는 직무급(職務給)이다.

직무급(job wage)은 직무의 중요성과 난이도에 따라서 각 직무의 상대적 가치를 평가하고 그 결과에 의하여 임금액을 결정하는 임금체계이다. 이는 같은 직무를 수행하는 사람에 대해서는 연령, 근속에 관계없이 같은 임금을 지급하는 '동일노동·동일임금'(equal pay for equal work)의 이상을 실현할 수 있는 합리적인 체계이다. 이 직무급은 구미의 합리적인 사고와 산업화의 진전에 의해 생성, 발전된 것으로서 미국을 중심으로 하여 선진국에서 널리 실시되고 있다.

직무급은 직무의 가치에 부합하는 임금을 지급하기 때문에 종업원이 능력이 있어 해당 직무를 훌륭히 수행하면 보다 가치가 있는 상위직무로 승진할 것이고 능력부족으로 직무를 제대로 수행하지 못할 때는 보다 쉬운 직무를 맡게 되어 임금은 하락하게 된다. 그러므로 직무급은 능력주의적 임금체계의 가장 전형적인 형태라 할 수 있다.

(3) 직능급

연공급의 단점을 극복하고 능력의 요소를 가미한 새로운 기본급 체계의 필요성이 부각되면서 하나의 대안으로 등장한 것이 구미에서 발전되고 있는 직무급

체계였다. 그러나 직무급이 직무가치와 실적을 반영하는 능력주의적 요소가 강하기는 했지만 기본적으로 사람 중심의 인사관리가 기본인 한국이나 일본의 풍토에서는 전체적인 인적자원의 체계와 조화를 이루기 힘든 측면이 많았다. 이에 연공급에 대한 고민을 먼저 시작한 일본기업들은 연공급의 기본을 살리면서도 능력의 측면을 가미한 연공·능력의 절충형의 임금체계를 발전시켰다. 이것이 일본을 중심으로 생겨난 직능급이라는 독특한 임금체계이다.

직능급(職能給)은 직능, 즉 직무수행능력의 발전단계에 따라 개별임금을 결정하는 임금체계이다. 즉, 직무급이 종업원이 담당하는 직무의 상대적 가치를 직무평가에 의해 평정하여 그 결과에 따라 임금을 결정하는 것임에 비해 직능급은 종업원의 능력을 직능고과에 의해 평가하고 그 결과에 따라 임금을 결정하는 것이다.

직능급을 시행하기 위해서는 직능자격제도(職能資格制度)의 수립이 선행되어야 한다. 여기서는 직무를 수행하는 능력의 차이에 따라 직능자격등급이 마련되고 각 등급에는 그 급에서 요구하는 능력의 요건이 확립되어 있다. 그리고 직능자격등급별로 임금이 결정되어 있다.

(4) 연봉제

연봉제(年俸制)는 개별종업원의 능력, 실력 및 공헌도를 평가하고 계약에 의하여 연간 임금액을 결정하는 능력중시형 임금지급 체계이다. 미국에서는 이미 오래 전부터 관리직과 전문직에 일반화되어 왔으나 우리나라에서는 1990년대말 IMF 체제 이후 그 도입이 확산되어 관리직, 전문직을 중심으로 시작하였으나 최근에는 그 적용 범위가 확대되는 추세에 있다.

연봉제의 도입이 우리나라 임금관리에 있어서 커다란 변화를 의미하는 것이기는 하나 그 도입은 기존의 풍토나 급여체계를 감안하는 형태로 이루어졌다. 대부분 인적자원관리 제도들이 급진적인 변화가 어렵고 더구나 이는 임금과 관련되어 종업원의 입장에서 민감한 제도였기 때문이다. 우리에게 도입된 연봉제를 우리는 흔히 '한국형 연봉제'라 이름한다.

한국형이라 이름붙인 것은 순수한 의미의 서구식 연봉제가 프로야구 선수의 연봉처럼 매년 회사와 본인의 연봉에 대해서 개별협상을 하고 이에 따라 연봉을 12분의 1로 나누어 지급을 하며 상여금이나 제 수당을 인정하지 않는 등의 특징을 가지는데 비해 한국형 연봉제는 우리의 기업문화나 종업원의 정서 등을 고려하여 우리 실정에 맞게 운영되는 측면이 있기 때문이다.

한국형 연봉제는 기본급 전체를 능력급으로 하는 것이 아니라 우리 기업과 종업원들에게 익숙한 연공급을 일정 부분 기본으로 하고 개인의 능력과 업적에 따른 능력급을 가미하는 방식을 말한다. 그리고 점진적으로 능력급의 비중을 확대하면서 순수한 연봉제를 지향하는 형태이다. 그런 점에서 한국형 연봉제는 기존의 연공급과 순수 연봉제의 중간인 '절충형 연봉제'의 성격을 띠고 있다.

(5) 역할급

기본적으로 사람에 대한 임금이면서 직무가치를 반영하는 기본급 제도로 역할급이 있다. 이는 직능급의 문제점을 보완하기 위해 일본에서 개발된 제도이다. 우리나라 임금관리의 오랜 숙제가 '어려운 일을 열심히 한' 사람에 대해 대우해야 한다는 것인 데 이 역할급이 급여에서 직무가치를 어느 정도 반영한다는 측면에서 눈여겨 볼 제도이다. 역할급이란 조직에서 각 개인에게 기대되는 역할의 크기에 따라 임금이 결정되는 제도이다.

역할급(役割給)은 (직무)역할급이라고도 하며 말 그대로 역할의 크기에 따라 임금이 결정되는 제도이다. 직능급이 직능자격제도에 기초하듯이 역할급은 역할등급제도에 기반을 둔다. 역할등급제도란 일명 '미션 그레이드 제도'라고도 하는 것으로써 각각의 '직위(직책)'나 업무에서 요구되는 '역할'의 크기에 따라 등급을 설정하여 종업원의 등급을 부여하는 제도이다.

사람중심의 임금제도는 그것이 연공급이든 직능급이든 직무의 가치를 반영하지 못한다는 단점이 있다. 즉 일본이나 한국처럼 연공의 전통을 가진 나라들에서 오랜 숙제인 어려운 일을 하는 사람을 보상해주지 못한다는 결점을 지니고 있다.

그렇다고 구미에서처럼 직무급을 도입하기에는 무리가 따르는 것이 현실이다. 오랫동안 사람중심의 인사관리에 익숙해 근무연수를 무시하고 직무의 가치에 따라 임금을 정하기도 어려운 탓도 있지만 조직 내 모든 직무를 정의하고 직무가치를 매기는 것이 실제로 쉬운 일이 아니다.

이에 직능급의 한계를 극복하고 직무 중심 인사제도의 장점을 살리고자 도입된 것이 역할급이다. 여기서는 수행해야 할 역할'의 기술이 비교적 간편하고 직무급에서와 같이 전체 직무의 직무기술서를 작성해야 하는 번잡한 작업이 필요

없다. 또한 역할을 어느 정도 브로드밴드화(광역화)함으로서 조직과 직무가 변경되더라도 대응이 쉽다. 이와같이 역할급은 기본적으로 사람중심의 인사제도도 버리지 않으면서 직무급의 장점을 살리고 도입도 용이하다는 점에서 최근 일본 기업들 사이에서 도입이 확산되고 있는 추세다(안희탁, 2015; 신재욱 · 김광우, 2016).

제 2 절 R&D 인력 성과급 · 인센티브의 관리

1. 성과급 · 인센티브의 개념과 중요성

(1) 성과급 · 인센티브의 개념

성과급(pay for performance)이란 성과에 기초한 급여를 말하는 것이고 인센티브(incentive pay)란 성과를 자극하기 위하여 이용되는 금전을 중심으로 한 외재적 보상을 말한다. 그 두 용어는 상호교환하여 사용할 수 있을 정도로 유사하다. 성과급이란 것이 본질적으로 인센티브로서의 성격을 지니고 있기 때문이다. 다만 구별한다면 성과급은 기본급으로서의 성격을 지닐 수 있는 반면에 인센티브란 동기부여(모티베이션)를 높이기 위하여 표준적인 수준을 초과하는 종업원의 성과에 대하여 기본적인 급여 이외에 추가적인 보상을 실시하는 제도라는 특별한 뜻을 갖는다.

그 외에 변동급(variable pay)이라는 용어도 있다. 변동급이란 급여가 기업의 전반적 수익과 연동하여 변하는 집단 인센티브 플랜이라는 의미가 있다. 그러나 현실에서는 이는 개인들에게 실시하는 인센티브와 같은 개념으로 사용되고 있다. 그 외에 최근에는 업적급(contingent pay)이라는 용어도 비슷하게 사용되고 있다.

(2) 성과급 · 인센티브 제도의 중요성

우리나라 조직이나 사회에서 성과급 · 인센티브 보상제도의 필요성은 점점 더 커지고 있다. 이는 기존의 획일주의적이고 평등주의적인 보상시스템으로부터 능력과 실적에 의한 차별적 보상시스템으로의 전환 필요성이 사회적으로 커지고 있기 때문이다.

이제까지 우리나라의 보상관리는 연공의 비중이 높은 다분히 평등주의 원리에 입각하여 이루어져 왔다. 어떤 구성원이 좋은 업적을 올렸을 경우에도 개인들의 기여 부분을 정확히 측정해 성과에 따른 보상을 주기보다는 균등한 보상을 주는 경우가 많았다. 이는 다분히 사회나 조직의 풍토 및 문화와 관련되는 것으로 동양사회의 집단주의 또는 인화를 중시하는 분위기에 연유한 바가 컸다. 이러한 평등주의, 획일주의의 보상관리제도는 나름대로 기능적 측면이 많다. 즉, 집단의 융화력이나 화합을 유지하는 관리원리로서는 적당하다.

그러나 이러한 관리원리가 한국의 조직이나 기업이 글로벌 시대에 경쟁력을 갖추기에는 적절치 못하다는 것은 자명하다. 한 개인의 탁월한 업적이나 이를 위한 노력을 유도하기는 어렵다. 즉, 개인의 능력과 노력을 사주는 보상이 없는 상황하에서는 개인의 두드러진 노력과 성과를 기대하기가 힘들고 기업이나 조직의 경쟁력을 갖추기는 힘든 것이다.

인센티브 제도의 중요성은 경제사회적 거시적 측면과 구성원의 의식변화라는 미시적 측면의 두 가지 측면에서 살펴볼 수 있다.

우선 경제사회적 거시적 측면에서 그 필요성은 우리 경제의 위상변화와 관련이 있다. 이제까지 한국의 경제는 선진국을 따라 잡는 소위 캐취 업(catch up) 경제의 성격이 강했다. 선진국이라는 명확한 목표가 있는 상황에서는 집단의 단결이나 화합이 선진국 캐취 업이라는 목표를 달성하는 데 효과적인 원리일 수 있다. 따라서 획일주의나 평등주의 보상관리의 원리는 알려진 목표를 추구하거나 따라 잡는 데도 도움이 된다.

그러나 최근 우리나라는 많은 부분에서 선진국의 대열에 서기 위해 발돋움하고 있다. [그림 11-2]에서 보듯이 선진국의 입장에서는 따라가야 할 목표가 없다. 스스로의 힘과 창의적인 노력으로 목표를 모색해야 한다. 이러한 창의적 노력은 사회적으로 그것을 사줄 때만 가능하다. 기존의 평등주의 보상원리는 미지의 분야를 새롭게 개척하고 모험을 유도하며 창의성을 북돋는 원리로서는 부적절하다. 위험을 감수하는 개인들의 시도와 모험이 인정되고 보상되어야 한다. 따라서 우리 사회에서는 열심히 노력한 개인에 대해 그에 걸맞는 대우를 보장하는 인센티브 시스템의 확립이 선진국 진입의 불가결한 조건의 하나가 되고 있다. 최

그림 11-2 캐취 업 경제의 종언과 사회적 인센티브의 구축

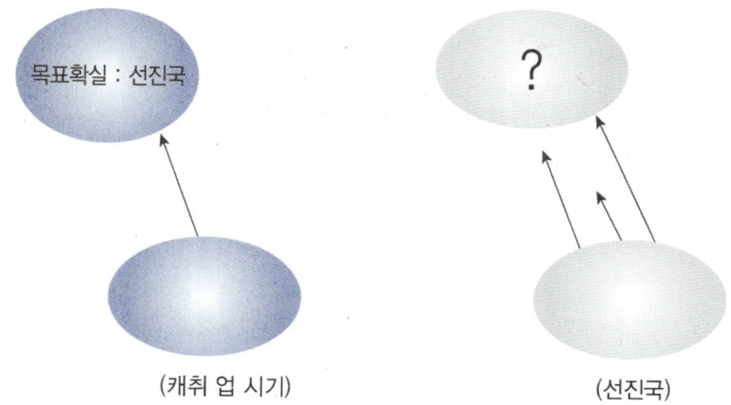

근에 기존의 연공제도나 균등배분의 논리가 '나눠먹기'나 '악평등'의 잘못된 논리로 비난받는 것은 이러한 환경변화를 반영하고 있는 것이다. 따라서 우리 사회의 전반에서는 사회적 인센티브 시스템 구축이 사회적 과제의 하나가 되고 있는 것이다.

둘째, 미시적 측면에서는 인센티브 제도의 필요성은 조직 구성원의 의식변화와 연관된다. 조직구성원 특히 젊은 세대일수록 조직정의(organizational justice)의 개념에 대한 인식이 전환되고 있다. 보상배분의 원리가 '공평성'(equaility)에서 '공정성'(equity)으로 빠르게 전환되는 추세에 있다. 따라서 한국의 조직에서는 보다 적극적으로 인센티브 시스템의 도입과 효과적 관리에 관심을 가질 시점에 와 있는 것이다.

셋째, 성과급・인센티브는 직원몰입(employee engagement)과도 긍정적 관계를 갖는 것으로 한 연구는 보고하고 있다(Harrison, 2019). 이 연구에서는 우선 조사 대상 조직의 77%가 전체 보상 패키지 중 어떤 형태로든지 성과급을 활용하고 있다고 응답하고 있다. 또 조사 대상 조직의 50%가 직원 간 협조와 공통 조직목표의 촉진을 위해 집단 인센티브제도를 채택하고 있다고 보고하고 있다.

조사에서 주목할만한 것은 성과급 철학과 직원몰입간의 관계이다. [그림 11-3]에서 보듯이 성과급을 공식 철학으로 가진 조직들이 자신들의 직원몰입이 평균 이상이라고 평가한 비율이 45.8%인 반면 성과급을 비공식적 철학이거나 그런 문화를 지닌 정도라고 응답한 조직들의 33.3%만이 자신들의 직원몰입이 평균 이

그림 11-3 직원몰입에 미치는 성과급여의 효과

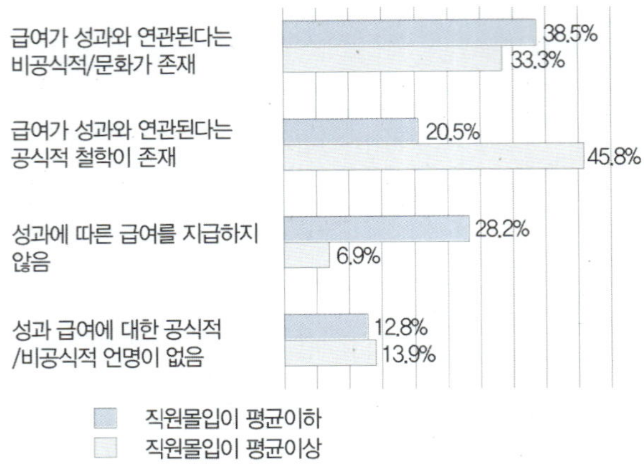

자료: Harrison(2019).

상이라고 응답하고 있다. 즉 성과급을 공식적인 철학으로 소통하고 있는 조직에서 직원몰입이 한층 높다는 것으로 해석할 수 있다.

2. 성과급 · 인센티브의 종류

일반적으로 인센티브 제도의 유형은 다양하다. 이들은 임금인상의 기초가 개인성과에 의존하는가, 혹은 집단성과에 의존하는가 또 임금인상의 효과가 누적

표 11-4 인센티브제의 유형

구 분		임금인상의 기초		
		개 인 성 과	집 단 성 과	
임금인상의 효과	누적적	merit pay 연봉제		
		개인 인센티브 piece rate lump sum bonus	단기 인센티브 profit sharing gain sharing	장기 인센티브 스톡옵션 ESOP

자료: 박우성(2000), 『스톡옵션제』, 한국노동연구원.

적인가, 비누적적인가, 단기적인 성과향상을 의도하는가, 장기적인 성과 향상을 의도하는가에 따라 다음 [표 11-4]와 같이 분류될 수 있다(박우성, 2000).

(1) 개인 인센티브

개인 인센티브(individual incentive plans)는 개인의 성과에 연동되어 주어지는 성과급을 말하는데 여기에는 다음과 같은 유형들이 있다.

1) 순수성과급(merit pay)

개인성과에 기초해 임금인상이 이루어지면서 누적이 되는 형태를 순수성과급, 즉 merit pay라 한다. 이는 인사고과의 결과에 기초해 기본급이 차등 인상되는 형태로서 가장 보편적인 개인성과급 제도이다. 기준임금이 변한다는 점에서 일회성으로 주어지는 상여금(bonus)과 구별된다. 이 제도는 화이트 칼라 특히 사무직, 전문직, 관리직 등에 많이 사용된다. 앞서 우리가 살펴본 연봉제는 이러한 형태의 성과급에 속한다고 할 수 있다. 그런데 연봉제는 이 방식처럼 누적적으로 운영될 수도 있지만 비누적적인 방식으로도 운영될 수 있기 때문에 표에서는 누적적인 형태와 비누적적인 형태에 걸쳐 존재하는 것으로 표현되고 있다.

2) 실적급

실적급(piece work, piece rate plans)은 가장 오래되고 또 지금도 널리 사용되는 개인 인센티브 제도이다. 여기서는 종업원이 산출하는 각 단위에 대해 일정액(piece rate)을 지불하게 된다. 예컨대 웹 쇼핑몰을 책임진 종업원이 매출 건당 400원을 받게 되어 있는데 100건을 올리면 40,000원을 받게 된다. 이는 주로 생산직이나 서비스직의 하위 직원들에게 적용되는 성과급여 방식이다.

3) 커미션 제

세일즈 맨들에게 많이 적용되는 커미션 제(commission plan)도 개인 성과급의 전형적인 예이다. 예컨대 자동차 세일즈 맨들은 자신이 판 자동차 대수에 비례하여 커미션을 받는다. 커미션 제는 성과가 매우 객관적으로 판단될 수 있고 인센티브의 성격이 강해 세일즈 맨에 대한 보상제도로 오래 전부터 사용되고 있다.

세일즈 맨의 급여는 커미션에만 의존하는 것은 아니고 월급제를 사용할 수도 있다. 이 경우 월급제는 장점과 단점을 모두 가지고 있는데 장점은 세일즈 맨의 지역 간 배치가 용이하고 판매원의 충성도 확보가 가능하다. 반면에 단점은 매출 실적과 급여가 비례하지 못한다는 것이다.

때문에 현실에서는 병합급(combination plan)이 많이 사용된다. 즉, 일정 부분의 월급을 기본으로 하고 매출실적에 연동한 커미션이 부가되는 임금 방식이다.

(2) 집단 인센티브

1) 집단 인센티브의 의미

집단 인센티브(group organization wide incentive plans)는 변동급(variable pay)이라고도 불리우는 것으로서 급여가 부서나 조직의 성과와 연동되는 성과급이다.

개인 인센티브와 집단 인센티브는 각각 나름대로의 장·단점을 지니고 있다. 집단인센티브에는 '무임 승차자'(free rider)의 문제가 있다. 개인적인 기여가 없음에도 소속된 팀이나 사업부의 실적이 좋아 보상을 받는 폐단이 있다. 반면에 개인 인센티브는 개인의 경쟁력이 강해진다는 장점이 있는 반면 이것이 강조되다 보면 팀워크나 협조·화합 등에 문제가 생길 수 있다.

조직 입장에서는 개인의 경쟁력이나 역량이 제고되는 것도 중요하지만 진실로 중요한 것은 개인의 역량이 결집된 조직의 역량 제고이다. 개인 인센티브를 통해 개인의 경쟁력이 제고된다 하더라도 화합의 저해로 그것이 조직의 역량 제고로 연결되지 못한다면 인센티브의 진정한 의미가 살려지지 못한다. 우리는 스타들로 구성된 최우수팀이 개인 선수들의 스타의식으로 최선의 성적을 올리지 못하는 예를 흔히 볼 수 있다.

따라서 개인 인센티브가 강화되는 상황에서는 그 결점을 보완하는 차원에서 집단 인센티브의 도입을 통해 화합의 문제를 해결하는 지혜가 필요하다.

2) 단기 집단 인센티브제도

단기 집단 인센티브제도에는 이윤분배제와 성과분배제가 있다.

① 이윤분배제

이윤분배제(profit sharing plans)는 기업의 연간 이윤의 일정 부분을 종업원이 수령하는 제도이다. 여기서는 일정 기간동안 발생한 기업이익을 사전에 정해진 분배공식에 따라 근로자에게 나누어주게 된다. 따라서 그 지급액이 사전에 정해진 것이 아니라 기업의 경영성과에 따라 결정되는 사후적 보상이다.

이는 객관적인 산정지표의 확보가 용이하고 계산이 간단하여 적용이 쉽기때문에 가장 많이 도입되는 성과배분제도 중의 하나이다. 물론 기업의 이익이 종업원의 성과에 의해서만 결정되는 것은 아니고 기업이 통제할 수 없는 시장상황 등 외부변수에 의해 결정되는 측면이 많다는 점이 한계로 지적될 수 있다. 또한 이 제도가 생산성이나 사기를 얼마나 올릴 수 있느냐에 대한 연구들도 긍정론과 회의론이 섞여 있다.

② 성과분배제

성과분배제(gain sharing)는 종업원들이 공동노력으로 생산성을 높였거나 비용을 절감했다면 그 과실을 종업원과 회사가 공유하는 인센티브 제도이다.

이상의 이윤분배제와 성과분배제를 활용하여 우리나라 대표기업 S전자는 집단 인센티브 제도를 운용하고 있다(읽을거리 참조).

읽을거리

S전자의 집단 인센티브

우리나라의 대표적 기업인 S전자에서 실제로 사용되고 있는 집단 인센티브의 사례는 다음과 같다.

그림에서 보듯이 이 그룹에서 성과보상 체계는 개인보상과 집단보상으로 나뉜다.

개인 보상제도의 대표적인 것은 인사고과에 의한 연봉제이다. 그 외에 특별한 기여가 있는 직원에게 파격적인 포상을 해주는 '자랑스러운 S인'제도가 있다.

이 그룹에서 주목할 만한 것은 집단 인센티브제도이다. 여기에는 대표적으로 두 가지가 있는데

S 전자의 성과 보상체계

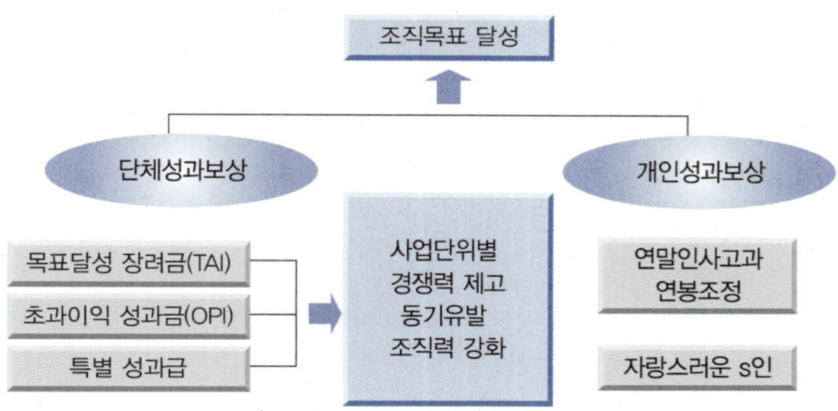

목표달성 장려금(TAI)과 초과이익 성과금(OPI)이다. 그리고 예외적으로 성과가 좋은 경우 특별성과급이 지급되기도 한다. 이들은 모두 사업단위별 경쟁력을 높이고 조직의 역량을 강화하기 위하여 도입된 제도이다.

① 목표달성 장려금(TAI)

이는 종전에는 생산성 격려금(productivity incentive: PI)의 이름으로 지급되던 성과급으로 매년 상・하반기 한 차례씩 사업부별 평가에 따라 최대 월 기본급의 100%를 차등 지급한다.

② 초과이익 성과금(OPI)

이는 종전에는 초과이익분배(profit sharing: PS)라는 이름으로 지급되었던 것인데 소속 사업부의 연간 실적이 목표를 달성했을 때 초과 이익의 20% 한도 내에서 개인 연봉의 최대 50%까지 지급하는 성과급이다.

③ 특별성과급

S전자의 집단 인센티브는 상기한 두 성과급으로 구성되나 회사의 성적이 특별히 좋을 때는 특별성과급이 예외적으로 지급되기도 한다. 특별성과급은 사업부별 성과에 따라 기본급의 100~500%가 지급될 수 있다. 2017년, 2018년에는 반도체의 영업실적이 좋아 반도체 부품 부문(DS)은 300~500%의 특별상여금이 지급되었다. 이 특별상여금은 업황이 좋을 때는 실적이 좋은 사업부의 1, 2차 협력사에게 까지 확대되어 지급되었다.

3) 장기 집단 인센티브

장기 집단 인센티브 제도들은 장기적 성과향상을 의도하는 제도로 다음과 같은 것들이 있다.

① 신우리사주제도(ESOP)

신우리사주제도 또는 우리사주신탁제도(employee stock ownership plan: ESOP)는 기업이 보유중인 자사주를 내놓거나 현금을 무상출연하고 종업원도 자기자금을 출연하는 방식으로 공동으로 펀드를 조성, 자사주를 취득한 뒤 종업원 계좌에 예치해 두는 제도이다. 기업은 전체 종업원의 보상의 일정비율을 출연하는데 그 한계는 전체보상의 15% 정도이다. 신탁회사는 개별 종업원 계좌에 예치해두었다 종업원의 은퇴나 이직 시 분배해 준다. 이 제도는 회사와 종업원이 같이 주식을 산다는 점에서 종업원의 돈만으로 자사주를 사는 기존의 '우리사주제도'(우리社主制度)와 다르다.

이 신우리사주제도는 몇 가지 장점을 지니고 있다. 회사는 출연부에 대해서 세제혜택을 받을 수 있다. 한편 종업원의 입장에서도 주식을 분배받을 때까지 세금혜택을 누릴 수 있다. 그리고 미국의 경우에 은퇴 시 더 낮은 세율을 적용받을 수 있다.

다른 장점은 이 제도가 종업원의 주인의식과 애사심을 고취하며 조직몰입을 높일 수 있다는 점이다. 회사가 무상출연을 하고 또 자사주를 취득함으로써 종업원은 회사와의 공동운명체로서의 의식을 갖게 된다. 또 종업원들에게는 노후를 위한 건전한 재테크 수단으로 활용되고 있다.

② 스톡옵션 제도

최근에 기업에서는 사원을 위한 인센티브 제도와 복지후생의 양 성격을 지닌 스톡옵션 제도의 시행이 늘고 있다. 스톡옵션은 원래 경영자나 임원에 대한 인센티브 보상으로 출발하였으나 이제는 직원들을 대상으로도 시행되고 있다.

i) 스톡옵션의 의미

스톡옵션(stock option)은 우리 말로는 '주식매입 선택권'(株式買入 選擇權)이라고 하는데 회사가 임직원에게 일정량의 자사 주식을 일정한 가격에 살 수 있는 권리를 주는 일종의 포상금 내지는 성과급이다. 가령 몇 년 후에 사업이 성공하면 주식을 액면가 또는 시세보다 훨씬 낮은 가격에 살 수 있는 권리를 미리 주는 제도이다.

유능한 최고경영자를 외부에서 스카우트하면서 1년이 지난 뒤 연봉 외에 이 회사의 주식 1만 주를 현재의 시세(1만 원)로 살 수 있는 스톡옵션을 준다고 하자. 만일 이 경영자가 회사를 잘 꾸려가 1년 뒤 이 회사의 주가가 2만원이 된다면 이 경영자는 주당 1만 원씩을 벌어들일 수 있다. 연봉 외에 1억 원의 보너스를 받는 것과 마찬가지다. 반대로 주가가 5,000원으로 떨어지면 스톡옵션을 행사하지 않으면 된다. 이 경우엔 옵션행사로 돈을 벌 수 있는 기회를 놓치는 셈이다.

이런 스톡옵션 제도는 초기에 자금부족으로 급여를 제대로 주지 못해 인력을 확보하는 데 어려움을 겪는 벤처기업(startups)들이 우수인력 유치수단으로 적극 활용하고 있고 미국을 비롯한 선진국에서는 우수한 최고경영자들을 유치하는 수단으로 적극 활용되고 있다.

ii) 스톡옵션의 장 · 단점

스톡옵션 제도는 실제로 여러 가지 장점을 갖고 있다. 미래의 이익을 종업원과 회사가 나누어 갖자는 계약을 통해 당장 비용을 들이지 않고도 경영자나 근로자들이 열심히 일할 수 있는 유인을 만들어 준다. 회사와 종업원들이 목표를 공유하게 됨으로써 노사간 갈등 여지도 줄이고 생산성을 높일 수 있다. 또한 재정형편이 어려운 벤처기업이나 부실기업들이 비전 제시만으로 우수 인력을 끌어들이기에 안성맞춤인 제도이다.

그러나 스톡옵션에는 많은 문제점도 존재한다.

첫째는 스톡옵션이 인센티브의 역할을 할 수 있는 것은 최고경영자를 비롯한 임직원이 훌륭한 경영실적을 올리고 그것이 주가에 반영되어야 하는 것인데 현실적으로 주가가 경영실적에 반영이 못되는 경우도 존재한다는 것이다. 그리고 경우에 따라서는 임직원들이 자사의 주가관리에 많은 신경을 쓸 가능성이 존재한다.

둘째로 스톡옵션의 시행에 따른 비용 문제가 제기되고 있다. 한 보고서에 따르면 미국 은행의 경우 스톡옵션 비용을 감안할 경우 많게는 36%, 적게는 5%까지 주식가격이 과대평가되어 있는 것으로 나타났다. 은행권은 보수적이어서 스톡옵션이 널리 적용되지 않고 있지만 벤처기업들과 같이 스톡옵션에 소득보상이 크게 걸려 있는 곳에서는 스톡옵션 비용이 수익 규모와 맞먹는 경우도 발생한다. 그동안 스톡옵션의 비용에 대해 일반인들의 관심이 쏠리지 않았던 가장 큰 이유는 미국에서조차도 스톡옵션이 재무제표에 드러나지 않기 때문이다. 미국은 지난 95년 재계와 회계법인 간의 치열한 논쟁 끝에 스톡옵션비용을 재무제표의 각주(脚註)에만 집어넣기로 했다. 최근 들어 학자들을 중심으로 스톡옵션을 재무제표에 명기해야 한다는 주장이 제기되고 있다.

③ 조건부 주식부여

한때 유행했던 스톡옵션 대신 최근에는 비슷한 효과를 겨냥하여 조건부 주식부여(restricted stock grant)를 활용하는 기업들이 늘고 있다.

조건부 주식부여(條件附 柱式賦與)는 말 그대로 조건이 달린 주식을 임직원에게 직접 지급하는 제도이다. 주식을 부여함으로써 구성원들이 기업가치와 자신이 받는 보상의 가치를 연계하기 위해 노력을 촉진시킨다는 점에서 이 제도는 스톡옵션과 유사하다. 그러나 이는 스톡옵션이 가지는 문제점들을 여러 각도에서 해결해주고 있다.

우선 스톡옵션이 가지는 문제점 중 대표적인 것이 부여시점에 비해 행사시점에서 주가가 하락하는 경우 무용지물이 된다는 점이다. 주가 침체기에는 이는 인센티브 보상으로서의 의미가 거의 없다. 그에 비해 조건부 주식은 주가가 하락하여도 일정한 잔존가치가 남아 받는 쪽에서 선호하는 경향이 있다.

둘째로 스톡옵션은 회계처리상의 문제가 있었다. 스톡옵션은 분명 주주들에게 행사 시점에서 부담을 주는 측면이 존재하나 이것이 회사의 재무제표상에 나타나지 않는다. 따라서 이를 회계 당국에서는 비용으로 처리할 것을 주문하지만 회계이론상 이의 비용처리에는 문제가 있다. 그에 비해 주식부여는 발생시점에서 비용처리가 가능하다. 즉, 회계처리의 투명성이라는 점에서 장점을 지닌다. 미국의 Microsoft사는 2003년부터 스톡옵션제를 폐지하고 조건부 주식부여 제도를 채택하고 있다.

3. 성과급 · 인센티브의 한계

성과급 · 인센티브 제도는 인간이 돈에 대한 기본적 욕구를 감안할 때 일에 대한 의욕을 부추기고 조직성과를 올릴 수 있는 중요한 제도이다. 그리고 앞서 살펴본 대로 우리나라에서도 보상관리에 있어 그 활용도가 점차 증대하는 추세이다.

그러나 이 제도가 조직이 성과를 올리고 경쟁력을 갖추는 데 긴요한 제도임에는 틀림없으나 그러나 경영의 모든 문제들을 해결할 수 있는 만병통치 약이라고 쉽게 생각하면 오산이다. 효과가 있는 것만큼 부작용이 클 수 있으며 전혀 예상치 못한 결과를 파생할 수도 있다. 따라서 이 제도를 활용할 때는 신중한 관리가 필요하다.

성과급 · 인센티브에 대해서는 지지자들 만큼 회의론자 역시 만만치 않게 많다. 일군의 학자들은 외재적 모티베이션(extrinsic motivation)인 인센티브는 우리 행위의 근저에 있는 태도를 변화시키지 못하며 어떤 지속적인 행동, 가치상의 몰입(컴미트먼트)도 창출하지 못한다는 주장을 제기하고 있다. 인센티브 제도는 단지 '일시적인 순응'(temporary compliance)만을 유발한다는 점에서 효과가 제한되고 그것이 문제를 해결했다고 보는 것은 표피적 관찰에 지나지 않는다는 것이다. 그리고 이 제도의 시행과 관련하여 종업원들의 불만도 만만치 않다. 한 연구에 따르면 종업원의 70%가 기업의 인센티브 제도가 비효과적으로 생각하고 있다. 그런 점에서 인센티브 제도의 도입시행과 관련해서는 주의 깊은 검토와 관리가 필요하다.

콘(A. Kohn)은 인센티브 제도의 시행과 관련하여 다음과 같은 귀담아 둘 만한 지적을 하고 있다(Kohn, 1983).

(1) 인센티브는 동기부여 요인(motivator)이 못된다.

인센티브는 대부분 금전의 형태가 대부분이다. 그런데 금전이 동기부여 요인, 즉 모티베이터(motivator)가 될 수 있느냐에 대해 논란이 있다. 사람들은 돈이 없을수록 그에 대한 관심이 높다. 그러나 개인적으로 중요한 관심사에 대해 묻는 경우 금전은 최상위에 위치하지는 않는 경우가 많다. 허쯔버그(F. Herzberg)는 그의 2요인이론에서 금전은 불만족 요인이지 만족을 유발하는 이론은 못된다고 주장한 바 있다. 예컨대 한 종업원의 급여가 반으로 줄은 경우 업무수행의 사기는 크게 줄어들 것이다. 그러나 급여가 두 배로 늘었다고 해서 두 배만큼 일을 더 잘 하리라고 예상하기는 힘들 것이다.

(2) 인센티브는 처벌도 의미한다.

인센티브는 분명 상(償)이다. 그러나 이는 동시에 처벌을 의미할 수도 있다. 처벌과 인센티브(상)는 동전의 양면과 같은 것이다. 인센티브 자체는 상으로서 매우 바람직할 수 있다. 그러나 상여금을 어떤 행위의 조건으로 만듦으로써 관리자들은 하급자들을 조종하게 되며 하급자들은 통제당한다는 경험을 갖게 됨으로써 징벌적 속성이 있는 것으로 인식하게 되는 것이다.

또한 인센티브(상)를 받으리라고 기대했다가 받지 못한 사람은 처벌받은 것과 차이가 없다.

(3) 인센티브는 관계를 해친다.

인센티브가 시행되는 경우 구성원들 간에는 보이지 않는 다툼과 경쟁이 강화되고 이는 부서 내지 집단 간 융화를 해치는 결과를 초래한다. 또한 인센티브 제도는 사람들 사이에 협력 가능성을 저해한다. 승자가 있음으로 해서 패배감을 느끼는 많은 사람들이 생기게 되고 그러한 포상이 게시판이나 사내신문, 포상 축하연 등을 통해서 널리 공표될수록 좋지 못한 영향은 더 커질 수 있다. 더군다나 사람들이 제한된 인센티브를 놓고 경쟁할 때는 서로를 장애물로 여기기 쉽다.

이러한 인센티브로 인한 관계의 붕괴는 상하급자 간에도 일어날 수 있다. 즉, 하급자는 문제점을 감추고 자신을 현실보다 더 나은 것으로 보이려고 하는 아첨 등의 정치적 행위가 만연하게 된다.

(4) 인센티브는 원인규명을 묵살하게 된다.

관리자들은 항상 조직에서 문제해결을 위해 문제의 원인이 무엇인가를 이해하려는 자세를 가져야 한다. 즉, 관리자들은 하급자들에게 유용한 피드백을 제공하고 사회적 측면에서 뒷받침하며 스스로 결정할 수 있는 여지를 제공하려는 노력을 기울여야 한다. 인센티브 제도가 시행되는 경우 관리자들은 이러한 노력 대신에 인센티브 제도가 이러한 역할을 대신할 수 있는 것으로 착각하는 경향이 있어 본래의 역할을 소홀히 하는 경향이 있다. 따라서 인센티브 제도의 시행이 관리자들의 관리능력 발휘의 걸림돌이라는 주장이 있다.

(5) 인센티브는 모험을 억제한다.

인센티브의 지지자들은 "만일 인센티브가 있다면 사람들은 그들에게 요구되는 바를 틀림없이 해낼 것이다"라고 주장한다. 이는 맞을 수도 있다. 그러나 사람들은 이런 경우 모험적인 일을 택하거나 어떤 직감에 따라 행동하거나 외부자극에 대한 충분한 고려를 덜하게 된다. 인센티브제도가 시행되는 경우 최우선의 관심사는 바라는 목적을 위해서 편의주의에 기초해 일을 끝내는 것이 되어버린다. 따라서 인센티브로 인해 제일 먼저 치르게 되는 희생은 창의성이다. 그런 점에서 콘드리(J. Condry)와 같은 학자는 '보상은 탐구의 적(敵)'이라고 말하고 있다.

조직심리학자 록크(E. A. Locke)는 인센티브를 받고자 하는 사람들은 도전적인 일을 최소화하려는 사실을 발견했다. 그는 노력의 대가로 무엇이 주어진다고 사람들을 북돋우는 것이 사람들의 시야를 좁힌다는 점을 지적한다.

(6) 인센티브는 내적 흥미를 해친다.

심리학자 데시(E. Deci)는 인센티브와 같은 외재적 보상이 일에 대한 관심이나 흥미와 같은 내재적 보상을 '훼손하는 효과'(undermining effect)가 있다는 연구결과를 발표하고 있다(Tulgan, 2001). 그에 의하면 특정 행위를 함으로써 인센티브를 받는다면 무엇을 했고 무엇이 통제될 수 있으며 또 미래의 행위는 무엇이 바람직한 것인가에 대한 특정 메시지를 받게 된다는 것이다. 인센티브의 수령자가 이런 식으로 통제받고 있다는 경험을 많이 가질수록 일 자체에 대한 흥미는 감소하게 된다. 만일 보너스에 대해 집착하며 일을 하게 되면 일에 있어 주인의

식이 줄어들게 된다. 즉, 그는 인센티브 때문에 일하게 된다는 의식이 생기기 때문이다.

4. R&D 인력에 대한 성과급·인센티브의 효과적 관리

다음은 R&D 담당 인력에 대한 성과급 · 인센티브의 효과적 관리방안에 대해 살펴보기로 한다.

(1) 성과급 · 인센티브와 창의성과 혁신과의 관계

R&D 인력에 대한 성과급 · 인센티브를 포함한 외재적 보상의 효과에 대해서는 오랫동안 논란이 있어왔다. 일반적인 경영학이나 경제학의 연구에서는 성과에 기반한 성과급이나 인센티브가 노력과 생산성에 효과적이란 이론과 실증연구가 적지 않다(Shearer, 2004). 반면 조직행동이나 산업심리학에서는 성과급 · 인센티브가 창의성과 혁신에 부정적이라는 연구들이 많이 제시되어 왔다(McGraw, 1978; Kohn, 1993; Amabile, 1996), 제10장에서 살펴 보았듯이 Amabile등이 제시한 '창의성에 대한 내재적 동기부여 이론(Intrinsic Motivation Principle of Creativity: IMPC)이 부정적인 입장의 대표적인 이론이었다. 그들은 심지어 창의성이 필요한 R&D에서는 성과급이나 인센티브를 사용해서는 안된다는 주장까지 하고 있다.

부정론의 배경을 종합하면 다음과 같이 설명할 수 있다.

첫째, 금전적 인센티브는 제10장 성과관리나 앞서 인센티브의 한계에서 살펴 본대로 창의성과 혁신에 원동력인 내재적 동기부여에 부정적인 영향을 미칠 수 있다. 내재적 보상이 큰 과업에서 외재적 보상은 훼손효과가 있을 수 있다는 연구들이 다수 존재한다. 또한 외재적 보상은 직원의 통제감과 자기결정성을 감소시켜 내재적 동기부여와 창의성에 부정적 효과를 미친다는 것이다(Deci & Ryan, 2002).

둘째, 금전적인 인센티브는 경쟁을 유발하여 관계에 해가 된다. 여러번 반복되듯이 오늘날의 혁신은 구성원 간 협업을 기반으로 한다. 구성원들간의 관계의 악화는 협업의 기반을 허문다.

셋째, R&D 인력의 화폐적 보상의 달콤함에 취하게 되면 모험을 하지 않는 경향이 생긴다. 쉬운 목표를 달성하여 목표달성시 성과급 · 인센티브를 취하려 한다. R&D 업무는 특성상 수 년간 성과를 못내어도 10년간 하나가 성공하면 그간의 모든 비용을 만회할 수 있다. 성과급 · 인센티브는 연구원의 모험을 유도하지 못하고 그럼으로써 소위 '대박 연구'를 격려하지 못한다.

그러나 최근에는 성과급 · 인센티브가 혁신에 미치는 영향은 본질적으로 부정적인 것이라기보다는 그것이 어떻게 시행되느냐의 방식에 의해 많이 좌우된다는 연구들이 설득력을 얻고 있다. 효과적인 시행방식을 강구하면 R&D 과업에서도 충분히 그 효과를 가질 수 있다는 것이다. 따라서 이하에서는 그 효과적인 방식에 대해 살펴보기로 하겠다.

(2) 단기적보다는 장기적 성과와 연동되어야 한다.

R&D 인력에 대해서는 단기적으로 성과에 연동되는 성과급 · 인센티브는 지양하고 장기적 성과와 연동시킬 필요가 있다. 성과급 · 인센티브가 단기적 성과와 연계되면 인력들의 시간적 관점이 짧아지고 큰 호흡의 연구개발을 하지 못한다. 또한 실패를 두려워해 모험을 하지 않게 된다. 그러므로 인센티브 운용에 있어서 R&D 인력들이 상당기간 결과에 연연하지 않고 장기적으로 성과를 인정받아 금전적 보상을 받을 수 있는 제도를 개발해야 한다.

장기적 관점의 중요성은 한 실증연구에서도 확인되고 있다(Ederer et al, 2013). 이 연구에서는 연구자들은 성과급은 혁신에 해가 되는가를 규명하기 위해서 통제된 실험실 환경에서 성과급이 혁신에 미치는 영향에 대해 실험연구를 실시하였다.

그들은 세 집단을 구성해 보상의 방식과 관련된 다른 처치조건을 마련했다. 각 집단에 대해서는 보상방식에 대해 다음과 같은 언질을 주었다.

① 처치 그룹 1 (고정 임금):
"기간 당 50프랑의 고정 임금을 받게 됩니다."

② 처치 그룹 2 (성과 따라 지불):
"20개 실험기간 동안 벌어들인 수익의 50%를 받게 됩니다."

③ 처치 그룹 3 (탐색 계약):
"마지막 10개 실험기간 동안 벌어들인 수익의 50%를 받게 됩니다."

앞의 두 실험집단, ①과 ②는 경제학이나 심리학에서 이루어졌던 기존 주장에 근거해서 구성된 것이다. 즉 고정급과 성과급의 차별적 효과 여부를 검증하기 위한 것이다. 반면에 세 번째 실험집단은 초기 실패에는 관용을 보이고 장기적인 성공을 보상하는 것이 혁신을 동기부여하는데 최적이라는 연구(Manso, 2007)에 바탕을 둔 것이다.

이 실험에서는 실험대상자들은 20개 실험기간 동안 레모네이드 스탠드의 운영을 통제했다. 실험의 각 기간에 실험대상자들은 레모네이드 가판대를 운영하는 방법에 대한 결정을 내릴 수 있었는데 연구자들은 그들의 결정으로 인한 수익을 관찰했다. 실험대상자들은 이전 관리자가 제공한 제품 선택 결정을 미세 조정(활용: exploitation에 해당)하거나 다른 위치를 선택하고 더 나은 전략을 찾기 위해 제품 조합을 근본적으로 변경하는 방식(탐색: exploration에 해당) 중에서 선택을 해야 했다.

연구자들은 [그림 11-4]에서 보는 바와 같은 연구결과를 얻었다(Ederer & Manso, 2013).

그림에서 보듯이 실험기간 동안 '탐색계약'하의 실험대상자들의 평균이익(성과)이 가장 높았고 성과급하에서 가장 낮았다. 즉 이 실험연구에서는 초기 실패를 견디고 장기적인 성공을 보상하는 인센티브 체계('탐색계약)하의 실험대상자

그림 11-4 세 실험조건하에서의 기간별 평균이익

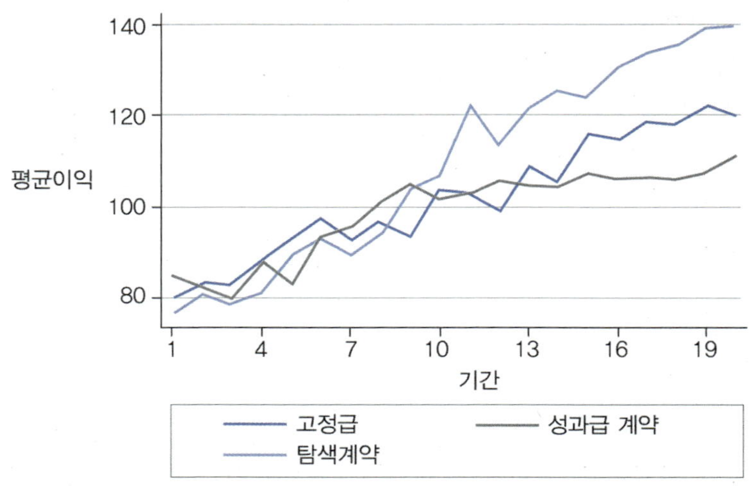

자료: Ederer & Manso(2013).

들이 고정급이나 또는 표준적인 성과급을 받는 사람들보다 더 많은 성과를 올렸다. 그들은 여러 가지를 탐구하고 새로운 비즈니스 전략을 발견할 가능성이 더 높았기 때문이다. 또한 연구자들은 해고 위협이 혁신을 약화시킬 수 있다는 것도 발견했다

단기적 인센티브보다는 장기적 인센티브가 R&D 인력에게는 더 중요하다는 것은 다른 연구에서도 확인되고 있다(Lerner & Wulf, 2007). 이 연구에서는 기업 연구 개발 책임자의 보상이 연구성과에 미치는 영향을 조사했다. 중앙 집권적 R&D 조직을 보유한 기업들 사이에서는 장기적인 인센티브(예: 스톡 옵션 및 조건부 주식부여)가 더 많이 인용된 특허(특허의 질)와 관련이 있다는 것이 밝혀졌다. 또한 장기적 인센티브는 또한 더 많은 특허상 및 더 큰 독창성의 특허와 연관된 것으로 나타났다. 반면 단기 인센티브는 혁신 성과와 별 관련이 없는 것으로 나타났다.

(3) 팀워크를 해하지 않는 방식으로 진행되어야 한다.

성과급 · 인센티브는 연구 팀내에 금전에 대한 경쟁을 유발하고 많이 받는 사람(승자)과 적게 받는 사람(패자)을 가리게 되는데 이는 자연적으로 팀웍을 해친다. 물론 기여도에 따라 떡을 나누는 공정성은 매우 중요하다. 그러나 공정성의 관점에서 불이익을 받는 사람들은 공정성 자체를 의심하게 된다. 따라서 '승자독식(winner takes all)'의 배분은 팀웍형성에 도움을 주지 못한다. 그러므로 기여도가 높은 직원들과 여타 직원들간의 균형을 잡을 수 있는 인센티브의 관리방안이 강구될 필요가 있다. 개인 인센티브 제도와 함께 집단 인센티브 제도를 적절히 혼용하는 제도 운용이 바람직하다.

(4) 사전적 보다는 사후적 보상연계가 효과적이다.

사전적으로 인센티브를 정해놓고 이를 과업 달성한 직원에게 부여하는 제도는 득보다는 실이 클 수 있다. 이러한 제도는 금전을 통해 직원들을 조작하거나 통제한다는 인상을 줄 수 있다. 일의 의미나 사회적 기여를 중시하는 과학자나 엔지니어들에게는 자신이 돈에 의해 동기부여된다는 사실을 인정하는 것은 자존심의 훼손과 일로부터 발생하는 내재적 보상을 훼손할 수 있다.

그러므로 성과급이나 인센티브 제도를 활용함에 있어서는 그것이 구성원의 행

동을 통제, 조작한다는 인상을 주거나 명분을 훼손하는 방향이 되지 않도록 하는 배려가 중요하다. 팀별 인센티브제가 효과적으로 시행되고 있는 회사의 한 종업원은 자신 회사의 성과급·인센티브제도의 장점을 다음과 같이 설명한다. "사람 앞에 돈을 달아놓고 유인하는 것이 아니라 사람을 뒤따라 가며 그 사람의 성과만큼 돈을 주는 제도"라고 자랑한다. 이러한 표현은 인센티브 제도의 효과적 시행을 위한 중요한 시사점을 주고 있다고 할 수 있다(노용진 등, 2008). 즉 차별적 보상을 통해 업적을 유도하기 보다는 [그림 11-5]에서 보듯이 인센티브를 시행함에 있어서는 업적을 확실하게 인정하고 그에 따라 차별적 보상이 후행적으로 이루어지는 전략이 보다 유효하다. 즉 보상(말)이 업적(마차)을 이끄는 것이 아니라 업적이라는 말이 보상이라는 마차를 끌어야 한다.

그림 11-5 업적에 따른 보상의 후행성의 중요성

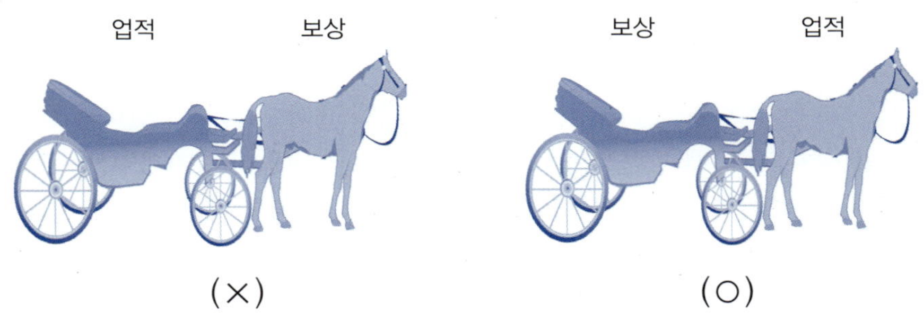

(5) 훌륭한 성과에는 합당한 보상이 따라야 한다.

R&D에게는 내재적 동기부여가 중요하고 금전적 인센티브는 창의성과 혁신에 별 도움이 안된다는 주장이 맞는다 하더라도 그것이 R&D 성과에 대해서 금전적 보상이 필요없다는 것을 의미하는 것은 아니다. 훌륭한 R&D 성과가 있다면 당연히 그에 합당한 보상이 사후적이라도 이루어져야 한다. 그러한 합당한 보상은 과학자나 엔지니어들이 중시하는 공정성의 실현이거니와 또한 그들의 노력에 대한 조직의 인정을 뜻하는 것이기도하기 때문이다. 연구개발 인력에 대한 합당한 보상이 이루어지지 못할 때 일본의 마스오카 후지오(舛岡富士雄)나 나까무라 슈지(中村修二)의 사례(읽을거리 참조)에서 보는 것처럼 조직이 구성원과 분쟁이 발생하게 되어 조직과 구성원 양측이 상처를 입는 상황이 발생할 수 있다. 따라서

연구원에 대한 직무발명보상제도를 효과적으로 운영할 필요가 있다. 이에 대해서는 제4절에서 다루기로 한다.

(6) 상황적합적 관점이 필요하다.

본서에서 일관된 관점인 상황적합적 관점(contingency approach)은 성과급·인센티브의 운용에서도 그대로 적용된다.

우선 상황에서 R&D 과업의 성격을 고려한 제도 운영이 이루어져야 한다. 개발이나 기술서비스의 경우에는 성과급·인센티브의 활용여지가 상대적으로 크다. 목표가 비교적 분명하고 성과평가도 용이하기 때문이다. 반면에 기초연구에 가까운 과학자나 과학적 연구를 하는 엔지니어의 경우는 목표도 불분명하고 성과평가도 상대적으로 어렵다. 따라서 이 경우는 개인 인센티브 제도의 적합성은 떨어진다. 특히 단기적 성격이라면 특히 그러하다. 따라서 제도를 운영한다 하더라도 장기적 관점과 성과에 대한 후행적 보상이 필요하다.

또 하나의 상황으로는 우리나라의 정서와 문화도 고려할 필요가 있다. 앞서 설명한대로 우리 사회에서 돈에 대한 생각은 복잡해서 다분히 이중적이다. 즉, 돈은 좋은 것이기도 하면서 한편으로는 그것을 공개적으로 거론하거나 추구하는 것은 그리 고상한 것은 못 된다. 이는 돈을 하나의 수단으로 생각하고 이를 목적으로 하는 것을 격하하는 유교적 전통문화의 특징이 여전히 남아 있다는 것을 의미한다. 돈은 중요하면서도 명분과 인간관계를 공개적으로 앞서지 못한다. 돈을 목표로 삼거나 노골적으로 추구하는 것은 그리 점잖은 것이 못된다는 감정이 우리 문화에는 여전히 남아 있다.

그런 점에서 화폐적 인센티브를 주로 하는 성과급이나 인센티브는 구성원의 문화적 가치와 갈등을 빚을 수 있다. 따라서 이러한 미묘한 분위기와 감정을 배려한 인센티브 제도의 운용이 필요하다 할 것이다.

제 3 절 R&D 인력과 복리후생

1. 복리후생의 의미와 추세

직원에 대한 보상은 현금을 통한 직접적 보상에 그치지 않는다. 비현금성 복지 혜택이나 특전(benefits and perks)과같은 복리후생도 보상의 중요한 부분을 구성한다.

이러한 복리후생은 최고의 인재를 유치하고 직원 만족도를 높이며 인력의 유지율을 높이는 데 중요하다. 특히 기술기업의 경우 인력의 기업 간 이동이 빈번하다. 따라서 유능한 인재의 확보와 유지가 점차 중요해지면서 타 기업보다 뛰어난 복리후생 플랜을 유지하기 위해 노력하고 있다.

한 보고서에 따르면 설문 조사에 참여한 기술 인력의 절반 이상(55%)이 일자리를 찾거나 고용제안을 평가할 때 고려하는 가장 큰 요소로 보상 및 복리후생을 꼽았다.

최근 기업들의 복리후생의 추세를 미국의 유명 빅테크 기업들을 중심으로 살펴보면 다음과 같다.

첫째, 많은 기업들이 근무하는 사무실 환경에 많은 투자를 하고 있다. 본사를 회사 분위기가 안 나도록 캠퍼스라 부르는 경우도 있으며 최적의 즐거운 작업환경을 만들기 위해 노력하고 있다.

둘째, 회사의 식당이나 카페에서 매우 건강한 식사나 음료를 무료나 저렴하게 제공하고 있다.

셋째 육아나 가족 돌봄을 위해 보육시설이나 지원을 확대하고 있고 응급(back up) 보육도 지원한다. 근무시간을 탄력적으로 운영할 수 있는 재량권을 폭넓게 제공하고 유급휴가를 관대하게 제공하고 있다.

넷째, 직원들을 위한 건강, 체육시설을 사내에 마련하거나 비용보조를 하고 있다.

다섯째, 의료나 세탁 등 개인사를 회사내에서 해결할 수 있도록 함으로써 직원들이 신변사 때문에 사무실을 떠나야하는 시간을 줄이고 업무에 집중하도록 하고 있다.

여섯째, 직원들의 개인생활의 스트레스를 줄이거나 정신건강을 고려해 직원

표 11-5 미국 복리후생 대기업 순위(2019, 2020)

순위	2019	2020
1	Microsoft	Google
2	Facebook	Facebook
3	Google	Microsoft
4	HubSpot	Amazon
5	Amazon	Zoom Video Communication
6	UiPath	HubSpot
7	Workfront	RingCentral
8	T-Mobile	UiPath
9	Zoom Video Communication	Apple
10	Wells Fargo	Workfront

자료: Comparably(2021).

지원 프로그램(Employee Assitance Program: EAP)[1)]을 운영하는 회사가 늘고 있다.

기타 이사지원이나 학비환급 심지어 반려동물을 회사 내에 데려오거나 관련된 지원을 제공한다.

[표 11-5]는 한 조사기관에서 조사한 2019년과 2010년의 미국 주요기업에서의 최고 복리후생기업(Best Perks % Benefits 2019/2020)의 순위 결과를 보여준다. Google, Fcebook, Microsoft, Amazon은 항상 상위권에 위치하고 있다. 반면 Apple은 의외로 상위권에서 멀고 최근에는 Zoom Video Communication이 부상하고 있는 것이 눈에 띈다.

2. 주요 대기업의 복리후생

(1) 국내 대기업의 복리후생

국내기업으로는 워라벨(work life balance)을 실현하고 있는 네이버(Naver)사

---

1) 직원 지원 프로그램(EAP)은 직원의 업무 수행, 건강, 정신 및 정서적 안녕에 영향을 미칠 수있는 개인적인 문제 및/또는 업무 관련 문제를 해결하는 직원 복리후생 프로그램의 하나. EAP는 일반적으로 직원을 위한 무료 기밀 평가, 단기 상담, 추천 및 후속 서비스를 제공한다. EAP 상담원은 직원 및 조직의 문제와 요구 사항을 해결하기 위해 관리자 및 감독자와 상담 역할을 할 수도 있다.

에 대해 알아보기로 한다(기업탐구 참조).

기업탐구

워라벨 실현 Naver의 복리후생 제도

국내 유수기업인 네이버(Naver corp,)는 대학생이 가장 일하고 싶어하는 기업중 하나이다. 이 기업이 높은 평가를 받는 데는 여러 요인이 작용하겠지만 워라벨을 실현하는 복리후생 제도도 일조를 하고 있다.

네이버는 워라벨을 사내 복지 핵심으로 삼아 지속적 개선을 이룩하고 있는데 제도 다수가 사내 온라인 게시판을 통해 접수된 의견을 받아들여 탄생되었다고 한다. 이러한 복리후생제도들은 구성원의 직원몰입을 높이는데 기여하고 있는 것으로 평가된다.

① 본인전결 휴가제도

리더 승인 없이 본인이 전결하는 휴가제도를 시행 중이다. 언제든 자유롭게 휴가를 떠날 수 있고 연차, 병가, 휴가를 조직장 결재 없이 신청할 수 있다.

② 가족상해 보험

직원 본인뿐 아니라 직원 가족에게도 국내 최고 수준 상해보험 혜택을 제공한다. 가정이 있는 직원은 양가 부모, 배우자, 자녀까지 폭넓게 혜택을 누려 직원 호응도가 가장 높은 정책으로 꼽힌다.

③ 어린이집 충실화

직원 연령 구조상 일과 양육을 병행하는 직원이 늘어난다는 점을 반영하여 직원들이 자녀들을 믿고 맡길 수 있는 어린이집을 4개소를 설립하고 운영을 충실화하였다. 어린이 집의 설립과 운영을 위해 전국 주요 어린이집 시설을 직접 다니며 안전 · 실용성 · 건축 노하우를 습득했다.

④ 근무시간의 자율적 조정

퍼플 잡(purple job)이라고 하는 출산 및 양육 상 근무시간을 조정할 수 있으며 부모가 시간에 쫓기지 않고 아이를 맡길 수 있는 시차출퇴근제도가 있다.

⑤ 산전후 추가휴가

산전후 90일간의 유급휴가 뿐만 아니라 유산 · 사산 휴가의 경우 5 일간 추가휴가의 혜택이 있다.

⑥ 모자유친실 운영

사내에 모유 유축기, 냉장고 등을 구비한 '모자유친실'이 있으며 임산부를 위한 발렛파킹 서비스를 제공한다.

⑦ 리프레시 휴가제도

입사 후 2년이 지나면 매 3년마다 연차수당 1.2배를 받고 최대 15일까지 휴가를 지원할 수 있다.

⑧ 투데이 쿠폰

한 달에 한번 지급되는 오 투데이(Oh Today!) 쿠폰을 사용하면 신청 당일 2시간을 근무한 것으로 인정받을 수 있다. 리프레시 휴가, 개인연차, 오 투데이 신청은 모두 본인 전결로 한다.

자료: 신무경(2018), 『네이버는 어떻게 일하는가』, 미래의 창; 중아일보(2019), "대학생이 가장 일하고 싶은 기업 1위 네이버, 월급보단 복리후생 중요해," 중앙일보(06.24).

(2) 글로벌 빅테크 기업들의 복리후생

주요 글로벌 빅테크 기업들의 복리후생 제도에는 다음과 같은 것들이 있다(Lotze, 2019).

표 11-6 주요 빅테크 기업의 복리후생 제도

기업명	중요 후생복리	추가 프로그램
Facebook	• 유급 육아 휴가: 미국 본사에서 여성은 출산 전 4주(질/제왕절개 분만)의 경우 6~8주 , 출산 장애, 4개월 육아 휴가를 100% 급여 수령. 미 출산 부모(입양 및 동성 포함)는 100% 급여로 4개월의 육아 휴직. 4,000달러의 신생아 수당. • 원격 근무 선택권: 상시원격 근무는 불가능 하나 회사는 유연한 일정을 제공하며 필요 시 직원이 원격 근무 가능. • 건강/치과/안과 보험: HMO, EPO 및 PPO 제공. • 생명 보험: 기본, 배우자/파트너 및 아동 생명 보험 옵션을 사용 가능. • 유연한 지출 계정: 부양가족 치료 및 의료 FSA 계정 사용가능. • 이사지원. • 401(k): 본인 대응 기여가 있는 플랜. • 헬스클럽 회원권: 웰빙 환급으로 연간 최 대 720달러까지의 피트니스 비용을 충당. • 보육: －미국 본사에서는 5세까지의 보육 비용으로 연간 최대 3,000달러까지 제공. － 응급(back up) 보육 제공－매년 1세 미만 어린이의 경우 10일+추가 5일. － 어린이집 비용보조 3,000달러 제공 • 유급휴가(PTO: Paid Time Off)/휴가 시간: － 1년 당 21일+공휴일 11일. － 안식년/재충전 프로그램은 매 5년마다 30일 의 휴가를 허용. • 병가: 무제한. • 장애 소득 보호: 미국에서는 1~17주차부터 최대 100% 급여대체가 제공. 17~26주에 소득 대체액은 75%. • 무료 휴대폰.	• Menlo Park(본사) 직원을 위한 현장 의료, 안과 및 치과 센터. • 강력한 군대 휴가 혜택. • 유족 소득 혜택. • Lyra 정신건강. • 산업용 병원 펌프가 있는 수유실. • 사별 휴가: 직계 가족의 경우 20일; 방계가족의 경우 10일. • 명의(Best Doctors) 서비스: 직원 및 배우자/파트너, 자녀/손자녀/부모, 친척, 조부모 및 형제 자매에 대한 사용을 포함하는 글로벌 복리. • 유급 가족 병가: 매년 아픈 자녀를 위한 추가 3일. • 유급 가족 휴가: 100% 급여가 주어지는 중병 가족 구성원을 돌보는 6주. • 불임 지원: 대리모, 난자 냉동, 입양 및 불임 서비스 지원. • 세무업무 지원: 연간 직원 비용 한도내에서 지속적인 세금 조언 및 안내 신청 가능.

Salesforce	• 유급 육아 휴직: 성 중립 정책으로 26주의 유급 육아 휴가를 허용. • 건강/치과/안과 보험. • 생명 보험. • 유연한 지출 계정/건강 저축 계정. • 이사지원. • 401(k). • 헬스 클럽 회원: 헬스 클럽 회원에 대해 제공되는 100달러 웰빙 환급. • 보육: 현장 보육, 응급 보육 및 보육 센터 우선 허용. • 유급휴가(Paid Time Off: PTO)/휴가 시간. • 병가. • 장애 소득 보호. • 무료 휴대폰. • 학비 상환/교육 인센티브.	• 종업원지주제도(ESPP). • 직원지원 프로그램 (Employee Assistance Program: EAP). • 자원봉사 휴가 (Volunteer Time Off: VTO): – 가장 인기있는 직원 혜택 중 하나. – 모든 직원들은 자신에게 의미있는 대의를 위해 봉사하게 7일간의 휴가와 5,000달러까지의 매칭 펀드 제공. – 상위 100명의 자원 봉사자는 자신이 선택한 비영리 단체에 10,000달러를 회사돈으로 기부.
Google	• 유급 육아 휴직. • 건강/치과/안과보험. • 생명 보험. • 유연한 지출 계정/건강 저축 계정. • 이사지원. • 퇴직 계획 /401(k). • 헬스 클럽 회원: 일부 사무실에서 제공되는 피트니스 수업. • 보육: –미국, 아일랜드, 캐나다, 영국, 싱가포르, 일본 및 호주에서 응급 보육 서비스를 이용 가능(현지 국가 정책 적용). –가정 내 보육도 가능: 센터 내 또는 가정 내 응급 보육의 10일간 보조금이 지급되며 직원도 공동부담. 직원은 10일 후에도 계속 이용 가능하지만 비용은 본인 부담. • 유급휴가(Paid Time Off: PTO)/휴가 시간. • 병가. • 장애 소득 보호. • 학비환급/교육 인센티브.	• 통근 시간이 긴 직원을 위한 셔틀 제공. • 자전거를 타거나 출근하는 직원을 위한 추가 지원.
Adobe	• 유급 육아 휴가: 모든 자격을 갖춘 부모는 자녀의 출산 또는 입양에 대해 최대 16주까지 유급휴가. 산모는 총 26주의 전액 유급 휴가 외에 10주의 추가 의료 휴가. • 원격 근무 옵션: 관리자의 승인을 받아 직원은 가끔 재택근무, 다양한/조정된 일정으로 근무, 파트 타임 근무. • 건강/치과/안과 보험. • 생명 보험. • 유연한 지출 계정/건강 저축 계정. • 이사지원. • 퇴직 계획: 401(k). • 헬스 클럽 회원: 시설이 완비된 현장 피트니스 센터(San Jose, San Francisco, Seattle 및 Lehi 사무실 위치). 건강 환급 프로	• 안식일. • 사별 휴가: 1년에 최대 20일(4주)의 전액 유급(기본급) 휴가 제공. • 유급휴직: 육아 휴직, 의료 휴가, 가족 간호 휴가, 군 휴가, 장기/골수 기증 휴가, 웰컴 백 프로그램(해외로부터 복귀). • 두 번의 전사 휴업: 회사 휴일 및 개별 직원 휴가(PTO) 외에도 Adobe는 매

	그램(Wellness Reimbursement Program)을 통해 체육관 멤버십, 자전거 공유 멤버십, 피트니스 클래스, 마사지, 영양 상담 등을 위해 직원에게 연간 최대 360달러를 환급. • 주거 지원: 인턴 전용. • 보육: Bright Horizons를 통해 최대 100시간의 보육(공동부담 포함)을 제공하는 응급 보육 프로그램이 제공. • 유급휴가(Paid Time Off: PTO)/휴가 시간. • 병가. • 장애 소득 보호. • 무료 휴대폰. • 학비환급/교육 인센티브: – 학습 기금(Learning Fund)을 통해 각종 코스, 대학원 프로그램 및 환급 자격 기준을 충족하는 특정 자격증에 대한 학비 및 도서에 대해 연간 최대 10,000달러를 환급. – 학습 기금은 또한 학회 및 워크숍, 전문 및 기술 교육 과정, 온라인 학습 및 전문 회원 가입과 같은 단기 학습 기회 및 기술 개발에 대해 연간 최대 1,000달러를 환급.	년 여름 및 겨울 휴가를 위해 2회 전사 휴업. – 이 기간 중 쉬는 날짜는 매년 변경. • 개인및 가족 서비스: 입양 지원, 대리모 지원, 출산 지원, 모유 수송, 직원지원 프로그램(EAP), 자발적 보험 혜택(반려동물, 가정 및 자동차, 장기 건강 관리 필요), 전쟁 생존자 지원 서비스 및 자폐증 스펙트럼 장애 지원 프로그램.
Tesla	• 유급 육아 휴직. • 건강/치과/안과 보험: 일부 플랜은 직원에게 무료로 제공. • 생명보험. • 유연한 지출 계정/건강 저축 계정. • 이사지원. • 퇴직 계획/401(k). • 회사 차량: 정상 요금과 리스 관련 비용을 흡수하여 제공되는 직원 차량 리스 프로그램. • 헬스클럽 회원: 할인된 헬스클럽 회원권 활용. • 보육: 최대 5일 동안 보조금이 지급되는 응급 자녀 돌봄(및 노인 돌봄)이 제공. • 유급휴가(Paid Time Off: PTO)/휴가 시간. • 병가. • 장애 소득 보호. • 학비환급/교육 인센티브: 학자금 대출 제공.	• 여행, 의류, 엔터테인먼트, 육아 및 지역 상권에 대한 우대 할인. • 사원이 회사 주식을 할인된 가격에 매입할 수 있는 우리사주 제도. • 통근 혜택: 무료 셔틀 서비스 및 통근 비용을 부담해 주는 월 보조금.
Amazon	• 유급 육아휴직. • 건강/치과/안과/처방약 보험. • 생명 보험: 기본 생명 보험 및 사고 사망 및 장애(AD&D) 보험이 직원에게 무료로 제공. • 유연한 지출 계정 및 건강 저축 계정. • 이사지원 • 401(k): 모든 파트 타임 및 풀 타임 직원 에게 대응기여가 개방. • 보육: 보육/보육원 할인 및 보모, 베이비 시터 및 특별 지원 보호자를 포함하여 2백만 명 이상의 돌봄 인력 네트워크에 액세스 가능한 Bright Horizons Care Advantage 프로그램에 대한 회원자격 . • 유급휴가(Paid Time Off: PTO)/휴가 시간. • 병가. • 장애 소득 보호.	• 입양 지원. • 직원지원 프로그램(EAP). • 학습장애 지원: Amazon은 자폐 및 기타 발달 장애가 있는 아동이 잠재력을 최대한 발휘하는 데 필요한 기술을 습득 할 수 있도록 돕는 프로그램인 Rethink Benefits와 파트너십 구축. 가족은 온라인 리소스와 매년 최대 3시간의 실시간 임상 코칭을 포함한 리소스 및 지원에 무료로 액세스. • Amazon Extras: 여행, 이

	• 무료 휴대전화: 휴대 전화 비용 환급. • 학비환급/교육 인센티브: −Amazon Career Choice 프로그램은 직원이 최근 수요가 가장 많은 커리어에서 필요한 직무 스킬을 구축하는데 필요한 자원을 제공: 항공기 역학, 컴퓨터 지원 설계, 공작 기계 기술, 의료 실험실 과학, 치과 위생 및 간호 등. −Amazon은 4년 동안 학비, 교과서 및 관련 비용의 95%, 최대 12,000달러까지 지불.	벤트 티켓, 레스토랑, 엔터테인먼트, 스포츠 등과 같은 영역에서 다양한 할인을 제공하는 확대된 직원 할인 프로그램.
Intel	• 유급 육아 휴가: 유급 휴가는 출산, 입양 또는 위탁양육 배정 시 신입 엄마와 아빠에게 최대 8주까지 가족과 유대를 맺을 수있는 유급 휴가를 제공. • 원격으로 근무 할 수 있는 옵션 • 건강/치과/안과 보험: 미국 의료 혜택에는 직원의 적격(동성) 동거 파트너 및 자녀에 대한 보장도 포함. • 생명 보험 • 유연한 지출 계정/건강 저축 계정 • 이사지원 • 퇴직 계획/401(k) • 헬스클럽 멤버십: 주요 지역에 있는 현장 건강 및 피트니스 센터, 피트니스 클래스, 체중 감량 프로그램, 식이요법 지원 등. −미국 주요 지역 이외의 도시에서 헬스클럽 할인을 포함하는 직원 할인 프로그램 이용. • 주거 지원/수당: 재배치 또는 임시 과업 할당에만 해당. • 보육: 정규 보육이 불가능할 때 "긴급"보육을 받아야 하는 직원을 위해 제공되는 응급(백업) 보육. 또한 부양 가족 지원 프로그램(Dependent Care Assistance Program)을 통해 직원은 적격 부양 가족의 적격 부양 가족 돌봄 비용에 세전 금액을 사용. • 휴가(Paid Time Off: PTO)/휴가 시간 · 병가 • 장애 소득 보호. • 무료 휴대폰: 특정 비즈니스 그룹 및 역할에 적합. • 학비환급/ 교육 인센티브: 학비 환급 프로그램은 직업 관련 학위 프로그램/교과 과정을 이수하는 자격을 갖춘 직원에게 재정 지원을 제공.	• 불임 지원: 40,000달러상당의 불임 혜택 제공; 처방전 비용부담을 위해 추가로 20,000달러 이용 가능. • 입양 지원: 아동 입양 지원 프로그램은 입양 횟수에 제한 없이 입양 당 최대 15,000달러를 보장. • 현장 편의 시설: 많은 인텔 캠퍼스에서 드라이 클리닝, 은행 업무, 스파, 건강식, 카페 옵션 등 추가 서비스를 제공. • 안식년 프로그램: 정기 휴가 외에 4년 동안 회사에 근무한 직원에게는 4주간의 안식년이 제공. −7년 후 8주 제공. • 스톡옵션: 적격 직원은 할인된 요율로 주식을 구매 가능. 최대 10%의 적격 임금까지 15% 시장 가격 할인으로 인텔 주식을 구매.
Dell Technologies (미국에만 해당)	• 유급 육아 휴가: 최대 12주까지, 친부모와 양부모 또는 위탁부모에게 100% 유급휴가. 산모는 또한 단기 장애 보장을 받을 수 있음(최대 20주의 휴가). • 원격 근무 옵션: 직원들은 또한 가정사무실 구축을 위해 추가 일회성 수당. −원격 근무자 프로그램을 통한 반복적인 인터넷 수당 수령. • 건강/치과/안과 보험: 팀원 비용 분담. • 생명 보험. • Health Savings Accounts: HSA 적격 건강 플랜을 선택한 팀원의 HSA 계정에 매년 최대 1,500달러 기부. • 이사지원: 비용은 이동에 따라 다름. 제3자 공급 업체의 안내/지원이 포함.	• 반려동물 보험. • 모성 프로그램. • 수유 간호사 지원. • 현장 엄마 방. • 신분 도용 보호. • 법률 구조. • 휴업 주간. • 입양 지원: 입양된 자녀 당 6,000달러. • 유급 간병인 휴가: 건강 상태가 심각한 가족 구성원 (배우자 또는 동거인, 자녀

	• 퇴직 계획/401(k): 회사는 직원 기여금의 최대 6%까지 매칭지원(최대 상한선 7,500달러). • 헬스클럽 회원: 연간 가족 건강 환급 300달러를 회비를 충당하기 위해 활용. 직원들은 또한 건강 위험을 줄이기 위해 특별히 훈련된 건강 코치를 무료로 이용. • 주거 지원: 자격을 갖춘 팀원에게 제공. • 보육: 보육 할인 및 긴급 백업 보육 제공. • 유급휴가(Paid Time Off: PTO)/휴가 시간 • 병가. • 장애 소득 보호. • 무료휴대폰: 적격성은 합법적인 비즈니스 요구를 기반. • 학비환급/교육 인센티브: －학비 지원 제공. －법적 부양 가족에 대한 Dell Merit 장학금 및 대학 코칭/지도 제공.	또는 부모)을 돌볼 수 있도록 12개월 기간 동안 최대 6주까지 유급휴가를 제공. • 통근자 혜택: 직원이 급여공제를 통해 세전 금액을 따로 적립하여 출퇴근과 관련된 교통 및 주차 비용을 지불. －직원들이 자전거를 사용하여 출퇴근하는 데 드는 비용을 충당하기 위해 매달 최대 20달러를 받을 수 있는 자전거 프로그램도 제공.
IBM	• 유급 육아 휴직: 어머니의 경우 20주; 아버지, 양부모 및 파트너의 경우 12주. • 원격 근무 옵션: 유연한 일정 외에도 직원은 필요할 때 원격으로 근무가능. • 건강/치과/안과 보험. • 생명보험. • 유연한 지출 계정/건강 저축 계정. • 이사지원. • 401(k). • 유급휴가(Paid Time Off: PTO)/휴가 시간. • 병가. • 장애 소득 보호. • 학비 환급/교육 인센티브.	• 출장 중인 엄마를 위한 무료 모유 배달 서비스. • 모든 개인적인 재정적 필요에 대해 독립적인 재무 컨설턴트와 무료 무제한 1 : 1 회합. (MoneySmart: IBM).
Reddit	• 유급 육아 휴직. • 건강/치과 /안과 보험. • 생명 보험. • 유연한 지출 계정/건강 저축 계정. • 이사지원. • 퇴직계획/401(k). • 헬스클럽 회원: 더 넓은 웰니스 수당(Wellness Stipend) 내에서 선택 가능. • 보육비. • 유급휴가(Paid Time Off:PTO)/ 휴가시간: 휴가시간 무제한. • 병가. • 장애 소득 보호. • 무료휴대폰. • 학비환급/교육 인센티브: 전문성 개발(Professional Development) 수당은 교육 및 학비환급에 사용 가능. 별도의 프로그램으로 매달 학자금 대출을 제공.	• 통근 혜택.

Zillow	• 유급 육아 휴가: 출산 부모 16주 유급휴가; 미 출산 부모를 위한 8주 유급 육아 휴가. • 원격 근무 옵션: 직원은 사무실에서 일하도록 권장되지만 사례 별로 원격 근무 가능. • 건강/치과/안과 보험: 의료, 안과 및 치과에 대해 직원 보험료의 100%를 지불. 그리고 부양 보험료의 80% 지불. • 생명 보험. • 유연한 지출 계정/건강 저축 계정: 둘 다 제공. HSA의 경우 회사 부담금은 단일 보험의 경우 750달러 또는 가족 보험의 경우 1,500달러. • 이사지원. • 퇴직 계획/401(k): 회사는 처음 3%에 1달러당 1달러(100%) 다음 4%와 5%에 1달러 당 50 센트(50%) 매칭출연. • 헬스클럽 회원: 직원은 75달러를 회원 환급. • 보육: 연간 최대 15일의 응급(백업) 보육 제공. • 유급휴가(Paid Time Off: PTO)/ 휴가 시간: Zillow는 여유로운 휴가를 제공. －Zillow Group에서 6년 연속 근무한 직원을 위한 6주 안식일 제공. • 병가. • 장애 소득 보호. • 무료휴대폰: 관리자 사전 승인 필요. • 학비환급/교육 인센티브: Tuition.io 혜택을 통해 자격을 갖춘 직원은 학자금 대출 잔액에 대해 매월 25달러를 수령. Tuition.io는 또한 직원들이 학자금 대출을 관리하는 데 도움이 되는 프로그램과 도구를 제공하여 재 융자 옵션에서 금융 교육에 이르기까지 모든 정보를 제공.	• 반려동물 보험. • 입양 부모와 양부모를 포함하여 새로운 부모를 위한 1,000달러. “아기축하금(Baby Bucks).” • 무료 모유 배송. • 병원용 펌프와 냉장고를 갖춘 완비된 엄마 방. • 입양 지원: 아동 입양과 관련된 비용으로 가구당 10,000달러. • 불임 서비스: 자격에 따른 서비스 및 치료. • 사별 휴가: 가까운 가족 사망 후 20일의 유급휴가, 방계가족의 경우 5일의 유급휴가. • 주식선택(Equity Choice): 직원은 총 보상의 일부를 회사 주식으로 수령. －직원은 25% 증가 내에서 조건부 주식 부여(RSU: restricted stock units), 스톡 옵션 또는 두 가지 조합의 형태 중 선택가능.
Airbnb	• 유급 육아 휴가. • 건강/치과/안과 보험. • 생명 보험. • 유연한 지출 계정/건강 저축 계정. • 이사지원. • 퇴직 계획: 401(k). • 헬스클럽 회원 : 헬스클럽, 요가 스튜디오, 댄스 스튜디오 등에서 다양한 할인 혜택을 누릴 수 있음. • 주거 지원: 재배치 목적. • 유급휴가(Paid Time Off: PTO)/ 휴가 시간 · 병가 • 장애 소득 보호. • 무료휴대폰: 업무용. • 학비환급/교육 인센티브: 관리자가 사례별로 부여.	• 직원 지원 계획(EAP). • 입양 및 대리모 재정 지원. • 불임 혜택. • 아동 및 노인 보호 지원. • One Medical Membership. • 해외여행 중 응급 의료 지원.
Apple	• 유급 육아 휴가: 산모는 출산 전 4주, 출산 후 14주 휴가, 필요하면 6주 무급휴가. • 건강/치과/안과 보험: 국가별 차이가 있으나 낮은 보험료 혜택. • 생명 보험. • 유연한 지출 계정/건강 저축 계정. • 퇴직 계획: 401(k): 50% 회사부담. 전체 급 여의 6%까지.	• 난자 냉동 환급 및 지원 • 직원의 사회공헌 활동에 대한 대응자금 제공. －직원 비영리 활동 시간 당 25불, 최대 10,000불 매칭 지원.

• 체육관 보조: 연간 300달러. • 유급휴가(Paid Time Off: PTO)/휴가 시간. – 신입직원 12일. 기존직원 근무기간 연동. • 학비환급. –학비로 5,250달러까지 수령 –사내 훈련 센터: 애플대학(Apple University)	• 자사 제품에 대한 직원 할인. –자사 소프트웨어 50%, 중요제품 23% 할인 90일 고용기념으로 iPad 신제품에 대해 250달러, Mac 신제품 500달러 할인. 이는 매 3년마다 이용 가능. • 주식할인 구입. • 통근보조, 셔틀버스 운행. • 무료 사과(apples) 제공. • 식음료 보조, Cafe Mac 운영.

3. 차별적 복리후생의 제공

기업들은 다른 기업들과 차별화된 복리후생 프로그램을 제공하기도 한다. 기업들이 운영하는 특이한 복리후생과 사내식사의 의미에 대해 살펴보기로 한다.

(1) 특이한 복리후생

기업들은 특색있는 복리후생을 제공하기도 한다. 그중 특이한 것들을 소개하면 다음과 같다(Meisenzahl, 2019).

① Apple은 매년 12월 경축일에 "맥주 파티"를 열고 직원을 위한 무료 음료, 애피타이저 및 음악 공연을 제공한다.

② Airbnb 직원은 전 세계 모든 숙소에 머물 수 있도록 연간 2,000달러의 보조금을 받는다.

③ Facebook은 새로운 부모에게 "신생아 축하금"으로 4,000달러를 제공하고 입양 또는 난자 동결에 대한 환급을 제공한다.

④ Zillow는 출장을 가는 산모를 위해 야간에 모유 배송비를 지원한다.

⑤ Amazon 직원은 반려동물을 직장에 데려 올 수 있어서 근무시간 중 떨어져 있을 필요가 없다.

⑥ Square는 현장 마사지 전문가, 척추 지압사 및 침술사를 통해 직원들이 최고의 기분을 느끼게 한다.

⑦ Oracle은 현장 세탁 서비스를 제공하므로 직원들은 자신의 모습을 최고로 보지 않을 이유가 없다.

⑧ VMware는 반려동물이 죽을 경우 2일의 사별 휴가를 제공한다.
⑩ Netflix는 자녀가 있는 경우 일하기 가장 좋은 곳 중 하나이다. 새로운 부모가 되면 1년을 통째로 휴가를 쓸 수 있다.
⑪ Tesla 직원은 출퇴근을 위해 회사 차량을 빌리고 이를 주말에도 보관할 수 있다.

(2) 사내식사

1) 사내식사가 갖는 의미

후생복리와 관련하여 특별한 의미를 갖는 것 중의 하나가 사내식사(on-site meals)이다. 최근 국내 외의 많은 기업들이 훌륭한 식당이나 카페를 마련하고 유기농의 건강하고 럭셔리한 식사를 제공하는 데 관심을 쏟고 있다. 이러한 사내 먹을거리들은 많은 경우 무료로 제공되기도 하고 때로는 보조금을 주어 저렴하게 제공된다.

많은 기업들 특히 글로벌 빅테크 기업들이 스마트 사내식사 프로그램(smart foot-at-work program) 등을 통해 사내 먹을거리에 많은 관심을 쓰는 이유는 무엇인가?(Mercer, 2018).

이는 기업들이 사내식사가 직원들의 업무몰입도를 높이고 유능한 인재들을 확보하고 유지하는데 도움을 주며 나아가 건강과 관련된 보험비용을 줄일 수 있다는 현실적인 판단 때문이다. 또한 남들이 부러워 할만한 훌륭한 식사를 제공하는 것은 [그림 11-6]에 나와 있는 한 조사결과에서 보듯이 조직이 직원들을 중시하고 있다는 느낌을 전달함으로써 회사에 대한 자부심을 높이는 효과도 있다(Sealless, 2014). 창의적인 식사와 먹거리의 제공은 기업이 문화를 강화하고 직원 협업을 장려하며 직원들에게 활력과 영감을 주는 강력한 조직을 구축하는 데 필요한 게임 체인저가 되는 것으로 평가되고 있다.

미국의 빅테크 기업들을 중심으로 특히 사내식사가 강조되는 이유에는 문화적 차이도 생각할 필요가 있다. 국내의 조직에서는 우리의 집단주의 문화의 특성상 점심에 회사식당에서 직원들이 함께 식사하는 것이 일반적이다. 반면 개인주의가 강한 특히 미국의 경우 점심 식사는 극히 사적인 행위일 경우가 많다. 혼자서 가벼운 패스트 푸드를 사 와서 사무실에서 휴대폰을 보거나 일을 하면서 시간을 보낸다. 점심시간에 직장 동료나 상사와 어울리는 시간이 그리 많지 않다. 따라

그림 11-6 사내식사의 효과에 대한 조사결과

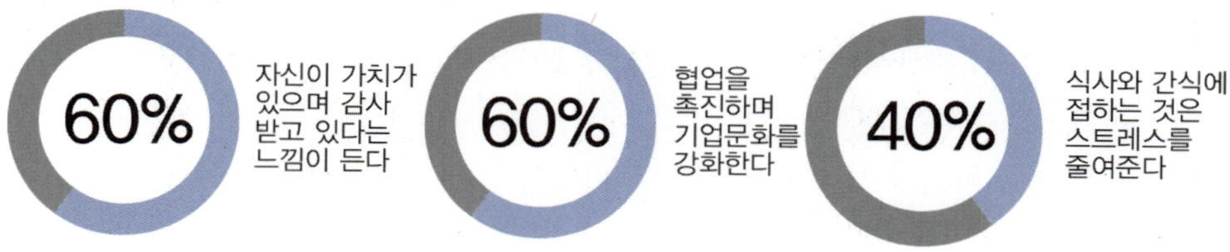

자료: Semless(2014).

서 식사시간에 직원들이 모이게 만들고 대화를 갖게 하는 것은 특별한 의미를 갖는다.

2) "200피트 내에 먹을 것이 있어야 한다"

물론 이러한 사내식사에 대해 긍정적인 시각만 있는 것은 아니다. 어떤 사람들은 여기에는 기술 대기업의 이기적 목표가 깔려있다고 비판하기도 한다. 즉 직원들이 사무실을 떠나고 싶지 않을 정도로 음식에 접근할 수 있게 해서 직원들로부터 더 많은 근무 시간을 끌어내려 한다는 것이다(Burkus, 2015). 예전에 Microsoft사는 회사의 전통상 경비지출에 매우 인색한 편이었다. 그러나 콜라나 커피 등 카페인이 함유된 음료에 대해서는 무료로 무제한 제공되었다. 보기에 따라서는 카페인을 많이 마시고 힘내서 회사일을 열심히 하라는 메시지로 읽힐 수 있는 대목이었다. 그래서 때로는 Microsoft의 기업문화를 '카페인 문화'라고 불려지기도 했다.

Google의 공동창업자의 한 사람인 Sergey Brin은 회사의 건축가와 디자이너들이 사무실 공간을 설계할 때 모든 사람들이 먹거리로부터 200피트(60.96m)를 벗어나서는 안 된다는 점을 강조했다(Mercer, 2018). 그는 먹는 행위는 사람들을 한데 모으고 팀원들과 리더들이 함께 식사를 하다 보면 자연스럽게 제품이나 서비스에 대한 생각을 상상하고 공유할 수 있는 기회가 마련될 수 있다고 생각했다. 결과적으로 좋은 음식을 제공하려는 Google의 조치는 직원들이 함께 일하는 분위기를 만들고 이 회사가 '일하기 좋은 곳'이라는 명성을 얻는데 기여를 했다.

Gentherm사는 세계적 수준의 열 관련 제품 혁신 업체인데 이 회사는 연구, 제품 개발 등 분야에서 유능한 인재확보를 위한 경쟁이 매우 치열했다. 최고의 인재를 유치하고 유지하기 위한 복리후생을 창출하기 위한 기업 전략의 일환으로 회사의 CEO는 본사에서 더운 음식 서비스를 제공하는 데 착안했다 그의 의도는 팀워크를 촉진하고 재능있는 직원에게 비즈니스를 더 매력적으로 만들고 직원의 건강, 생산성 및 행복을 보장하겠다는 회사의 약속을 이행하기 위한 것이었다.

회사는 빛이 가득 들어오는 아트리움을 주방 준비 공간과 식사를 위한 현대적인 시설을 갖춘 매력적인 모임의 장소로 바꾸었다. 직원들은 책상을 떠나 쾌적한 식사 공간으로 걸어가서 다양한 음식 중에서 선택할 수 있었고 점심시간에 즉석 회의를 개최하여 협업과 생산성을 높일 수 있었다.

직원들은 외부 식당만큼 매력적이고 빠른 최신 유행의 편리한 식사 옵션을 제공하기 위해 최선을 다하는 회사에서 일하고 있다는 생각 때문에 활력이 넘치고 건강하며 더욱 감사함을 느끼고 있다.

결론적으로 사내식사 프로그램의 핵심은 직원들이 함께 식사할 수 있는 장을 마련하는 것이다. 많은 직원들은 혼자 식사를 하고 스마트 폰으로 기사나 소셜 미디어를 스캔하면서 시간을 보낸다. 직원들이 한 시간 동안 만이라도 휴대폰를 버리고 업무뿐만 아니라 삶에 중요한 문제에 대해 서로 이야기할 수 있는 터전을 마련하는 것은 여러 측면에서 의미를 가진다. 이러한 기업의 노력은 최고의 인재를 유치 및 유지하고, 혁신을 개선할 수 있는 플랫폼을 만들고, 수익을 창출 할 수 있게 함으로써 조직의 성공에 기여할 수 있다. 직원의 측면에서는 더 건강하고 행복한 직장생활에 기여할 수 있다. 그런 의미에서 이 프로그램에 사용하는 기업의 돈은 제 값어치를 충분히 할 수 있다는 평가를 받고 있다.

제 4 절 직무발명보상

1. 직무발명보상제도의 의의와 중요성

R&D 인력에 대한 보상에는 여타 종업원들과는 달리 직무발명보상이라는 특별한 보상이 존재한다. 즉 연구개발을 통해 얻은 성과에 대해 종업원들에게 보상을 해주는 제도를 말한다. 조직의 입장에서는 종업원이 고용관계를 유지하는 상태

에서 연구개발을 통해 얻어진 발명결과는 조직에 귀속된다는 주장을 할 수도 있으나 개별 직원의 기여분도 인정해주어야 한다는 주장의 설득력이 커지고 있다. 이와 관련된 분쟁과 소송에서도 법원의 판단은 이러한 주장을 뒷받침하고 있다. 따라서 조직에서 R&D활동이 활발해질수록 직무발명에 대한 정당한 보상체계를 마련할 필요도 커지고 있다.

(1) 직무발명에 대한 종업원 권리와 직무발명보상제도

직무발명은 고용계약에 의해 회사(사용자)에서 일하는 종업원(발명자)이 직무 수행 과정에서 개발한 발명을 말한다. 이때 종업원은 직무발명에 대해 특허 등을 받을 수 있는 권리나 특허권 등을 계약이나 근무규정에 따라 사용자 등에게 승계하게 하거나 전용실시권을 설정한 경우에는 정당한 보상을 받을 권리를 가진다(한국발명진흥법 제15조). 또한 사용자 등이 직무발명에 대한 권리를 승계한 후 출원하지 아니하거나 출원을 포기 또는 취하하는 경우에도 발명자인 종업원 등은 정당한 보상을 받을 권리가 있다(법 16조). 보상의 종류, 보상액의 결정 기준이나 산정방법 등 구체적인 내용은 종업원 등과 사용자 등 사이의 계약이나 근무규정 상의 사전예약 승계규정, 직무발명보상규정 등을 통해 정해지게 된다.

직무발명에 대한 보상 형태로는 금전적 보상과 비금전적 보상이 있으며, 주로 금전적 보상인 경우가 일반적이다. 하지만 각 기업 등은 내부 실정과 종업원 등의 보상선호도 등을 종합적으로 고려하여, 해외 연수·유학, 안식년, 학위 과정 지원, 희망 직무 선택권 부여 등 다양한 금전적·비금전적 보상 형태를 자율적으로 결정하여 시행할 수 있다. 일반적으로 기업에서 실시하고 있는 직무발명에 대한 보상의 종류로는 발명보상, 출원보상, 등록보상, 실적보상 등이 있다(한국발명진흥협회, 2021).

직무발명 보상제도는 종업원의 직무발명에 대한 권리를 조직(기업)이 승계하고, 발명자인 종업원에게 정당한 보상을 하는 제도이다. 이 제도의 도입은 다음과 같은 점에서 의미를 가진다.

첫째, 기업 내 종업원들의 직무발명은 우수한 특허기술의 확보를 위한 주된 원천이 되는데 이 제도는 종업원들에게 혁신 인센티브로 작용할 수 있다. 그래서 제도를 도입하지 않은 기업과 비교하여 특허출원 건수, R&D 수주, 각종 인증 획득 등에 있어서 차별화된 성과를 보일 수 있다.

둘째 직무발명보상제도의 도입으로 기업은 발명의 질 향상 및 기술유출을 방지할 수 있다.

셋째, 직무발명보상제도를 통해 종업원에 대한 정당한 보상을 부여함으로써 불필요한 법적 분쟁을 사전에 차단할 수 있다.

(2) 직무발명보상제도에 대한 정부 지원

위에서 설명한 직무발명보상제도의 중요성에도 불구하고 이의 도입은 생각만큼 활발하지 못하다. 대학이나 국책연구소 등 공공기관들은 비교적 도입이 이루어지고 있으나 기업에서는 상대적으로 도입이 저조하다. 특히 법적 지식이나 재원이 부족한 중소기업에서는 제도의 도입이 늦어지고 있어 정부에 의해 특별한 지원책이 마련되고 있다.

중소기업의 입장에서는 보상금으로 나가는 비용 지출에 부담을 느껴 직무발명보상제도 도입을 망설일 수 있다. 따라서 특허청에서는 중소기업의 비용부담을 덜어주기 위해 보상금에 대한 조세 혜택을 주고 있다. 연구 및 인력개발비 세액공제 규정에 따라 기업에서 직무발명보상금으로 지출한 금액은 세액공제를 받을 수 있다. 또한 보상금으로 지출한 비용은 필요경비로 인정되기 때문에 법인세 절감효과도 얻을 수 있다. 보상금에 대해 연 500만 원까지 비과세 혜택이 주어지기 때문에 발명자 입장에서는 소득세 부담을 덜게 된다.

더불어 특허청은 해당 제도를 모범적으로 시행하고 있는 기업을 '직무발명보상 우수기업'으로 선정하여 다양한 혜택을 주고 있다(한국 특허청, 2021). 대표적으로 특허, 실용신안, 디자인 우선 심사 대상 자격부여 및 4~6년 차 등록료 20% 추가감면, 정부지원 사업 선정 시 가점 부여 등의 혜택이 주어진다.

2. 직무발명보상과 관련된 분쟁사례

기업에서 직무발명보상제도를 효과적으로 도입・운용해야 되는 배경에는 점차 직무발명관련 법적분쟁이 증가하고 있다는 현실이 있다. 이는 이와 관련된 직무발명자(종업원)의 권리의식이 증대하고 있기 때문이다. 직무발명보상과 관련된 국내외의 대표적인 분쟁사례를 살펴보기로 한다.

(1) S전자 천지인 사건

2002년 휴대폰 단말기의 한글 자판인 '천지인(天地人)'방식의 특허 문제로 발명자인 전,현직 직원이 S전자를 상대로 제소를 했다. 발명자인 S전자 직원 최모씨는 '천지인' 자판의 실제 특허권자는 자신인데도 회사가 이를 가로채 특허권 수입을 올렸다는 내용의 부당이익 반환청구소송을 법원에 냈다. 천지인 자판은 국내 휴대전화 이용자 중 대다수가 쓰고 있어 시장점유율이 60%를 넘는 사실상의 국내 표준이다. 이 자판은 모든 모음을 천(·), 지(ㅡ), 인(ㅣ) 키만으로 입력하도록 고안돼 휴대전화 한글입력을 획기적으로 개선한 것이었다. 특허 등록은 94년 10월 최씨가 다른 직원과 함께 한글 창제 원리에 착안해 공동 발명한 것을 95년 5월 S전자가 업무상 '직무발명'으로 권리를 양도받아 마쳤다. 그러나 발명자들은 자판 발명이 업무나 직무와는 무관한 '자유발명'임을 들어 S전자의 특허 출원은 무효이며 부당 이득은 반환해야 한다고 주장했다.

천지인 자판은 900억 원 이상의 가치를 지녔다고 평가받는 발명임에도 권리를 양도받은 S전자가 연구원들에게 지급한 보상금은 단돈 21만 원이었다고 한다. 그러나 이 소송은 세간의 이목을 끌었으나 양자 간 합의 후 소취하로 마무리되었다. 합의조건은 밝혀지지 않았다.

(2) XXSDI 리튬전지 발명보상

XXSDI를 20년 전 퇴사한 연구원 B씨는 리튬이온 폴리머 전지 발명에 기여한 보상금을 달라고 소송을 제기했다. 법원은 XX SDI가 B씨에게 보상금과 지연손해금 등 1억 원을 주라고 판결했다.

(3) S전자 디스플레이 기술 관련 직무발명 보상금

2012년에는 S전자 전직 직원 출신의 한 대학 교수가 회사를 상대로 디스플레이 기술 관련 직무발명 보상금을 달라는 소송을 제기했다. 이에 1심 법원은 60억 원을 지급하라고 판결한 적이 있다. 당시 수십억 원에 달하는 보상금 판결이 나와 세간의 관심이 집중됐었다. 이후 회사와 교수는 2014년 항소심에서 비공개로 조정 합의를 한 바 있다. 역시 합의 액수는 공개되지 않았다.

(4) S전자 세탁기 필터 사건

S전자 전 연구원 A씨가 '다이아몬드 세탁기 필터' 개발에 대한 발명보상금을 받지 못했다며 회사를 상대로 직무발명보상금 청구 소송을 제기했다. 이에 S전자가 A씨에게 1천 300여 만 원을 지급하라고 원고 일부 승소 판결을 내렸다.

A씨는 1989년 S전자 연구원으로 입사해 10여 년 간 세탁기 기술을 연구했고, 회사는 A씨가 개발한 다이아몬드 세탁기 필터 특허 기술을 접목한 세탁기를 1999년부터 판매해 국내외에서 매출 약 2조 원을 올렸다. 당시에는 '내부 직무발명 보상지침'이 생기기 전이었기 때문에, A씨는 제대로 된 보상을 받지 못했다. 이에 A씨는 2015년 11월 A씨는 회사에 보상금 지급을 신청했다. 회사 측은 '2013년 규정'을 토대로 5,800만원을 A씨에 지급했다.

하지만 A씨는 "보상금이 적정하지 않다"며 "개발한 기술 중 일부가 'A등급'이 아닌 'C등급'으로 평가된 것은 부당하다"며 2015년 12월 회사를 상대로 소송을 제기했다.

그러나 재판부는 A씨가 받은 보상금은 종업원의 공헌도, 사용자의 이익을 반영해 산정되지 않았기 때문에 '정당한 보상'이 아니라고 보고 추가의 금액을 지급하라는 판결을 했다.

(5) 일본에서의 청색 LED 직무발명 청구 소송

직무발명과 관련된 해외에서의 소송사례로 자주 언급되는 것이 일본에서 있었던 청색 LED 직무발명 청구 소송이다. 일본도 한국과 마찬가지로 직무발명보상에 대한 개념이 부족했던 시절 이의 중요성을 일깨워주는 대표적인 사례로 자주 언급된다(인물탐구 참조).

미국 대학의 교수였던 나카무라 슈지(中村修二)는 2001년 자신의 전 직장이었던 니치아 화학(日亜化学工業株式会社)을 상대로 동경지방 재판소에 200억엔(한화 2,070억)을 청구하는 소송을 제기했다. 나카무라는 LED 등의 난제였던 고휘도(빛이 강한) 청색 LED을 구현하는 방법을 개발함으로써 조명과 디스플레이에 사용될 수 있는 상용화의 길을 열은 장본인이었다. 나카무라는 이러한 공로를 인정받아 훗날(2014년) 노벨 물리학상을 공동수상한다.

나카무라가 일하던 니치아화학은 그의 발명으로 인해 지방의 중소기업으로부터 LED분야에서 세계 최고의 기업으로 우뚝 서며 1조 원이 넘는 매출액을 올렸다. 반면 나카무라 교수에게 돌아온 보상은 1000만 엔(약 1억 330만 원)의 연봉과 과장으로의 승진뿐이었다. 직무발명 보상금으로는 불과 2만 엔(약 21만 원)이 주어졌을 뿐이었다.

1심에서는 보상액으로 청구액 전액인 200억 엔이 인용(인정)되는 판결이 나왔다. 2심에서 8억 5,000만엔(약 88억 원)으로 당사자간 화해가 이루어져 소송은 종료되었다. 당시만 해도 일본사회에서 자신이 다니던 직장을 상대로 거액의 소송을 제기하는 것에 대한 사회적 시선이 곱지 않아 나카무라 교수의 입장에서도 소송을 계속 끌고 가는 것이 부담이 되었던 것 같다. 소송은 종료되었으나 화해금액이 당시까지에는 전대미문의 것이어서 사회적 파장이 적지 않았고 일본에서 직무발명보상제도에 대한 인식전환의 계기가 되었다.

인물탐구

분노도 노벨상의 원동력이 된다?: 나카무라 슈지(中村修二)

2014년 노벨상 위원회는 그해의 노벨 물리학상 수상자로 3인의 일본인을 선정했다. 아카사키 이사무(赤崎勇) 메이조대 교수, 아마노 히로시(天野浩) 나고야 대학교수, 나카무라 슈지(中村修二) 미국 샌타바바라 캘리포니아 주립대 교수의 공동수상이었다. 노벨물리학상이 기초연구자가 아닌 발광다이오드(LED)와 같은 실용연구에 주어진 것은 예외적이었지만 금세기에 불가능한 것처럼 보였던 청색 LED를 개발함으로써 빛의 신기원을 이룩했던 공로를 높이 샀던 것이다. 3인의 공동수상자는 공동연구를 한 것은 아니었다. 이사무와 아마노교수는 사제지간으로 청색 LED가 가능한 이론적 기반을 마련했다면 나카무라 교수는 이를 실제로 구현하여 제품으로 상용화했다는 공이 컸다.

노벨상 수여 사후에 열린 기자회견장에서 노벨상 수여의 원천을 묻는 질문에 나카무라 교수는 '분노'라는 의외의 답변을 해서 배석했던 사람들을 놀라게 했다. 분노가 노벨상을 받게 된 원동력이 되었다? 그러나 이러한 답변은 그가 걸어온 삶의 괘적을 살펴보면 어느 정도 이해가 되는 측면이 있다.

나카무라 교수는 일본에서는 소위 무대의 중심을 차지한 스타 과학자가 아니었다. 철저한 아웃사이더였고 소위 루저(loser)에 가까운 존재였다. 출생지는 시코쿠섬 에히메현(愛媛県)이었고 대학은 지방국립대학인 도쿠시마(德島)에서 학사와 석사를 했다. 졸업 후에는 지방 소 기업인 니치아화학공업주식회(日亜化学工業株式会社)에 입사한다. 니치아화학공업은 TV 브라운관 등에 쓰이는 형광체를 제조하는 회사로 직원 200명에 매출 300억 원 규모의 작은 회사였다. 연구비 지원은 꿈도 꿀 수 없었던 이 회사에서마저 그는 이런저런 이유로 괄시를 받는 처지였다.

나카무라는 회사의 사장을 설득하여 입사 9년 만에 어렵사리 미국 대학에 유학할 기회를 잡는다. 이 기회는 그에게 여러 면에서 자극을 주는 기회가 되었다. 여기서도 박사학위가 없다는 이유로 연구실의 허드래 일이나 하면서 괄시를 받는다. 귀국 후에 박사학위의 중요성을 절감해서 박사학위를 받는 데 주력한다. 당시 일본에서는 구제(舊制)박사 제도라 고 하는 것이 있어서(비슷한 제도가 한때 우리나라에서도 있었음) 몇 편의 논문을 출간하면 박사학위를 받을 수 있는 제도가 있었다. 직장 일을 해야 하는 나카무라에게는 안성맞춤 제도여서 학위를 취득하게 된다.

귀국 후에는 그는 다시 사장을 설득하여 청색 LED 개발에 도전한다. 훗날 그가 회상하듯 중소기업에 근무했던 것이 그의 성공에는 긍정적으로 작용했다. 대기업에서 생각할 수 없는 기회를 가질수 있었기 때문이다. 물론 그가 이 난제 기술에 도전할 때 회사 내에서 그의 객기는 조롱의 대상이었다.

LED도 빛을 구현하려면 삼원색이라고 하는 초록색, 빨간색, 파란색이 필요하다. 그중 빨간색과 초록색은 비교적 일찍 상용화되었다. 반면 청색(파란색) LED는 금세기에는 요원한 것처럼 보였다. 청색 LED가 어려웠던 이유는 반도체 물질의 받침으로 사용되는 사파이어 기판에 파란색 빛을 내는 물질의 증착이 어려웠기 때문이었다.

이 난제에 해결방안을 제시한 학자들이 공동수상자인 두 분의 교수들이었다. 그들은 질화칼륨(GaN)을 이용하여 이 문제의 해결이 가능하다는 것을 이론적으로 밝혔다. 그러나. 이는 이론적으로 가능하나 실제로는 상용화가 쉽지 않았다.

나카무라는 수 년간의 각고의 노력 끝에 청색 LED개발에 성공한다. 그는 질화갈륨으로 훌륭한 박막을 만드는 기술을 개발한 후 고온으로 열처리를 해 마그네슘 불순물을 소자로 사용할 수 있는 방법을 마침내 알아냈다. 그래서 일반조명과 비슷한 빛을 내는 것이 가능해져 조명과 디스플레이 등에 사용할 수 있는 상용화의 길을 열었다.
나카무라의 업적에 의하여 니치아화학공업은 지방의 무명기업으로부터 일약 세계적인 LED 업체로 도약한다. 그러나 그의 업적에 비해 그가 받은 보상금은 2만 엔이 전부였다.

그는 1999년에 회사의 연구소 소장에 보임된다. 그러나 그의 업적을 높이 산 미국대학의 초청에 의하여 미국 산타바바라 소재 캘리포니아 주립대학의 교수로 옮긴다.

그러나 미국에서 교수 생활을 하던 그에게 니치아화학공업으로부터 의외의 소송 소식이 알려진다. 나카무라가 영업 비밀을 누설했다는 명목으로 회사가 미국 법원에 소송을 낸 것이었다. 이에 맞서 나카무라도 회사를 상대로 일본 법원에 소송을 제기한다. 회사 측이 자신의 특허로 얻은 막대한 이익을 자신에게 보상해야 한다는 소송이었다. 1심에서는 보상액으로 청구액 전액인 200억 엔이 인용되는 판결이 나왔지만 나카무라는 2심에서는 8억 5,000만 엔(약 88억 원)의 화해금으로 소송을 취하했다.

그가 걸어온 길을 보면 그가 왜 분노가 동기부여의 원천이었다고 말했는지 짐작할 수 있다. 그는 일본 사회에서는 이단아였다. 촌놈이었고 학벌도 변변치 못했다. 회사는 지방 소기업이었고 또 거기서도 제대로 된 대접도 받지 못했다. 각고의 노력 끝에 큰 성공을 이룩했으나 보상은 거의 없었다. 그는 많은 괄시와 냉대를 겪어야 했고 그에 따라 회사와 사회 그리고 일본의 시스템과 문화에 분노했을지 모른다.

그러나 그는 그러한 분노를 대단한 업적을 이룩하는 데 동력으로 활용했다. 그리고 자신이 밝히고 있듯이 중소기업에 근무했다는 한 편으로는 핸디캡이었지만 마음껏 하고 싶은 연구를 할 수 있었다는 점에서 행운이라고 말하고 있다. 그는 분노를 승화해서 업적을 이루고 핸디캡을 성공의 계기로 전환시킨 근성있는 연구자였던 것이다.

자료: 이성규(2018), 팟캐김(2017), 송옥진(2014).

실무자를 위한 가이드라인

- ✔ R&D 인력에 대한 보상은 기본급, 성과급(인센티브), 복리후생, 직무발명보상 등으로 구성된다.
- ✔ 기본급은 전통적인 연공급을 탈피하여 성과를 고려하는 연봉제로 이행하고 있다. 최근에는 직무의 가치를 고려하는 역할급도 검토되고 있다.
- ✔ 보상에서 성과급이나 인센티브가 강조되는 배경에는 사회적 인센티브 구축의 필요성이 있다. 우리나라 경제 및 산업구조가 캐치업 상태로부터 선도적 역할로 이행됨에 따라 성과에 대한 보상을 하는 시스템의 구축이 필요하기 때문이다. 또한 성과급이나 인센티브 제도가 직원몰입을 증대시킨다는 연구결과도 존재한다.
- ✔ 인센티브제도는 개인 인센티브 제도와 집단 인센티브 제도로 나뉜다. 최근에는 협업을 바탕으로한 조직역량의 강화가 강조되어 집단 인센티브 제도가 주목받고 있다. 집단 인센티브 제도는 단기와 장기로 구분되는데 단기 제도로는 성과배분제와 이윤분배제, 장기제도로는 ESOP, 스톡옵션, 조건부 주식부여가 있다.
- ✔ 성과에 따른 보상이 동기부여를 높이고 성과를 낳는 것은 사실이나 이를 금과옥조처럼 생각해서는 안 된다. 화폐적 인센티브 보상은 고유한 문제점도 내포하고 있다. 이에는 동기부여 요인이 못 된다는 점, 관계를 해치며 모험을 억제한다는 점, 내재적 동기부여를 훼손한다는 점 등이 지적된다.
- ✔ 특히 성과급이나 인센티브 보상은 R&D에 필요한 창의성과 혁신에 부정적인 영향을 미친다는 주장이 제기되고 있다. 구성원이 통제를 받고 있다는 느낌을 받게 되고 그로 인해 자기결정성이 약화하여 내재적 동기부여가 줄고 창의성이 살지 못한다는 주장이다. 최근에는 이러한 주장에 대해 반론도 제기되어 활용여부에 따라 창의성이나 혁신에 긍정적 영향을 줄 수 있다는 주장에 대한 설득력이 커지고 있다.
- ✔ R&D 활동에서 성과급이나 인센티브 제도가 효과적으로 운영되는 조건으로는 다음과 같은 것이 있다.

  첫째, 실패와 다양한 시도가 가능한 분위기 조성을 위해 장기적 성과와 연동되어야 한다.
  둘째, 팀워크를 해하지 않는 방식으로 진행되어야 한다.
  셋째, 사전적 보다는 사후적 보상연계가 효과적이다.
  넷째, 그렇지만 훌륭한 성과에는 합당한 보상이 따라야 한다.
  다섯째, 상황적합적 관점이 필요하다. 개발의 경우 집단 인센티브의 비중이 늘어나야 된다. 그리고 문화에 대한 검토도 필요하다.
- ✔ R&D 인력에 대한 복리후생은 최고의 인재를 유치하고 직원 만족도를 높이며 인력의 유지율을 높이는 데 중요하다.
- ✔ 최근 기업들의 복리후생의 추세는 다음과 같다. 첫째, 사무실 환경에 많은 투자를 하고 있다. 둘째, 회사의 식당이나 카페에서 매우 건강한 식사나 음료를 무료나 저렴하게 제

공하고 있다. 셋째 육아나 가족 돌봄을 위해 보육시설이나 지원을 확대하고 있고 근무시간을 탄력적으로 운영할 수 있는 재량권을 폭넓게 제공하고 있다. 넷째, 직원들을 위한 건강, 체육시설을 사내에 마련하거나 비용보조를 하고 있다. 다섯째, 의료나 세탁 등 개인사를 회사내에서 해결할 수 있도록 함으로써 직원들이 신변사 때문에 사무실을 떠나야하는 시간을 줄이고 업무에 집중하도록 하고 있다. 여섯째, 직원들의 개인생활의 스트레스를 줄이거나 정신건강을 고려해 직원 지원 프로그램을 운영하는 회사가 늘고 있다.

✔ 사내식사의 제공은 직원들로 하여금 가치를 인정받고 있으며 감사받고 있다는 느낌을 준다는 점에서 의미가 있다. 또한 R&D에 필요한 구성원 간 소통을 늘리는 효과가 있다.

✔ R&D 결과로 나타나는 직무발명에 대해서 기여한 직원들에게 합당한 보상을 하는 관행이 필요하다. 이를 위해서는 사내 직무발명 보상제도를 확립할 필요가 있다.

PART 4

R&D 조직관리

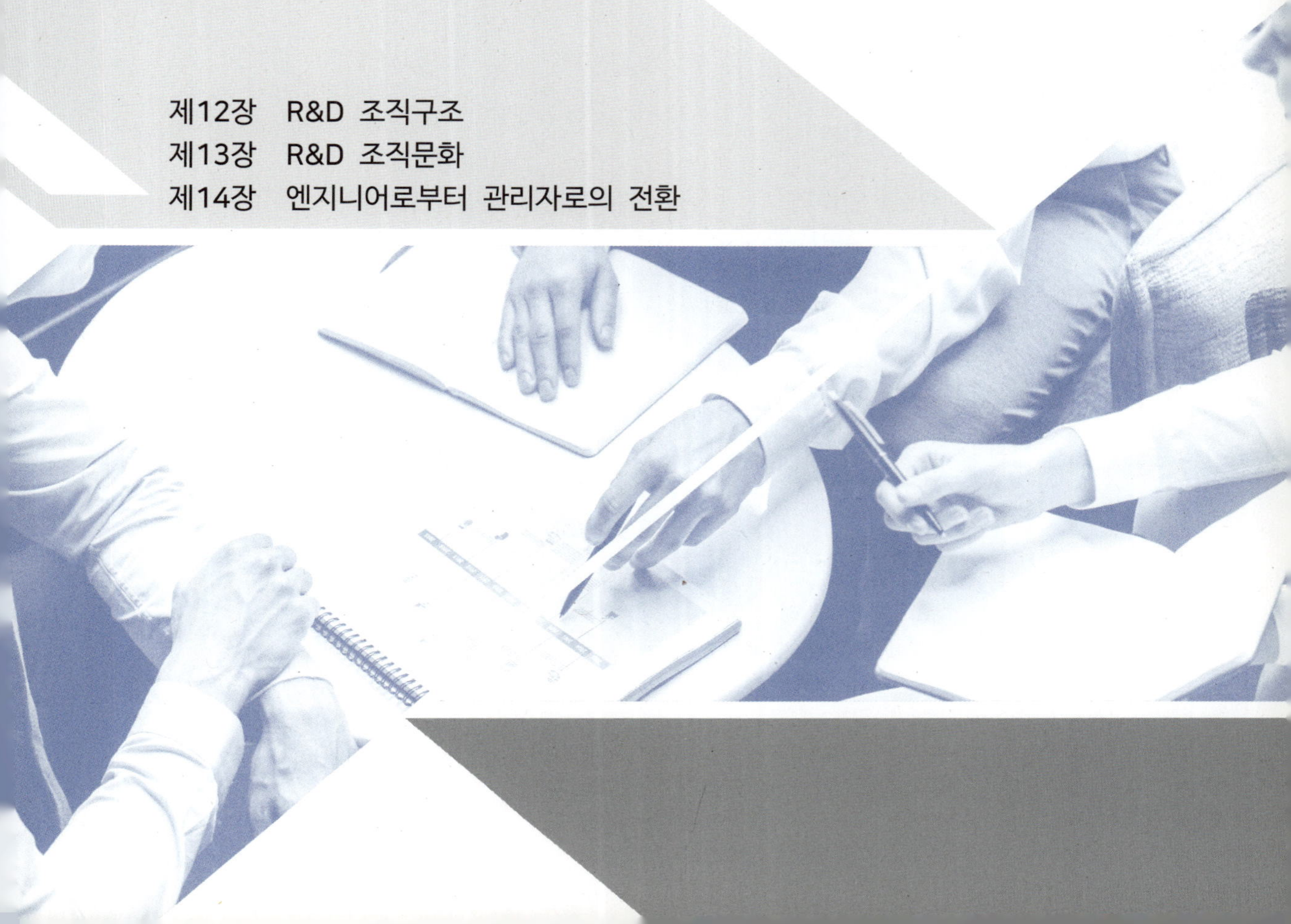

제 1 부 **서 론**	제 1 장　R&D 인사조직관리의 기초
제 2 부 **R&D 인력의 행동개발**	제 2 장　R&D 인력의 퍼스낼리티 특성 제 3 장　R&D 인력의 창의성 제 4 장　R&D 인력의 동기부여 제 5 장　R&D 팀의 관리 제 6 장　R&D 팀의 의사소통과 갈등관리 제 7 장　R&D 리더십
제 3 부 **R&D 인력의 인사관리**	제 8 장　R&D 인력의 채용관리 제 9 장　R&D 인력의 경력관리 제10장　R&D 인력의 성과관리 제11장　R&D 인력의 보상관리
제 4 부 **R&D 조직관리**	제12장　R&D 조직구조 제13장　R&D 조직문화 제14장　엔지니어로부터 관리자로의 전환

12 CHAPTER

R&D 조직구조

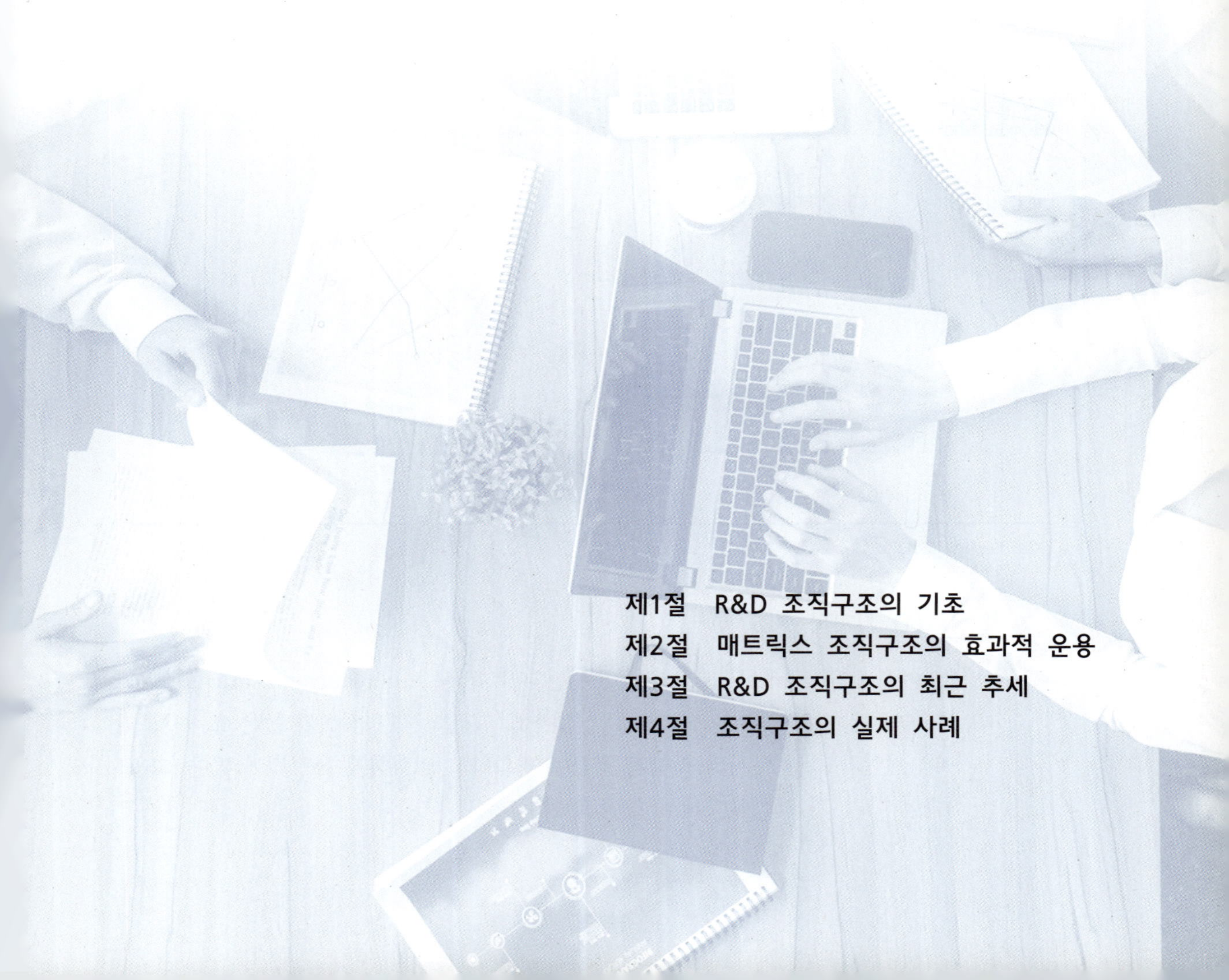

제 1 절 R&D 조직구조의 기초

R&D 조직구조를 설명하기 전에 일반적인 조직구조의 기초이론에 대해 살펴보기로 한다.

1. 조직구조의 두 형태: 기계적 구조와 유기적 구조

모든 조직구조는 한 쪽 끝이 '기계적 구조'이고 다른 한 쪽 끝이 '유기적 구조'라는 한 양 극단의 어딘가에 위치하게 된다. [그림 12-1]에서 보듯이 기계적 구조는 조직 구조에 대한 전통적인 하향식 위계적 접근 방식을 나타내는 반면, 유기적 구조는 보다 협력적이고 유연한 접근 방식을 대표한다(Devaney, 2021).

그림 12-1 기계적 구조와 유기적 구조

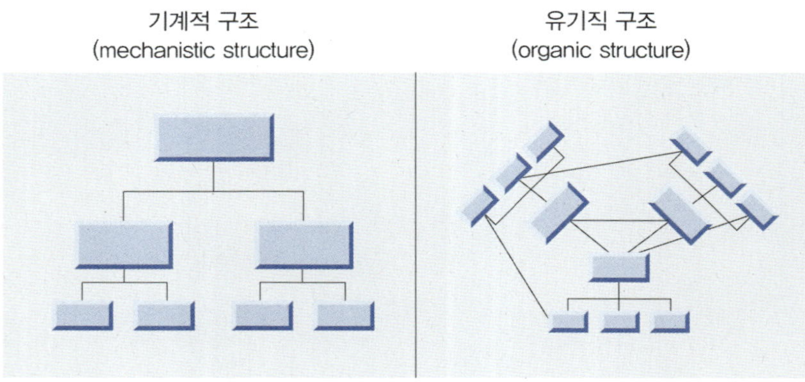

자료: Devaney(2021).

(1) 기계적 구조

기계적 구조(mechnistic structure)는 관료적 구조(bureaucratic structure)라고도 불리우며 통제범위가 좁고 중앙 집권화, 전문화 및 공식화가 높은 조직구조이다. 개인과 특정 부서의 역할과 책임이 명확하고 엄격하게 규정되어 있다. 그 모습이 마치 기계와 같다해서 붙여진 말이다.

이 조직구조는 매우 공식적이며 특정 표준과 관행을 사용하여 비즈니스가 내리는 모든 결정을 관리한다. 기계적 구조는 합리성, 내적통제에 따른 예측가능성, 효율성이라는 관료적 구조의 특성들을 공유한다. 따라서 전통적인 조직구조의 거의 교과서가 되었던 조직구조 형태이다. 그러나 모든 것이 규칙과 규정에 의해 공식화되어 있으므로 이것이 조직에 너무 경직성을 부여해 상황변화에 대한 적응성이 떨어진다는 단점을 지니고 있다. 또한 규칙과 규정은 합리성을 높이고 조직목표를 달성하기 위한 수단으로 채용되는 것인데 이것이 강조되다 보니 목표의 전도현상이 발생하여 규정자체가 목적으로 변질되어 개인의 자발성 노력을 방해하는 문제도 발생한다. 일반적으로 기계적 구조는 창의성에 그리 긍정적이지 못한 조직형태로 평가 받는다.

(2) 유기적 구조

유기적 구조(organic structure)는 비관료적 구조로서 기계적 구조와 반대의 특성을 지닌다. 즉 통제범위가 넓고 분권화가 이루어지고 규칙과 규정에 의한 공식화가 높지 않다. 개인과 부서의 역할이 지나치게 엄격하게 규정되어 있지 않고 탄력적으로 운영되고 팀웍과 협조가 강조된다는 점에서 경직되지 않고 생물처럼 움직인다하여 유기적이라고 불리운다.

유기적 구조는 기계적 구조에 비해 명령관계나 권한과 책임관계가 애매하고 예측가능성이 떨어져 혼란과 갈등이 발생할 가능성이 있다. 그 결과 효율성이라는 면에서 약점이 있을 수 있다. 반면에 조직구조와 운영에 있어서 유연성을 담보할 수 있어 변화하는 상황에 기민하게 대응할 수 있어 상황적응력이라는 점에서 강점을 지닌다.

조직의 규모가 확대됨에 따라 이를 효율적으로 운영하기 위해서는 기계적 구조나 관료적 구조의 특성을 활용하는 것이 필요하다. 그래서 많은 큰 조직은 기계적 구조의 형태를 가져왔다. 기계적 구조도 앞서 살펴본 것처럼 많은 강점을 가지고 있다. 그러나 최근의 경영환경의 변화는 기계적 구조의 장점보다는 단점을 부각시켜온 경향이 있다. 즉 소비자 욕구에 대한 기민한 반응, 급격한 기술변황에 따른 조직의 혁신 확보 등의 측면에서 기존의 기계적 구조는 많은 문제점을 노출한다. 효율성 유지를 위해 규정과 규칙에 집착하다보면 창의성 발현에 필요한 개인의 자발성을 저해한다. 그리고 규정 준수라는 조직의 욕구가 상황변황에 기민하게 대처하는데 족쇄로 작용한다.

따라서 오늘날 조직은 가능하면 기계적 구조의 특성을 벗어나 유기적 구조를 적극적으로 채택하기 위해 노력하고 있다. 특히 개인과 부서의 창의성 발현을 촉진하려는 R&D 부서는 적극적으로 유기적 구조의 특성을 유지하기 위해 노력하고 있다.

2. 조직구조의 유형

현실에서 다양한 조직구조의 유형(type)이 활용되고 있다. 그 중에서 가장 널리 사용되는 유형은 다음과 같다(Devaney, 2021).

(1) 기능별 조직구조

기능별 조직구조(functional organizational structure)는 예전부터 가장 널리 채택되어 왔던 조직구조 유형으로 같은 일을 하는 종업원들이나 같은 전문분야의 기술자들을 한 군데 모아놓는 형태의 구조이다. [그림 12-2]에서 보듯이 하는 일(function)에 따라 재무, 마케팅, 생산 등 기능별로 조직이 편성된 구조이다.

이러한 형태의 조직구조는 같은 일을 하는 사람이 같은 부서에 근무하다보니 전문성이 심화되고 효율적이라는 강력한 장점을 지니고 있다. 그리고 같은 분야의 기술자나 종업원들이 같은 부서를 결성함으로써 그 분야나 기술의 최근 발전 추세를 따라가 전문성이 강화되는 장점도 있다.

그림 12-2 기능별 조직구조

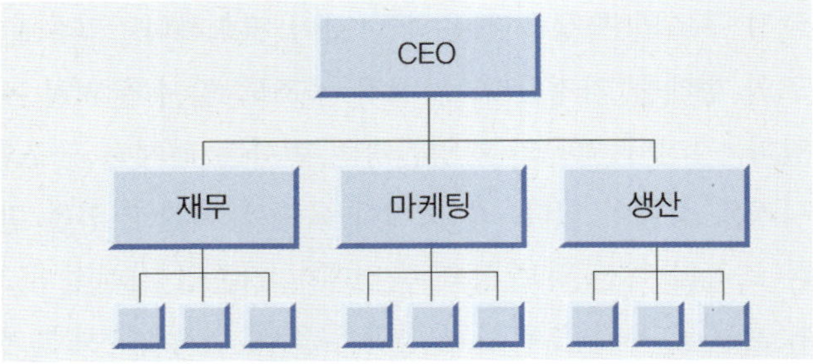

자료:Devaney(2021).

그러나 한편으로 같은 분야의 사람들이 모여 있음으로 해서 분파주의(sectionalism)가 형성되고 자기 분야의 시각에만 갇혀 전체적인 시각이 부족하게 된다. 구성원들은 자기 할 일을 하고 '다른 부서로 넘기기만 하면 된다(throw it over the wall)'는 식으로 일을 처리하고 전체조직의 운영을 고려하며 옆의 기능 부서와 협조하려는 노력을 하지 않게 된다. 이렇게 조직 부서들이 서로 다른 부서와 담을 쌓고 내부 이익만을 추구하는 현상을 '사일로 효과(silos effect)'라고도 한다. 사일로란 곡식을 저장하는 창고인데 부서간 불통의 모습이 사일로와 닮았다 해서 붙여진 말이다.

(2) 사업부 조직구조

기업의 초창기에는 대개 하나의 사업을 운영하는 경우가 많아 기능별 조직구조로 효율적으로 운영할 수 있다. 그러나 기업규모가 커지고 사업분야가 다각화될수록 기능별 조직구조의 문제점이 드러나고 좀더 사업에 초점을 두어 조직이 운영될 필요가 커진다. 이에 따라 등장한 것이 사업부 조직구조 또는 사업부제이다.

사업부 조직구조(divisional organizational structure)는 [그림 12-3]에 나온 것처럼 기업 내부를 몇 개의 사업단위로 나누어 여기에 여러 기능 즉 재무・마케팅・생산에 이르기까지 일관된 사업수행을 맡겨 독립회사처럼 운영시키는 분권적 관리조직의 한 조직유형이다. 사업부는 지역별, 고객별, 제품별로 형성되기도

그림 12-3 사업부 조직구조

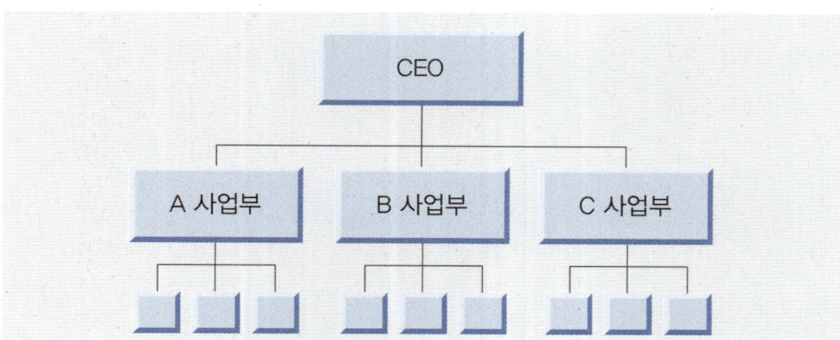

자료:Devaney(2021).

한다. 대부분의 경우 사업부는 이익관리의 단위로 되어 있으며 사업부에 산정된 이익목표를 부여하고 그 달성도에 따라 업적을 평가한다.

사업부 조직구조는 사업과 관련된 신속한 의사결정이 가능해 고객이나 시장의 요구에 기민하게 대응한다는 장점이 있다. 그리고 분권적 조직이므로 구성원의 자발성과 창의성을 고취할 수 있다. 그리고 한 사업부가 이익단위가 되어 사업별 성과평가가 용이하고 경영성과의 책임소재가 분명하다. 반면에 사업부별 여러 자원의 중복이 발생할 수 있다. 예컨대 각 사업부별로 재무 전문가와 마케팅 전문가가 필요하게 되는 것이다.

사업부 조직구조를 선도적으로 도입한 기업은 1920년대 미국의 듀퐁(Du Pont)사다. 이 회사는 여러 사업으로 진출하는 다각화 전략을 채택함에 따라 자연스럽게 사업부제로 이행하게 되었다. 조직학자 챈들러(A. Chandler)는 이 회사가 단일 사업조직(unitary organization: U형)으로부터 복수사업조직(multi-divisional structure: M형)으로 이행하는 과정을 분석하면서 '구조는 전략을 따른다(structure follows strategy)'는 명제를 도출하였다(Chandler, 1964).

(3) 과정기반 조직구조

과정기반 조직구조(process based organizational structure)은 '시작에서 끝으로' 기업에서 필요한 전 과정의 흐름별로 조직된 구조이다. [그림 12-4]에서 보듯이 '연구개발(R&D)', '신규고객유치(customer acquisition)', '주문배송(order

그림 12-4 과정기반 조직구조

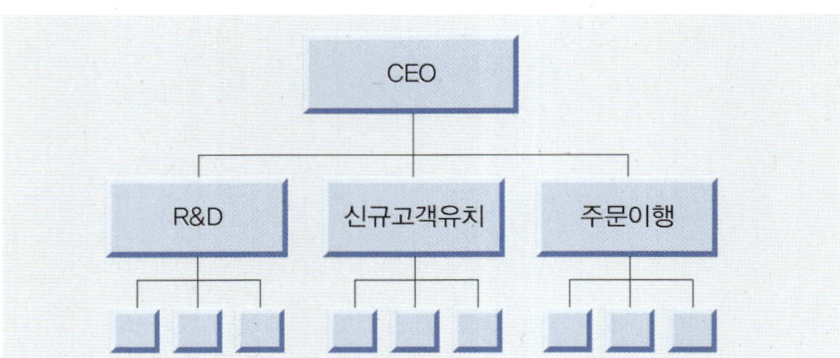

자료:Devaney(2021).

fulfillment)'의 업무순서별로 부서가 편성된다. 사업규모나 제품이 비교적 단순한 중소기업에서 채택가능한 구조이다.

과정기반 조직은 사업의 속도와 효율성을 개선한다는 장점이 있다. 이 구조는 환경 적응성이 뛰어나기 때문에 변화속도가 큰 산업에 적합하다. 반면에 기능별 구조에서 보았듯이 과정별 집단화로 인해 과정별로 장벽이 형성되어 소통의 문제를 야기할 수 있다.

(4) 제품별 조직구조

다양한 제품 라인을 가진 기업에서는 제품별 조직구조를 고려할 수 있다. 제품별 조직구조(product organizational structure)는 [그림 12-5]에서 보듯이 제품 유형별로 조직된 형태이다. 제품이 대규모 군(群)을 형성하는 대기업에서는 이는 제품분야별 사업부 구조가 된다.

이러한 유형의 조직구조는 제품관련 전문 지식이 최우선 순위일 때 흔히 보인다. 제품마다 기술적 측면이 매우 다르고 유통 및 가격 구조의 채널도 다를 수 있기 때문에 부서를 이러한 방식으로 그룹화 할 수 있다.

제품별 조직구조의 장점은 제품 전문성이다. 우수한 제품 품질에 중점을 둔 기업은 이러한 유형의 구조를 고려할 수 있다. 반면에 단점은 자원의 중복 문제이다. 예를 들어 제품관리자 및 재무 관리자가 각 제품 그룹별로 필요할 수 있다.

특정 제품을 개발하기 위해 이러한 제품 조직이 한시적으로 팀의 형태로 구성

그림 12-5 제품별 조직구조

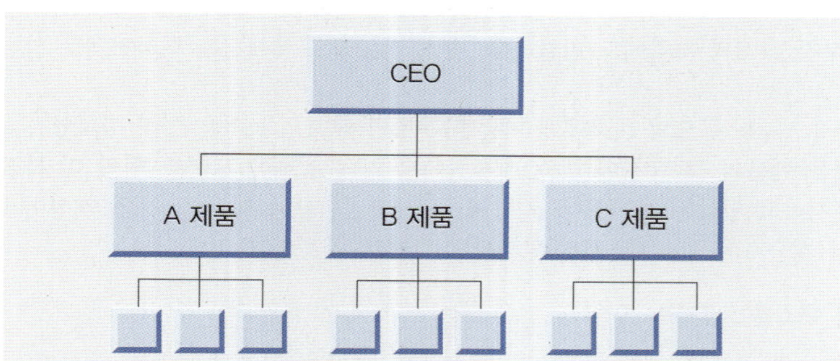

자료:Devaney(2021).

되는 경우도 있다. 이 경우는 프로젝트 팀(project team) 또는 태스크 포스 팀(task forece team: TFT)이라고 불리운다. 이 팀은 기존의 기능부서의 전문가들이 차출되어 구성되는데 특정과업(제품개발)에 한시적으로 집중된 자원(여러 기능 부서의 전문가)이 투입되어 효과적으로 과업을 달성한다는 장점을 지닌다. 이 팀은 여러 기능부서가 한 팀으로 구성되므로 기능부서간 장벽을 없애고 소통을 개선한다는 장점이 있다.

반면에 기존의 기능분야에서 나와 다른 기능 전문가와 협동작업을 장시간 하다보면 자신의 기능분야의 전문성이 떨어진다는 단점도 존재한다. 예컨대 자동차 산업에서 특정 차종의 개발을 위해 한시적으로 특정차종개발팀이 운영되는데 여기에 참여하는 윈도우브러쉬 담당 엔지니어는 자신의 기능부서를 떠나 상당기간 다른 부품 엔지니어랑 협업을 하다보면 자신의 고유한 윈도우브러쉬 기능분야의 전문성은 떨어질 수 있다.

읽을거리

Apple은 왜 기능별 구조를 고집하는가?

Apple은 기술 대기업중에는 드물게 기능별 조직구조를 채택하고 있다. 앞서 살펴 본바와 같이 기업규모가 커지고 취급하는 제품이 늘어날수록 기존의 기능별 구조의 문제점이 커지면서 자연스럽게 사업부별 구조로 이행하는 것이 일반적인 현상이다. 이는 이미 Chandler가 "구조는 전략을 따라간다"는 이론에서 듀퐁(Du Pont)사 등의 사례에서도 확인된 바 있다. 사업별 고객에의 초점이라는 전략에 따라 이에 대응할 수 있는 사업부제가 불가피하게 되는 것이다.

Apple이 처음부터 이러한 기능별 구조를 택했던 것은 아니다. Steve Jobs의 복귀가 이루어지기 전까지는 여느 조직처럼 사업부제를 채택하고 있었다. Jobs는 이전가격을 놓고 사업부간 다툼이 있는 것을 보고 취임과 동시에 조직개편을 단행하여 기능별 조직구조로 전환했다. 사업부 구조에서는 각 사업부가 손익(P/L)단위이기 때문에 사업부간의 거래에도 사업부의 이익에 영향을 준다. 그래서 사업부간 거래의 가격에도 민감하다. 반면 기능별 구조에서는 회사전체로 하나의 손익단위가 존재한다.

1998년 당시 Apple 규모의 회사에게 기능별 구조의 채택은 놀라운 일이 아니었을 수도 있다. 사실 놀라운 것은 애플이 그 당시에 비해 매출면에서 거의 40배에 달하고 훨씬 더 복잡해진 오늘날에도 이를 유지하고 있다는 사실이다. 기능별 구조의 전환에는 Steve Jobs의 개성이 반영되었겠지만 이는 그의 계승자인 Tim Cook에 의해서도 그대로 계승되고 있다.

(1) 기능별 구조를 고집하는 이유

Apple이 기능별 구조를 고집하는 가장 큰 이유는 기능별 구조가 제품과 관련된 전문성을 유지하는데 최적이기 때문이다. Apple은 알려진대로 최첨단 기술의 제품을 출시하고자 한다. 이를 위해 경영진은 전문가가 해당 분야의 의사결정권한을 가져야 한다고 믿고 있다. 반면에 사업부에서는 전문성을 잃는다. 사업부 책임자는 자기가 관장하는 기술영역들에 대한 깊은 지식을 결여하는 경우가 많다. 따라서 기능별 조직의 전문가들에게 결정권한을 주어야만 최첨단 제품의 출시가 가능하다는 것이다.

한 영역에서 전문가가 의사결정의 권한을 가져야 한다는 믿음은 두가지 견해에 기초하고 있다.

첫째, Apple제품은 기술변화와 파괴적 혁신이 큰 영역이기 때문에 깊은 기술적 지식을 가진 사람의 판단과 직관에 의지해야 한다.

둘째, 단기적 이윤이나 비용목표가 투자판단이나 리더의 의사결정 기준이 되면 최선의 제품이 훼손될 수 있다. 또한 고위 R&D 중역의 보너스는 특정 제품의 수익이나 비용이 아니라 회사 전체의 성과수치에 기초를 둔다. 따라서 회사에서 제품에 대한 단기적 결정은 단기 재무적 압력으로부터 벗어나 있다. 재무 팀은 엔지니어링 팀의 제품 로드맵 미팅에 관여하지 않고 엔지니어링은 또 가격결정에는 관여하지 않는다.

그렇다고 Apple이 어떤 기술이나 사양을 택할 것인가에 비용과 수익목표를 고려 안 한다는 의미는 아니다. 다만 전통적으로 채택하는 방식과 다를 뿐이다. 디자인과 엔지니어링에 대한 선택내에서 전반적인 비용과 가격목표를 고정 파라메타로 보는 대신에 R&D 리더들은 이러한 선택에서 비용 문제를 사용자가 얻는 효익과 비교 계량하고 있다. 예컨대 2016년 '아이폰 7 플러스'에서의 카메라 포트레이트 모드(portrait mode)는 비용이 많이 드는 혁신이었지만 소비자 유저들의 만족도로 충분히 정당화될 수 있었다.

(2) 리더십의 특성

잘 알려진대로 Apple에서 채택하고 있는 기능별 구조는 '사일로 문제' 즉 기능별 부서간 폐쇄적이고 소통이 안되며 부서 이기주의로 전사적인 최적화를 도모하지 못한다는 내재적인 문제가 있다. 이를 Apple은 어떻게 해결하고 있는가?

이를 Apple에서는 리더들의 리더십으로 커버하고 있다. Steve Jobs 이래 Apple의 리더라면 세가지 속성을 가질 것이 기대되고 있다.

① 깊은 전문성

Apple은 전반 관리자가 관리자를 감독하는 회사가 아니다. 오히려 전문가가 전문가를 이끄는 기업이다. 관리자를 전문가로 교육하는 것보다 관리를 잘하도록 전문가를 교육하는 것이 더 쉽다고 경험적으로 알고 있다. Apple에서는 하드웨어 전문가가 하드웨어, 소프트웨어 전문가 소프트웨어를 관리하는 식이다(이 원칙에서 벗어나는 경우는 드믈다). Apple의 리더들은 세계적 수준의 인재가 전문 분야에서 다른 세계적인 인재와 함께 일하기를 원한다고 믿는다. 스포츠 팀에 합류하여 최고로부터 배우고 함께 플레이하는 것과 같은 원리이다.

② 세부 사항에 대한 몰입.

Apple에서 중요한 원칙 중의 하나는 "리더는 자기 조직의 3계층 밑까지 세부 사항을 꿰고 있어야 한다."것이다. 이는 최고 수준에서 빠르고 효과적인 복합 기능(cross functional) 의사 결정이 이루어지는데 필수적이기 때문이다. 관리자는 스프레드 시트, 소프트웨어의 코드 라인 또는 제품에 대한 테스트 결과를 상위 경영자에게 프레젠테이션할 때 막힘이 없을 정도로 숙지하고 있어야 한다.

③ 협조적 논쟁을 벌이려는 의지

Apple에는 회사전체에 수백개의 전문팀이 존재하고 제품의 한 핵심부품에만도 10여개의 팀이 관여한다. 아이폰의 포트레이트 모드 탑재 듀얼렌즈 카메라만 40개 이상의 전문가 팀의 협조가 요구된다. Apple은 이 많은 팀을 어떻게 조정을 이룩해내는가? 그 답은 협조적 논쟁(collaborate debate)에 있다. 어느 기능별 부서도 한 제품이나 서비스에 전적인 책임을 갖지 못하므로 기능횡단적인 협조가 필수적이다. 이를 위해서는 치열하되 협조적으로 논쟁을 벌일 필요가 있다.

물론 논쟁이 교착상태에 빠지면 보다 CEO나 부사장 등 고위층이 개입하여 문제해결자 역할을 한다. 그러나 Apple의 규모를 생각할 때 상위 고위층이 교착을 해결해주는데는 한계가 있다. 부사장이나 중역수준에서 관계가 원활하지 못하면 특정 프로젝트 뿐만 아니라 전체조직이 손상을 입을 수 있다. 따라서 한 기능별 부서에서 리더로서 자리를 유지하려면 그들은 아주 효과적인 협력자가 되어야 한다.

Apple의 기능별 조직구조

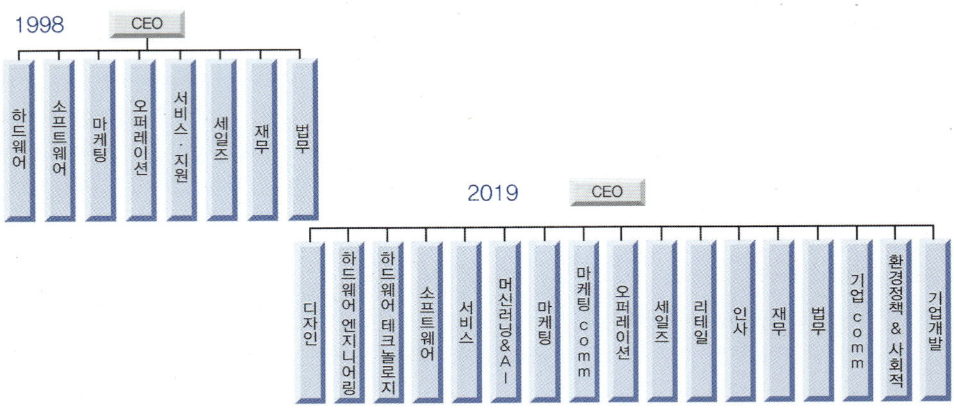

자료: Podolny & Hansen(2020).

3. 기업 전체수준에서의 R&D조직의 대표적 형태

(1) 중앙집중형, 분권형, 혼합(통합)형

기업 전체수준에서의 R&D조직의 대표적인 형태로는 중앙집중형, 분권형, 혼합(통합)형이 있다. 이 외에 R&D조직에서 많이 언급되는 매트릭스 조직도 있지만 이는 보다 하위수준의 신제품개발 조직의 형태로 사용되어지는 수가 많다.

중앙집중형이냐 분권형이냐의 문제는 R&D조직 분야에서 고전적인 논쟁의 영역이다. 중앙집중형(centralized approach)은 [그림 12-6]에서 보듯이 기업의 R&D 기능이 전사(중앙)연구소에 집중된 형태이다.

반면에 분권형(decentralized approach)은 [그림 12-7]에서 보듯이 각 사업부별로 R&D 부서가 존재해 개별적으로 R&D기능이 수행되는 형태이다.

그림 12-6 중앙집중형 R&D 조직구조

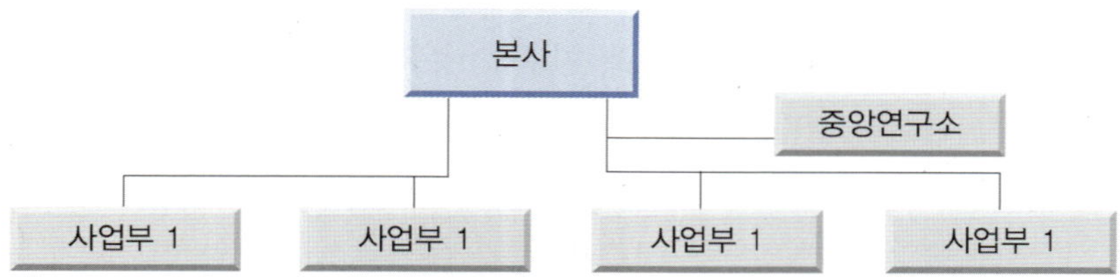

그림 12-7 분권형 R&D 조직구조

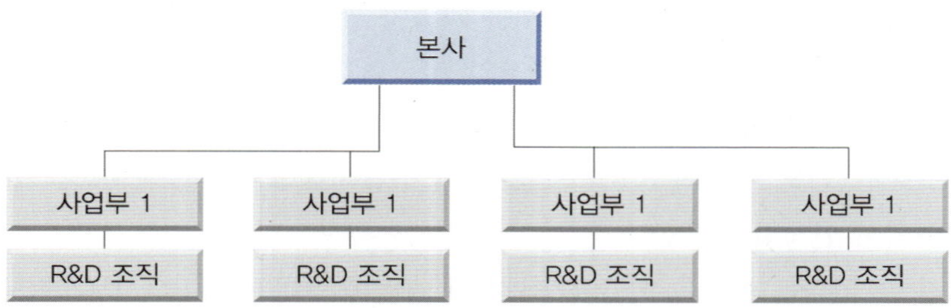

역사적으로 보면 미국에서도 1920년대 까지는 R&D조직구조는 분권형 방식이 대세였다. 그러나 Du Pont사가 1920년대 초반에 다(多) 사업부 구조(M형)를 창시하게 되자 기업의 연구활동도 사업부단위로 분권화하기 시작했다(Argyris and Silverman, 2004). 1921년 Du Pont사는 모든 연구예산과 의사결정권한을 사실상 사업부로 이관하는 분권형 조직구조를 채택하게 된다. 그 배경에는 전사연구소 기능을 담당하던 '화학부(Department of Chemicals)'가 회사비지니스의 제조와 판매니즈를 제대로 반응하지 못하고 있다는 사업부 책임자들의 불만이 자리잡고 있었다. 이에 전사수준의 중역회의에서는 '만일 전사단위의 화학부가 과거와 같은 기능에만 머무르고 중역회의에 대해서만 책임을 지는 상태가 지속되면 사업부서 경영층은 자기 부문의 효과적인 통제를 하기가 힘들고 또 실적이 떨어질 때 책임을 묻기가 어렵다'는 이유로 R&D 조직을 각 사업부에 귀속시키는 결정을 하게 되었다. 이후 다 사업부 조직을 채택하는 기업에서는 이러한 분권형 방식이 지배적인 R&D 조직구조로 자리 잡게 되었다.

중앙집중형 구조의 문제점으로해서 분권형 구조가 등장해 대세가 되기는 했지만 분권형 구조가 장점만 갖추고 있는 것은 아니다. 분권형 구조는 연구 프로젝트가 비즈니스 니드에 맞출 수 있고 시장에 가까이 갈 수 있다는 장점이 있는 반면 연구자원의 분산으로 인해 자원의 중복과 획기적인 연구성과를 기대하기 힘들다는 단점이 있다. 또 범위나 규모의 경제를 기대하기 힘들다는 문제도 지적된다.

반면에 중앙집중형 조직구조는 R&D가 비즈니스 니드와 연결되지 못한다는 결점을 가지고 있지만 위험부담을 가질 수 있는 장기적 사고를 지닌 연구개발을 촉진한다는 장점을 지니고 있다. 또 한 R&D 프로젝트의 성과가 다른 프로젝트 수행의 비용을 줄여주거나 다양한 후속 제품이나 활동에 효익을 전달해 줌으로써 규모, 범위, 확산효과의 경제를 기업이 활용할 수 있게 해준다. [표 12-1]은 중앙집중형 구조와 분권형 구조의 장·단점을 보여주고 있다(Tripak, et al., 2006).

이러한 두 구조의 장단점으로 인해 나름대로의 장점을 살릴 수 있는 고유한 영역이 인정되기도 한다. 분권형 R&D 는 측정이 쉽고 보다 시장 니드에 가까이 갈 수 있다는 이점을 제공하기 때문에 제품에 특유한 연구에 보다 적당한 반면에 중앙집중형 구조는 R&D는 '비특정'연구(그 과실이 특정 사업부에 제한되는 것을 넘어서는 연구)를 효과적으로 추구할 능력을 제공한다. 중앙집중형에서는 연구개발 기능의 전사적 총괄이 이루어지고 연구성과가 부서를 넘어 확산되어 범위

표 12-1 중앙집중형 구조와 분권형 구조의 장·단점

	중앙집중형	분권형
장점	• 위험부담과 장기적 사고의 촉진 • 기초기술발전 가능성의 증대 • 연구의 중요성의 강조 • 최고인재 유치에 도움	• 프로젝트와 비즈니스 요구의 조율 촉진. 그 결과 시장반응시간 축소 • 점진적 개발 강조 • 예산에 대한 설명의무가 분명 • 사업단위의 과정에서의 효율 증진
단점	• R&D와 기업요구간의 단절 • 제품개발주기가 늦음 • R&D 프로그램의 효익에 대한 회계의 어려움 • '죽음의 계곡'이 기술전개를 저지	• 단기적 목표로 장기적 성공이 다소 훼손 • 점진적 개선이 최고수준의 성장을 가로막음 • 의도하지 않은 노력의 중복이 발생 • 연구의 초점이 좁아지는 것이 일반 • 비즈니스 사이클 전체를 통해 핵심역량에 적절한 자금지원이 곤란

자료: Tripak, et al.(2006).

그림 12-8 혼합형 R&D 조직구조

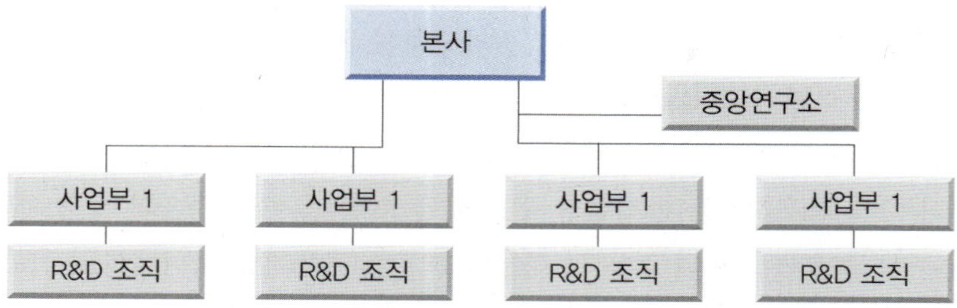

의 경제를 성취하게끔 해준다. 더구나 기업단위의 핵심역량을 기초로 경쟁하려고하는 기업들에 대해서는 중앙집중형 구조는 '전략사업단위'(SBU)의 독재'를 극복하는데 필요하다(Argyris & Silverman, 2004).

이러한 중앙집중형 구조와 분권형 구조의 고유한 장점으로 인해 두 장점을 모두 흡수할 수 있는 혼합형(hybrid structure)도 등장하게 되었다. 이 구조는 [그림 12-8]에서 보듯이 중앙연구기능과 각 사업부별 R&D 조직을 통합한 형태이다. 그럼으로써 각 사업부별 R&D 조직은 비즈니스 니즈의 반영과 점진적 혁신을 도모하고 전사연구소는 장기적이고 획기적인 혁신을 분담하는 형태이다.

역사적으로 이 혼합형 구조를 처음 도입한 회사 역시 Du Pont사였다. 1920년대 말에 기능이 위축되었던 전사연구소에 해당하는 '화학부'는 소장 Charles Stine를 맞아 중앙무대로 컴백한다. 그는 사업부의 R&D 부서들이 사업부서에 완전히 붙잡혀서 매우 급진적으로 새로운 라인의 일을 수행할 예산과 인력을 갖고 있지 못하다고 주장했다. 이에 응답해 중역회의는 기존 화학부에 대폭적으로 자금을 지원하기에 이르렀고 20년 대 말에는 이 부서는 다시 듀폰의 연구개발 프로그램의 핵심적인 중심 되었다. 물론 사업부단위에서도 상당한 수준으로 연구활동이 계속되었다.

(2) 구조선택의 결정요인

한 기업이 최선의 R&D 구조를 선택함에 있어서는 다음과 같은 여러 요인이 영향을 미칠 것이다(한인수 2013a).

첫째는 기업이 추구하는 전략(strategy)이다. 구조는 전략을 따라간다는 것은

Chandler이래 조직론에서는 오래된 명제이다. 조직의 전략과 구조가 합치될 때 보다 나은 성과가 나오게 된다. Du Pont의 경우도 다각화 전략을 택함에 따라 다 사업부조직이 되고 R&D도 중앙집중형에서 분권형 방식으로 변화하였다.

둘째, 기술주도 R&D냐 시장주도 R&D냐도 조직구조 선택에 영향을 준다. 중앙집중형 구조는 신 기술을 촉진시키는 반면 분권형 구조는 그러한 발명으로 부터 가치를 포착하는데 적합한 구조가 될 것이다. 이는 기술의 성숙도와도 관련되는 문제이다. 고도의 전문적 기술을 요하는 제품개발을 위해서는 전통적인 기능별(functional) 조직구조가 오히려 바람직할 수 있다. 급진적 혁신과 점진적 혁신 양자가 필요하다면 혼합조직의 하나인 양손잡이 구조(ambidextrous structure)가 제시되기도 하였다(O'Reilly III & Tushman, 2004).

셋째는 분산(dispersion)과 통합(integration)의 과제도 조직설계에 영향을 주는 요인이다. 기술과 시장을 쫓아가다 보면 R&D는 분산이 필요하다. 그러나 분산이 될수록 통합의 문제는 어려워진다. 이 상충관계에서 어디다 비중을 더 주느냐 하는 것이 구조결정에 영향을 미친다. R&D부서의 위치를 결정하는 기준에는 시장과 근접성, 본사와의 근접성, 과학과 엔지니어링 지식에의 접근성, 경쟁의 감시 그리고 스타일링/디자인 센터와의 근접성 등이 포함된다.

넷째는 기업규모(size)도 규모선택의 한 변수가 된다. 한 연구에서 보면 [그림 12-9]에서 보듯이 기업규모와 수익이 적을 때는 중앙집중형된 구조를 택하고 있고 규모와 수익이 증대할수록 분권형나 혼합 구조를 택하는 것으로 나타나고 있다(Tripak, et al.,2006).

그림 12-9 규모와 수익에 따른 R&D 조직구조

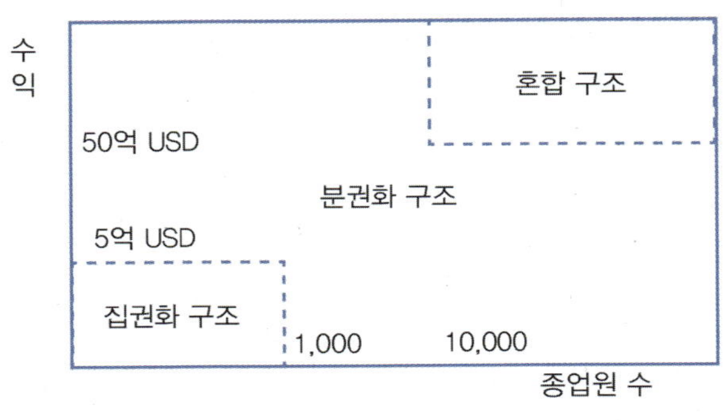

자료: Tripak, et al.(2006), 23.

마지막으로 몇가지 환경적 요인들도 구조 선택시 고려사항이 된다. 우선 글로벌화는 당연히 분권형을 촉진하는 요인이 된다, 로컬 시장에 적응하기 위해 R&D도 다양한 장소에 위치할 수밖에 없게 된다. 또 비용절감을 하면서도 자사에서의 핵심역량강화를 위해 아웃소싱도 늘고 있는 데 이것도 영향을 미칠 수 있다. 그러나 아웃소싱이 늘더라도 중요한 R&D는 자사 내에서 하고 전략적인 R&D는 중앙으로 집중해서 한 다는 연구결과도 있다. 끝으로 정보기술은 시간과 공간의 제약을 많이 해소해 준다. 데이터베이스나 검색기술들은 대량의 정보축적에 접근할 수 있게 해주고 여러 R&D 프로그램 간에 지식을 재사용할 수 있게 해주고 있다. 이러한 정보기술의 선택으로 R&D 조직을 중앙집중형과 분권형의 문제는 양자가 가능해 선택의 폭이 넓어졌다고 할 수 있다.

제 2 절 매트릭스 조직구조의 효과적 운용

1. 매트릭스 조직구조의 의의와 성립배경

R&D를 위해 많이 활용되는 특유의 조직구조에 매트릭스 조직구조가 있다. 그 의미와 효과적인 활용방안에 대해 자세히 살펴보기로 한다.

매트릭스 조직(matrix organization)은 수직적으로는 기능별 구조를 그리고 수평적으로는 제품별(프로젝트)구조를 채택하여 모든 종업원들(주로 기술자들)이 기능부서 관리자와 프로젝트 관리자 등의 복수의 관리자들에게 보고를 하는 조직구조를 말한다. 매트릭스 조직이란 각 종업원이나 종업원 팀들이 [그림 12-10]에서 보듯이 수학에서의 행렬구조와 유사하게 구성된다하여 붙여진 말이다.

이 매트릭스 구조가 처음 나타난 것은 1960년대 미국의 NASA나 항공 산업등에서 부터였다. 그 후 1970년대나 80년대에는 그 범위가 확장되어 지금은 자동차, 화학, 방위산업, 에너지 사업 등 광범한 분야에서 활용되고 있다(Galbraith, 2000). 매트릭스 구조는 고객과 시장의 요구에 잘 부응할 수 있다는 특성을 가지고 있는 바 시장에서의 불확실성이 커지고 고객들의 욕구가 복잡해짐에 따라 이 조직구조 형태의 활용은 증가추세에 있다.

그림 12-10 매트릭스 조직구조

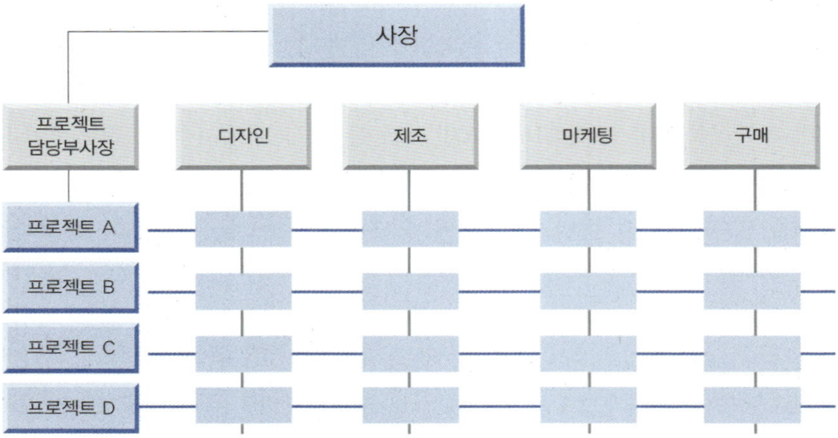

그러면 이러한 매트릭스 구조는 왜 만들어지게 된 것인가? 그것은 기존의 기능별 조직구조와 그 대안으로 등장한 제품별(프로젝트) 조직구조가 나름대로 장점도 있지만 고유한 결점들을 지니고 있었기 때문이다.

현실에서 가장 널리 사용되는 기능별 조직구조(functional organization)는 앞서 살펴본대로 전문성의 발휘라는 강한 강점을 가진 반면 분파주의와 사일로 효과 때문에 기능부서의 구성원들이 자신이 속한 기능부서의 이해를 조직전체의 그것보다 우선하게 된다. 따라서 기능부서 간 횡적 커뮤니케이션에 문제가 발생할 가능성이 크고 그럼으로써 여러 이질 분야가 협력을 해야 하는 과업들에 있어서는 기능부서간 조정이 어렵다는 문제점을 야기한다. 즉 여러 분야간 복잡한 문제나 정보요구를 효과적으로 처리하지 못하고 그럼으로써 기능별 구조는 분야간 상호의존성이 큰 중요 프로그램이나 프로젝트 개발노력에는 한계를 드러낸다. 이는 공식적인 조정 메카니즘이 없기 때문이기도 하지만 또 기능부서의 전문가들이 프로젝트의 전체모습보다는 자기 분야의 이해에 집착하는 태생적 한계 때문이기도 하다.

이러한 기능별 조직구조의 대안으로 제시된 것이 제품별로 구성되는 프로젝트 조직(product organization or project organization)이다. 여기서는 전문분야에 관계없이 한 제품개발 프로젝트를 중심으로 전문가들을 한 부서로 결집시킴으로써 조정(coordination)의 문제를 해결한다. 그럼으로써 업무의 속도를 늘리고 모든 구성원들이 공통의 제품개발(프로젝트) 목표를 향하여 나아갈 수 있게 만든다. 그리고 집단적인 정체감을 촉진하고 프로젝트에 대한 주인의식과 몰입을 키울 수 있다.

그러나 이러한 제품(프로젝트) 조직은 여러 분야 간의 조정을 촉진시킨다는 장점이 있는 반면에 동시에 고유한 문제점도 노정하고 있다. 우선 여러 제품별(프로젝트)간 자원의 공유가 효과적으로 이루어지지 못한다. 둘째로 기능 전문가들이 자기 고유부서를 떠나 제품(프로젝트) 조직에 소속되는 것도 여러 문제를 야기한다. 우선 자기전공분야로부터 떠남으로써 아무래도 기능별 부서에 있을 때보다 전문성이 떨어지고 또 전문분야의 발전추세를 따라가지 못할 수 있다. 셋째로는 개별 전문가의 경력상의 문제가 야기될 수도 있다. 제품별 조직이 항구적인 것이 아니라 개발완료에 따라 해체되는 성격의 한시적인 경우에는 프로젝트 종료 시 돌아갈 자리가 불확실해짐으로써 기능별 전문가의 경력관리와 관련된 불안이 야기된다.

따라서 이러한 부서를 이탈함으로써 발생하는 신분상의 문제점도 없으면서 또 제품(프로젝트)을 중심으로 여러 기능전문가들이 쉽게 조정을 이룩할 수 있는 조직형태로 고안된 것이 매트릭스 조직구조이다. 여기서는 기능 전문가가 한 제품(프로젝트에) 배속되면서도 동시에 자기 고유한 기능부서를 떠나는 것이 아니라는 점에서 기능조직에서의 문제점과 제품(프로젝트) 조직의 한계를 모두 해결할 수 있다는 속성을 갖추게 된 것이다.

2. 매트릭스 조직구조의 장 · 단점

(1) 매트릭스 조직구조의 장점

매트릭스 조직구조는 그 탄생배경에서 알 수 있듯이 기능별 조직과 프로젝트 조직의 양 장점을 취합한 데 있다. 즉 기능별 구조의 장점인 전문성을 계속 유지하면서도 문제점이었던 각 기능분야의 조정의 문제를 해결할 수 있다. 동시에 제품(프로젝트) 관리자는 시장이나 고객의 특성에 맞추어 제품(프로젝트)에 초점을 두어 운영할 수 있다. 그리고 매트릭스 구조에서는 조직구성원의 커리어 상의 문제점도 존재하지 않는다.

매트릭스 구조에서 제품(프로젝트) 관리자는 프로그램이나 제품(프로젝트)에 초점을 두고 여러 기능부서의 전문가들의 노력을 효과적으로 통합하는 일을 맡는다. 한편 기능부서의 관리자는 제품(프로젝트)에서 요구하는 기술적 전문성을 뒷받침하면서 관련 기술 분야에서도 최신의 기술발전을 확보하려는 노력을 한다. Larson과 Gobeli(1988)가 강조하듯이 제품(프로젝트) 관리자는 무엇을 할 것인가를 정의하는데 책임이 있고 기능부서 관리자는 그것을 어떻게 성취할 것인가에 관심을 갖는다.

그 외에도 [표 12-2]에서 보듯이 매트릭스 조직구조는 증대된 책임과 의사결정을 통해 종업원들이 자기 기능부서만이 아닌 전사적인 초점을 지닐 수 있게 한다는 장점을 지니고 있다. 또 제품(프로젝트) 간 자원의 신속하고 용이한 이전을 가능하게 해준다. 한 제품(프로젝트)의 종료에 따라 우수인력을 다른 제품(프로젝트)에 투입하는 것이 가능하다. 또 수평적 커뮤니케이션의 창출을 통한 정보흐름의 증가라는 이점도 지닌다. 그리고 그 과정에서 개인적 커뮤니케이션 스킬이 향상되는 부수효과도 갖는다.

(2) 매트릭스 조직의 단점

매트릭스 조직구조는 장점만 있는 것은 아니다. 매트릭스 조직의 장점으로 열거된 것들은 동시에 단점으로 작용할 수 있는 가능성을 내포하고 있다. 매트릭스는 많은 조직에서 그렇게 성공적이지 못했고 런던 경영대학원(London Business School)의 Nigel Nicholson 교수같은 사람은 매트릭스 구조를 "가장 어렵고 성공하기 힘든 조직"이라고 비판하고 있다(The Economist, 2009).

우선 매트릭스 구조의 문제점 중 가장 중요한 것은 조직구성원은 한 사람의 상사로부터 명령을 받아야한다는 명령일원화의 원칙(unity of command)을 위배하고 있다는 점이다. 즉 이 구조에 속한 종업원 또는 기술자는 기능부서 관리자와 제품(프로젝트)관리자 양자에게 보고를 해야 한다. 여기서 생기는 역할 갈등의 문제는 종업원들을 괴롭힐 가능성이 있다. 매트릭스 구조는 다른 어떤 조직형태보다도 조직구성원들의 긴장(tension)이 큰 형태이다.

둘째로 매트릭스 조직구조의 운영여하에 따라서는 기능부서 관리자나 제품(프로젝트)의 관리자가 권한도 없이 책임만 지는 결과를 초래할 수도 있다. 이는 권한 책임 대응의 원칙이라는 조직원칙을 또한 위배하는 것이다.

셋째로 매트릭스 구조의 운영상 또 하나의 문제는 기능 관리자와 제품(프로젝트) 관리자의 시각 차이에서 발생하는 문제일 것이다(한인수, 2013b). 제품(프로젝트) 관리자는 생산이 가능하고 시장에서 팔릴 수 있는 제품을 개발하는 데 초점을 둔다. 그래서 연구개발 부서보다는 제조나 마케팅 부서의 사람과 교류가 잦고 그들과 같은 관점을 공유하는 수가 많다. 반면에 기능부서의 관리자는 개발에 내재하는 기술에 애착을 갖고 있고 소비자의 욕구보다는 고품질의 해결안을 제시할 수 있는 조직역량에 대해 보다 많은 관심을 지니고 있다. 이러한 시각의 차이는 의사결정의 우선순위에 있어 갈등을 유발하고 동시에 두 부서의 장 밑에서 일해야 하는 구성원들의 괴로움을 야기할 수 있다. 두 부서의 관리자가 추구하는 관점 들 즉 기술적 우월성과 시장의 욕구충족은 조직의 생존과 발전을 위해서 필수 불가결한 것이라는 점에서 두 관점의 균형된 조화가 필요하다. 그러나 이러한 균형된 조화가 현실에서 쉽지 않다는 것이 매트릭스 조직구조의 가장 큰 문제 중의 하나인 것이다.

표 12-2 매트릭스 조직구조의 장 · 단점

장 점	단 점
• 기능별 조직과 제품(프로젝트) 조직의 양 장점의 취합 • 고객과 시장의 요구를 충족하는데 필요한 기능간 조정의 달성 • 복잡하고 기술적인 문제들에 대한 혁신적 해결안의 촉진 • 증대된 책임과 의사결정을 통한 종업원의 전사적인 초점의 개선 • 자원의 신속하고 용이한 이전 • 수평적 커뮤니케이션의 창출을 통한 정보흐름의 증가 • 개인적 커뮤니케이션 스킬의 향상	• 한사람의 상사로 부터만 지시를 받아야한다는 명령일원화 원칙의 위배 • 권한과 책임이 대응되어야 한다는 원칙의 위반 • 기능별관리자와 제품(프로젝트) 관리자간의 시각차이로 인한 모호성과 갈등의 유발가능성 • 종업원이 전통적인 영역에서의 권한이나 지위의 상실을 매트릭스 조직의 탓으로 여겨 변화에 대한 저항의 가능성의 증대

3. 매트릭스 조직구조의 실제 운용

다음은 조직에서의 실제 매트릭스 구조의 운용에 대해 살펴보기로 하겠다. 매트릭스 구조는 전체 조직을 매트릭스 형태로 설계하여 운영할 수 도 있으나 [그림 12-11]에서 보듯이 프로그램이나 제품개발과 관련되는 부서에만 부분적으로 운용할 수도 있다. 지원부서 등은 기존의 기능부서 형태를 유지해 매트릭스와 기

그림 12-11 기능별 구조와 매트릭스 구조의 혼용(W. Steel의 사례)

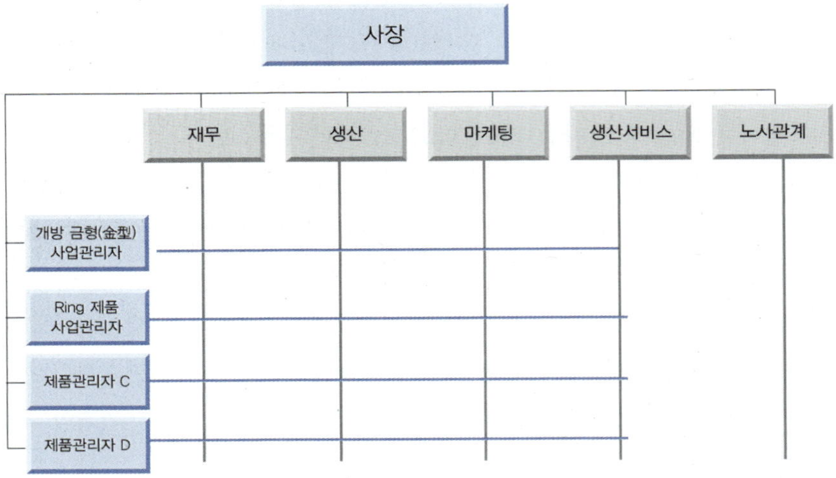

능별 구조가 혼용되어 운용되는 것이 일반적이다.

매트릭스 구조는 기능부서 관리자와 제품(프로젝트) 관리자간 권한이 균형되는 것이 기본적이지만 실제 운용에 있어서는 양 쪽중 어느 한쪽에 힘이 실려 운용되는 수도 많다. 그래서 [표 12-3]에서 보듯이 기능우위 매트릭스, 균형 매트

표 12-3 매트릭스의 유형

기능우위 매트릭스	균형 매트릭스	제품(프로젝트) 우위 매트릭스
• 종업원은 기능부서에 풀 멤버로 존재 • 기능간 협조를 확보하기 위한 절차와 규정의 제도화 • 제품(프로젝트) 관리자는 기능부서의 노력을 조정함에 있어 제한적 • 기능부서 관리자는 기술적 문제에 책임	• 메트릭스 형태의 고전적인 모습 • 종업원은 공식적으로 두 부서의 구성원 • 두 부서간 파워와 권한이 균형되고 다원적 기업목표의 추구 • 제품(프로젝트) 관리자는 언제 무엇을 해야 되는 가를 정의 • 기능부서 관리자는 인사충원과 어떻게 과업을 해야할 것인가를 정의	• 종업원은 기능부서나 제품(프로젝트)간에 이동을 하고 일정기간 그 부서에서 구성원신분 유지 • 제품(프로젝트) 관리자가 자원이나 제품(프로젝트)의 방향에 대한 일차적인 통제권 보유 • 기능부서 관리자는 지원역할이나 조언역할을 하고 팀에 대한 많은 통제를 하나 제품(프로젝트)관리자가 확립한 계획과 통제권을 중시

릭스, 제품(프로젝트) 우위 매트릭스의 세 가지 유형으로 운용될 수 있다.

그중에서 신제품개발조직에서 주목을 받고 있는 것이 제품(프로젝트) 우위 매트릭스이다. 여기서는 제품(프로젝트) 관리자의 권한이 인정되고 있는 바 그래서 '중량급 제품(프로젝트) 관리자'(heavy weight project manager)라고도 명명된다. 중량급이라는 이름이 붙여진 이유는 두 가지이다. 우선 제품(프로젝트) 관리자가 조직서열상 상급관리자이다. 조직서열상 기능부서 관리자보다도 높은 경우가 많다. 그럼으로 기술적 식견이나 영향력이 크다. 둘째로 자기 제품(프로젝트)에 소속된 기능전문가들에 대한 막강한 권한을 행사하고 있고 그들의 활동을 감독한다. 핵심요원은 제품(프로젝트) 관리자와 같은 장소에서 일하기까지 한다. 그러나 개별 전문가나 기술자의 장기 커리어관리는 여전히 기능부서 관리자의 몫이다. 그리고 인사고과의 권한도 중량급 제품(프로젝트) 관리자의 의견이 반영되지만 기본적으로는 기능별 관리자에게 있다.

중량급 제품(프로젝트) 관리자가 존재하는 매트릭스 조직구조는 미국과 일본 등에서 신제품 개발조직으로서 매우 효과적으로 운용된 사례들이 존재한다. 이러한 조직구조는 시장의 욕구를 잘 반영한 제품개발과 적은 엔지니어를 가지고도 제품개발의 리드타임을 크게 단축시킨 것으로 평가되고 있다(Clark and Fujimoto, 1991). 일본 자동차 기업들은 중량급 제품(프로젝트) 관리자 조직을 잘 활용해 미국기업들이 1,500명의 기술자들을 동원해서 해내야 할 일을 250명의 기술자들로서도 더 짧은 시간 내에 효과적으로 해냈다.

4. 매트릭스 조직구조의 효과적 운용

매트릭스 조직구조는 '이해는 쉬우나 관리는 어려운' 조직으로 평가를 받는다(Malloy, 2012). 이 조직구조는 기본적으로 복잡성이 커서 효과적 운용을 위해서는 구성원의 능력과 기본자세가 중요한 역할을 하기 때문이다. 이제까지의 학문적 논의나 실제사례의 운용경험으로 부터 매트릭스 조직의 효과적 운용방안을 도출하면 다음과 같다.

첫째, 매트릭스 조직구조가 효과적으로 운용되려면 구성원들이 매트릭스적 사고의 틀을 지닐 수 있어야 한다. 매트릭스는 '구조의 문제가 아니라 생각의 틀(Not a structure, a frame of mind)이라는 주장이 설득력을 지닌다(Bartlet and

Ghoshal, 1990). 즉 부서 이기주의나 편 가르기와 같은 근시안적 사고나 태도를 탈피하는 조직문화의 정립이 중요하다. 도요다(Toyota)의 경우처럼 고객만족과 같은 상위목표가 이러한 새로운 문화 창출에 도움이 될 수 있다. 즉 모든 조직과 활동이 고객만족을 위한 것이라는 공감대를 형성함으로써 매트릭스 조직의 한계인 두 부서 간 갈등의 문제를 극복할 수 있다.

둘째, 매트릭스 조직구조는 다원적인 비즈니스 목표를 추구하므로 효과적인 운영을 위해 구성원들의 유연성과 역량이 요구된다. 특히 구성원들의 감성지능(emotional intelligence)이 높은 경우 효과적 운영이 보장된다는 연구가 존재한다(Sy and Cote, 2004). 감성지능이 높은 구성원들은 자신의 감성은 물론 타인들의 감성도 잘 관리할 수 있기 때문에 갈등과 모호성이 높을 가능성이 있는 매트릭스 조직에서 문제의 발생 예방과 해결에 효과적일 수 있다. 따라서 매트릭스 조직을 운영하는 경우 구성원들에 대한 360도 피드백(360 degree feedback)에 의한 감성지능 향상 훈련이 필요하다. 그리고 특히 제품(프로젝트) 관리자의 선발에 있어 감성지능의 수준이 선발의 중요한 기준이 되어야 한다.

셋째, 매트릭스 조직이 성공하려면 리더의 역할도 중요하다. 리더의 감성지능도 높아야하는데 특히 공감력, 갈등해결, 영향력, 자기인식이라는 네가지 역량이 필수적이다(Malloy, 2012). 영향력 및 갈등 관리 기술을 통해 리더는 공통 목적에 대한 합의를 구축하고 의사 결정에서 다른 사람들과 협력 할 수 있다. 공감력을 통해 리더는 다른 사람의 관점을 이해하고 고객의 사고방식에 대한 통찰력을 얻을 수 있다. 또한 자기인식 수준이 높은 리더는 매트릭스 구조의 복잡성하에서 일할 때 인내심을 유지할 수 있다 .

넷째, 매트릭스 구조에서는 기능부서 관리자와 제품(프로젝트) 관리자간 일정한 역할분담이 필요하다. 조직의 모든 문제에 있어 두 관리자가 균형된 파워를 갖는 것이 문제해결에 가장 도움이 되는 것은 아니다. 제품(프로젝트) 관리자가 제품(프로젝트)의 성공에 대한 의욕을 갖다보면 기술적인 문제에까지 깊이 관여하게 되는 경우가 생길 수 있는데 기술적인 문제는 기능부서 관리자에게 맡기는 것이 제품(프로젝트) 성공에 효과적이라는 연구가 있다(Katz and Allen, 1985). 반면에 제품(프로젝트)와 관련된 자원이나 인정의 획득과 같은 대외적 문제는 제품(프로젝트) 관리자의 권한을 크게 하는 것이 효과적이다.

다섯째, 매트릭스 조직의 운영에서 부닥치는 중요 문제 중의 하나는 구성원에 대한 인사고과의 문제이다. 구성원들은 자신의 고과권을 가진 관리자에 대해 일차적으로 충성하려는 성향을 지니게 될 것인데 보고채널이 복수가 되는 매트릭스 조직에서는 누가 고과를 하느냐하는 것에 따라 종업원에 대한 영향력이 차이가 난다는 점에서 매우 미묘한 문제가 될 수 있다. 매트릭스 상황에서 인사고과의 유효성을 높이기 위해서는 360도 피드백 즉 다면평가제도(multi rater system)가 가장 효과적이라는 연구결과가 있다(Appelbaum, et al., 2009). 그러나 Toyota의 사례에서 보듯이 기술자들에 대한 인사고과권은 기능부서 관리자에게 전적으로 주면서도 매트릭스 조직을 훌륭히 운영할 수 있다. 이 경우는 기능부서의 관리자들이 제품(프로젝트) 관리자인 主査(chief engineer)의 평가의견을 존중해줌으로써 가능했다. 따라서 인사고과의 문제에서는 제도화의 측면보다는 매트릭스 조직의 운영상의 묘를 살리는 것이 더욱 중요하다고 할 수 있다.

5. 매트릭스 조직구조의 사례

다음은 매트릭스 조직을 실제로 운용하는 사례들을 살펴보기로 한다.

(1) 노바티스(Novartis) 사례

노바티스(Novartis)는 스위스 바젤에 본사를 둔 다국적 제약회사이다. 1996년 스위스에서 가장 큰 두 개의 제약, 의료업체인 시바-가이기와 산도즈의 합병을 통해 설립되었으며, 시가 총액과 총 매출액 기준 세계 최대의 제약회사로 꼽힌다. 종업원수는 전 세계적으로 2021년 현재 105,000명에 이른다(Novartis, 2021).

노바티스는 2000년 6월 조직개편을 단행하여 매트릭스 구조를 만들었다. 여기서는 사업기능책임자, 신사업의 CEO, 140여국이 넘는 국가의 국가별 관리자에 대한 역할가 책임을 새롭게 규정하였다.

이러한 조직구조 변화의 배경은 직원들로부터 열악한 의사 소통과 협력 부족이 비즈니스에 해로운 영향을 미친다는 피드백 때문이었다(Hanover research, 2013). 전 세계적으로 사업을 하다보니 지리적으로 분리가 크고 또 팀 간 의사소통의 부재로 인해 정보 흐름이 느리고 사일로 효과가 컸다. 따라서 노바티스는 우선 순위를 적시에 효율적으로 처리 할 수 있는 방법이 필요했다. 글로벌 사업구조에다 당시 80,000 명 이상의 직원을 고용했기 때문에 회사는 협력 및 커뮤니케이션 부족에 대한 해결책이 구조에 있다는 인식을 하고 있었다.

회사는 조직개편과 함께 구조에 걸맞는 교육훈련과 리더십 개발에도 노력하였다. 정보 흐름 문제를 해결하기 위해 글로벌 통합 컨설턴트의 도움을 받아 글로벌 팀 구축 및 매트릭스 구조 리더십에 초점을 맞춘 교육 모듈을 만들었다. 모듈은 매트릭스 구조에서 발생할 수있는 일반적인 상황을 시뮬레이션한 실질적인 것이었다. 일부 직원은 처음에는 저항했지만 팀 구축 교육훈련은 효과를 발휘해 대인 관계 및 팀간 연결에 실질적인 영향을 미치기 시작했다.

또한 노바티스는 광범위한 교육을 통해 리더십을 지원한다. 전 세계 12개 언어로 교육이 이루어진다. 각 리더는 매년 5일간의 교육에 참석하며, 리더십에 필요한 수직적 및 수평적 관리 기술이 효과적으로 개발된다. 리더는 권위를 행사하지 않고 직원들과 강력한 관계를 구축하는 법을 배운다. 그리고 회사는 글로벌 회사이므로 외국인 직원들과도 격의없이 소통하는 관리기술에도 중점을 두고 있다.

(2) 도요다(Toyota) 자동차 사례

Toyota자동차의 성공의 비결에는 그 유명한 Toyota 생산시스템(TPS) 외에도 린 제품개발 시스템(lean product development system)이라는 신제품개발 시스템이 한 몫을 한 것으로 평가되고 있다. 그리고 이 제품개발 시스템에 있어서는 主査(chief engineer)라는 중량급 제품(프로젝트) 관리자와 매트릭스 조직의 효과적 운용이 중요한 역할을 하고 있다(Liker & Morgan, 2007).

1) Toyota의 매트릭스 조직구조와 主査(chief engineer)

Toyota는 전통적으로 기술과 기술자를 중시하는 기술중심의 조직으로 동일기술을 한데 모은 기능별 조직을 근간으로 한다. 그러나 일찍부터 기능부서의 문제점에 착안하여 신차개발은 시장 컨셉(concept)에 기초하여 부문 간 통합을 이룩하는 主査에 의해 주도되는 형식을 취하고 있다. 그럼으로써 특정 전문영역에서 탁월한 전문성을 유지하면서 이들 전문가들 간의 벽을 뛰어넘어 각 부문을 통합하면서 균형을 유지하는 조직운영을 꾀하고 있다.

Toyota는 [그림 12-12]에서 보는 바와 같이 전형적인 매트릭스 구조를 갖지만 그 운영에서는 독특한 특징을 갖고 있다. 우선 신차개발은 시스템 통합(system integration)을 견인할 능력을 가진 主査에 의해 리드된다. 그는 몇 가지 점에서 종래의 제품(프로젝트) 관리자와 다르다.

그림 12-12 Toyota의 매트릭스 조직

	기능별 부문				
	디자인 ■	차체 ■	샤시 ■	엔진 ■	테스트 ■
캠리 ●					
코롤라●					
셀리카●					
기타 ●					

■ 기능부서 관리자
● 主査(chief engineer)

첫째, 그를 돕는 소수의 어시스턴트(4~6명)를 관리하지만 제품개발에 종사하는 기술자들의 관리자는 아니다. 이들은 개인적인 영향력과 기술적 노하우 및 제품결정의 권한을 통해 프로그램 리드한다. 둘째, 그들은 고객의 목소리를 대변하고 제품컨셉에서 판매까지 제품의 성공에 대해 책임을 진다. 셋째, 직원관리나 제품(프로젝트) 관리보다 시스템 통합에 관한 의사결정에 더욱 주의를 집중한다.

특징적인 것은 主査는 기술자에 대한 권한이 없다는 것이다. 그래서 이를 '권한 없는 책임'이라고도 이름하기도 한다. 그러나 그는 차종의 설계, 개발, 판매에 대한 최종적인 책임을 진다. 그의 궁극적 책임은 '고객에게 가치를 전달하는 것'이다.

반면에 기능부서의 관리자는 전문영역 내 기술자의 선발과 육성, 소속 기술자의 인사고과 및 조정을 담당한다. 또 전문영역에서 축적된 지식에 대한 체크리스트 유지하고 최첨단 상태로 전문영역의 수준을 유지하려고 노력한다. 그리고 차량 간에 공통으로 사용하는 부품의 기술적 코디네이션의 보장하고 主査가 주재하는 제품(프로젝트)에 기술자를 배치한다. 즉 그는 기술전문성 외에 부하의 관리 및 육성에 책임을 지는 반면 차량에 대한 책임은 없다. 이는 主査가 행정이나 기술자 관리에 책임이 없는 반면 차량에 대한 전적인 책임을 지는 것과는 대조를 이룬다.

Toyota의 매트릭스 구조는 생산 차량의 종류가 증가함에 따라 [그림 12-13]에서 보는 바와 같이 센터의 개념으로 확대 개편되고 있다.

그림 12-13 Toyota의 차량개발 센터 구조

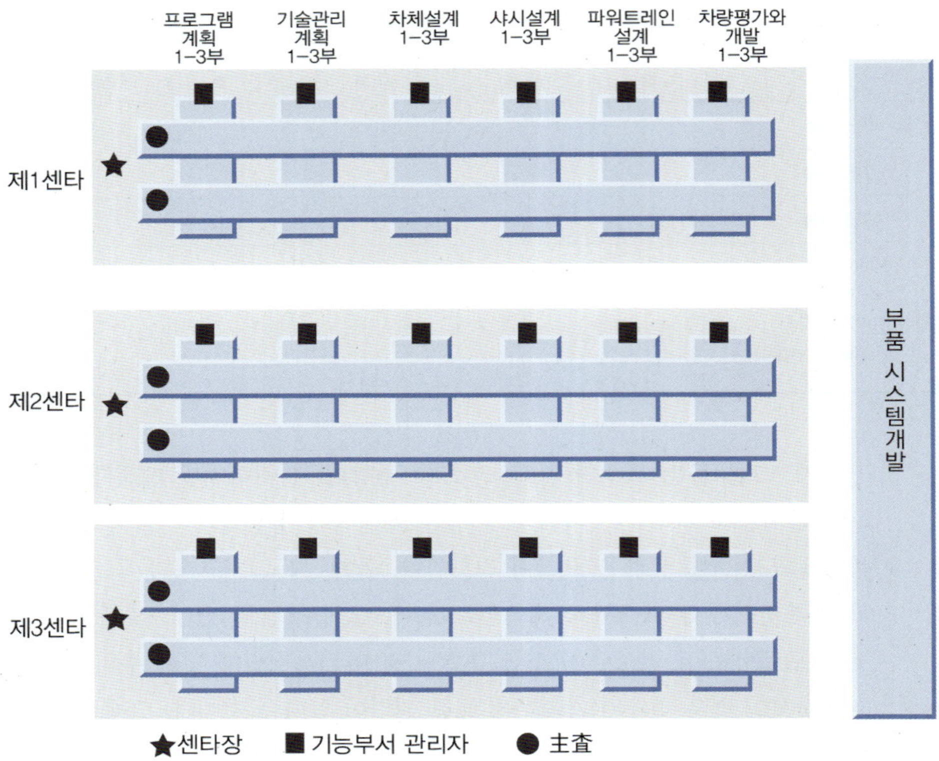

2) Toyota에서의 기능부서와 제품(프로젝트) 조직의 통합 비결

Toyota에서는 중량급 개발관리자인 主査를 중심으로 한 매트릭스 조직구조를 운용하고 있다. 매트릭스 조직의 근본적 한계 외에도 主査의 역할의 중요성에 비추어 Toyota의 경우 많은 갈등이 잠재하고 있어 매트릭스 조직의 운용이 쉽지 않았을 것으로 예상된다. 게다가 일본이나 우리나라는 집단주의 성향이 강해 자기 부서에 대한 집착이 강한 문화를 가지고 있다. 즉 본적(기능부서)과 현주소(제품: 프로젝트)사이에서 구성원들이 혼란을 가질 수 있다. 그럼에도불구하고 Toyota의 경우 기능부서와 제품(프로젝트) 조직 간의 통합을 이룩해냄으로써 효과적인 조직운용이 가능했던 것으로 평가되고 있다. 그렇다면 그 비결은 무엇이었을까? 이에 대해서는 다음과 같은 이유들이 제시되고 있다(Liker & Morgan, 2007).

첫째는 Toyota에서는 고객제일주의라는 회사의 정신이 그러한 통합을 가능하게 했다. 즉 기능부서나 제품(프로젝트) 부서의 목표보다 상위목표로서 모두 고객에게 봉사해야 한다는 회사의 정신이 강하게 영향을 미쳐 통합의 촉매로 작용했다는 것이다.

둘째는 主査의 역량이다. 그는 기술능력과 리더십 양 측면에서 카리스마를 인정받고 있는 사람으로 선발되었기 때문에 통합이 용이했다.

셋째는 기능부서 관리자의 협조적인 자세도 역할을 하고 있다. 기능부서의 관리자가 고객만족의 중요성과 기능 간 협력의 중요성 인식하고 있었다. 일 예로 인사고과는 기본적으로 기능부서 관리자의 고유권한이지만 그들은 主査의 의견을 존중해줌으로써 인사고과 시 主査가 인사고과에 영향을 주는 상사라는 인식을 갖게 배려해 주었다.

넷째, Totota의 기업문화에는 전통적으로 후배사원이 선배사원을 존경하는 문화가 존재하는 바 이것도 통합에 일조를 한 것으로 평가된다.

6. 매트릭스 조직을 넘어서: 나선형 조직

매트릭스 조직은 그 필요성에도 불구하고 시행상의 어려움 때문에 논란이 많은 조직구조이다. 특히 구성원들이 겪는 긴장과 혼란이 만만치 않다. 최근 이러한 문제를 해소하고자 나선형 조직이라는 개념이 등장하고 있다(De Smet et al, 2019).

나선형 조직(helix organization)은 종래의 전통적인 리더의 역할을 두 가닥으로 분리하고 각 리더는 동등한 권한과 책임을 갖되 역할은 달리하는 형태의 조직이다. 나선형이란 우리의 세포의 DNA가 두 가닥의 나선형 구조를 지니고 있는 데서 차용한 개념이다.

매트릭스 조직구조에서는 알려진 대로 구성원들은 두 명의 상사를 모셔야 한다. 이 구조가 어려운 것은 그 상사들이 "내 새끼는 내가 챙겨야하고 또 그게 내 힘이다"라는 생각을 벗어나지 못하기 때문이다. 두 명의 상사 밑에서 직원들은 갈등을 느끼고 혼란에 빠진다. 나선형 조직에서는 두 명의 리더의 역할을 분리하여 그 갈등의 기초를 없애려한다. 그리고 두 명의 상사는 누가 더 중요한 것이 아니라 동등한 역할을 하면서 나선형 구조에서 보는 것처럼 업무를 진전시킨다.

그림 12-14 매트릭스 조직과 나선형 조직

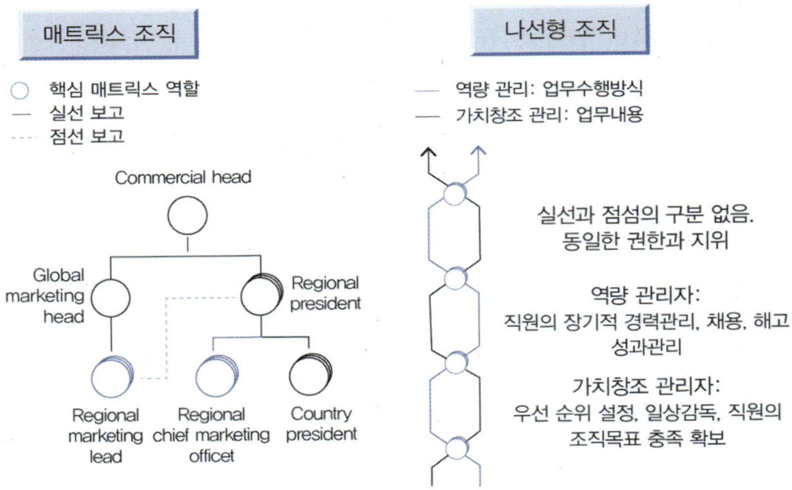

자료: De Smet, et al(2019).

기존 매트릭스 역할에는 일반적으로 조직도에서 실선으로 식별되는 하나의 '1차적 보스'와 점선으로 표시되는 '2차적 보스'가 있다. 1차적 보스는 자원을 보유하고 예산을 통제한다는 점에서 주요한 역할을 하며 고용, 해고, 승진 및 평가뿐만 아니라 일상 업무의 방향, 감독 및 우선순위를 담당하는 경향이 있다. [그림 12-14]에서 ××지역 마케팅 책(regional marketing lead)의 입장에서는 1차 보스는 실선으로 연결된 글로벌 마케팅 본부장(global marketing head)이고 2차 보스는 점선으로 연결된 ××지역 사장(regional president)이다.

한편 나선형 구조에서는 일반적으로 한 명의 관리자가 수행하는 사람들의 리더십 업무를 두 개의 다른 관리자가 수행하는 두 개의 업무 세트로 분리한다. 이러한 관리자는 매트릭스에서와 같이 '1차' 또는 '2차'가 아니다. 한 보스는 고용 및 해고, 승진, 교육 및 역량 구축과 같은 일련의 사안에 대해 결정을 내린다.

이들은 '역량 리더(capability leader)'라고 한다. 다른 보스는 목표와 작업의 우선 순위 지정, 작업 실행의 일일 감독 및 품질 보증과 같은 다른 사항에 대해 결정한다. 이들은 '가치창조 리더(value creation leader)'로 명명된다.

이러한 나선형 조직에서는 매트릭스 조직에서 문제되었던 '명령 일원화의 원칙(unity of command)의 위배가 일어나지 않고 두 명의 상사를 모시면서 가졌던 직원의 긴장과 혼란의 문제가 발생하지 않는다. 두 명의 리더는 각자 역할이 다르므로 권력갈등의 소지도 적다. 그리고 그들은 구체적인 업무추진의 여러 사항들에 대하여 서로 동의를 해야 한다.

이 나선형 구조라는 개념은 새로운 것은 아니다. 이미 수십 년 동안 전문 서비스 회사와 일부 대기업, 더 최근에는 민첩성을 요하는 기업들에서 사용되어 왔다. 다만 최근에야 하나의 새로운 조직유형으로 이름을 얻고 있을 뿐이다. 최근 주목을 받고 있는 것은 소위 '민첩한(agile)' 조직을 실현할 수 있는 방안의 하나이기 때문이다. 따라서 나선형 구조는 관리 및 책임에 관한 기존의 아이디어에 대한 실험적인 대안에 그치지 않고 합법적이고 때로는 없어서는 안될 조직 접근 방식으로 점차 그 적용이 확대될 것으로 전망되고 있다.

제 3 절 R&D 조직구조의 최근 추세

다음은 최근의 환경변화에 대응하여 새롭게 출현하고 있는 R&D 조직구조의 모습에 대해 살펴보겠다. 빠르게 변화하는 고객 요구와 기술의 발전은 기업과 R&D조직이 적응력이 뛰어나고 유연하며 미래 지향적이어야 할 필요성을 증대시키고 있다. 여기에는 빠른 반복을 가능하게 하는 민첩한 개발방식과 다양한 기능 단위의 모든 관련 당사자들이 참가하여 고객의 문제를 신속히 해결할 수 있는 기능을 넘나드는 유연한 팀이 포함된다. 예를 들어 자율 주행을 담당하는 팀에는 소프트웨어 엔지니어뿐만 아니라 스티어링, 브레이크 시스템 및 전체 자동차 설계 팀의 하드웨어 엔지니어와 사용자 인터페이스 디자인을 담당하는 팀이 포함된다.

1. 새로운 조직설계의 원리

(1) 시스템과 '끝에서 끝으로' 과업에 대한 책임을 명확하게 설정

일반적으로 과거의 R&D 기능은 기능별,직업별, 부품별로 조직화되었다. 이러한 조직화는 부서별로 장벽이 생기고 소통이 원활하지 못한 '사일로' 효과를 낳았다. 개발단계에서 제품의 속성을 정의할 대도 사용자 기능이나 더 큰 내부 시스템이 충분히 고려되지 못했다. 또 소비자가 원하는 목표나 모든 공학제품에서 소프트웨어나 디지털 기능이 커져 상호의존성이 증대되는 점에 대한 관심도 크지 못했다.

그 결과 R&D 조직에 제품과 조직이 부적합을 낳는 사례가 많이 발생하고 있다. 예를 들어 차량용 차선유지 지원(lane-assistance)과 같은 기능을 생각해보자. 이 기능의 원활한 발전은 조향(스티어링)시스템, 브레이크 시스템 및 전기 시스템을 개발하는 팀 간의 높은 수준의 조정에 좌우되게 된다. 그러나 각 파트별로 개발이 이루어지고 필요한 조정은 설계 후반부(마지막 테스트 단계까지)에서나 이루어지게 된다. 이렇게 되면 문제를 해결하는 데 많은 비용과 시간이 소요된다. 문제가 생긴 부분을 거슬러 올라가 다시 개발해야 하기 때문이다. 따라서 이 경우 R&D조직은 좀 더 효과적이기 위해서는 플랫폼 개발을 안정적으로 유지하면서 방향을 부품(components)에서 사용자 기능(user function)으로 전환할 필요가 있다.

그림 12-15 V 모형의 예

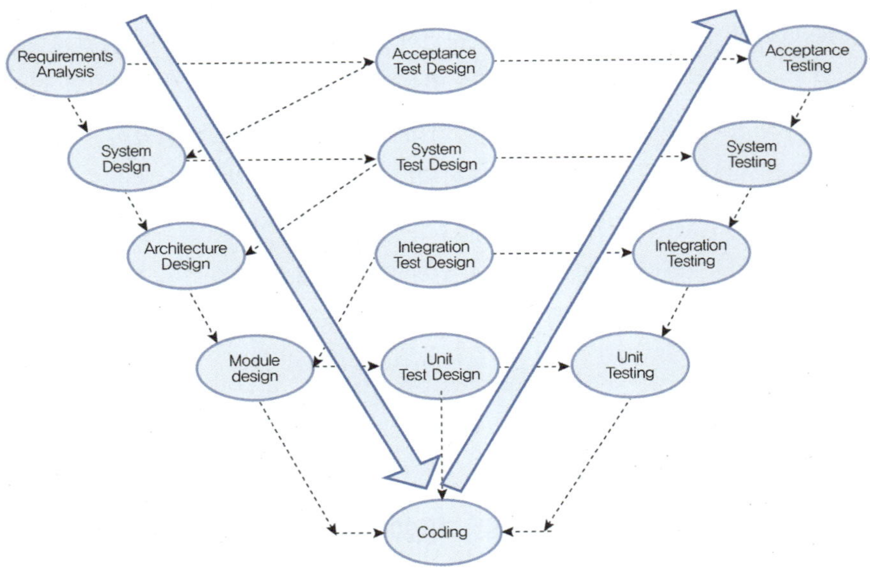

자료: Balaji& Murugaiyan(2012).

이를 위해서는 사용자 기능별로 '끝에서 끝으로' 또는 '종단'(end to end) 책임을 할당하는 것이 필수적이다. 회사는 개별 시스템 수준에 대해서 뿐만 아니라 전체제품에 대한 책임을 할당할 수 있다. 제품 개념에서 시장 출시, 시리즈 개발 및 최종 업그레이드에 이르기까지 아이디어가 진행됨에 따라 전체 과정을 관장하는 [그림 12-15]에 나와 있는 것 같은 "V"자 모형을 채택할 수 있다.

V 모형(V-model)은 소프트웨어 개발 프로세스의 하나인 폭포수(waterfall) 모델의 확장된 형태 중 하나로 볼 수 있다. 아래 방향으로 선형적으로 내려가면서 진행되는 폭포수 모델과 달리, 이 프로세스는 오른쪽 그림과 같이 코딩 단계에서 위쪽으로 꺾여서 알파벳 V자 모양으로 진행된다. V 모형은 개발 생명주기의 각 단계와 그에 상응하는 소프트웨어 테스트의 각 단계의 관계를 보여준다 (Balaji& Murugaiyan, 2012).

프로세스는 그림에서 보듯이 왼쪽에서 오른쪽으로 이동한다. "개념"(conception) 단계에서 개별 시스템 및 관련 소프트웨어는 고객의 요구와 예산에 맞게 정의된다. 동시에 개발 프로세스의 초기 테스트를 통해 문제와 과제가 초기에 분명해진다. V의 오른쪽은 시스템 계층을 따라 수행되는 테스트 및 통합으로 구성된다. 제품의 속성을 시스템 및 기능에 대한 요구 사항으로 나누면 여러 활동들이 개발에 관련된 모든 사람에게 투명해진다.

이 접근 방식은 반복적인(iterative) 접촉(컨셉 소유자와 개발자 간의 더 빈번한 상호작용)를 가능하게 한다. 팀은 함께 작업하여 속성을 기능 요구 사항으로 전환한다. 또한 이 접근 방식은 복잡한 기능에 대한 전담 책임을 설정하고 개발 프로세스를 투명하게 유지한다. 상호 작용 지점을 조정하고 관리하기 위해 자동차 회사 중에는 다양한 개발 단계에 따라 전체 통합 프로세스를 관리하는 중앙단위(central units)를 도입하는 경우가 늘고 있다.

엔드 투 엔드 책임을 할당할 때 발생하는 가장 큰 이점은 R&D가 하드웨어와 소프트웨어 개발 사이의 다양한 개발주기와 인터페이스를 관리할 수 있다는 것이다. 기능 소유자(functionality owners)는 일관성을 지원하는 기술 지침 및 사양을 만드는 것을 통해 복잡하고 상호의존적인 구성요소 및 기능의 개발을 조정한다. 또 솔루션이 전체 수명주기 동안 요구사항을 충족하는지를 확인한다.

(2) 소프트웨어와 하드웨어 개발의 동기화

지난 2~30년 간 소프트웨어와 디지털 능력을 내재화한 제품들이 폭발적으로 증가하였다. 따라서 R&D 조직에서는 소프트웨어와 하드웨어를 통합해 개발하는 과제가 중요하게 되었다.

소프트웨어와 하드웨어는 그 개발주기도 상이하고 프로젝트 진행의 방식도 상이하다. 따라서 이 두 과업이 잘 통합이 되지 않으면 개발이 지연되고 담당 부서 간 갈등이 유발되기도 한다(Hidma, et al, 2020). 예를 들어, 자동차의 경우 지도 소프트웨어는 일반적으로 개발하는 데 약 1년이 걸리며 자주 업데이트된다. 앱이나 혁신적인 차량 제어 기능(예: 자동 조종 장치)은 지속적인 개발과 개선을 통해 매달 업데이트 될 수 있다. 이러한 사이클 시간을 하드웨어와 비교해 보자. 내비게이션 시스템은 설계 및 제작에 2~3년 소요되고 차량 플랫폼은 제조에 약 7년이 소요된다. 난방 시스템 및 에어백과 같은 기본 차량 구성 요소와 같이 일반적으로 성숙한 부품의 수명주기는 10년이다.

사이클 타임의 이러한 차이로 인해 투명성이 중요해진다. 이것이 부족하면 컨셉 개발뿐만 아니라 제품 출시 지연에도 문제가 된다. 차선 지원(lane-assistance)과 같은 복잡한 기능의 경우 R&D 부서는 제품의 실제 성숙도를 측정하는 능력이 제한 될 수 있다. 따라서 변경이 이루어지면 팀은 현재 개발 중인 다른 기능에 미치는 영향을 평가하지 못할 수 있다. 복잡성이 제대로 관리되지 못하면 시스템 내 팀 간에 서로 손가락질을 하는 사태가 발생할 뿐만 아니라 R&D와 프로젝트 관리팀 간의 갈등으로 이어진다.

R&D 조직은 소프트웨어 및 하드웨어 개발 동기화의 복잡성을 관리하기 위해서는 두 가지 옵션이 있다.

첫째는 기존 부서 내에 소프트웨어 개발을 내재화하는 방안이다. 이 접근 방식은 통합 개발을 촉진하지만 실제로는 프로세스가 하드웨어 관점에서 설계되는 경우가 많으며 소프트웨어 복잡성이 효과적으로 관리되지 못한다는 문제가 있다.

둘째는 소프트에어와 하드웨어 개발을 별도로 유지하면서 조정을 행하는 방식이다. 이러한 방식에서는 개별 기술 구성 요소가 홀대받는 일은 없다. 다만 두 개발의 동기화 지점을 설정해야 하는 책임이 리더에게 있다

이 둘 중 어떤 방식을 택할 것인가 하는 것은 일반적으로 제품의 특성과 소프트웨어에 대한 조직의 경험에 따라 결정된다.

2. 신기술 수용을 위한 조직구조

최근 새로운 기술발전이 가속화됨에 따라 신기술개발의 필요성이 커지고 있다. 그에 따라 기존 R&D 조직이 이를 효과적으로 수용하는 과제가 발생하고 있다. 기존 조직에 신기술 개발조직을 수용하는 것과 관련되어 R&D 관리자가 선택할 수 있는 몇가지 옵션이 있을 수 있다. 각 특징과 장・단점을 살펴보면 다음과 같다.

(1) 신기술을 위한 별도 조직의 신설

첫 번째 방안은 [그림 12-16]에 나온 것처럼 기존 R&D조직과 별도로 신기술개발을 위한 조직을 신설하는 것이다.

기존 조직의 표준 프로세스의 제약을 받지 않고 신기술개발에 집중하여 모든 잠재력을 자유롭게 실현할 수 있다는 장점이 있다. 그 외에 R&D 조직은 예산을 별도로 유지하고 기존 프로젝트의 소음으로부터 신기술을 보호할 수 있다.

반면 비용이 많이 들어 고위경영층을 설득하는 것이 어려우며 기존 조직이 가진 역량과 지식을 이전받는 것이 제약을 받을 수 있다. 첨단기술일수록 전문성이 더 필요하고 직원교육도 필요하다는 점에서 결점이 될 수 있다.

그림 12-16 신기술을 위한 별도 부서의 신설

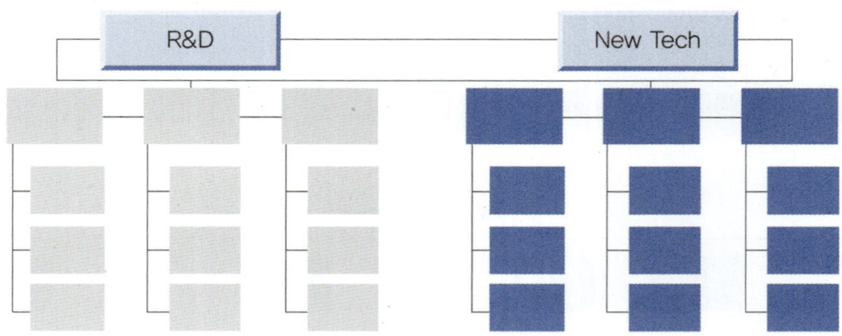

자료: Hidma, et al(2020).

(2) 기존 R&D 조직 내 별도부서 설치

두 번째 방안은 [그림 12-17]에서처럼 기존 R&D조직 내 별도의 부서를 설치

그림 12-17 기존 R&D 조직 내 별도부서 설치

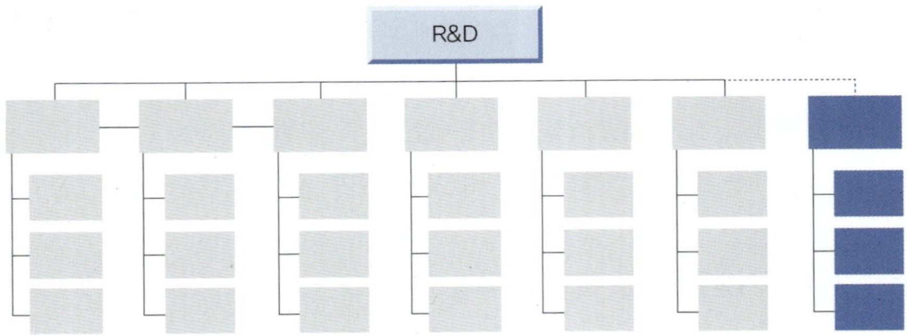

자료: Hidma, et al(2020).

하는 방안이다. 기존 조직내의 과정이나 시스템에 연결되어 있어 신속한 지식의 이전이 가능하다는 장점이 있다. 반면에 신기술이 기존 조직내에서 제대로 대접받지 못하거나 기존사고의 틀에 영향을 받아 현재의 방법론에 따라 개발되다보면 최적화에 미치지 못하는 결과가 산출될 수 있는 단점도 존재한다.

(3) 기존 R&D 조직으로 통합

세 번째 방안은 신기술 개발을 [그림 12-18]에서 보듯이 기존 R&D 조직에 통합하여 수행하는 것이다. 여기서는 기존 기술과 신기술의 개발이 한 조직내에

그림 12-18 기존 R&D 조직으로 통합

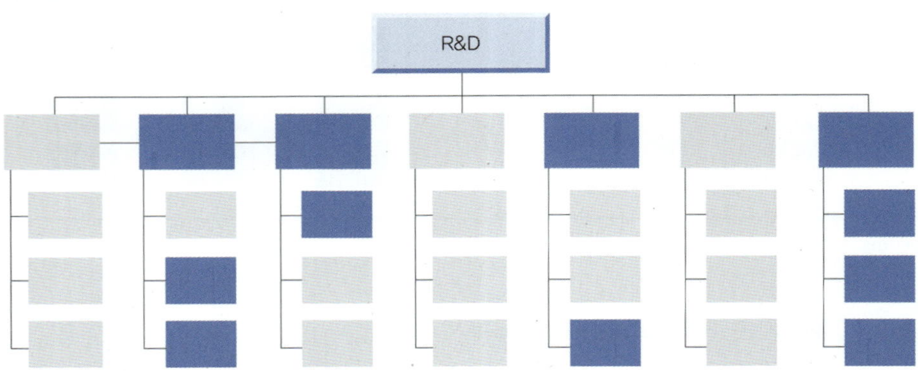

자료: Hidma, et al(2020).

서 완전하게 통합된다. 기존의 과정과 툴을 최대한 활용할 수 있다는 장점이 있다. 반면에 신기술이 기존 부서에 통합될 만큼 중요하거나 잠재력이 커야 한다는 조건이 존재한다.

이러한 세 방안 중 어떤 것을 선택할 것인가는 기업조직이 처한 상황과 기업문화 등에 좌우되게 될 것이다.

3. 복합기능 팀 활용의 증대

(1) 복합기능 팀의 의미

최근 R&D를 위해 복합기능 팀의 활용이 증대하고 있다. 복합기능 팀(cross functional team)은 공통의 목표달성을 위해 여러 기능부서 전문가들이 모여 이루어진 집단이다. 프로젝트 중심으로 생산, 재무, 마케팅 인사 등 각 부서 직원을 차출해 구성되는 팀이다. 소프트웨어 개발의 경우 [그림 12-19]에서 보는 것처럼 시스템 분석, 디자인, 개발, 테스트 등 기존의 기능을 초월해 '프로젝트 또는 제품 단위'로 팀을 꾸리는 것을 말한다. 수직적 경영방식을 타파한다는 뜻에서'기능 횡단팀'또는 '복합기능 팀'으로 번역된다.

이 팀은 기능별 조직에서의 부서의 장벽을 뛰어넘는다는 장점이 있다. 소위 부서간 장벽을 의미하는 '사일로' 효과를 극복할 수 있다. 여러 배경을 지닌 팀원들

그림 12-19 기능별 팀과 복합기능팀의 비교

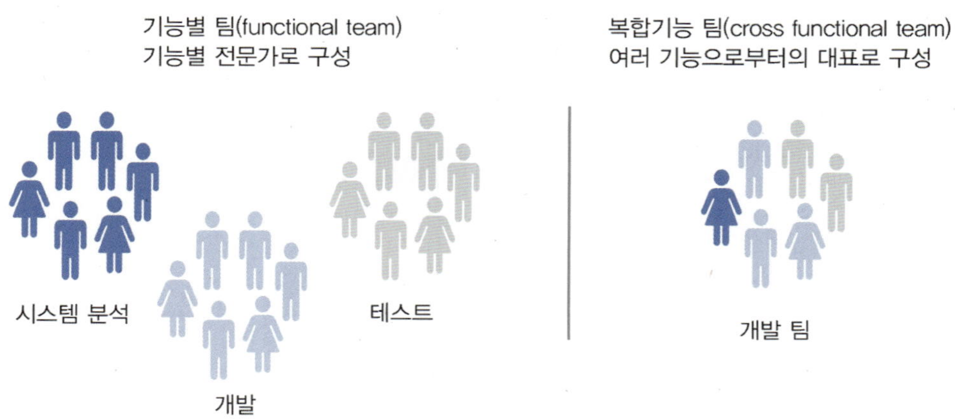

이 하나의 과업에 할당됨에 따라 창의성의 수준이 향상되고 공통의 의견을 도출하기 용이하다. 각 팀원들은 문제에 대한 다양한 시각과 과업에 대한 해결안을 제시한다. 오늘날 기업에서 혁신이 매우 중요한 경쟁적 이점임을 감안할 때 이 복합기능 팀은 창의적 협조과정을 통해 혁신을 촉진할 수 있다는 점에서 주목을 받고 그 활용이 늘고 있다.

[그림 12-19]은 기능별 팀과 복합기능팀의 비교를 보여준다

(2) 소프트웨어 개발에서의 복합기능 팀: 고객기능 팀

1) 고객기능 팀(feature team)

소프트웨어 개발에서는 복합기능 팀이 진화된 형태의 고객기능 팀 방식이 많이 채택되고 있다. 고객기능 팀(feature team)은 여러 고객기능(feature)을 처음부터 끝까지(end to end) 하나씩(one by one) 완성하는 팀이다. 이 팀은 [그림 12-20]에서 보듯이 오래 유지되며 복합기능적(cross functional)이고 컴포넌트(component)를 넘나들며 개발한다는 특징도 가지고 있다. 이 팀은 '애자일' 개발 즉 민첩한 개발을 촉진하는데 필수적 요소이다.

고객기능팀은 다음과 같은 특징을 지니고 있다(Larman & Vodde, 2010).

그림 12-20 고객기능팀의 특징

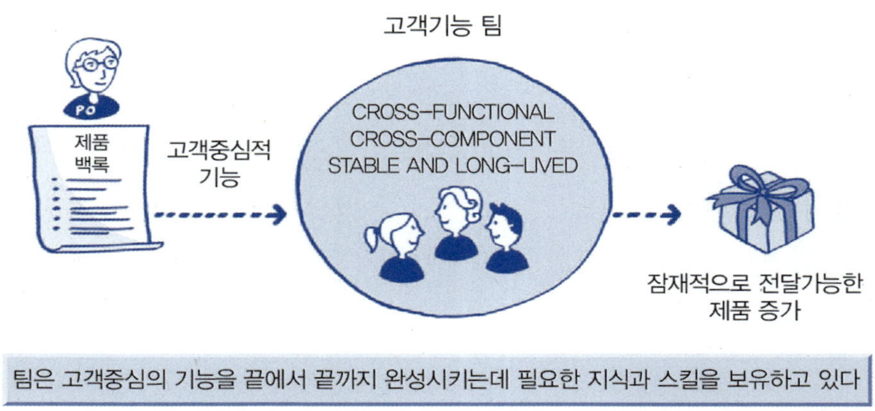

자료: Larman & Vodde(2016).

① 오랫동안 유지된다(long-lived)

팀은 더 높은 성과를 위해 '뭉칠(jell)' 수 있도록 함께 지낸다. 시간이 지나면서 새로운 기능을 맡게 된다.

② 여러 기능이 섞여 있으며(cross-functional), 컴포넌트를 넘나들며(cross-component) 개발한다.

③ 같은 자리에서 함께 일한다(co-located).

④ 모든 컴포넌트와 분야(분석, 프로그래밍, 테스트 등)에 걸쳐서 완전한 고객중심 기능(customer-centric feature)을 담당한다.

⑤ T자형 인재(generalizing specialist)들로 구성되어 있다. 즉 한 분야의 전문가이면서도 전반적인 것을 꾀뚫고 있다.

⑥ 스크럼 형태에서는 보통 7±2명의 인원으로 되어 있다.

고객기능 팀은 새로운 것은 아니다. 오랫동안 대규모 제품 개발에 활용되어 왔다. Ericsson의 통신시스템이나 Microsoft의 컴파일러 개발에 활용된 바 있다. 그러나 1980년대 Microsoft에서 제품개발에 활용하면서 새삼 주목을 받게 되었다. 특히 '애자일'개발(특히 Scrum)의 도입에 따라 인기를 끌게 되었다. 왜냐하면 이 방식은 최종고객의 요구사항을 잘 충족시키고 개발 사이클 시간을 단축할 수 있기 때문이다.

그림 12-21 고객기능 팀과 컴포넌트 팀

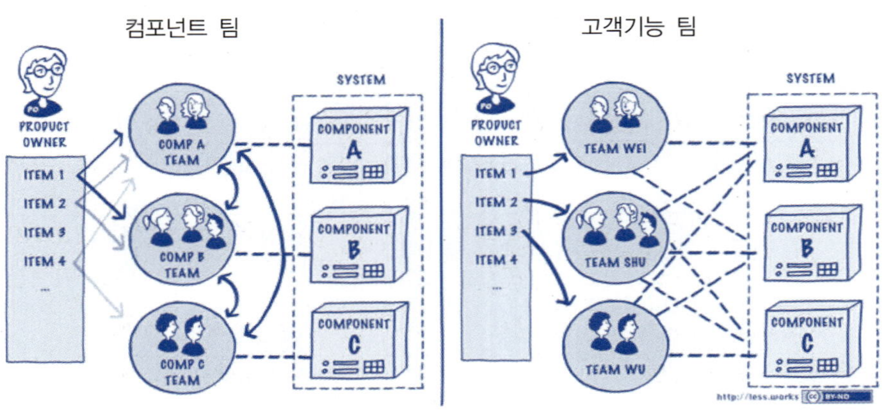

자료:Larman & Vodde(2010).

2) 고객기능 팀과 컴포넌트 팀의 비교

고객기능 팀을 소프트웨어 개발과 관련된 또 하나의 방식인 컴포넌트 팀과 비교한 것이 [그림 12-21]이다. 그림에서 보듯이 컴포넌트 팀 방식에서는 각 팀이 고유한 컴포넌트에 책임을 지는 반면 고객기능팀에서는 각 팀이 고객기능과 관련한 여러 컴포넌트에 관여한다.

고객기능 팀과 컴포넌트 팀을 비교하여 설명하면 [표 12-4]와 같다(Larman & Vodde, 2016).

표 12-4 고객기능 팀과 컴포넌트 팀의 비교

컴포넌트 팀 (component team)	고객기능 팀 (feature Team)
가능한 많은 코드 라인 수를 전달하도록 최적화되어 있음	가능한 많은 고객 가치를 전달하도록 최적화되어 있음
'쉽고' 가치가 낮은 기능을 구현해서 개인의 생산성을 높이는 데 집중함	가치가 높은 기능과 시스템 생산성에 집중함(가치 처리량)
고객 중심 기능의 일부에만 책임이 있음	고객 중심 기능의 전체에 책임이 있음
전통적인 방법으로 팀을 구성함 (콘웨이의 법칙*을 따름)	'현대적'인 방법으로 팀을 구성함 (콘웨이의 법칙을 피함)
'창조된 일'과 영원히 성장하는 조직으로 이어짐	고객에게 집중하고, 가시성이 있고, 보다 작은 조직으로 이어짐
팀 간의 의존성이 추가 계획 수립으로 이어짐	유연성을 높이기 위해 팀 간의 의존성을 최소화함
한 가지의 전문화에 집중함	복합적인 전문화에 집중함
개인/팀에 의한 코드 소유권	제품 코드 소유권의 공유
명확한 개인 책임	팀 공동의 책임
결과적으로 '폭포수'(waterfall) 개발	반복(iterative) 개발의 지원
기존 전문성을 활용하며, 새로운 기술을 학습하는 수준이 낮음	유연성을 활용하며, 지속적이고 광범위하게 학습함
허술한 공학 실천법을 사용함(효과가 국지적)	숙련된 공학 실천법이 필요함(효과가 폭넓게 가시적)
생각과는 달리 컴포넌트 내 품질 낮은 코드로 이어지는 경우가 많음	코드를 쉽게 유지보수하고 테스트하기 위한 동기를 제공함
실행하기 쉬워 보임	실행하기 어려워 보임

자료: Larman & Vodde(2016).

*주: 콘웨이(Conway law's) 법칙: 시스템을 설계하는 조직들은 자신들의 조직 사이의 의사소통 구조를 모방한 형태의 설계를 만든다는 법칙. 상호 의사소통이 되지 않고, 자신들의 생각으로 중복된 다른 작업을 생성한다는 개념.

3) 두 팀에 의한 개발사례

고객기능 팀과 컴포넌트 팀의 차이를 개발사례를 들어 설명해보기로 한다. [그림 12-22]은 사용자 인터페이스, 비즈니스 로직 및 데이터의 세 계층으로 구성된 간단한 소프트웨어 아키텍처를 보여준다(Pichler, 2020). 과제는 사람들이 건강하게 먹을 수 있도록 도와주는 앱을 개발하는 것이다. 고객기능 팀은 예를 들어 사용자가 먹는 경향을 볼 수 있는 기능을 개발할 수 있다. 사용자 인터페이스에서 데이터 계층까지 수직 슬라이스로 기능을 구현하게 된다. 그러나 컴포넌트 팀은 자기 컴퍼넌트 담당인 권장 칼로리 섭취량을 계산하는 비즈니스 로직만을 개발한다. 다른 부분에는 관여하지 않는다.

그림 12-22 컴포넌트 팀과 고객기능 팀의 개발사례

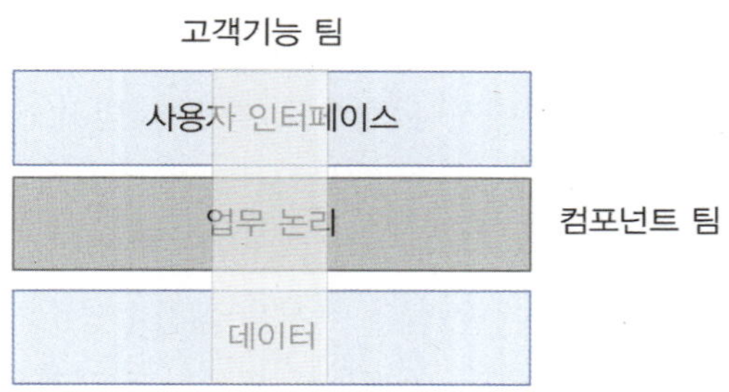

자료: Pichler(2020).

제품이 출시되어 사용자 수가 증대될수록 기능을 추가하거나 새로운 기능을 개발하기 위해 더 많은 개발 팀을 필요로 한다. 이때 제품담당자는 기능을 중심으로 할지 아니면 컴포넌트(architecture building blocks이라고도 함)를 중심으로 팀을 조직화할지 선택에 부닥치게 된다. 두 팀이 모두 장단점을 가지고 있기 때문에 전략적 목표 성취를 위해 이러한 선택은 중요하다.

4) 각 팀의 적용 상황

고객기능 팀과 컴포넌트 팀은 각각 장단점을 지니고 있기 때문에 어느 한 팀의 일방우위를 결정하기는 어렵다. 이는 제품과 관련된 상황과 전략적 목표에 따라 달라질 것이다.

그러나 최근에는 제품의 변화가 매우 커지는 상황에서 컴포넌트 팀에 비해 고

그림 12-23 제품생명주기 별 팀의 적용

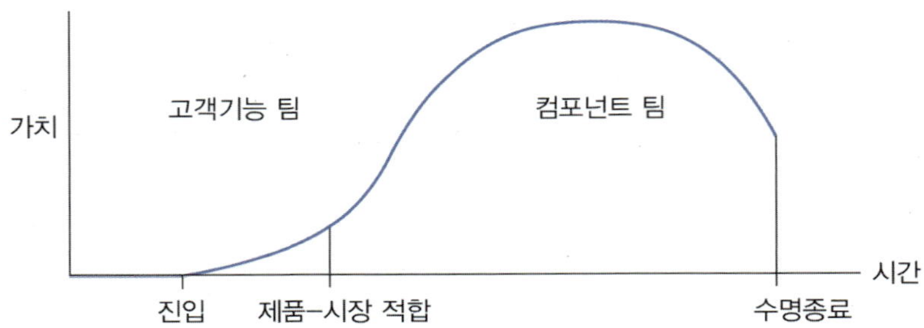

자료: Pichler(2020).

객기능 팀이 선호되는 추세이다. 앞서 설명한 것처럼 고객기능 팀은 최종 사용자의 요구사항을 더 잘 충족시킬 수 있으며 사용자가 요구하는 기능에 맞춘 개발이 신속하게 이루어질 수 있기 때문이다. 그런 점에서 '애자일' 방법론의 하나인 스크럼(scrum)방식 가장 부합하는 팀으로 각광을 받고 있다(읽을거리 참조).

어떤 상황에서 고객기능 팀과 컴포넌트 팀을 적용할 것인가와 관련된 하나의 해결안이 [그림 12-23]에 나와 있다(Pichler, 2020).

그림에서 보듯이 이는 개발 팀의 구성을 제품수명주기와 연관시킨 것이다. 제품에 커다란 변화가 있을 때는 컴포넌트 팀보다 고객기능 팀이 바람직하다. 일반적으로 새로운 제품, 도입 단계의 제품, 빠르게 성장하는 제품 및 새로운 시장에 출시하거나 새로운 기능을 추가하는 등 수명주기가 연장되는 제품의 경우이다. 그러나 일단 제품이 안정되고 성숙 단계에 진입하면(그리고 제품 수명주기를 연장할 의도가없는 경우) 컴포넌트 팀이 더 나은 선택이 되는 경향이 있다.

고객기능 팀을 사용하면 빠르게 이동하고, 새로운 기능을 추가하고, 사용자 피드백에 응답하고, 제품을 조정할 수 있다. 따라서 초기 수명주기 단계와 수명주기 연장에 존재할 수 있는 혁신, 불확실성 및 변화에 더 잘 대처할 수 있다. 반면에 컴포넌트 팀은 재사용을 극대화하고 아키텍처 통일성을 보장함으로써 비용을 절감하고 수익성을 높일 수 있도록 지원한다. 그래서 컴포넌트 팀은 일반적으로 점진적 향상 및 버그 수정 또는 비용 절감이 중요해지는 성숙기 내지는 쇠퇴기에 이른 제품에 바람직하다.

읽을거리

스크럼과 애자일 선언

(1) 스크럼의 뜻

스크럼(scrum)은 소프트웨어 개발 기업에 적용되는 방법론의 하나로 요사이 유행하는 애자일 방법론의 하나이기도 하다. 이 방법론은 서덜런드(J. Sutherland)와 슈봐버(K. Schwaber)에 의해 처음 제시되었다(Sutherland & Schwaber, 2007; 2013).이 용어를 처음 사용한 것은 일본 히토츠바시 대학(一橋)의 다케우치(H, Takeuchi)와 노나카(I., Nonaka,) 교수에 의해서였다. 그들은 1986년에 발간된 하버드 비즈니스 리뷰(HBR)에 실린 Takeuchi, H.,& Nonaka, I., 1986). '신제품개발 게임(The new new product development game)'이라는 논문에서 일본기업들의 신제품 개발방식을 설명하면서 처음 사용하였다.

스크럼이라는 것은 럭비에서 팀원들이 서로 밀착하여 형성하는 전술대형을 말하는 것으로 제품개발에 있어 팀원들이 서로 공을 주고 받으며 앞으로 전진한다는 개념에서 차용한 것으로 해석된다.

(2) 애자일 선언

스크럼은 서덜런드와 슈봐버도 참여한 애자일 선언(The Agile Manifesto)에 기반을 둔다. 애자일 선언은 과거 폭포수(waterfall) 방식의 소프트웨어 공학 방법론에서 탈피하여, 고객과의 밀접한 소통, 피드백과 소프트웨어 엔지니어 간 소통과 협업, 명세서와 문서화 위주의 소프트웨어 개발보다는 실제 동작하는 소프트웨어 개발을 목표로 하고, 반복적인 소프트웨어 개발을 통한 프로젝트 변경과 변화를 능동적 수용을 기본으로 하는 새로운 입장이다. 여기서는 그림에서 보듯이 프로세스나 도구보다는 사람이 강조되고 , 문서화보다는 실제 작동하는 제품이, 계약보다는 고객과의 협력이, 사전계획의 준수보다는 변화에의 대응이 강조된다. 즉 오른쪽 란도 '가치가 있지만' 왼쪽 란이 '보다 가치가 있다'는 입장이다.

애자일 선언에서의 추구 가치

보다 가치 있음		가치 있음
사람과 상호작용	>	프로세스 도구
실제 작동하는 제품	>	광범한 문서화
고객과의 협력	>	계약과 협상
변화에 대응	>	사전계획의 준수

(3) 스크럼의 실행과정

스크럼은 애자일 선언의 반복적 소프트웨어 개발과 고객과의 긴밀한 상호 작용을 시스템으로 만든 소프트웨어 프로젝트 관리 방법론이다. 스크럼 방법론의 가장 큰 특징은 반복적인 개발과 테스트를 통해 완성된 소프트웨어를 주기적으로 자주 릴리즈하고, 이런 반복된 주기를 통한 제품 계획과 개발, 완성을 통해 고객과 시장 상황에 따른 요구 사항과 개발 기능 우선순위의 변화를 능동적으로 수용하고 반영할 수 있다는 점이다. 이에 더해, 고객이 프로젝트 산출물을 검토하고 피드백을 줄 방법을 명시하고 구체적으로 정의해 개발하는 소프트웨어가 고객의 요구 사항과 전혀 다른 상품이 되지 않을 수 있도록 사전에 위험을 관리할 수 있다.

스크럼에서는 5~9명으로 구성되는 소규모 복합기능 팀이 제품개발을 완성하기 위해 스프린트(sprint)라고 불리우는 업무주기를 반복한다. 이 팀은 제품관리자(product owner)가 관리하는 '해야할 일들의 목록(product backlog)'에서 '스프린트 동안 해야 할 일(sprint backlog)'을 스스로 결정하고 완수하여 매 스프린트마다 결과물(increment)을 산출해 낸다. 팀이 성과를 낼 수 있도록 조력하는 역할을 스크럼 마스터(scrum master)라고 하는데 이 역할은 팀이 과제를 완수할 수 있도록 필요한 자원을 지원하거나 장애요인을 제거하여며 프로세스를 가이드한다(양민경, 2018).

자료: Sutherland & Schwaber(2013), Takeuchi & Nonaka(1986), 양민경(2018).

4. 평탄조직구조의 증대

(1) 평탄조직구조의 의의

현대적인 조직구조는 R&D 조직을 포함하여 평탄조직구조의 모습을 많이 가지고 있다. 평탄조직구조(flat organizational structure)은 계층 수가 적고 한 계층에서 관리감독 폭(관리자가 감독하는 직원의 숫자)가 넓은 조직구조이다. 이에 대비되는 것이 계층조직 또는 고층조직구조(tall organizational structure)이다. 고층조직구조는 [그림 12-24]에서 보듯이 계층 수가 많고 감독폭은 좁은 형이다.

평탄조직구조 한 사람의 관리자가 감독하는 직원 수가 많으므로 권한위임이 일어날 가능성이 커 직원의 만족도가 높다. 또 계층수가 적으므로 의사소통이 빠르고 원활하다는 장점이 있다. 반면에 감독하는 부하의 수가 많으므로 상사의 역량이 커야만 조직의 효과성이 발휘된다. 고층조직구조에서는 최고층에 집중되고 부하의 수가 적으므로 직원에 대한 세밀한 통제가 가능하다. 따라서 직원의 만족도는 평탄조직구조에 비해 떨어질지 몰라도 업무성과는 더 높을 수 있다(Griffin, 2019).

R&D 조직에서도 평탄조직구조가 늘고 있다는 것은 오늘날 경영환경이 민첩성(agility)이나 신속성(speed)을 요구한다는 것을 반영하고 있는 것이다. 평탄조직구조에서는 계층이 적으므로 최종적인 의사결정이 신속하고 또 상황변화에 민첩하게 대응할 수 있기 때문이다.

그림 12-24 고층조직구조와 평탄조직구조

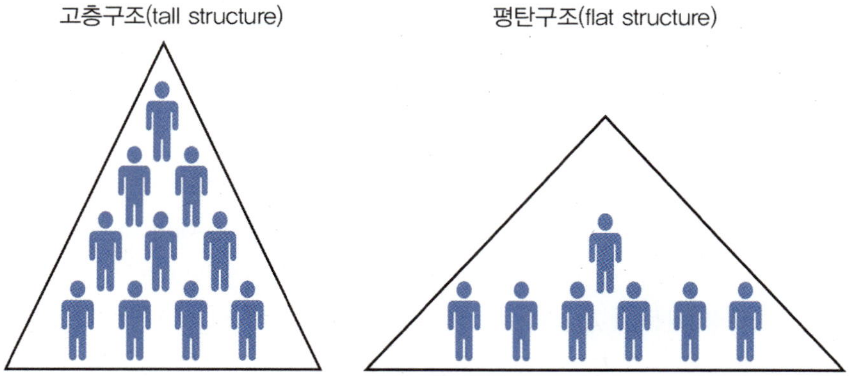

(2) 평탄조직구조의 효과적 운용

평탄조직구조는 기술과 경영환경의 변화추세에 맞춰 그 활용이 크게 늘고 있지만 효과적으로 운용되지 못한다면 장점을 살리지 못하게 된다. 오히려 조직에 독이 될 수 있다. 평탄조직의 문제점과 효과적 운용을 위한 방안을 살펴본다

평탄조직구조의 운용에는 다음과 같은 어려움이 존재한다(Diamond Leadership, 2019).

첫째, 파워관계가 숨어있다. 즉 투명성이 부족하다. 평탄한 조직에서는 연결이 쉽고 관리자에게 맡기지 않고도 의사 결정을 내릴 수 있기 때문에 보다 빠르고 자발적인 의사 결정으로 이어질 수 있다. 그러나 관리가 부족하다는 것은 의사 결정이 항상 투명한 것은 아니라는 것을 의미하며, 그로 인해 누가 권력을 갖고 있는지 알기가 어렵다.

둘째, 목소리 큰 사람이 지배하는 현상이 생긴다. 평탄조직은 더 큰 조정과 그룹 의사 결정이 필요하다. 이는 일반적으로 한 관리자가 결정하고 논의 할 일이 더 많기 때문에 그룹 갈등을 증가시킬 수 있다. 만일 관리자가 갈등해결 기술이 없으면 의사 결정은 그룹에서 가장 시끄럽고, 가장 강하고, 가장 시니어이거나, 가장 사회적으로 특권을 가진 구성원에 의해 쉽게 지배될 수 있다.

셋째, 역할 경계가 불분명하다. 평탄조직구조는 역할과 관련하여 유동적이고 편안하다. 이러한 개방적인 분위기는 일을 더 재미있게 만들어 매력적으로 만들 수 있지만 지나치게 느슨하고 부적절한 행동, 경계가 흐려지고 이해 상충을 일으

키는 관계로 이어질 수도 있다.

넷째, 제대로된 과정(프로세스)이 부족할 수 있다. 경쟁이 치열한 산업 또는 스타트 업 환경에서 평탄조직이 활용되다 보면 판매 및 성장에 일방적으로 집중하는 과정에서 조직에 필요한 규정 준수, 거버넌스 및 교육 기능이 소홀히 될 위험이 있다. 승진, 개발, 채용, 규정 준수 및 교육을 위한 프로세스는 일시적으로 처리되거나 전혀 제공되지 않는다. 사람들은 다른 사람을 관리하기 위한 교육이나 다른 사람과 함께 일하는 데 필요한 관계 기술에 대한 교육을 받지 못한다.

이러한 문제점을 극복하고 평탄조직이 제 기능을 발휘하기 위해서는 다음과 같은 점에 노력이 필요하다.

첫째, 투명성이 강조되어야 한다. 투명성이 없는 곳에서는 권력의 독성과 남용이 번성한다. 사람들이 정보를 받고 어디로 가야할 지 알고 일을 처리하는 방법에 대한 규칙과 지침을 찾을 수 있을 때 더 많은 선택권과 권한을 갖게 되고 더 안전한 문화가 형성된다. 투명성이 부족한 경우 규칙과 지침이 누락되었거나 일부 소수에 유리할 가능성이 높아진다.

둘째, 최고 리더의 역할이 중요하다. 리더들은 분위기를 결정한다. 회사가 가장 존경할 만하고 윤리적인 가치 선언문을 가지고 있더라도 실제 기업문화는 행동이 말보다 더 큰 의미를 갖는다. 회사의 문화는 리더들의 행동에 의해 각인된다. 평탄한 조직이든 계층적 조직이든, 리더의 행동 방식에 따라 다른 조직의 행동방식도 결정된다.

셋째, 전문성(professionalism)을 우선시해야 한다. 경쟁이 치열한 산업에 속한 신생 기업과 기업의 경우 빠르게 성장해야 한다는 압력으로 인해 무엇보다 결과를 우선시하는 경향이 있다. 그러나 기업이 성장만을 생각하고 사람을 뽑으면 그들은 종종 빠른 승리만을 찾거나 다른 모든 것보다 "결과"를 우선시하는 사람들을 고용하는 우를 범할 수 있다. 전문적으로 행동하면서도 다른 사람을 잘 대하는 사람을 고용해야 한다. 그리고 사람들을 기술적 능력뿐만 아니라 비 기술적 능력(소프트 스킬)도 평가할 필요가 있다.

넷째, 사람에 대한 투자에 인색해서는 안된다. 평탄조직구조에서 관리 및 관료제의 계층을 제거하는 것은 핵심 HR, 교육, 규정 준수 기능을 제거하는 것을 의미하는데 이는 잘못하면 조직에서 사람들의 복지는 중요하지 않다는 메시지를 보낼 수 있다. 그러나 인적 자원과 인력 운영은 사후 고려가 아닌 우선 순위여야 한다. 조직은 사람들이 도움과 지원을 받을 수있는 곳으로 인식되어야 한다.

평탄조직구조에서는 관리 계층이 적고 상호 작용이 많기 때문에 사람과 관련된 스킬 교육이 더 많이 필요한다. 많은 역할과 기능에 걸쳐 협업을 해야한다는 것은 모든 사람이 협업, 팀워크, 갈등 관리, 피드백 제공 및 받기 등과 같은 비기술적 스킬에 대한 교육을 받아야 한다는 것을 의미한다. 역설적으로 들리지만, 관리자가 적을수록 더 많은 관리 교육이 필요하다는 것이 경험을 통해 입증되고 있다.

제 4 절 조직구조의 실제 사례

주요 글로벌 빅테크기업들의 조직구조의 실제사례 대해 살펴보기로 하겠다.

1. Amazon

아마존(Amazon)은 글로벌 시장에서 전자상거래를 기본으로 공격적으로 다각화 전략을 펴고 있다. [그림 12-25]에서 보는 것과 같이 기본적으로 기능별 조직에 위계적(hierarchy) 구조를 채택하고 있다(Dudovskiy, 2020a).

그림 12-25 Amazon의 조직구조

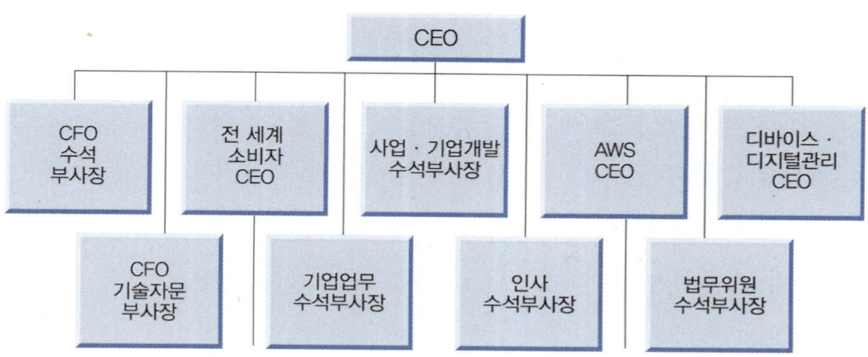

자료: Dudovskiy(2020a).

(1) Amazon 조직구조의 주요 특징

Amazon의 조직구조는 다음과 같은 특징을 갖는다(Meyer, 2019b).

첫째, 글로벌 기능별 집단(global function based group)으로 구성되어 있다. 기능별 그룹은 Amazon 조직구조의 가장 강력한 특징이다. 이러한 구조적 특성을 갖는 전략적 목표는 회사가 전체 조직에서 성공적인 전자 상거래 운영 관리를 용이하게 할 수 있도록 하는 것이다. 이 회사의 지속적인 글로벌 확장을 고려할 때 이 구조는 새로운 시장에서 운영을 쉽게 구축 할 수 있다는 점에서 의미가 있다.

둘째, 위계구조(hierarchy)가 확실하다. 위계구조는 전통적인 조직구조의 특성 중 하나이다. Amazon에서는 이러한 구조를 통해 CEO의 의지가 전 세계에 걸쳐 있는 조직에 일사분란하게 전달가능하다.

셋째, 지역별로는 사업부제를 채택한다. 북미(North America)와 국제(North America)의 두 사업부 형태로 운영된다. 이 구조의 전략적 목표는 회사가 지역 시장 간의 차이를 고려하여 각 지역과 관련된 문제 또는 우려 사항을 해결할 수 있도록 하는 것이다.

(2) Amazon 조직구조의 장 · 단점

Amazon의 기업 구조는 전자상거래 시장에서 글로벌 성장을 지원하는 데 효과적이다. 사업 확장과 회사의 지속적인 성공에 이러한 조직 구조가 효과가 있었다는 것을 입증해주고 있다. 기능별 그룹 및 위계구조의 장점은 아마존이 관리 지침을 빠르고 효과적으로 구현할 수 있는데 도움을 준다. 또한 지역별 사업부는 북미와 같은 특정 지역의 온라인 소매 시장 문제 및 관련 경제 상황에 초점을 맞추는 데 유리하다.

반면 이 조직구조의 단점은 유연성과 대응성이 제한적이라는 것이다. 글로벌 기능별 그룹과 글로벌 계층구조는 전자 상거래 비즈니스에서 발생하는 새로운 이슈와 문제점들에 신속하게 대응할 수 있는 아마존의 능력을 감소시킬 수 있다.

2. Alphabet Inc.(Google)

우리가 알고 있는 구글(Google)은 알파벳(Alphabet Inc.)을 모 회사로 하는

그림 12-26 Alphabet의 조직구조

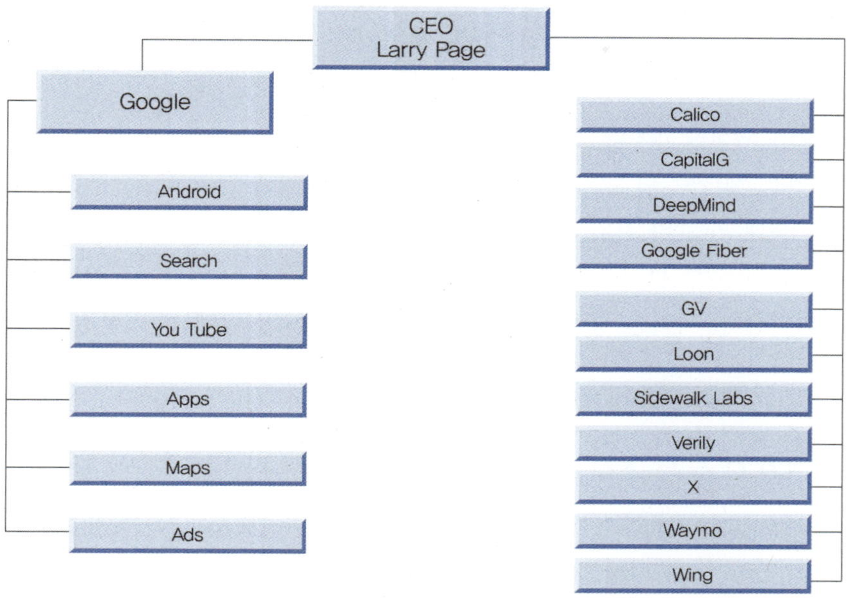

기업이다. 구글의 사업이 다각화됨에 따라 2015년 CEO인 래리 페이지(Larry Page)은 조직구조를 대대적으로 변화시켜 모기업 역할을 하는 알파벳을 탄생시켰다. 이 알파벳은 [그림 12-26]에서 보는 바와 같이 기존의 Google과 기타의 자회사들로 구성된다. 이러한 개편은 구글의 인터넷 사업과 별도로 각 자회사의 독립성을 부여해 환경변화에 신속하게 대응하고자 하는 것이었다.

2017년에는 또 다른 변화가 발표되었다. Google은 LLC(limited liability corperation) 즉 유한 책임 회사로 변경되었으며 Alphabet과 모든 비즈니스에 우산 역할을 하는 지주 회사 XXVI Holdings, Inc.를 만들었다. XXVI은 로마자로 26으로 이는 알파벳의 전체 숫자를 의미하는 것이다.

(1) Google의 조직구조의 특성

알파벳의 핵심을 이루는 구글은 기능별 구조와 제품구조가 교차하는 매트릭스 구조를 가지고 있다. 제품구조는 복합기능 팀의 성격을 갖고 있다. 그리고 비교적 평탄구조를 지향한다. 조직구조의 특성을 좀더 구체적으로 설명하면 다음과 같다(Smithson, 2019).

첫째, 기능별 구조를 특성을 지닌다. 예를 들어, 회사에는 특히 영업 운영 그룹, 엔지니어링 및 디자인 그룹, 제품 관리 그룹이 있다.

둘째, 제품 구조도 보유하고 있다. 직원을 제품을 중심으로 그룹화한다. 예를 들어 회사는 Pixel기기 개발을 위해 복합기능 팀(cross functional team)을 구성한다. 제품별 다양한 전담 팀들이 활동한다.

셋째, 구글의 기업 구조는 상당히 평탄하다. 평탄한 조직 구조는 직원, 팀 또는 그룹이 중간 관리자를 우회하고 상위 관리자와 직접 커뮤니케이션 할 수 있음을 의미한다. 이러한 평탄함을 기반으로 직원들은 팀 간에 정보를 공유하고 만날 수 있다.

(2) Google 조직구조의 장 · 단점

Google 조직구조는 다음과 같은 장단점을 가지고 있다(Sobiya, 2021).

장점으로는 첫째, 생산성이다. Google은 관심 분야에 따라 직원을 배치하므로 직원들은 생산적이다. 회사는 생산성이 높은 직원을 보유하고 있고, 능력을 발휘할 수있는 여건을 통해 직원이 최선을 다할 수 있게 해준다. 둘째, 열린 소통이 마련된다. 평탄조직에 의사 소통의 용이성이 결합하여 회사가 직원간 상호 의사소통을 적극 장려한다. 이것이 덜 공식적인 환경을 조성하고 더 나은 의사 결정을 가능하게 한다. 셋째는 전문화이다. 조직구조의 기본 한 축은 기능별 구조이으로 직원들은 자신의 분야의 전문성을 자랑할 수 있다.

반면 단점은 첫째, 성장기회도 적고 느리다는 것이다. 직원들은 일반적으로 여러 명의 상사에게 보고하기 때문에 조만간 승진할 기회는 상당히 적다. 또한 조직 내에서 성장을 제한하는 많은 요소가 존재해 관리직으로의 승진이 쉽지 않다. 둘째, 명령계통이 복잡하다. 매트릭스의 기본적인 문제점이 여기서도 표출된다. 직원은 제품담당 부서장뿐만 아니라 기능 책임자에게도 응답해야 한다. 충성도가 나뉘고 업무 생산성과 효율성도 나뉜다. 만일 직원들이 자신의 시간을 가장 적절한 방법으로 분배하지 못하면 이로 인해 업무가 어려워진다. 조정의 부족은 결과적으로 회사가 지불하는 비용을 늘어나게 만든다. 셋째, 업무관계에 긴장이 클 수 있다. 다양한 프로젝트를 한꺼번에 진행하기 때문에 직원과 관리자 간의 업무 관계도 긴장감이 크다. 또 조직 내에 존재하는 치열한 경쟁은 또한 직원 간의 건전한 관계 조성을 약화시킬 수 있다. 게다가 명령계통이 명확하지 않으므로 사람들은 자신의 성장 기회에 대해 확신하지 못하며 이는 동료 근로자와의 관계에도 좋지 않은 영향을 미친다.

3. Microsoft

마이크로소프트(Microsoft)는 사업부제 정확하게 말해서 제품별 사업부제를 택하고 있다. 2015년 6월 회사의 고위 경영진은 플랫폼 회사로서의 전략적 방향에 맞추기 위해 직위를 크게 줄이고 조직구조를 크게 개편하였다. [그림 12-27]은 그러한 개편의 결과이다. 그림에서 보는 바와 같이 회사의 조직 구조는 엔지니어링 그룹을 기준으로 3개 사업부로 나뉘며, 비즈니스 기능에 따라 9개의 사업부로 나뉜다(Dudovskiy, 2019b).

그림 12-27 Microsoft의 조직구조

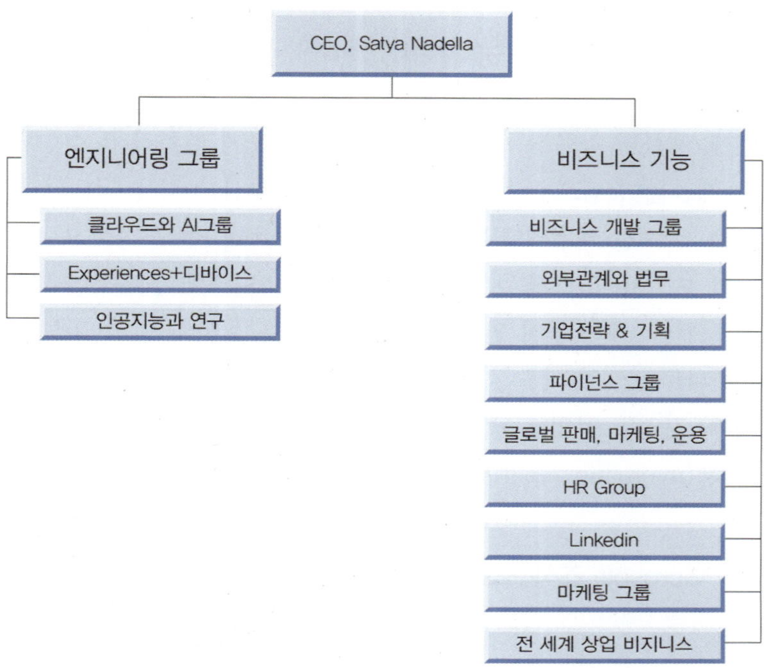

자료: Dudovskiy(2019b).

이러한 큰 구조개편은 다음과 같은 세 가지 목표를 지향하며 이루어졌다(Dudovskiy, 2019b).

첫째, 새로운 조직구조에서 엔지니어링 그룹의 책임자가 CEO인 Satya Nadella에게 직접 보고하여 신제품 개발 이니셔티브와 혁신 잠재력에 긍정적인 영향을 미치고자 했다. 이것은 짧은 시간에 새로운 제품과 서비스를 시장에 도입하는데 특히 중요하다. 또한 그림에서 볼 수 있듯이 엔지니어링 그룹과 비즈니스 기능간에 구분을 함으로써 이 거대 기술기업이 클라우드 및 인공 지능과 같은 분야를 엔지니어링 그룹의 관장하에 두겠다는 의지를 보인 것이다.

둘째, 새로운 조직에서는 비즈니스 프로세스 및 절차에서 관료주의를 상당히 제거하여 외부 시장의 변화에 적응할 수 있는 비즈니스의 유연성을 높이고자 했다.

셋째, 이 조직구조 개편과정에서 약 7,400개의 직위를 제거함으로써 신제품 개발에 사용할 수있는 상당한 양의 재정 자원을 절약하고 다양한 방법으로 비즈니스의 경쟁력을 높였다.

(1) Microsoft 조직구조의 특성

마이크로소프트사의 조직구조는 다음과 같은 세 가지 특징을 지니고 있다(Lombardo, 2018a).

첫째, 제품별 사업부 구조가 회사의 조직구조의 일차적 특성이다. 인력이나 자원을 제품을 중심으로 집단화함으로써 제품혁신 능력을 극대화하고 있다.

둘째, 글로벌 기업집단(global corporate group)을 구성하고 있다. 그림의 우측에서 보듯이 이 그룹들은 컴퓨터 기술 비즈니스에 필수적인 기능들을 기반으로 편성된다. 예를 들어 인적 자원(HR) 그룹은 회사의 인력 니즈 및 관련 문제를 해결한다.

셋째, 지역별 사업부 구조도 가지고 있다. 지역 사업부는 국내(United States)와 국제(international)의 두 개 사업부로 구성된다.

(2) Microsoft 조직구조의 장 · 단점

Microsoft 조직구조의 장점은 제품 개발에 집중할 수 있는 능력이다. 예를 들어, 이 회사는 지능형 클라우드 사업부를 이용하여 최첨단 클라우드 컴퓨팅 서비스를 제공한다. 이는 회사 제품의 경쟁력에 크게 기여한다.

반면에 이 조직구조의 단점은 지역 시장의 차이에 대해 충분한 고려가 부족하다는 것이다. 글로벌 지역마다 Microsoft의 컴퓨터 하드웨어 및 소프트웨어 기능에 대한 다양한 선호가 존재할 수 있는데 이를 조직구조적으로 충분히 뒷받침하지 못하고 있다.

4. Facebook

페이스북(Facebook, Inc.)의 조직구조는 기능별 팀과 제품별, 지역별 사업부가 결합된 일종의 매트릭스 구조 또는 혼합형(hybrid) 형태를 취하고 있다. [그림 12-28]은 전체 조직구조를 보여주는데 이의 핵심 특성은 창의성과 혁신이라는 조직의 니즈를 해결하는데 주안점을 두고 있다. 동시에 CEO인 Mark Zuckerberg의 의지가 일선 프로그래머나 디자이너에게까지 일사불란하게 도달할 수 있는 위계적 성격도 포함하고 있다.

그림 12-28 Facebook의 조직구조

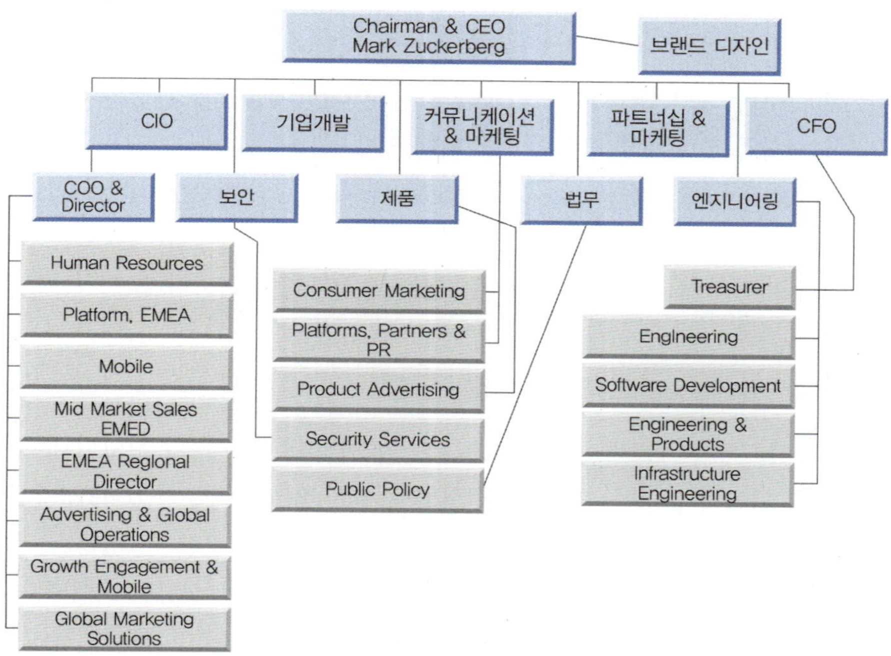

자료: Dudovskiy(2017).

(1) Facebook 조직구조의 특성

Facebook 조직구조는 다음과 같은 세가지 특성을 지니고 있다(Lombardo, 2018b).

첫째는 기능별 구조를 기반으로 한다. 회사는 조직구조 전체에서 운영 활동을 관리하는 비즈니스 기능을 기반으로 기업 팀을 유지한다. 이러한 구조적 특성은 온라인 소셜 미디어 비즈니스의 다양한 요구를 기반으로 한다. 예를 들어, 회사는 마케팅과 함께 기술 연구 및 개발도 필요하다. 일부 기능별 팀 구조는 매트릭스 구조로 인해 지역별, 제품별 사업부와 경계가 모호하다. 고위 중역들이 각 팀을 이끌고 있다.

둘째, 지역별 사업부는 Facebook 조직구조의 다른 주요 특징이다. 북아메리카, 라틴 아메리카, 유럽, 중동 및 아프리카, 아시아 및 남태평양 등 지리적 위치에 근거하여 사업부가 편성되어 있다. 이러한 조직을 통해 회사는 소셜 네트워킹과 온라인 광고 시장 역학의 차이를 고려할 수 있다. 또 페이스북의 소셜 네트워킹 웹 사이트 및 앱을 사용할 때 이용자와 광고주의 행동 차이를 해결한다. 예를 들어 라틴 아메리카 광고주는 회사의 소셜 미디어 서비스를 유럽 광고주와 다르게 사용하는 경향이 있다. 이런 구조를 통해 인적 자원도 지역적으로 관리된다.

셋째, 제품별 사업부도 채택하고 있다. Facebook, Instagram, Messenger, WhatsApp and Oculus 등 다양한 소셜 미디어 제품군과 관련된 활동들을 담당하는 기업 및 글로벌 팀들이 조직되어 있다. 앱 군(群)(Family of Apps), 신 플랫폼과 인프라(New Platforms and Infrastructure), 중앙 제품서비스(Central Product Services)등이 대표적인 제품별 사업부들이다. 이러한 사업부는 또한 제품의 확대나 다각화의 경우에 대비할 수 있는 조직구조이기도 하다.

(2) Facebook 조직구조의 장 · 단점

페이스북의 매트릭스 조직구조는 소셜 미디어 및 온라인 광고 시장에서 회사와 그 다국적 운영에 필요한 유연성(flexibility)을 제공해준다(Lombardo, 2018b). 이러한 유연성은 회사가 시장 변화와 추세에 쉽게 대응할 수 있다는 점에서 큰 장점이라고 할 수 있다. 이 기업 구조의 또 다른 장점은 상당한 기업 통제를 확보할 수 있다는 것이다. 예를 들어, 기능별로 구성된 팀들은 페이스북이 전 세계 운영에 대한 통제와 방향을 유지할 수 있도록 해준다. 또한 제품별 사업부는 제품개발의 창의성과 혁신을 지원한다.

이러한 장점들에도 불구하고 Facebook의 조직구조는 기업 구조 전반에 걸쳐 통일된 지침을 구현하기가 어렵다는 단점이 있다. 이러한 어려움은 회사의 지역별 사업부에 따라 제각기 관리 이니셔티브가 다양하기 때문이다. 그럼에도 불구하고 이러한 사업부는 비즈니스에서 국가 및 지역 간의 사회 문화적 및 정치적 차이를 충족시키기 위해 필요하다.

5. Tesla

테슬라(Tesla, Inc.)는 CEO인 앨런 머스크(Elon Musk)만큼이나 여러모로 독특한 회사이다. 그 규모의 다른 회사들과는 달리 조직구조에 대해서도 알려진 것이 적다.

Tesla의 조직구조는 전기자동차와 에너지 솔루션 분야에서 글로벌 리더십을 유지하고 지속적인 사업성장을 지원하기 위해 구축되고 있다. 조직구조의 전체적인 모습은 관리적 통제를 강조하는 전통적인 조직구조형태를 취하고 있다. 이러한 구조는 늘어나는 국제적 활동에도 불구하고 강력한 관리적 통제를 가능하게 하는 역량을 창출하고 있다.

(1) Tesla 조직구조의 특성

Tesla의 조직구조의 특징은 다음과 같다(Meyer, 2018).

첫째, 기본적으로 [그림 12-29]에서 보듯이 기능별 계층구조(functional hierachy)를 근간으로 한다. 일부 사업부의 형태를 가진 구조도 존재하지만 중요성이라는 면에서 기능별 조직이 압도적이다. 기능별 조직은 같은 기능을 가진 인력으로 부서를 그룹핑하는 조직이다. 이 기능별 계층구조에는 국내 및 해외 활동을 관장하는 기능별 팀이나 사무국이 포함된다. 이 기능별 계층구조는 전통적인 구조라고 할 수 있는데 기업활동에 대한 관리적 통제를 유지할 수 있다는 장점을 지닌다. 그림에서 보듯이 에너지, 엔지니어링 및 생산, HR 및 커뮤니케이션, 법률 및 재무, 판매 및 소프트웨어와 같은 기능 부서로 구성된다. 각 사업부는 소프트웨어 부서를 제외하고 여러 부사장들이 담당한다. 소프트웨어 사업부만 1명의 부사장과 인공 지능소장이 담당한다.

그림 12-29 Tesla의 조직구조

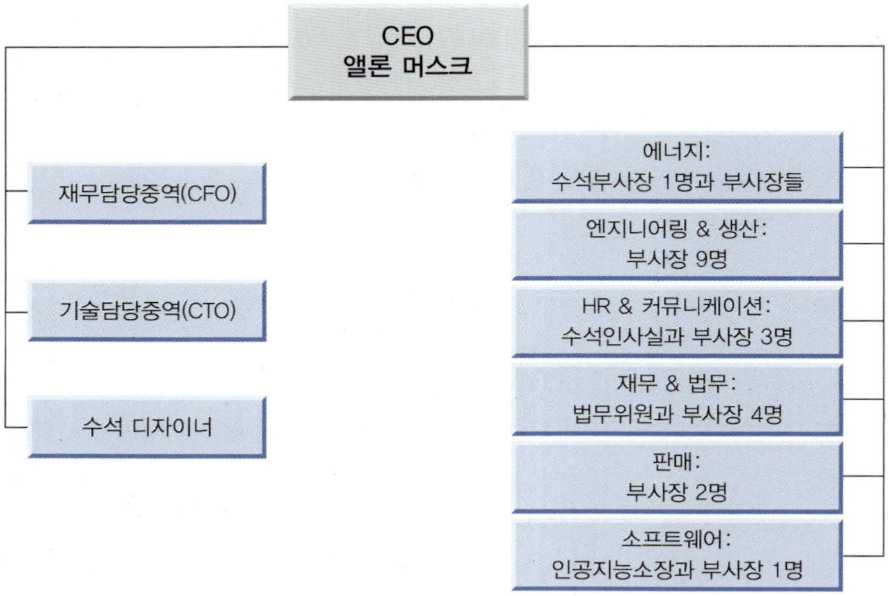

자료: Dudovskiy(2021).

둘째, 중앙 집권화(centalization)의 특성을 가지고 있다. 중앙 집권화의 강조점은 중앙그룹 이나 팀이 내리는 결정을 통해 전체 조직을 관리적으로 제어하고자 하는데 있다. 이 경우 기업의 중앙 본사의 기능부서의 담당 기능분야의 모든 과업을 직접 통제한다. 이 조직 구조에서 회사의 지역 또는 해외 사무소의 자율성은 그리 크지 않다. 회사의 본사는 대부분의 해외 사업과 관련된 결정을 내린다.

셋째, 사업부 조직도 일부 채용되고 있다. 기능별 구조에 비하면 비중은 그리 크지 않다. 이러한 사업부들은 사업의 전략목표를 달성하는 데 도움을 준다. 테슬라에는 ① 자동차 및 ② 에너지 생성 및 저장 사업부가 있다. 그 외에 ① 미국, ② 중국, ③ 노르웨이, ④ 기타 지역 등의 지역별 사업부도 있으나 이는 재무보고용으로 활용되고 있다.

(2) Tesla 조직구조의 장 · 단점

Tesla의 조직구조의 장점은 다국적으로 이루어지는 기업활동을 효과적으로 통제할 수 있다는 것이다. 또 다른 장점은 조직 전체에 새로운 전략을 쉽게 구현할 수 있는 점이다. 또한 지역별 사업부는 재무보고 및 분석을 지원하고 국제 자동차 시장에서 향후 전략 및 전술의 지역화를 위한 기반을 제공한다. 그리고 비슷한 규모의 다른 많은 회사에 비해 관료주의가 적고 위계계층에도 불구하고 평탄화를 추구해 의사소통의 속도가 빠른 것도 장점의 하나로 평가받고 있다(Dudovskiy, 2021).

Tesla 기업 구조의 단점은 조직의 신속한 조정을 제약하고 있는 경직성이다. 예를 들어, 글로벌 중앙 집권화는 해외 사무소가 각 지역 시장에서 경험하는 문제에 쉽게 대응할 수있는 자율적인 능력을 제한하는 구조적 특성으로 작용한다.

6. 삼성전자

삼성전자(Samsung Electronics Co., Ltd)는 우리나라 기업을 넘어서 글로벌 대표적인 IT기업이다. 회사의 조직 구조는 3개의 사업부를 중심으로 기술 혁신을 촉진하도록 설계되었다. 반도체, 스마트 폰 및 기타 가전 제품과 관련된 빠른 혁신을 통해 볼 수 있듯이 기술 혁신은 회사 전략의 핵심이다. 이러한 조직구조는

그림 12-30 삼성전자의 조직구조

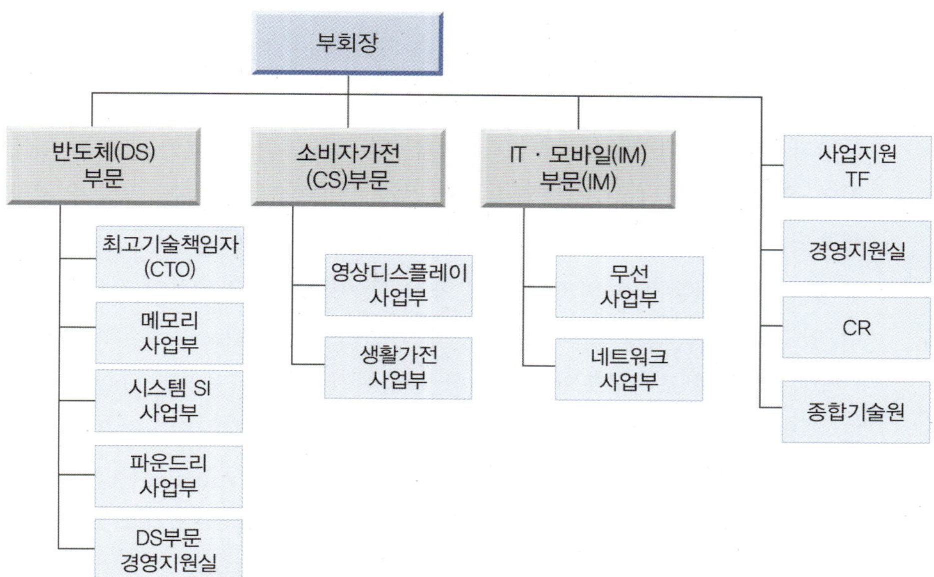

삼성의 일반적인 경쟁 전략과 집중적인 성장 전략을 실행하는 효과에 기여한다. [그림 12-30]에서 보듯이 세 사업부외에 네개의 전사적 지원부서가 있는데 그중 종합기술원(SAIT: Samsung Advanced Institute of Technology)은 삼성전자의 R&D 허브 역할을 담당한다. 그 외에 삼성전자는 전 세계적으로 200개가 넘는 자회사를 보유하고 있다.

(1) 삼성 조직구조의 특성

삼성의 기업 구조는 다음과 같은 주요 특징을 가지고 있다(Evans, 2019).

첫째 그림에서 보듯이 제품별 사업부(product type divison)를 근간으로 한다. 각 사업부는 자원과 활동으로 구성된 집단으로 예컨대 소비자 가전의 생산, 유통 및 판매를 위한 자원 및 운영과 같이 하나의 제품 범주를 대표한다. 이러한 사업부 구조에서는 기술 혁신과 제품 개발이 강조되고 그럼으로써 삼성의 기업 비전과 미션을 달성하는 데 도움이 된다. 이 기술 대기업은 추가 사업 다각화가 가능하다는 점을 고려하여 현재의 비즈니스 요구와 조직의 발전에 따라 부서를 추가, 병합 또는 해체 할 수 있다. 삼성전자의 사업부는 반도체를 담당하는 디바이스 솔루션(DS: device solutions), 소비자 가전(CS: consumer electronics) 그리고 IT 및 모바일 커뮤니케이션(IM: IT & mobile communication)의 세 사업부로 구성된다.

둘째, 집권적인 위계구조(centralized corporate hierarchy)의 특성을 가지고 있다. 삼성의 기업 구조는 제품별 사업부 구조임에도 불구하고 위계적 모델을 포함한다. 본사는 이 계층구조의 가장 확실한 표현이다. 이러한 구조는 이 거대기업의 운영이 통합되고 또 효과적으로 성장 및 운영 효율성을 기하기 위한 조직 설계의 일부라고 볼 수 있다. 조직구조의 이러한 특성에는 전체 전략 계획의 중앙 집권화는 물론 본사의 전략적 방향이 각 사업부의 일상적인 작업까지 전달될 수 있도록 하는 명령 및 권한의 수직 라인이 포함된다.

셋째, 삼성의 조직구조의 마이너한 특성이긴 하지만 지역별 그룹핑 즉 사업부도 활용한다. 회사의 조직도에서 이러한 지리적 사업부는 일반적으로 제품별 사업부에 속한다. 예를 들어 Samsung Electronics North America는 제품별 사업부 내의 지역별 사업부이다. 조직구조의 이러한 특성을 통해 회사는 디바이스 솔루션(DS)의 북미 시장을 대상으로 하는 전략과 같은 지역별 전략을 구현한다.

(2) 삼성전자 조직구조의 장 · 단점

삼성의 기업 구조는 제품별 사업부구조하에서 기술과 혁신 측면에서 제품 개발을 광범위하게 지원한다는 장점이 있다. 이 조직구조의 또 다른 장점은 시장 특성에 따라 전략과 운영을 세부 조정할 수 있는 회사의 능력을 키워준다. 이는 IT 및 모바일 통신과 같은 제품별 부서 내의 지역적 그룹 또는 사업부를 통해 가능하다.

반면 삼성의 조직구조는 제품별 사업부의 자율성이 제한적이라는 단점이 있다. 예를 들어 중앙 집중식 계층 구조로 인해 제품별 부서는 서울에 있는 회사 본사의 전략적 지침을 따라야 한다. 그럼에도 불구하고 이러한 구조적 계층 구조는 우수한 기술과 기술 제품을 포함하는 삼성의 사명과 비전을 향해 삼성의 전체 조직을 통합하는 데는 필요한 것으로 인식되고 있다. 또 지역별 그룹에 부여된 낮은 우선 순위를 고려할 때 지역 시장에서 비즈니스를 확장하는 데 어려움을 겪을 수 있다.

실무자를 위한 가이드라인

- ✔ 조직은 기계적 구조와 유기적 구조로 대별되는데 유기적 구조가 창의성과 관련이 깊다.
- ✔ 일반적으로 조직구조의 유형에는 기능별, 사업부, 과정기반, 제품별 조직구조가 존재한다.
- ✔ 기업 전체수준에서의 R&D조직의 대표적인 형태로는 중앙집중형, 분권형, 혼합(통합)형이 있다. 구체적인 선택은 기업의 전략, 규모, 기술주도 R&D냐의 여부, 분산과 통합과제 등의 상황요인에 의해 결정된다.
- ✔ 매트릭스 조직은 R&D 조직에서 많이 활용되는 조직이다. 장점도 많으나 시행이 어려운 조직이다. 가장 크게 지적되는 것은 상사가 두 사람이라는 것과 구조내 구성원들의 긴장이 크다는 것이다. 효과적인 운용을 위해서는 구성원들이 매트릭스적 사고의 틀을 가져야 하고 감성지능도 필요하다. 리더의 역할도 중요하며 인사고과도 합리적으로 정립되어야 한다
- ✔ 매트릭스 조직의 문제를 해결하기 위해 나선형 조직구조((helix organization)도 시도된다. 여기서는 리더의 역할이 원천적으로 분리되어 운용된다.
- ✔ R&D 조직구조의 최근 추세로, 빠르게 변화하는 고객요구와 기술의 발전은 기업과 R&D 조직이 적응력이 뛰어나고 유연하며 미래지향적이어야 할 필요성을 증대시키고 있다. 이를 위해 사용자 기능별로 '끝에서 끝으로' 또는 '종단(end to end)' 책임을 할당하는 방식으로 조직원리가 전환되고 있으며 하드웨어와 소프트웨어의 동기화도 이루어지고

있다.

- ✔ R&D 조직에서 신기술에 대한 연구를 수용하는 방식은 신기술을 위한 별도 조직의 신설, 기존 R&D 조직 내 별도부서 설치, 기존 R&D 조직 내 통합하는 방식 등이 있다.
- ✔ 최근 R&D를 위해 복합기능 팀의 활용이 증대하고 있다. 복합기능 팀(cross functional team)은 공통의 목표달성을 위해 여러 기능부서 전문가들이 모여 이루어진 집단이다. 이 팀은 기능별 조직에서의 부서의 장벽을 뛰어넘는다는 장점이 있다. 소위 부서간 장벽을 의미하는 '사일로' 효과를 극복할 수 있다. 여러 배경을 지닌 팀원들이 하나의 과업에 할당됨에 따라 창의성의 수준이 향상되고 공통의 의견을 도출하기 용이하다. 각 팀원들은 문제에 대한 다양한 시각과 과업에 대한 해결안을 제시한다. 오늘날 기업에서 혁신이 매우 중요한 경쟁적 이점임을 감안할 때 이 복합기능 팀은 창의적 협조과정을 통해 혁신을 촉진할 수 있다는 점에서 주목을 받고 그 활용이 늘고 있다.
- ✔ 소프트웨어 개발에서는 복합기능 팀이 진화된 형태의 고객기능 팀 방식이 많이 채택되고 있다. 고객기능팀(feature team)은 여러 고객기능(feature)을 처음부터 끝까지(end to end) 하나씩(one by one) 완성하는 팀이다.
- ✔ 소프트웨어 개발방식으로는 컴포넌트 팀이 있다. 컴포넌트 팀 방식에서는 각 팀이 고유한 컴포넌트에 책임을 진다.
- ✔ 최근에는 소프트웨어 개발에는 제품의 변화가 매우 커지는 상황에서 컴포넌트 팀에 비해 고객기능 팀이 선호되는 추세이다. 고객기능 팀은 최종 사용자의 요구사항을 더 잘 충족시킬 수 있으며 사용자가 요구하는 기능에 맞춘 개발이 신속하게 이루어질 수 있기 때문이다.
- ✔ 제품 수명주기의 초기에는 고객기능 팀이 효과적일 수 있다. 그러나 일단 제품이 안정되고 성숙 단계에 진입하면 컴포넌트 팀이 더 나은 선택일 수 있다
- ✔ 환경변화에 맞추어 평탄조직구조의 운용이 늘고 있는 추세이나 이의 효과적 운용을 위해서는 투명성 확보와 최고경영자의 역할이 중요하다.
- ✔ 글로벌 빅테크들의 조직구조 사례에서 보듯이 각 기업이 채택하는 조직구조는 매우 다양하다. 조직구조에 정답은 없다. 그러나 각 조직구조의 특성과 고유한 장·단점은 숙지할 필요가 있다.

13 CHAPTER

R&D 조직문화

제 1 절 조직문화의 기초

1. 조직문화의 정의와 중요성

(1) 조직문화의 정의

R&D 인력이 성과를 내고 창의성을 발휘하기 위해서는 자신이 속한 집단이나 조직의 분위기가 중요하다. 조직전체의 분위기가 은연중에 구성원들 행위나 성과에 영향을 미치기 때문이다. 이러한 분위기를 조직분위기, 조직풍토 또는 조직문화라 한다. 이들은 거의 동의어로 쓰이는데 여기서는 조직문화로 통일하고자 한다.

조직문화(organizational culture)는 조직의 심리사회적 환경을 구성하는 구성원들이 공유하는 내재적 가치, 신념, 상호작용방식 등으로 정의된다. 조직문화란 개인의 개성처럼 다른 조직과는 구별되는 개별조직 고유의 독특성이다. 이 독특성을 설명하는 가장 핵심적인 구성요소는 구성원들의 가치의식(선호하는 가치, 태도, 신념, 경영철학, 기업정신 등)과 행동방식(행동성향으로서 업무수행 방식, 대인관계 방식, 욕구표출 방식 등)으로 집약할 수 있다(신유근, 1993). 문화는 공유된 태도, 신념, 관습, 그리고 시간이 지남에 따라 발전되어 타당성이 입증된 성문 및, 불문 규칙을 기반으로 한다. 또 여기에는 조직의 비전, 가치, 규범, 시스템, 상징, 언어, 가정, 신념 및 습관도 포함된다(Needle, 2004). 간단히 말해서 조직 문화는 "여기서 일이 이루어지는 방식"이다(Deal & Kennedy, 2000).

조직문화는 조직이 공식적으로 발표하는 목표나 사명(미션)선언문과 혼동해서는 안 된다. 물론 이들에 의해 조직문화가 영향을 받을 수 있다. 조직문화는 언론발표나 정책문서가 아니라 구성원의 지속적이고 진실한 행동을 통해 형성된다. 그래서 CEO가 위기에 어떻게 대응하는지, 팀이 고객요구에 어떻게 반응하는지, 경영자가 실수를 저지른 직원을 어떻게 대하는지 등의 구체적인 행동들을 통해 이를 엿볼 수 있다.

비즈니스 세계에서는 조직문화 외에 '기업 문화', '직장 문화' 및 '비즈니스 문화'와 같은 유사 문구들이 종종 같은 의미로 사용된다.

(2) 조직문화의 중요성

문화란 사실은 자연적으로 형성되는 것이다. 그리고 시간이 지나면서 타당한 것으로 자리 잡혀진 것이다. 그래서 과거에는 기본적으로 관리의 연구대상도 아니었다. 그러나 1970년대 이후 조직문화 또는 기업문화가 주목을 받게 되었는데 그 배경은 조직문화가 학자들에 의해 구성원의 행동 나아가서는 조직성과에 영향을 미칠 수 있다는 것이 확인되면서 부터이다(Schein, 1990, 2010; Deal & Kennedy, 2000).

우선 조직문화는 조직구성원의 행위에 영향을 미친다. 조직 문화는 다양한 상황에 대해 적절한 행동이 무엇인지를 정의함으로써 조직에서 일어나는 일을 안내하는 역할을 한다(Ravasi & Schultz, 2006). 조직 문화는 사람과 그룹이 서로에 대해서 그리고 고객 및 이해 관계자들과 상호 작용하는 방식에 영향을 미친다. 또한 조직 문화는 직원들이 자신의 조직에 대해 얼마나 많이 공감하는지 하는 것에도 영향을 미칠 수 있다(Schrodt, 2002).

또한 조직문화는 조직성과에도 중요한 영향을 미친다. 흥미롭게도 최고 경영진의 60%는 문화를 전략 또는 운영 모델보다 조직의 더 큰 성공 요인으로 보고 있다. 하버드 경영대학원(Harvard Business School)의 헤스켓(James L. Heskett) 교수는 그의 저서 '문화 사이클(The Culture Cycle)'에서 효과적인 문화가 경쟁자와 비교할 때 기업 성과의 차이의 20~30%를 책임질 수 있다고 주장하고 있다(Heskett, 2011a). 또한 건강한 문화를 가진 회사는 3년 동안 15% 이상의 매출 성장을 경험할 가능성이 1.5배 더 높고 같은 기간 동안 상당한 주가성장을 경험할 가능성이 2.5배 더 높다는 연구결과가 있다(Wong, 2020).

이렇게 조직문화와 구성원의 행위 및 조직성과와의 관계가 규명됨에 따라 이를 관리적 도구로 보는 관점이 주목을 받게 되었다. 물론 지금도 문화가 과연 '관리'될 수 있는가에 대해 논란은 있지만 조직문화를 효과적으로 관리하는 조직의 성과가 높다는 연구결과들이 많이 발표되고 있다. Kotter와 Heskett는 11년 동안의 22개 업종의 207개의 미국 대기업에 대해 조직문화가 성과에 미치는 연구를 진행했다. 그들은 문화를 잘 관리하지 않는 기업의 수익률이 그 기간 동안 166%인데 비해 자신의 문화를 잘 관리하는 기업은 682%의 수익 증가가 있었으며 주가는 74%인데 비해 901%가 상승하였으며 순이익은 1%인데 비해 756% 증가했다는 연구결과를 발표했다(Kotter & Heskett, 2011).

문화는 인재를 유치하고 경쟁에서 우위를 점할 때도 중요한 이점으로 작용한다. 직원의 77%는 지원하기 전에 회사의 문화를 고려하고 거의 절반의 직원이 급여는 다소 낮더라도 더 나은 문화를 가진 조직으로 전직하기 위해 현재 직장을 그만둔다. 조직의 문화는 또한 직원 만족도의 최고 지표 중 하나이며 거의 3분의 2(65%)의 직원이 직장에 머무르는 주된 이유 중 하나이다(Wong, 2020).

조직문화 관리의 중요성을 보여주는 좋은 실제 사례들로 미국의 Microsoft와 Salesforce사를 들 수 있다. 두 회사는 모두 세계적 수준의 기술 기반 회사로 훌륭한 브랜드를 보유하고 있다. 마이크로 소프트는 치열한 경쟁문화를 주도했던 스티브 발머(Steve Balmer)의 리더십 하에서 다소 침체기를 겪었다(제11장 '잃어버린 10년' 사례 참조). 그러나 그가 퇴임하고 2014년 사티아 나델라(Satya Nadella)가 CEO를 맡은 이래 회사는 크게 긍정적으로 변모했다. 그는 취임하자마자 기업문화를 개선하는 작업에 착수했다. 지속적인 학습을 강조하는 문화를 지향하도록 하였고 직원들은 자신을 증명하는 대신 자신을 개선하도록 권장되었다. 그 결과 Microsoft는 과거 영광을 회복하여 세계에서 가장 가치 있는 기업 중 하나로 Apple 및 Amazon과 같은 반열에서 경쟁하고 있다.

세일즈포스(Salesforce)사는 그 역사를 통틀어 최근 들어 놀라운 성장을 기록하고 있는데 조직문화를 최우선으로 생각하고 있는 기업이다. Salesforce사의 설립자이자 CEO인 마크 베니오프(Marc Benioff)는 지난 20년 동안 회사를 이끈 자선 문화 규범을 수립했다. 모든 신입사원은 첫날 근무 중 자원봉사를 하고 1년에 56시간을 유급으로 자원봉사할 수 있도록 배려하고 있다. Fortune에 따르면 Salesforce사는 이렇게 기업문화를 의미와 사명에 초점을 맞춤으로서 미국에서 일하기 가장 좋은 곳 중 하나로 만들었으며 회사 수익도 크게 성장했다. 회사의 주가는 매년 평균 26% 이상 상승하고 있다.

그러나 이러한 조직성과와 관련성에도 불구하고 조직에 적합한 문화의 형성은 쉬운 일이 아니다. 회사 인사담당 책임자의 31%만이 자신의 조직이 미래의 비즈니스를 추진하는 데 필요한 문화를 가지고 있다고 믿고 있으며 85%의 조직이 조직문화를 변화시키는 데 실패했다고 응답하고 있다(Wong, 2020).

Booz & Company의 문화 및 변화 관리 설문 조사에서도 문화는 비즈니스 성공에 매우 중요하다는 것을 밝혀지고 있다(Jaruzelski et al, 2012). 그러나 기업이 문화를 보는 방식과 문화를 다루는 방식에는 분명한 차이가 있었다. 참가자의 절반 미만이 기업이 효과적으로 문화를 관리하고 있다고 답했으며 96%의 응답자가 자신의 조직에서 대규모 조직문화의 변화가 필요하다고 답했다(Kuppler, 2013).

2. 조직문화와 혁신

혁신은 조직문화의 부산물이라고 볼 정도로 조직문화는 혁신을 이끄는 가장 중요한 요소이다(Tellis et al, 2009). 따라서 기업에서는 혁신을 촉진할 수 있는 조직문화의 조성이 필요하다. Steve Jobs는 생전에 혁신에 있어 조직문화의 중요성과 관련하여 다음과 같이 말한 적이 있다. “혁신은 사용하는 R&D 비용과는 상관이 없다. 애플이 매킨토시 컴퓨터를 내놓았을 때 IBM은 R&D에 최소한 100배 이상을 투자하고 있었다. 돈의 문제가 아니다. 문제는 당신이 어떤 사람을 가지고 있고 그들을 어떻게 이끌고 있으며, 그들로부터 얼마나 얻어내고 있는 가에 관한 것이다”.

혁신적인 조직이 되기 위해서는 몇 가지 요소가 갖추어져야 한다. 여기에는 집중된 혁신 전략, 성공적인 전체 비즈니스 전략, 심층적인 고객 통찰력, 훌륭한 인재 및 성공적인 실행을 달성하기 위한 올바른 역량 세트 같은 것들이 포함된다. 그러나 이러한 개별 요소보다 더 중요한 것은 조직문화가 수행하는 역할이다. 조직문화는 그러한 구성요소들을 하나로 묶는 접착제 역할을 한다.

그러나 혁신에 있어서 이러한 조직문화의 중요한 역할에도 불구하고 현실에서 혁신을 가능하게 하는 조직문화가 제대로 자리 잡지 못하고 있다. Global Innovation 1000 연구 결과에 따르면 전체 기업의 약 절반만이 자사의 문화가 혁신 전략을 강력하게 지원한다고 답하고 있다(Jaruzelski, 2012). 연구에서는 2010년에 연구 개발에 가장 많은 비용을 투자한 전 세계 1,000개 상장 기업을 추린 다음 2001년부터 2010년까지 주요 재무지표 성과를 비교했다(PwC Strategy, 2021). 혁신 전략, 문화 및 조직 방식을 이해하기 위해 팀은 400개 이상의 회사에서 약 600명의 고위 관리자와 R&D 전문가를 대상으로 설문 조사를 실시했다. 그런 다음 팀은 응답자들에게 회사의 가장 중요한 혁신 목표, 문화적 속성, 조직적 요인과 각각에 대한 회사의 성과에 대한 인식을 평가하도록 요청했다. 연구결과는 지원적이지 못한 문화와 전략적인 정렬이 제대로 이루어지지 못한 기업들이 경쟁자들보다 성과가 낮았다. 이 연구는 또한 고도로 조율된 문화와 혁신 전략을 모두 갖춘 기업이 조율 수준이 낮은 기업보다 기업가치 성장률이 30% 더 높고 수익 성장률이 17% 더 높다는 사실을 발견했다.

글로벌 제약기업 Merck사의 중역인 촌드리(Eirum Chaudhri) 박사도 혁신에 있어 조직문화의 중요성을 강조하고 있다(Jaruzelski, 2012). "실제로 진보와 혁신을 주도하는 것은 사람과 열정이다. R&D, 의료 업무, 마케팅 또는 기타 어떤 분야에서 일하고 있던지 간에 말 그대로 삶을 더 좋게 만드는 데 집중하고 헌신하는 문화가 있어야 한다. 이는 결승선을 넘어 새로운 의약품을 시장에 출시하며 이를 현실로 만들기 위해 서로 긴밀하게 협력하는 공동 비전이다."

결론적으로 혁신이 번창하려면 창의적 사고가 지속적으로 발생하도록 활력을 불어 넣고 보장하는 조직문화가 필수적이다.

제 2 절 혁신적 조직문화의 구성요소

그러면 혁신과 R&D성과를 낳을 수 있는 혁신적(창의적) 조직문화는 어떤 요소를 갖추어야 하는가? 이와 관련된 연구들에 대해 살펴보기로 하겠다.

1. 혁신(창의)적 조직문화의 구성 요소에 대한 연구

혁신(창의)적 조직문화의 구성요소에 대해서는 연구자에 따라 다양한 의견이 제시되고 있다. 주요 연구로는 다음과 같은 것들이 있다.

(1) Ekvall(1996)의 연구

스웨덴의 연구자인 Goran Ekvall은 어떤 조직 조건이 창의성과 혁신을 방해하거나 자극했는지를 연구한 결과 혁신적(창의적) 문화의 요소로 [그림 13-1]과 같은 10가지를 제시하고 있다(Ekvall, 1996).

① 도전(challenge): 직무에서의 기쁨과 의미

② 자유(freedom): 정보의 교환, 문제해결, 의사결정

그림 13-1 혁신적(창의적) 조직문화의 요소

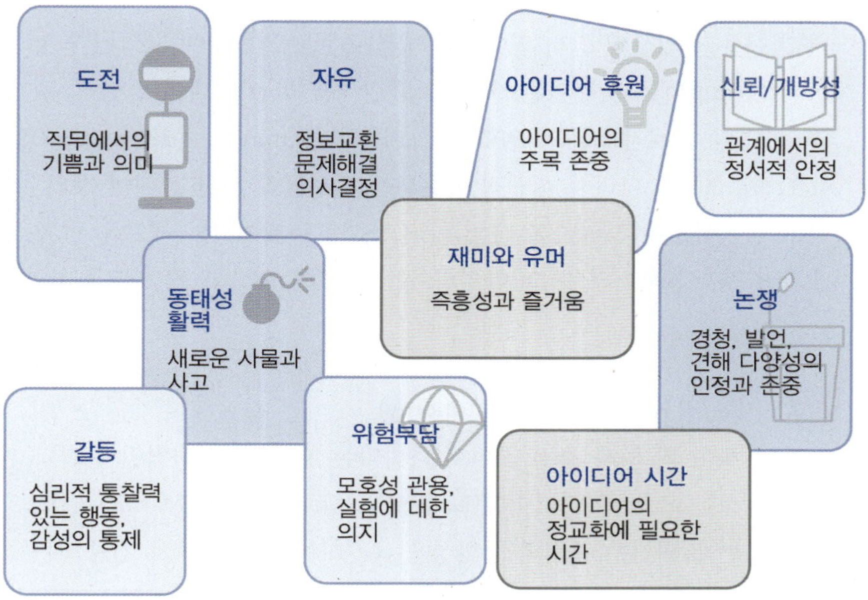

자료: Ekvall(1996).

③ 아이디어 지원(idea support): 주목과 존중을 통해 아이디어 수용
④ 신뢰/개방성(trust/openness): 관계에서의 정서적 안정
⑤ 동태성과 활력(dynamism/liveliness): 새로운 사물과 사고
⑥ 재미/유머(playfulness/humor): 즉흥성과 즐거움
⑦ 토론(debates): 경청, 발언, 견해의 다양성의 인정과 존중
⑧ 갈등(conflicts): 심리적 통찰력으로 활동, 충동의 통제, 정서의 관리
⑨ 위험부담(risk taking): 모호함에 대한 관용과 실험의지
⑩ 아이디어 시간(idea time): 새로운 아이디어를 정교화하는데 사용되는 시간

(2) Naranjo-Valencia et al(2010)의 연구

Naranjo-Valencia(2010)의 연구에서는 혁신을 강화하는 특성 또는 문화적 가치로 창의성, 자유/자율성, 위험감수 태도를 강조하고 있다.

1) 창의성(creativity)

창의성은 새롭고 창의적인 아이디어의 출현에 의존한다(Mumford, 2000). 반면 혁신은 창의성과 그러한 아이디어의 구현을 결합하여 달성된다. 따라서 기업은 아이디어 개발과 관련된 프로세스뿐만 아니라 아이디어의 선택, 평가 및 실행과 관련된 프로세스를 지원할 필요가 있다(Jamrog, Vickers, & Bear, 2006; McLean, 2005). 따라서 혁신적인 문화는 직원들이 시간을 내어 창의적으로 생각하고 실험하도록 장려하고 다른 한편으로는 문제해결의 새로운 방법을 찾고 또 결과가 불확실하더라도 그 아이디어를 시도해 보도록 격려해야 한다(Miron et al., 2004).

2) 자유/자율성(freedom/autonomy)

권한 부여 및 의사 결정 참여로 나타나는 자유 는 혁신적인 문화와 관련된 가장 일반적인 요소 중 하나이다(Isaksen & Ekvall, 2010; Martin, 2002). 자유롭고 자율적 인 분위기는 조직의 창의성을 촉진하는 핵심 요소로 간주되는 직원의 내재적 동기부여를 증가시킨다(Amabile, 1998; McLean, 2005).

3) 위험 감수(risk taking)

성공적인 혁신은 첫 번째 시도에서 달성되지 않는 경우가 많다 그런데 만약 구성원들이 위험 감수가 위험할 수 있고 좋은 결과가 안 나올 수 있다고 생각한다면 그들은 어떤 창의성, 혁신 또는 실험에 따른 위험도 감수하려 하지 않을 것이다(Filipescu, 2007).

[표 13-1]은 혁신적인 조직문화의 요소들에 대한 기타의 연구결과들을 보여주고 있다.

표 13-1 혁신적 조직문화의 구성요소와 연구들

혁신적 조직문화의 요소	연 구
창의성, 주도성, 기업가 정신 (creativity, initiative, entrepreneurial mindset)	Wallach(1983), Shrivastava and Souder(1987), Claver et al.(1998), Schneider, Gunnarson, and Niles-Jolly(1994), Martins and Terblanche(2003), McLean(2005), Jamrog et al.(2006)
자유/자율성 (freedom/autonomy)	Shrivastava and Souder(1987), Ahmed(1998), Arad, Hanson, and Schneider(1997), Martins and Terblanche(2003), McLean(2005), Jamrog et al.(2006)

위험부담 (risk taking)	Wallach(1983), Claver et al.(1998), Martins and Terblanche(2003), McLean(2005), Jamrog et al.(2006)
팀워크 (teamwork)	Arad et al.(1997), Martins and Terblanche(2003), McLean (2005), Jamrog et al.(2006)
자원여유 (slack of resources)	Ahmed(1998), McLean(2005), Jamrog et al.(2006)
마케팅 지향성 (marketing orientation)	Martins and Terblanche(2003), Jamrog et al.(2006)
의사결정 (decision making)	Martins and Terblanche(2003), McLean(2005)
직원참여 (employee participation)	Claver et al.(1998), McLean(2005)
지속적 학습 (continuous learning)	Martins and Terblanche(2003)
유연성 (flexibility)	Arad et al.(1997), Martins and Terblanche(2003)

(3) Naranjo-Valencia et al(2016)의 연구

Naranjo-Valencia 등은 조직문화의 대표적인 모형인 경쟁가치모형(competing value model)을 이용하여 조직문화 유형과 혁신 성과에 대한 실증연구를 수행했다(Naranjo-Valencia et al, 2016).

그림 13-2 경쟁가치 모형에서의 조직문화 4 유형

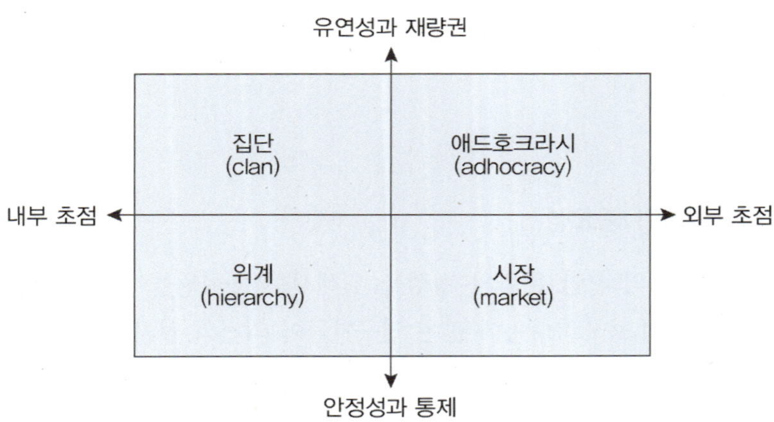

자료: Cameron & Quinn(1999).

경쟁가치모형은 Cameron과 Quinn에 의해 제시된 조직문화 유형으로 [그림 13-2]에서 보는 바와 같이 가로축은 내부초점과 외부초점으로 세로축은 유연성/재량권과 안정성/통제 차원으로 하여 이 두 축을 중심으로 네 개의 문화로 분류하고 있다(Cameron & Quinn,1999). 즉 왼쪽 상단으로부터 시계방향으로 집단(clan) 문화, 애드호크라시(adhocracy)문화, 시장(market)문화, 위계(hierarchy) 문화가 구분되고 있다.

이러한 문화유형과 기업의 혁신과 성과를 연결 짓는 실증연구를 수행한 결과 유연성과 변화를 강조하며 핵심가치가 창의성, 기업가 정신 및 위험 감수인 애드호크라시 문화를 지닌 기업들이 혁신과 기업성과라는 면에서 가장 우수한 것으로 나타났다. 반면 위계문화를 가진 기업들에서 혁신과 성과가 가장 저조했다. 위계문화는 통제위주의 조직구조를 지향하며 조직 내부 문제에 관심을 가진다. 그리고 핵심가치는 효율성, 규범, 규칙, 규정의 엄격한 준수이다.

결국 이 연구에서는 혁신과 성과는 창의성, 자율성과 위험감수와 긍정적으로 관련되는 반면 집권적 의사결정, 규정의 준수와 같은 문화적 속성들과는 부정적인 관련성을 가진다는 것을 보여주고 있다.

이상의 연구들을 종합해보면 혁신적(창의적)인 조직문화라는 관점에서는 종래의 조직문화의 특성이었던 통제(control), 준수(compliance), 동조(conformity)의 가치들은 부정적 영향이 더 크다. 반면 업무에서의 자율성, 비난과 실패를 걱정하지 않는 위험감수, 학습의 기회를 가질 수 있는 시도나 실험의 분위기 등 걱정 없이 자유롭게 뭔가를 적극적으로 시도하는 문화의 조성이 창의적 문화에 긍정적이다.

2. 실패의 용인

(1) 실패의 중요성

혁신적(창의적)인 문화의 형성을 위해서는 구성원들이 실패를 두려워해서는 안 되는 것이 중요하다는데 많은 연구자들이 의견의 일치가 보이고 있다. 사물인터넷(Internet of Things)의 창시자인 애쉬턴(K. Ashton)은 “성공하려면 우선 실패해야 한다(If you want to succeed you must fail first)라고 말하고 있다(Ashton, 2015).

반면에 우리는 실패를 피하고 실패는 나쁜 것이기 때문에 우리의 삶을 망칠 것이라고 배우고 있다. 기업에서도 대부분의 회사들은 여전히 실패하는 경우 직원을 해고하고 재배치하고 질책하는 등의 매우 보수적인 접근 방식을 채택한다. 그러나 조직의 구성원들이 잘못되는 것을 걱정한다면 위험성과 불확실성이 필연적으로 따를 무언가 혁신적이거나 획기적인 시도를 기대하기는 어렵게 될 것이다.

걸음마를 시도하는 유아를 생각해보자. 뒤뚱거리며 걷기를 시도하다 자주 넘어지는 아이를 보고 "걷는 것은 아무래도 너에게는 무리인 것 같다"라고 말리는 부모는 없을 것이다. 대부분은 다음과 같은 말로 아이를 격려할 것이다. "그래 처음은 그런 거야. 괜찮아. 이제 다 왔어. 너 할 수 있어."

따라서 창의성과 혁신을 구하기 위해서는 실패를 용인하는 분위기를 조성하는 것이 중요하다. 나아가 실패를 조직의 경쟁력의 하나로 생각하는 적극적인 사고와 노력이 필요하다.

조직에서 실패를 용인하는 것은 다음과 같은 이점이 있다(Morgan, 2015).

1) 혁신의 촉진

실패의 용인은 혁신을 촉진한다. 잘못될 수 있다는 두려움이 있을 때 구성원들은 자신의 아이디어에 대해 목소리는 자연히 작아지고 이렇게 기여도가 떨어지면 조직의 혁신은 부족하게 된다.

2) 참여도 향상

무언가에 실패한 사람이나 팀에 대해 두 가지 시나리오가 있다. 한 시나리오는 처벌을 하는 것이고 다른 시나리오에서는 보상이나 인정을 해준다고 생각해보자. 어떤 사람이나 팀들이 미래에 다른 아이디어로 기여할 가능성이 더 높아질까? 혁신과 참여의 문화를 원한다면 실패를 장려하고 처벌하지 말아야 한다.

3) 비효율성 제거

조직이 실패를 수용하고 장려 할 수 있다면 더 많은 자원을 소모하기 전에 잘못된 프로젝트와 이니셔티브를 보다 효과적으로 제거 할 수 있다. 종종 우리는 실패를 두려워하고 우리가 틀린 것을 인정하기 싫어서 실패한 아이디어나 접근 방식을 고집하기도 한다. 그러다보면 일찍 포기해야 마땅한 프로젝트에 많은 시간과 돈을 쏟아 부을 수 있다. 실패가 용인되는 문화라면 큰 부담 없이 전망이 없는 일들을 접을 수 있게 된다.

4) 귀중한 학습경험의 제공

실패가 중요한 것은 그 실패를 통해 우리가 무언가를 배울 수 있기 때문이다. 실패를 용인함으로써 조직은 직원들에게 생각하는 방법, 적응하는 방법, 원래보다 더 나은 미래의 아이디어를 개발하는 방법을 배운다. 구성원들은 자신의 아이디어가 실패한 이유와 다르게 수행 할 수 있는 방법을 이해할 수 있다. 실패로부터 교훈을 얻을 수 없다면 실패는 실패로 끝날 뿐이다. 실패는 학습의 기회가 되어야 한다(failing becomes learning). NVIDIA의 창업자이며 CEO인 젠슨 황(Jensen Huang)은 실패와 위험부담에 대한 용인을 강조하는데 이를 통해 학습의 기회를 가질 수 있다고 보았기 때문이다(인물탐구 참조).

미국 대법관인 로버츠(John Roberts)는 한 대학의 졸업식의 연사로 초대되어 미래로 진출하는 졸업생들에게 "불운(bad luck)"을 기원했다. 상식에 반하는 이러한 축사를 한 것은 그 졸업생들이 많은 불운을 자신들의 배움의 기회로 활용하기를 바랐기 때문이다.

(2) 실패 축하 프로그램

실패가 갖는 의미 때문에 일부 기업에서는 실패를 용인하는데 한 발 더 나아가 실패를 축하하거나(celebrating failure)거나 보상하는 (rewarding failure) 프로그램을 운영하기도 한다. P&G(Procter & Gamble)사는 "영웅적인 실패 상(heroic failure rewards)"을, Tata사는 "감히 시도하는 상(dare to try award)"을 운영하고 있다. Clash of Clan이란 게임을 개발한 핀란드 게임업체 Supercell사는 게임이 실패할 때마다 샴페인을 터트리는 행사를 가지며 Alphabet의 자회사인 GoogleX도 실패한 직원들을 보상해주는 프로그램을 운영한다(Morgan, 2015).

제약회사 Roche의 CEO인 Severin Schwan은 큰 프로젝트가 끝날 때 특히 성공하지 못할 때 연구 팀과 함께 샴페인을 터뜨리는 것을 좋아한다(Sayle & Hawker, 2015). 세계에서 가장 성공적인 제약 회사 중 하나이며 암 치료 분야에서 시장 가치를 2,500억 달러 이상으로 끌어 올리는데 기여한 탁월한 CEO의 반응치고는 이상하게 보일 수도 있다. 그러나 실패한 실험에서 얻은 교훈을 기념하는 축하 행사는 창의적인 문화형성에 의미가 크다. 잠재적인 신약 10개 중 9개가 실패로 판명되는 본질적으로 위험한 사업에서 위험을 감수하도록 장려하려는 노력은 회사의 창의적 문화의 중요한 구성 요소일 수 있다. "우리는 사람들이 위험을 감수하는 문화가 필요합니다. 위험을 감수하지 않으면 획기적인 혁신을 얻을 수 없기 때문입니다."라고 그는 말한다.

물론 이러한 실패를 축하하거나 보상하는 것은 책임의 소재를 흐리게 하거나 실수의 문화를 조성하자고 하는 것은 아니다. 실패에 대한 보상이 형편없는 과업 수행을 보상하는 것이 되어서는 안 된다. 이는 실패를 통해 학습이 이루어지고 그에 기반한 새로운 아이디어의 창출을 통해 혁신과 연계되는 구도 속에서 이루어져야 한다. 따라서 체계적이고 계산된 관리적 구도 속에서 이루어질 필요가 있다.

(3) 실패의 학습효과 부정론

실패가 의미가 있는 것은 앞서 설명한대로 그것이 우리에게 학습의 기회를 준다는 점에서이다. 그러나 최근에 한 연구에서는 이러한 입장에 정반대되는 입장을 보고하고 있다(Harrell, 2020), 즉 실패로부터 우리는 배우는 게 없다는 것이다.

시카고 대학의 Lauren Eskreis-Winkler와 Ayelet Fishbach는 실험대상자들이 매우 어려운 시험을 치도록 했다. 각 질문에 대해 가능한 두 가지 대답 중 어느 하나를 선택하는 테스트였다. 그런 다음 피험자의 절반에게는 맞은 것(성공 피드백)에 대한 피드백을 주고 나머지 절반에게는 틀린 것(실패 피드백)에 대해 피드백을 주었다. 시험이 끝난 다음에 모든 사람들에게 어떤 대답이 옳은지에 대한 완전한 정보를 주었다. 그리고 동일한 질문을 가지고 후속 테스트를 실시했다. 성공 피드백을 받은 사람들은 동일한 질문들에 정확하게 대답할 수 있었지만 실패 피드백을 받은 사람들은 훨씬 점수개선이 떨어졌거나 학습효과가 거의 없었다.

연구자들은 실패로부터 학습효과가 없는 것은 사람들은 개인적인 실패를 경험할 때 자신의 자아를 보호하기 위해 이를 외면하는 경향이 있기 때문이라고 해석하고 있다. 그래서 결과적으로 동기가 높지 않으면 실패로부터 배우지 않는다는 것이다.

다만 연구자들은 실패가 학습을 유도하는 두 가지 조건을 덧붙이고 있다. 하나는 전문지식(expertise)이고 다른 하나는 성장 마인드(growth mindset)이다. 첫째는 전문적인 지식이 있는 경우 실패의 충격이 적어 긍정적으로 반응하며 성장 마인드가 강한 경우도 실패가 학습기회로 긍정적으로 작용할 수 있다는 것이다.

결론적으로 이 연구자들의 연구를 인정한다고 해도 R&D환경에서의 대부분의 인력들은 이상의 두 조건을 갖추었다는 점에서 실패의 학습효과는 인정될 수 있는 여지가 크다고 할 수 있다.

인물탐구

NVIDIA 의 CEO Jensen Huang(黃仁勳): 실패를 딛고 나아가기(failing forward)

2016년 3월 우리 국민은 Google의 알파고(AlphaGo)와 이세돌 기사와의 대결의 충격을 아직도 생생하고 기억하고 있다. 그리고 이는 우리가 인공지능(AI)에 대해 새로운 기술에 이해를 가지는 계기가 되었다.

이세돌 기사와 상대가 되었던 구글의 알파고는 구글에서 개발된 것이지만 거기에는 다량의 반도체가 사용되었는데 그 중 중앙처리장치(CPU)는 Intel의 칩이었지만 그래픽처리장치(GPU)는 NVIDIA에 의해 개발된 것이었다, 당시만해도 NVIDIA를 아는 사람은 많지 않았다.

NVIDIA의 GPU를 주력제품으로 하는 미국의 테크기업이다. GPU는 인공지능, 데이터 센터, 자율주행, 메타버스처럼 4차 산업혁명을 위해 필수적인 장치로 발전하고 있다.

NVIDIA는 가장 핫한 혁신적인 기업 중 하나이다. 매출액은 2021년 기준 160억불, 매출성장율은 50%를 넘고 있다. 2019년만 해도 50불 이하인 주가가 2021년 9월 현재 200불 상회하고 있다. 2011년 현재 시가총액 600조에 이르는 기업으로 성장하고 있다.

이러한 회상의 폭발적인 성장이 배경에는 회사의 창립자이면서 CEO인 젠슨 황(Jensen Huang, Jen−Hsun Huang, 黃仁勳)이 있다.

그는 대만에서 태어났다. 어린 시절 태국으로 이주했지만 아시아 국가에 불안이 고조되자 가족이 그와 동생을 미국으로 보냈다. 그가 9살 때였다. 미국에서의 형편은 그리 좋지 못했던 것 같다. 숙모와 삼촌은 그를 켄터기(Kentucky) 주에 있는 문제청소년들이 가는 기숙학교로 보냈다. Hung은 방과 후에는 남자화장실 청소도 하고 또 Dennys(미국 패밀리 레스토랑 체인)에서 웨이터로도 일했다. 그는 이 시절의 경험이 그가 가진 수줍음을 극복하는데 도움이 됐다고 회고하고 있다.

그는 Oregon으로 이주해 Oregon 주립대학에서 전기공학을 공부하고 스탠포드에서 석사학위를 받았다. 그는 1993년 자신의 30번째 생일에 다른 동료들과 함께 그래픽 처리 장치 제조업체인 Nvidia를 공동창업했다.

지금은 유수한 기업으로 발전했지만 NVIDIA의 앞길이 순탄치만은 않았다. 창립초기에 여러번의 실패가 있었다. 그와 그의 파트너는 자본을 조달하고 팀을 고용하고 제품을 개발했다. 그러나 그들이 그렇게 믿고 개발한 제품은 성공을 거두지 못했다.

처음에 그는 CPU를 개발하려했다. 그러나 거기에는 상대하기 버거운 Intel이라는 거인이 있었다. 다음은 스마트 폰에 들어가는 모바일 칩을 개발하려했는데 이도 여의치 못했다. 그 위치에 있는 다른 사람들 같으면 그러한 좌절에 압도되었을 것이었다.

Huang은 낙심하지 않았다. 그는 성공이 아니라 역경이 닥쳤을 때 회사의 진정한 문화와 핵심 가치가 만들어지는 것이라고 믿었다. 그는 다음과 같이 말한다. "회사가 좋은 아이디어가 있으면 그 아이디어를 포기하지 않아야 합니다. 당신은 그것을 키우고 적응하며 계속 실패를 딛고 나아가야합니다. 그런데 전략이 실패했음을 인정하려면 지적 정직이 필요합니다. 그 방향에 대한 추가 투자가 성공하지 못할 것임을 인정해야 하니까요." 회사는 모바일 칩에 올인하지 않고 빨리 발을 뺌으로써 위기를 탈출했다.

다행히 GPU의 가능성을 믿고 제품 개발에 주력하여 일련의 신제품을 내놓은 것이 대박을 터트렸다. 1999년 나스닥에 상장하면서 '지포스(Geforce) 시리즈'를 출시했다. 지포스는 세계 최초의 GPU였다. CPU와 대비되는 GPU란 용어는 엔비디아가 지포스를 출시하면서 만들어졌다. GPU는 컴퓨터의 두뇌 역할을 하는 중앙처리장치를 도와주는 역할을 한다. 인텔이 생산하는 CPU가 주로 시스템을 제어한다면 GPU는 단순 계산을 담당해 CPU 부담을 줄여준다.

NVIDIA는 지포스의 성공에 힘입어 일약 GPU 업계 선두로 도약한다. 이에는 당시에 비트코인 채굴의 열풍이 큰 힘이 되었다. 비트코인 채굴에는 고성능의 GPU가 필요했기 때문이다. 또한 게임산업의 발전도 일조를 했다.

NVIDIA의 비약적인 발전의 근저에는 막대한 R&D에 대한 투자가 있다. 회사는 매출의 30%이상을 연구개발에 투자한다. 반도체 업계 평균이 7~8%란 점을 감안하면 엄청난 수치다. 직원 70% 이상이 개발자일 정도로 젠슨 황 CEO는 R&D를 중요시 했다.

Huang은 항상 2가지 핵심 원칙을 강조한다. 즉 지적 정직(intellectual honesty)과 위험 감수에 대한 용인(tolerance to take risks)이다. Huang의 말에 따르면 "위험 감수에 대한 용인은 자연스럽게 실패로부터 배우는 능력을 포함합니다. 이는 진부한 표현처럼 들릴지 모르지만 리더가 이를 수용하고 실행한다면 진부한 게 아닙니다."

그가 이끄는 NVIDIA는 원래 게임 칩의 지배자였지만 최근에는 인공지능, 데이터센타, 자율주행 그리고 메타버스 분야로 까지 확장하고 있다.

2021년 4월 Huang은 'GTC 2021(GPU 테크 콘퍼런스)'을 자신의 집 부엌을 무대로해서 온라인으로 개최했다. 그의 트레이드 마크인 가죽점퍼(스티브 잡스는 청바지에 터틀넥)를 입고 밝은 표정으로 최신 서비스를 발표했다. 뒤에 알려진 사실이지만 Huang의 주방은 가상공간이었고 연설의 일부는 메타버스상의 가상 캐릭터에 의해 이루어졌다. 회사가 개발한 메타버스 솔루션 옴니버스(Omniverse)의 실용사례를 대내외에 과시한 깜짝 소였던 것이다. Huang의 NVIDIA가 지향하는 사업의 행보를 가늠하게 하는 이벤트였다.

2021년 8월 Huang은 반도체산업협회(SIA)가 수여하는 최고의 상인 로버트 N. 노이스 상(Robert N. Noyce Award)의 수상자로 선정됐다. 그는 스탠포드 대학에 엔지니어링 센터를 위해 3천만 달러를, 오레곤 보건 과학 대학(Oregon Health & Science University) 암 연구실을 위해 5백만 달러를 기부하는 등 기부계 의 큰손이기도 하다.

자료: 강승태(2017), 이상덕(2021), Blazek(2021).

3. 실험하려는 의지

혁신적(창의적) 문화의 형성에 실패의 용인만큼이나 중요한 것이 실험(experiment)하려는 의지이다. 실험은 성공 여부가 불투명한 불확실성에서 이루어지는 것이기 때문에 이러한 실험의 시도가 왕성하게 이루어지는 것은 위험부담의 문화가 있다는 의미와 통한다.

(1) Amazon의 실험 문화

실험과 실패의 문화를 가장 풍부하게 갖고 있는 기업 중 하나가 Amazon이다. Amazon은 오늘날 혁신의 대명사이고 높은 시가총액을 자랑하는 회사이지만 사실 많은 실패의 흑역사를 딛고 오늘의 영광을 이룩한 기업이다.

이러한 Amazon의 실패와 실험의 문화는 역시 CEO였던 Jeff Bezos의 철학이 깊이 반영되어 있다. 그는 회사 내에서 줄곧 실패의 경험을 강조해 왔다. 다른 거의 모든 CEO와 달리 그는 위험을 감수하고 고객이 다음에 원하는 것이 무엇인지 알기도 전에 이를 상상함으로써 선제적으로 사업들을 펼쳤다. 다른 회사들은 엄청난 실수를 저지르는 것을 두려워하지만 Bezos는 신경 쓰지 않는 것 같다. 어떤 이유로 든 수백만 달러를 잃는다고 해서 고통스럽지 않다. 최종적인 성공만이 중요하다. 이는 엔터테인먼트, 기술, 특히 소매업에서 치열한 실험 문화를 낳았다. 그는 2017년 주주들에게 보낸 서한에서 "실패와 혁신은 쌍둥이"라며 "나는 아마존을 가장 성공한 회사라기보다 가장 편하게 실패하는 회사로 만들고자 한다"라고 실패의 중요성을 강조했다.

회사의 역사에서 여러 실패를 거듭했지만 그중 가장 타격이 컸던 것은 2014년 7월에 출시한 Amazon의 독자 스마트폰 브랜드 '파이어폰(Firephone)'이었다. 이는 Amazon이 Apple에 대항하기 위해서 자체 운영체제(OS)를 적용해 야심차게 내어 놓은 회사 최초의 스마트폰이었다. 그러나 비싼 가격과 호환성 부족으로 극심한 판매 부진을 겪으며 급기야 '공짜폰'으로 전락했다. 결국 출시한 지 두 달 만에 회사는 파이어폰 가격을 199달러에서 99센트로 대폭 인하했다. 그럼에도 불구하고 파이어폰 판매량은 늘지 않아 결국은 1년 만에 이 사업을 접을 수 밖에 없었다. 파이어폰이 출시된 2014년 3분기 아마존은 최악의 적자를 기록했다. 4억 3700달러의 적자 중에 무려 1억7000만 달러가 파이어폰 사업 부진 때문인 것으로 지목됐다.

그러나 이러한 큰 실패에도 Bezos는 개발진을 질책하지 않았다. 그는 "파이어폰은 재앙이었다"고 인정하면서도 "실패는 버리는 것이 아니라 이를 기반으로 새로운 비즈니스와 경험을 해야 한다"고 직원들을 다독였다. 결국 파이어폰 개발팀은 처절한 실패를 딛고 인공지능 음성인식 스피커인 '에코(Echo)'와 인공지능(AI) 비서 '알렉사(Alexa)'를 출시해 대박을 터뜨렸다. 그럼으로써 실패를 격려한 CEO에게 멋지게 보답했다.

Bezos는 한 신문과 인터뷰에서 아마존은 대부분의 벤처 캐피탈 회사가 사용하는 것과 동일한 모델을 운영한다고 말했다. 많은 실패를 거듭해도 적은 비율의 성공이 모든 손실을 보상해준다는 것이다. Bezos는 다음과 같이 말한다. "과감한 베팅을 하는 것은 일종의 실험이다. 그리고 그것들이 실험이라면 그것이 효과가 있는지 미리 알 수는 없다. 실험은 본질적으로 실패하기 쉽다. 그러나 몇 번만 성공해도 그것은 망가졌던 수십 가지를 일거에 보상해준다."

(2) 실험성공의 조건

혁신을 이룩하기 위해서는 조직의 일상에 실험의 문화가 정착되어야 한다. 그러나 실험의 실패는 비용과 에너지의 낭비가 동반된다. 따라서 실험의 문화조성과 함께 그것이 성공을 거둘 수 있는 환경의 조성도 필요하다.

Stefan Thomke는 '실험문화의 구축(building a culture of experimentation)'이라는 논문에서 요사이 유행하는 온라인 실험과 관련하여 다음과 같은 성공을 위한조건을 제시하고 있다. 즉, 직원의 호기심을 키우고 데이터가 의견을 능가하며 누구나(R&D 직원뿐만 아니라) 테스트를 수행하거나 의뢰 할 수 있고 모든 실험이 윤리적으로 수행되며 관리자가 새로운 리더십 모델을 수용하는 환경을 조성해야 한다(Thomke, 2020).

1) 호기심을 키워줄 것

조직의 모든 구성원들이 색다르고 놀라운 것에 가치를 두는 분위기를 조성할 필요가 있다. 이렇게 되면 구성원들의 호기심이 늘어나고 실패를 학습의 기회로 삼을 수 있게 된다.

전형적인 사례가 Amazon이 출시한 한 게임과 관련된 사건이었다. Amazon은 플레이어가 타워를 비행기 편대의 공격으로부터 방어하는 모바일 게임인 Air Patriots의 개정판을 내 놓았다. 회사가 새 버전을 출시했을 때 개발 팀은 시장 반응에 깜짝 놀랐다. 7일 사용자 유지율이 70%, 매출이 30% 감소했다. 팀은 실수로 게임의 난이도를 약 10% 증가 시켰음을 발견했다. Amazon은 신속하게 수정 사항을 제공했지만 개발자는 게임을 더 쉽게 만들면 유지율과 수익이 크게 증가 할 수 있을 지 의심했다 이를 확인하기 위해 그들은 추가로 4개의 새로운 난이도 수준으로 테스트를 실행했으며 가장 쉬운 변형이 가장 효과적이라는 것을 알게 되었다. 이를 바탕으로 수정된 새 버전을 출시했으며 이번에는 사용자가 20% 더 오래 플레이하고 수익이 20% 증가했다. 이번 사건으로 인해 회사는 통찰력이 생겨 새로운 실험의 출발점이 되었다.

Amazon이 보였던 반응은 사실 예외적이고 많은 회사에서는 불행히도 실험과 관련된 위험으로 인해 관리자는 추가자원의 할당을 꺼린다. 그러나 이런 기회는 다른 사람들이 그들을 따를 용기를 주는 이익을 가져다준다.

또한 많은 조직이 실험의 성격과 양에 대해 너무 보수적이다. 성공적인 실험의 중요성을 지나치게 강조하면 직원들이 익숙한 솔루션에 집중하게 된다. 그리고 실패 할 것으로 우려되는 아이디어의 테스트는 피하는 분위기를 조장할 수 있다.

2) 데이터 중시

의견의 대립이 있을 때는 그것이 누구의 의견이든 데이터를 중시해야 한다. 최근에 인터넷 포털을 가지 기업에서는 온라인 실험이 어렵지 않다. 이 경우 온라인 실험의 경험적 결과를 중시해야 한다. 그리고 실험에서 검증된 데이터에 근거하여 변경 사항을 구현하는 것이 필요하다. 온라인 여행업체 Booking.com은 온라인 테스트에 근거해 웹페이지를 변경하는 회사로 유명한데 이 회사의 한 중역은 "테스트 결과 웹 사이트 헤더가 분홍색이어야 한다고 나오면 그건 분홍색이어야 한다. 항상 시험 데이터를 따른다."고 회사의 정책을 말하고 있다.

그러나 여기에도 약간의 유연성은 필요하다. 데이터 외에 건강한 토론도 필요하고 '전략적 고려'도 반영될 필요가 있다.

Netflix의 오리지날 인기 TV 시리즈물에 '그레이스와 프랭키(Grace & Frankie)'라는 미국 드라마(미드)가 있다. 여기에는 두 명의 여배우가 주역인데 그레이스역에 Jane Fonda가 프랭키역에 Lily Tomlin이 등장한다. Tomlin도 유명스타지만 지명도 면에서는 Fonda(대배우 Henry Fonda의 딸)가 단연 앞선다. 그런데 프로의 광고에 대한 온라인 테스트 결과는 스타 중 한 명인 Tomlin 혼자만의 이미지가 포함된 프로모션이 두 배우 다 포함된 프로모션보다 잠재적인 시청자의 클릭이 더 많이 발생했다는 조사결과가 나왔다. 이 테스트 결과가 나왔을 때 회사 경영진은 의견이 갈렸다. 콘텐츠 팀은 Fonda를 제외시키면 여배우가 소외되고 계약을 위반할 수 있다는 점을 우려했다. '전략적 고려 사항'에 대한 경험적 증거를 제시하는 열띤 논쟁 끝에 Netflix는 고객 데이터가 결정을 뒷받침하지 않더라도 두 여배우가 모두 포함 된 이미지를 사용하기로 결정했다. 테스트 결과대로 의사결정이 이루어지지는 않았지만 그러나 실험적 증거는 결정과정을 보다 투명하게 만들었다.

3) 실험의 민주화

글로벌 온라인 여행사(Online Travel Agency: OTA)인 Booking.com의 모든 직원은 경영진의 허가 없이 수백만 명의 고객을 대상으로 실험을 시작할 수 있다(Thomke, 2020). 1,800명의 기술 및 제품 직원 중 약 75%가 회사의 실험 플랫폼을 적극적으로 사용한다. 표준 템플릿을 사용하면 최소한의 노력으로 테스트를 설정할 수 있으며 사용자 모집, 무작위 배정, 방문자 행동 기록 및 보고와 같은 프로세스가 자동화된다.

테스트를 진행하기 위해 개인 또는 팀은 전자 신청양식을 작성한다. 여기에는 실험 이름, 목적, 주요 수혜자(고객 또는 공급 업체), 관련 과거 실험 및 수정해야 할 수정 횟수가 A/B, A/B/C 또는 A/B/n 테스트 어떤 것을 할지가 포함된다(읽을거리 참조). 실험이 시작되고 실행되면 팀은 처음 몇 시간 동안 이를 면밀히 관찰한다. 1차 또는 2차 측정 항목이 빠르게 채워지면 팀은 테스트를 중지 할 수 있다. 초기 기간이 지나면 플랫폼은 계속해서 데이터 품질 검사를 자동으로 실행하고 이상이 있을 경우 경고 메시지를 보낸다. 개방성을 장려하기 위해 Booking.com은 성공, 실패, 반복 및 최종 결정에 대한 전체 설명과 함께 검색 가능한 과거 실험에 대한 중앙 저장소를 유지한다. 그리고 모든 사람이 진행 중인 실험에서 생성 된 실시간 정보를 볼 수 있다.

회사의 관계자의 주장에 따르면 Microsoft, Facebook 및 Google과 같은 일부 회사는 기계 학습과 같은 분야에서 기술적으로 더 발전할 수 있지만 간단한 A/B 테스트를 사용하면 모든 사람이 참여하는 데 더 성공적으로 참여할 수 있다. 회사는 조직 전체에서 테스트를 민주화했다고 말하고 있다.

물론 여기에도 문제점이 발생할 수 있다. 그 중 하나는 팀이나 개인이 Booking.com처럼 트래픽이 많은 웹 사이트에서 무언가를 깨뜨려 충돌을 일으킬 수 있는 위험이다. 다른 하나는 각 팀이 자체 방향을 설정하고 해결하려는 사용자 문제를 파악해야 한다는 점이다. 이를 위해서는 적절한 문제가 무엇인지에 대해 팀원들 간에 광범위한 교육과 지속적인 토론이 필요하다. 토론을 장려하고, 사람들은 의심스러운 점이 있으면 동료에게 연락한다. 누구나 실험을 시작할 수 있는 것처럼 누구나 실험을 중지 할 수 있다.

읽을거리

A/B 테스트(A/B test)

A/B 테스트는 마케팅과 웹 분석에서 많이 사용되는 기법으로, 버킷 테스트 또는 분할-실행 테스트라고도 해석된다. 이는 두 개의 변형 A와 B를 사용하는 종합 대조 실험(controlled experiment)이다

두 버전(A와 B)이 비교되는데 하나의 변형(예: 이미지, 텍스트, 색상, 레이아웃 등)을 제외하면 동일하다. 버전 A는 현재 사용되는 버전(control)인 반면, 버전 B의 일부 사항은 시험을 위해 수정된 형태로 제시된다(treatment). 그 다음 두 버전에 대한 소비자 반응을 관찰한다.

예컨대 한 웹 사이트에서 한 개의 버튼 요소의 디자인만 다른 두 가지 버전을 무작위로 방문자에게 제공한 다음 웹상에서 나타나는 소비자의 반응을 보아 두 디자인의 상대적인 효용성을 측정할 수 있다.

자료: Wikipedia(2021).

4) 윤리적 고려

새로운 실험을 고려할 때 기업은 사용자가 테스트를 비윤리적이라고 생각할 수 있는지 신중하게 생각해야 한다. 이 문제를 소홀히 하면 대중의 분노를 야기할 수 있다.

Facebook의 한 사례가 이를 잘 보여준다(Thomke, 2020). Facebook은 2012년에 실행한 일주일 간의 실험을 통해 정서 상태가 플랫폼에서 전염성이 있는지 알아보고자 했다. 긍정적인 뉴스 기사를 적게 보면 긍정적인 게시물의 수를 줄이게 되는지 확인하기 위해 뉴스 피드(feed), 즉 뉴스 콘텐츠 제공을 다시 조정했다.

네트워크는 또한 사람들이 부정적인 뉴스 기사에 덜 노출되었을 때 그 반대가 발생했는지 여부도 테스트했다. 이 실험에는 무작위로 선택된 거의 690,000명의

사용자가 참여했으며, 이 중 약 310,000명이 자신도 모르게 뉴스 피드에서 조작된 감정 표현에 노출되었고 나머지는 무작위로 선택한 게시물의 해당 개수만큼이 생략된 통제 조건하에 놓이게 되었다.

Facebook과 코넬 대학의 연구자들이 실험결과를 학술지에 발표했을 때 대중의 분노가 터졌다. Facebook의 데이터 과학 팀은 수년 동안 논란 없이 눈치 채지 못한 사용자를 대상으로 실험을 해왔지만 이번에는 정서 조작이 신경을 건드렸다. 비판가들은 Facebook의 일반 데이터 사용 정책에 대한 참가자의 동의가 충분한 지에 대해 우려를 제기했다. 그들은 회사가 사용자가 테스트를 거부 할 수 있게 해주어야 하며 연구를 위해 데이터를 수집했다는 점을 분명히 했어야 한다는 점을 지적했다. 학습 관점에서 이 실험은 성공적이었다. 그 효과는 매우 작지만 정서적 전염이 온라인에 존재한다는 것을 발견했다. 그러나 일부 사용자는 페이스 북이 과학의 이름으로 이를 악용했다고 느꼈다.

5) 새로운 리더십 모델

실험의 문화가 정착되기 위해서는 관리자의 역할도 중요하다. 이를 위한 새로운 리더십 모델의 정립이 필요하다(Thomke, 2020).

첫째, 테스트 가능한 가설과 핵심 성과 지표로 분할될 수 있는 보다 큰 규모의 과제를 설정한다. 그래서 직원들이 자신이 담당하는 실험이 리더가 설정한 전반적인 전략적 목표를 어떻게 지원하는지 확인할 수 있어야 한다.

둘째, 대규모 실험이 가능한 시스템, 리소스 및 조직 설계를 배치한다. 거의 모든 아이디어를 과학적으로 테스트하려면 인프라가 필요하다. 여기에는 도구, 데이터 파이프 라인 및 데이터 과학자등이 포함된다.

셋째, 리더는 역할모델이 되어야 한다. 리더는 다른 모든 사람과 동일한 규칙에 따라 생활하고 자신의 아이디어를 테스트해야 한다. 상사는 지적 겸손을 보여야하며 "모르겠다"고 인정하는 것을 두려워해서는 안 된다.

넷째, 말로만 행동이 바뀌지 않는다는 것을 인식할 필요가 있다. 궁극적으로 실험주도 조직의 리더가 된다는 것은 직원이 자신의 테스트를 수행 할 수 있는 권한을 부여하는 것을 의미한다. 단순히 해도 된다고 말로 그치는 것이 아니라 실질적인 계획적 뒷받침을 해주어야 한다.

제 3 절 혁신적 조직문화의 작동 조건

1. 균형감각의 필요성

앞서 통제, 규범준수, 동조의 문화가 창의성이나 혁신에 부정적으로 작용하는 반면 자율성, 실패의 용인, 위험부담, 실험의 문화가 긍정적으로 작용하다는 것을 살펴보았다. 그러나 이러한 문화에서는 자칫 잘못하면 조직목표의 방향성을 잃고 구성원들이 안일한 자세로 인해 조직이 혼란에 빠지는 결과가 초래될 수도 있다는 우려도 제기된다. 즉 그러한 조직문화요소들이 무른(soft) 경영이 될 수도 있어 현실을 감안하여 엄격한(hard)관리로 어느 정도 균형을 맞출 필요성이 있다는 주장이다(Pisano, 2019). Pisano는 [그림 13-3]에서 보는 바와 같이 혁신적 문화요소로 알려진 것이 의미가 있으려면 현실에서는 그것들을 절제하는 요소들에 의해서 균형이 맞추어져야 한다는 점을 강조한다.

즉 실패에 대한 관용에는 무능에 대한 비관용이 필요하다. 기꺼이 실험하려면 엄격한 규율이 뒷받침 되어야 한다. 심리적 안전은 잔인한 솔직함의 분위기에서 그 효과가 있다. 공동 작업은 그와 더불어 개인의 책임과 균형을 이루어야 한다. 그리고 평탄조직에서는 강력한 리더십이 곁들여질 필요가 있다. 결론적으로 혁신적인 문화는 다분히 역설적이다. 이 역설이 만들어 낸 긴장을 조심스럽게 관리하지 않으면 혁신적인 문화를 만들려는 시도는 실패할 가능성이 크다는 것이다.

그림 13-3 혁신적인 문화요소와 반대가치의 균형

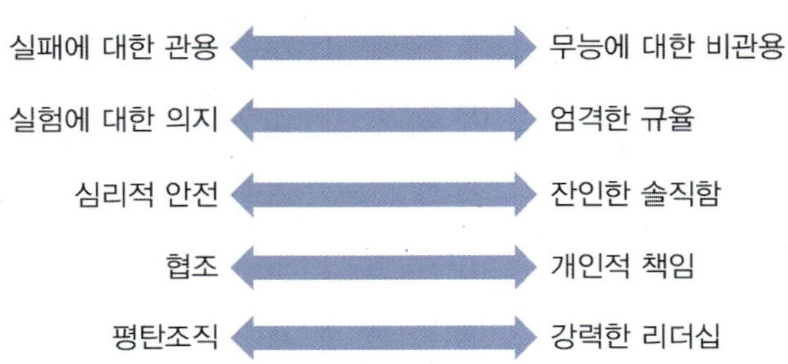

자료: Pisano(2019).

(1) 실패에 대한 관용 對 무능에 대한 비관용

실패에 대한 관용이 창의적 문화형성에 기여하는 것은 앞서 본대로 그 실패가 학습의 기회가 되기 때문이다. 그렇지 못하다면 실패는 조직에 재앙을 의미할 뿐이다. 실패가 학습으로 연결되려면 능력의 문화가 동시에 갖추어져야 한다.

따라서 혁신을 지양하는 빅테크 기업들은 가혹할 정도로 능력을 강조한다. Steve Jobs는 자신이 그 일을 할 수 없다고 생각하는 사람을 해고 한 것으로 악명이 높았다. Amazon에서 직원은 강제 곡선에 따라 순위가 매겨지고 분포의 하단 부분이 도태되는 강제순위법이 여전히 실시되고 있다. Google은 매우 직원 친화적인 문화를 가지고 있는 것으로 알려져 있지만, 구직하기 가장 어려운 곳 중 하나이기도 하다. 매년 회사는 약 5,000개의 직위에 대해 200만개 이상의 지원서를 받아 그중에서 최고인재가 엄선된다. 또한 기존 역할에서 탁월하지 못하면 새로운 역할로 이동시키는 엄격한 성과 관리 시스템을 갖추고 있다. Pixar사에서는 프로젝트를 제대로 진행할 수 없는 영화감독은 즉시 교체된다.

새로운 기술 또는 비즈니스 모델을 만들려는 시도에는 불확실성이 가득하다. 모르는 것이 너무 많으며 하면서 배워야 할 때도 많다. 이러한 상황에서는 "실패"는 앞으로 나아갈 길에 대한 귀중한 교훈을 제공한다. 그러나 실패는 잘못된 설계, 잘못된 분석, 투명성 부족 및 잘못된 관리로 인해 발생할 수도 있다. 그러므로 실패에 대한 관용이 의미가 있으려면 매우 유능한 사람들이 필요하다. Google은 대부분의 Google 직원이 매우 유능하다는 것을 확신 할 수 있으므로 위험 감수 및 실패를 장려 할 수 있는 것이다.

(2) 실험에 대한 의지 對 엄격한 규율

창의성을 북돋고 R&D성과를 높이려면 실험의 시도가 필요하다. 기존의 제품이나 서비스를 넘어서 미래를 위해 배울 기회를 갖기 위해서는 적극적으로 실험의 자세가 요구된다.

그러나 이러한 실험은 잘 계획된 구도와 규율 속에서 이루어질 필요가 있다. 규율이 없으면 거의 모든 것이 실험으로 정당화 될 수 있다. 따라서 규율 중심 문화에서는 실험을 선택할 때 잠재적인 학습 가치를 기준으로 따져보고 비용 대비 가능한 많은 정보를 산출하도록 엄격하게 설계해야 한다. 이를 위해 아이디어를 진행, 수정 또는 종료할지 여부를 결정하기 위해 처음부터 명확한 기준을 설정한다. 그리고 그들은 실험에 의해 생성 된 사실 데이터를 살펴본다. 문제가 있다면 초기 가설이 틀렸으며 유망해 보였던 프로젝트를 죽이거나 크게 방향을 틀을 필요성을 인정하는 것을 의미 할 수 있다. 희망없는 프로젝트를 죽이는데 훈련이 잘 되어 있으면 새로운 일을 시도하는 것에 덜 위험해 질 수 있다.

(3) 심리적 안전 對 잔인한 솔직함

심리적 안전은 개인이 보복에 대한 두려움 없이 문제에 대해 진실하고 공개적으로 말할 수 있다고 느끼는 조직적 분위기이다. 이 분야 연구의 대가인 Harvard Business School의 Amy Edmondson 교수가 이 개념에 대해 수십 년 동안 연구한 결과, 심리적으로 안전한 환경은 조직이 치명적인 오류를 방지 할뿐만 아니라 학습과 혁신을 지원하는 데 도움이 된다고 주장한다(Edmondson, 2006;2018).

그러나 심리적 안전이 혁신에 중요하기는 하지만 이를 의식해 사람들이 비판하고, 공개적으로 상사의 견해에 도전하고, 다른 사람의 생각에 대해 토론하고, 반론을 제기하는 것을 두려워하면 혁신이 무너질 수 있다.

따라서 심리적 안전의 문화가 있다면 동시에 다른 견해나 토론을 잔인할 정도로 솔직하게 표시해도 그리 불편한 감정을 느끼지 않는 문화가 동시에 존재해야 한다. 그렇지 않으면 문제점이 묻혀 지거나 잘못된 상황이 비판 없이 진행될 수 있다. 어떤 면에서는 악의 없이 솔직한 견해를 표시하는 것은 상대에 대한 존중을 의미할 수도 있다.

(4) 협조 對 개인적 책임

혁신 시스템이 잘 작동하려면 다양한 기여자들의 정보, 입력 및 상당한 노력의 통합이 필요하다. 이러한 협조적 문화에서는 서로 도움을 청하는 것이 자연스럽고 집단적 책임감이 형성된다.

그러나 이러한 협조적 문화가 자칫하면 개인책임의 소재를 흐릴 수 있다. 우리는 너무 자주 협업을 합의(consensus)와 혼동한다. 이 합의는 신속한 의사 결정과 혁신과 관련된 복잡한 문제를 해결하는 데 있어 독이 될 수 있다. 궁극적으로 누군가는 결정을 내리고 책임을 져야 한다. 책임 문화는 개인이 결정을 내리고 그 결과를 책임지는 문화이다

개인적 책임감이 협업 행동을 유도하는 좋은 사례가 Amazon이다. Andy Jass

y[1)]가 2003년 Amazon의 클라우드 컴퓨터 비즈니스 책임자가 되었다. 그의 가장 큰 도전은 향후 어떤 서비스를 구축할 것인가를 파악하는 것이었다. Jassy는 즉시 Amazon의 기술 팀, 비즈니스 및 기술 리더, 외부 개발자들의 도움을 요청했다. 이를 통해 받은 피드백은 결국 Jassy가 운영하는 120억 달러의 수익성이 있는 비즈니스인 아마존 웹 서비스(AWS: Amazon Web Services)의 초기 성공에 중요했다. 개인적인 책임이 확실한 상황에서 협업을 통해 프로그램을 성공시킨 좋은 사례이다.

개인적인 책임과 관련해서는 리더의 역할도 중요하다. 리더는 개인적인 위험이 발생하더라도 공개적으로 책임을 천명함으로써 책임을 지는 문화를 장려 할 수 있다. 몇 년 전 Paul Stoffels는 Johnson & Johnson의 제약 사업부에서 R&D를 이끌었는데 그의 그룹은 주요 후기 단계 임상에서 실패를 경험했다. 고위 경영진과 이사회는 프로그램이 실패했을 때 누가 잘못했는지 밝힐 것을 요구했다. 그 때 그는 이렇게 말했다. “내가 책임이 있습니다. 내가 만일 프로그램을 시작하고 관리하기 위해 위험을 감수한 사람들을 지목한다면 우리는 위험을 회피하는 조직을 만드는 것이고 상황은 더 나빠집니다. 저에게서 그치십시요.” 현재 J&J의 최고 과학 책임자인 Stoffels는이 이야기를 회사 전체의 직원들과 자주 공유한다. 그는 다음과 같은 간단한 약속으로 마무리한다. “당신은 위험을 감수하십시오. 비난은 내 몫입니다(You take the risk; I will take the blame).”

(5) 평탄조직 對 강력한 리더십

평탄조직(flat organization)은 창의적 문화 형성에 기여한다. 평탄조직에서는 한 사람의 리더 밑에 일하는 직원의 수가 늘어나고 대부분 재량권이나 임파워먼트가 이루어지기 때문이다. 여기서는 사람들은 행동을 취하고 결정을 내리고 의견을 표명 할 수 있는 넓은 권한이 부여된다.

그러나 역설적으로 평탄조직이 효과적으로 기능하려면 강력한 리더십이 요구된다. 평탄조직은 리더십이 명확한 전략적 우선순위와 방향을 설정하지 못할 때 종종 혼란에 빠진다. Amazon과 Google에서는 의사결정과 책임이 밑으로 내려가고 모든 수준의 직원이 혁신적인 아이디어를 추구 할 수 있는 높은 수준의 자율성을 누리는 매우 평탄한 조직이다. 그러나 두 회사 모두 목표를 전달하고 각

---

1) Andy Jassys는 2021년 7월 Jeff Bezos에 이어 Amazon의 CEO가 되었다.

조직의 운영 방식에 대한 핵심 원칙을 명확히 하는 믿을 수 없을 정도로 강력하고 비전을 가진 리더를 보유하고 있다.

평탄함과 강력한 리더십 사이의 균형을 올바르게 잡는 것은 경영진뿐만 아니라 직원들에게도 어려운 일이다. 고위 리더의 경우 설득력 있는 비전과 전략(큰 그림)을 그리는 것과 동시에 기술 및 운영상의 문제에도 능숙하고 유능해져야 한다. Steve Jobs 이러한 역량을 가진 리더의 훌륭한 예였다. 그는 Apple에 대한 강력한 비전을 제시했지만 동시에 기술 및 디자인 문제에도 광적으로 집중했다. 평탄조직은 직원들에게 그들 자신의 강력한 리더십 역량을 개발하고 행동을 취하고 자신의 결정에 대한 책임을 지는 것에 익숙해 질 것을 요구한다.

2. 집단주의 문화에서의 창의성 · 조직혁신

일반적으로 구미에 비해 동양 특히 한 · 중 · 일은 집단주의 문화가 강하다고 알려지고 있다. 여기서는 이러한 집단주의 문화와 창의성 · 조직혁신 간의 관련성에 대해 살펴보기로 한다.

개인주의(individualism)는 다른 무엇보다도 개인이 우선되고 존중되어야 한다는 믿음이다. 개인의 목표와 권리를 강조한다. 개인주의적 문화는 개인의 자율성을 강조하고 집단목표보다는 개인의 목표를 우선시하고 개성과 독특함의 관점에서 사람들을 정의한다. 주로 유럽과 미국을 비롯한 서구의 문화에서 이런 성향이 강하다.

반면에 집단주의(collectivism)는 개인보다 집단의 목표를 우선한다. 집단을 위해 일하는 개인이 평가받는다. 집단주의 문화는 집단의 화합과 응집성을 강조하고 사람들은 그가 속한 집단으로 정의된다. 이러한 집단주의 문화는 한국, 일본, 중국 등 동양을 중심으로 발전되었는데 혹자는 이 지역의 미작(米作)농업의 전통과 연관짓기도 한다. 동양도 최근의 서구적 가치관의 영향으로 전통적인 집단주의 문화가 매우 변하고는 있다. 국가별로 차이는 있지만 개인주의적 요소가 강화되고 있다. 그러나 문화란 쉽게 바뀌는 것이 아니어서 여전히 집단주의는 동양문화의 체질 속에 남아있다.

(1) 집단주의와 창의성 · 혁신 간의 관계

개인주의와 집단주의는 창의성이나 혁신 나아가 R&D 성과와 어떤 관련성을 갖는가? 이와 관련된 이론적 논의나 실증적 연구는 많지 않다.

일반적으로는 대부분의 경영학자나 심리학자들은 개인주의 문화가 창의성에 긍정적인 것으로 보고 있다. 개인의 자유로운 아이디어의 발상이 집단주의 문화보다 가능하다고 보기 때문이다. 이 분야에서 한 연구자들의 실험연구를 통한 연구결과를 주목해 볼만 하다(Goncalo & Straw, 2005).

이 연구자들의 실험연구에서는 먼저 연구 대상자들을 개인주의자(A)와 집단주의자(B)로 나누고 그 범주 중 하나에 명확하게 속하지 않는 사람들을 제외했다. 그런 다음 두 그룹 각각을 두 하위 그룹으로 다시 나누었다. 개인주의 그룹 중 하나(A-1)와 집단주의 하위 그룹 중 하나(B-1)는 주어진 문제에 대한 실용적(practical)인 솔루션을 만들도록 요청받았고 나머지 두 하위 그룹(A-2, B-2)은 창의적(creative)인 솔루션을 찾도록 요청받았다. 마지막으로 아이디어의 양과 질에 대해 결과물을 평가했다.

연구 결과는 창의성을 지시받았을 때 개인주의적 집단(A-2)이 집단주의적 집단(B- 2)보다 훨씬 더 창의적이라는 것을 보여주었다. 연구자들은 "개인주의적인 회사가 집단주의적인 회사만큼 효율적이지는 않지만 창의적인 아이디어를 위한 비옥한 기반을 제공할 가능성이 더 크다"라고 말하고 있다. 그들은 창의성과 혁신이 성공에 중요할 때 개인주의가 유리하다고 결론지었다.

연구 동료를 바꾼 후속 연구에서 Goncalo 등은 집단주의적 환경에서 많이 나타날 수 있는 동조압력(conformity pressure)이 집단 창의성에 어떤 영향을 미치는 가를 알고자 했다(Goncalo & Duguid, 2012). 그들은 그룹의 규범과 퍼스낼리티의 조합에 따라 동조압력이 어떻게 그룹 창의성을 억제하거나 높일 수 있는지 조사했다.

연구 결과 덜 창의적 개인으로 구성된 집단주의적 집단에서 구성원들이 아이디어 발상 동안 더 개인주의적이어야 한다는 압력을 받으면 — 예컨대 타인의 기분이나 감정에 신경쓰지 말라는 지시를 받으면 — 창의성이 향상된다는 것을 발견했다. 다시 말해 창의적으로 소심한 개인들은 독자적으로 생각하라는 지시에 다수의 창의적인 아이디어를 생산하는 것으로 반응했다. 그들에 의하면 개인주의적이 되라는 동조압력은 아이디어 표현을 촉진할 수 있지만 이는 창의성이 높지 않은 사람들로 구성된 그룹에서만 그러하다. 반면에 아주 창의적인 사람들의 집단에서는 개인주의를 격려하는 것이 창의성을 높였는데 이는 동조압력이 낮은 경우에만 그러했다.

이러한 연구결과가 나오는 한 가지 이유는 그룹 구성원이 다른 사람들의 생각에 대해 걱정하기 때문에 특히 기발하거나 독창적인 아이디어를 표현하지 않을 수 있기 때문이다. 이는 특히 집단주의 환경에서 문제이다. 이러한 연구결과는 아이디어를 개인적으로 작성하는 "브레인라이팅(brainwriting)"을 하는 상황에서 아이디어를 공개적으로 제시하는 브레인스토밍(brainstorming)보다 더 창의적인 아이디어를 생산한다는 것을 보여주는 이전의 연구결과와 궤를 같이 하는 것이다(Reis, 2012).

두 번에 걸친 연구의 결론은 다음과 같다. 개인주의는 창의성의 핵심 속성인 독창성을 강조한다. 그러므로 개인주의적 기업은 집단주의적 조직보다 창의적인 아이디어를 위한 더 많은 비옥한 기반을 제공할 수 있다. 그러나 집단주의 문화에서도 창의성 이 집단목표로서 명확하게 지시된다면 창의적일 수 있다.

이상의 연구결과들을 종합해보면 개인주의 문화가 창의성 발휘에는 우호적이지만 집단주의 성격이 강한 아시아권 문화에서도 다음과 같은 점을 유의한다면 창의성을 높일 수도 있는 여지는 존재한다.

첫째로, 더 개인주의적인 경향이 있는 타고난 창의적인 사람들에게는 집단의 규범을 따르도록 강요하지 않는다.

둘째로 기대되는 행동과 결과들에 대한 명확한 지침을 그룹 구성원에게 제공한다.

셋째로 덜 창의적인 직원들이 아이디어를 내는 경우에는 상대적으로 구조화된 환경의 안전한 범위 내에서 개인주의적이 되도록 장려한다.

(2) 집단주의와 창의성 · 혁신 간의 관계에 대한 상황적합적 접근

1990년대 일본에서는 반도체, 디스플레이 등 첨단기술의 발전을 자국의 집단주의 문화와 연관하여 해석하였다(한인수, 1994a, 1994b). 1990년대 말에 일본에서 꽃피운 첨단 기술의 대부분은 자국에서 기초가 성립된 것은 아니고 기초개념은 유럽이나 미국에서 발전된 것을 일본이 상업화한 것들이었다. 반도체가 그렇고 액정기술이 그랬다. 일부 학자들은 기초기술은 창의적인 구미에 의해 발전된 반면 이를 상업기술로 전환한 것은 일본에 의해서였는데 이를 일본의 문화의 특성과 관련하여 설명하였다. 즉 개인주의가 발달한 서구에서는 창의적 발상에 강점이 있어 기초과학이 발달한 반면 이를 공학적으로 상업제품으로 전환한 것은 일본의 집단주의 문화가 크게 기여했기 때문이었다는 것이다. 목표가 분명한 기술개발의 경우 집단주의 문화에서의 집단의 응집력이 크게 도움이 되었다는 것이다. 즉 구미가 기초과학이 강하고 일본은 공학이 강한 배경을 개인주의와 집단주의의 문화배경으로 연관지어 설명했다. 동시에 이러한 주장의 배후에는 반드시 자국 문화가 기초과학의 발상에 약점이 있다는 것을 자탄하는 측면도 존재했다. 특히 동양의 문화에는 빌 게이츠(Bill Gates)와 같은 인물(당시에 혁신가는 그가 대표적이었다)가 탄생할 수 없다는 점을 아쉬워했다.

최근에는 미국과 중국의 대립과 관련하여서도 비슷한 논의가 이루어지고 있다. 집단주의 문화가 강한 중국은 제조에 강한 반면 개인주의 문화가 강한 미국은 발명을 보다 잘 육성할 수 있다는 것이다. 결국 미국은 중국에 비해 혁신에서 경쟁적 이점을 가질 수 도 있지만 제로섬(zero sum) 사고를 탈피하여 서로의 장점을 살려 평화롭게 교역을 한다면 양자에게 다 득이 될 것이라는 것이다(Fry, 2021).

개인주의 집단주의라는 문화적 특성과 창의성, 혁신간의 관계에서도 긍정적이냐 부정적이냐의 단선적인 결론을 도출하기는 쉽지 않다. 개인주의가 유리하다는 연구가 존재하는가 하면 집단주의도 상황에 따라서는 유리할 수 있다는 연구들이 혼재한다. 집단주의, 다양성, 창의성 간의 관계에 대한 최근 한 연구에서는 팀이 다양성 인식이 높을 때 집단주의는 창의성을 촉진하는 조건을 조성하는 것으로 나타났다(Ye & Robert, 2017). 집단주의는 또한 다양성에 대한 부정적인 인식을 상쇄함으로써 팀원들 사이에서 더 많은 만족을 촉진했다.

집단주의와 개인주의를 대표하는 대만과 캐나다인을 대상으로 창의성과의 관계를 연구한 한 실험연구에서는 개인주의 문화(캐나다)에서는 집단주의(대만) 문화에 비해 아이디어의 생성이라는 면에서는 우월했다(Saad & Ho, 2015). 그러나 도출된 아이디어의 질(독창성)에서는 집단주의에서 더 높았다. 개인주의 문화에 속하는 캐나다인들은 자신의 아이디어를 적극적으로 언급한 대신 지나치게 자신의 아이디어를 과신했다. 그리고 의견의 불일치나 부정적 견해를 표명하는 경향이 있었다. 반면 집단주의 문화인 대만인들의 샘플에서는 도출된 아이디어 수는 적었지만 독창적인 아이디어들이 비교적 많이 나왔다. 그러한 이유로는 집

그림 13-4 개인주의 · 집단주의와 창의성 · 혁신에 대한 상황적합적 접근

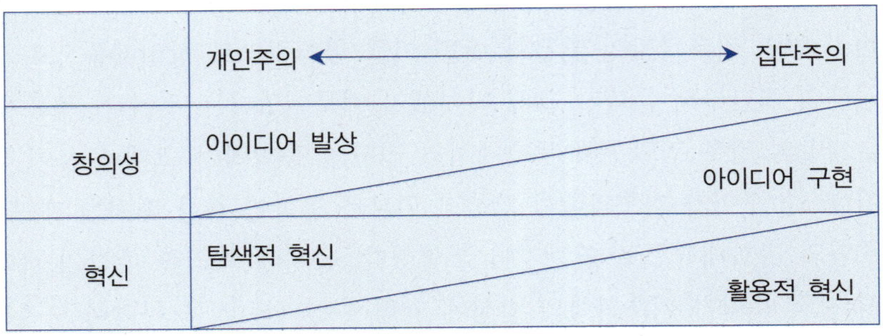

단주의 문화의 특성 중에 구성원들이 타인을 의식해 행동지향적이기 보다는 시간을 좀 더 갖고 성찰적이 되는 경향이 있기 때문이라는 것이다(Gaskell, 2015).

따라서 이러한 혼합된 연구결과들로부터 볼 때 집단주의가 창의성이나 혁신과 가지는 관련성에 대해서도 상황적합적인 접근이 필요함을 알 수 있다. 그러한 접근이 [그림 13-4]에 나와 있다. 창의성에서 보면 개인주의는 창의적 아이디어의 발상(ideation)에서 강하다. 개인의 자유분방함이 허용되기 때문이다. 반면에 아이디어의 구현에서는 집단주의 전통이 도움이 될 수 있다. 집단의 응집성을 통해 1장에서 설명한 구심력의 발휘가 가능하기 때문이다.

동일한 논리선상에서 혁신과의 관계를 보면 개인주의의 문화는 탐색적 혁신에 강점이 있는 반면 집단주의는 활용적 혁신에 유리하다는 주장을 할 수 있다. 탐색적 혁신(exploitative innovations)은 급진적 혁신(radical innovations)이라고도 하며 기술탄도를 근본적으로 변화시키는 혁신이다. 반면 활용적 혁신(exploitative innovations)은 점진적 혁신(incremental innovations)으로 기업의 현재 기술적 역량을 작게 변화시키는 혁신을 의미한다(Benner & Tushman, 2003). 활용적 혁신은 획기적인 창의적 발상이라기보다는 활용도 등에서의 개선 등이 주를 미루므로 중의를 모은다는 점에서 집단주의가 도움을 줄 수 있다.

(3) 집단주의 문화의 활용

앞서 살펴 본대로 개인주의와 집단주의 문화는 어느 일방이 창의성이나 혁신에 긍정적이라고 말할 수 는 없다. 문화적 특성이 나름대로 장점을 발휘할 수 있는 상황이 있으므로 상황적합적 접근이 필요하다.

집단주의 문화의 성격이 여전히 뿌리깊은 우리의 입장에서는 창의성이나 혁신과 관련하여 고유한 문제점을 경계하고 장점이나 잠재력을 극대화하는 자세가 필요하다.

1) 집단주의 문화에서 경계할 점

집단주의 문화에서 창의성이나 혁신과 관련하여 가장 큰 문제 중 하나는 집단규범에 동조를 강요하고 이를 지키지 않는 사람을 제재한다는 것이다. 집단주의 문화에서 가장 강력한 제재수단은 사회적 추방이다. 가장 나쁜 형태의 제재가 소위 '왕따'를 시키는 것이다. 따라서 집단주의 문화에서 이상한(unusual) 사고나 그런 사고를 하는 사람을 잘 허용하지 않는다. 나아가 집단으로부터 배제한다. 우리나라에서는 '모난 돌이 정 맞는다'라는 말이 있듯이 일본에는 '모난 말뚝이 얻어 맞는다'라는 비슷한 말이 있다. 이러한 문화에서는 창의적 사고에 필수적인 자유롭고 발산적인 사고가 위축될 여지가 크다. '눈치가 있는 사람'은 집단이 정한 틀을 벗어나는 행동이나 사고로 자신이 속한 집단에 긴장을 야기하지 않으려 행동한다. 반면에 '눈치가 없는 사람'은 때로 집단의 여타 구성원들의 비난의 대상이 되기도 한다. 매우 창의적이었으나 외톨이가 될 수 밖에 없었던 마스오카 후지오(舛岡富士雄)는 일본의 집단주의 기업문화의 대표적인 희생자였던 것이다(인물탐구 참조). 따라서 집단주의 문화에서는 창의성과 혁신이 살아나려면 이러한 메커니즘을 차단해야 한다. 구성원들이 창의성에 필요한 심리적 안전을 확보해 줄 수 있도록 리더나 조직이 특별히 배려해주지 않으면 안 된다.

둘째로 집단주의 문화에서는 전통적으로 권력거리(power distance)가 큰 경향이 있다. 즉 윗사람과 아랫사람과의 심리적 거리가 크다는 것이다. 집단질서를 잘 유지하기 위해서이다. 이러한 상황에서는 자유롭고 창의적인 사고의 발휘가 어렵다. 윗사람의 심기를 불편하게 할 수 있는 언급 자체를 자제하는 경향이 생긴다. 집단주의 문화에서는 권력거리를 축소하기 위해 특히 리더의 역할이 중요하다. 접근이 용이하며 다양한 사고를 경청하고 용납해주는 리더십이 특히 필요하다.

2) 집단주의 문화의 잠재력

집단주의 문화도 관리여부에 따라서는 창의성과 혁신에 크게 보탬이 될 수 있다. 집단주의 문화가 가질 수 있는 잠재력에는 다음과 같은 것들이 있다.

첫째는 최근의 조직혁신은 협업을 강조하고 있다는 점이다. 개인주의 문화에서도 관리여부에 따라 협업을 유도하는 데 문제는 없을 수 있다. 그러나 집단주의는 혁신에 필요한 협업을 위한 사회적 기반이라는 점에서 강점이 있을 수 있다.

둘째는 집단주의 문화에서는 '따듯한' 조직이 가능하다는 것이다. 한국이나 일본과 같은 동양문화에서는 환경변화에 따라 많이 바뀌기는 했지만 일을 하는 직장이더라도 거기서 가족관계의 따듯함을 느끼고 싶어 한다. 많은 사람에게 가장 이상적인 직장은 '가족'같은 분위기의 직장일 것이다. 일본은 일찍이 기업을 '확대된 가족'으로 인식하고 '경영가족 이데올로기'를 발전시킨 바 있다(한인수 외, 2020). 연공제도라는 임금제도가 바로 이 이데올로기의 발로인 것이다. 물론 이러한 이데올로기는 현대적인 환경변화의 상황에서 낡고 뒤떨어진 것으로 폄하되기도 하지만 가족이나 공동체에서 느낄 수 있는 따듯함을 추구한다는 점에서 그 의미는 결코 작지 않다. 많은 동양의 직장인들은 자신이 일하는 일터가 '찬' 곳이기 보다는 '따듯한' 곳이기를 원할 것이다. 많은 동양인이 더운 음식을 좋아하듯 직원을 배려하는 '따듯한 경영'은 동양인들에게 체질적으로 잘 먹히는 경영방식이다. 특히 우리나라 사람들에게 정(情)은 어디서나 중요한 삶의 가치이다. '정(情) 경영'이란 특이한 용어가 생긴 곳도 우리나라이다.

이러한 따듯한 경영이 창의성과 혁신에 도움을 준다는 주장이 최근 제기되고 있다. 일련의 연구들에서는 조직이 혁신적이고 창의적이 되기 위한 방안의 중요한 요소로 실패와 모호성에 대한 관용, 장기 미래지향성 외에 [그림 13-5]에 나온 것처럼 따듯한 조직이 중요하다고 주장한다(Price, 2019). 이러한 연구자들이

그림 13-5 혁신과 혁신적 사고의 촉진요소

따듯한 조직의 촉진

따듯한 조직은 후원적이고 쉽게 접근할 수 있으며 우호적임. 직원들간에 긍정적 접촉이 있고 개인은 동료의 지원을 받고 있다는 느낌을 받는다.
모든 사람은 내편이다.

실패와 모호성에 대한 관용 권장

직원과 리더가 모두 돌봄과 관심의 대접을 받는다.
틀려도 좋다.
신뢰를 북돋는 사회적 활동이 바람직하고 엄격한 위계관계를 풀어주는 데 도움이 된다.

장기 미래지향성의 육성

조직구성원은 조직을 나가게 만드는 비전에 의해 통합되어야 한다.
현재는 미래가 만들어지는 시간이다.
낙관주의가 동기부여와 아이디어를 육성한다.

자료: Price(2019).

대부분 비서구인들이라는 것이 흥미롭다.

이 연구들에서는 조직의 온도라는 개념을 도입해 조직을 '따듯한(warm)' 조직과 '찬(cold)' 조직으로 나누고 있다(Hashim, Ishak & Hilmi, 2017). 따듯한 조직이란 조직의 직원들이 서로에 대해 또는 회사에 대해 후원적이고 쉽게 접근할 수 있으며 우호적이라고 느끼는 조직이다. 반면에 찬 조직은 직원들이 매우 유능할 수도 있지만 너무 심각하고 인간관계가 냉냉한 조직이다. 찬 조직은 생산적이고 조직적이며 매우 공식적일 수는 있다. 그러나 이러한 냉냉함이 창의성을 북돋지는 못한다. "따뜻한" 조직은 직원 간의 긍정적인 사회적 접촉을 특징으로 한다.

그래서 팀 구성원이 협력적이고 창의적이라고 느끼는 조직을 만들려면 따뜻한 온도를 조성할 필요가 있다. 따듯한 조직에서는 개인은 주변 사람들로 부터지지를 받고 있다고 느끼며, 심지어 관리자가 "자신의 편"이고 "자신의 성공을 응원하는" 것처럼 느낄 수 있다(Hashim, Ishak & Hilmi, 2017). 따뜻한 조직은 직장에서 사회적 기회를 만들고 대화, 놀이, 에너지에 대해 합리적인 관용을 함으로써 직원들이 유대감을 형성하도록 돕는다. 이러한 분위기에서 개인은 감정이나 개인 세부 사항, 독특하고 도전적인 아이디어에 대해 자유롭게 토론할 수 있게 된다(Bagheri et al, 2016). 그럼으로써 혁신적인 사고를 촉진한다.

이러한 연구결과들에 기초하면 따뜻함은 혁신의 주요 촉진제이다. 그러나 대부분의 조직은 현실적이고 진취적인 창의성을 배양하기에는 너무 "차가운"것으로 평가된다. 따듯한 조직문화를 구성하기 위해서는 집단의 동료들을 감성 지능, 보살핌 및 관심으로 대하는 것이 효과적이다(Maamari & Majdalani, 2017).

집단주의 문화는 이러한 조직의 따듯함을 마련하기에 유리하다는 점에서 혁신이나 창의성과 관련하여 잠재력이 있다고 할 수 있다. 우리 나름대로 집단주의 문화의 장점을 살릴 수 있는 여지가 있는 것이다.

인물탐구

대접받지 못한 영웅: 마스오카 후지오(舛岡富士雄)

키옥시아(Kioxia Holding Corporation)는 일본의 반도체 기업으로 낸드(NAND)플래시 메모리 반도체(이하 NAND 플래시)분야에서 한국의 삼성에 이어 세계 2위의 시장점유율을 지닌 유명기업이다. 도시바(東芝: Thosiba)가 NAND 반도체 사업부를 매각하면서 설립된 기업이다. 처음 이름은 '도시바 메모리 홀딩스였'고 2019년 10월 지금의 키옥시아로 개명했다.

이 회사는 NAND 플래시 분야 세계 2위는 자랑스러운 기록이기는 하지만 내용을 들여다보면 선구자의 영광을 유지하지 못한 쓰라린 역사를 발견하게 된다. 왜냐하면 키옥시아의 전신인 도시바는 세계 일류의 가전 메이커였으며 반도체 기업의 강자로써 세계 최초로 NAND 플래시 메모리 반도체를 발명한 기업이었기 때문이다. 실로 NAND 플래시 반도체를 탄생시킨 아버지에 해당하는 기업이 어쩌다 경쟁기업까지 포함된 '베인캐피탈 컨소시움'에 지분의 상당 부분을 매각하게 된 것일까? 매각된 지분율은 49.9%로 경영권은 유지하지만 컨소시움에는 경쟁자이자 플래시 메모리의 후발주자인 한국의 SK Hynix의 참여까지 허락할 수 밖에 없었다. SK Hynix는 4조 원을 투자해 회사가 상장 후에는 15%의 의결권을 유지하게 되어있다. 물론 도시바의 쇠퇴는 새로운 사업으로 시작한 원자력 사업에서의 대규모 적자가 중요 원인이었고 NAND 플래시 분야는 여전히 수익을 창출해 주는 사업분야였다.

도시바가 NAND 플래시의 탄생의 주역이면서도 그 영광을 유지 못한 과정을 살펴보다 보면 우리에게 잘 알려지지 않은 한 사람을 발견하게 된다. 마스오카 후지오(舛岡富士雄, Fujio Masuoka)란 인물이다. 그는 도시바에서 세계 최초로 NAND 플래시를 발명하였다. 당시 나이는 40대 중반 직급은 과장직이었다. 그러나 그를 기억하는 사람은 일본 내에서 조차 많지 않다. 왜 그런 걸까? 이 분야에서 도시바란 기업과 마스오카씨의 행적을 쫓다보면 연구개발과 관련된 많은 시사점을 얻을 수 있어 자세히 소개하기로 한다.

미국의 경제지 Forbes는 2002년 마스오카를 "Unsung Hero"(숨은 영웅, 대접받지 못한 영웅)이란 기사와 함께 표지인물로 소개한 바 있다.

(1) 세계 최초로 플러시 메모리를 발명하다.

마스오카는 대학을 졸업하고 1971년(당시 24세)에 도시바에 입사한다. 거기서 입사 초기 훗날 멘토인 연구소 소속 武石喜幸을 만난다. 기차역에서 메밀국수를 사주면서 '아직 세상에 없는 것을 만들자'라는 武石의 말에 감명을 받고 "이런 사람과 함께 일하고 싶다고 생각했다"(舛岡)고 한다. 입사 후에는 武石의 기대대로 새로운 메모리도 개발하는 등 눈부신 실적을 올려 회사생활이 순탄하게 나가는 듯 했다. 그러나 입사 7년차 다소 좌절감을 맞보게 된다. 그 무렵, 도시바는 "DRAM"라는 메모리를 개발했다. 그러나 당시 이 분야에서 선두를 독주하고 있던 것이 미국의 인텔이었다. 회사가 아무리 고성능의 제품을 개발해도 잘 팔리지 않는 것이었다. 그럼 직접 내가 팔아보아야겠다고 영업직을 지원해 호기있게 미국으로 진출한다. 그러나 도시바 D램은 성능은 좋지만 가격이 비싸 잘 팔리지 않았다. 별 성과를 거두지 못하고 연구직으로 돌아오려고 했으나 그게 쉽지 않아 연구직으로의 복귀에는 거의 10여년이 걸린다.

바라던 연구직으로 복귀하여 연구를 진행하던 중 미국에서 영업을 하던 중 항상 거래처에서 듣던 말이 떠올랐다. "성능은 최소한으로 좋다. 더 싼 제품은 없나?"라는 말에서 성능 향상만 생각해서는 안 되고, 수요에 맞는 기능을 갖춘 제품을 저 비용으로 만들어야 한다고 깨닫는다. 그 결과 정보를 1 비트씩이 아니라 일괄 삭제할 수 있어야 하고 다소 성능을 떨어지더라도 비용을 1/4 이하로 줄일 수 있는 있어야 한다는 발상을 계속 발전시켜 나간 결과 NAND플래시 메모리를 발명하기에 이르렀다. 즉 NAND플래시 메모리의 발명은 그의 고객응대 경험이 큰 도움이 되었던 것이다.

마스오카는 이 아이디어를 실현하기 위해 예산 확보에 분주한다. 미래 가전을 비롯해 모든 제품에서 저가의 메모리가 필요하게 될 것이다. 반드시 성공시키기 위해 1,000만 엔(약 1억 원)의 예산이 필요합니다라고 호소한다. 그러나 당시는 "타사보다 조금이라도 고성능의 제품을 개발하는 것이 좋다"고 되어 있던 시대였기 때문에 굳이 성능을 떨어뜨린다는 마스오카의 아이디어는 사내에서 받아들여지지 않았다. 앞으로는 조깅을 하면서 음악을 듣는 시대가 되니 작은 메모리가 필요하다고 주장했지만 80년대에는 CD가 주류라서 마스오카의 얘기는 한낮 몽상가의 얘기처럼 치부되었다.

이 때 도움을 준 사람이 평생 멘토였으며 당시 연구소장을 맡고 있던 武石이었다. 그는 마스오카의 재목을 알아보고 손을 잡아주었다. "스스로 생각하고 스스로 행동하라"라고 격려하면서 다른 부서의 예산을 조정하여 연구비를 마련하여 주었다. 일본기업의 풍토에서 매우 예외적인 일이었다.

마스오카가 이끄는 연구팀은 천신만고 끝에 드디어 1987년 세계최초로 세계 최초의 NAND 플래시 메모리 칩을 개발했다. 당시 대부분의 데이터 저장은 자기 테이프로 이루어지고 있었는데 마스오카가 이끄는 팀이 NAND플래시의 실제 적용을 위한 길을 열었다. 그의 리더십 하에 팀은 하루 종일 작업하면서 회로 구조와 재료를 면밀히 조사했다.

(2) 뜻을 이루지 못하고 도시바를 떠나다.

그러나 이러한 각고의 노력에도 불구하고 그들의 성과는 사내에서 제대로 평가받지 못했다. 막상 제품화하려고 하니 새로운 문제가 가로 막았다. 그 당시에 NAND플래시에 대한 시장이 형성되지 못했다.

"아직 스마트 폰도 없던 시절이었기 때문에 저렴하고 소형이며 고용량 메모리를 만들어도 시장이 없었다." 즉 시대를 너무 앞서 갔던 것이다. 뿐만 아니라 이것의 장래를 내다 볼 줄 아는 경영진의 혜안과 비전도 없었기 때문에 마스오카의 입지는 좁아졌다.

게다가 엎친데 덮친 격으로 武石의 별세소식이 전해졌다. 마스오카는 대부분의 많은 엔지니어나 과학자가 그러하듯 자기주장과 자신감이 넘치는 기인이었다. 상사들과도 직설적으로 맞서는 사람으로 일반적으로 일본기업의 평균적인 회사원의 모습과는 거리가 있어 사내에 적도 많았다. 그 때마다 힘이 되어주었던 사람이 武石이었다. 武石의 별세는 마스오카에게는 보호막이 없어진 것과 같았다.

회사는 마스오카에게 技監이라는 새로운 직위를 제안한다. 이는 소장 다음의 2인자의 위치여서 명목적으로는 승진이었지만 '키워서 죽인다'는 의미의 사실상의 좌천을 의미했다. 부하도 하나도 없고 연구비도 없이 자리만 지키는 의미 없는 자리였다. 일본에서 소위 창제족(窓際族)[2]에 속하게 된 것이다. 연구를 하는 엔지니어에게는 연구를 불가능하게 하는 사형과 같은 승진이었다. 그는 몇 년을 어떻게든 연구를 계속하게 해달라고 간청하다. 결국 1994년 23년간 재직했던 정든 직장 도시바를 떠나 도후쿠(東北) 대학 교수직으로 옮기게 된다.

마스오카는 도시바에서 엄청난 성공을 이룩했지만 그러나 그 성공을 누리지는 못했다. 그는 낸드 칩의 상업적 생산이 시작되기 전인 1994년에 도시바를 떠났다.

마스오카가 떠난 후 이후 사태는 급변한다. 2000년대 PC의 보급으로 NAND플래시의 매출이 폭발적으로 늘어난 것이다. 2001년에는 시장규모는 9조 엔을 돌파했고 도시바는 2001년 DRAM 사업에서 철수하고 NAND플래시 메모리에 경영 자원을 집중시킨다고 발표한다. 시대가 드디어 마스오카를 따라 잡은 것이다. 그 후 스마트 폰 등 여러 소형 전자기기가 속속 등장하면서 NAND플래시의 시장규모는 엄청나게 성장하게 된다.

DRAM과 플러시(NOR+NAND)의 시장규모와 마스오카의 동향

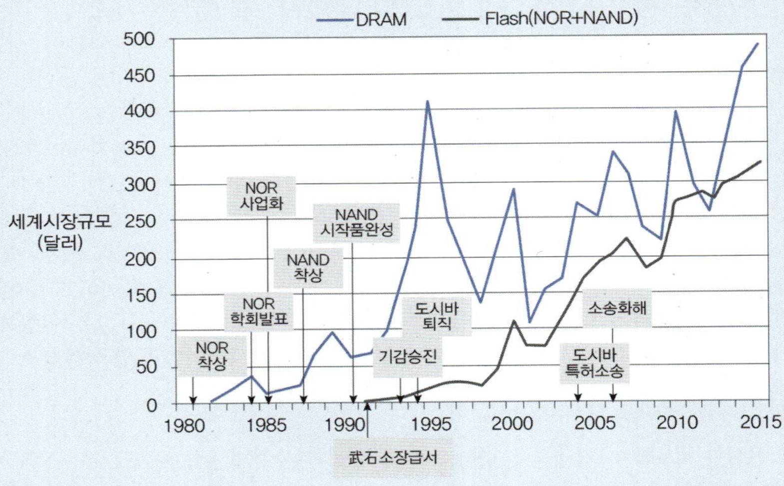

자료: 湯之上隆(2017).

마스오카가 회사를 떠나기 전 도시바의 경영진은 매우 큰 판단 착오를 범한다. 기술의 진가를 판단하지도 못한 탓이기도 했지만 성숙하지 못한 시장의 확대를 위해 경쟁사라고 할 수 있는 인텔과 한국의 삼성에게 자신들이 개발한 기술의 일부를 공여한 것이었다. 기술의 큰 잠재력을 간파한 삼성의 경영진들은 집중적인 자원의 투입을 통해 일거에 도시바를 제치고 이 분야의 세계 1위를 차지하게 된다. 전자산업에서 일본이 한국에게 추월당하는 많은

2) 창제족이란 일본에서 조직으로부터 밀려난 집단이라는 의미로 쓰인다. 자신이 앉는 책상이 창가로 이동한다는 의미로 조직의 평가가 낮아지고 있으니 스스로 알아서 판단하라는 무언의 암시를 의미한다.

사례[3]에는 투자의 적기를 실기한 일본기업 경영진의 무능이 주요한 원인으로 지적되고 있다. 도시바로서는 기억하고 싶지 않은 뼈아픈 실책이었다.

(3) 회사를 상대로 특허소송을 제기하다.

마스오카는 대학으로 옮긴 후 자신의 연구를 계속 진행하였다. 일본에서는 인정을 받지 못했지만 국제적으로는 그의 업적이 인정되어 1997년 뉴욕의 전기 전자 공학회(the Institute of Electrical &Electronics Engineers)는 Morris N. Liebman 기념상을 수여했다.

그런데 돌연 마스오카는 2004년 3월 2일에 도시바를 상대로 도쿄 지방 법원에 소송을 제기했다. 자신이 발명한 플래시 메모리 특허로 도시바가 얻은 최소한 200억 엔의 이익 중 발명자의 기여도를 20%로 산정하여 본래 받아야 상당한 대가가 40억 엔이지만 그 일부 10억 엔의 지불을 요구하였던 것이다.

그러나 이 소송을 접한 일본의 여론은 싸늘했다. 회사에 소속되어 회사의 돈으로 연구한 업적에 대해 발명자가 자신의 몫을 요구하는 것은 너무 이기적인 처사라는 것이었다. 개인보다 집단과 조직을 우선하는 일본 특유의 풍토가 반영된 것이라 할 수 있다.

이에 마스오카는 이렇게 항변한다. "돈이 문제가 아니다. 일본기업은 엔지니어에게 합당한 대우를 해주어야 한다"라고.

결국 2006년 7월 27일에 도시바와의 소송은 끝난다. 도시바 측은 마스오카 대해 8700만 엔을 지불하라는 조건으로 화해가 성립된다. 그로서는 그간의 소송비용 정도에 불과한 액수였다.

(4) 사례에서 얻을 수 있는 몇 가지 교훈 들

마스오카 자신이 뛰어난 업적을 올렸음에도 '대접받지 못하고 숨은 영웅'이 된 배경, 도시바가 새로운 기술의 개발자였으면서도 업계의 선두자리를 놓친 이 사례는 R&D 관리와 관련하여 몇 가지 시사점을 준다.

① 모난 성격의 양면성

마스오카가 대접받지 못한 영웅이 된 배경에는 그의 모난 성격도 일조했을 것이다. 주위의 전언에 의하면 그는 자기 확신과 자기 주장이 너무 강한 사람이었다. 때로 상사에게도 직설적으로 맞섰으며 많은 사람이 그 밑에서 일하고 싶어 했지만 엄청난 독재형이었다. 인간관계가 좋다고는 할 수 없었으며 조화를 중시하는 전형적인 일본기업의 풍토와 불화를 빚었다. 그러나 그의 이러한 성격은 양면성이 있는 것이어서 혹자는 그런 강렬한 개성이 "상식으로는 생각할 수 없는" 발상을 가능하게 한 것으로 평가하고 있다.

② 후원적인 상사

독창적이지만 관계가 나쁜 연구자의 양면성은 어떤 환경을 만나느냐에 따라 재산이 되기도 하고 부채가 되기도 한다. 마스오카의 경우 武石이라는 후원적인 리더를 만났을 때 재능

---

3) LCD 산업에서의 일본이 한국에 의해 역전되는 과정은 다음 문헌을 참고하기 바람. Han, In-Soo & Oh, Keun-Yeob(2013), LCD *Industry in East Asia: Competition and Cooperation among Japan, Korea, Taiwan and China*, Lambert Academic Publishing; Han, In-Soo & Oh, Keun Yeob(2014), "The Mixture of Fortune and Sweats: The Success of Korean LCD Industry in East Asia", *Asian Social Science*, 10(2), pp. 126-138.

이 꽃 피웠지만 그가 별세한 후 조직의 '골칫덩이'로 전락한다.

③ 창의성 촉진 기업문화

도시바의 기업문화가 당시 창의성을 촉진하지는 못했다고 할 수 있다. 마스오카라는 양면성을 지닌 인재의 잠재력을 인식하고 수용하는 조직문화를 조성하지 못하고 있었다. 물론 마스오카가 발명한 NAND 플래시 메모리의 잠재력을 인식하지 못한 것이 그를 포용하지 못한 주요 이유지만 "튀어 나온 말뚝이 두들겨 맞는다"는 일본속담이 예시하는 것처럼 다양성과 독특한 개성을 수용하지 못하는 일본의 집단주의 문화는 창의적인 연구개발에 그리 긍정적인 문화는 못되었다.

④ 기술을 비즈니스로 연결하는 경영진의 비전 부족

도시바는 뛰어난 기술자 집단을 보유하고 있었지만 이를 비즈니스로 연결시킬 수 있는 경영진의 역량에는 한계가 있었다. 경영진은 DRAM으로 충분히 돈을 벌고 있었기 때문에 새로운 기술에 대한 도전의식이 부족했다. 시장변화를 제대로 읽지 못했으며 동종의 다른 업체들을 넘어서는 모험을 하려 하지 않았다. 지나친 조심은 일본기업 경영의 장점이자 결정적 단점이다. 큰 실책도 범하지 않지만 필요한 시기에 과감한 결정과 변화를 시도하는 노력이 부족하다. 이러한 경영방식은 적기에 과감한 대규모 투자를 망설이게 해 사업의 선두자리를 삼성과 같은 한국기업에 내주는 계기가 된다.

⑤ 발명직원에 대한 보상

마스오카의 말대로 그는 NAND 플래시 발명의 대가로 거의 금전적인 보상을 받지 못했다. 발명 직원에 대한 특별한 보상을 안 하는 것은 많은 일본기업의 관행이었다. 이제는 도시바도 많은 변화를 해서 연구자가 자신의 연구에 10%의 시간을 쓸 수 있고 특허수입을 통해 회사로부터 받을 수 있는 돈이 과거 미화 8000불(800만 원)에서 2015년 기준으로 8,000불(8천만 원) 정도로 인상되었다지만 아직은 국제수준에 훨씬 미달하고 있다. 2000년대까지만 해도 상한은 10만 엔(한화 1,000만 원)에 머물렀다.

이제 기술기업에서의 빈번한 인력이동을 생각해 볼 때 이직을 관리하기 위해 발명직원의 로열티에 대한 적절한 보상이 강구되어야 할 것이다.

실리콘 밸리의 컴퓨터 역사박물관에 가면 컴퓨터 혁명의 증인들인 빌게이츠나 스티브 잡스의 사진과 함께 낯선 동양인 한 사람의 사진이 걸려있다. 잘 안 알려진 마스오카의 사진이다. 그 밑에는 다음과 같은 문구가 적혀 있다. "메모리를 발명했으나 잊혀진 느낌(Inventing memory, but feeling forgotten)."

자료: Forbes(2002), 湯之上隆(2017).

제 4 절 혁신적 R&D 조직문화의 실제 사례

1. Apple의 조직문화

Apple은 창의적인 혁신을 위한 조직문화를 가지고 있다. 회사의 문화적 특징은 높은 수준의 혁신을 유지하는 데 중점을 두고 있고 창의성과 관습에 도전하는 사고 방식을 강조한다. 이러한 문화에 힘입어 공격적이고 신속한 기술 혁신 및 제품 개발에 대처하고 있고 경쟁력과 산업 리더십을 유지하고 있다. 구체적인 조직문화는 다음과 같은 특징으로 구성된다(Meyer, 2019a).

(1) Apple의 조직문화의 특성

1) 창의성

Apple의 경영진은 직원의 지식, 기술 및 능력 중에서 창의성을 선호한다. 이러한 기업문화의 특성을 통해 회사는 특히 제품 설계 및 개발 프로세스에 관련되어 직원들에게 충분하게 창의성을 발휘할 수 있게 보장한다. 이러한 창의성은 Apple의 여러 제품들 중에서도 혁신적인 제품이었던 iPhone, Mac, iPad의 디자인과 기능에서 볼 수 있다. 또한 조직 문화는 고객의 기대와 선호도를 충족시킬 수있는 회사의 역량을 유지하는 데 도움이 된다.

2) 혁신

Apple의 조직문화는 신속한 혁신을 지원한다. 이 회사는 세계에서 가장 혁신적인 회사 중 하나로 자주 평가된다. 이러한 문화적 특성을 바탕으로 회사는 혁신할 수 있도록 교육하고 동기를 부여한다. 그리고 이러한 신속한 혁신을 통해 회사는 고객을 대상으로 수익성 있고 매력적인 신제품을 지속적으로 출시 할 수 있었다.

3) 최고 수준의 우수성

앞서 설명한 창의성과 혁신을 위해서는 최고의 인재가 필요하다. 따라서 Apple에서는 최고의 인재만을 고용하고 유지하려는 문화가 존재한다. Steve

Jobs는 최고의 인재만을 채용하고 기대에 미치지 못하는 직원은 가차 없이 해고하는 것으로 유명했다. 후임 Tim Cook의 취임이래 조직문화의 색깔은 바뀌었지만 이 전통에는 큰 변함이 없다. 이러한 전통은 직원들 사이에서 최고 수준의 우수성을 장려하고, 모니터하며 기대하는 기업 문화를 유지하고 강화하고 있다. 우수성은 비즈니스, 특히 주요 성장 전략인 제품 설계 및 개발에서 중요한 성공 요인으로 간주된다.

4) 비밀주의

Apple은 기업운영에 있어 지나칠 정도의 비밀주의(secrecy)를 고수하고 있다. 이는 Steve Jobs의 개성이 반영된 것으로 볼 수 있다. 그래서 기술의 개발이나 제품의 출시 사업파트너의 선정에 이르기까지 비밀주의를 엄수하며 이를 어기는 직원이나 협력업체에 대해서는 강력한 제재를 가하고 있다. 이러한 비밀주의는 독점 정보 또는 지적 재산의 도난을 최소화하기 위한 회사 전략의 일부이다. 또한 Apple이 경쟁 업체에 대한 선도적 우위를 극대화 할 수 있도록 하는 전략적 관리 접근 방식이기도 하다. 따라서 기업문화를 통해 직원들은 회사 내에서 비즈니스 정보를 유지하도록 권장되고 기대된다. 이러한 문화적 특성은 회사의 정책, 규칙 및 고용계약을 통해 강화된다. 이러한 비밀주의의 지나친 고수는 순기능도 있는 반면 내부 구성원들뿐만 아니라 외부 사업 파트너들의 원성의 대상이 되고도 있다.

5) 온건한 전투성

Apple의 조직문화를 논하면서 전투적인 문화를 빼어놓을 수는 없다. 이는 Steve Jobs의 개인적 성격과 리더십과 연관이 있었다. 그는 직원들이 과연 Apple에서 일하는데 필요한 것을 갖고 있나를 확인하기 위해 무작위로 어려운 일에 도전시킨 것으로 유명했다. Tim Cook의 리더십 아래 회사는 기업 문화를 보다 사교적이고 덜 전투적인 문화로 바꾸고 있다. 그럼에도 불구하고 전투성은 비즈니스에 여전히 중요한 영향을 미치고 있다. Apple의 기업 문화는 직원의 성과 향상을 목표로 하는 도전적인 과제를 제시한다는 점에서 중간 정도의 전투성을 보여준다.

6) 소규모 팀의 효과적 활용

Apple에서는 혁신적인 제품개발에 있어 소규모 팀을 효과적으로 활용하는 문화를 갖고 있다. 회사의 전직 엔지니어로 여러 혁신적인 제품개발에 참여했던 Ken Kocienda는 그의 저서 "창조적 선택(Creative Selection)"에서 Apple에서는 소규모의 사람들이 창의적인 선택의 지속적인 프로세스를 통해 7가지 필수 요소를 적용하여 업무 문화를 구축했다라고 말하고 있다(Kocienda, 2018).

우선 그는 팀의 규모가 매우 작은 점에 놀랐다고 말한다. 현재 수억 명의 사람들이 사용하는 제품을 만든 팀, 예건대 Mac 용 Safari를 구축 한 팀은 세 명에 불과했다. 2005년 말까지 나중에 iOS라고 불리는 프로젝트 "Purple"을 작업하는 팀은 25명 미만이었다. 2007년 출시된 iPhone의 경우도 프로젝트에 대한 비밀유지를 위해 소규모 그룹이 추진했다. 팀은 작지만 이 소그룹은 열정적이고 재능있고 상상력이 풍부하고 독창적이며 항상 호기심이 많은 특징을 가지고 있었다고 적고 있다.

Kocienda에 따르면 Apple의 제품 개발 접근 방식에는 다음과 같은 "7가지 필수 요소"가 갖추어져 있다(Kocienda, 2018).

① 영감(inspiration): 큰 아이디어를 생각하고 가능한 것을 상상
② 협업(collaboration): 다른 사람들과 잘 협력하고 상호 보완적인 기술을 결합
③ 재능(craft): 고품질의 결과를 달성하기 위해 기술을 적용하고 항상 더 잘하기 위해 노력
④ 근면(diligence): 필요한 지저분한 일을 하고 지름길에 의지하지 않음
⑤ 결단력(decisiveness): 힘든 선택을 하고 지연 또는 미루기를 거부
⑥ 취향(taste): 세련된 판단 감각
⑦ 공감(empathy): 다른 사람의 관점에서 세상을 바라보는 능력

(2) Apple 조직문화의 장 · 단점

Apple 조직문화의 장점은 최고 수준의 우수성, 창의성 및 혁신이 결합되어 업계에서의 리더십을 뒷바침하고 있다는 점이다. 회사는 혁신 및 제품 디자인 측면에서 리더로서 확고한 위치를 점하고 있다. 이러한 문화적 특성은 Apple과 회사의 인력이 경쟁 업체보다 우위를 차지할 수 있도록 지원하고 있다.

반면에 단점으로는 우선 업무상 강한 압박감을 들 수 있다. 기술 혁신의 전통

을 유지하기 위해 Apple 직원은 항상 자신의 업무에 최선을 다해야 하고 최선의 성과를 내어야 했다. Steve Jobs 시대에 직원들은 가장 단순한 실수로도 해고될 수 있는 끊임없는 두려움 속에서 일해야만 했다.

두 번째로 비밀주의와 전투성의 부정적 측면이 존재한다. 비밀주의는 직원들 간의 유대감 형성을 제한한다. 또한 온건하지만 전투성은 직원들의 사기를 제한하거나 감소시키기도 한다. 그리고 이러한 문화적 문제는 비즈니스의 효율성을 감소시키고 직원 이직률을 높일 수 있다.

이러한 조직문화는 Tim Cook의 취임 이후 많이 바뀌는 추세이지만 여전히 Apple의 조직문화의 중요 특징으로 자리 잡고 있다. 사실 이러한 문화적 특성은 부정적 측면도 있지만 어떤 면에서는 Apple의 경쟁력과 산업에서의 선도적 위치의 원천이기도 하다.

2. Amazon의 조직문화

Amazon은 전자상거래와 클라우드 시장에서 독보적인 위치를 점하고 있는 기업이다. 회사의 조직문화는 구성원들의 행위에 영향을 미치는 전통과 가치를 설정해준다. 예를 들어, Amazon의 조직(기업) 문화는 구성원들이 기존의 한계와 관습을 뛰어 넘어 명석한 아이디어와 솔루션을 개발하도록 촉구한다. 이러한 조직문화는 전자상거래와 클라우드 분야에서의 기업의 선두적 위치를 확보하고 유지하는데 기여했다.

(1) Amazon 조직문화의 특징

Amazon은 직원들이 아이디어를 탐색하고 위험을 감수하도록 하는 기업 문화로 유명하다. 회사의 비전 선언서에는 다음과 같은 문구가 있다. “우리는 개척자의 회사이다. 과감한 베팅을 하는 것이 우리의 일이며 우리는 고객을 대신하여 발명함으로써 에너지를 얻는다. 성공은 확실성(probable)이 아닌 가능성(possible)으로 측정된다”. 이러한 문구는 다음과 같은 Amazon의 조직 문화의 특징과 연결된다(Meyer, 2017b).

1) 대담함(boldness)

아마존은 구성원들이 대담하게 일하는 것을 장려한다. 이러한 기업문화의 특징이 회사가 데이터 집약적인 정보 기술을 통해 처음에는 책을 거래하는 것으로 시작했지만 다양한 품목들을 온라인으로 판매함으로써 이 시장을 과감하게 개척한 방식에서 나타나고 있다. 그 과정에서 Amazon의 직원들은 비즈니스를 수행하기 위한 새로운 아이디어를 내는 등의 위험을 감수하도록 권장했다.

대담함을 강조함과 아울러 회사는 또한 조직의 다양성 정책을 기반으로 새로운 아이디어에 대한 개방성을 촉진한다. 조직문화의 이러한 기능을 통해 Amazon은 문제를 해결하거나 전자상거래 비즈니스를 개선할 수 있는 최상의 아이디어를 찾아가고 있다.

2) 고객 중심성(customer centric)

Amazon은 회사의 비전 선언문에도 나와 있듯이 비즈니스에서 고객 중심성을 강조한다. 이 요소는 회사의 조직문화에도 포함된다. 예를 들어 Amazon은 고객의 요구와 수요에 대한 직원의 집중력을 강조한다. 회사는 소비자 선호도의 추세와 변화를 파악하기 위해 지속적으로 노력하고 있으며 이러한 선호도를 온라인 소매 및 관련 서비스에 적용한다. 이러한 기업 문화의 특성을 통해 Amazon은 전자 상거래 비즈니스가 확장됨에 따라 고객 만족에 대한 유효성을 줄곧 유지하고 있다.

3) 특이성(peculiarity)

Amazon의 조직문화에는 특이성의 추구라는 것도 포함된다. 즉 전통에 도전하는 것을 중시한다. 예를 들어, Amazon은 직원들이 자신은 물론 자신의 업무를 기존의 비즈니스 수행 방식과 다르게 생각하도록 동기를 부여한다. 이 회사는 종전부터 내려오는 전통은 비즈니스의 성장 잠재력에 제약을 가한다는 생각을 갖고 있다. 따라서 이러한 기업문화의 특징을 통해 Amazon은 직원들이 전자상거래 비즈니스에서 최대한의 잠재력을 발휘하게끔 상자 밖 사고를 하도록 동기부여 시킨다.

(2) Amazon 조직문화의 장 · 단점

Amazon의 조직문화는 뚜렷한 명암(明暗)을 지니고 있다.

조직문화의 장점은 회사의 문화적 특성이 혁신을 지원한다는 데 있다. 예를 들어, 대담함과 독창성은 Amazon이 전자 상거래 비즈니스를 개선하기 위한 새로운 아이디어를 직접적으로 촉진하고 있다. 이 조직 문화의 또 다른 장점은 회사가 항상 소비자의 기대와 선호도를 충족시킬 수 있도록 고객에 집중한다는 것이다.

Amazon의 조직문화의 단점은 직원의 입장에서 느끼는 심리적, 육체적 중압감이 매우 크다는 것이다. 특히 직원들이 업무를 수행 할 때 대담하고 독특한 접근 방식을 취할 것을 강조하고 있으며 직원이 할 수 있는 최대치를 기대하는 점은 엄청난 심리적 압박으로 작용한다. 앞서 제10장 성과관리에서 2015년 New York Times의 기사에서 Amazon이 무자비하고 비인간적인 문화를 지닌 것으로 보도되어 회사 내·외부에 충격을 주었던 사건이 있었음을 설명한 바 있다. 이러한 기사에 대해 지나친 것이라는 여론도 있었으나 Amazon 조직문화의 양면성을 보여주는 사건이었다고 할 수 있다.

또한 사람관리와 관련된 관행과 문화도 지적된다(Spicer, 2015). 한 전직 직원은 Amazon의 인력관리를 "의도된 다윈주의(purposeful Darwinism)"라고 이름붙이고 있다(10장 성과관리 참조). 회사는 직원들 사이에서 경쟁구도가 활성화되면 조직성과가 높아진다고 생각한다. 여기에 적응 못하는 직원은 도태되는 것이 당연하다는 문화가 존재한다. 혹자는 이러한 문화를 '검투사(gladiator)' 문화라고도 이름한다. 회사는 다양한 측정 항목으로 직원을 측정하고 성과에 따라 순위를 매긴 다음 세 그룹으로 나눈다. 아낌없이 보상을 받는 소수의 고성과 그룹, 자신의 일을 고수하는 평균적인 대규모 그룹,그리고 조직에서 "관리되야 할" 성과가 낮은 세 번째 그룹이다. 세 번째 그룹은 한 전직 직원의 말처럼 "버스 밖으로 외교적으로 내 던져진다."

Amazon의 과감함과 독창성을 강조하고 또 직원이 능력을 최대한으로 발휘하도록 재촉하는 문화는 양면성을 가지고 있다. 능력이 있어 이를 새로운 도전의 기회로 삼고 자신 능력의 극대발휘를 통해 성과를 낼 수 있는 직원에게는 성취의 기쁨을 줄 수 있다. 반면에 이러한 문화에 적응력이 떨어지는 직원에게는 지옥이 될 수도 있다. 그런 점에서 Amazon의 조직문화는 모든 사람들을 위한 것이 되지는 못하는 것 같다. 어떤 연구자는 Amazon의 조직문화를 평하면서 Amazon의 문화가 가혹할지는 몰라도 이는 회사이익에 기여한다라고 말한다(Dudovskiy, 2020). 또는 "회사가 성과를 내기 위해 조직문화가 꼭 따뜻하고 포근할 필요는 없다"는 식으로 회사의 문화를 옹호하기도 한다(Yohn, 2018).

3. Tesla의 조직문화

(1) Tesla 조직문화의 특징

Tesla, Inc.'s(과거에 Tesla Motors, Inc.)는 자동차 산업과 에너지 생성 및 저장 산업에서 혁신적인 비즈니스를 선도하고 있는 기업이다. 회사는 혁신적인 문제해결 조직문화를 가지고 있다. 이런 문화는 목표시장에서 발생하는 문제에 대해 수익성이 있는 솔루션을 개발하도록 동기부여한다. 예를 들어 Tesla는 기업 문화를 통해 전기 자동차, 배터리, 태양 전지판 및 관련 제품의 글로벌 시장에서 지속적인 성장에 중요한 인적자원 역량을 유지하고 있다. 이러한 방식으로 기업의 문화적 특성은 비즈니스 향상에 전략적 효과를 추가하는 채널로 기능한다. 이러한 문화는 회사의 기반을 구성하는 기술혁신을 유지하는 데 필수적이다. Tesla의 조직문화는 다음과 같은 6가지 특징을 가지고 있다(Meyer, 2019c).

1) 빨리 움직인다.

스피드는 Tesla의 경쟁 우위이다. 이러한 조직문화의 특징은 글로벌 시장의 트렌드와 변화에 발빠르게 대응하는 임직원의 역량의 중요성을 강조하고 있다. 예를 들어, 회사의 인적 자원은 경쟁 자동차 회사의 제품에 필적하거나 능가하는 첨단 제품을 개발할 수 있는 능력을 제공한다. 이러한 방식으로 Tesla의 기업 문화는 글로벌 자동차 산업의 현재 문제와 과제에 대한 신속한 대응을 통해 비즈니스 탄력성을 촉진하고 있다.

2) 불가능을 실현한다.

최첨단 제품을 개발할 때 Tesla는 직원들이 틀에서 벗어나 생각하도록 장려하는 기업 문화를 가지고 있다. 이러한 문화적 특성은 비전통적인 사고의 이점을 강조한다. 예를 들어, 인적자원 관리자는 직원들이 자동차 설계에서 생산성과 창의성의 기존 한계를 넘어 에너지 및 운송 요구 사항에 대한 새로운 솔루션을 개발하도록 교육한다. 이는 Tesla가 비즈니스 성과를 전략적으로 개선할 수 있는 새로운 기회를 열어준다. 이러한 문화적 조건은 또한 회사를 국제 자동차 및 에너지 솔루션 시장에서 급진적인 아이디어를 현실화시키는 영향력 있는 주체로 만들어주고 있다.

3) 끊임없이 혁신한다.

혁신은 Tesla의 핵심이다. 이러한 조직 문화의 특징은 회사의 지속적인 혁신 특성에 중점을 둔다. 예를 들어, 회사는 현재 에너지 저장 제품 설계를 개선하는 솔루션을 지속적으로 연구하고 개발한다. 이러한 비즈니스 분석의 맥락에서 끊임없는 혁신은 첨단 전기 자동차 및 관련 제품 개발에 도움이 된다. 지속적인 혁신은 강력한 산업 경쟁의 힘을 해결하는 데 필요한 경쟁 우위를 유지하게 해준다.

이를 위해 회사는 지속적인 혁신에 대한 보상을 제공하는 기업문화를 통해 이러한 요구를 해결하고 있다. 관리자는 직원이 비즈니스 프로세스 및 산출물에 있어 지속적인 혁신에 기여하도록 동기를 부여한다. 회사의 CEO인 Elon Musk는 "(회사에는)혁신은 보상을 받지만 혁신을 시도하지 못하는 데는 큰 페널티가 주어지도록 보상구조가 만들어져 있다"고 말하고 있다(Hermans, 2021).

4) '제1원리'로부터 추론한다.

Musk는 직원들의 사고에서 '제1원리'로 부터의 추론을 장려한다(읽을거리 참조). 이러한 원칙은 현실 세계의 문제를 이해하고 해결하기 위한 근원적 요인을 식별하는 데 중점을 둔다. 예를 들어 Tesla의 에너지 저장 제품은 재생 에너지 활용의 문제에 대한 솔루션 중 하나이며 동시에 에너지 활용 효율성을 향상시키는 문제에 대한 솔루션 중 하나이다. 직원들은 이러한 회사의 기업문화를 통해 업무수행에 있어 '제1원리'를 활용한다. Tesla의 인적자원 관리에는 직원들이 조직 문화의 이러한 특징에 익숙해지도록 교육하는 프로그램이 포함되고 있다.

5) 주인처럼 생각한다.

Tesla는 비즈니스 개발을 지원하는 사고방식을 유지하는 도구로 조직 문화를 활용한다. 예를 들어, 회사는 직원들이 조직을 소유한 것처럼 생각하도록 동기를 부여한다. 이러한 주인 의식은 다국적 기업의 자신의 직무와 전반적인 성과에 대해 직원들이 책임감을 갖도록 장려함으로써 Tesla의 기업 비전과 미션 선언문을 지원한다. 주인의식이란 여러 비지니스에서 기업의 통합성을 성장시키고 강화하는 데 도움이 되는 강력한 행동 요소이다. 이 기업 문화 특성은 직원을 회사의 전략적 목표와 일치시켜 전략적 효율성을 향상시킨다.

6) 우리는 하나다.

Tesla의 조직문화는 직원들을 하나의 팀으로 통합한다. 예를 들어, 이러한 문화적 특성은 팀워크를 통해 갈등을 최소화하는 데 도움이 된다. 이러한 팀워크는 회사의 인적 자원에서도 시너지 효과를 발휘한다. 결과적으로 기업문화는 직원의 재능과 기술의 혜택을 극대화한다. 시너지 효과를 내는 팀워크는 글로벌 자동차 시장에서 Tesla의 경쟁력에 기여하고 있다. 이러한 통합된 문화적 접근 방식은 조직 전체에 걸쳐 기업 경영 및 전략 구현을 용이하게 한다.

(2) Tesla 조직문화의 장·단점

Tesla의 조직 문화의 핵심은 혁신의 강조이다. 이러한 문화적 특성의 장점은 기업이 고객을 끌어들이는 첨단 제품을 개발할 수 있다는 것이다. 예를 들어 Tesla 자동차는 회사의 강력한 브랜딩과 결합되어 전기 자동차 시장에서 점점 더 많은 점유율을 차지해가고 있다. 이러한 이점은 Tesla의 일반적인 경쟁 전략 및 집중적 성장 전략과 일치한다. 또한 신속한 대응과 문제해결을 지원한다는 점에서도 유리하다. 이러한 문화적 특성은 회사가 새로운 기술에 뒤지지 않도록 하는 동시에 제품을 고객의 요구 및 선호도에 효과적이고 부응하게 만든다.

Tesla 조직문화의 단점은 직원들에게 끊임없이 혁신해야 한다는 압력이 너무 크다는 것이다. 혁신은 회사에 도움이 되지만 사람들에게는 큰 부담을 준다. 그럼에도 불구하고 이러한 문화적 특성을 적절히 구현하면 장기적인 비즈니스 경쟁력을 확보하는데는 도움이 된다. 또한 Tesla의 기업구조는 직원의 대응성에 제약을 가하고 있다. 이는 자동차 비즈니스의 우려 사항을 해결하기 위한 신속한 결정과 조치를 촉진하는 기업문화의 일부 장점을 상쇄하는 문제가 있다.

읽을거리

'제1원리(First Principles)': Elon Musk의 성공철학

(1) 제1원리의 의미

Elon Musk는 자신의 성공 비결은 철학에서의 '제1원리(first principles)'라고 말하고 있다. Musk에 의해서 새삼 조명된 제1원리는 사실은 아리스토텔레스(Aristotel)에 의해서 제기된 철학이다. 2000여 년 전 아리스토텔레스는 제1원리를 "사물이 알려진 첫 번째 기초"라고 정의한 바 있다. 쉽게 말하면 사물의 가장 기초가 되는 원리이다. "제1원리란 가장 기본적인 원리에 충실하는 것이고, 거기서부터 모든 것이 시작된다"라고 Musk는 말한다.

Musk는 한 인터뷰에서 다음과 같이 말한다.

"저는 유추(analogy)를 하는 것보다는 제1원리로부터 추론(reason from first principles)을 하는 것이 중요하다고 생각합니다. 우리는 인생의 계획을 세울 때도 보통 유추를 바탕으로 계획을 수립하곤 하는데요. 그렇게 하는 이유는 지금껏 다른 것들도 그런 방식으로 행해져왔기 때문이죠. 아니면 다른 누군가도 그렇게 해왔으니까요. 그러나 제1원리는 물리학적 방식으로 세상을 바라보는 것이거든요. 가장 근본적인 진실에 이르기까지 어떠한 문제를 압축해가는 건데요. 예를 들어 우리가 정말 참이라고 확신할 수 있는 것에는 무엇이 있을까? 라는 가장 낮은 질문으로부터 추론해 올라가기 시작하는 겁니다. 이렇게 하면 정신적으로 더 힘들겠지만요."

(2) Tesla에서의 제1원리의 적용

제1원리의 적용은 Tesla의 전기자동차용 배터리와 Space X사업에서 잘 나타난다.

① Space X사업

2002년에 머스크는 최초의 로켓을 화성에 보내기 위한 탐구를 시작했다. 이는 결국 우주항공 회사인 SpaceX가 될 아이디어였다. 그러나 그는 곧바로 큰 난관에 부딪혔다. Musk는 전 세계의 여러 항공우주 제조업체를 방문한 후 로켓 구매 비용이 최대 6,500만 달러에 달하는 천문학적 비용이라는 사실을 알게 되었다. 높은 가격을 감안할 때 그는 문제를 재고하기 시작했다. 그는 제1원리의 관점에서 생각했다. "로켓은 무엇으로 만들어졌나요? 항공우주 등급 알루미늄 합금과 일부 티타늄, 구리 및 탄소 섬유. 그런 다음 나는 상품 시장에서 그 재료의 가치가 얼마인지 물었습니다. 로켓의 재료 비용은 일반 가격의 약 2%라는 것이 밝혀졌습니다."

완성된 로켓을 수천만 달러에 사는 대신 머스크는 자신의 회사를 만들고 원자재를 저렴하게 구입해 로켓을 직접 만들기로 했다. 그 결과 SpaceX가 탄생했다.

몇 년 안에 SpaceX는 로켓 발사 가격을 거의 10배까지 낮추면서도 여전히 수익을 냈다. Musk는 상황을 기본으로 돌리고, 항공우주 산업의 높은 가격을 우회하고, 보다 효과적인 솔루션을 만들기 위해 제1원리를 사용했다

② 전기 자동차용 배터리

Musk는 전기 자동차용 배터리와 관련하여서도 제1원리의 관점에서 생각했다. 일반적으로 전기자동차용 배터리의 가격이 높아서 미래 자동차 산업에 걸림돌이 될 것이라는 평가가 있었다. 이에 대해 Musk는 "배터리는 무엇으로 만들어지는가? 배터리 케이스, 알루미늄, 니켈, 탄소강, 강철이고 각 재료는 단위당 가격이 80달러(약 9만 원)이다. 그렇다면 재료를 저렴하게 만들거나, 아니면 동일 비용으로 더 좋은 기능을 발휘할 수 있는 재료를 찾을 수도 있다"며 근본적인 문제에 대한 새로운 접근 방식을 설명했다. 그러면서 그는 "테슬라 모터스는 1회 충전으로 500㎞ 주행이 가능한 리튬이온 배터리를 제작하는 데 성공했다"라고 주장했다

(3) 혁신에서의 제1원리가 의미하는 것

Musk뿐만 아니라 혁신에서 제1원리의 활용은 가능성이 크다. 제1원리란 문제의 근본에 돌아가서 더 나은 해결방안을 찾는 것이다. 하나의 사례를 보자. 고대 로마에서 군인들은 시골을 가로질러 말을 타고 음식을 나르기 위해 가죽 메신저 백과 가방을 사용했다. 동시에 로마인들은 병거, 마차, 마차와 같은 바퀴가 달린 많은 차량을 가지고 있었다. 그러나 수천 년 동안 아무도 가방과 바퀴를 결합할 생각을 하지 않았다. 최초의 롤링 여행 가방은 1970년 Bernard Sadow가 공항을 통해 수하물을 운반하던 중 작업자가 바퀴 달린 스키드에서 무거운 기계를 굴리는 것을 보았을 때 발명

되었다.

1800년대와 1900년대에 걸쳐 가죽 가방은 학교용 배낭, 하이킹용 배낭, 여행용 여행 가방과 같은 특정 용도에 특화되었다. 1938년에 가방에 지퍼가 추가되었다. 나일론 백팩은 1967년에 처음 판매되었다. 이러한 개선에도 불구하고 가방의 형태는 거의 동일하게 유지되었다. 혁신가들은 같은 주제에 대해 약간의 반복 작업을 하는 데 모든 시간을 할애했다.

혁신처럼 보이는 것은 종종 핵심 기능의 개선이 아니라 이전 형태의 반복일 경우가 많다. 다른 모든 사람들이 더 나은 가방을 만드는 방법(형태)에 집중하는 동안 Sadow는 물건을 더 효율적으로 보관하고 이동하는 방법(기능)을 고려했다.

우리 인간은 모방경향이 있는데 이것이 제1원리에 대한 공통의 장애물이다. 대부분의 사람들은 미래를 구상할 때 미래의 기능을 예측하여 기존 형태를 포기하기보다는 현재의 형태를 앞으로 투사한다.

예를 들어, 어떤 사람들은 기술 발전을 비판할 때 "하늘을 나는 자동차는 어디에 있습니까?"라고 묻는다. 우리에게는 하늘을 나는 자동차가 있다. 비행기다. 이 질문을 하는 사람들은 형태(form)(자동차처럼 보이는 비행 물체)에 너무 집중하여 기능(function)(비행을 통한 운송)을 간과한다. 이것이 Elon Musk가 사람들이 종종 "유추에 의한 삶을 산다"고 말하는 것이다.

따라서 스스로 생각하는 능력을 키우려면 우리는 물려받은 아이디어를 조심해야 한다. 오래된 관습과 과거 형태는 종종 의문의 여지없이 수용된다. 그리고 일단 수용되면 그것들은 창의성의 경계를 설정해 버린다.

이것이 지속적인 개선(continuous improvement)과 제1원리 사고 사이의 주요 차이점 중 하나이다. 지속적인 개선은 원래 비전이 설정한 경계 내에서 발생하는 경향이 있다. 그에 비해 사고의 제1원리는 이전 형태에 대한 충성을 포기하고 기능을 앞에 두도록 요구한다.

기능의 최적화와 형태의 무시, 이것이 혁신에 필요한 스스로 생각하는 법을 배우는 방법이고 제1원리를 실현하는 방법이다.

자료: Clear(2021); King (2016); Sharkey(2010); Youtube(2013), "The First Principles Method Explained by Elon Musk".

실무자를 위한 가이드라인

- ✔ 조직문화는 구성원의 행동이나 조직성과에 영향을 미친다는 점에서 중요하다.
- ✔ 혁신은 조직문화의 부산물이라고 볼 정도로 조직문화는 혁신을 이끄는 가장 중요한 요소이다. 따라서 조직에서는 혁신을 촉진할 수 있는 조직문화의 조성이 필요하다.
- ✔ 혁신과 R&D성과를 낳을 수 있는 혁신적(창의적) 조직문화의 구성요소에는 여러 가지가 있지만 자율성, 실패에 대한 용인, 위험부담, 실험에 대한 의지 등이 중요하다
- ✔ 실패를 용인하는 것은 실패를 통해 배울 수 있기 때문이다. 혁신과 창의성을 촉진하기 위해서 실패를 축하하거나 때로는 보상하는 제도를 확립하기도 한다.
- ✔ 실패가 학습을 유도하기 이해서는 두 가지 조건이 필요하다.. 하나는 전문지식(expertise)이고 다른 하나는 성장 마인드(growth mindset)이다. 첫째는 전문적인 지식이 있는 경우 실패의 충격이 적어 긍정적으로 반응하며 성장 마인드가 강한 경우도 실패가 학습기회로 긍정적으로 작용할 수 있다.
- ✔ 실험에 대한 의지도 혁신 조직문화의 중요한 요소이다. 실험은 성공 여부가 불투명한 불확실성에서 이루어지는 것이기 때문에 이러한 실험의 시도가 왕성하게 이루어지는 것은 위험부담의 문화가 있다는 의미와 통한다.
- ✔ 실험문화의 정착을 위해서는 일정한 조건이 필요하다. 구성원의 호기심을 키우고 데이터 중시, 실험의 민주화, 윤리적 고려. 새로운 리더십 등이 필요하다
- ✔ 혁신적인 문화가 효과적으로 작동하기 위해서는 현실에서 일반적으로 알려진 혁신문화 요소들과 반대가치들의 균형이 필요하다는 주장도 있다. 즉 실패에 대한 관용에는 무능에 대한 비관용이 필요하다. 기꺼이 실험하려면 엄격한 규율이 뒷받침 되어야 한다. 심리적 안전은 잔인한 솔직함의 분위기에서 그 효과가 있다. 공동 작업은 그와 더불어 개인의 책임과 균형을 이루어야 한다. 그리고 평탄조직에서는 강력한 리더십이 곁들여질 필요가 있다.
- ✔ 개인주의와 집단주의는 창의성・혁신이라는 면에서는 우열을 가리기가 힘들다. 창의성에서 개인주의가 효과적이라는 연구도 있으나 그 반대 연구 역시 존재한다.
- ✔ 여기서도 상황적합적 접근이 필요하다. 창의성이나 탐색적 혁신에 가까울 수록 개인주의 문화가 유리할 수 있다. 반면 혁신이나 활용적 혁신의 경우 집단주의의 장점이 나타날 수 있다.
- ✔ 다만 집단주의 문화에서는 혁신을 고취하기 위해서는 집단의 규범을 따르도록 강요하지 않고 기대되는 행동과 결과들에 대한 명확한 지침을 그룹 구성원에게 제공하는 리더십이 필요하다.
- ✔ 집단주의가 특유의 장점인 '따듯한 조직'을 실현할 수 있다면 창의성과 혁신에 큰 도움을 줄 수 있다. '찬' 조직에서는 창의성과 혁신이 잘 살지 못한다.

14 CHAPTER

엔지니어로부터 관리자로의 전환

제 1 절 엔지니어링 관리자로의 전환의 의미와 도전과제

1. 엔지니어링 관리자로의 전환의 의미

(1) 엔지니어에서 엔지니어링 관리자로

조직에서 기술개발이나 연구개발을 담당하던 엔지니어(engineer)들은 입사 후 일정한 시기가 지나면 기술부서나 팀에서 관리자(engineering manager)가 된다. 기술부서라도 과업의 계획, 실행, 통제 및 사람관리 등 관리적 역할이 필요하기 때문이다.

앞서 R&D 경력관리에서 보았듯이 많은 기술중심 조직이 이중경력제도를 택하고 있어 관리직 경로로의 진입은 개인의 희망에 의한 것일 수도 있으나 많은 경우에 조직의 선택인 경우가 많다. 그리고 신임 엔지니어링 관리자는 기술영역에서의 관리자이지만 능력이 인정되면 경력의 발전에 따라 CTO나 전반 관리자(general manager)로 승진할 수도 있다.

엔지니어가 엔지니어링 관리자가 된다는 것은 개인적 측면에서는 영예 임에 틀림없다. 엔지니어링 관리자는 승진의 의미도 담고 있지만 기본적으로 조직으로부터 인정을 받는다는 의미가 있기 때문이다. 여전히 많은 조직에서 엔지니어링 관리자로서의 승진은 기본적으로 그 개인의 기술적 우수성을 바탕으로 한다.

그러나 엔지니어링 관리자가 된다는 것은 큰 영광임과 동시에 새로운 도전이다. 그것은 엔지니어가 지금까지 활동해왔던 기술의 세계에서 관리라는 새로운 세계로 진입하기 때문이다. 엔지니어링 관리자라는 용어에서 보듯이 이제는 엔지니어인 동시에 관리자가 된다. '관리'라는 세계는 엔지니어에게 지금까지 익숙했던 세계와는 다르다. 때문에 엔지니어링 관리자가 되었다는 것은 기술 분야에서 지금까지는 성공하고 있다는 징표가 되었지만 앞으로 엔지니어링 관리자로서도 성공한다는 보장은 없다.

R&D나 기술관리에서 관리자로서의 전환에 대해 관심을 갖는 것은 유능한 엔지니어가 저절로 유능한 엔지니어링 관리자가 되는 것은 아니라는 점 때문이다. 오히려 많은 엔지니어들이 엔지니어링 관리자로서 실패하는 경우가 많다.

따라서 엔지니어가 성공적으로 엔지니어링 관리자가 되는 데는 많은 도전과제가 놓여있다. 이는 개인과 조직의 공동노력에 의해 풀어가야 할 중요한 과제가 되고 있다.

(2) 관리자로서의 실패 이유

엔지니어로서는 유능함에도 관리자가 되었을 때 실패하는 이유로 다음과 같은 것이 거론된다(Badaway, 1995).

1) 객관적 측정에 대한 편견(bias toward objective measurement)

엔지니어는 의사결정에 있어 객관적이고 유형적인 측정만을 고려하는 경향이 있다. 이는 엔지니어가 공학의 특성에 익숙하기 때문이다.

2) 분석에 의한 마비(paralysis by analysis)

엔지니어는 의사결정에 있어 유형의 자료에 대한 분석을 필요로 한다. 이러한 분석자료가 없는 경우 결정을 내리지 못하는 경향이 있다. 현실에서 관리자는 의사결정 전에 모든 정보를 갖추지 못하고도 의사결정을 내려야 할 때가 적지 않다.

3) 자신 분야에서의 접촉 상실의 두려움(fear of loss of intimate contact with their fields)

엔지니어나 과학자는 정도의 차이는 있으나 자신이 속한 기술 분야가 마음의 고향 역할을 한다. 관리자가 되었을 때는 아무래도 기술 분야의 접촉빈도가 줄어들 수 있고 자신이 뒤쳐질 수 있다는 두려움이 생긴다. 관리자가 된 엔지니어는 기술적 능력의 희생을 감수할 수 있어야 한다.

4) 엔지니어로서의 내성적 성향(technologists as introverts)

엔지니어나 과학자는 아무래도 내성적인 성격의 보유자가 많다. 따라서 타인과 같이 일하고 팀 플레이어가 되는 자질은 부족할 수 있다. 엔지니어로서 개인적 기여자가 될 때에는 이러한 특성이 크게 단점이 안될 수도 있으나 관리자가 되었을 때는 결점이 두드러져 실패의 원인이 될 수도 있다.

5) 위임의 실패(poor delegators)

엔지니어들은 대부분 혼자 일하는 데 익숙해서 타인에게 맡겨서 일하는 데 익숙하지 못하다. 관리자가 되면 권한의 위임이 적극적으로 필요한데 관리자가 된 엔지니어는 권한 위임을 제대로 하지 못하는 경우가 많다.

6) 부하의 육성 책임(farming out responsibilities)

부하의 육성은 관리자의 중요한 책임의 일부를 구성한다. 혼자 일하는 데 익숙해 왔던 엔지니어는 업무와 관련하여 부하들을 키워야 한다는 것이 자신의 책임의 일부라는 것을 생각하지 못한다. 따라서 이를 소홀히 하기 쉽다. 관리자가 된 엔지니어는 직무상 훈련(OJT)이나 부하 직원에 대한 코칭의 스킬을 함양하지 않으면 안 된다.

2. 관리자 역할로의 전환에서의 도전과제

엔지니어가 엔지니어링 관리자로 전환될 때 겪는 애로사항이나 도전과제는 사람에 따라 다르지만 가장 보편적인 것만을 추려보면 다음과 같다.

(1) 성장 마인드에 대한 자문(自問)

관리자가 되려는 사람은 우선 스스로의 마음자세를 살펴볼 필요가 있다(Zöld, 2020). 관리자가 된다는 것은 추가적인 많은 책임과 함께 부담을 진다는 것을 의미한다. 관리자가 되려는 사람은 그럴만한 능력과 의지가 있는 가를 스스로 자문해보아야 한다.

리더십 개발은 리더십에 대한 준비로부터 시작된다. 이는 리더십 능력을 배우고, 성장시키고, 개발하려는 사람의 의지를 나타내는 척도이다. 세계 최고의 교육이 제공된다 하더라도 시작할 준비가 되어 있지 않다고 느끼면 도움이 되지 않을 것이다.

엔지니어로부터 엔지니어링 관리자가 되려는 사람은 이 역할변화를 본인이 정말로 원하는지 스스로에게 물어 보는 것이 필수적이다. 월급과 명예가 올라가는 것 외에 더 나은 이유가 있는지 그리고 그에 맞게 성장할 수 있는 의지와 능력이 있는지를 자문해볼 필요가 있다. 그것이 없다면 관리직을 포기하고 종래의 기술 경력을 계속하는 것이 조직이나 개인의 입장 모두에게 더 바람직할 것이다.

(2) 엔지니어와 관리자 역할 차이에 대한 이해

엔지니어링 관리자는 엔지니어 역할과 관리자 역할의 차이를 명확히 인식하는 것이 중요하다.

첫째 엔지니어링 관리자는 사람들을 시켜서 일을 해내는 것이다. 엔지니어는 자신의 개인적 역할에 충실하면 된다. 그러나 관리란 사람을 통해 일을 해내는 것(get things done through people)을 의미한다. 관리자는 자신이 일을 잘하는 것을 넘어 일을 잘 시킬 수 있어야 한다. 엔지니어는 혼자 하는 일에 익숙하다 보니 시킨 일이 잘 안 돌아가면 스스로 해버리는 경향이 있다. 이는 관리가 아니다. 처음에 어려움이 있더라도 타인들에게 일을 시켜서 일이 되게끔 노력해야 한다.

둘째, 엔지니어링 관리자는 관리영역에 있는 사람이기 때문에 비영리 연구기관이라면 조직의 목표에 대해서 그리고 기업이라면 비즈니스를 고려해야 한다. 종래의 기술 편향적 사고를 탈피해 전체 비즈니스를 고려하는 큰 그림에 대한 관점을 지녀야 한다.

셋째, 엔지니어가 개인적 기여자(individual contributor)의 성격이 강했다면 관리자는 업무수행을 위해 다른 사람들의 협조가 필요한 사람이다. 다른 사람들에는 타부서 인력, 하급자, 상급자가 모두 포함된다. 때문에 관리자에게는 업무 추진 능력 외에 소통 및 관계능력이 많이 요구된다.

(3) 신뢰확보와 미세관리의 탈피

엔지니어에서 관리자가 될 때 부딪히는 또 하나의 도전과제는 지금까지 가졌던 기술적 세부사항에 대한 소유권을 포기하는 것이다. 관리자가 되어서도 기술적인 문제해결에 힘을 쏟을 수는 없다. 소프트웨어 관리자라면 코드 한 줄 쓰는 일은 관여하지 말아야 한다. 관리자가 된 이제는 훌륭한 코드의 작성에서부터 훌륭한 코드를 작성할 수 있는 여건 조성 및 팀의 개발로 초점을 옮겨야 한다.

엔지니어링 관리자는 대부분 꼼꼼한 엔지니어 출신이다 보니 미세 관리(micromanagement)를 하는 경향이 있다(Zöld, 2020). 그러나 이 미세관리는 하급자를 질식시키고 그들의 자율성과 창의성에 부정적인 영향을 준다. 엔지니어링 관리자는 성격상 쉽지 않더라도 하급자들을 신뢰하고 상당한 업무를 위임하고 간섭하지 않는 방법을 배울 필요가 있다. 또한 실수를 저지르고 팀도 실수를 할 수 있도록 허용하고 그것을 통해 배움을 얻는 것에 대해 관대해야 한다. 이러한 경험들은 리더와 팀원들이 함께 성장하는 과정으로 인식해야 한다. 이것들은 사람들로 부터 신뢰를 얻게 되는 되는 리더의 훌륭한 지표들이다.

(4) 관리직 역할에 대한 오해 극복

엔지니어링 관리자는 관리직 역할에 대해 다음과 같은 오해들도 극복해야 한다(Zöld, 2020).

1) 관리자는 모든 것을 알아야 한다.

신임관리자는 종종 기술적으로나 관리적으로 자신이 담당하는 팀에서 발생하는 모든 문제에 대한 답을 가져야 한다고 생각할 수 있다. 이는 오해이다. 기술적인 측면에서는 팀원이 당신보다 더 많은 기술적 통찰력을 갖을 수도 있다.

관리자는 모든 문제에 대한 해답을 갖고 있을 필요는 없지만 팀을 올바르게 안내하고 필요한 자원을 제공해야 할 책임이 있다.

2) 관리자는 항상 옳아야 한다.

아무리 훌륭한 리더라도 항상 옳을 수는 없다. 엔지니어나 과학자가 전공하는 자연과학이나 공학에는 정답이 있다. 신임 엔지니어링 관리자도 따라서 정답에 익숙할 수 있다.

그러나 우리의 삶, 리더십, 심지어 소프트웨어 엔지니어링에서 조차도 주관적인 요소가 많다. 사람은 주관적이고 다르기 때문에 항상 정답이 하나만 있는 것은 아니다. 다만 알고 있는 것과 모르는 것을 투명하도록 하기 위해 최선을 다할 필요는 있다. 관리자가 리더십에서 이러한 주관성을 수용하는 것은 처음에는 어려울 수 있다.

3) 리더는 타고 난다.

리더에 대한 큰 오해 중의 하나가 리더는 타고 난다는 것이다. 그러나 이는 잘못된 것이라는 것이 많은 주장과 사례에서 입증된 바 있다. 리더십 능력의 약 30%가 유전적 요인에 의해 비롯되며 70%는 삶의 경험과 훈련을 통해 개발된다는 연구가 존재한다.

리더십과 관련하여서는 '나쁜 뉴스(bad news)'와 '좋은 뉴스(good news)'가 같이 있다. 나쁜 뉴스는 리더십이 매우 어려운 역량이라는 것이고 '좋은 뉴스'는 그러나 이는 배워질 수 있다는 것이다. 리더십 기술은 시간이 지남에 따라 배우고 개발될 수 있어 신임 엔지니어링 관리자는 노력 여하에 따라 누구나 훌륭한 리더가 될 수 있다.

3. 신임 엔지니어링 관리자에게 요구되는 스킬

신임 엔지니어링 관리자에게는 여러 가지 다양한 스킬이 요구되지만 필수적으로 갖추어여할 스킬은 [그림 14-1]에서 보는 바와 같이 기술적 스킬, 관리적 스킬, 사람관리와 리더십 스킬로 나누어 볼 수 있다(Apollotechnical, 2020; The University of Hull Online, 2019).

그림 14-1 신임 엔지니어링 관리자에게 요구되는 스킬

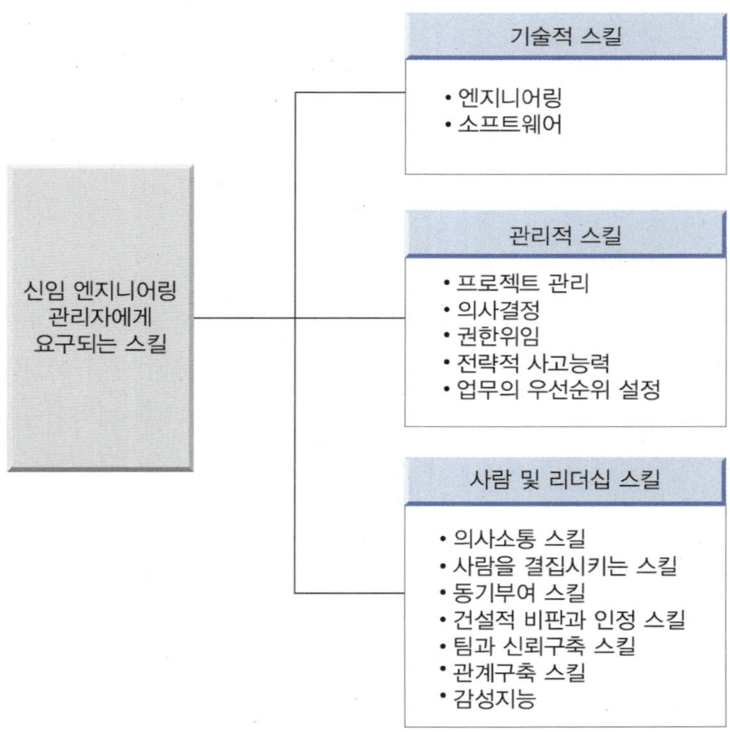

(1) 기술적 스킬

훌륭한 엔지니어링 관리자가 되기 위해서는 자신의 기술분야에서 기술적으로 최고가 되어야 한다. 관리자가 관리하는 업무를 이해하고 검토하며, 어떤 솔루션이 매 상황에서 최적인가를 알기 위해서 팀이 사용하는 엔지니어링과정이나 소프트웨어 기술(코딩언어, 프레임 워크, 방법론 등)에 대한 최신 지식을 유지할 필요가 있다.

기술 전문성은 리더십 발휘의 중요한 한 축을 담당한다. 기술적으로 전문성을 유지하지 못하면 팀원들의 존경을 유지하는 것이 힘들다. 강력한 기술적 스킬을 보유한 관리자가 강력한 사람관리 스킬은 가지고 있으나 업무이해도가 떨어지는 관리자들보다 팀원의 존경을 더 받는다는 연구결과들이 있다. 따라서 엔지니어링 관리자는 이제는 관리자가 되었지만 자신의 고유 기술 분야의 최신추세를 따라가는 것을 게을리 해서는 안 된다.

(2) 관리적 기술

신임 엔지니어링 관리자는 적절한 관리적 스킬을 보유해야 한다. 여기에는 프로젝트 관리, 의사결정, 권한위임(delegation), 전략적 사고(strategic thinking)능력, 업무의 우선순위 설정 등이 포함된다.

(3) 사람관리와 리더십 스킬

엔지니어링 역할에서 관리 위치로 이동하는 것은 타고난 리더가 아닌 사람들에게 어려운 일이 될 수 있다. 이제는 혼자서 일하는 것이 아니라 관련된 다른 사람들을 시키고 그들 관계를 조정해야 되기 때문이다. 따라서 관리자는 사람관리와 리더십 스킬이 필요하다. 구체적으로는 의사소통, 문제해결을 위해 사람을 결집시키는 스킬, 타인을 고취하고 동기부여하는 스킬, 건설적 비판과 인정 스킬, 팀과의 신뢰구축 스킬, 모든 계층의 사람들과의 관계 구축 스킬, 감성지능 등이 포함된다.

제 2 절 관리자 전환을 위한 개인과 조직의 역할

앞서 엔지니어가 관리자로 성공적으로 전환하는 과정은 자연 발생적으로 이루어지지 않는 다는 것을 말하였다. 성공적으로 관리자로 전환하기 위해서는 우선 개인 엔지니어링 관리자의 역할이 우선되어야 하겠지만 이를 지원하는 조직의 책무도 중요하다.

1. 개인의 역할

엔지니어가 유능한 관리자로 전환하기 위해서는 우선 개인의 노력이 필수적이다. 이와 관련하여서는 다음과 같은 것들이 제시되고 있다(Benett, 2016).

(1) 관리학습을 위한 시간의 할애

앞서 설명한 대로 엔지니어링 관리자는 저절로 되는 것이 아니다. 개인이 시간을 할애해 새로운 역할에 대해 준비해야 한다. 가능한 한 많이 배우기 위해 시간을 마련해야 한다. 여기에는 리더십 및 비즈니스 서적을 통한 공부, 멘토 또는 교사와의 만남, 관리자 과정에 대한 등록부터 모든 것이 포함될 수 있다. 최근에는 Youtube나 TED 등에서 관리에 대한 많은 지식 콘텐츠들을 무료로 수강하는 것이 가능하다. 특히 리더십에 대한 내용은 꾸준히 공부할 필요가 있다. 반복학습을 통해 무의식적인 행위반응이 가능하게 리더십에 대한 머슬 메모리(muscle memory)를 만들 필요가 있기 때문이다. 관리자에게 필요한 비즈니스 서적이나 Youtube 동영상 정보가 제3절에서 제시되고 있다.

(2) 비즈니스 마인드와 공감 능력의 개발

신임 엔지니어링 관리자가 겪는 애로사항 중 가장 중요한 것 중의 하나가 사고의 지평을 확장하는 것이다. 즉 업무와 관련된 사고에 있어 비즈니스 마인드를 개발하는 것이다.

신임 관리자가 엔지니어였던 시절에는 문제를 기술적 렌즈의 시각을 통해서 보는 것으로 충분했다. 그래서 비즈니스에 미치는 효과에 대해 고민할 필요 없이 해결안을 도출하면 되었다. 현실적인 비즈니스 문제는 상급관리자의 몫이었다.

그러나 신임관리자는 이제는 그런 호사를 누릴 수 없다. 그는 이제는 "관리"에 속하게 되었다. 그래서 그의 사고의 범위는 예산제약, 조직문화, 사무실 정치, 비즈니스 성과, 인간의 약점 등 과거에 익숙하지 않는 문제들에 대한 고려까지 하지 않을 수 없는 위치에 있게 된 것이다.

신임 관리자 중에는 이러한 변화를 읽지 못하고 종전처럼 비즈니스에 대한 감각없이 기술적인 관점으로만 업무를 처리하는 실수를 범하는 경우가 적지 않다. 그리고 결과에 대해 적절한 지지를 받지 못하면 좌절감을 느낀다. 그들은 자신의 제안을 비즈니스 관점에 따라 재구성해야 하는 것이 자신의 일이라는 사실을 깨닫지 못하고 비즈니스 측이 자신의 기술관점을 채택해주기만을 기대한다.

이러한 잘못을 극복하는 가장 좋은 방법은 시간을 갖고 기업이 가장 신경쓰는 주요 기업지표(metrics)나 다른 부서에서 어려워하는 애로점을 이해하는 것이다. 이를 위해서는 공감(empathy)능력이 필요하다. 공감능력은 효과적 리더십 발휘를 위해 아주 중요한 스킬이다. 구체적으로 엔지니어링 관리자는 동료와 이야기하고 그들이 겪는 애로사항에 귀를 기울여야 한다. 그들은 비즈니스의 주요 지표를 이해하고 비즈니스를 이끄는 동인을 이해해야 한다. 그들은 엔지니어로서 이제까지 개발한 정량적 및 분석적 기술을 소환하여 새로운 일련의 관리 문제에 적용해야 한다. 이러한 노력이 이루어지면 엔지니어가 아닌 비즈니스 리더로서 자신의 주장을 펼칠 수 있고 비즈니스와 건설적인 대화를 시작할 수 있게 된다.

(3) 해결안(solution) 마인드의 채택

신임관리자는 자기 선에서 문제를 해결하려는 마음자세를 갖는 것이 필요하다. 신임관리자가 자기통제 영역 내에서 문제를 해결하는 것은 그리 힘들지 않다. 그러나 현실에서는 타 부서 등 자신의 통제영역 밖에 있는 과제나 직원들과 문제를 해결해야 할 난관들이 생길 수 있다.

이때 신임관리자들 중에는 난관들에 부닥치면 쉽게 좌절하고 문제해결을 상급관리자에게 올려버리는 경우가 적지 않다. 엔지니어로서 개인 기여자의 역할을 할 때는 이것이 가능할 수 있었다. 이제는 리더가 된 이상 이런 자세를 가져서는 안 된다.

자신이 통제할 수 없는 난관이라 하더라도 이를 극복하는 자세가 필요하다. 이것은 신임관리자가 주도권을 갖고 다른 부서로 하여금 새로운 프로세스를 채택하도록 설득하는 것을 의미 할 수 있다. 이때 성공의 열쇠가 되는 것이 해결안 마인드를 채택하는 것이다.

해결안(solution) 마인드는 문제가 아닌 목표에 초점을 맞추는 관점이다. 솔루션 마인드를 채택하면 원하는 결과를 달성하는 데 노력을 집중하고 그 과정에서 직면하는 난관들에 대해 불평하는 귀중한 시간을 낭비하지 않는다. 단지 극복하는 방법만을 궁리한다. 이때 상급관리자는 신임 엔지니어링 관리자를 위해 문제를 해결해주는 사람이 아니라 목표 달성을 돕는 역할을 하게 된다. 해결안 지향적인 리더는 상급관리자에게 애로를 겪는 문제를 들고 갈 때라도 자기 나름의 잠재적인 솔루션을 내어놓는다. 여기에 상급관리자의 전문성과 조직 내 영향력을 활용하여 자신의 목표를 추구한다.

(4) 네트워크의 구축과 신뢰의 획득

조직에는 목표달성을 위해 많은 부서가 편성되어 있다. 그러나 이는 인위적이고 자의적인 경우가 많다. 엔지니어링 관리자가 일을 하다 보면 다른 여러 부서가 얽힌 문제들이 많이 발생한다. 따라서 효과적인 엔지니어링 관리자는 변화를 이룩하기 위해 조직 내 전체에 걸쳐 일할 때가 있다. 이를 위해서 강력한 네트워크를 구축할 필요가 있다.

'네트워크'라는 단어는 보통사람들에게 두려움을 준다. 특히 혼자 일하는데 익숙했던 기술인력들에게는 더 더욱 그렇다. 네트워크를 구축한다고 하는 것이 칵테일 파티에서 어색한 대화를 이어가거나 끊임없이 명함을 교환하는 것을 의미하는 것은 아니다. 신임 엔지니어링 관리자에게는 네트워크 구축과 관련하여 다음과 같은 지침이 도움이 될 수 있다.

첫째, 네트워크를 구축하는 가장 좋은 방법은 그냥 자신이 되는 것이다. 관계를 구축할 때 신뢰(trust)를 형성하는 것이 필수적이다. 따라서 진정성을 갖고 솔직해지는 것이 이를 위해 가장 좋은 방법 중 하나이다.

둘째, 관계를 구축하는 또 다른 효과적인 방법은 조직 내 다른 사람들을 돕는 것이다. 자발적으로 다른 사람의 이니셔티브를 돕거나 누군가가 도움을 요청할 때 성심성의껏 돕는다. 이는 부서 외부의 사람들과 상호 작용할 수 있는 기회를 제공하고 신뢰구축에 도움이 된다.

셋째, 회사의 사교행사에 적극 참석하여 부서 외부 사람들을 만날 수 있는 기회로 활용해야 한다. 이러한 이벤트에서 세일즈맨 수준의 네트워크 담당자가 될 필요는 없지만 매번 새로운 사람을 만나는 것을 도전해 볼 필요하다(그리고 더 많은 선배들에게 자신을 소개하는 것을 두려워하지 말아야 한다. 그들도 사람 일 뿐이다). 이러한 회사 모임에서 실질적인 논의가 없더라도 사교행사에서 상호 어색함을 깨고 알게 되면 향후 더 쉽게 연락 할 수 있게 된다.

회사 내에서 연결을 구축하기 시작하면 이 연결 네트워크가 생각보다 강력한 힘을 제공한다는 것을 알게 된다. 일을 처리하기 위해 누구에게 전화해야 하는지 알고 있고 그들이 당신을 알고 존중하는 사람이라면 많은 난제들이 생각보다 쉽게 해결되기도 한다. 이미 신뢰를 쌓았고 신속하게 본론에 들어갈 수 있기 때문에 변화가 더 빨리 이루어진다. 그리고 자기 선에서 많은 문제가 해결될 수 있어 상급관리자에게 들고 갈 문제들도 많이 줄어들 수 있다.

(5) 인식(지각)이 현실임을 이해

처음으로 관리자가 된 엔지니어들은 이제 그들이 맞닥뜨리는 세상이 지금까지의 세상과 매우 다르다는 점을 인식해야 한다. 엔지니어들이 이제까지 중시했던 기술은 실체가 잡히고 유형적인 객관적인 세계이다. 그러나 이제 그가 들어온 관리의 세계는 추상적이고 주관적이며 실제보다도 지각이나 인식(perception)이 더 중요한 세계이다

엔지니어들은 경력을 발전시키는 과정에서는 기술 능력을 키우는 데 집중한다. 그리고 엔지니어들은 새로운 언어를 배우거나 새로운 기술을 습득하는 것과 같은 유형적이고 측정 가능한 성과를 기반으로 승진한다. 그러나 일단 관리자 이동하면 상황이 바뀐다. 관리자로서 성공은 주로 팀워크, 리더십 및 의사소통 능력과 같은 애매하며 추상적인 속성에 기반을 두고 이루어진다. 이러한 스킬들은 주관적인 특성을 지니고 있어 측정 가능한 기준이 없으며 대신에 우리의 노력에 대한 다른 사람들의 지각(인식)에 의존해야 함을 의미한다. 이것은 대부분의 신임 엔지니어링 관리자들이 삼켜야 하는 쓰라린 약이다.

신임 엔지니어링 관리자들에게는 이러한 현실이 매우 불공평한 것으로 보일지 모르지만 그러나 이것이 세상이 작동하는 방식이다. 리더십과 관련한 효율성은

주로 관리자, 팀 구성원 및 동료가 신임 관리자들을 어떻게 인식하는지에 따라 결정된다. 이 메일 초안을 작성하거나, 프레젠테이션을 하거나, 회의에서 콤멘트를 할 때 신임 엔지니어의 의도가 무엇인지는 중요하지 않다. 그의 주변 사람들은 의사소통의 모든 뉘앙스를 나름대로 해석하고 그가 말한 내용에 대해 자신의 결론에 도달한다.

성공적인 리더는 이러한 인식(지각)이 현실이라는 것을 이해하고 이를 불평하는 데 시간을 낭비해서는 안 된다. 대신에 의사소통에 있어 신중하고 명확해야 하며 사람들이 자신의 행동을 오인할 때는 노력을 배가시켜야 한다. 이것이 신임 관리자가 의사소통의 스킬을 높이려는 노력을 해야 하는 이유이다. 의사소통의 뉘앙스가 매우 중요하기 때문에 때로 미시적인 수준에서 이 메일을 분석하기도 하고 구두 대화를 재현해 볼 필요도 있다. 바디 랭귀지, 옷차림, 어조와 같은 단순한 것들이 사람들이 신임관리자들을 인식하는 방법에 중요한 영향을 미친다는 점도 인식해야 한다.

(6) 지속 운영 마인드의 채택

지속 가능한 변화를 구현하는 능력은 효과적인 리더십의 중요한 구성 요소이다. 안타깝게도 대부분의 신규 관리자는 자신이 주도하는 활동의 초기 출범 시기에만 집중하고 장기적으로 프로그램을 지원하는 방법을 고려하지 않는 경향이 있다. 지속 운영 마인드를 채택하면 이러한 실수를 극복하는 데 도움이 된다. 지속운영 마인드(operations mindset)는 프로그램의 전주기(全週期)를 지원하는 데 필요한 지속적인 과업을 고려하는 관점이다.

신임관리자는 자신이 새로이 주도하는 일에 대해 처음에 흥분하여 큰 열의를 보인다. 아이디어를 문서화하고 지원을 끌어내며 관련된 기술 도구들을 배포하기도 하며 자신의 일에 집중한다. 이것은 엄청난 노력이 필요하며 보람도 있는 작업이지만 이는 그러나 시작에 불과하다. 다음 단계는 '절망의 계곡(valley of despair)'으로 알려진 상황이 문제가 되기 시작하는 시기이다. 이론상으로 완벽해 보였던 워크 플로는 실제로는 잘 작동하지 않는다. 새로운 절차는 무시되고 사람들은 새로운 기술 도구를 비방하기 시작한다. 그리고 최악인 것은 사람들이 이니셔티브 자체에 대한 믿음을 잃기 시작한다는 것이다.

이 시기는 신임 관리자에게는 힘든 시기이다. 그들은 손을 들어 버리거나 실패를 조직에 전가하는 반응을 보이기도 한다. "분명히 회사는 변화에 대한 준비가 되어 있지 않았습니다."라고 조직을 탓하기도 한다. 반면에 경험있는 관리자는 이 단계가 고전적인 변화 곡선상에서 나타나는 변화 프로세스의 자연스러운 부분이라는 것을 알고 있다. 그들은 끈질기게 목표를 계속 추구한다 보면 절망의 계곡을 뚫고 그들의 이니셔티브가 결국 결실을 맺을 수 있다는 것을 알고 있다. 지속 운영 마인드는 신임관리자가 장기적 지원에 초점을 맞추도록 함으로써 시작의 흥분이 사라진 후에도 이니셔티브를 지속하는 데 도움을 준다.

(7) 긍정적 태도의 견지

조직구성원들은 리더로서의 당신을 하나의 지표로 생각한다. 따라서 리더의 감성은 구성원들의 감성에 영향을 준다. 감성은 전염효과가 있다. 리더의 기분이 좋으면 구성원들의 사기도 올라가고 리더가 우울하면 구성원들의 사기도 저하된다. 따라서 리더는 자신의 감성이 미치는 책임감을 가지고 가능한 한 매사에 긍정적인 태도를 견지할 필요가 있다.

그러나 이를 지나친 낙관론과는 구별할 필요가 있다. 어려운 시기에도 솔직하고 정직하면서도 미래에 대해 긍정적인 태도를 잃지 않는 것이 중요하다. 긍정적이라는 것은 가짜 미소를 짓는 것을 의미하지 않는다. 오히려 현재 상황이 아무리 나쁘더라도 자신에 대한 믿음이 있고 자신의 리더십 능력의 효능을 깊이 믿는다는 것을 의미한다. 자신을 믿는다면 자신이 미래를 더 나은 곳으로 만들 수 있다고 믿는 것이다. 사람들이 존경하고 끌리는 것은 바로 리더의 이러한 자신감이다.

2. 조직의 역할

조직은 관리직으로 승진한 기술인력이 조기에 훌륭한 관리자 및 강력한 리더로 전환할 수 있도록 도움을 주어야 한다. 이와 관련하여서는 조직은 다음과 같은 조치를 할 필요가 있다(Fasano, 2019).

(1) 공식적 멘토의 제공

이제 막 관리자가 된 젊은 엔지니어링 관리자에게 여러 가지 조언을 해줄 수 있는 공식적인 멘토(mentor)를 지정해주는 것은 매우 효과적일 수 있다. 멘토는 신임관리자가 속한 분야에서 리더이며 올바른 유형의 지침을 제공 할 수 있는 사람이어야 한다. 때문에 신임관리자가 속한 분야에서 이미 효과적인 리더로 검증된 사람이어야 한다. 신임관리자는 멘토에게 매우 구체적인 관리적 조언을 구할 수 있다. 신임관리자의 멘토가 될 사람이 이러한 조건을 갖추지 못한다면 멘토와 멘티(mentee) 양측의 시간낭비만 초래할 수 있다.

(2) 실무를 통한 학습기회의 제공

신임 엔지니어링 관리자에게 실제 프로젝트 상황을 발표하거나 참여하는 기회를 적극적으로 제공해야 한다. 엔지니어링 관리자가 정기적으로 수행해야 하는 일을 파악하여 신임관리자들을 가능한 한 자주 이러한 일을 수행 할 수 있는 직위에 배치할 필요가 있다. 실무를 통해 배우는 것보다 더 좋은 방법은 없다.

(3) 신임관리자 대상 관리 스킬에 대한 조사

의욕에 찬 신임 엔지니어링 관리자에게 스스로 개선해야 할 필요를 느끼는 관리 스킬을 물어볼 필요가 있다. 그들이 어떤 기술에 약한 지 알아보기 위해 평가나 설문 조사를 할 수도 있다. 그런 다음 필요한 교육을 제공해야 한다. 이를 통해 조직은 교육 투자에서 최고의 효과를 얻고 장기적으로 효과적인 관리자와 리더를 적절하게 육성 할 수 있다.

(4) 실효성 있는 프로젝트 관리 및 소프트 스킬 교육의 제공

신임 엔지니어링 관리자에게 프로젝트관리 및 소프트 스킬(사람 기술, 의사 소통, 관계 구축, 직원 참여)에 대한 교육이 제공되어야 한다. 그러나 이는 업무 적용성이 있어야 한다. 그런데 현실에서는 이것이 효과적으로 이루어지지 못하는 사례가 많다. 엔지니어링 관리자에게 교육을 제공할 때는 배운 내용을 업무에 적용하는 데 사용할 수 있는 구체적인 지침도 같이 제공되어야 한다. 그렇지 않으면 교육을 받고 많은 정보가 제공되지만 새로운 콘텐츠나 기술을 업무에 통합할 시간이나 도구가 없어 실효성이 떨어질 가능성이 크다.

(5) 상위관리자 역할수행 기회의 제공

조직이 엔지니어를 승진시킬 준비를 할 때 가능한 한 그들이 자신의 상위관리자의 역할을 수행하면서 배울 수 있는 기회를 제공하는 것이 필요하다. 회의든 중요한 전화통화든 의욕에 찬 엔지니어들에게 경청하고 관찰하고 메모하며 자신에게 적합한 전략을 결정하도록 하는 기회를 갖도록 하는 것이 중요하다. 그러면 자신의 차례가 될 때 준비된 상태가 될 수 있다. 이는 다소의 시간이 소요되고 비용이 드는 일이지만 그러한 과정을 통해 배운 교훈은 매우 귀중한 것이 되고 그들이 관리자로서 성공할 확률을 크게 높일 것이다.

제 3 절 엔지니어링 관리자로의 전환에 도움이 되는 자료

신임 엔지니어링 관리자는 성공적인 관리자로 거듭나기 위해 스스로 배우는 노력도 게을리하지 않으면 안 된다. 'R&D 및 기술관리'를 배우는데 도움이 되는 서적과 동영상 등을 소개해 보기로 한다.

1. 읽어야 할 경영도서

신임 엔지니어링 관리자들에게 추천되는 도서로는 다음과 같은 것들이 있다. 기초적인 일반경영관리에 대한 도서와 엔지니어링 관리자로서 팀을 관리하는데 필요한 기술관리를 설명한 도서, 우리나라의 R&D나 기술개발의 이해와 관련한 도서들로 나누어 볼 수 있다. 제시된 내용 중 (　)안의 내용은 한국어 번역본이 있는 경우 도서명을 말한다.

(1) 일반 경영관리

순번	저서명	저자	발행년도		주요내용
1	Good to Great (좋은 기업을 넘어 위대한 기업으로)	Jim Collins	2001		• 장기간 높은 재무성과를 올리는 리더십에 대한 재미있고 영감을 주는 도서
2	First, Break All the Rules (유능한 관리자)	Marcus Buckingham	1999	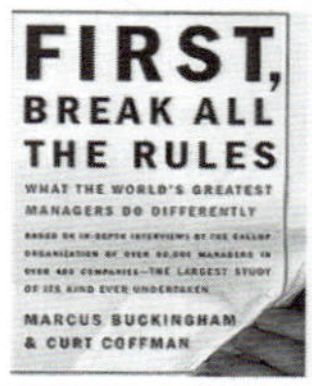	• 성공적인 리더가 되려면 부하의 약점보다는 장점을 활용해야 한다는 점을 강조한 저서
3	Leading Change (기업이 원하는 변화의 리더)	John Kotter	1996		• 조직에서 변화를 성공적으로 이룩하기 위한 방법에 대한 고전적 도서
4	Lean In (린 인)	Sheryl Sandberg.	2013		• Facebook의 유명한 여성 COO가 쓴 리더십과 성별에 대한 저서 • 여성이 쓴 몇 안 되는 유명 경영서적
5	You're in Charge, Now What?	Thomas Neff and James Citrin	2007		• 새로 리더가 된 사람들이 존중과 자신감을 얻는 전략에 대한 고전적 교과서 • 신임 리더들에게 완벽한 길잡이
6	The New One Minute Manager (1분 경영자)	Ken, Blanchard & Spencer Johnson,	2014		• 효과적인 리더를 지향하는 젊은이를 위해 관리자로서의 필수적인 스킬을 소개하는 경영입문서(개정판)

7	The truth about Leadership	James Kouzes & Barry Posner	2010		• 일반적인 리더십 원리에 대한 실증연구기반의 저서 • 경영훈련 프로그램의 기반으로 활용가능
8	The Five Dysfunctions of a Team (팀이 빠지기 쉬운 다섯가지 함정)	Patrick Lencioni	2007		• 팀의 동태학에 대한 고전적인 교과서 • 짧고 재미있음
9	7 habits of highly effective people (성공하는 사람의 일곱가지 습관)	Stephen R. Covey	1989		• 성공하기 위한 7가지 습관에 대해 설명하는 자기계발서
10	Harvard Business Review	The Magazine			• 경영자들이 꼭 읽어야 하는 월간지 • 비싸지만 읽을 가치가 있음
11	Influence: Science and Practice 5th ed. (설득의 심리학)	Robert B. Cialdini	2006		• 타인 설득에 대한 이론 및 기법에 대한 고전적 도서
12	Emotional Intelligence (EQ감성지능)	Daniel Goleman	2005		• 관리자들에게 필요한 감성지능에 대한 입문서 • EQ가 IQ보다 중요한 이유를 역설
13	Getting to Yes :Negotiating Agreement Without Giving in (Yes를 이끌어 내는 협상법)	R. Fisher W. L. Fry & B. Patton	2011	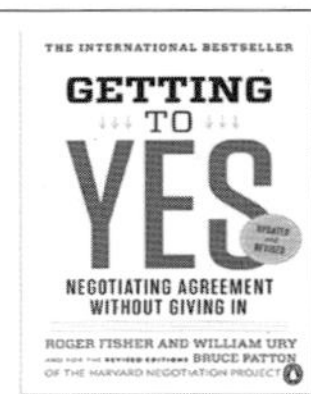	• 협상과 갈등해결의 효과적인 방안을 제시해주는 서적 • 하버드 협상 프로젝트의 연구결과에 기초

14	Drive (드라이브)	Daniel H. Pink	2011		• 모티베이션에 대한 새로운 사고방식
15	Active Listening	Emilia Hardman	2010		• 의사소통의 기초가 잘 들어야 한다는 것을 강조한 소통을 위한 입문서
16	Mindset (마인드셋)	Carol S. Dweck	2007		• 동기부여 전문가이며 스탠포드대학 심리학 교수인 저자가 성취와 성공을 가름하는 것이 개인이 가진 성장 마인드셋이라는 점을 강조한 도서
17	Getting Things Done: The Art of Stress－free Productivity (쏟아지는 일 완벽하게 해내는 법)	David Allen	2015		• 개인이나 조직에서 생산성을 높일 수 있는 업무처리 방식에 대한 도서 • 스테디 셀러의 개정판
18	The Fearless Organization (두려움 없는 조직)	Amy C. Edmondson	2018	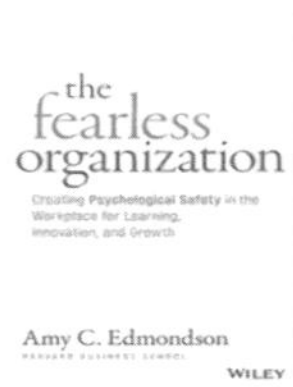	• 구성원의 심리적 안전감이 어떻게 조직의 성장과 혁신을 가져오는 가를 설명한 책
19	Find Your Why (나는 왜 이 일을 하는가?)	Simon Sinek	2017	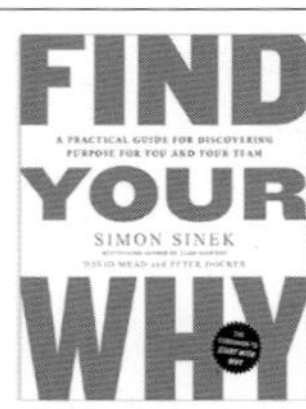	• 일과 삶에서 영감을 얻고 우리가 일하는 근본 목적이 무엇인지를 깨닫게 해주며 당신만의 why를 찾게 해주는 도서
20	High Output Management (하이 아웃풋 매니지먼트)	Andrew s. Grove	1995		• 전 Intel CEO가 제시하는 회사설립과 운영에 관한 철학. • 일하는 방식을 혁명적으로 변화시키는 방법론의 제시.

(2) 엔지니어링 관리자로서의 관리

순번	저서명	저자	발행년도		주요내용
1	Lean Start up (린 스타트업)	Eric Ries.	2011		• 단기간 동안 제품을 만들고 성과를 측정해 제품 개선에 반영하는 것을 반복하며 시장에서의 성공 확률을 높이는 경영 방법론
2	The Phoenix Project (피닉스 프로젝트)	Gene Kim, Kevin Behr, & George Spafford	2014		• 개발 담당자와 운영 담당자가 연계하여 협력하는 개발 방법론인 데브옵스(DevOps)인력의 필독서 • 린 제조원리를 IT에 접목하는 방법에 관한 비즈니스 소설
3	Work Rules (구글의 아침은 자유가 시작된다)	Laszlo Bock	2015		• 구글 인사 책임자인 라즐로 복 수석부사장이 인간중심적인 조직문화와 인재 등용의 비결을 공개한 책
4	The Manager's Path: A Guide for Tech Leaders Navigating Growth and Change (개발 7년차, 매니저 1일차)	Camille Fournier	2017		• 어느날 갑자기 엔지니어링 관리자가 된 사람들에게 팀을 효과적으로 관리할 수 있는 방법론을 제시하는 엔지니어링 관리자들의 필독서
5	Debugging Teams: Better Productivity through Collaboration	Brian W. Fitzpatrick & Ben Collins−Sussman	2015		• 팀이 성공을 하기 위해서는 리더가 사람관리에 관한 '소프트 스킬'을 가져야 한다고 주장하며 그 방안을 제시
6	Managing Humans: Biting and Humorous Tales (IT 개발자가 쓴 통쾌한 인간관리 이야기)	Michael Lopp	2016		• 필자가 소프트웨어 엔지니어로서 실리콘 벨리 유명 빅테크 기업에서 실제로 겪은 경험을 바탕으로 개인이나 조직에서 생산성을 높일 수 있는 업무처리 방식을 제시

7	Peopleware: Productive Projects and Teams 3rd. ed. (피플웨어)	Tom DeMarco &, Tim Lister	2015		• 소프트웨어 개발의 중요 이슈는 기술적인 것이 아니라 인간적인 문제라는 것을 밝힌 책
8	The First 90 Days, Updated and Expanded: Proven Strategies for Getting Up to Speed Faster and Smarter (90일 안에 장악하라)	Michael D. Watkins	2013		• 직무의 전환을 맞은 관리자가 초기에 명심해야 할 행동지침을 아르켜 주는 책
9	Managing the Unmanageable:Rules, Tools, and Insights for Managing Software People and Teams	Mickey W. Mantle & Ron Lichty	2012		• 소프트웨어 엔지니어링 팀과 팀원의 관리방안 • 팀원들에 대한 채용, 동기부여, 리딩을 통해 최상의 소프트웨어를 개발하고 창조하는 방안 제시
10	Inspired: How to Create Tech Products Customers Love (인스파이어드)	Marty Cagan	2017		• 성공적인 제품중심 조직들이 어떻게 움직이는지, 조직은 어떻게 운영하는지, 고객들이 사랑하는 기술제품을 개발하고 제공하는지에 대한 설명 제시
11	97 Things Every Engineering Manager Should Know: Collective Wisdom from the Experts	Camille Fournier	2019		• 사람관리의 어려움과 엔지니어링 관리자가 겪는 애로사항에 대한 접근방법을 효과적으로 제시해 주고 있는 책
12	Team Topologies: Organizing Business and Technology Teams for Fast Flow (팀 토폴로지)	Matthew Skelton, Manuel Pais, et al.	2019		• 엔지니어링 관리자가 네 가지 팀 유형과 세 가지 팀 상호작용 패턴에 근거하여 팀의 성공을 가져올 수 있는 실용적 관리 모델을 제시

13	How to Fly a Horse: The Secret History of Creation, Invention, and Discovery (창조의 탄생)	Kevin Ashton	2015		• 사물 인터넷의 창시자인 케빈 애쉬턴이 쓴 창조와 발견의 비결과 뒷 이야기
14	Creative Selection : Inside Apple's Design Process During the Golden Age of Steve Jobs (잡스의 기준)	Ken Kocienda	2018		• Apple의 소트웨어 엔지니어가 Stebe Jobs 시대의 중요 제품의 개발과정을 설명하며 Apple의 창의성과 혁신과정의 핵심과정을 제시한 책
15	The Four: The Hidden DNA of Amazon, Apple, Facebook, and Google (플랫폼 제국의 미래)	Scott Gallaway	2018		• New York 대학 Stern School(경영대학원)의 교수인 저자가 Amazon, Apple, Facebook, Google 등 4대 빅테크 기업의 성장과정을 의미있게 기술한 책

(3) 우리나라의 R&D나 기술개발의 이해에 도움이 되는 도서

순번	저서명	저자	발행년도		주요내용
1	불이 꺼지지 않는 연구소	최영섭	1995		• 최초의 정부 출연연구소 KIST의 초대 소장이자 과학기술처 장관(1971~1978)을 지내신 최형섭 박사의 회고록 • 연구자의 자세와 사명감 관련 귀감이 되는 책
2	양손잡이 R&D 경영	신영수 장성근	2010		• R&D 경영의 양면성을 바탕으로, 상반되는 요소를 잘 조화시켜 기업 경쟁력을 끌어올릴 수 있는 방안을 7가지 영역으로 체계화해 제시

3	R&D 아는 만큼 보인다	한국연구재단	2018		• 한국연구재단 연구원 36명이 공동으로 펴낸 연구개발(R&D) 종합 안내서 • 한국연구재단의 각 학문분야 사업 담당자들이 연구지원 일선에서 체득한 경험과 전문지식을 알기 쉽게 풀어서 담음
4	과학기술 50년사	과학기술정보통신부	2017		• 한국 과학기술의 반세기를 집대성한 책성과와 성찰, 미래 방향을 제시
5	축적의 시간	차국현, 최만수 외 12명	2015		• 서울공대 26명의 석학들이 던지는 한국 산업의 미래를 위한 제언을 담은 책.
6	축적의 길 (축적의 시간 두 번째 이야기)	이정동	2017		• 『축적의 시간』 후속 작으로, '어떻게 축적할 것인가'에 관한 대안을 제시하는 책. • 저자는 5가지 축적의 전략을 소개
7	한국의 시간	김태유 김원배	2021		• 글로벌 경제 패권의 대이동 속에서 대한민국이 나아갈 방향을 제시한 책
8	초격차	권오현	2018		• 삼성전자를 이끈 장본인인 저자가 이 책을 통해 불가능한 것을 가능하게 만드는 집념, 한계를 뛰어넘어 누구도 넘볼 수 없는 격(格, level)의 차이를 만드는 불변의 원칙들을 제시

9	관점을 디자인하라	박용후	2018		• 고정관념에서 벗어나 새로운 발상을 착안하고, 획기적인 비즈니스 기회를 포착하는 "관점 디자인"의 모든 것을 제시하고 있고, "비즈니스 프레이밍의 교과서"로 평가받는 도서·
10	넷플릭스 인사이트	이호수	2020		• 국내 최고 AI전문가의 넷플릭스 성공요인을 심층 분석한 도서

2. 참조할만한 동영상(Youtube, TED)

순번	연 사	제 목	주요 내용
1	Dan Pink	The Puzzle of Motivation	• 비즈니스와 과학의 세계 간에 동기부여에 대해 갖는 생각의 차이 존재 • 화폐적 인센티브와 같은 외재적 요인은 우리의 시야를 좁게 만들어 성과를 생각만큼 못 올린다는 주장
2		"Drive: The Surprising Truth about What Motivates Us"	• 내재적 동기부여의 파워를 강조 • 동기부여에 대한 새로운 패러다임을 제시하는 지침서
3	Tony Robbins	Why We Do What We Do	• 우리의 행동에 영향을 미치는 '보이지 않는 동인'들을 설명 • 효과적인 리더는 이를 이해하고 타인들이 움직이게 만드는 활용할 수 있는 능력을 보유하는 것이 중요
4	Simon Sinek	How Great Leaders Inspire Action (위대한 지도자들은 어떻게 행동을 이끌어 내는 영감을 줄까)	• 어떤 사람이나 기업이 왜 성공하는 가하는 모델을 제시 • 모든 위대하고 영감을 주는 리더는 다른 사람들과 완전히 다른 사고와 발언을 한다는 주장
5		Leaders Eat Last (리더는 마지막에 먹는다)	• 리더는 식사를 마지막에 한다는 미국 해병대의 사례를 들면서 리더십의 핵심을 설명 • 구성원들이 안전하다고 느낄 때, 오히려 더 큰 리더십과 조직의 성과를 가져온다는 입장
6	Itay Talgam	Lead Like The Great Conductors	• 유명 지휘자들의 사례를 통해 리더십의 지침 제시 • 최상의 성취는 외부 간섭없이 음악이 스스로 발생하듯이 이루어지는 것

7	Amy Cuddy	Your Body Language Shapes Who You Are	• 바디 랭귀지가 타인들이 우리를 보는 방식에 영향. • 자신감을 보이는 자세가 성공기회를 증대
8	Richard St. John	8 Secrets of Success	• 성공한 사람들에 대한 면접과 연구를 통해 성공비결 제시 • 흥미로운 것은 애정을 가지고 일하면 돈은 따라온다는 주장
9	Susan Cain	The Power of Introverts	• 베스트셀러 "Quiet"의 저자가 외향적이 아닌 내성적인 사람들이 가지고 있는 파워와 성취 가능성을 제시
10	Shawn Achor	The Happy Secret To Better Work	• 행복해지기 위해 일한다는 전통적인 관념과 다른 입장 • 조직이 직원을 행복하게 하면 조직의 성과와 수익성을 보장한다는 주장
11	Jason Fried	Why Work Doesn't Happen at Work	• 비즈니스 도서 'Rework'의 저자가 생산성의 최대 장애요인은 M&M(Meeting & Mangers)이라고 주장하며 해결방안 제시
12	Tom Wujec	Build a Tower, Build a Team	• 최상의 팀을 구축하고 팀원들로부터 최상의 것을 끌어내기 위한 방안을 제시하는 팀 관리방안에 대한 지침서
13	Brené Brown	The Power of Vulnerability	• 취약성이나 수치심은 단점이라고 생각하기 쉽지만 이를 잘 수용하면 오히려 창의성과 생산성의 핵심 동인으로 활용할 수 있다는 긍정적 사고
14	Daniel Levitin	How to Stay Calm When You Know You'll be Stressed	• 뇌과학연구를 일상생활에 접목한 것으로 프로젝트의 상황이 스트레스를 많이 줄 때 리더가 안정감을 가지면 팀의 성과에 긍정적 영향을 미칠 수 있다는 주장
15	Kelly McGonigal	How to Make Stress Your Friend	• 스트레스를 적이 아니라 친구로 만들어 큰 성공을 가져오는 동인이 되게 만드는 비결제시
16	David Allen	The Art of Stress−Free Productivity	• 생산성에 대한 guru인 연사가 팀 내의 창의성도 발휘하면서 복잡한 과업들을 처리해 생산성을 높일 수 있는 방안을 제시
17	Navi Radjou	Creative Problem−Solving in the Face of Extreme Limits	• 적은 자원으로 효과적으로 혁신을 이룩하는 소위 '검소한 혁신'을 주장 • 창의적 문제해결 방안 제시
18	David Grady	How to Save The World(or at Least Yourself) from Bad Meetings	• 조직에서 회의가 구성원의 많은 에너지와 시간을 낭비하는 상황에서 이를 효과적으로 대처하는 방안 제시
19	Julia Galef	Why You Think You'Re Right − Even If You'Re Wrong	• 타인들에 대해 경청하고 자신을 반성함으로써 더 나은 프로젝트 관리자가 되는 방안을 제시
20	Amy Edmondson	Building a Psychologically Safe Workplace	• 심리적으로 안전함을 느끼는 조직문화를 형성함으로써 창의성과 혁신환경을 조성

21	Astro Teller	The Unexpected Benefit of Celebrating Failure	• 실패에 대해 관대하고 나아가 축하함으로써 혁신과 창의성을 이룩할 수 있는 환경조성의 중요성을 주장
22	Coding Tech	Secrets Of Successful Teamwork: Insights from Google	• 구글에서 성공적인 팀웍을 조성하는데 영향을 미치는 핵심요인들에 대한 분석사례
23	Band of Brothers	Band of Brothers – Leadership	• Jim Collins가 미국 육군사관학교에서 리더십 교재로 사용했던 HBO의 미국 전쟁 드라마 'Band of Brothers'에 나타난 리더십
24		The Leadership Core: Lessons from Dick Winters	• 'Band of Brothers'의 지휘관인 Winters 소령의 리더십
25	Shauna Shapiro	Good Morning, I Love You Practice	• Shapiro박사가 전하는 간단한 마음챙김(mindfulness) 명상 실천법

실무자를 위한 가이드라인

- ✔ 조직에서 기술개발이나 연구개발을 담당하던 엔지니어(engineer)들은 입사 후 일정한 시기가 지나면 기술부서나 팀에서 관리자(engineering manager)가 된다
- ✔ 그러나 엔지니어링 관리자가 된다는 것은 큰 영광임과 동시에 새로운 도전이다. 그것은 엔지니어가 지금까지 활동해왔던 기술의 세계에서 관리라는 새로운 세계로 진입하기 때문이다.
- ✔ 엔지니어로서는 유능함에도 관리자가 되었을 때 실패하는 이유로 객관적 측정에 대한 편견, 분석에 의한 마비. 자신 분야에서의 접촉 상실의 두려움, 내성적 성향, 위임 실패, 부하의 육성책임 미비 등을 들 수 있다.
- ✔ 엔지니어링 관리자로 전환될 때 겪는 애로사항이나 도전과제로는 성장 마인드의 보유, 엔지니어와 관리자의 역할 차이 이해, 신뢰확보와 미세경영의 탈피 등이 있다.
- ✔ 신임 엔지니어링 관리자에게는 필수적으로 갖추어여 할 스킬로는 기술적 스킬, 관리적 스킬, 사람관리 스킬로 나누어 볼 수 있다.
- ✔ 기술적 스킬과 관련하여 팀이 사용하는 엔지니어링 과정이나 소프트웨어 기술(코딩언어, 프레임 워크, 방법론 등)에 대한 최신 지식을 유지할 필요가 있다.
- ✔ 관리적 스킬로는 프로젝트관리, 의사결정, 권한위임, 전략적 사고, 우선순위 결정 스킬이 중요하다
- ✔ 사람관리 스킬로는 의사소통, 사람을 결집시키는 스킬, 동기부여, 건설적 비판과 인정역량, 네트워크 능력, 감성지능 스킬 등이 필요하다.
- ✔ 성공적인 엔지니어링 관리자로의 전환을 위해서는 개인과 조직 양측의 노력이 필요하다.
- ✔ 우선 개인적으로는 관리를 배우려는 시간을 할애하고 비즈니스 마인드와 공감 능력의 개발하며 해결안(solution) 마인드를 채택하고 네트워크의 구축과 신뢰를 획득하려고

노력해야 한다. 또 관리의 세계에서는 기술세계와 달리 인식이 현실임을 이해하며 지속 운영 마인드를 갖는다.

- ✔ 조직 측에서는 공식적인 멘토를 지정해주고 실무를 통해 학습기회를 부여하며 필요한 스킬을 조사 파악하여 그에 합당한 실효성있는 교육을 실시한다. 또한 기회가 있을 때마다 상위관리자 역할수행 기회를 제공하여 관리자로서의 준비를 시킨다.

| 참고문헌 |

강승태(2017). "4차 산업혁명 핵심 기업 엔비디아 … 구글 알파고 · 테슬라 무인차 두뇌 만든 주역', 매일경제(03, 20).

김왕동(2008). "공공연구조직의 창의성 영향요인 및 시사점", STEPI 정책연구, 2008-15.

김형숙 · 김경수 · 봉현철(2018). 『디자인씽킹으로 일 잘하는 방법』, 초록비.

노용진 · 김동배 · 김동우(2008). 『기업내 인적자원개발 실태와 정책과제-사례연구를 중심으로-』, 한국노동연구원.

노풍두 · 조용곤 · 조근태(2011). "조직의 창의성 수준 평가 모델 개발," 『기술혁신학회지』, 14(1), pp.109-138.

동아사이언스(2016). "연구자율성 높이자: 노벨상 수상자 104명 연구비 최초 분석", 동아사이언스(09, 29).

딱따구리(2019). 우따따의 책읽기: "세계 여성 과학인의 날 기념-딸과 함께 읽기 좋은 여성 과학자 그림책. retrieved 07, 23, 2021 from https://post.naver.com/viewer/postView.nhn? volumeNo=17860910&memberNo=44772515&vType=VERTICAL.

박우성(2000). 『스톡옵션제』, 한국노동연구원.

봉현철(2007). "한국 기업 액션러닝 프로그램의 핵심성공요인 탐색: 요인의 내용과 요인간의 관계에 관한 고찰", 『경상논총』, 25(3), pp.1-34.

송옥진(2014). "과학분야 노벨상 19명 배출 … 일본 과학계의 저력은?," 한국일보(10. 08).

신무경(2018). 『네이버는 어떻게 일하는가』, 미래의 창.

신영수 · 장성근(2010). 『양손잡이 R&D경영』, 새로운 제안.

신유근(1993). "리포트-우리나라 기업문화의 현주소와 방향설정", 『석유협회보』, 12. pp.72-78.

신유근 · 백삼균 · 한인수(2014). 『조직행위론』, 방송통신대학교 출판문화원.

신재욱 · 김광우(2016). 『공생을 위한 인적자원관리: 역할급 설계방법과 사례』, 피앤씨미디어.

안희탁(2015). "왜 일본은 역할급인가?," 『월간 인재경영』, 3월호,

양민경(2018). "애자일 방법론①: 스크럼(scrum)", 『HR 블레틴』.

윤현진(2013). "출연연 경력개발 활용방안 I, II", HelloDD(09, 10).

이상덕(2021). “젠슨 황인줄 알았는데-전세계가 깜박 속았다”, 매일경제(08. 15).
이성규(2018). “LED 시대 연 삼류 과학자의 분노,” The Science Times(11. 27).
이용재(2020). “이용재의 세심한 맛: 당신이 맛본 바닐라 가짜예요”, 한국일보(02. 20).
이은경 · 박재민 · 박명수 · 조황희 · 서혜애 · 장재윤 · 홍성욱 & 김선우(2003). 『국내 과학기술인력의 창의적 역량 강화방안』, STEPI 정책연구(9).
정범구 · 박상언 · 김주엽 · 송계충(2017). 『조직행위론』, 제4판, 경문사.
조대협(2015). “애자일 팀 모델에 대하여”, 조대협 블로그, https://bcho.tistory.com/1048.
주혜진(2010). 『대덕특구 여성과학기술인 경력개발 모델발굴 및 지원방안』, 대전발전연구원.
중앙일보(2019). “대학생이 가장 일하고 싶은 기업 1위 네이버, 월급보단 복리후생 중요해,” 중앙일보(06,24).
차종석 · 김영배(1997). “연구개발 인력의 경력지향성과 성과: 전문가 지향성과 조직인 지향성의 상보적인 효과”, 『경영학연구』, 26(4), pp.961-986.
케빈 애슈턴(2015). 『창조의 탄생: 창조, 발명, 발견(이은경 역)』, 북라이프.
팟캐김(2017). “청색 LED에 얽힌 노벨상 이야기”, 브런치 Blog.
한국여성과학기술인육성재단(WISET)(2020). 『여성과학기술인력활용실태조사』.
한국발명진흥협회(2021). 직무발명제도 공식 사이트.
한국 특허청(2021). “직무발명보상 우수기업 인증,” 특허청 공식 사이트.
한상연(2015). “연구개발조직의 인력 다양성과 기업 성과와의 관계”, 『한국혁신학회지』, 10(2), pp.85-121.
한인수(1994). “일본기업의 R&D 인적자원관리의 현황과 과제,” 『기술혁신연구』, 2(1), pp.1347-1598.
______(1999). 『정보통신과 여성인력』, 세종출판사.
______(2001). “국내 연구기관에서의 연구전문직 제도의 성공적 정착을 위한 조건에 관한 연구”, 『인적자원개발연구』, 3(1), pp.99-122.
______(2007). “연구직 경력개발제도의 활용방안”, 『기술과 경영』, 291, 11월, pp. 20-24.
______(2013a). “성공하는 R&D 조직 어떻게 만들 것인가?”, 『기술경영』, 2월호, 한국산업기술진흥협회.
______(2013b). “성공하는 R&D 조직의 조건”, 『기술경영』, 2월호, 한국산업기술진흥협회.
한인수 · 노풍두(2019). “팀 창의성의 영향요인에 관한 연구: 국내 ICT 연구개발 조직을 중심으로,” 『경영경제연구』, 41(2), pp.115-150.
한인수 · 정범구 · 이현응(2020). 『현대인적자원관리』, 제4판, 명경사.
황호민 · 이상곤(2019). “팀 내외의 사회적 자본이 R&D 성과에 미치는 영향: 지식공유의 매개효과”, 『지식경영연구』, 20(3), pp.49-71.
湯之上隆(2017). “電機・半導体業界こぼれ話: なぜ東芝は、利益の9割を稼ぐNANDメモリ開發者を辱めて追放したのか？”, Business Journal(12. 26).
石川馨(1956). 『品質管理入門』, QCテキスト・シリーズ 1, 東京: 日科技連出版社.
YTN(2009). “노벨상 비결은 자율성과 커피 브레이크”, YTN(08, 12).

Abbey, A. & Dickson, J. W.(1983). "R&D work climate and innovation in semiconductors," *Academy of Management Journal* , 26(2), pp.362-368.

Adler, P. S. & Chen, C. X.(2011). "Combining creativity and control: understanding individual motivation in large-scale collaborative creativity", *Accounting, Organizations and Society*, 36(2), pp. 63-85.

Agrell A. & Gustafson, R.(1997). "The Team Climate Inventory(TCI) and group innovation-a psychometric test on a Swedish sample of work groups", *Journal of Occupational and Organizational Psychology*, 67, pp.143-151.

Al Harbi, J. A., Alarifi, S., & Mosbah, A.(2019). "Transformational leadership and creativity", *Personnel Review*, 48(5), pp.1082-1099.

Albert, R. S., & Runco, M. A.(1987). *The Possible Different Personality Dispositions of Scientists and Nonscientists.*

Allen, T. J(1977). *Managing the Flow of Technology*, Cambridge, MA: MIT Press.

__________(1984). "Managing the flow of technology: Technology transfer and the dissemination of technological information within the R&D organization," MIT Press Books, 1.

Allen, T. J., Lee, D. M., & Tushman, M. L.(1980). "R&D performance as a function of internal communication, project management, and the nature of the work," *IEEE Transactions on Engineering Management*, 1, pp.2-12.

Amabile, T. M.(1979). "Effects of external evaluation on artistic creativity", *Journal of Personality and Social Psychology*, 37(2), pp.221-233.

____________(1983). "The social psychology of creativity: a componential conceptualization. *Journal of Personality and Social Psychology*, 45, pp.357-376.

____________(1985). "Motivation and creativity: effects of motivational orientation on creative writers", *Journal of Personality and Social Psychology*, 48, 393-399.

____________(1987). "Creativity in the R&D laboratory," *Technical Report No.30*, Greensboro, NC: Center for Creativity Leadership.

____________(1988). "A model of creativity and innovation in organizations," In Staw, B. & Cummings, L. L.(eds), Research *in Organizational Behavior*, 10, Greenwich, CT: JAI Press, pp.123-167.

____________(1994). "The atmosphere of pure work: creativity in research and development," In Shadish, W. R. & Fuller, S.(eds), *The Social Psychology of Science*, London: The Guilford Press, pp.316-328.

____________(1996). *Creativity in Context*. Boulder, CO: Westview Press.

____________(1997). "Motivating creativity in organizations: On doing what you love and loving what you do", *California Management Review*, 40(1), pp.39-58.

____________(1998). *How to Kill Creativity*(Vol. 87), Boston, MA: Harvard Business School

Publishing.

____________(2012). "Componential theory of creativity", *Working Paper*, Harvard Business School.

Amabile, T. M., Conti, R., Coon, H., Lazenby, J. & Herron, M.(1996). "Assessing the work environment for creativity", *Academy of Management Journal*, 39, pp.1154-1184.

Amabile, T. M., Goldfarb, P. & Brackfield, S. C.(1990). "Social influences on creativity: evaluation, coaction, and surveillance", *Creativity Research Journal*, 3(1), pp.6-21.

Amabile, T. M. & Gryskiewicz, N. D.(1989). "The creative environment scales: work environment inventory", *Creativity Research Journal*, 2, pp.231-253.

Amabile, T. M. & Gryskiewicz, S. S.(1987). "Creative human resources in the R&D laboratory: How environment and personality impact innovation," In Kuhn, R. L.(ed.), *Handbook for Creative and Innovative Managers*, New York: McGraw-Hill, pp.501-530.

________________________(1987). *Creativity in the R&D laboratory*, Center for Creative Leadership.

Amabile, T. & Kramer, S.(2011). *The Progress Principle: Using Small Wins to Ignite Joy, Engagement, and Creativity at Work*, Boston: Harvard Business Review Press.

Amabile, T. M., & Pillemer, J.(2012). "Perspectives on the social psychology of creativity", *The Journal of Creative Behavior*, 46(1), pp.3-15.

Amabile, T. M., & Pratt, M. G.(2016). "The dynamic componential model of creativity and innovation in organizations: Making progress, making meaning", *Research in Organizational Behavior*, 36, pp.157-183.

Anderson, N. & West, M. A(1994). *Team Climate Inventory: Manual and User's Guide*, Windsor, UK: NFER-Nelson.

__________________(1996). "The team climate inventory: Development of the tci and its applications in teambuilding for innovativeness", *European Journal of Work and Organizational Psychology*, 5(1), pp.53-66.

Anderson, N., Potočnik, K., & Zhou, J. (2014). "Innovation and creativity in organizations: A state-of-the-science review, prospective commentary, and guiding framework", *Journal of Management*, 40(5), pp.1297-1333.

Antons, D. & Piller, F. T.(2015). "Opening the black box of "Not Invented Here": attitudes, decision biases, and behavioral consequences, *Academy of Management of Perspective*, 29(2), pp.193-217.

Apollo technical(2020). "Top 10 engineering management skills to succeed(2021)", retrieved 06, 28, 2021 from https://www.apollotechnical. com/ engineering -management-skills.

Appelbaum, Steven H., David Nadeau & Michael Cyr(2009). "Performance evaluation in a matrix organization: A case study," *Industrial and Commercial Training*, 41(1), pp.1-14.

Argyres, N. S., & Silverman, B. S.(2004). "R&D, organization structure, and the development of corporate technological knowledge," *Strategic Management Journal*, 25(8, 9), pp.929-958.

Armstrong, M.(2006). *A Handbook of Human Resource Management Practice*, 10th ed.. U.K: Kogan Page Ltd.

Arnold, J. A., Arad, S., Rhoades, J. A., & Drasgow, F.(2000). "The empowering leadership questionnaire: The construction and validation of a new scale for measuring leader behaviors," *Journal of Organizational Behavior*, 21(3), pp.249-269.

Arora, R.(1987). "Technological gatekeepers," *Annals of Library Science and Documentation*, 34(1), pp.12-15.

Arshad, H., & Puteh, F.(2015). "Determinants of turnover intention among employees," *Journal of Administrative Science*, 12(2), pp.1-15.

Ashton, K.(2015). *How to Fly a Horse: The Secret History of Creation, Invention, and Discovery*, Anchor.

Austin, R. D., & Pisano, G. P.(2017). "Neurodiversity as a competitive advantage," *Harvard Business Review*, 95(3), pp. 96-103.

Australian Institute of Business(AIB)(2018). "Fostering teamwork: How four leading companies get it right", AIB blog, retrieved 05, 15, 2021 from https://www.aib.edu.au/blog/ teamwork/ fostering-teamwork.

Badawy, M. K.(1971). "Industrial scientists and engineers: motivational style differences," *California Management Review*, 14(1), pp.11-16.

________________(1995). *Developing Managerial Skills in Engineers and Scientists: Succeeding as a Technical Manager*, John Wiley & Sons.

Bagheri, R., Yarjanli, M., Mowlanapour, R., & Mahdinasab, N.(2016). "Examining the relationship between organizational climate and entrepreneurship with regard to staff's locus of control in industry companies in Iran," *International Journal of Humanities and Cultural Studies* (IJHCS), pp.677-693.

Bagley, Rebecca O.(2014). "The 10 traits of great innovators," retrieved 05, 06, 2021 from https://www.forbes.com/sites/ rebeccabagley/2014/01/15/ the-10-traits-of-great-innovators.

Bailyn, L.(1985). "Autonomy in the industrial R&D lab," *Human Resource Management*, 24(2), pp.129-146.

Balaji, S., & Murugaiyan, M. S.(2012). "Waterfall vs. V-Model vs. Agile: A comparative study on SDLC," *International Journal of Information Technology and Business Management*, 2(1), pp.26-30.

Bandura, A.(1991). "Self-efficacy mechanism in physiological activation and health-promoting behavior," In J. Madden, IV(ed.). *Neurobiology of Learning, Eemotion and Affect*, New York: Raven, pp. 229-270.

Barankay, I.(2012). "Rank incentives: Evidence from a randomized workplace experiment", The Wharton School, University of Pennsylvania,

Barker, Colin(2015). "If you want to succeed you must fail first, says the man who dreamt up the Internet of Things," ZDNet blog. retrieved 03,30, 2021 from https://www.zdnet.com/article/if-you-want-to-succeed-you-must-fail-first-says-the-man-who-dreamt-up-the-internet-of-things.

Barlett, C. A.(2001). *Microsoft: Competing on Talent*, Harvard Business School Case 9-300-001, pp.1-28.

Bartlett, C. A. & Ghoshal, S.(1990). "Matrix management: Not a structure, a frame of mind", *Harvard Business Review*, 6, pp.138-45.

Bass, B. M.(1985). *Leadership and Performance Beyond Expectations*, New York: Free Press.

__________(1990). "From transactional to transformational leadership: Learning to share the vision." *Organizational Dynamics*, 18(3), pp.19-31.

Bass, B. M., & Bass, R.(2008). *The Bass Handbook of Leadership: Theory, Research, and Managerial Applications*, New York: Free Press.

Bazigos, M., & Caruso, E.(2016). "Why frontline workers are disengaged," *McKinsey Quarterly*, 2, pp.1-2.

Bazigos, M., & Harter, J.(2016). "Revisiting the matrix organization," *The McKinsey Quarterly*.

Beer, M., & Ruh, R. A.(1976). "Employee growth through performance management," *Harvard Business Review*, 54(4), pp.59-66.

Bell, Terena(2021). "Applicant tracking system: The secret to beating a resume-filtering ATS," CIO site, retrieved 08.17, 2021 from https://www.cio.com/article/2398753/applicant-tracking-system.html.

Benko, C., & Weisberg, A.(2007). *Mass Career Customization: Aligning the Workplace With Today's Nontraditional Workforce*, Harvard Business Review Press.

Bennett, Jake(2016). "When engineers become managers: How to be a great technical leader", retrieved 06.25, 2021, from https://venturebeat.com/ 2016/07/31/when-engineers-become-managers-how-to-be-a-great-technical-leader.

Bersin, Josh(2012). "New research unlocks the secret of employee recognition", *Forbes*(June 13). retrieved 05, 12, 2021 from https://www.forbes.com/sites/joshbersin/2012/06/13/new-research-unlocks-the-secret-of-employee-recognition.

__________(2016). "Digital leadership Is not an optional part of being a CEO," retrieved 06, 05, 2021 from https://hbr.org/2016/12/digital-leadership-is-not an-optional-part-of-being-a-ceo.

Bilginoğlu, E.(2019). "Knowledge hoarding: A literature review," *Management Science Letters*, 9(1), pp.61-72.

BioSpace(2017). "11 life science skills you'll need in 2020", retrieved 08, 10, 2021 from https://www.biospace.com/article/ 11-life-science-skills-you-ll-need-in-2020.

Bishop, Katie (2021). "Your next Job interview may be with a robot—whether you realize it or not," Observer site, retrieved 08.20, 2021 from https://observer.com /2021/03/artificial-intelligence-job-interview-problems-bias-tips.

Blazek, Kurt(2021). "Leadetrship style of Jen-Hsun Huang," TruScore site, retrieved 09, 30, 2021 from https://www.truscore.com/resources/leadership-style-of-jen-hsun-huang-failing-forward.

Bock, Laszlo(2015). *Work Rules: Insights from Inside Google That Will Transform How You Live and Lead*, New York: Twelve.

Boshoff, Jody(2016). "Being creative-why good ideas aren't good enough," retrieved April 15, 2021 from https://www.aurecongroup.com/blog/posts/being-creative-good-ideas-arent-good-enough.

Bosworth, Patrick(2021). "How to empower employees in the workplace-8 tips," retrieved 05, 12. 2021 from https://leadershipchoice.com/empower-employees- in-the-workplace.

Boyes, Bruce(2020). "Knowledge hiding in organizations: Causes, impacts, and the ways forward", retrieved 07, 24, 2021 from https://realkm.com/2020/07/17/knowledge-hiding-in-organizations-causes-impacts-and-the-ways-forward.

Breaux, Travis & Moritz, Jennifer(2021). "The 2021 software developer shortage is coming," *Communications of the ACM*, 64(7), pp.39-41.

Brooks, Ross(2018). "Why psychological safety is the key to high performing teams," retrieved 05, 15, 2021 from https://peakon.com/blog/diversity-equity-and-inclusion/psychological-safety.

Bucic, T., & Gudergan, S. P. (2004). 'The impact of organizational settings on creativity and learning in alliances," *Management*, 7(3), pp.257-273.

Burikus, Davis(2015). "The real reason Google serves all that free food," *Forbes*(July 2).

Burt, R.(1992). *Structural Holes: The Social Structure of Competition*, Cambridge , MA: Harvard Univ. Press.

Burton, R., Obel, B., & Haakonsson, D. (2015). "How to get the matrix organization to work," *Journal of Organization Design JOD*, 4(3), pp.37-45.

Buzan, T.(2018). *Mind Map Mastery: The Complete Guide to Learning and Using the Most Powerful Thinking Tool in the Uuniverse*, Watkins Media Limited.

Calder, B. J. & Staw, B.(1975). "The self-perception of intrinsic and extrinsic motivation," *Journal of Personality and Social Psychology*, 31, pp.599-605.

Cameron, K. S., & Quinn, R. E.(1999). *Diagnosing and Changing Organizational Culture*, Reading: Addison-Wesley.

Cappelli, P.(2019). "Your approach to hiring is all wrong," *Harvard Business Review*, 97(3), pp.48-58.

Cappelli, P., & Tavis, A.(2016). "The performance management revolution", *Harvard Business*

Review, 94(10), pp.58-67.

Carver, Courtney(2021). "Why it's important to be creative", retrieved 08, 21, 2001 from https://bemorewithless.com/create/?nowprocket=1.

Casanova, Carlos (2016). "Google Project Aristotle-5 keys to team success," retrieved April 15, 2021 from https://searchitoperations.techtarget.com/blog/ Modern-Operations-Apps-Stacks/Google-Project-Aristotle-5-Keys-to-Team-Success.

Cassidy, Sara(2016). "Improving the retention of women in research careers," retrieved 06,23, 2021 from https://www.jax.org/news-and-insights/jax-blog/2016/june/improving-the-retention-of-women-in-research-careers.

Castaneda, D. I., & Cuellar, S.(2020). "Knowledge sharing and innovation: A systematic review," *Knowledge and Process Management*, 27(3), pp.159-173.

CEB Global(2016). "How to increase the effectiveness of performance reviews", Gartner, retrieved April, 11. 2021 from https://www.organisationalpsychology.nz/ _content/2017_07_18_CEB_Eliminate_Perf_Ratings_MF_IOSIG.pdf.

CFI(2021). "Team cohesion", retrieved April, 11. 2021 from https://corporatefinanceinstitute.com/resources/careers/soft-skills/team-cohesion.

Chanamolu, Surekha, Hanayneh, Shihab, Misiewicz, Lennae, Mohammed, Marthed & Nayame, Jacqueline(2017). "Dilemmas in Not Invented Here Syndrome." *Engineering and Technology Management Student Projects*, 1148.

Chandler, A. D.(1962). *Strategy and Structure: Chapters in the History of the Industrial Empire*, Fredrick, MD:Beard Books.

Chang, Y. Y., & Hughes, M.(2012). "Drivers of innovation ambidexterity in small-to medium-sized firms," *European Management Journal*, 30(1), pp.1-17.

Charles A. O'Reilly III & Michael L. Tushman(2004). "The Ambidextrous organization", *Harvard Business Review*, 82(4), pp.74-81.

Chase, Jennifer(2019). "Innovation leadership in drug development," Bioprocesintel site, retrieved 04,31, 2021 from https://www.google.co.kr/search?hl=ko&gbv=2&q=Chase+Jennifer(2019).+%E2%80%9C+Innovation+leadership+in+drug+development,%E2%80%9D+bioprocess+intel+site.&spell=1&sa=X&ved=2ahUKEwja_JGejrXzAhVPUd4KHVNXBc0QBXoECAwQAQ.

Cheng, Jeremy(2017). "How Google motivates their employees," Jeremy Cheng's blog, retrieved 06, 05, 2021 from https://blogs.ubc.ca/jcheng9/2017/02/06/how-google-motivates-their employees.

Choi, Janet(2018). "Why Jeff Bezos' two-pizza team rule still holds true in 2018," retrieved April 07, 2021 from http://blog.idonethis.com/two-pizza-team.

Clark, K. B. & Fujimoto, Takahiro(1991). *Product Development Performance*, Boston, MA: Harvard

Business School Press.

Clear, James(2021). "First principles: Elon Musk on the power of thinking for yourself," retieved 05,04, 2021 from https://jamesclear.com/first-principles.

Cohen, W. M. & Leventhal, D. A.(1990). "Absorptive capacity: a new perspective on learning and innovation," *Administrative Science Quarterly*, 35(1), pp.128-152.

Cole, S., & Cole, J. R. (1967). "Scientific output and recognition: A study in the operation of the reward system in science,"*American Sociological Review*, pp. 377-390.

Colman, A. (2008). *A Dictionary of Psychology*, 3rd ed., Oxford University Press.

Comparably(2021). "Best perks & benefits (large companies)", retrieved May 17, 2021 from https://www.comparably.com/news/best-perks-benefits-2020/.

Congressional Research Service(2020). Global research and development expenditures: Fact sheet, CRS Report.

Connelly, C. E., Zweig, D., Webster, J., & Trougakos, J. P. (2012). "Knowledge hiding in organizations," *Journal of Organizational Behavior*, 33(1), pp.64-88.

Cooper, Kindra(2020a). "Interviewing at Apple: Be prepared for anything," Candor site, retrieved 08, 17, 2021 from https://candor.co/articles/interview-prep/ interviewing-at-apple-be-prepared-for-anything.

_____________(2020b). "Decoding the interview process at Microsoft", retrieved 08.18, 2021 from https://candor.co/articles/interview-prep/decoding-the-interview-process-at-microsoft-interview.

Cordero, R., Farris, G. F. & DiThomaso, N. (2004). "Supervisors in R&D laboratories; Using technical, people, and administrative skills effectively," *IEEE Transactions on Engineering Management*, 51(1), pp.19-30.

Cornerstone(2021). "Check-ins: a new philosophy for performance reviews", Cornerstone site, retrieved 09, 13, 2021 from https://www.cornerstoneondemand.com/sites/default/files/whitepaper/smb-wp-check-ins-performance-reviews_0.pdf.

Cortel, Jason(2021). "Nadella proves the value of softer leadership", Jason Cortel blog, retrieved 09, 13, 2021 from https://www.jasoncortel.com/satya-nadella-value-softer-leadership.

Csikszentmihalyi, M.(1997). "Flow and creativity", *Namta Journal*, 22(2), pp.60-97.

__________________(1999). "16 Implications of a systems perspective for the study of creativity," *Handbook of Creativity*, p. 313.

Dalton, D. H.(1999). *Globalizing Industrial Research and Dvelopment*(*Vol. 1*), US Department of Commerce, Office of Technology Policy.

Darawong, C.(2017). "Conflict management styles and interpersonal conflict between marketing and R&D personnel during the new product development process", *International Journal of Innovation and Technology Management*, 14(06).

Daxx(2020). "The software developer shortage in the US and the global tech talent shortage in 2021", retrieved 08, 13, 2021 from https://www.daxx.com/blog/development-trends/software-developer-shortage-us.

De Smet, A., Kleinman, S., & Weerda, K.(2019). "The helix organization", *McKinsey Quarterly*, October 3, McKinsey Global Institute.

Deadman, Sarah(2017). "Replacing performance ratings… How Amazon, Deloitte and Google do it," retrieved 09, 10, 2021 from https://etsplc.com/blog/replacing-performance-ratings-how-amazon-deloitte-and-google-do-it.

Deal T. E. & Kennedy, A. A (1982, 2000). *Corporate Cultures: The Rites and Rituals of Corporate Life*, Harmondsworth, Penguin Books, 1982; reissue Perseus Books.

Deci E. L. & Ryan R. M., (eds)(2002). *Handbook of Self-Determination Research*, Univ. Rochester Press, Rochester, New York, NY.

Deci, E. L. & Flaste, R.(1996). *Why We Do What We Do: Understanding of Self-Motivation*, London: Penguin Press.

Deutschendorf, Harvey(2016). "7 reasons why emotional intelligence is one of the fastest-growing job skills: How to improve emotional intelligence in the workplace," retrieved May 04, 2021 from https://www.fastcompany.com/3059481/7-reasons - why-emotional-intelligence-is-one-of-the-fastest-growing-job-skills.

DevSkiller(2021). "7 technical recruiting trends for 2021 and beyond," retrieved 08, 29, 2021 from https://devskiller.com/technical-recruiting-trends.

Dewett, T.(2007). "Linking intrinsic motivation, risk taking, and employee creativity in an R&D environment", *R&D Management, 37(3)*, pp.197-208.

Diamond, Julie(2019). "How flat organizations become toxic", Startup site, retrieved Sep 28, 2021 from https://diamondleadership.com/ challenges-of-flat-organizations.

Diamond Leadership(2019). "How flat organizations become toxic", retrieved 03, 26, 2021 from https://diamondleadership.com/challenges-of-flat-organizations.

Doyle, Alison(2020). "Hard skills vs. soft skills: What's the difference?," retrieved 08.15. 2021 from https://www.thebalancecareers.com/ hard-skills-vs-soft-skills.

Drazin, R., Glynn, M. A. & Kazanjian, R. K. (1999). "Multilevel theorizing about creativity in organizations: A sensemaking perspective," *Academy of Management Review*, 24(2), pp 286-307.

Dudovskiy, John(2017). "Facebook Inc. organizational structure: Hybrid of hierarchical and divisional organizational structures," BRM site, retrieved 03, 30, 2021 from https://research-methodology.net/facebook-organizational-structure - hybrid-of-hierarchical-and-divisional-organizational-structures.

____________(2019). "Microsoft organizational otructure: Divisional structure with focus on innovation", BRM(Business Research Methodology) site. retrieved 03.32, 2021 from https://research-methodology.net/ microsoft-organizationa l-structure-divisional-structure-with-focus-on-innovation.

Dudovskiy, John(2020a). *Amazon Organizational Structure: a brief overview.*

______________(2020b). "Amazon organizational culture: harsh, but effectively contributing to the bottom line", BRM site. retrieved 03.32, 2021 from https://research-methodology.net/ amazon-organiza tional-culture-harsh-effectively-contributing-bottom-line-2.

Dudovskiy, John(2021). "Tesla organizational structure: divisional and flexible," retrieved 03.32, 2021 from https://research-methodology.net/tesla-organizational-structure-divisional-and-flexible.

Duncan, R. B.(1976). "The Ambidextrous organization: Designing dual structures for innovation," *The Management of Organization*, 1, pp.167-188.

Ederer, Florian & Manso. Gustavo(2013). "Is pay for performance detrimental to innovation?", *Management Science*, 59(7), pp.1479-1724.

Edmondson, A. C.(1999). "Psychological safety and learning behavior in work teams", *Administrative Science Quarterly*, 44(2), pp.350-383.

__________________(2018). *The Fearless Organization: Creating psychological Safety in The Workplace for Learning, Innovation, and Growth*, John Wiley & Sons.

Edmondson, A. C., & Mogelof, J. P.(2006). "Explaining psychological safety in innovation teams: Organizational culture, team dynamics, or personality", In *Creativity and Innovation in Organizational Teams*, Psychology Press, pp.129-156.

Edwards, S. A., & McCarrey, M. W.(1973). "Measuring performance of pesearchers", *Research Management*, 16(1), pp.34-41.

Egelhoff, W. G.(1991). "Information-processing theory and the multinational enterprise," *Journal of International Business Studies*, 22(3), pp.341-368.

Eichenwald, Kurt(2012). "Microsoft lost decade", VANITYFAIR, August.

Ekvall, G.(1996). "Organizational climate for creativity and innovation," *European Journal of Work and Organizational Psychology*, 5(1), pp.105-123.

Elkins, T. & Keller, R. T.(2003). "Leadership in research and development organizations: A literature review and conceptual framework," *Leadership Quarterly*, 14, pp.587-606.

Elsbach, K. D., Brown-Saracino, B., & Flynn, F. J.(2015). "Collaborating with creative peers," *Harvard Business Review*, October.

emPerform(2021). "Performance rating scales: Should they stay or should they go?," emPerform Blog, retrieved 09, 14, 2021 from https://employee-performance.com/blog/performance-ratings-how-to-get-rid-of-them-without-getting-rid-of-them.

Enclaria(2015). "How to overcome "Not Invented Here" Syndrome, retrieved 05.28. 2021 from https://www.enclaria.com/2015/12/08/how-to-overcome- not-invented-here-syndrome.

Enkel, E., Heil, S., Hengstler, M., & Wirth, H.(2017). "Exploratory and exploitative innovation: To what extent do the dimensions of individual level absorptive capacity contribute?", *Technovation*, 60, pp.29-38.

Epstein, D.(2021). *Range: Why Generalists Triumph in a Specialized World*, Penguin.

Ertürk, A.(2012). "Linking psychological empowerment to innovation capability: Investigating the moderating effect of supervisory trust," *International Journal of Business and Social Science*, 3(14).

Evans, Leonard(2019). "Samsung's organizational otructure & its characteristics (an analysis)." Panmore Institute site, retrieved 03, 30, 2021 from http://panmore.com/samsung-corporate-organizational-structure-characteristics-analysis.

Fasano, Anthony(2019). "How engineering companies can facilitate the transition from engineer to manager," retrieved 05, 06, 2021 from https://www.linkedin.com/pulse/how-engineering-companies-can-facilitate-transition-from-fasano-pe/?form=MY01SV&OCID=MY01SV.

Feist, G. J.(2006). *The Psychology of Science and the Origins of the Scientific Mind*, New Haven, CT: Yale University Press.

Feng, C., Huang, X., & Zhang, L.(2016). "A multilevel study of transformational leadership, dual organizational change and innovative behavior in groups", *Journal of Organizational Change Management*.

Filipescu, D.(2007). *Innovation and Internationalization, A Focus on Spanish Exporting Firms*, Universitat Autonoma de Barcelona.

Forbes(2002). "Unsung hero", *Forbes*(June, 24).

Ford, C. M.(1996). "A theory of individual creative action in multiple social domain", *Academy of Management Review*, 21, pp.1112-1142.

Forsey, Caroline(2021). "How to cultivate psychological safety for your team, according to Harvard Professor Amy Edmondson," retrieved April 15, 2021 from https://blog.hubspot.com/marketing/psychological-safety-according-to-edmondson.

Francisco, Janice(2021). "What kind of organizational culture supports innovation?", retrieved 04. 03, 2021 from https://blog.bridgepointeffect.com/what-kind-of-organizational-culture-supports-innovation.

Galbraith, J. R.(2000). *Designing the Global Corporation*, Jossey Bass, San Francisco: CA.

Gao, L., Janssen, O., & Shi, K.(2011). "Leader trust and employee voice: The moderating role of empowering leader behaviors", *The Leadership Quarterly*, 22(4), pp.787-798.

Garcia Martinez, Marian, Ferdaous Zouaghi, & Teresa Garcia Marco(2017). "Diversity is strategy: the effect of R&D team diversity on innovative performance", *R&D Management*, 47(2), pp.311-329.

Gartner(2015). "Transform your performance management strategy," Gartner web site, retrieved 04. 03, 2021 from https://www.gartner.com/en/human-resources/insights/performance-management

Garvin, D. A.(2013). "How Google sold its engineers on management," *Harvard Business Review*, 91(12), pp.74-82.

GDS Insights(2020), "What is digital leadership?-definition, examples, skills, qualities", retrieved 06, 05, 2021 from https://gdsgroup.com/insights/marketing/blueprint-for-digital-leadership.

George, J. M.(2007). "Creativity in organizations", *Academy of Management Annals*, 1(1), pp. 439-477.

Gerhart, B. & Fang, M.(2015). "Pay, intrinsic motivation, extrinsic motivation, performance, and creativity in the workplace: revisiting Long-Held beliefs," *Annual Review of Organizational Psychology and Organizational Behavior*, 2(1), pp.489-521.

Gerstberger, P. G., & Allen, T. J.(1968). "Criteria used by research and development engineers in the selection of an information source", *Journal of Applied Psychology*, 52(4), p.272.

Geyer, P.(2012). "Extraversion-introversion: what CG Jung meant and how contemporaries responded", In Tenth AusAPT Biennial Conference Melbourne, Australia-October, pp. 25-27.

Giang, Vivian(2021). "Inside Google's Insanely popular emotional intelligence course," retieved May 05, 2021 from https://www.fastcompany.com/3044157/inside-googles-insanely-popular-emotional-intelligence-course.

Gibbs, N(1995). "The EQ factor", *Time*(October 9), pp.86-92.

Gil, R. & Spiller, P. T.(2007). "The organizational dimensions of creativity: Motion picture production", *California Management Review*, 50(1), pp.243-260.

Gill, P., Horgan, J., Hunter, S. T., & D. Cushenbery, L.(2013). "Malevolent creativity in terrorist organizations", *The Journal of Creative Behavior*, 47(2), pp.125-151.

Glassman, E.(1986). "Managing for creativity: Back to basics in R&D", *R&D Management*, 16(2), pp.175-183.

Goleman, D.(1996). "Emotional intelligence: Why it can matter more than IQ", *Learning*, 24(6), 49-50.

__________(1998). *Working with Emotional Intelligence*, London: Bloomsbury Publishing.

__________(2017). *Leadership that Gets Results*(Harvard business review classics). Harvard Business Press.

Goncalo, J. A., & Duguid, M. M.(2012). "Follow the crowd in a new direction: When conformity pressure facilitates group creativity (and when it does not)", *Organizational Behavior and Human Decision Processes*, 118(1), pp.14-23.

Goncalo, J. A., & Staw, B. M. (2006). "Individualism-collectivism and group creativity."

Organizational behavior and human decision processes, 100(1), pp.96-109.

Google(2021). "Let's make work better," reWork site, retrieved April 03, 2021, from https://rework.withgoogle.com/.

Gouldner, A. W.(1957). "Cosmopolitans and locals: Toward an analysis of latent social roles-I", *Administrative Science Quarterly*, 2(3), pp.281-306.

Grant, A. M. & Berry, J. W.(2011). "The necessity of others is the mother of invention: intrinsic and prosocial motivations, perspective taking, and creativity", *Academy of Management Journal*, 54(10), pp.73-96.

Griffin, A., & Hauser, J. R.(1996). "Integrating R&D and marketing: A review and analysis of the literature", *Journal of Product Innovation Management: An International Publication of the Product Development & Management Association*, 13(3), pp.191-215.

Griffin, Dana(2019). "Pros & cons of a flat organizational structure", Chron site, retrieved 03.24, 2021 from https://smallbusiness.chron.com/pros-cons-flat-organizational-structure-3798.html.

Gumusluoglu, L., & Ilsev, A.(2009a). "Transformational leadership, creativity, and organizational innovation", *Journal of Business Research*, 62(4), pp.461-473.

____________________(2009b). "Transformational leadership and organizational innovation: The roles of internal and external support for innovation", *Journal of Product Innovation Management*, 26(3), pp.264-277.

Gunderman Richard(2018). "The extraordinary life of Nikola Tesla", *Smithsonian Magazin*, retrieved April 30, 2021 from https://www.smithsonianmag.com/innovation/extraordinary-life-nikola-tesla-180967758.

Guo, J., Gonzales, R., & Dilley, A. E.(2016). "Creativity and leadership in organizations: A literature review," *Creativity. Theories - Research-Applications*, 3(1), pp.127-151.

Haas, M., & Mortensen, M.(2016). "The secrets of great teamwork", *Harvard Business Review*, 94(6), pp.70-76.

Hackman J. R. & Vidmar N. J.(1970). "Effects of size and task type on group performance and member reactions," *Sociometry*, 33, pp.37-54.

Hackman, J. R.(2002). "Why teams don't work," In *Theory and Research on Small Groups*, Springer, Boston, MA., pp.245-267.

Haftel, S. & Martin, L.(1993). "The effectiveness of reward systems on innovative output: an empirical analysis", *Small Business Economics*, 5(4), pp.261-269.

Hage, J., Jordan, G., Mote, J., & Whitestone, Y.(2008). "Designing and facilitating collaboration in R&D: A case study", *Journal of Engineering and Technology Management*, 25(4), pp. 256-258.

Hagstrom, W(1965). *The Scientific Community*, New York: Basic Books.

Haneda, S., & Ito, K.(2018). "Organizational and human resource management and innovation:

Which management practices are linked to product and/or process innovation?", *Research Policy*, 47(1), pp.194-208.

Hannen, J., Antons, D., Piller, F., Salge, T. O., Coltman, T., & Devinney, T. M.(2019). "Containing the Not-Invented-Here Syndrome in external knowledge absorption and open innovation: The role of indirect countermeasures", *Research Policy*, 48(9).

Hanover Research(2013). *Practices in Matrix Organizational Structures*, December.

Harari, Y. N.(2014). *Sapiens: A Brief History of Humankind*, Random House.

Harbring, C., & Irlenbusch, B.(2008). "How many winners are good to have?: On tournaments with sabotage", *Journal of Economic Behavior & Organization*, 65(3-4), pp.682-702.

Harrell, Eben(2020). "Maybe failure isn't the best teacher", *Harvard Business Review*, 98(3), pp.32-33.

Harrison, Connor(2019). "2018-2019 Compensation trends survey: Organizations embracing variable pay," Salary.com site, retrieved 06, 17, 2021 from https://www.salary.com/blog/compensation-trends-organizations-embracing- variable-pay.

Harrison, D. A., & Klein, K. J.(2007). "What's the difference? Diversity constructs as separation, variety, or disparity in organizations", *Academy of Management Review*, 32(4), pp.1199-1228.

Hashim, H., Ishak, N. A., & Hilmi, Z. A. G.(2017). "Job embeddedness and organizational climate", *Asian Journal of Quality of Life*, 2(6), pp.31-42.

Hemlin, S., Allwood, C. M., & Martin, B. R.(eds.)(2004). *Creative Knowledge Environments: The Influences on Creativity in Research and Innovation*, Edward Elgar Publishing.

Hemlin, Sven, Olsson , Lisa & Denti, Leif(2013). "Creativity in R&D", In Thomas, K., & Chan, J. (eds.). *Handbook of Research on Creativity*, Edward Elgar Publishing.

Hennessey, B. A. and Amabile, T. M.(2010). "Creativity", *Annual Review of Psychology*, 61(1), pp. 569-598.

Hermans, Julie(2021). "The top 4 innovation culture best practices from the world's most successful companies", retrieved 05, 20, 2021 from https://www. qmarkets.net/blog/4-innovation-culture-best-practices-from-the-worlds-most-successful-companies.

Hern, Alex(2018). "The two-pizza rule and the secret of Amazon's success", The *Guardian*(April 24th).

Heskett, J. L.(2011a). *The Culture Cycle: How to Shape the Unseen Force that Transforms performance*, FT Press.

____________(2011b). "Manage the culture cycle", *World Financial Review*, pp.2-7.

Hidma, A., Kuchler, S. & Sandstorm(2020). "The present-focused, future-ready R&D organization," McKinsey & Company site, retrieved 07, 25, 2021 from https://www.mckinsey.com/business-functions/operations/our-insights/the-present-focused-future-ready-rd-organization.

Hoegl, M., Weinkauf, K., & Gemuenden, H. G.(2004). "Interteam coordination, project commitment, and teamwork in multiteam R&D projects: A longitudinal study," *Organization Science*, 15(1), pp.38-55.

Hoffmann, P., Hoegl, M., & Muethel, M.(2012, July). "Success factors of dual ladders and their effects on commitment and career satisfaction", In *Academy of Management Proceedings* 2012(1), p.12625. Briarcliff Manor, NY 10510: Academy of Management.

Hoffmann, P., Hoegl, M., Muethel, M., & Weiss, M.(2016). "A contemporary justice perspective on dual ladders for R&D professionals", *Journal of Product Innovation Management*, 33(5), pp.589-612.

Holden Greg(2013). "The 5 traits R&D practitioners look for in an innovator", retrieved April 18 from https://iriwebblog.org/2013/02/07/the-5-traits-rd-practitioners-look-for-in-an-innovator.

Hollingsworth, J. R.(2006a). "A path-dependent perspective on institutional and organizational factors shaping major scientific discoveries", In Hage, J. &Meeus, M.(eds). *Innovation, Science and Institutional Change*, Oxford, Oxford University Press, pp.423-442.

________________(2006b). "Organizational and psychological factors influencing creativity in basic science", In Paper presented before Atlanta Conference on Science and Technology Policy, May.

Homem de Mello, Francisco(2019). "Google's performance management practices," retrieved March 18 from https://www.qulture.rocks/en/googles-performance-management-practices.

Horie, T., Inuzuka, A., & Ikawa, Y.(2009). "The effects of intrinsic motivation on knowledge creating behavior", *Technology and Economy*, 504, pp.66-71(in Japanese).

Horwitz, S. & Horwitz, I.(2007). "The effects of team diversity on team outcomes: A meta analytic review of team demography," *Journal of Management*, 33(6), pp.987-1015.

Huang, C. C.(2009). "Knowledge sharing and group cohesiveness on performance: An empirical study of technology R&D teams in Taiwan," *Technovation*, 29(11), pp.786-797.

Hülsheger, U. R., Anderson, N., & Salgado, J. F.(2009). "Team-level predictors of innovation at work: a comprehensive meta-analysis spanning three decades of research," *Journal of Applied Psychology*, 94(5), p.1128.

Hunter, G. S.(2013). *Out think: How Innovative Leaders Drive Exceptional Outcomes*, John Wiley & Sons.

Hussinger, K., & Wastyn, A.(2016). "In search for the not invented here syndrome: the role of knowledge sources and firm success", *R&D Management*, 46 (S3), pp.945-957.

Ibarra, H., & Scoular, A.(2019). "The leader as coach", *Harvard Business Review*, 97(6), pp.110-119.

IBM(2010). "Capitalizing on complexity: insights from the global chief executive office study," Report, IBM Global Business Services, Somers, New York, NY.

ideal(2021). "AI for recruiting: A definitive guide for HR professionals", retrieved 08, 15, 2021 from https://ideal.com/ai-recruiting.

IGotAnOffer(2020). "Microsoft software engineer interview: the only post you'll need to read", retrieved 08.18, 2021 from https://igotanoffer.com/blogs/tech/microsoft-software-development-engineer-interview.

impraise(2021a). "How to develop Google's top 7 leadership competencies", impraise site, retrieved 05.31, 2021 from https://www.impraise.com/blog/how-to-develop-googles-top-7-leadership-competencies.

_______(2021b). "Microsoft throws stack ranking out the window", impraise site, retrieved 09. 09, 2021 from https://www.impraise.com/blog/microsoft-throws-stack-ranking-out-the-window.

indeed(2020). "12 essential engineering skills for your resume", retrieved 08.06, 2021 from https://www.indeed.com/career-advice/resumes-cover-letters/ essential-engineering-skills.

Investopedia(2019). "How does Tim Cook's management style differ from Steve Jobs? (AAPL)", Investopedia site, retrieved 05, 25 from https://www. investopedia.com/articles/professionals/081715/how-does-tim-cooks-management-style-differ-steve-jobs.asp.

Isaksen, S. G., & Ekvall, G.(2010). "Managing for innovation: The two faces of tension in creative climates", *Creativity and Innovation Management*, 19(2), pp.73-88.

Jain, R., Triandis, H. C., & Weick, C. W.(2010). *Managing Research, Development and Innovation: Managing the Unmanageable*(Vol. 34), John Wiley & Sons.

Jamrog, J., Vickers, M., & Bear, D.(2006). "Building and sustaining a culture that supports innovation", *People and Strategy*, 29(3), p.9.

Janse, B.(2019). "Ambidextrous leadership", retrieved April 03, 2021 from ToolsHero: https://www.toolshero.com/leadership/ambidextrous-leadership.

Jaruzelski, Barry, Loehr, John & Holman, Richard(2012). "The global innovation 1000: Why culture is key", *Strategy+Business*, 149, March.

JD&RE(2021). "15 information technology engineer skills to be best on the job", retrieved 08.06, 2021 from https://jobdescriptionandresumeexamples.com/information-technology-engineer-skills-to-be-best-on-the-job.

Jehn, K. A., Northcraft, G. B., & Neale, M. A.(1999). "Why differences make a difference: A field study of diversity, conflict and performance in workgroups", *Administrative Science Quarterly*, 44(4), pp.741-763.

Jenssen, J. I., & Jørgensen, G.(2004). "How do corporate champions promote innovations?", *International Journal of Innovation Management*, 8(1), pp.63-86.

Jha, S.(2009). "Determinants of employee turnover intentions: A review", *Management Today*, 9(2).

Jiang, W., & Gu, Q.(2017). "Leader creativity expectations motivate employee creativity: A moderated mediation examination", *The International Journal of Human Resource Management*, 28(5), pp.724-749.

Jordan, G. B.(2005). "What matters to R&D workers", *Research Technology Management*, 48(3), pp.23-32.

Jung, C. G.(1921). *Psychologische Typen*, Rascher Verlag, Zurich.

Jung, D. I., Chow, C., & Wu, A.(2003). "The role of transformational leadership in enhancing organizational innovation: Hypotheses and some preliminary findings", *The Leadership Quarterly*, 14(4-5), pp.525-544.

Kahn, C., & McGourty, S.(2009). *Performance Management at R&D Organizations: Practices and Metrics from Case Examples*, Bedford, MA: The MITRE Corporation.

Kanama, D., & Nishikawa, K.(2017). "Does an extrinsic reward for R&D employees enhance innovation outcomes? Evidence from a Japanese innovation survey", *R&D Management*, 47(2), pp.198-211.

Kantor, J., & Streitfeld, D.(2015). "Inside Amazon: wrestling big ideas in a bruising workplace", *The New York Times*(Aug 15).

Kaplan, David(2010). "SAS: A new no. 1 best employer." *Fortune*(January 22).

Kathoefer, D. G. & Leker, J.(2012). "Knowledge transfer in Academia: an explanatory study on the Not-Invented-Here Syndrome", *Journal of Technology Transfer*, 37(5), pp.658-675.

Katz, R.(ed.)(2003). *The Human Side of Managing Ttechnological Innovation: A Collection of Readings*. 3nd ed., Oxford University Press, USA.

__________(1985). "How project performance is influenced by the locus of power in the R&D matrix", *Academy of Management Journal*, 28(1), pp.67-87.

Katz, R., & Tushman, M.(1979). "Communication patterns, project performance, and task characteristics: An empirical evaluation and integration in an R&D setting", *Organizational Behavior and Human Performance*, 23(2), pp.139-162.

______________________(1983). "A longitudinal study of the effects of boundary spanning supervision on turnover and promotion in research and development", *Academy of management Journal*, 26(3), pp.437-456.

Katz, R., & Allen, T. J.(1982). "Investigating the not invented here(NIH) syndrome: a look at the performance, tenure, and communication patterns of 50 R&D project groups", *R&D Management*, 12(1), pp.7-20.

Keller, R. T.(2012). "Predicting the performance and innovativeness of scientists and engineers", *Journal of Applied Psychology*, 97(1), p.225.

Khaire, M., & Amabile, T. M.(2008). "Creativity and the role of the leader", *Harvard Business Review*, 86(10).

Kim, H.(2020). "Comparison of strategic leadership: Steve Jobs and Tim Cook", *Business and Management Studies*, 6(3), 17-25.

Kim, T. Y., David, E. M., & Liu, Z.(2021). "Perceived cognitive diversity and creativity: A multilevel study of motivational mechanisms and boundary conditions", *The Journal of Creative Behavior*, 55(1), pp.168-182.

King Elizabeth(2016). "A brief history of the modern backpack", *Time*(September 6).

Kivimäki M, & Elovainio, M.(1999). "A short version of the Team Climate Inventory: Development and psychometric properties", *Journal of Occupational and Organizational Psychology*, 72, pp.241-246.

Kocienda, K.(2018). *Creative Selection: Inside Apple's Design Process During the Golden Age of Steve Jobs*, Pan Macmillan.

Kohn, Alfie(1993). "Why incentive plans cannot work", *Harvard Business Review*, Sep./Oct., pp.54-63.

Kotter, J. P.(2012). "ACCELERATE!(cover story)", *Harvard Business Review*, 90(11), pp.43-58.

Kotter, J. P., & Heskett, J. L.(2011). *Corporate Culture and Performance*. Reprint.

Kremer, H., Villamor, I., & Aguinis, H.(2019). "Innovation leadership: Best-practice recommendations for promoting employee creativity, voice, and knowledge sharing", *Business Horizons*, 62(1), pp.65-74.

Kuppler, Tim(2013). "96% think culture change is needed in their organization", retrieved 05, 20, 2021 from https://www.tlnt.com/new-study-96-think-culture-change-is-needed-in-their-organization.

Lam, A.(2011). "What motivates academic scientists to engage in research commercialization: 'Gold', 'ribbon' or 'puzzle'?" *Research Policy*, 40, pp.1354-1368.

Larman, C., & Vodde, B.(2010). *Feature Team Premier*, version 1.1. retrieved 03.22, 2021 from https://featureteams.org.

____________________(2016). *Large-scale Scrum: More with LeSS*. Addison-Wesley Professional.

Larson, E. W. & Goebeli, D. H.(1988). "Organizing for product development projects", *Journal of Product Innovation Management*, 5, pp.180-190.

Lead(2021). "What is the difference between innovation management and predevelopment?," LEAD innovation blog. https://www.lead-innovation.com/english-blog/innovationmanagement-and-predevelopment.

Lee, T. W. & Maurer, S. D.(1997). "The retention of knowledge workers with the unfolding model of voluntary turnover", *Human Resource Management Review*, 7, pp.247-275.

Leibowitz, Z. B., Kaye, B. L., & Farren, C.(1992). "Multiple career paths", *Training & Development*, 46(10), pp.31-35.

Lerner, J., & Wulf, J.(2007). "Innovation and incentives: Evidence from corporate R&D", *The Review of Economics and Statistics*, 89(4), pp.634-644.

Levels. fyi(2021). "How to ace Microsoft's hiring process", retrieved 08, 18, 2021 from https://www.levels.fyi/blog/ace-microsoft-hiring.html.

Levine, I. S.(2005). “Mind matters: Managing conflict in the lab”, retrieved 06, 15, 2021 from https://www.sciencemag.org/careers/2005/09/mind-matters-managing-conflict-lab.

Levinson, Meridith(2012). “Five insider secrets for beating applicant tracking systems”, CIO blog, retrieved 08.17, 2021 from https://www2.cio.com.au/article/417246/five_insider_secrets_beating_applicant_tracking_systems/.

Levitt, T.(2002). “Creativity is not enough,” *Harvard Business Rreview*, 80, pp. 137-144.

Li, Lori(2020). “How Google evolved performance management to drive top performance across its growing workforce”, retrieved 09,09, 2021 from https://www.tinypulse.com/blog/how-google-evolved-performance-management-to-drive-top-performance-across-its-growing-workforce.

Li, Y., Li, N., Li, C., & Li, J.(2020). “The boon and bane of creative “stars”: A social network exploration of how and when team creativity is(and is not) driven by a star teammate”, *Academy of Management Journal*, 63(2), pp.613-635.

Liker, J. K. & Morgan, J. M.(2007). “The Toyota Way in services: The case of lean product development”, *Academy of Management Perspectives*, 20(2), pp.5-20.

Lombardo, Jessica(2018a). “Microsoft Corporation's organizational structure & its characteristics(an analysis).” Panmore Institute site. retrieved 04,14,2021 from http://panmore.com/microsoft-corporation-organizational-structure-characteristics-analysis.

________________(2018b). “Facebook Inc.'s organizational structure(analysis)”, Panmore site, retrieved 03, 30,2021 from http://panmore.com/facebook- inc-organizational-structure-analysis.

Lotze, Kristen(2019). “12 tech companies with impressive employee benefits”, retrieved 06, 29, 2021 from https://www.techrepublic.com/article/12-tech-companies-with-impressive-benefits.

Louis Gritzo, Alan Fusfeld & Dan Carpenter(2017). “Success factors in R&D leadership”, *Research Technology Management*, 60(4), pp.43-52.

Lounsbury, J. W., Foster, N., Patel, H., Carmody, P., Gibson, L. W., & Stairs, D. R.(2012). “An investigation of the personality traits of scientists versus nonscientists and their relationship with career satisfaction”, *R&D Management*, 42(1), pp.47-59.

Lubart, T. I., & Sternberg, R. J.(1995). “An investment approach to creativity: Theory and data”, *The Creative Cognition Approach*, pp.269-302.

Luenendonk, Martin(2019). “The Google way of motivating employees”, Cleverism site, retrieved 06, 15, 2021 from https://www.cleverism.com /google-way-motivating-employees.

Maamari, B. E., & Majdalani, J. F.(2017). “Emotional intelligence, leadership style and organizational climate”, *International Journal of Organizational Analysis*, 25(2), pp.327-345.

Malloy, Ruth(2012). “Managing effectively in matrix”, Harvard business review site, retrieved 03, 20, 2021 from https://hbr.org/2012/08/become-a-stronger-matrix-leader.

Maney, Kevin(2004). “SAS workers won when greed lost”, *USA Today*(April 21).

Mangelsdorf, M. E.(2009). "Motivated to innovate: R&D employees who find intellectual challenge motivating tend to be more productive", *MIT Sloan Management Review*, 50(3), p.24.

Manolopoulos, D.(2006). "What motivates R&D professionals?: Evidence from decentralized laboratories in Greece", *The International Journal of Human Resource Management*, 17, pp.616-647.

Manso, G.(2011). "Motivating innovation", *The Journal of Finance*, 66(5), pp.1823-1860.

Marmot, M. G., Bosma, H., Hemingway, H., Brunner, E., & Stansfeld, S.(1997). "Contribution of job control and other risk factors to social variations in coronary heart disease incidence", *The Lancet*, pp.235-239.

Marson, Luke(2021). "7 talent acquisition and recruitment trends in 2021", Tech target site, retrieved 08. 15, 2021 from https://searchhrsoftware.techtarget.com/feature/7-talent-acquisition-and-recruitment-trends.

Martin, A.(2002). "Creativity, innovation and a holistic program design", *Outward Bound International*, 10(1), pp.1-4.

Martínez-Sánchez, A., Vicente-Oliva, S., & Pérez-Pérez, M.(2020). "The relationship between R&D, the absorptive capacity of knowledge, human resource flexibility and innovation: Mediator effects on industrial firms", *Journal of Business Research*, 118, pp.431-440.

Matsumoto, K.(2010). "Neural basis of the undermining effect of monetary reward on intrinsic motivation", *Proceedings of the National Academy of the Sciences of USA*, 107, 20911-20916.

Maxwell, J. C., Kouzes, J. M., & Posner, B. Z.(eds.)(2006). *Christian Reflections on The Leadership Challenge*, Jossy-Bass.

McGraw, Kenneth O.(1978). *The Detrimental Effects of Reward on Performance: A Literature Review and a Prediction Model:The Hidden Costs of Reward*, Hillsdale, NJ: Lawrence Erlbaum Associates.

McGregor, Jena(2013). "For whom the bell curve tolls", *Washington Post*(November 20).

McKinnon, P.(1980). Career orientations of R&D engineers in a large aerospace laboratory.

McLean, L. D.(2005). "Organizational culture's influence on creativity and innovation: A review of the literature and implications for human resource development", *Advances in Developing Human Resources*, 7(2), pp.226-246.

Meisenzahl, Mary(2019). "10 of the most incredible benefits offered by Silicon Valley tech companies: From parenting stipends to free rental cars, here are some of big tech's most unique perks", retrieved 06,20, 2021 from https:// www.inc.com/business-insider/11-incredible-benefits-silicon-valley-tech-companies-offer-amazon-apple.html.

Mercer(2018). "The upside of food at work", retrieved 03, 30, 2021 from https://www.mercer.com/content/dam/mercer/attachments/global/MandA/gl-2018-the-upside-of-food-at-work.pdf.

Meyer, Pauline(2018). "Tesla Inc.'s organizational structure & its characteristics(analysis)."

Panmore Institute site, retrieved 03,30, 2021 from http://panmore.com/tesla-motors-inc-organizational-structure-characteristics-analysis.

_____________(2019a). "Apple Inc.'s organizational culture & its characteristics"(analysis). Panmore Institute site, http://panmore.com/apple-inc-organizational-culture-features-implications.

_____________(2019b). "Amazon.com Inc.'s organizational structure characteristics," Panmore Institute site, http://panmore.com/amazon-com-inc-organizational-structure-characteristics-analysis.

_____________(2019c). "Tesla Inc.'s organizational culture & its characteristics(analysis)", Panmore Institute site, retrieved 05, 15, 2021 from http://panmore.com/tesla—motors—inc-organizational-culture-characteristics- analysis.

Miller, G. A. & L. W. Wagner(1971). "Adult socialization, organizational structures and role orientations", *Administrative Science Quarterly*, 16(1), pp.151-63.

Milliken, F. J., Bartel, C. A., & Kurtzberg, T. R.(2003). "Diversity and creativity in work groups: A dynamic perspective on the affective and cognitive processes that link diversity and performance".

Milliken, F. J. and Martins, L.L.(1996). "Searching for common threads: Understanding the multiple effects of diversity in organizational groups", *Academy of Management Review*, 21(2), pp. 402-433.

Mims, Christopher(2013). "The '20% time' perk at Google is no more," Quartz site, retrieved 02,28, 2021 from https://www.theatlantic.com/technology/archive/2013/08/20-time-perk-google-no-more/312063.

Miron, E., Erez, M., & Naveh, E.(2004). "Do personal characteristics and cultural values that promote innovation, quality, and efficiency compete or complement each other?", *Journal of Organizational Behavior*, 25(2), pp.175-199.

Miron-Spektor, E., Erez, M., Naveh, E.(2011). "The effect of conformist and attentive-todetail members on team innovation: Reconciling the innovation paradox", *Academy of Management Journal*, 54(4), pp.740-760.

Moga, Branislav(2017). "Types of teams: Advantage and disadvantage", retrieved April 12, 0221 from https://activecollab.com/blog/collaboration/types-of-teams.

Mokhber, M., Khairuzzaman, W., & Vakilbashi, A.(2018). "Leadership and innovation: The moderator role of organization support for innovative behaviors", *Journal of Management & Organization*, 24(1), pp.108-128.

Moore, Susan(2015). "Rethinking performance management for the digital workplace", Gartner, Inc. retrieved 04, 09, 2021 from https://www.gartner.com/ smarterwithgartner/rethinking-performance-management-for-the-digital-workplace.

Morgan, Jacob(2015). "Why failure is the best competitive advantage", *Forbes*(Mar. 30).

Mossholder, K. W., & Dewhirst, H. D.(1980). "The appropriateness of management-by-objectives for development and research personnel", *Journal of Management*, 6(2), pp.145-156.

Mumford, M. D.(2000). "Managing creative people: Strategies and tactics for innovation", *Human Resource Management Review*, 10(3), pp.313-351.

Mumford, M. D., Scott, G. M., Gaddis, B., & Strange, J. M.(2002). "Leading creative people: Orchestrating expertise and relationships", *The Leadership Quarterly*, 13(6), pp.705-750.

Nagle, F., & Teodoridis, F.(2017). "Jack of all trades and master of knowledge: The role of generalists in novel knowledge integration", USC-INET Research Paper, pp. 17-23.

__________________(2020). "In R&D, generalists are more valuable than you think," Harvard business review blog. retrieved Juky 10, 2021 from https://hbr.org/2020/09/in-rd-generalists-are-more- valuable-than-you-think.

Nahapiet, J., & Ghoshal, S.(1998). "Social capital, intellectual capital and the organizational advantage", *Academy of Management Review*, 23(2), pp.242-266.

Naranjo-Valencia, J. C., Jiménez, D. J., & Sanz-Valle, R.(2012). ¿ Es la cultura organizativa un determinante de la innovación en la empresa?, Cuadernos de Economía y Dirección de la Empresa, 15(2), pp.63-72.

____________________________________(2016). "Studying the links between organizational culture, innovation, and performance in Spanish companies", *Revista Latinoamericana de Psicología*, 48(1), pp.30-41.

Needle, David(2004). Business in context: An introduction to business and its environment.

Netflix(2009). "Reference guide on our freedom & resposibility culture", Slideshare. Netflix.

Nonaka, I. & Takeuchi, H.(1995). *The Knowledge-Creating Company*, New York, Oxford: Oxford University Press.

NSF/NCSES Archives(2021). "Definitions", retrieved 05, 20, 2021 from https://wayback.archive-it.org/5902/20150629120616/http://www.nsf.gov/statistics /nsf05307/sectb.htm.

O'Reilly III, C. A., & Tushman, M. L.(2021). *Lead and Disrupt: How to Solve the Innovator's Dilemma*, Stanford University Press.

Odumeru, J. A., & Ogbonna, I. G. (2013). "Transformational vs. transactional leadership theories: Evidence in literature", *International Review of Management and Business Research*, 2(2), 355.

OECD(2015). *Frascati Manual 2015: Guidelines for Collecting and Reporting Data on Research and Experimental Development*, OECD Publishing, Paris.

______(2021). Main Science and Technology Indicators Database, http://oe.cd/msti.

OECD.Stat database(2020). CRS analysis of Organisation for Economic Cooperation and Deve lopment, https://stats.oecd.org/Index.aspx?DataSetCode=MSTI_PUB.

Østergaard, C. R., Timmermans, B., & Kristinsson, K.(2011). "Does a different view create something new? The effect of employee diversity on innovation", *Research Policy*, 40(3), pp.500-509.

Otte, F. L., & Hutcheson, P. G.(1992). *Helping Employees Manage Careers*. Prentice Hall Direct.

Owan, H. & Nagaoka, S.(2011). "Intrinsic and extrinsic motivations of inventors", Discussion papers 11022, Research Institute of Economy, Trade and Industry(RIETI).

Pathirage, Rohan(2020). "Where are All the women in science and research?," UNESCO Institute for Statistics(UIS), retrieved 06, 25, 2021 from http://uis.unesco.org/fr/node/2761527.

Payco(2020). "Introverts vs. extroverts in the workplace", retrieved May 05, 2021 from https://www.paycor.com/resource-center/employee-rewads- are-not-one-size-fits-all.

Pelz, D. C., & Andrews, F. M.(1976). *Scientists in Organizations*, rev. ed., Ann Arbor, Mich.: Institute for Social Research.

Pentland, A. S.(2012). "The new science of building great teams", *Harvard Business Review*, 90(4), pp.60-69.

PerformYard(2018a). "How does Amazon do performance management?", retrieved 09, 09, 2021 from https://www.performyard.com/articles/how-does-amazon-do-performance-management.

__________(2018b). "How Netflix does performance management" retrieved 09, 09, 2021 from https://www.performyard.com/articles/how-netflix-does-performance-management.

Pfeffer, J., & Sutton, R. I.(2006). "Evidence-based management", *Harvard Business Review*, 84(1), p.62.

Pfeffer, Jeffrey(1998). "SAS institute: A different approach to incentives and people management practices in the software industry", Graduate School of Business, Stanford University.

Pham, Thanh(2021). "Analyzing the software engineer shortage", *Forbes*(Apr.13), retrieved 08. 13, 2021 from https://www.forbes.com/sites/forbestechcouncil/2021/04/13/analyzing-the-software-engineer-shortage.

Phelan, T. J.(2000). "Bibliometrics and the evaluation of Australian sociology", *Journal of Sociology*, 36(3), pp.345-363.

Pichler, Roman(2020). "Are feature teams or component teams right for your product?", Romanpichler blog. retrieved 04,22, 2021 from https://www.romanpichler.com/blog/feature-teams-vs-component-teams.

Pink, D. H.(2011). *Drive: The Surprising Truth about What Motivates Us*, Penguin.

Pinnelli, T. E., et al.(1993). "Information seeking behavior of scientists and engineers", NASA/DOD Aerospace diffusion Projects, Paper 31.

Pisano, G. P.(2019). "The hard truth about innovative cultures", *Harvard Business Review*, 97(1), pp.62-71.

Podeszwick, Randy(2018). "The upside of food at work", retrieved 06,30, 2021 from https://www.mercer.com/content/dam/mercer/attachments/global/MandA/gl-2018-the-upside-of-f ood-at-work.pdf.

Podolny, J. M., & Hansen, M. T.(2020). "How Apple is organized for innovation", *Harvard Business Review*, Nov.-Dec, pp.86-95.

Prahalad, C. K. & Hamel, G.(1990). "The core competence of the corporation", *Harvard Business Review*, 68(3), pp.79-91.

Price, Devon(2019). "Innovation and organizational culture: How to foster innovative thinking and promote innovation in an organization," retrieved 04, 05, 2021 from https://www.ckju.net/en/dossier/organizational-culture-and-freedom-fail-innovative-thinking-promote-innovation/1291.

ProductPlan(2021). "How to build an amazing relationship between product management and marketing," retrieved 06, 16, 2021 from https://www. productplan.com /learn/product-management-marketing-relationship.

Prototypr. io(2018). "Creativity science for designers: What's the process?-Part 2", retrieved 08, 22, 2021 from https://blog.prototypr.io/creativity-science-for-designers-part-2-1884705bea0f?gi=3a99ee82f40c.

PwC(2021). Global Top 100 Companies by Market Capitalization. May.

PwC Strategy(2021). "The global innovation 1000 study", retrieved 09, 19, 2021 from https://www.strategyand.pwc.com/gx/en/insights/innovation1000.html.

Qi, L., Liu, B., Wei, X., & Hu, Y.(2019). "Impact of inclusive leadership on employee innovative behavior: Perceived organizational support as a mediator", *PloS one*, 14(2).

Quey-Jen, Y.(1995). "Leadership, personal traits and job characteristics in R&D organizations: a Taiwanese case", *Leadership & Organization Development Journal*, 16(6), pp.16-26.

Rabbani, S., & Sarmad, M.(2019). "Revealing mediating role of creative self-efficacy between climate for creativity and creativity: Empirical evidence from R&D of it sector, Pakistan", *Abasyn University Journal of Social Sciences*, 12(1).

Ravasi, D. & Schultz, M.(2006). "Responding to organizational identity threats: Exploring the role of organizational culture." *Academy of Management Journal*, 49(3), pp.433-458.

Razzaqui, Kasif(2018). "A simple career ladder for software teams", retrieved 05,22, 2021 from https://kashifrazzaqui.medium.com/a-simple-career-ladder-for-software-teams-1056c86d79d3

Reflektive(2021). "How Microsoft refashioned its performance management system", retrieved 09. 06, 2021 from http://evolve.reflektive.com/rs/267-LLO-553/images/industry-spotlight-microsoft-s2.pdf.

Reis, Detlef(2012). "Encouraging creativity in collectivist cultures", *Bankok Post*(March 29).

Rese, A., & Baier, D.(2006). "Conflicts in new product development: frequency, consequences, and handling recommendations", In *Proceedings of the R&D Management Conference 2006*, Lake Windermere, pp.5-7.

Reynolds, Alison & Lewis David(2013). "The two traits of the best problem-solving teams", *Harvard Business Review*, 30. retrieved April 07, 2021 from https://www.institutelm.com/resourceLibrary/the-two-traits-of-the-best-problem-solving-teams.html.

______________(2017). "Teams solve problems faster when they're more cognitively diverse," *Harvard Business Review*, 30.

Rieken, B., Schar, M., Shapiro, S., Gilmartin, S., & Sheppard, S.(2017). "Exploring the relationship between mindfulness and innovation in engineering students", In *Proceedings of the American Society for Engineering Education Annual Conference*, June 25-28, Columbus, OH..

Riemer, M. J.(2003). "Integrating emotional intelligence into engineering education", *World Transactions on Engineering and Technology Education*, 2(2), pp.189-194.

Rigby, J.(2016). "A long and winding road: 40 years of R&D Management", *R&D Management*, 46(S3), pp.1062-1083.

Ritti, R.(1968). "Work goals of scientists and engineers", *Industrial Relations: A Journal of Economy and Society*, 7(2), pp.118-131.

Robinson, A. G., & Stern, S.(1997). *Corporate Creativity: How Improvement and Innovation Actually Happen*. CA: Herrett-Koehier.

Rock, D., & Jones, B.(2015a). "What really happens when companies nix performance ratings", *Harvard Business Review*, 6.

______________(2015b). "Why more and more companies are ditching performance ratings", *Harvard Business Review*, September 08.

Rosales, Pere(2021). "The 10 traits of great innovators", retrieved May 05, 2021 from https://inusual.com/en/blog/the-10-traits-of-great-innovators.

Rosing, K., Frese, M., & Bausch, A.(2011). "Explaining the heterogeneity of the leadership-innovation relationship: Ambidextrous leadership", *The Leadership Quarterly*, 22(5), pp. 956-974.

Ross, Alastair(2015). "Why did Google abandon 20% time for innovation?", HRZone site, retrieved May 05, 2021 from https://www.hrzone.com/lead/culture/why-did-google-abandon-20-time-for-innovation.

Roth, Yannig(2012). "Is Theodore Levitt's article 'creativity is not enough' still accurate today?", Yannig Roth blog, retrieved 08, 28,2021 from https://yannigroth.com/2012/03/16/is-theodore-levitts-article-creativity-is-not-enough-still-accurate-today.

Rothmann, S., & Coetzer, E. P.(2003). "The big five personality dimensions and job performance", *SA Journal of Industrial Psychology*, 29(1), pp.68-74.

Rozovsky, Julia(2015). "The five keys to a successful Google team," re:Work site. retrieved May 04, 2021 from https://rework.withgoogle.com/blog/five-keys-to-a-successful-google-team.

Rui, S.(2013). "Creating innovative behavior among R&D professionals: The effect of innovative climate and employee motivation in Chinese firms," *Advances in Information Sciences and Service Sciences*, 5(4), p.432.

Ruparel, N., & Choubisa, R.(2020). "Knowledge hiding in organizations: A retrospective narrative review and the way forward", *Dynamic Relationships Management Journal*, 9(1), pp.5-22.

Ryan, R. M. & Deci, E. L.(2017). *Self-determination theory: Basic Psychological Needs in Motivation, Development, and Wellness*, New York: Guilford Publishing.

Sadler-Smith, E.(2015). "Wallas' four-stage model of the creative process: More than meets the eye?," *Creativity Research Journal*, 27(4), pp.342-352.

Salovey, P., & Mayer, J. D.(1990). "Emotional intelligence", *Imagination, Cognition and Personality*, 9(3), pp.185-211.

Samsung News U. S.(2020). "A round of 'applause' for Samsung employees", retrieved 03.06, 2021 from https://news.samsung.com/us/ a-round-of-applause- for-samsung-employees/.

Sanderson, K.(2021). "More women than ever are starting careers in science", *Nature*(Aug. 05).

SAS(2014). *US Employee Benefits and Programs*, SAS Institutes.

____(2021). "About SAS", SAS official site. https://www.sas.com/ko_kr/company-information/profile.html.

Sayle, Bart & Hawker, Nick(2015). "Creating a culture of trust and innovation in Pharma," Life science leader site, retrieved 05, 15, 2021 from https://www.lifescienceleader.com/doc/creating-a-culture-of-trust-and-innovation-in-pharma-0001.

Schein, E. H.(1990). *Organizational Culture*, 45(2), American Psychological Association.

____________(2010). *Organizational Culture and Leadership*(Vol. 2), John Wiley & Sons.

Schrodt, P(2002). "The relationship between organizational identification and organizational culture: Employee perceptions of culture and identification in a retail sales organization." *Communication Studies*, 53, pp.189-202.

Schroeder, S. H., & Baldegger, U.(2020). "Empowering leadership In R&D-moderating effects of the strategic and cultural context", *International Journal of Innovation Management*, 24(04).

Scott, S. G., & Bruce, R. A.(1994). "Creating innovative behavior among R&D professionals: the moderating effect of leadership on the relationship between problem-solving style and innovation", *In Proceedings of 1994 IEEE International Engineering Management Conference-IEMC'94*, IEEE. pp.48-55.

Seamless(2014). "The power of food survey", retrieved 03, 30, 2021 from https://pages.c.seamless.com/FoodintheWorkplace2014Survey.html.

Seeck, H., & Diehl, M. R.(2017). "A literature review on HRM and innovation - taking stock and future directions", *The International Journal of Human Resource Management*, 28(6), pp.913-944.

Sethi, R., Smith, D. C., & Park, C. W.(2002). "How to kill a team's creativity", *Harvard Business Review*, 80(8), pp.16-17.

Shalley, C. E.(1995). "Effects of coactions, expected evaluation and goal setting on creativity and productivity," *Academy of Management Journal*, 38, pp.483-503.

Sharkey, Joe(2010). "Reinventing the suitcase by adding the wheel", *The New York Times*(Oct. 4).

Sharma, Vaishali & Sharma, Jyotsana.(2018). "Organisational innovation through HR practices: A review based analysis", *International Journal of Enhanced Research in Management & Computer Applications*, 7(1).

Shaughnessy, Grainne(2019). "The five-minute read on··· using AI in recruitment, including 4 innovative apps to know about right now", Sage/people site. retrieved 03,25, 2021 from https://www.sagepeople.com/about-us/news-hub/ ai-recruitment-action-apps.

Shaw, M. E.(1981). *Group Dynamics: The Psychology of Small Group Behavior*, New York: McGraw Hill, pp.132-135.

Shearer, Bruce(2004). "Piece rates, fixed wages and incentives: Evidence from a field experiment", *The Review of Economic Studies*, Apr. 71(2), pp.513-534.

Shepard, H. A.(1956). "Nine dilemmas in industrial research," *Administrative Science Quarterly*, 1, pp.340-360.

Silva de Garcia, P., Oliveira, M., & Brohman, K.(2020). "Knowledge sharing, hiding and hoarding: how are they related?", *Knowledge Management Research & Practice*, pp.1-13.

Sisson Jim(2013). "The difference between a group and a team", *The Business Journals*, retrieved 04.10, 2021 from https://www.bizjournals.com/bizjournals/how-to/growth-strategies/2013/06/the-difference-between-a-group-and-a.html.

Slavich, B., & Svejenova, S.(2016). "Managing creativity: A critical examination, synthesis, and new frontiers", *European Management Review*, 13(4), pp.237-250.

Smith, Paul(2017). "Microsoft miracle: How Satya Nadella revived tech giant in just three years", *Financial Review*(Feb 9).

__________(2018). *Becoming a Transformational Leader*, Wisconsin School of Business.

Smithson, Nathaniel(2019). "Google's organizational structure & organizational culture(an analysis)." Panmore Institute site. retrieved 03, 27, 2021 from http://panmore.com/google-organizational-structure-organizational-culture.

Sobiya(2021). "Google's organizational structure: Pros and cons", Advergize blog, retrieved 03, 27, 2021 from https://www.advergize.com/business/google-organizational-structure-pros-and-cons.

Souder, W. E., & Moenaert, R. K.(1992). "Integrating marketing and R&D project personnel within innovation projects: an information uncertainty model", *Journal of Management Studies*,

29(4), pp.485-512.

Speckbacher, G.(2021). "Does performance evaluation kill creativity?: A (re)interpretation of existing literature," *Pacific Accounting Review*, 33(1), pp.6-19.

Spicer, Andre(2015). "The flaw in Amazon's management fad," *The Guardian*(Aug.17).

Staats, B. R., Milkman, K. L., & Fox, C. R.(2012). "The team scaling fallacy: Underestimating the declining efficiency of larger teams", *Organizational Behavior and Human Decision Processes*, 118(2), pp.132-142.

Steiner, A., Morel, L., & Camargo, M.(2014). "Well-suited organization to open innovation: empirical evidence from an industrial deployment", *Journal of Innovation Economics Management*, 1, pp.93-113.

Stern, S.(2004). "Do scientists pay to be scientists?", *Management Science*, 50(6), pp.835-853.

Sternberg, R. J., Kaufman, J. C., &Pretz, J. E.(2002). *The Creativity Conundrum: A Propulsion Model of Kinds of Creative Contributions*, Psychology Press.

Stoker, J. I., Looise, J. C., Fisscher, O. A. M., & Jong, R. D.(2001). "Leadership and innovation: relations between leadership, individual characteristics and the functioning of R&D teams", *International Journal of Human Resource Management*, 12(7), pp.1141-1151.

Sung, H., & Tak, J.(2017). "The effect of coaching leadership on creative behavior: The mediating effect of psychological empowerment", *Korean Journal of Industrial and Organizational Psychology*, 30(3), pp.373-391.

Sutherland, J., & Schwaber, K.(2007). "The scrum papers. nuts, bolts and origins of an agile process."

______________________________(2013). The scrum guide. The definitive guide to scrum: The rules of the game, Scrum. org, p.268.

Sy, T. & Cote, S.(2004). "Emotional Intelligence: A key ability to succeed in the matrix organization", *Journal of Management Development*, 23(5), p.439.

Takeuchi, H., & Nonaka, I.(1986). "The new product development game", *Harvard Business Review*, 64(1), pp.137-146.

Tan, C. M.(2018). *Search Inside Yourself*. Bentang Pustaka.

Tarver, Evan(2020). "Research and development (R&D) vs. product development", retrieved 06, 07, 2021 from https://www.investopedia.com/ask/answers/042815/what-difference-between-research-and-development-and-product-development.asp.

Taylor, R, L.(2007). "The technological gatekeeper", *R&D Management*, 5(3), pp. 239-242.

Tellis, G. J., Prabhu, J. C., & Chandy, R. K.(2009). "Radical innovation across nations: The preeminence of corporate culture", *Journal of Marketing*, 73(1), pp.3-23.

Thamhain, H. J.(2003). "Managing innovative R&D teams", *R&D Management*, 33(3), pp.297-311.

The Econmist(2009). "Matrix: A structure for running those companies that have both a diversity of products and a diversity of markets", *The Economst*(Oct. 23rd).

__________(2020). "After the reboot: How Satya Nadella turned Microsoft around", *The Economst*(Oct. 24th).

The University of Hull Online(2019). "5 essential skills for engineering mangers", retrieved 06, 28, 2021 from https://online.hull.ac.uk/blog/5-essential-skills- for-an-engineering-manager.

Thomas M. Tirpak, Roger Miller, Larry Schwartz, & David Kashdan(2006). "R8D structure in a changing world," *Research Technology Management*, September-October, pp.19-26.

Thomke, S.(2020). "Building a culture of experimentation", *Harvard Business Review*, 98(2), pp.40-47.

Thompson, J. D(1967). *Organizations in Action: Social Science Bases of Administrative Theory*, New York: McGraw-Hill, 1967.

Thompson, L. & Choi, H. S.(eds) (2006). *Creativity and Innovation in Organizational Teams*, Erlbaum, Mahwah, NJ.

Tierney, P., & Farmer, S. M.(2002). "Creative self-efficacy: Its potential antecedents and relationship to creative performance", *Academy of Management Journal*, 45(6), pp.1137-1148.

Tirpak, T. M., Miller, R., Schwartz, L., & Kashdan, D.(2006). "R&D structure in a changing world", *Research Technology Management*, 49(5), pp.19-26.

Tou, Y., Watanabe, C., Moriya, K., Naveed, N., Vurpillat, V., & Neittaanmäki, P.(2019). "The transformation of R&D into neo open innovation-a new concept in R&D endeavor triggered by Amazon", *Technology in Society*, 58, 101141.

Tu, Yidong, Lu, Xinxin, Choi, Jin Nam, & Guo, Wei,(2019). "Ethical leadership and team-level creativity: Mediation of psychological safety climate and moderation of supervisor support for creativity", *Journal of Business Ethics*, Oct. 159.

Tuckman, B. W., & Jensen, M. A. C.(1977). "Stages of small-group development revisited", *Group & Organization Studies*, 2(4), pp.419-427.

Tulgan, Bruce (2001). "Real pay for performance", *Journal of Business Strategy*, 22(3), pp.19-22.

Tushman, M. L.(1979). "Managing communication networks in R&D laboratories", *Sloan Management Review*(pre-1986), 20(2), p.37.

Tushman, M. L., & Scanlan, T. J.(1981). "Boundary spanning individuals: Their role in information transfer and their antecedents," *Academy of Management Journal*, 24(2), pp.289-305.

Tyagi, P., & Shah, H.(2016). "Empowering R&D professionals in THSTI: Insights and interv-entions", *SCMS Journal of Indian Management*, 13(4), pp.32-40.

UN(2021). "Women in science: Gender and science, technology and innovation," Sustainable dedelopment goals knoeledge platforms, retrieved 06, 15, 2021 from https://sustainabledevelopment.un.org/womeninscience.

Valamis(2021). "Performance management," Valamis site, retrieved 05, 15, 2021 from https://www.

valamis.com/hub/performance-management.

Vandenberghe, Jef(2016). "Creativity is not enough: How to turn ideas into revenue", retrieved 08.28, 2021 from https://innovationmanagement.se/2016 /06/28/creativity-is-not-enough-how-to-turn-ideas-into-revenue.

Waber, B., Magnolfi, J., & Lindsay, G.(2014). "Workspaces that move people", *Harvard Business Review*, 92(10), pp.68-77.

Wallace, G.(1926). *The Art of Thought*, New York: Hardcourt Brace and World.

Walton, David(2012). *Emotional Intelligence: A Practical Guide*, New York: MJF Books.

Wang, J., Cheng, G. H. L., Chen, T., & Leung, K.(2019). "Team creativity/ innovation in culturally diverse teams: A meta-analysis," *Journal of Organizational Behavior*, 40(6), pp.693-708.

Webster, J., Brown, G., Zweig, D., Connelly, C., Brodt, S., & Sitkin, S.(2008). "Beyond knowledge sharing: Knowledge hiding and hoarding at work," *Research in Personnel and Human Resources Management*, 27, pp.1-37.

Whelan, E., Teigland, R., Donnellan, B., & Golden, W.(2010). "How internet technologies impact information flows in R&D: Reconsidering the technological gatekeeper," *R&D Management*, 40(4), pp.400-413.

Whitmore, J.(2002). *Coaching for performance*, London: Nicholas Brealey Publishing.

Wikipedia(2021). SAS Institute, https://en.wikipedia.org/wiki/SAS_Institute.

Wilkie, Dana(2015). "Is the annual performance review dead?", SHRM Site, retrieved 10, 24, 2020 from https://www.shrm.org/resourcesandtools/hr-topics/employee-relations/pages/performance-reviews-are-dead.aspx.

Williamson, J. M., Lounsbury, J. W., & Han, L. D.(2013). "Key personality traits of engineers for innovation and technology development", *Journal of Engineering and Technology Management*, 30(2), pp.157-168.

Wilson, G. D., & Jackson, C.(1994). "The personality of physicists", *Personality and Individual Differences*, 16(1), pp.187-189.

Wingrove, Clinton(2003). "Developing an effective blend of process and technology in the new area of performance management", *Compensation and Benefits Review*, Jan./Feb.,19.

Wong, Kellie(2020). "Organizational culture: Definition, importance, and development", Achiever blog, retrieved 05,20, 2021 from https://www.achievers.com/blog/organizational-culture-definition.

Woodman, R. W., Sawyer, J. E., & Griffin, R. W.(1993). "Toward a theory of organizational creativity", *Academy of Management Review*, 18(2), pp.293-321.

Xiao, J, Bao, Y. Wang J. Yu, H, Ma, Z, & Jing L.(2021). "Knowledge sharing in R&D teams: An evolutionary game model", *Sustainability*, 13, 6664.

Yawson, R. M., & Sutherland, A.(2010). "Institutionalising performance management in R&D

organisations: key concepts and aspects", *Journal of Social Sciences*, 22(3), pp.163-172.

Yohn, D. L.(2018). "Company culture doesn't need to be "warm and fuzzy" to be effective", Quartz, available at: https://work.qz.com/1227352/amazon-proves-company-culture-doesnt-need-to-be-warm-and-fuzzy-to-be-effective.

Youtube(2013). "The first principles method explained by Elon Musk", https://www.youtube.com/watch?v=NV3sBlRgzTI.

Yuan, F. & Zhou, J.(2008). "Differential effects of expected external evaluation on different parts of the creative idea production process and on final product creativity", *Creativity Research Journal*, 20(4), pp.391-403.

Zhang, Haiyan & Feinzig, Sheri(2015). "Implementing agile performance management," *IBM Analytics: Thought Leadership White Paper*, IBM Smarter Workforce Institute.

Zhu, Y. Q.(2017). "Why and how knowledge sharing matters for R&D engineers", *R&D Management*, 47(2), pp.212-222.

Zhu, Y. Q., & Chen, H. G.(2016). "Empowering leadership in R&D teams: A closer look at its components, process, and outcomes," *R&D Management*, 46(4), pp.726-735.

Zöld, Gábor(2020). "The ultimate guide to transition from engineer to manager," retrieved 06. 28. 2021, from https://codingsans.com/blog/ transition-engineer- manager#Misconceptions.

Zouaghi, F., Garcia-Marco, T., & Martinez, M. G. (2020). "The link between R&D team diversity and innovative performance: A mediated moderation model", *Technological Forecasting and Social Change*, 161.

| 국문 색인 |

ㄱ

ㄴ

ㄷ

ㄹ

ㅁ

ㅇ

ㅈ

| 영문 색인 |

A

B

C

T

U

저자소개

한인수

서울대학교 상과대학을 졸업하고 같은 학교 대학원에서 경영학 박사학위를 받았다. 독일 만하임 대학교 연구교수, 일본 히토쓰바시 대학교 객원연구원을 지냈으며, 미국 듀크 대학교와 사우스다코타 주립대학에서 방문학자와 교환교수로 있었다. 현재는 충남대학교 경영학과 명예교수이자 중국 강소대학교 겸임교수이다. 지은 책으로 『세계화와 아시아의 빈곤』(공저), 『아시아의 빈곤과 한국기업의 역할』, 『조직행위론』(공저), 『현대인적자원관리(4판)』(공저), *Innovation and Technology in Korea*(공저), *LCD Industry in East Asia: Competition and Cooperation among Japan, Korea, Taiwan and China*(공저) 등 다수가 있다.

노풍두

충남대학교 경상대학을 졸업하고 같은 학교 대학원에서 경영학 박사학위(인사조직)를 받았다. 한국전자통신연구원(ETRI)에 입사한 이래 성균관대학교 MOT과정에서 수학했으며, 연구사업지원 실장 및 인재경영부장 등을 역임하였다. 현재는 인력개발실에서 책임으로 근무하고 있으며, 인적자원개발학회 부회장 및 한국액션러닝협회 이사로 활동하고 있다. R&D 인사조직관리 및 조직 창의성 개발 등에 꾸준한 관심을 갖고 있고 충남대학교와 국가과학기술인력개발원(KIRD) 등에서 강의·자문하고 있다. 주요 논문으로는 조직의 창의성 수준 평가모델 개발(공저), 연구개발조직의 창의적 역량 강화방안에 관한 연구(공저), 구성원 개인 창의성과 팀 특성이 팀 창의성에 미치는 영향(공저), 정부출연 연구기관 연구개발팀의 창의성 제고 관리방안에 관한 연구(공저) 등이 있다.

R&D 조직의 인재경영

2022년 1월 5일 제 1 판 1쇄 인쇄
2022년 1월 10일 제 1 판 1쇄 발행

저 자 한 인 수 · 노 풍 두
발행인 한 의 명
발행처 명 경 사
(본사) 서울특별시 강남구 선릉로 120
우성 B/D 3-102
전화: 010-6211-8981 팩스: 0504-338-2135
(지사) 경기도 파주시 맥금동 557-24
Home Page : www.mkspub.com
E-mail : mkspub@daum.net
등록 2000년 8월 9일 제10-2024(倫)

•정가 60,000원 * 저자와의 협의하에 인지 생략함. ISBN 979-11-88052-37-0